中国社会科学院创新工程学术出版资助项目

中国社会科学院重点学科 · 民族学人类学系列

宗教信仰与
民族文化（第五辑）

Religionary Faith and Ethnic Culture (5)

 中国社会科学院民族学与人类学研究所

刘正爱 ● 主编

社会科学文献出版社

SOCIAL SCIENCES ACADEMIC PRESS (CHINA)

总　序

郝时远

中国社会科学院民族学与人类学研究所是一个多学科、综合性的研究机构。从学科的设置和专业方向来看，包括了马克思主义研究、历史学、语言学、民族学、社会文化人类学、经济学、宗教学、文献学、政治学、法学、国际关系、影视人类学、民俗学、古文字学等，还包括蒙古学、藏学、突厥学等专门的学科。这些学科和专业方向的多样化构成了研究所的多学科、综合性特点，而这些学科的研究对象则是人类社会民族现象及其发展规律，着重于对不同历史阶段和不同含义的民族共同体（people、ethnos、nationality、nation、ethnic group）及其互动关系的研究，显示了研究所诸多学科的共同指向。研究所以民族学和人类学冠名的目的是为多学科建构一个共同的学术平台，在研究对象统一性的基础上实现多学科的互补与整合，在多学科的视野中建立综合性研究优势，增强中国民族学和人类学的学科性发展。

人类社会的民族现象及其所伴生的民族问题，是人类社会最普遍、最复杂、最长久，也是最重要的话题之一。中国是世界上古代文明延续不断的东方国度，也是统一的多民族国家。在数千年的发展进程中，多民族的互动关系不仅是历朝各代最突出的社会现象之一，而且也是统一的多民族国家形成和不断发展的重要动能。因此，中国几千年来的民族现象和各民族的互动关系，为我们解读人类社会的民族现象及其规律性运动提供了一个相当完整的古代模式。《礼记·

王制》中说：

> 凡居民材，必因天地寒暖燥湿，广谷大川异制，民生其间者异俗；刚柔、轻重、迟速异齐，五味异和，器械异制，衣服异宜。修其教不易其俗，齐其政不易其宜。中国戎夷，五方之民，皆有性也，不可推移。东方曰夷，被发文身，有不火食者矣；南方曰蛮，雕题交趾，有不火食者矣；西方曰戎，被发衣皮，有不粒食者矣；北方曰狄，衣羽毛穴居，有不粒食者矣；中国、夷、蛮、戎、狄，皆有安居、和味、宜服、利用、备器；五方之民，言语不通，嗜欲不同；达其志、通其欲，东方曰寄，南方曰象，西方曰狄，北方曰译。

这就是中国先秦文献中所记载的"五方之民"说，可谓中国最早具有民族志意义的记录。它所提示的内涵，对我们今天认识和理解民族现象也是启迪颇多的。例如，构成民族特征的文化差异的自然基础是生态环境，即在"天地寒暖燥湿""广谷大川"等不同生态环境中生存的人类群体"皆随地以资其生"所表现的"异俗"，"五方之民"在民居、饮食、服饰、工具、器物等方面的"异制"，不同的语言、不同的价值观念及其相互沟通的中介（翻译）等。其中也包括了处理"五方之民"互动关系的古代政治智慧，即"修其教不易其俗，齐其政不易其宜"。可以说，中国是一个有民族学传统且民族学资源十分丰富的国家。

古往今来、时过境迁，今天的中国已经自立于世界民族之林，正在为实现中华民族的伟大复兴推进中国特色社会主义现代化进程。这一进程正在展示现代民族进程的发展前景，它同样会对现代人类社会的民族现象及其发展前景提供一种范式，也就是中国解决民族问题的成功例证。当然，我国正处于社会主义初级阶段的发展进程中，在解决民族问题方面，我们不仅面对着中国56个民族共同发展繁荣的历史重任，而且也面对着全球化时代多民族的大千世界。无论是内政治理，还是融入国际社会，广义的民族问题仍旧是我们需要高度重视的课题。当代中国民族问题的基本特征和普遍反应是经济文化的发展问题，这是由当代中国社会所处的发展阶段及其基本矛盾所决定的。同时，我们也面对着一些棘手的问题，如"台独"问题、达赖集团问题、"东突"分裂势力和国际恐怖主义问题，以及世界范围和周边国家民族问题的交互影响。这两个方面的问题为我们提出了责无旁贷的研究任务。履行这一职责需要我们付出多方面的艰辛努力，其中学科建设是最重要的保障。

科学化是学科建设题中之义，任何一门学科只能在科学化的过程中实现发展。中国的学术传统源远流长，也形成了诸多学科性的研究领域。近代以来，随着西学东渐，中国的学术事业在不断吸收西方科学规范的过程中逐步形成了现代学科的分化，其中民族学、人类学也取得了很大程度的发展。自 20 世纪 70 年代末中国改革开放以来，中国的哲学社会科学事业在与世界学术领域交流互动的过程中取得了新的发展和显著的成就，哲学社会科学在认识世界、传承文明、创新理论、资政育人、服务社会等方面的不可替代作用，得到了党和国家的充分肯定。但是，能否充分地发挥哲学社会科学各学科的这种作用，涉及诸多因素，而学科建设所包含的指导思想、基本概念和范畴、学科理论、研究方法和学术规范等方面的内容是具有重要意义的。体现这些基本要素的研究成果，不仅对推进学科建设至关重要，而且也是繁荣发展哲学社会科学事业不可或缺的内在条件。中国社会科学院重点学科建设工程的启动，是进一步繁荣发展哲学社会科学事业的重要举措。我所推出中国社会科学院重点学科建设工程丛书·民族学人类学系列是贯彻落实这一重要举措所做出的一种尝试。

如上所述，我研究所是一个多学科、综合性的研究机构，经过学科调整和研究室重组，研究所内的大部分学科都纳入了重点学科建设工程，如民族理论、民族历史、民族语言、语音学和计算语言学、民族学（社会文化人类学）、世界民族和诸多专业方向。因此，这套丛书的出版及其所关涉的研究内容也体现了多学科的特点。这套丛书根据基础研究和应用研究并重的学科建设要求，或以学科或以专题反映我研究所科研人员新近的研究成果。根据中国社会科学院重点学科建设工程协议的要求，在今后几年中，我研究所列入工程范围的学科和专业方向将完成一系列具有重要理论价值和现实意义的研究课题，而这套丛书则主要反映这一过程中的阶段性学术成果。

2003 年，我国获得了 2008 年国际人类学民族学世界大会的举办权，这对中国的民族学和人类学以及广义的民族研究事业来说是一次重大的发展机遇，也是与来自世界各国的民族学家、人类学家进行广泛对话和空前交流的机会，同时这也意味着是一次挑战。我们不仅需要展现中国各民族的现代发展成就，而且需要在民族学、人类学研究方面推出一批又一批引人注目的高水平研究成果。因此，加强民族学、人类学的学科建设，整合传统民族研究的学科性资源，做好充分的学术准备，是今后几年我国民族学、人类学界的重要任务。从这个意义上说，这套丛书的陆续出版，在一定程度上也将体现我研究所为迎接这次世界大会所进行的学术准备。

在此，我们非常感谢社会科学文献出版社对这套丛书的出版给予大力支持和真诚帮助，也期待着广大读者给予关注和指正。

2004 年 6 月

Foreword

Hao Shiyuan

The Institute of Ethnology and Anthropology of the Chinese Academy of Social Sciences is a multi-disciplinary and comprehensive research institution. In terms of disciplinary arrangement, the institute covers Marxist studies, history, linguistics, ethnology, socio-cultural anthropology, economics, religion, historical records, politics, law, international relations, video anthropology, folklore, and ancient scripts, as well as some special learning like Mongol studies, Tibetology and Turk studies. The disciplinary diversification forms the multi-disciplinary, comprehensive feature of the institute. All these disciplines have one thing in common, that is, they all study minzu (a general word in Chinese for people, ethnos, nationality, nation and ethnic group) phenomenon and their evolutionary law in the human society, with the emphasis on minzu communities in different historical stages and with different meanings, as well as on the interaction between various minzus. The institute is named with the term of ethnology and anthropology for the purpose to build a common academic platform for all disciplines it involves, to realize the mutual complementarity and integration of all the disciplines, to form the advantage of the comprehensive studies, and to foster the development of ethnology and anthropology in China.

The minzu phenomenon and the problems resulted from the phenomenon have been among the most widespread, most complicated, most prolonged and most important subjects in the human society. China is an Oriental country with ancient civilization that never discontinued. Also, it is a unitary country with ethnic plurality. In the course of several thousand years, the ethnic interaction was not only a social highlight in each historical dynasty, but also a motivator for the formation and continuous development of a unitary country with ethnic plurality. So, the minzu phenomenon and ethnic interaction in China's long history of several thousand years provide us with a full ancient model for understanding the minzu phenomenon and their law in the human society.

In China's Pre-Qin historical literature, there is a term of "wu fang zhi min", literally, five-direction peoples. It comes from the following paragraph:

The material used for shelter must vary with different climate, cold or warm, dry or moist, and with different topography, such as wide valley or large river. And people living in different environment have different customs. They may have different character, behaving way, dieting habit, instruments and clothes. It is proper to civilize the people without changing their customs and to improve their administrative system without changing those suitable to them. Wu fang zhi min (people inhabiting in five directions), either in middle plain or in frontier, all have their own character, which can not be transformed. People in the east, known as Yi, grow long hair hanging down over the neck and have tattoos, and some of them have their food without cooking. People in the south, known as Man, tattoo their foreheads and cross their feet when sleeping, and some of them have their food without cooking. People in the west, known as Rong, grow long hair hanging down over the neck and wear pelt, and some of them do not have grain as their food. People in the north, known as Di, wear feather and live in caves, and some of them do not have grain as their food. Both people in middle plain and the Yi, Man, Rong and Di have their own shelter, diet, dress, instruments and carriers. The people in five directions can not understand each other and may have different desires. The way to make each other's ideas and desires understood is called ji in the east, xiang in the south, didi in the west and yi in the north. (cited from Liji, an ancient Chinese book.)

This may be regarded as the earliest record with ethnographical sense in China.

The citation suggests a lot for us to understand today's minzu phenomenon. For one thing, the cultural difference that usually constitutes the ethnic feature has its natural foundation in ecological environment. Human groups living in different ecological environment, like different climate (cold or warm, dry or moist) and topography (wide valley or large river), all depend upon their local resources and thus may have different customs. As mentioned above, the people in five directions varied in shelter, diet, dress and instrument, and people speaking different languages with different values can be communicated only through the medium of translation. Also, here is displayed the ancient political wisdom to deal with the relations of the people in five directions, namely, to civilize the people without changing their customs and to improve their administrative system without changing those suitable to them. So it shows that China is a country with ethnological tradition and rich ethnographical resources.

Now, old time has passed and the situation has been changed. Today, as an independent member of the international community, China is promoting the modernization with Chinese characteristics in order to realize the great rejuvenation of the Chinese nation. This development has revealed the prospect of the modern minzu process. And at the same time, it will also provide a pattern, that is, the successful example in which China deals with the minzu problem, for the minzu phenomenon and their evolution of the human society in the modern time. Of course, China still remains at the initial stage of socialism. So far as the minzu problem is concerned, we are now faced with not only the historical task of common development and prosperity for the 56 nationalities in China, but also the ethnically plural, complicated world in the time of globalization.

The ethnic problem in broad sense still remains to be a subject to which we should pay much attention, either in the management of internal affairs or in the merging to the international community. In contemporary China, the fundamental feature of or the widespread response to the ethnic problem is how to promote the economic and cultural development. This is determined by the current developmental stage as well as the fundamental contradiction of the contemporary Chinese society. At the same time, we are confronted with certain difficult problems, such as Taiwan's attempt for "independence", the problem of the Dalai clique, the issue of "East Turkistan", the international terrorism, as well as the influence of ethnic problems both in our neighboring countries and all over the world in general. The problems in the two larger respects put forth our duty-bound tasks for research. To perform this duty, we should make our efforts in many aspects, among which, disciplinary construction serves as the most important guarantee.

Disciplinary construction calls for scientific spirit, only with which can a discipline realize its development. China has its academic traditions of long standing, and a number of academic domains developed in the history. Since the influence of the Western learning went eastward, Western norm of science has been introduced and the disciplinary division in modern sense gradually came into being in China. And it is just in this process that ethnology and anthropology acquired development to large extent. Since the late 1970s when China began to take reforms and open up to the outside world, new development and remarkable achievement have been made in China's philosophy and social sciences through the exchange with foreign academia. The Party and the State highly appreciate the irreplaceable role of philosophy and social sciences in understanding the world, passing on civilization, innovating the theory, consulting for government and educating the young, and serving for the society.

However, the full play of the role of philosophy and social sciences involves many factors. And in this respect, disciplinary construction is of importance, such as in the guiding thought, fundamental concepts and categories, disciplinary theories, research methods and academic norm. The research achievements that represent these fundamental factors will not only be of vital importance in promotion of disciplinary construction, but also make up the indispensable inherent conditions for prospering and fostering philosophy and social sciences. The launch of the construction project for prior disciplines at the Chinese Academy of Social Sciences is a significant move for further prospering and fostering philosophy and social sciences. And the Series of the Construction Project for Prior Disciplines at the Chinese Academy of Social Sciences our institute has put out is just an attempt to carry out the significant move.

As mentioned above, our institute is a multi-disciplinary and comprehensive research institution. Since the discipline adjustment and research department restructuring, most disciplines in the institute, such as ethnic theory, ethnic history, ethnic linguistics, phonetics and computational linguistics, ethnology (socio-cultural anthropology) and world ethnic-national studies, have been brought into the construction project for prior disciplines. So, the series and the content involved reflect the feature of multi-disciplines, too. Placing emphasis both on basic and applied studies, the series reflects recent research achievements either in the unit of a discipline or in a special topic. In accordance with the requirement from the agreement on the construction project for prior disciplines at the Chinese Academy of Social Sciences, our institute will complete in the next few years a series of research projects both with important theoretical value and actual significance. So, the series mainly reflects the academic products at the current phase.

In 2003, China succeeded in bidding for the host for the 2008 Conference of the International Union of Anthropological and Ethnological Sciences (IUAES). This will be a significant developmental opportunity, not only to China's ethnology and anthropology, but to ethno-national studies in general as well. Also, it will be an opportunity of widespread dialogue and unprecedented exchange with ethnologists and anthropologists from various countries in the world. At the same time, however, it means a challenge. We need to exhibit the developmental achievements of the nationalities in China, and moreover, we need to exhibit plenty of striking research achievements with a high level. Therefore, it will be the important task of China's ethnology and anthropology in the next few years to strengthen the disciplinary construction, integrate the disciplinary resources of traditional ethno-national studies, and make full academic preparation. In this sense, the publication of the series in succession can be regarded to some extent as the academic preparation made by our institute for the coming congress of IUAES.

Finally, we appreciate very much the vigorous support and sincere assistance of the Social Sciences Literature Press to the publication of the series. And we also expect the attention and criticism from the readers.

June 2004

目 录

CONTENTS

关于中国人类学民族学学术创新的若干问题

何星亮*

创新是学术研究的主要目的和评判学术成果的标准。一项研究成果，如果没有新观点或新理论、新分析、新材料，那就不能说是真正的学术研究成果。本文就我国人类学民族学学术创新问题谈谈自己的看法。

按照一般的说法，人文社会科学创新包括理论创新、方法创新、学科体系创新、科研和管理制度创新等，本文所说的"学术创新"，主要是指理论创新、观点创新、方法创新，不包括学科体系创新、科研和管理制度创新等。

一　学术创新的类型

创新应包括哪些方面？中国国家社会科学基金成果评估指标的第一个项目就是创新程度，并说明创新包含三方面的内容：理论创新、方法创新和新描述。一些大学的博士学位论文评审也有关于创新的栏目，并说明创新点一、创新点二和创新点三。从社会科学各学科的特征来看，笔者认为，学术创新的基本类型主要有三类：理论创新、观点创新和方法创新。

（一）理论创新

理论创新是构建前人没有提出过的新理论或修正前人的理论。所谓"理

---

*　中国社会科学院民族学与人类学研究所研究员。

论"，有各种不同的定义，有的学者认为理论是任何用来解释某种事实的原则，有的则认为是指任何用来代表变量关系的法则。据目前有关研究，较为普遍的说法是：理论是系统化了的理性认识，即由概念或命题、假设、原理构成有逻辑联系的认识体系。理论创新包括概念、假设和命题的创新。

人文社会科学的理论根据其抽象–具体程度，可分为三类：一是宏观理论，如人类学中的进化理论、传播理论、功能理论、结构理论等；二是中观理论，如人类学中的婚姻家庭理论、亲属制度理论、国家形成理论等；三是微观理论，一般认为，一个归纳经验现象两个变量之间关系的命题就是一个微观理论，如法国著名学者杜尔干（迪尔凯姆）在《自杀论》一书中提出利己型自杀的理论：利己型自杀与社会的整合程度成反比，即社会整合程度越低，自杀率越高；社会整合程度越高，自杀率越低。①

理论的形态有三种：一是已被实践检验和证明正确的原理或法则，此理论属于成熟的理论；二是被部分实践检验和证明正确的原理或法则、需要继续被其他实践检验和证明的理论，此理论属于尚待发展的理论；三是全部未被实践检验和证明正确的假设构成的过渡性理论，此类理论属于雏形的理论。从西方人类学理论来看，属于不成熟或有待发展和完善的理论，有许多经不起推敲，不具有普遍性。

（二）观点创新

观点创新即提出与前人不同的新的观点或新的分析，也就是就某一具体问题或个别问题提出新见解。史学、文学、语言学等人文学科较重视提出新的观点、新的见解和新的分析，尤其是历史上某一事件发生的原因、时间、背景、结果等方面的考证或分析，或某种文化现象的起源、形成和发展的探讨。观点创新的特点主要有：一是实证性，必须用大量的经验材料论证；二是特殊性，它与理论不同，不具有普遍性。

观点创新的形式主要有三种：一是利用新的材料，推翻前人的观点；二是对前人没有研究过的问题提出自己的观点；三是运用新的理论对某一问题进行分析，并提出自己的看法。

---

① 〔法〕埃米尔·迪尔凯姆：《自杀论：社会学研究》，冯韵文译，商务印书馆，2008。

（三）方法创新

方法创新即提出与前人不同的研究方法，并运用于自己的研究中。研究方法可以分为三大类，一是科学的方法，即借用自然科学的方法，以探讨社会和文化的内在法则或演变规律为主要目的。历史上的大多数人类学学派都是采用科学的方法从事研究，如进化学派、功能学派和结构学派等。二是人文的方法，部分人类学家认为人类社会与自然界有本质的差异，不能用自然科学的方法研究人类社会，主张以解释、理解等人文的方法研究人类社会和文化。三是科学方法与人文方法相结合的方法，即在同一项研究中，既采用科学的方法，也采用人文的方法。

当前的人类学民族学的研究方法除了一般的方法外，还包括建立范式。范式是美国著名科学哲学家托马斯·库恩（Thomas Kuhn）于1962年在其经典著作《科学革命的结构》①一书中提出的概念，近几十年来成为自然科学和社会科学的重要概念。范式从本质上讲是包括理论体系和方法体系的研究模型，它是研究问题、观察问题、解决问题所使用的一套相对固定的分析框架或模式。范式具有公认性（有较多的人认可和支持）、群体性（有多人模仿和采用）、可模仿性等特征。范式创新或范式转换是当前人文社会科学研究的重要话题。

在三类创新中，理论创新最为重要。因为：一是理论具有认识事物本质的功能，理论使知识体系简约化和系统化，具有执简驭繁的作用；二是具有解释的功能，即根据理论对存在或已经发生的事物、现象作出说明；三是理论具有预测的功能，即根据理论推测某种事物或现象的发展趋势或对尚未发生的事物或现象作出预测；四是理论具有指导的功能，即具有指导工作或指导研究的功能。

二　如何进行学术创新？

如何进行学术创新，没有公认的看法。笔者认为，学术创新一般必须经过如下几个过程。

---

① 〔美〕托马斯·库恩：《科学革命的结构》，金吾伦、胡新和译，北京大学出版社，2003。

（一）熟悉过程

创新是在前人基础上创新。要创新首先必须熟悉有关研究情况和相关理论，才能在前人研究的基础上有所创新。首先是国内的，然后是国外的。首先是本学科的相关理论，其次是其他学科的相关理论。无论是现代学者抑或是古代学者的有关论著，都必须熟悉。只有在了解该项研究的情况下，才有可能进行创新。熟悉该项研究的情况，才有可能了解该项研究的程度，才能发现问题。

早在 20 世纪 80 年代初，港台地区的人类学、社会学、心理学等学科的研究人员曾两次讨论过社会科学中国化问题，并出版了专集。杨国枢和文崇一两位教授在其主编的《社会及行为科学研究的中国化》序言中强调人文社会科学"中国化"的重要性，并认为要实现"中国化"必须首先熟悉西方的研究情况："只有先'进入'西方及行为科学研究者所已开拓的园地，方会了解其限制与优点，才能'出来'加以中国化。一开始就停伫在世界学术门外而拒绝进入的人，是没有能力谈社会及行为科学研究中国化的。"① 并指出："我国的社会及行为科学研究已有相当的基础，理应超越吸收与模仿的学习阶段，迈入自我创新的时期，以使我国的社会及行为科学不仅具有世界的通性，且也具有中国的特性。简而言之，就是要使社会及行为科学的研究都能'中国化'。"②

（二）发现问题过程

学术研究的目的是创新，要有所创新就必须善于发现问题。敏锐地发现、准确地抓住和及时地提出问题，是科学研究的真正起点。也就是说，在熟悉有关研究过程中，目光要敏锐，反应要灵敏，对一切都要持怀疑态度，有怀疑才有可能发现问题。苹果落地，这是一个很简单的事实，牛顿发现其中奥秘，于是发现万有引力原理。烧开水时开水冲开壶盖，这也是一个很普遍的现象，瓦特寻找其原理，发明蒸汽机。

---

① 杨国枢、文崇一主编《社会及行为科学研究的中国化》"序言"，台湾"中央研究院"民族学研究所，1991。

② 杨国枢、文崇一主编《社会及行为科学研究的中国化》"序言"，台湾"中央研究院"民族学研究所，1991。

在人类学民族学研究中，发现和提出问题的途径是多种多样的：（1）通过熟悉本学科的研究情况而发现问题。例如，在本学科或本学科某一领域中，哪些问题尚待解决？在已解决的问题中，有哪些问题需要根据时代的发展进行补充或修正？当前学术界有较大争议的主要问题是什么？争论的焦点在哪里？主流的意见是什么？占上风的意见有何不足？相反的意见有何可取之处？（2）通过读书发现问题，在读书过程中，以怀疑的态度了解该著作在观点上是否能站得住，证据是否充足，是否有不完备、不深入之处，等等。我国宋代著名学者朱熹曾指出："读书有疑，有所见，自不容不立论。其不立论者，只是读书不到疑处耳！"① （3）通过学术交流发现新问题，学术交流形式多样，可与同行交流，也可与其他学科的人交流。通过交流往往会获得启发，引起联想，或发现自己所研究领域的新问题，或使自己所研究的问题明确化和深入化。交流，也可能使自己认识到原先的想法或假设是错误的，应该放弃，从而使自己避免徒劳无功或误入歧途。（4）在田野调查研究中发现新问题，例如，改革开放以来，为什么东部沿海发达地区发展那么快，而西部地区很慢，为什么差距越拉越大，其原因是什么。笔者于 20 世纪 90 年代初通过调查，发现西部地区引进外资、技术、人才很困难，他们的发展主要是通过内部改革，是内源性变迁为主、外源性变迁为辅的变迁模式，而东部地区主要是靠大量引进外资、技术和人才发展起来的，是以外源性变迁为主、内源性变迁为辅的变迁模式。② （5）通过比较发现新问题，例如，甘肃境内的裕固族在 20 世纪 50 年代前保留类似永宁纳西族阿注婚的帐房戴头婚，也就是男为娶、女不嫁，男子到女子家同居的婚姻形式。学术界一般认为，帐房戴头婚是本民族原始时代母系制的残余。然而，裕固族与维吾尔族同源于古代回鹘人，与哈萨克族、柯尔克孜族、乌孜别克族和塔塔尔族等民族同属突厥语族，在来源上具有亲缘关系，而古代回鹘人和近现代突厥语诸族均无这种婚姻习俗，因此笔者推测这种婚姻习俗不是本民族固有的，而是后来形成的。2000 年，笔者让硕士研究生姚力去调查研究这一问题。通过调查，证明了我的假设，姚力写出其硕士学位论文《裕固族帐房戴头婚研究》。（6）因掌握新材料而发现旧的理论和观点有问题，特别是在考古学、历史

---

① 《朱子语类·学五·读书法》。

② 何星亮：《从人类学观点看中国西部的发展》，《民族研究》1997 年第 6 期。

学方面，这种情况比较普遍，有关事例很多。（7）为开拓新的领域而提出探索性的问题，尤其是多学科之间的"空白区"是可以大力开发的领域，如人类学与历史学之间、人文社会科学与自然科学之间。

（三）批判的过程

批判过程是创新过程的第二阶段，发现问题之后，必须进行批判，才能使学术界同行认识到某种理论和方法有问题或有缺陷。批判精神是学术研究应有的基本精神，学术研究没有批判就不可能发展。英国科学家贝弗里奇曾说："科学上危害最大的莫过于舍弃批判的态度，代之以轻信佐证不足的假说。"① 只有敢于向权威挑战，在批判前人的理论和方法的基础上，才有可能创造出新的理论和方法来。西方民族学、人类学的许多新理论和新方法，都是在批判前人的理论和方法的基础上产生的。例如，美国历史学派和德奥传播学派的理论和方法都是在怀疑和批判进化学派的基础上产生的，马林诺夫斯基的功能论是在批判进化论和传播论基础上形成的。其他学派也一样，都是首先通过批判前人的理论，然后再提出自己的理论。尽管后来提出的理论并不一定比前者科学，但它毕竟为学术研究提供了一个新的视角。

中国学术界缺乏批判精神。学术界的评论说好话的多，批判的文章很少。不过，批判必须讲科学性，必须实事求是，有根有据，不能因个人恩怨或不同派系而批判他人的论著。

（四）构建假设的过程

创新的关键是构建科学的假设。能够发现问题和批判前人的理论和方法还不能达到创新的目的，只有构建新的假设才是创新过程中的关键一环。胡适有句名言，叫做"大胆假设，小心求证"。先提出假设，然后再寻找资料论证。

假设是运用思维、想象，对所研究事物的本质或规律的初步设想或推测，是对所研究的问题提出的可能的答案或尝试性理解。假设是科学研究的重要环节，任何一种科学研究，都必须事先构建假设。建立研究假设的目的是使所研究的问题进一步具体化，是制定研究方案的出发点和收集资料的向导，从而使

---

① 〔英〕W. I. B. 贝弗里奇：《科学研究的艺术》，陈捷译，科学出版社，1979，第115页。

研究活动有一个明确的目标，并围绕假设进行论证和分析，以证明自己的假设，或通过研究否定自己的假设。

台湾"中央研究院"民族学研究所前所长庄英章等在 20 世纪 90 年代申请了关于闽台社会文化调查研究课题，主要探讨台湾汉人在家族、婚姻与生育行为等方面各地差异较大的原因。该课题提出三种假设：一是历史与文化的假设，亦即台湾汉人社区的文化差异可能源自于大陆祖籍地的母文化；二是环境适应的假设，也就是早期汉人移垦台湾的过程中所面临的物质、经济环境的差异，所导致的不同文化适应策略；三是族群互动的假设，亦即早期台湾汉人移民与平埔族之间的互动，在不同地区的不同文化融合过程产生了不同的文化行为。

（五）论证过程

有了假设，就必须求证和分析。任何研究假设都是未经证实或证伪的命题，是对某一问题尚未达到确切可靠的认识，尚处于科学猜测的阶段，有待于通过科学研究来检验或证实。只提出假设，没有论证、分析，得不到学术界的承认。现在有不少学者喜欢提出假设，但不注重论证。这不是科学的态度。论证与假设一样，都是重要的一步，要用各种可靠的资料从多方面来论证。如果只有一个证据，难以使人信服。不仅要有一定数量的证据，而且最好是利用多重证据，例如历史文献资料、考古学资料、民族调查资料、语言文字资料等相结合。

不过，上述五种过程并不是绝对的。某些学者，特别是部分人类学、社会学研究者，他们的创新过程是先进行调查，然后描述调查地区的各种文化现象，最后再进行理论探讨，提出自己的新的看法。

三　学术创新的方法

通过什么方法进行学术创新，笔者认为，主要有如下几种方法。

（一）原创法

所谓原创法，也就是前几年常说的"原始创新""自主创新"，即独立创造前人未提出过的理论、观点和方法等。原创法主要方式是发现和归纳。世界上的万事万物都有一定的规律、法则或结构和功能，需要人们通过观察、研究去寻找或认识。美国著名人类学家林顿认为，"发现是给知识增添新东西"。① 另一位著名人类学家霍贝尔（E. A. Hoebel）则认为，"发现是使某些已经存在，但过去不为人所了解的事物变得为人所知"。②

原创法的形式多样，其中一种是选择新的研究视角。例如，人类学传播学派主要从文化传播的角度分析，功能理论主要从功能的角度探讨，结构理论主要从结构的角度进行分析，象征理论主要从象征的角度进行探索，各个学派的研究视角均不相同，从而提出不同的理论和方法。社会学也一样，结构功能理论、冲突理论、交换理论、互动理论都是从不同的角度进行创新。

原创法的另一种形式是归纳、概括事物的本质及内在的关联性，从而提出新的理论或观点。英国哲学家培根曾形象地比喻，说明归纳法在创造性活动中的重要性。他说，我们不应该像蚂蚁，单只收集；也不可像蜘蛛，只从自己肚里抽丝；而应该像蜜蜂，既采集，又整理，这样才能酿出香甜的蜂蜜来。③ 例如，英国人类学家泰勒主要归纳和分析原始民族关于梦境、幻觉、睡眠、疾病、影子、映像、回声、呼吸等现象的资料，从而提出原始民族相信非物质性的独立灵魂的观念，这些灵魂在物体中的去留决定着这些物体生命的有无。泰勒称这种观念为"万物有灵"信仰，他的理论也被称为"万物有灵论"。④

（二）替代法

所谓替代法，或称争鸣法，即针对前人理论或观点、方法的不足，提出不同的意见，并构建新的理论或观点、方法代替前者。例如，英国人类学家 R. R. 马雷特（R. R. Marett）提出泛生论（Animatism，或称物活论或前万物有灵论）以代替泰勒提出的宗教起源的"万物有灵论"。马雷特认为，原始人在产生万物有灵观念之前，曾信仰一种无人格的超自然的神秘力量——马纳（Mana）。美拉尼西来人和玻利尼西来人中的马纳不是鬼魂与精灵，而仅仅是一种超自然的力。马纳是流动的，它可附着于万物之中，人和物一旦被附着这种力量，便与

① Ralph Linton, *The Study of Man*, New York: Apple-Lon-Century, 1936, p. 306.
② E. A. Hoebel, *Anthropology*, 3ʳᵈ ed. New York: McGraw-Hill, 1966, p. 306.
③ 〔英〕F. 培根：《新工具》，许宝骙译，商务印书馆，1984，第75页。
④ 〔英〕爱德华·泰勒：《原始文化》第11～17章，连树声译，上海文艺出版社，1992。

众不同。酋长和巫师一般都认为附有马纳，因而具有超凡的能力，并受到特别的尊重。如果酋长或巫师年老或其他原因，不能胜任本职工作，马纳便离开他们的躯体。马雷特认为，泛生信仰比万物有灵信仰更为原始，更为简单。后来这种观念人格化，才产生了万物有灵信仰。①

笔者在 1982 年发表的《从哈、柯、汉亲属称谓看最古老的亲属制》（《民族研究》1982 年第 5 期），也是提出与摩尔根不同观点的论文。美国民族学家摩尔根在《古代社会》一书中认为，最古老的亲属制度是按辈分划分的五等亲属制，即祖父母辈到孙儿女辈，他以马来亚式亲属制度为例说明其观点。我通过对哈萨克族、柯尔克孜族和客家人的调查，发现哈萨克和柯尔克孜等族的基本亲属称谓只有父母、兄弟姐妹和儿女三个等级。在客家人中，也存在不少称父母为哥哥、姐姐的现象，此外，在历史文献中，古代中原人也存在称父母为兄、姐的现象。于是我根据哈萨克族、柯尔克孜族、古代汉人和客家人亲属称谓，论证最古老的亲属称谓制度是按老、中、幼划分的三等亲属制，而不是摩尔根所说的五等亲属制。

（三）修正法

修正法即修改或补充他人的理论、概念的方法。修正法一般是通过模仿，当发现问题后再进行修正。模仿是人的天性之一，模仿也可说是研究内容和材料的中国化。在模仿基础上修正西方的新理论，也是创新的一种形式。梁启超早在 20 世纪 20 年代就提出修正西方理论的重要性，他说："根据某学科已经发明的原则，证以本国从新搜集的材料；或者令原则的正确程度加增，或者必要时加以修正，甚至完全改造。"② 通过模仿，将会发现其长处与不足，才有可能提出修正或完全改造的方法。

台湾"中央研究院"原副院长、台湾大学心理学教授杨国枢 20 世纪 70 年代修正美国哈佛大学教授麦克利兰（David McCleland）关于成就动机的理论和方法便是很好的例子。麦克利兰的成就动机概念具有高度的自我取向（self-

---

① 参看林惠祥《文化人类学》，商务印书馆，1996，第 355～367 页；〔美〕威廉·A. 哈维兰：《当代人类学》，王铭铭等译，上海人民出版社，1987，第 508～509 页。

② 梁启超：《社会学在中国方面的几个重要问题研究举例》，《社会学界》第 1 卷，1927。

orientation）或个人取向的色彩。他认为，个人持有自己的"良好"或"优秀"的标准，而在做事时与自己的"优秀"标准相竞争的冲动便是成就动机。如果一个民族平均追求成就的动机很高，其经营能力和经济发展也会很高，因此其国力也加强；如果一个民族的成就动机很低，其经营能力和经济发展速度也会很低。他的理论是建立在许多国家大量的调查资料和文献资料上的，看起来极具说服力和可信度，因此在 20 世纪 60 年代的美国颇为流行。

杨国枢教授运用麦克利兰的理论和方法初步试测于台湾的大学生，但很不理想。因为"东方人基本上不是自我取向或个人取向的，而是他人取向的或集体取向的。他人取向或集体取向的人，常缺乏自己的'优秀'的标准；不是内在的或自发的，而是外在的或人加的。他们之想将事情做好，并不是与自己私自怀有的标准相竞争，而是要符合父母、老师或上司等重要他人或团体所订立的标准"。于是，杨教授把成就动机加以扩展，将成就动机界定为："与内在或外在'优秀'标准相竞争的冲动。"他进而将成就动机分为两类：一是自我取向或个人取向的成就动机，二是他人取向或团体取向的成就动机。他认为，在西方人中，自我取向的成就动机特强，而在东方人中，他人取向的成就动机特强。他还进一步把父母对子女的成就训练分为个人取向者与社会取向者，前者注重独立性训练，后者注重依赖性训练。并认为自我取向的成就动机与个人取向的成就训练成正相关，他人取向的成就动机与社会取向的成就训练成正相关。这一套修改后的成就动机的概念与理论，不但可以同时用于西方人与东方人，而且也可以导出较多的预测。[①] 杨教授对麦克利兰成就动机概念和理论的修正，是创新方式之一，也是心理学研究本土化的一种形式。

（四）补充完善法

所谓补充完善法，即在前人提出的理论、概念或观点的基础上，进行补充和完善，形成自己的理论和方法。例如，关于"功能"，孔德、斯宾塞和杜尔干（迪尔凯姆）等人早就论述过，但没有把功能作为主要的研究对象，杜尔干是最

---

① 杨国枢：《三种成就动机：概念性的分析》，1978 年在香港心理学会演讲稿；杨国枢：《心理学研究的中国化：层次与方向》，杨国枢、文崇一主编《社会及行为科学研究的中国化》，台湾"中央研究院"民族学研究所，1991，第 170～172 页。

早给"功能"下科学定义的人，并运用功能分析法分析澳大利亚土著民族的图腾崇拜，因而被称为"功能主义之父"。马林诺夫斯基和拉德克利夫-布朗发展了杜尔干等人的功能思想，较系统、较全面地研究"功能"问题，形成影响世界的功能主义理论及其学派。社会学中的结构功能学派代表人物之一墨顿（R. K. Merton）发展了马林诺夫斯基的功能思想，提出的"显功能""潜功能""正功能""反功能"等概念，以分析社会文化现象的各种不同的功能，使功能的概念更加全面和系统。①

德奥传播学派的理论也是不断丰富和完善的。"文化圈"这一术语及其概念最初是由德国著名人类学家和地理学家拉策尔的学生弗罗贝纽斯（L. Frobenuius）首先提出的。F. 格雷布纳（F. Graebner）继承和完善了拉策尔和弗罗贝纽斯的理论，系统地论述了文化圈理论和方法，创立复原人类文化史的"文化圈-文化层"分析法。奥地利学者施密特（W. Schmidt）继格雷布纳之后进一步发展了文化圈学说，提出"文化圈进化论"。②

再如交换理论，英国人类学家弗雷泽认为，早期的交换包括职位交换、婚姻交换、物物交换等，他的交换理论被认为是功利主义的理论。③ 英国人类学家马林诺夫斯基研究了原始民族的交换行为，提出与弗雷泽不同的交换理论——符号交换论，他认为人类早期的交换只是满足最简单的需要，并按最简单的经济方式实现这种需要；创立并维持交换关系的力量并不是经济需要，而是心理需要；符号或象征物交换是基本的社会过程，它构成社会等级分化或把社会整合为具有内凝力和团体整体的基础。④

法国人类学家莫斯在前人的基础上进一步发展和完善。他认为，早期的交换形式不是在个体之间，而是在集体之间进行，它主要采取"馈赠"的方式。莫斯指出，在"社会交换"中有三重义务，即施（to give）、受（to receive）与

---

① 郑也夫主编《西方社会学说史》，能源出版社，1987，第197页。
② 〔苏〕C. A. 托卡列夫：《外国民族学史》，汤正方译，中国社会科学出版社，1983，第159页。
③ 〔美〕乔纳森·H. 特纳：《社会学理论的结构》，吴曲辉等译，浙江人民出版社，1987，第262～264页。
④ 〔美〕乔纳森·H. 特纳：《社会学理论的结构》，吴曲辉等译，浙江人民出版社，1987，第264～265页。

报（to repay），形成馈赠—接受—回报模式。他说，每个交换行动不但使这个人与那个人结合起来，而且使社会的这个部分与那个部分结合起来。①

（五）综合法

中国历史悠久，许多文化现象萌发于遥远的古代。数千年来，中国国内各民族的文化、中国文化和佛教文化、中西文化混杂交融，形成博大精深、极为复杂的文化系统。许多文化现象无法运用西方某一种理论和方法来进行较为全面的分析，只能采用综合的方法。综合又可分为多种形式：一是综合各学科理论的方法；二是综合西方人类学各学派之长；三是综合中西之长。

其一，综合各学科之长。人文社会科学各学科相结合进行综合研究，是社会科学发展的一大趋势。人文社会科学各学科相结合进行综合研究，是社会科学发展的一种大趋势。在人类学历史上，不少理论是在借鉴其他学科的理论和方法基础上发展起来的。例如，列维–施特劳斯的结构主义理论和方法是综合了语言学和心理学等学科有关理论与方法形成的。

其二，综合本学科各学派之长。100多年来，西方社会科学各学科先后出现众多的学派。各学派的理论和方法，各有其长处，也各有其缺陷。各个学派都从不同的角度对人类社会的各种文化现象进行解释。每一个学派都偏重某一方面，而忽略其他方面。例如，人类学中的功能学派从功能的角度研究人类社会和文化，而结构学派则从结构的角度进行分析。综合同一学科各学派之长，也是创新的一种方式，人类学中的文化心理学派（文化与人格学派）是在综合了美国历史学派和功能学派及弗洛伊德的精神分析学派的基础上形成的，象征学派是在综合了杜尔干的社会学派、列维–施特劳斯的结构主义和弗洛伊德的精神分析理论基础上形成的。

其三，综合中西学之长。任何国家的学术思想和方法，要想在世界学术之林占有一席之地，必须在本国学术传统基础上创新和发展。为什么美国、英国、法国和德国的社会科学各学科的理论和方法均有所不同，其重要原因之一是各自的学术传统不同。例如，法国著名学者列维–施特劳斯的结构主义理论和方法是在法国学术传统的基础上发展而来的，它继承和综合了法国著名的前辈学者

---

① 参见杨国枢主编《中国人的心理》，台北，桂冠图书公司，1988，第85页。

的理论和方法，如卢梭的哲学思想、杜尔干的社会学理论、莫斯的交换理论等，并吸收其他国家一些学者的理论和语言学的方法而形成的。马林诺夫斯基的功能主义理论也一样，都是在继承和弘扬英国优秀学术传统的基础上形成的，如果没有里弗斯、冯特、斯宾塞、弗雷泽等人的学说为基础，其理论也就不可能成为影响世界一个时期的理论。中国人类学和民族学要想为世界学术界作出较大的贡献，只靠模仿和综合西方各学派之长是不可能的。只有继承、弘扬本国优秀的学术传统，同时吸收西方社会科学有价值的理论和方法，并使两者有机地结合起来，使之具有中国的"魂"和"体"，才能逐步形成一种既与传统有别，又与西方不同的研究方法，才有可能真正实现中国化。

（六）移植法

在现代科学领域，各种方法的相互移植非常普遍，方法的嫁接现象十分突出。数学方法开始只是在力学、天文学等比较古老的学科中得到初步运用，后来随着科学技术的迅猛发展，数学方法的运用就广泛起来。

方法的移植具有深远的科学意义，有时方法之间的相互移植甚至成为一系列新兴学科的生长点，形成新的边缘学科。另外，方法的移植也是产生和创造新方法的重要途径和主要手段之一，如历史模型法就是将数学方法和模型方法嫁接到历史现象上而形成的。

西方不少人类学家都认为，社会现象与自然现象是不可分的，并认为必须用自然科学的方法进行研究。例如，人类学进化学派的主要代表人物之一、英国人类学之父泰勒认为，人类文化史是自然史的一部分，他"试图将自然科学方法运用于文化现象的研究"，"把一切类似的文化现象比作'自然科学家研究的植物物种和动物物种'"。在他看来，研究各种文化现象的分布，应当"像自然科学家研究植物物种和动物物种的地理分布一样"。[1] 英国结构-功能学派的代表人物拉德克朗夫-布朗也说：人类学是"关于人类社会的理论性的自然科学"。[2] 结构主义创始人列维-施特劳斯曾说："结构主义基于一种观点，即人类

---

[1] 〔苏〕C. A. 托卡列夫：《外国民族学史》，汤正方译，中国社会科学出版社，1983，第41页。

[2] 〔日〕绫部恒雄主编《文化人类学十五种理论》，周星等译，贵州人民出版社，1988，第39页。

行为可以像植物或化学元素一样，用科学方法分类。……有必然的规律控制人类行为，就像有必然的规律控制受精或细胞生长一样。列维-施特劳斯相信，你可以用植物学家研究阿米巴同样的方法，去研究一个部落。"①

人类学中的不少理论都是在移植自然科学理论的基础上形成的。例如，19世纪下半叶形成的进化理论是在生物进化理论的基础上形成的。"功能""结构"等概念都是从生物学中引入人类学的。新进化论代表人物怀特借用自然科学的"能量学说"解释文化进化。在他看来，人类利用能量的发展经历了四个阶段：一是人类主要依靠自己的体能而获取食物的阶段，即渔猎采集时代；二是人类能够通过利用自然界中能源——太阳能而获取食物的阶段，即农业和畜牧业时期；三是通过动力革命，对新能源如煤、油和水力资源充分利用的阶段，也就是现代工业化时代；四是人类能够利用原子能的时代，也就是当代世界。②

人类学本来就是一门横跨自然科学和社会科学的综合性学科，它研究人的两种属性：生物性和文化性。从生物与文化两方面研究人，是人类学与其他学科最大的不同之处。另外，人类社会是一个复杂的系统，既有自然的属性，又有社会的属性。许多问题尤其是难度较大的问题，只运用一种学科的理论和方法难以进行科学的解释和论证，需要多学科合作或吸取多学科之长。例如，研究民族来源，如果结合生物遗传学等自然科学，必将得出更为科学、可靠的结论。研究中国气功也一样，必须借鉴自然科学的方法，才有可能取得较为理想的研究成果。

结　语

中国人类学民族学的学术创新，除了注重创新方法之外，还必须注意如下

---

① de Gramont. S. , "There Are No Superior Societies", *The New York Times Magazine*, Jan. 28, 1968：28。转引自文崇一《中国的社会学：国际化或国家化》，乔健主编《社会学、人类学在中国的发展》，香港中文大学新亚书院印，1998，第159页。

② 〔美〕怀特：《文化的科学》，曹锦清等译，浙江人民出版社，1988，第373页；〔美〕E. A. 霍贝尔：《文化演化及其研究方法》，杨希梅译，覃光广等编《当代国外文学研究》，中央民族学院出版社，1986，第91页。

几方面的问题。

第一，在中国社会和文化的基础上创新。中国是一个文化资料大国，但不是一个文化理论大国。数千年的文化资料，浩如烟海，汗牛充栋；各具特色的地区性、民族性的文化资料，异彩纷呈，五光十色。这是世界上任何一个国家都无法比拟的。在我们祖先积累的如此深厚、多彩的文化资料基础上，本来是完全有可能建造出众多的文化理论。遗憾的是一百多年来影响世界的文化理论，主要是西方学者创立的。21 世纪的中国人类学和民族学应充分发挥自身的优势，在中国丰富的文化资料基础上，独立建构各种与西方不同的理论、概念、方法和研究范式。

费孝通晚年曾十分惋惜地说：过去听拉德克利夫－布朗说社会学的老祖宗应当是中国的荀子，我一直想好好读一遍《荀子》来体会布朗这句话，但至今还没有做到，自觉很惭愧。①

美国人类学家郝瑞曾说："费孝通在 1947 年出版了他的《乡土中国》，在里面他尝试了走一条路，如果他能够继续走那条路，我觉得这会是一个非常重要的贡献。在那本书里，费孝通发明了一些新的分析模式，特别是他提到一个很难翻译的概念：差序格局。……他否定了西方所用的团体格局，而用的是差序格局这个词来代替，团体格局指的是相对于西方的个人社会而言，东方是团体社会，他拒绝用这种个人社会与团体社会的分化，而用差序格局来作为第三类方法。……但这是中国的学者用中国的经验、中国的语言、中国的观念来对人类学的理论做出的贡献。"② 可见，在中国本土文化资料的基础上构建与西方不同的理论，是学术创新的关键一环。

第二，中国人类学理论和方法的创新，主要目的是对世界学术提供独特的贡献。建构的新理论和新方法，既要适合中国社会和文化的研究，同时也要适合全人类不同社会和文化的研究。

李亦园院士曾指出："社会科学研究或社会科学的中国化其最终目的并非只

---

① 转引自彭文斌《田野、同行与中国人类学西南研究——访美国著名人类学家斯蒂文·郝瑞教授》，《西南民族大学学报》2007 年第 10 期。

② 转引自彭文斌《田野、同行与中国人类学西南研究——访美国著名人类学家斯蒂文·郝瑞教授》，《西南民族大学学报》2007 年第 10 期。

是中国化而已，这一点是非常重要而需要特别提出来之处。中国化研究重要的目的固然不是被西方牵着鼻子走，进而发展我们自己的方法、观念与理论，使能更容易而清楚地了解我们自己的文化的真相，而提出与西方不同的看法与理论，说明西方观念所开展出来的理论并非唯一的认知自然真实的方法。但是，科学研究，即使是'另类科学'，其最终的目的仍是在建构可以适合全人类不同的文化、不同民族的行为与文化理论，否则固步自封于中国文化的理论，也就与西方文化理论自以为是唯一的研究途径没有什么不一样了。"① 杨国枢院士在谈到心理学中国化时也说："中国心理学者所设计的新方法，其适用范围未必只限于中国，将来其他国家的心理学者也可能加以采用。"②

第三，学术创新不跟在西方人后面走，开创自己的研究领域。每个国家的国情不同，研究的对象和内容也就不可能完全相同。在西方国家，也没有共同研究主题。例如，就人类学而言，美国学者偏重文化，英、法学者偏重社会结构和亲属结构等。社会学也一样，各国有不同的着重点。台湾社会学家蔡文辉说："德国和法国的社会学理论较重视文化与历史，而美国的社会学则较重功利主义及现实社会问题，这是大家所共认的。在美国的社会学理论里，种族因素常是重要的概念成分，而在德法两国的社会里则很难找到种族问题的理论。"③在西方是"学术前沿"，但在中国不一定是"前沿"。当然，西方的学术研究情况必须了解，但不能总跟在别人屁股后面跑，别人研究什么，自己也研究什么。总是跟在别人后面跑，根本不可能创新。

台湾著名学者杨国枢和文崇一早在 20 世纪 80 年代便说："多年以来，我国的社会及行为科学界，却一直忙于吸收西方的研究成果，模仿西方的研究方式，似乎已经忘记将自己的社会文化背景反映在研究活动之中。在缺乏自我肯定与自信心的情形下，长期过分模仿西方研究活动的结果，使中国的社会及行为科学缺乏个性与特征，终于沦为西方社会及行为科学的附庸。" 两位教授还不无感慨地说："……我们所探讨的对象虽是中国社会与中国人，所采用的理论与方法

① 李亦园：《人类学中国化之我见》，《广西民族学院学报》1998 年第 3 期。
② 杨国枢：《心理学研究的中国化》，杨国枢、文崇一主编《社会及行为科学研究的中国化》，台湾"中央研究院"民族学研究所，1991，第 180 ~ 181 页。
③ 蔡文辉：《社会学理论》，台北，三民书局，1986，第 8 页。

却几乎全是西方的或西方式的。在日常生活中，我们是中国人；在从事研究工作时，我们却变成了西方人。我们有意识的抑制自己中国式的思想观念与哲学取向，使其难以表现在研究的历程之中，而只是不加批评的接受与承袭西方的问题、理论及方法。在这种情形下，我们充其量只能亦步亦趋，以赶上国外的学术潮流为能事。"

当代中国民间信仰的流变与趋势

——宗教体系外的浅信仰状态

王晓丽[*]

当代民间信仰，是一种特殊的信仰模式，在 20 世纪的 80 年代末至 90 年代初期，开始出现人数快速增长的态势。特别是旅游业在国内的兴起，许多传统的宗教活动地点成为旅游参观景点对民众开放，也促使了民间信仰人数的爆发式增长，民间信仰作为一种现代社会意识现象，其发展进入一个快车道，并呈现出一些新型的特点。比如，民间信仰的人数增长迅速，甚至比信仰宗教的人数增长得还快，尽管没有一个具体的统计，但是，全国各地呈现出的民间信仰的大众现象，就足以说明问题。如，据媒体第二天的追踪报道，仅 2012 年农历大年初一的一天时间里，去北京雍和宫敬香的香客和游客达 6 万人左右。从上午 8 点半开始排队进入雍和宫，到中午 1 点左右出来的 4 个多小时里，本人在人群中随机调查采访了 32 人。其中，承认自己信教的只有 2 人，承认自己是无神论者的有 7 人，其他的 23 人认为自己是信神不信教的。同时，人群中老年人和带孩子的人较少，多是中年人和青年人。在被采访的人中，北京市常住者占 1/2，包括就读的高校学生和研究生，另外 1/2 是外地游客。采访对象中男女各半，没有外国人，有一个满族和两个瑶族，都是就读的学生。民间信仰不同于宗教信仰，也不同于民间宗教信仰，它表现出没有固定崇拜对象、没有规范祭祀仪式和信神不信教，甚至信神的理由可以表

* 中国社会科学院民族学与人类学研究所研究员。

现为信奉善良、良心等人类道德品性外力化等特征。如果过去我们主要是划分为无神论与信奉宗教两类人群的话，当代民间信仰者则成为社会群体中的第三类具有显性信仰特征的人群。① 这类人群主要是从无神论者或年轻人中游离出来，在近30年里逐渐形成的一批新型的、存在于无神论与宗教信仰之外的特定人群。他们不信教，不属于宗教信仰人群，但他们也不是无神论者，不属于无神论人群。更重要的事实是，他们的信仰并不是在无神论与宗教信仰两者之间摇摆，而是不同于前两者信仰内容的独立的信仰人群，是现实存在的一种特殊信仰类型。他们在崇拜偶像上的多样性和祭祀行为上的自我主张，以及祭祀时间和祭祀地点的无禁忌、无约束，使他们具有信仰行为上一种别样的特征。

这类信仰形式的兴盛，把社会曾长期存在的非此即彼的信仰类型二分原则，即或信仰无神论，或信仰宗教的两种大的信仰分类，推进到信仰模式三元共生的分类状态，或者说，进入到当代社会信仰多元化的状态。这种状态的出现，是中国社会目前特有的社会意识发展现象，除了表明社会发展可以推动社会意识发展，并且社会意识能够以多种形式同时存在外，还证明了信仰是人类社会特有的需求之一。虽然这种需求是后天的，但它在社会发展的任何时期都会存在，只是在不同的时期表现的形式和内容各有不同，综观人类社会发展的历史，不难证明这一点。当然，这里不是说只有无神论和有神论的存在是合理的，而是强调，人类的意识活动是必然存在的，它伴随着人类的存在而存在，而信仰是人类的意识活动形式之一，人类的信仰需求与生存需求一样，是不能忽视和或缺的存在，不管你是否管理它、是否引导它，它都是存在的。而且，它的每一秒的存在都是活态的，都会以某种方式表达出来，无神论是一种表达方式，宗教信仰是一种表达方式，民间信仰同样也是一种表达方式。既然有这种需求的存在，满足这种需求和引导这种需求的方向，就是任何社会都不能放弃的责任。这提示人们，人类的思想意识不仅需要社会资源的滋养，还需要社会主流形态的引导，如果任由其发展，放任或者放松管理，缺少社会主旨的引导，就有可能出现悖于社会发展的逆动，成为不稳定因素。

---

① 王晓丽：《民间信仰的庞杂与有序》，《西北民族研究》2009 年第 4 期。

剥离民间信仰与宗教、民间宗教的关系，了解和认识当代民间信仰的特征和发展趋势，以及它在整个社会意识中的位置和影响，也是了解国内自改革开放以来社会意识发展的曲线，了解在现代社会里，作为社会意识的资源，信仰和文化是以什么样的方式影响人类的文明。宗教、民间文化、本土文化、外来文化，以及现代文化对人的影响，究竟发生着怎样的作用，是本文研究的主要目的。

一　关于民间信仰的研究状况

几千年来，国家统一，历史悠久，文化丰富且传承持续不断，一直是中国的特点之一。在民间，长期以来，人们包容意识上的多元，呈现多种信仰平行、平等、杂处共生的自然发展状态。例如，无神论与儒释道并行，萨满教、巫教活跃在民间，伊斯兰教、天主教、基督教公开进行宗教活动和传教，而民间信仰则一直夹杂在这些社会信仰模式中间生存和发展着。当然，在历史上任何一个发展阶段，社会也在不断地抵制和清理各种邪教的滋生，担当着人们意识形态的引导和管理的重任。

早期的民间信仰，多是与民俗或是与民间宗教捆绑在一起来认知。民间信仰出现得很早，例如，民间素来相信人们的衣食住行、生老病死、礼尚往来、劳作交易等事项，都与天地鬼神相关，是由各路神仙管控，常常设定一套祭祀仪式来表达人们的敬畏和祈求保佑的心理。周朝形成的礼仪制度，除了规范人们的行为、协调社会秩序外，还是引导人们信仰活动的制约机制。在它的五大分类中，不论是殡礼、婚礼、吉礼、军礼，还是凶礼，包括了对天，对地，对鬼神，对祖先，对各种君臣等级、人际关系等的信仰及其信仰活动的仪式仪规，这也影响着早期民间信仰的形成和存在。中国历史上虽然没有宗教治国的记载，但是，历朝历代的皇上、天子、帝王是信仰鬼神存在的，他们不仅有专门的祭祀场所，如天坛、地坛等，甚至在皇城内、坤宁宫大殿外还立有萨满教所用的楠木神杆；同时，皇宫里有专门的祭祀仪式，有些祭祀仪式有时还会请宗教人士主持和引领活动。如清朝时期，宫廷里请"萨满太太"在坤宁宫举行跳神祭祀活动。不过，即便是在清朝，宫廷里"其他佛、道、喇嘛、关羽乃至日月星辰等等，什么都信"。① 这表明：第一，那些祭祀仪式和祭祀场所不属于任何一个宗教所有，仅仅是帝王满足信仰需求的场所；第二，帝王也是信神不信教，其行为不仅是民间信仰的表率，而且是对民间信仰形式存在的最直接肯定。可以说，在时间上，民间信仰形成于原始宗教后期、多种不同于原始宗教信仰的信仰内容和信仰形式出现之时，如多神崇拜的出现，祖先崇拜的形成，一神崇拜的确定，等等。但是，早期的民间信仰夹杂在人类早期的宗教信仰中，并没有表现出个性化的信仰特征；同时，它遵守的生活规则依旧是民间习俗，不是宗教生活规则，而它祈求的主要内容反映的是人们生活中的困惑。因此，民间信仰又与民俗混合在一起，没有刻意地区别成为一种独立的信仰现象，也没有专门的民间信仰研究。这一点，从已有的研究著作中可以反映出来，也可以从岩画和民间的祭祀舞蹈中表现出来。如，狩猎中的祭祀，劳动中的祭祀，收获时的祭祀，年节时的祭祀，以及对孕育生命的女性的刻画和崇拜，许多地方和民族中保留的求子活动等。这些都没有宗教的归属，却也表达着人们通过具体的劳动项目，祭天、祭地、祭鬼神的情况。

随着社会的发展，不仅有民间宗教的存在和兴盛，还有社会认同的传播，广泛的世界性宗教也渗透进来，在人们的意识中，民间信仰逐渐从民俗习俗中分离出来，成为一种个人信仰行为，而不再是习俗现象。但是，民间信仰与民间宗教混杂在一起，甚至长时期以来，民间信仰被等同于民间宗教，或者说民间信仰是民间宗教的另一种说法。有些学者甚至认为，民间信仰不是单独存在的意识现象，而与民间宗教同体，或者说就是民间宗教。因此，虽然，民间信仰研究从形成起就与宗教信仰研究的区分较为明确，但是，民间信仰从没有被当作一个独立的信仰模式而成为专门的研究领域，而是与民间宗教研究合并在一起。这样混合在一起的结果是，民间信仰研究被模糊掉了，研究事实上是针对民间宗教的关注，并没有对民间信仰的研究。这种将民间信仰混同于民间宗教的状况曾是长期的、普遍的现象，其原因就在于民间宗教不同于世界宗教，或者不同于国家认可的五大宗教。民间宗教长期深埋于民间民俗之中，而且民间宗教形式多样，名目多样，崇拜偶像多样，规模较小，其自身的宗教解释不

---

① 溥佳：《晚清宫廷生活见闻——记清宫的庆典、祭祀和敬神》，文史资料出版社，1982，第118～123页。

确定，或者解释内容庞杂。宗教门类生生灭灭的情况经常发生，特别是民间宗教的宗教规制，如入教成本、祭祀时间、祭祀仪式等约定门槛较低，这与民间信仰的随意性比较贴近，也成为民间信仰方便借用其信仰的神灵鬼怪和游离民间宗教的条件。民间信仰更经常地表现为远离五大宗教而彷徨在民间宗教周围。同时，民间信仰在改革开放以前，并没有今天这样大规模的公众化的表现，在无神论和宗教信仰之间，并无明显的占位。有民间信仰的人，甚至羞于公开个人心理需求，怕被看作迷信者，而个人又不愿意信教，或者长期接受无神论的教育，对于宗教信仰有一定的排斥。因此，以往的民间信仰研究，总是被放置在民间宗教之中进行分析，并没有形成一个独立的体系，也没有给予研究的对象化位置，甚至不是一个确定的研究目标。这种状况，在国内、国外的民间信仰研究中长期存在，如，有书这样解释民间信仰："民间信仰是民间代代传承的自然信仰，它是人们通过长期经验领会到的一种应对自然的宗教现象，也被称为民俗信仰，民俗宗教。"① 甚至到目前为止，民间宗教处于颓势，民间信仰处于兴盛之时，仍然还有学者将它与民间宗教捆绑在一起，不将其作为社会上一种独立的、特殊的意识现象进行研究。

民间信仰与民间宗教的区分确实存在一定的难度。民间信仰与民间宗教易于混淆，尤其是具有一定活动规模的民间信仰，最易与民间宗教混淆。其实，民间宗教有自己特定的崇拜对象、祭祀仪式、神话故事、民间传说、禁忌约束等传承体系，而民间信仰没有这些繁复的内容限制，没有体系的规范，不受禁忌的约束，无信仰界限要求，表现得更为随性、自在。比如，祖先崇拜属于民间宗教，包括对一个民族的祖先或对一个家族、家庭祖先的崇拜，都属于确定崇拜对象、各地大致相似的祭祀模式、可以追溯的崇拜历史、明确的内部等级等宗教信仰的范围。最为可靠的依据是，宗教信仰突出的内容之一是人的来源，而祖先崇拜恰恰是表明和确定具体的一个人、一个家族，甚至一个民族的来源。例如，每年举办大型的祭奠黄帝、炎帝的活动，它是最为容易理解和普遍接受的最近的中华民族来源的认同。但是，有些地方具有规模的民间信仰活动里，也包含有祖先崇拜的内容，但又不完全是祖先崇拜，混杂了一些宗教的偶像崇拜，混杂着地方的民间传说故事，有的还与农历节气结合在一起，用于人们祭

---

① 吕春燕、赵岩编著《韩国的信仰和民俗》，北京大学出版社，2010，第302页。

祀朝拜。比如河北赵县的龙牌会，既不是拜祖先，也不是拜某一宗教偶像，它很难归属于一个宗教类型，包括很难归属于民间宗教，它就是凭借农历节气演化出来的一种民间信仰，是民间信仰的一个典型案例。

又比如，民间有祭祀灶神的活动，这不是现代的民间信仰，而是传统的民间宗教信仰的内容。它不仅有具体的崇拜对象——灶神，灶王爷同祖先神一样，是家神之一，而且有特定的祭祀场所，是一庙神，即七十二行之一的祖师（见杨堃先生的《灶神考》一文）。① 它虽然非常普遍地流行于民间，流行于百姓之中，但恰恰因为它是一种民间宗教信仰，因此存在着许多信仰禁忌，限定着人们的行为。比如，规定供奉灶神的位置，敬神的时间，规定人们在供奉灶神的地方什么能做、什么不能做，等等。而民间信仰并不在意对神灵的热爱与否，也不在意一切与信仰相关的规则和禁忌，虽然也接受对灶神的祭祀，认同它是存在的一方神，但不接受太多的信仰禁忌，不去了解灶神的由来、具体形象、功能、祭祀规定，等等。民间信仰在意的是每次朝拜时（具体朝拜谁不重要，重要的是每次的朝拜行为本身），向神灵陈述什么愿望，朝拜能否给自己带来预期的安慰和可能产生的显灵效果，因此，民间信仰也无法归属到民间宗教里去。民间宗教再民间化也是宗教信仰模式，是以神的意志统领人的意识；民间信仰不是宗教信仰，仅仅是一种自在的以满足个人现实愿望为出发点的信仰模式。

现代民间信仰人群是一个在增长的人群，而且是一个确定存在的人群。作为一个特例的信仰人群，它的大众化趋势和复杂特点是不容忽视的，特别是作为一个现代社会中逐渐膨胀、显现在无神与宗教人群之间独立存在的一类人群现象，给予足够的认识，单独地提出民间信仰的研究，就成为必要的。

二　当代民间信仰的流变（与宗教信仰的明显区别）

"研究事物，必须去其枝节，追本溯源以求其基本标准。"② 民间信仰与宗教信仰到底存在哪些根本性的区别，为什么在调查中，人们总是反复强调或十分肯定地讲自己并不信教呢？只有将民间信仰与宗教、民间宗教、民俗活动都

---

① 杨堃：《杨堃民族研究文集》，民族出版社，1991，第 162 页。
② 〔日〕福泽谕吉：《文明论概略》，北京编译社译，商务印书馆，1959，第 1 页。

放置在信仰的核心思想、信仰方向（追求精神世界本身，还是追求满足现实需求）、信仰形式、信仰中的人与神的关系，以及有无宗教权利、有无固定的神职组织、有无信仰等级等基本点上，进行必要的对比，才能看清民间信仰到底属不属于宗教信仰，属不属于民间宗教，与不带信仰要求的民俗到底存在哪些差异。

首先，从信仰的核心思想来分析：本体论的宗教说是宗教的根本，宗教教义解释着整个世界的由来，包括人类的由来、存在、死亡和转世等的意义，即世间万物是由神创造的，神是整个世界的唯一本源。不仅所有的生命来源于神，天地万物来源于神，而且，神用强大的超自然的力量统治这个世界，无所不在，无所不能，包括统治人的命运，救赎人的精神，赐予人福祉。宗教信仰中，神的地位是至高无上的，神是唯一的信仰核心，可以说，**唯神论**是宗教信仰的精髓。例如：道教思想的核心："一生二，二生三，三生万物"。这里的"一"也叫"太一""太乙"，是指世界出现之前的"那个存在"，即"道"，是世界的创造者；"二"为天地阴阳，是指人类出现之前先被"道"创造出来的空间和宇宙现象；"三"是指天地人的统合。这里确切地表明了，"道"在世界存在之前就已经存在了，并由"道"依次生成了阴阳、星辰、天、地、人，从而构成了世界，因此，它是世间万物的本源，是道教中最高的神。伊斯兰教中有六个基本信条："1. 信仰世间一切事物均由安拉前定——简称'信前定'；2. 信仰安拉是唯一的神——简称'信安拉'；3. 信仰穆罕默德是安拉的使者——简称'信使者'；4. 信仰《古兰经》是安拉启示的经典——简称'信经典'；5. 信天使；6. 信仰'死后复活'——简称'信后世'"。① 这里强调了信仰的基本内容，规定了信仰的基本范畴，明确了神的基本旨意。道教的宗教理论：阴阳、五行、天官、黄道、太岁等，均是围绕着"道"的内涵与"道"的功能而论的。同样，基督教中的"上帝"，即天主教中的"天主"，是被信奉为创世和主宰天地万物的神，并掌控对人的赏罚奖惩，也是教中最高的神。

民间信仰也相信神灵的存在，而且相信存在很多的神灵，包括鬼怪和许多通灵的事物。同时还相信，在人之外，存在一种强大的、超自然的神秘力量，这种力量可以随时控制天地间的变化，可以制约人们的各种行为，并且这种力

---

① 见任继愈主编《宗教词典》，上海辞书出版社，1981，第 222 页。

量存在于所有的神灵之中。但是，信仰仅仅到此为止，也就是说，民间信仰相信和崇拜的是神灵的功能，并不讨论世界的本体是什么，不讨论世间万物来源于哪里。或者说，除了相信神灵鬼怪的功能外，信仰中并没有其他延伸的内容，如，神灵说没说这个世界存在有什么，这个世界是什么样的，人来源于哪里，又会回归于哪里，甚至人的灵魂需要不需要救赎等内容，都没有实际的表现和解释。在对信神不信教者的采访中，没有一例会在自己的祈祷或祭祀活动中，先考虑世界的本源问题，也不会在活动中考虑什么原罪与救赎问题。不过，"宗教把苦难当作被神厌恶的征兆和隐秘的罪过，这就从心理学上迎合了一种极其普遍的需要"。① 正是这种需要，民间信仰同样接受了希望直接用神灵去规避现实生活中各种影响人们生存、影响家庭生活、影响人际关系等方面的苦难，以获得趋利避弊的机会，而不是借助宗教，间接地祈求神灵的帮助。

由此可见，**求利**是民间信仰最明确最本质的目标。那么，什么是人们生活中的"利"呢？如，新的生命就是一种"利"，是夫妻之"利"——感情的纽带，家庭之"利"——姓氏的传承人，家族之"利"——血脉的延续。因此，为了得到此"利"，人们向神灵求子。金钱是一种"利"，是生活之"利"，财富之"利"，消费之"利"，为得此"利"，人们向神灵求财。平安是一种"利"，风险是一种"害"，机遇是一种"利"，虽然具有偶然性，但表面上没有高门槛的限制，一生中人人都会有各种不同的机遇，于是，向各路神灵祈求保佑、规避苦难就成为民间信仰祈拜中最常见的内容。生病是个人生活中的"非利"事件，意外情况，是人之"弊"，是"邪"，有人去医院看病，也有人求神"辟邪"。生活中诸如此类有利弊之分的事情很多，可求己的自己做，在没有适当的办法解决，或做了一些努力之后没有"获利"的效果，就求神灵保佑，或寄托于神灵的帮助。可见，**唯利论**是民间信仰的核心动机，直接表达个人的功利目的和追求现实的福祉是民间信仰公开的理念，并不需要掩饰，也不需要用太多的理由来包裹人们追逐利益的本质。因而，在当代民间信仰各种类型和各种规模的活动中，太多的神灵鬼怪可以任意地汇聚在一起。谁都可以是被膜拜的偶像，但谁都不是信仰的核心，世界本体是民间信仰中一个模糊的不体现的领域，人生是现存事实，祈求获得各种"利益"的机会，才是信仰的真正目标。

---

① 〔德〕马克斯·韦伯：《儒教与道教》，王容芬译，商务印书馆，1995，第9页。

这种以"唯利"为主的信仰特点，源自于民众个人精神需求的有意识选择，即排斥无神论、排斥宗教信仰的另类信仰体现。虽然，民间信仰中每个人的信仰方向不同，如有信仰神灵的、有信仰鬼怪的、有信仰道德力量的、有信仰某一灵物或灵器的；也存在信仰程度不同，有的什么都信，有的只选择相信部分或个别的神灵。但无论怎样，民间信仰的个性化明显，其内部信仰模式、信仰内容十分庞杂。同时，民间信仰者无须规范行为和接受教育，自主形成；它的活动自由度大，只要在社会规则允许的范围之内，在不妨碍他人的前提下，个人随时都可以向任意神灵祈求或祷告。加之开放的寺、庙、观、堂，虽然是宗教信仰的活动场地，却也是明确标记为通灵的场所，是社会规则允许的承受祈求者祈福的公共场地，信教者可以来，信神者可以来，甚至不信神、不信教的游者也可以来。还有一些被人们认为可以通灵的地方，如名山、古树、湖边等不会干涉到他人的自然空间，都成为民间信仰者个人随机朝拜的场所。于是，民间信仰便在民间迅速泛滥起来。

其次，从人与神的关系来看：宗教信仰中只有一个主体，那就是神，神是宗教信仰中唯一的存在，在信仰中没有人的位置，因为，人是神创造的，人是信仰之外的存在，包括所有的神职人员。宗教信仰中，神是至高无上的，神是人的精神引路者，人则永远处于**"追随神"**的位置上。在所有的宗教活动中，人们学习的是规定的经文、背诵和诵念的也是规定的经文和真言，或者通过神职人员的传教去听神的教诲，始终保持着一种**"听神说"**、围绕着神的旨意展开的精神活动，保持着**有神无人**的状态。或者说永远处于追随神的状态里（尽管信众自觉自愿地将自己纳入某种宗教的管辖范围，成为永远的追随者），等待神的救赎，期待神赐予福祉。神职人员是宗教进入世俗社会、世俗社会了解和接受宗教的助手，而非宗教本身，因此，所有的宗教教义中，都不会有神职人员的位置。当然，神职人员首先是宗教的信仰者，其次是宗教教义的传播者和主要传承者，再次是宗教的维护者。神职人员同宗教信仰的固定活动场所一并，属于宗教教义之外的专门的社会组织体系。严格地讲，他们都不是宗教本身，而是传承宗教、实现和辅助宗教信仰活动的外化物。即便是大乘佛教除了指"释迦牟尼"为"佛"外，还泛指一切"觉行圆满者"为"佛"。而成佛的唯一道路是按照佛经修行，依旧是"听神说"，实现"自觉"、"觉他"（使众生觉悟）、"觉行圆满"三项俱全，与佛与教化为一体，方可获得最高果位"佛"的称谓。

民间宗教再民间化，它也是宗教，它也有基本的经文指导和神职人员引领。比如，我国云南纳西族的东巴教，虽然信仰多神，崇拜自然现象和自然物（如日月星辰、山水风火），没有寺庙和统一组织，但是它不光有《东巴经》，供奉丁巴什罗为始祖，有专门的神职巫师——东巴，而且有支派打巴教，这些构成了宗教体系的基本条件。它的活动涉及纳西族日常生活的许多方面，但是，所有的活动都是在东巴的引领下进行，不能由个人自行举办祭祀，并在整个活动中始终听东巴高声吟诵《东巴经》，保持"听神说"的状态。

在民间信仰中，没有什么系统的信仰理论基础，因此也没有具体的经文、经书、真言或典籍，是一种通过对"信则灵"理念的简单理解来支撑的信仰。即相信神灵的存在，相信神灵功能的存在，只要向神灵祈祷，神便会显灵来帮助人们实现个人的某个愿望。这种信仰的模式里，结果是原因的前提，即相信"显灵"在前，相信神灵在后。也就是说，因为有期望"显灵"的心理需求，才有认同神灵存在的信仰。因此，在民间信仰中，事实上是承认两个存在，即承认神的存在，也承认人的存在。人是以个人愿望的形式存在于信仰之中，因为，民间信仰的祭祀过程是祈祷神通过显灵去实现人的愿望；神是以被认为具备"显现灵验"的能力而存在于信仰之中。尽管意识上依旧是神在上、人在下的不同位置，而且相信这个位置是不能颠倒的；尽管还是遵循着神助人、神的威慑地位不变的信条，但是，信仰的空间里，不仅有神而且有人，人神共存，同时，人神是互动的，这一点是与宗教信仰截然不同的。另外，民间信仰几乎在任何时间、任何地点都可以表现为个人与神一对一的直接沟通，一般情况下，并不需要一个神职人员作为中介来转达信众个人的愿望。于是，民间信仰形成有别于宗教信仰的独特形式，即人**"对神说"**。在走访大量的信神不信教的信众时所听到的，都是信众对神的倾诉，祈求的是神灵按照个人的愿望发挥功能，而每个人的愿望各有不同。此时，祭祀活动中没有偶像的语言，没有神的教导，说者是人，听者是神。当然，在这中间，人的存在、人的需求是下位的，即便是说者，也是对上说，是以祈祷、许愿的方式说，"神"的存在、与显灵都是"上位"的。从这种人神关系上看，在民间信仰中，神是被利用的对象，人是在**"利用神"**，利用其无所不能的功力，利用其外在的力量来满足个人的心理需求，而不是像宗教信仰那样"追随神"，寄希望于未来。这两种不同信仰中的人神定位、人神关系，正是区分民间信仰与宗教信仰的一个重要特征。

再次，从信仰的目标看：宗教信仰的目标在于满足人们的**精神世界**本身，注重提高人的修行，注重在精神层面上个人对信仰本身和经文教义的学习和感悟。"宗教是实现根本转变的一种手段。……所谓根本转变是指人们从深陷于一般存在的困扰（罪过、无知等）中，彻底地转变为能够在最深刻的层次上，妥善地处理这些困扰的生活境界。这种驾驭生活的能力使人们体验到一种最可信的和最深刻的终极实体。"① 同时，通过信教，信奉者和追随者们关注个人的前世和离世后的去向，并根据"终极的背景来限定、或约束自己的生活，以此扬长克短，不断完善自己"②，解除人身上的原罪，在神灵不断地救赎和指引下，脱离苦海抵达彼岸，因此，宗教信仰被视为神圣的事情。每一次宗教活动的内容是被规定好的，参与活动的所有信众会围绕着这个主题进行祈祷。如天主教的早晚礼拜；伊斯兰教每天的五课功；农历每个月的初一、十五，佛教和喇嘛教的诵经祭祀等，活动的主题明确、内容统一有序。

民间信仰主要在于关注**现实世界**本身，关注眼前，关注现实事物，关注实际生活里遇到的问题和困境，关注个人利益，希望解决个人现实生活中不满足的部分。民间信仰中，对于个人前世是什么、未来是否转世，转世后会变成什么等问题，并不特别在意；对于人生是什么，生活中的困难、顺境是怎样形成的，没有求得解释的意愿；有对幸福、富有、顺意的渴望，没有对终极目标（比如，大同世界）的设定，因此，民间信仰是有信仰没教义的。民间信仰的祈求内容，一般都是指向个人或家庭目前一些生活需要的具体内容，包括祈祷家人的健康、平安，求子、求财，也包括倾诉不愉快的心理感受、希望摆脱眼前的具体的困扰等，并将这些需要和感受，转换成心理期望表达出来，以祈求神的保佑和安抚。于是可以看到，不论是个人还是集体的民间信仰祭祀活动，最终都是以信众个人愿望为主进行的祭拜，并期望祭拜能促使神显灵，因此，民

---

① 〔美〕F. J. 斯特伦：《人与神——宗教生活的理解》，金泽、何其敏译，上海人民出版社，1991，第 2 页。

② 〔美〕F. J. 斯特伦：《人与神——宗教生活的理解》，金泽、何其敏译，上海人民出版社，1991，第 3 页。

间信仰通常被视为神秘的事情。

复次，从认知的界限看：当代宗教信仰中的崇拜偶像是唯一的认知内容，它的唯一性，保障了偶像崇高的地位。这同时也表明了，所有的宗教信仰都是有界的，每一种宗教信仰都由一个确定的认知体系构成，拥有既定的崇拜偶像和认同范围，有一套特定的宗教教义，有专门服务于本宗教的组织机构。同时，宗教拥有入教的具体规定和信教的多种禁忌，这就保障了它自身具备控制和保护认知体系、巡查认知边界的能力，这也决定了宗教同时具有很强的排斥异教和维护本教的意识。宗教教义涉猎的范围非常宽泛，有思想的、行为的、宗教法的、哲学的，等等。但是，它又是非常有限的，因为，一套教义只适用于一个对应的宗教，并不能用于其他宗教，或者被其他宗教所共享。"从任何角度来看，这些宗教不能彼此相容，不能简单地共同纳入一个多类型的链条中。……它们都是极其复杂的历史的个体……"① 而同一种宗教里，又常常会分化出不同的教派，不同的教派对教义有不同解释和传承，常常形成宗教内部的界限。

民间信仰没有一个统一的、系统化的认知体系，它相信人之外、物质之外存在一种巨大的力量能够制约人和世界，而所有的神灵都具备这种能量，并不断地通过各种机会显示出来。因此，民间信仰崇拜偶像没有唯一性的限制，偶像和认知都是可以自由选择的，甚至可以是多个崇拜偶像重叠在一起信仰，如基督教和天主教的偶像，并不排除在民间信仰之外，常常和儒释道混合在一起，不需要任何理由，可以在个人信仰里同时被认可而实现共存一室，也使得每个信众都可能是多个偶像的崇拜者。另外，在民间信仰中，不论有多少个偶像叠加或混合，却没有至高神的确定，因为，所有的神灵都具有显灵能力。因而，所有的偶像——无论是神还是鬼，如，宗教里的神和非宗教里的鬼神（如，神话故事、历史传说中的神鬼、人物、蛇蝎虎狼），甚至自然中被认为有灵性的任何物体（如，山、水、火、树木）等，在信仰中都是平行与平等的，没有大小之分，也没有前后排序；相互之间没有关联，也不存在相互排斥；来源各异，但没有宗派。从将崇拜的众多偶像混合在一起的状态可知，对于民间信仰本身来说，所有的崇拜偶像之间是无界的，即信仰的内在无界，包括信仰的偶像无界，而且内部无教派之分。可以说，民间信仰是一种自在的、无界的大众信仰

---

① 〔德〕马克斯·韦伯：《儒教与道教》，王容芬译，商务印书馆，1995，第31页。

模式。

同时，在民间信仰中偶像的无界性还表现出三个随机特征：第一个是信众根据自己的知识和理解，可以任意选择崇拜偶像。当然，有些对生活具有特殊规定的宗教信仰，它的偶像可能不会包括在民间信仰之内，如，伊斯兰教的崇拜偶像。这是划在界外的神灵，不是因为信仰的不同，而是因为其所规定的生活习惯不同，这也反映出民间信仰求利、求实惠的特点。第二个是信众个人的每一次祭祀行为是随机的，有的是根据参与祭祀活动的趋众心理而确定自己的祭祀行为，或对佛，或对道，或对上帝，或对其他神灵；有些则是按照旅游线路的安排来决定今天的参拜活动。第三个是对偶像的祭祀仪式是随机的。如，很可能出现燃几炷香来祈求上帝保佑的。总之，不论是要崇拜的偶像，还是祭祀活动，或者祭祀仪式，大多掺杂着个人的随机特点，这一特点也是有别于宗教信仰的。

最后，从信众结构来看：宗教信众的构成是一种成熟有规则的结构，其内部不仅可以区分为神职人员与普通信众两个不同的信仰阶层。如神职人员为真正的信仰主体，他们不仅学习了本宗教的历史和经文教义，负责向普通信众传播和解读经文教义，而且掌握着救赎和求神赐福于信众的宗教权利。而其他的信众"都是宗教价值不高的俗人：是客体而非信仰的主体"。[1] 同时，在神职人员中，又有着不同等级的分层。这些分层不仅严格，而且需要较为繁复的认证过程和考核。虽然，有些特殊级层是经过宗教高层集团掣定而一次性获得、终身不变的，如，喇嘛教的活佛。但是，其他级层多是由下向上逐级评审而有上升机会的，如，天主教的主教，佛教的住持，道教的法师等。不过，一旦获得宗教里的级层席位，便具有终身享用的资格。同时，宗教里的教权是高度集中和垄断的，并不属于普通的信众所有。普通教徒中间也有分层，如，佛教中的居士与一般信众就存在信徒身份的区分，不仅有固定的名称，而且拥有不同于一般信众的传教或主持小型宗教祭祀活动的权利。

民间信仰的活动中，存在少许和小型的祭祀活动主持者的组织，并无固定的神职人员和规范的专门组织机构，信众群体基本上属于一种松散的、局部存在自由组合的内在结构形式。例如，陕西洛川县城正月十五的灯棚祭祀活动中，

---

① 〔德〕马克斯·韦伯：《儒教与道教》，王容芬译，商务印书馆，1995，第 7 页。

不论是入夜前在"白衣大士"灯棚里引领"偷灯"求子活动的男主持，还是在夜间零点以后，引领妇女们祭祀的女领头，都不是任何宗教里的神职人员，也不是民间宗教的巫师，而是普通的农民。只不过这些人是在被称为"全囫人"中推举出来的代表，即这些人不仅父母双全，而且都是生育有儿女的本村村民，临时承担着活动的主持角色。包括在其他灯棚里组织祭祀活动的引领者，如在"关公"灯棚、"南海大士"灯棚、"聚仙阁"灯棚等主持活动的引领者等，都只是某一部分祭祀活动的主持而已。不论是求财、避弊、去病，还是求长寿的祈拜活动，也仅仅是当地农民借助灯会聚集的时机，按照自己对崇拜对象理解的意义，自发组织起来进行的祭祀活动。因此，民间信仰中没有可掌握可控制的权力，虽然信众广泛，但每个人都可以直接与神灵沟通，信仰者之间没有等级之分，也没有阶层之分。

归纳民间信仰与宗教信仰的区别如表1所示。

表1 宗教信仰与民间信仰的区别

宗教信仰	民间信仰
唯神论，信仰中只有神没有人	唯利论，信仰中人神同在
追随神——听神说	利用神——对神说
"神"是核心，信仰为宗教本身，希望在宗教世界里满足精神需求	"利"是核心，信仰为个人心理需要或心理依赖，满足、排遣生活中的不满
偶像的唯一性（信仰对象的有界性）	偶像多重叠加或混杂（信仰对象的无界性）
固定的祭祀活动场所和时间	大多数不固定祭祀活动场所和时间，个别的有相对固定的场所和时间（例如，陕西洛川县每年正月十五，在四个方向的固定地点设置不同祭祀意义的灯棚）
程序规范的祭祀仪式	随意选择或自由形式的祭祀仪式
确定的信仰禁忌范围	大多无确定的信仰禁忌范围
需要学习教义，获得入教资格，是有引导的信仰	无需学习，无教义遵循，无进入信仰类型的门槛，是无引导的自在信仰
有成熟的宗教组织，存在实际掌握的宗教权力；信众（包括神职人员）内部分为不同等级和阶层	没有规范的组织，没有神职人员，没有能被控制的信仰权力；信众中间不分等级，每个人都可以直接与神灵沟通

三　民间信仰的浅信仰特征

什么是浅信仰？本文所讲的浅信仰是指一种信仰状态。信仰状态是指对一种信仰是否具备较完整的信仰认知体系、信仰是否存在要求信众应该担当的一些必要的责任和义务、信仰的认知体系对信众是否具有约束力等方面的考察和评价。信仰状态可分为两种，一种是稳定的（或成熟的）信仰状态；一种是浅信仰状态。稳定的信仰状态是指：信众面对的是一整套专门的完善的信仰认知体系，通过学习能较为深入地了解信仰内容和确定信仰偶像，并自觉承担维护本信仰的责任和主动担当宣传本信仰的义务，以及自觉服从本信仰自身的约束要求，即明确地排斥其他信仰等。无神论信仰与宗教信仰都属于稳定信仰状态，反之，就是浅信仰状态。浅信仰是指信仰认知系统庞杂，信仰认知内容浅表化，无信仰约束，没有信仰责任和信仰义务的信仰状态，民间信仰就属于浅信仰的信仰状态。

希望通过对信仰状态的解析，来区分信仰种类的不同，这是本文自行尝试的分析方法。因为，民间信仰不仅仅是在信仰目标上与宗教信仰不同，而且在信仰状态上，也表现出与宗教信仰的不同。

首先，民间信仰的浅信仰特征表现为有信仰需求而无规范认知体系的信仰理念。民间信仰认知边界模糊，是囊括了各种认知内容的庞杂的认知体系，信仰者在相信神灵的同时，依旧相信科学、相信现代教育、相信医学，甚至崇尚时尚、主张个性自由等。所有信仰内容的构成是任意的、片段的、无关联的、混杂的。同时，它不是一个已经终结的认知系统，它崇拜的不是一个或一组确定的偶像，而是一个在不断扩充可认知对象或淘汰一些认知对象的动态认知系统。所有的崇拜偶像不受起源说或崇拜约束，表现为信仰对象上的多样和互不排斥，具体的崇拜偶像是在"信则灵"的理念基础上随个人意愿确定。

其次，民间信仰的浅信仰特征还表现为信仰者对所信仰对象不需要做深入的了解、理解、解读等学习过程，是一种对信仰内容**认知浅表化**的形式，**即信众只知其然，并不需要了解其信仰的所以然**。如果说，无神论信仰和宗教信仰同属于理性信仰思维的话，民间信仰则表现为附着在理性信仰思维表层的人类意识活动。如，从心理上偏重于相信神灵能规避苦难、赐予福祉的作用，不必要了解和学习信仰本身的知识。宗教信仰中，偶像的确立，是既定信仰模式、崇拜既定偶像、规范信仰规则和成套信仰内容的稳定性信仰模式，相比较，浅信仰是无规定的选择性信仰，它无须既定的信仰模式，不用圈定或限定崇拜偶像的范围，甚至可以任意从宗教体系或自然界中挑选崇拜偶像而不用遵守其他信仰规则，便实现确立个人的个性化信仰。

再次，民间信仰的浅信仰特征还表现在它崇拜的多神灵来自多种认知体系，在民间信仰中形成自有特点，自成系统：如，虽然吸纳了多种宗教崇拜的神灵，但没有派别之分，没有信仰上的排他性。"宗教也同人一样，不是挖空心思编出来的书，它们是历史的产物，并非逻辑上或仅仅心理上无矛盾地构成的产物。它们经常忍受着往往同它们直接相悖的动机，每一种宗教都是一贯谋求挡别的宗教的路。"① 而民间信仰并不因吸纳了多种信仰的内容而沉重，或分裂，也不会为此而与其他信仰直接对立，更不会阻止和担忧其他信仰向民间信仰渗透。民间信仰的这种开放式信仰模式，也导致信仰内部没有特殊的信仰权利，为此，**信众也没有信仰的责任和义务，既不需要承担维护本信仰的责任，也不需要担负宣传（或传播）本信仰的义务，甚至没有需要传承本信仰的精神压力。**同时，信众不用为任意选择多重神灵崇拜所显示出的缺乏信仰的忠实和虔诚而自责，不会因信仰而使自己的世俗生活受到约束，也没有因拥有这种信仰而产生幸福感或内疚感。

最后，民间信仰的浅信仰特征还表现为信众祈祷时的直线性和信仰目的单一性。因为功利的要求，信众祈祷时的心理需求是直接的，尽管祭祀形式是曲线的，即有供物的，有燃香的，有捐善款的，有模拟某种宗教形式叩拜的，表现的是信仰神灵的存在和对神灵的敬畏，但祈祷时对神说的不是与信仰相关的词语，没有对信仰本身的表达，而是直接提出个人希望得到神灵保佑的具体愿望。另外，信众不论朝拜什么偶像，其目的是单一的，如，都只是为了满足实现个人福祉的意愿，因此，普遍的现象是在某一个时段里，对不同的偶像祈求时，阐述的是同一个愿望。如果有了新的需求，而朝拜的偶像群也可能是不变的，面对相同的偶像，提出不同的祈求，也不会感到会影响自己的许愿。即便是在一些重要日子里，同一地点朝拜的人数较多的情况下，民间信仰的信众并

---

① 〔德〕马克斯·韦伯：《儒教与道教》，王容芬译，商务印书馆，1995，第7页。

不在意是在某个宗教场所里，也不掩饰自己不信教不念经文的表现，依旧面对神灵直接提出个人的心愿。如，在南京鸡鸣寺做随机采访，被访的不信教的香客，不论男女，都明确表示并不会在意这里是尼姑庵，只是将这里视为通灵的圣地。虽然，离这里不远就有一座毗卢寺，被访者们认为，在哪里祈求神灵是一样的，何况，这里的门票便宜，只需十元。同时，在观音堂前，求子的、求运的、求财的、求福的，甚至祈求保佑顺利考学、找好工作、找好对象、个人身体健康、家人平安等各种心理需求的内容都有。如，被访的一个二十岁左右的在南京就读的女学生，坦言自己不信教，但相信有神灵的存在，到鸡鸣寺里来，就为祈祷神灵保佑在家的爷爷奶奶身体健康，在外打工的父母平安，并能顺利拿到工钱。

从以上这些特点来看，民间信仰并不因为没有组织而成为不独立或弱势的信仰形式，也不因为对神灵信仰的浅表认知，而会在无神论和宗教信仰之间摇摆。民间信仰有自己的信仰边界，即与无神论分界于相信神灵的存在；与宗教信仰分界于不信任何宗教，也不属于任何宗教。民间信仰的开放型信仰理念和求"利"的低信仰目标，使它成为有别于其他信仰形式而独立存在的信仰模式。这种有界划分、能区别于其他信仰的特征，也使民间信仰在现代社会具有了持续膨胀的趋势。

四　当代民间信仰的社会影响及趋势

中国是历史上从没有发生过宗教统治的少数国家之一，而宗教信仰不论是本土的，还是外来的，都处于可控和正常管理的范围之内。同时，任何邪教和宗教的地下组织，都是不断地被限制和被清除的对象。这种政教分离、宗教不得干政的国家管理理念，使得宗教组织置身于社会单位之一的合适位置上。特别是新中国成立之后，新生政权对于宗教在社会上的存在，进行有选择的认可和有条件的活动限制，形成社会上长期的多种信仰（包括无神论信仰）平行、共存的平和、共生状态。也正是因为宗教定位在政治组织和权利组织之外，才使得宗教与个人信仰处于一个对等的状态中，即信仰是可以由公民自由选择是否参与、参与哪一种的认知领域。

改革开放政策，吸引了世界上多种文化和多种认知系统的进入，导致非社会规定的信仰空间（民间信仰）的存在合理化了，个人信仰的自由选择范围扩大，加上国内信仰政策的宽松，促进和推动了民间信仰的快速增长，形成拥有庞大人群的当代社会有特色的另类信仰现象，即当代民间信仰。

1. 民间信仰中松散的信众结构与易于结盟的特点并存。从民间信仰形成的状态看，它是一种独立的自在信仰，既没有依附于某一信仰，也没有信仰约束（包括没有信仰内容的约束，也没有信与不信的约束）。它不是在引导下形成的信仰类型，没有专门的信仰宣传和信仰教育过程，甚至没有可用于管理的社会组织，仅以"信则灵"——求"灵"、求"利"为信仰目标，游散在社会中，完全处在自我生息的自在状态中。民间信仰群体，用马克斯·韦伯的话说：是"宗教价值不高的俗人"。[①] 正是这些被看作是俗性高于信仰的俗人，构成了当代社会中一个庞大的信仰群体，其中包括各行各业的人，包括不同年龄、不同性别的人，也包括接受过不同教育的成年人，他们几乎分布于社会的各个角落。从信仰人群的状态上看，这个庞大的群体内部结构不仅呈松散状态，而且绝大多数人表现为个性化信仰，即便是在同一个祭祀场合中，参与者也可能只祭拜自己心中的偶像，倾诉个人的心愿，如求子、求财、祈求家人平安等活动，很少有集体性的。但是，从信仰目的看，这种松散结构的基础是一致的，即信仰者相信任何神灵的存在，包括相信被神化的现实事物，同时，心理上人人都在追逐"获利"的机会，这就使他们具备了可结盟的潜在条件。假如，将每个个体祈求的具体的"利"的内容，集中到一个统一点上，这个庞大的、自在的信仰群体，就非常容易形成结盟群体，而且结盟的速度和盟体的大小都是不可预测的。比如，20 世纪 70 年代中期流行的鸡血神话，在社会上很快出现打鸡血成风的现象。2010 年出现的吃生茄子能去高血脂的毫无科学依据的说法，导致许多人盲目跟风，形成一种风潮。这种现象出现的根源，都在于一个求"利"的心理支撑，在于相信不用求证"信则灵"的低成本信仰心态。

2. 民间信仰的存在，还具有稀释社会信仰模式（无神和宗教）、软化信仰类型硬度（二元分类——非此即彼）的作用，具有分化社会意识走向多元的效果，致使社会形成多元化意识共同存在的格局。例如：民间信仰的世俗倾向，不仅稀释了无神论信仰，如将求善、求诚信等社会道德观念也纳入民间信仰中，

---

① 〔德〕马克斯·韦伯：《儒教与道教》，王容芬译，商务印书馆，1995，第 31 页。

成为祭祀活动中的内容。同时，民间信仰也开始向一些宗教信仰渗透，出现宗教世俗化现象。如，宗教人士介入民俗活动，或者开放场所，接纳大量的民间信仰的信众，穿梭于宗教场所。另外，民间信仰的无禁忌风格，也模糊着宗教信仰的边界。如，在湖南的一些道家寺院里，常常可以看到佛教里的观音，甚至佛像公开地置身于其中。这不是因为不同的宗教可以同处一室，而是显现出当代民间信仰的自在性信仰方式，影响了各类信众的信仰宽度。这样的社会信仰多元格局，有利于促进思想意识的活跃，当然，也会因为缺乏社会管理，过度放任个性信仰的自由而滋生无政府主义情绪。

3. 民间信仰不是迷信，虽然它崇拜的偶像繁杂多样，具有信神不信教、没有固定教义的特质，信奉"信则灵"的理念，也会出现个别"痴信"的状态，但它依旧是一种信仰，而不是迷信。这不仅因为民间信仰的信众在信神的同时，也相信现代科学、现代医学等现代知识，而是民间信仰排斥迷信中的从恶、迷信中的恶俗、迷信要求顺从不逆的限制，排斥迷信善于控制他人精神的特点，以保持个人在精神上的自在。但是，这并不意味着迷信会放过向民间信仰渗透的机会，特别是在远离都市、现代化生活条件较差的地区，缺乏管理手段的民间信仰中，也会掺杂进迷信的因素，而被迷信利用。

同时，民间信仰不是宗教，也不是邪教。但是，这不是说，民间信仰一定不会被人利用而发展成为邪教，或者说，民间宗教自身并不具备抵制邪教攻击和拉拢的能力。民间信仰中公开的急功近利、无须学习、无禁忌约束、无管理机构、信众关系松散而无信仰摩擦、容易听信某种有利可图的宣传等特征，都是民间信仰自身的缺陷，也是最易被利用的条件。邪教利用它为自己代言，并聚集人群作为自己的社会基础，从而扰乱社会稳定，都是可能的。例如：法轮功的出现，不能不说是一个典型而具体的案例。

任何一个社会的存在和发展，都非常重视对人们的意识形态有一个整体性的引导和管理，从不会将人们的精神需求视为无关国事的小事，或者当作一个可以任意发展的领域。如中国历史上西周主张的礼制用以治国近千年；春秋开始奉行的儒学、道学，绵延数千载，成为国学的传统。新中国成立之后，国家提倡用马克思主义唯物辩证的方法看待社会主义的存在和建设社会主义，主张实事求是、因地制宜、自力更生、勤俭建国的方针展开实际工作，倡导我为人人、人人为我，各民族共同发展、共同繁荣的大集体主义观念来协调社会关系，坚持普及教育来推进国民素质的提高，鼓励相信科学、崇尚文明的理念在民众中形成风尚，以此引领整个社会向现代化迈进等，这些都是社会对人们进行的整体性意识形态的引导。因为，人类精神方面的需求和发展、人们的意识形态会对社会的存在产生巨大的影响。当代的民间信仰，不仅是一个特殊的信仰类型，而且是一个增长速度快、分布广泛、需要关注的社会群体，是值得研究的社会意识形态，其发展的趋势很可能成为社会信仰中无任何管理的最大人群。对这样庞大人群的思想意识，可以肯定地说，需要有社会的引导和管理，这是社会存在、社会稳定和社会发展的必要条件。因为，对于人们的精神需求和思想意识的发展，缺少社会的监管和引导，对社会稳定和国家发展将会产生一定的影响，是现代社会生活里不应忽视的现象之一。

宗教世俗化概念述评

宗教世俗化问题既是一个重要的深层理论问题，也是宗教发展中的一个重大现实问题。在现代化与全球化的背景下，世俗化已成为当代世界宗教发展的潮流和趋势。"世俗化"是与神圣化相对应的概念，神圣和世俗的二元对立关系是所有宗教的本质特征，前者强调对精神境界的追求和对神灵的膜拜，后者则指向现世生存种种关系。一般认为，宗教世俗化的概念最早出现在《威斯特伐利亚和约》（1648 年）中，其主要内容是指新教在神圣罗马帝国内获得了合法地位，法国、瑞典和部分帝国内的新教诸侯获得了原先由天主教会控制的大片土地。后来，"世俗化"一词意义和内涵不断丰富，其中一个层面便涉及宗教。然而，对于宗教世俗化概念的界定，学术界长期以来尚无完全统一看法，本文主要概括学术界对这一概念的基本理解。

一　多元化的理论视角

美国学者拉里·席纳尔在《经验研究中的世俗化概念》一文中对世俗化进行了综合分析，他认为这个概念包括六个层面的含义：第一，表示宗教的衰退，即指宗教思想、宗教行为、宗教组织失去了它们的社会意义；第二，表示宗教团体的价值取向从彼世向此世的变化，即从内容到形式都变得适合现代社会的

* 中国社会科学院民族学与人类学研究所副研究员。

市场经济；第三，表示宗教与现实社会关系的分离，宗教失去了其公共性与社会职能，变成了纯私人的事务；第四，表示信仰和行为的转变，即在世俗化过程中，各种主义发挥了过去由宗教团体承担的职能，扮演了宗教代理人的角色；第五，表示世界渐渐摆脱了其神圣特征，即社会的超自然成分减少，神秘性减退；第六，表示"神圣"社会向"世俗"社会的变化。① 根据这一思路，概括而言，国内学术界目前存在如下认识。

第一，理性化说。在宗教社会学代表人物马克斯·韦伯看来，世俗化即是精神活动层面的理性化和理智化，"我们的时代，是一个理性化、理智化，总之是世界祛除巫魅的时代；这个时代的命运，是一切终极而最崇高的价值从公众生活中隐退——或者遁入神秘生活的超越领域，或者流于直接人际关系的博爱"。② 按照这种说法，世俗化就是社会的理性化，这是一个漫长的变化过程，涉及两个方面，一是人类社会各个领域逐渐摆脱宗教的羁绊，各种制度日益理性化；二是宗教本身不断调节以适应社会的"世俗"变化。

第二，去神圣化说。认为世俗化是和神圣化相对的概念，二者始终处于一种张力关系中。此说实质是对宗教神性的解构，试图揭开宗教的神圣面纱，表达的是对神圣世界和观念的一种反抗和摆脱。简而言之，宗教世俗化的性质就是世俗社会对神圣社会的摆脱，以及神圣社会在世俗社会中的调整与适应③，"我们所谓世俗化意指这样一种过程，通过这种过程，社会和文化的一些部分摆脱了宗教制度和宗教象征的控制"。④ 按照这种观念，就个人而言，"世俗化"也就意味着个人从宗教和形而上学的庇护中解放出来，将视线转向现实世界，而往昔的宗教世界观失去绝对权威，"世俗化即非神圣化，它代表着传统上曾有过的神圣现象的'祛魅'，人们曾经信奉的神圣象征的退隐，以及有着神秘意义且令人敬畏的神圣符号之破解"。⑤ 人们对以往宗教意象、观念的神秘化和神话化解释逐渐被理性化、现实化和还原化解释所取代。⑥ 按照这种发展趋势，宗教

① 戴康生、彭耀：《宗教社会学》，社会科学文献出版社，2000，第200页。
② 〔美〕彼得·贝格尔：《神圣的帷幕》，高师宁译，上海人民出版社，1991，第16页。
③ 任晓龙、邵迪：《浅析宗教世俗化的性质和特征》，《怀化学院学报》2010年第4期。
④ 〔美〕彼得·贝格尔：《神圣的帷幕》，高师宁译，上海人民出版社，1991，第128页。
⑤ 高媛：《"世俗化处境中的基督宗教"学术研讨会述要》，《国外社会科学》2003年第2期。
⑥ 参见卓新平《全球化与当代宗教》，《世界宗教研究》2002年第3期。

世俗化必然在个人层面上导向逻辑上的无神论。

第三，人间化说。即宗教入世说，宗教日益关心此岸的人类社会事务，而不再专门以服务和向往于彼岸的上帝和天堂为宗旨。"世俗化还可被理解为宗教的'入世'，即宗教以一种进入的姿态面世，从而得以积极地进入世界，回返社会，直面人生，'温暖人间'。这里，宗教的'世俗化'绝非削弱宗教，淡化宗教，而是宗教自身适应社会、迎接现实挑战的一种调整和变化，突出了其现实意义和现实关切。"①

第四，边缘化说。脱掉神圣的面纱之后，宗教在社会系统中变成了一种边缘事象，即社会中宗教不再像中世纪时那样重要，不再以神圣的名义支配人和社会的生活。美国出版的《宗教百科全书》（16卷本）解释宗教"世俗化"说："这是一个过程，在这个过程中，宗教的意识、活动和机构，逐渐地失去了对社会的重要性。"②

第五，宗教衰退说。相对于边缘化说，衰退说对宗教的未来更多地表现出了悲观的色彩。"世俗化趋势表示了宗教的神圣性、神秘感随着社会现代化进程的推进而逐渐减退、消失，宗教的价值减弱，宗教的精神变异，宗教热情和教徒的虔诚程度也在减退。"③ "宗教的世俗化是相对于神圣化而言的，可以理解为宗教徒由于被世间的社会、经济、文化生活所吸引而对宗教产生淡漠的一种潮流。其结果使得宗教的价值减弱，神圣性衰退，从而由出世转为入世，由彼岸回到此岸，由追求永恒的天国和幻想的来世转向面对现实的社会和今世的人生。"④ 然而，世俗化本身是一个具有多面性的概念，宗教社会学大师贝格尔就告诫人们应该审慎对待之，他认为，"设想我们生活在一个完全世俗的世界是错误的；今天的世界一如既往地具有宗教性，而且在有些地方更甚于前"。⑤ 这有力地回应了对宗教世俗化的悲观定义，即那种认为宗教世俗化过程使得宗教的价值减弱、神圣性衰退，从而由出世转为入世，由彼岸回到此岸，由追求永恒的天国和幻想的来世转而面对现实社会和人生并由此导致宗教逐渐消亡的观点

① 高媛：《"世俗化处境中的基督宗教"学术研讨会述要》，《国外社会科学》2003年第2期。
② 参见桑迪欢《〈兔子，跑吧〉中的信仰危机与宗教的世俗化》，《作家杂志》2009年第9期。
③ 张伟伟、杨光：《二战后英国宗教的世俗化》，《深圳大学学报》2008年第2期。
④ 钱小虎：《浅析宗教的世俗化倾向》，《江苏省社会主义学院学报》2006年第1期。
⑤ 刘永霞：《关于宗教世俗化的几点诠释》，《宗教学研究》2003年第2期。

是站不住脚的。正如有的学者所说："宗教世俗性的增多，意味着宗教超越性的减少，又意味着宗教生命的延长"。①

第六，社会适应说。此说认为，世俗化是宗教适应社会经济、政治和文化发展的一种客观过程和必然趋势，是为顺应社会潮流而自觉不自觉地作出的变革。在这一过程中，宗教重新找到了与现实生活的结合点，开始关注世俗需要，重视人们的世俗利益，同时，宗教观念对社会事务的影响愈来愈深，介入更多的世俗事务。这包含两方面的内容："一是传统宗教对自己的教义做适应社会需要的解释，在实践方式上进行调整，使之更适应于越来越世俗化的社会生活；二是宗教组织积极参与社会生活的各种活动，在其中发挥自己的作用。"②

第七，信徒社会化。这是针对信徒的变化做出的思考，是指宗教信仰者参与宗教活动的行为和观念与传统宗教规范和价值取向发生分离，变得越来越具有当代世俗生活的某些共同特点。③ "宗教徒由于被世间的社会、经济、文化生活所吸引而对宗教产生淡漠的一种潮流，其结果使得宗教的价值减弱，神圣性衰退，从而由出世转为入世，由彼岸回到此岸，由追求永恒的天国和幻想的来世，转而面对现实的社会和今世的人生。"④

第八，文化世俗化。有的学者还认为，世俗化实质就是宗教文化的世俗化，表现在个人和社会的思想、行为摆脱了以宗教和神学为基础的世界观及曾被教会所组织、统治和渗透的社会政治生活方式。这一文化世俗化"所改变的不仅是整个社会政治、经济构成和个人生活，同时使作为这一社会过程主要作用对象的宗教本身也经历了深刻的变迁，即宗教的世俗化"。⑤

宗教世俗化现象已成为一种无法回避的社会和文化现象，上述定义中的分歧并没有否定人们承认世俗化的实在性。学者们对世俗化理解的多元性反映了各自不同的理论视角。虽然着眼点不同，但基本都离不开三个层面的内容，即个体层面的世俗化（信徒宗教性的衰退）、社会层面的世俗化（宗教影响社会的

---

① 方立天：《中国宗教十年》，《世界宗教研究》1990 年第 2 期。

② 张荣、李喜英：《论宗教的世俗化及其问题》，《河北师范大学学报》2002 年第 1 期。

③ 瞿明安：《变动中的宗教：当代西双版纳傣族宗教生活世俗化的特点》，《世界宗教研究》1999 年第 1 期。

④ 张荣、李喜英：《论宗教的世俗化及其问题》，《河北师范大学学报》2002 年第 1 期。

⑤ 汪维钧：《论现代化条件下的宗教世俗化问题》，《南京政治学院学报》2004 年第 4 期。

范围受到限制）和制度层面的世俗化（宗教适应社会的价值）。[①] 也就是说，面对世俗化问题，只从某一个层面来理解是不够全面的，必须进行系统的思考。

二　宗教世俗化的原因和特点

上文对世俗化概念的反思和考察，概念的澄清，可以使我们从中间接地获得一些启发，有利于我们理清思路、廓清范围、明确内容，这对于我们正确深入理解和对待现代化背景下宗教世俗化问题也是有助益的。

宗教世俗化产生的原因是什么？导致世俗化过程的原因是非常复杂的，国内学术界关于这个问题的讨论也是众说纷纭，或者认为宗教世俗化是现代化的必然产物，或者把世俗化归因于西方城市文明的兴起与发展，或者考虑到了科学冲击宗教的结果。答案不一，但思考问题的方法也许有可借鉴之处，即一是从宗教的外部因素来分析，包括"宗教所赖以生存发展的世俗社会经济、政治、文化因素的发展对宗教的冲击和影响，从而导致并推进世俗化进程；二是从宗教自身的内部因素来分析，即宗教传统本身中就存在着的世俗化的因子"。[②] 在全球化浪潮的冲击下，世界各种宗教已出现了世俗化趋势，科技的进步，信息技术的发展以及民族文化、经济、信仰、教育的提升使年轻一代拥有了更多了解自身、社会和世界的机会，宗教观念越来越淡薄，同时，作为社会意识形式的宗教，也随着社会的发展进行着变化。说到底，现代化背景下宗教世俗化的趋势是伴随着工业化、城市化和现代化而产生的，是符合时代发展的一股新潮流。

全球化背景下，宗教世俗化的特征是什么？学者从以下几个方面进行了初步探讨：首先，信仰模式人本化。现代宗教逐步适应了以人为本的现实社会，相应的，宗教信仰模式也由以神为本向以人为本演进。反映在神学理论上，不再强调超自然的神圣，转而关注今生现世；宗教说教也不再指向往神秘的天国和来世，关注更多的是现实社会问题及人与人之间的伦理

---

① 张禹东：《华侨华人传统宗教的世俗化与非世俗化》，《宗教学研究》2004 年第 4 期。

② 张禹东：《华侨华人传统宗教的世俗化与非世俗化》，《宗教学研究》2004 年第 4 期。

道德问题。①

其次，宗教信仰多元化。在现代化条件下，人们更倾向理性化、多元化与个人化的行为模式，这种行为模式不只是出现在一般社会制度中，在宗教制度中更为明显。信仰多元化表明，宗教无法维持封闭的传统体系而走向开放，无法要求信徒绝对忠诚。信徒在世俗社会中生活方式明显变化，人生观经过自我调整，信仰方式更多了灵活性，忠诚于某一宗教的宗教观念、宗教情感淡化，而他们的宗教活动视野扩大，自由选择领域扩展，宗教忠诚完全成为个人的自愿。这种变化既是现代化与工业化冲击的结果，也是个体在此背景下理性选择的结果。

信仰的个人化即信仰的主体化，其有两种含义：一是指宗教失去了传统的客体性而成为自由的选择，失去义务性的本质；二是指宗教实体由外在的客体移入个人意识内，按个人意愿所组成。② 在现代化的大背景下，随着个人主义的兴起和文明社会的形成，个人社会角色多样化，不同的处境要求必须建立起自己对世界的解释，必要时建立起个人化的信仰选择；另外，宗教也通过改变结构和功能重新组织在现代社会中的力量。

再次，宗教道德情感化。宗教道德包括神道和人道两个层面，前者调整信徒与神之间的关系，后者调整信徒之间的关系。世俗化背景下，由于神的观念的相对减弱，人与人之间的道德关系得到逐步升华，宗教道德扩展到社会涵盖面，以神道服从人道的宗教道德完成宗教道德的情感化。③

还有，传播方式的现代化。现代化背景下，宗教活动范围已不仅仅局限于教堂、寺庙宫观，越来越多的宗教组织利用电视、广播、网络传经布道；寺院和信教群众之间更多地利用现代化音像设备和多媒体设备播放经文录像或录音磁带，诵经学经。④

最后，经济活动常态化。在组织形态和功能上，宗教组织可能会向实体经济组织发展，使其经济功能逐步扩大，从事经济商业活动，从而突破传统社团

---

① 参见马文慧、罗士周《藏传佛教世俗化倾向刍议》，《青海社会科学》2003 年第 2 期。

② 参见巴特尔《新疆现代化进程中人的现代化与宗教世俗化》，《新疆社会科学》2009 年第 6 期。

③ 参见马文慧、罗士周《藏传佛教世俗化倾向刍议》，《青海社会科学》2003 年第 2 期。

④ 参见马文慧、罗士周《藏传佛教世俗化倾向刍议》，《青海社会科学》2003 年第 2 期。

组织的界定，即："不再是单纯的传教组织和联系信教群众的机构，参与社会经济活动的范围和程度比以往任何时候都更加深刻广泛。"①

三　正确认识和对待目前的宗教世俗化趋势

在面对宗教世俗化问题时，宗教界人士和实践工作者应该认识到需要注意的几个实际问题。

首先，宗教的世俗化并不意味着宗教的全面衰落。贝格尔对宗教的未来充满悲观色彩。他认为，宗教世俗化是宗教衰落的表现，"世俗化使人们产生了对传统宗教的信任危机，世俗化已经将传统宗教侵蚀为一块支离破碎的帷幕，即便它仍不失其神圣性，却再也不能支撑整个人类社会了"。② 事实上，"世俗化现象在今天是一个全球化的现象，只不过世俗化并没有导致宗教在现代社会走向衰退，并没有注定宗教将会消亡的命运"。③ 这是因为，宗教世俗化也许使宗教失去在传统社会中的重要性及影响力，导致传统功能如政治功能的萎缩或丧失，但这只是世俗化过程的一个方面。本质上，宗教世俗化是宗教回应现代社会的存在方式，并非意味着宗教的衰退，而是表明一种变化或者变革的趋势，有可能还是宗教发展的新契机，可能会在现代社会中确立起新角色、新地位和新功能。排除这些可能，我们还会看到宗教的影响无处不在。例如，从个体层面看，世俗化并未将个人心性结构中的宗教性冲刷干净，宗教的如意义功能、情感功能也有可能得到进一步的增强；从社会层面看，宗教仍然以其独特的方式对社会的发展产生影响。④ 另外，宗教的地位并没有因世俗化的深入而降低，反而让更多人接触宗教、认识宗教，从而使宗教更加普及，发挥更大的社会影响。

其次，宗教世俗化是方方面面的，具有多角度性、多层次性，这就意味着这个问题本身是一个复杂的系统问题。世俗化是一种社会和文化进程，包括任

---

① 参见马文慧、罗士周《藏传佛教世俗化倾向刍议》，《青海社会科学》2003 年第 2 期。

② 〔美〕彼得·贝格尔：《神圣的帷幕》，高师宁译，上海人民出版社，1991，第 128 页。

③ 高师宁：《世俗化与宗教的未来》，《中国人民大学学报》2002 年第 5 期。

④ 参见张禹东《华侨华人传统宗教的世俗化与非世俗化》，《宗教学研究》2004 年第 4 期。

何与宗教的理念、价值、实践和制度相对立的发展与影响,贯穿宗教理想、宗教制度、宗教行为的每一个环节,涉及个人、社会等多个层面,这对实际工作者提出了重要挑战。

最后,世俗化意味着社会的互动交流加强。宗教世俗化已经成为一种不可回避的时代潮流,无论是宗教界人士,还是行政管理者、学术界研究人员都应该承认世俗化的存在及其可能产生的结果和发展趋势。无论是教外人士还是教内人士,都需要多层面地展开沟通和交流,共同客观地看待宗教发展及其在现代社会的功能,促进社会团体间的和谐发展。

结　语

宗教世俗化从形式上来说是持续的变革,而从本质上来说则是对社会发展趋势的不断适应,宗教世俗化是宗教内部因素和社会外部各种因素综合作用的结果,其内容涉及价值取向、人文精神、宗教权力、宗教观念、礼仪戒律、宗教情感、宗教行为等诸多方面的内容,涵盖信众个体层面的世俗化、社会层面的世俗化和宗教制度层面的世俗化。在全方位回应信教地区社会变迁的过程中,宗教世俗化又势必会对当地社会转型产生重大影响。

就当代国内社会而言,宗教世俗化最根本的原因就是国内社会现代化的深入和推进作用。随着现代化步伐的加快,传统社会结构发生巨大变化,人民物质和精神生活水平日益提高,世俗化已成为一种无法回避的社会和文化现象,这也要求人们更为客观地对待宗教发展的这一历史趋势。

首先,在多元化、信息化的现代社会,宗教的信仰形式和信仰内容发生了分化和变异,礼仪、教义、活动方式等都随社会的发展发生了相应的变革,表现出了某种淡化和社会化趋向,这是目前国内宗教世俗化的一般特点。

其次,宗教功能适应现代社会的要求发生了重要变化。现代化过程中,随着社会向着多元化发展,一系列的新改革和变化导致了宗教传统社会功能的转变,原有部分功能渐渐被削弱和退化,如教育功能;传统社会整合能力降低,例如目前国家法律法规和基层政权已经成为社会控制的主导力量,宗教在调节社会冲突和矛盾的过程中发挥的作用减少了。同时,随着以宗教文化为中心的文化旅游业的兴起,诸如宗教文化传播、宗教经济、娱乐等功能增添了许多新的要素，单一的宗教功能转变为宗教与世俗功能合二为一。

再次，世俗化是宗教在现代社会中的自我调适过程，在现代化大环境和世俗化大趋势下，要想适应现代社会和现代文明，宗教必须做出积极反应，不断适应现代社会发展趋势的要求，由出世走向入世，走多元化、个性化的发展道路，使宗教与现代社会相结合。另外，也要求做好正确疏导，消除世俗化过程中出现的各种弊端，并促使宗教在现实社会环境中求得更为有利的生存和发展空间。值得指出的是，世俗化只是改变了宗教的存在形式，替换了某些功能和作用，但并不意味着宗教的全面衰落，也不会导致宗教的最终消亡。

关于中国的民族志调查[*]

〔俄〕史禄国/著　于　洋/译[**]

译者按： 这篇文章是俄国著名人类学家史禄国的晚期作品，于其去世后第三年（1942 年），发表在《民俗研究》杂志上。该文主要从方法论的意义上，论述了中国这样一个有着漫长历史以及复杂文明的国度，如何展开民族志研究。与此同时，史氏指出了当时费孝通、葛学溥等人类学家以村庄作为研究单位来理解中国所存在的局限性，并提出了建设性的意见。在译者看来，20 世纪 80 年代以来，费孝通先生所提出的"中华民族多元一体格局""民族走廊"等概念，以及近来王铭铭提出的"中间圈"概念在某种意义上是对史氏学术遗产的一种反思性继承与回应。因而可以说，这是一篇颇有分量的文章。

首先，我必须确切地指出，我所言的"中国的民族志调查"具体指的是什么。像其他的民族志学者一样，我认为这样的调查应该包括对中国所有人群的整体文化适应的考察。[①] 这一调查所能达到的深度与广度，主要由以下几点决定：（1）特定人群的分化程度，这是一个客观条件；（2）调查者对文化构成要素进行描述的深度，只有对组成文化复合体各元素的价值和重要性明确之后，

---

[*]　本译文发表于《北方民族大学学报》2012 年第 5 期。

[**]　史禄国（S. M. Shirikogoroff, 1887～1939 年），俄国学者，现代人类学奠基者，通古斯研究专家，1917 年后在中国任教。于洋，中国社会科学院研究生院在读博士生。

[①]　我将"民族志学的"（ethnographic）这一术语理解成一个形容词，用来表示在社会或族群意义上分化人群的"文化复合体"构成以及运行特征。

这一描述才会变得清晰；（3）调查者本人准备的充分程度，他们的观察以及分析。

调查单位的选择与人群的基础条件是紧密相关的。从理论上说，如果在一个文化具有高度一致性的人群中进行调查，仅仅了解一个家庭的情况可能就足够了。但是在中国，我们面对的是很强的社会和族群分化的情况，暂时可以用一个不太恰当的术语"区域"（regional）分化来表示这一情况。① 如果我们以一个动态的观点来看待社会分化，那么对于民族志学者来说，区分这些社会群体不会有什么困难。但是如果以族群为标准来区分人群，那情况就远为复杂了。

民族志学者应该怎样解决这一问题？首先他们必须要做一项基础工作，即是从某种角度对人群进行划分。因为语言可能具有最简单的特征，它可以被作为地图的基础，来粗略地展示人群的区域范围，这些群体在口语方面至少有明显的区分。② 如果这些人群在其他文化要素以及身体特征方面也彼此不同的话，我们便可以将它们视作截然不同的单位，亦即"区域单位"。如果我们的调查显示，除了语言和其他文化要素之外，这些人群之间的区分还包括意识之类各种形式的区分，那么我们应该将这些单位从民族志调查者的全部调查单位中区分出来，也就是说，将"凝固化"的族群单位与未完全形成的族群单位区分开来。通过这样的调查，我们期望揭示出的不仅仅是不同的、说汉语方言的人群，同时也包括说非汉语语言的人群。以上述的方式，就可以获得调查最重要的结果——一张族群地图。

如果我们有这样一张族群地图的话，我们就不再依赖于逐个村庄地进行调查，而是按照族群单位进行调查。我们也可以很容易地将普遍文化要素与偶然的，以及常常具有误导性的事件区分开来。与此同时，按照族群单位进行调查也能避免过多的不完整调查材料的出版，这些未经消化的材料将来可能会加重

---

① 我很犹豫是否用"区域"这一术语，因为在同一个区域中，可能会有不同的族群单位或者至少是一些人群，他们会在不同的程度上影响到族群变迁的过程，这一过程是应该被辨识清楚的。一项在分化人群的"区域"中所进行的调查，实际应该建立在对族群分化情况进行论述的基础上。

② 主要的困难——理论和实践两个方面——是找出方言的界限，在很多情况下，在不同区域接壤的地带中呈现出方言混合的现象——这一事实很普遍。但是，如果以一种动态的观点来看待族群单位、方言等的性质，那么民族志研究者的分类就不会遇到障碍。

我们的知识负担，换言之，我们应该拒绝成为在民族志方面一直摸着石头过河的学徒。①

当初步工作完成之后，民族志研究者可能会根据不同的方法对这些单位进行进一步的划分，如根据一些文化复合体之间的相关性，在整个中国的族群变迁过程中，方言也能被划分到更大的单位中去，与中国整个族群分化过程之间发生关联；如果民族志研究者发现超越了族群界限的、具有明显区别的社会群体，那么民族志研究者应该研究这些群体的社会分化，并相应地对其分类。如果发现重要的、具有决定性的地理条件，民族志研究者可以将区域主义作为一种方法来建立更大的分类单位，例如长江流域、沿海地区等；如果发现具有决定性的文化要素，例如养牛文化区、稻米文化区，甚至是政府的形式等，都可以作为单位分类的标准，后者可能被作为一个从文化循环的角度对人群进行分类的客观基础。

在这里，我不想否认由于其他目的，而将村庄作为一个研究单位的有效性，尤其是在与管理模式有关的情况下，例如，大众法、管理制度、互动方式、经济管理、人口普查等。在这些情况下，结论是建立在以单个村庄为单位的基础上的，在不能确定单独的个案就能保证结论的情况下，该结论是不能够被普遍化的。而且，在工作之初，民族志调查者应做一些初步工作。村庄，是作为一个对土地进行管理的单位而出现的，在次要的意义上它才是一个经济单位，就像对家庭的研究，有必要在考察宗族、村落等单位的基础上进行。单个家庭的生活在民族志研究中可能会构成专门研究的主题，但是这种"奢侈"在实际的研究中是不需要的。同样，一个处于特定族群单位中的村庄的生活不能构成独立的研究主题，因为仅仅就村庄内部而言，它的生活是不能够被充分理解的，这种研究应该被置于一个更大的实体内部进行理解，在这个实体内部，村庄仅仅是一个组成单位。

当然，有如此多的研究者将村庄作为研究单位并非是偶然的，但这却不能成为一个毋庸置疑的假设。首先，在方法论的意义上，将调查单位固定化这一

① 并非所有的材料都需要马上出版。在民族志研究者没有熟悉其研究主题之前，他应该着手区分什么是重要的（在文化复合体的构成要素中相对具有价值和重量），以及什么是不重要的。他要为其出版物承担责任，并将一些未经仔细研究的材料保留下来。我在这里假定调查者在准备此类工作。

观念本身就是错误的。将调查单位标准化是不可能的，因为恰恰是民族志研究者需要在初步调查的基础上来确定其如何区分材料的——族群单位不是标准化的，并且"村庄"在中国也不是一个被普遍实践的系统。由于村庄已经被固定化了，那么我们应该问问自己为什么做出这样的选择。可能会有以下两个原因。其一，将村庄确立为研究单位的学者没有受过现代民族志方法的训练，他们借用社会学的知识来解决这一问题，而这些社会学知识却来自非中国社会的经验。他们甚至从一个更狭隘的观点，例如"乡村经济"等来解决这一问题。其二，这些民族志研究者对于中国有一个十分混乱的认识，作为中国人他们期望达到政治上的团结，却忽视了中国除了作为一个国家单位外，它同样是由不同的族群以及地区单位组成的。① 很自然，在这样的环境下，由于受到科学动机的驱使，对调查单位做出了一个临时的决定，这已经降低为一种技术了。实际上，这个问题在方法论的语境中有很重要的意义。

当民族志研究者在调查区域性人群的时候，他们不会对人群内部的社会分化漠不关心。这些调查是在保证区域完整性的情况下呈现民族志材料，这些民族志材料是在同一区域的前提下，所呈现出的同一水平意义上的分化。② 其实具体的调查方法都是相似的。

在民族志研究者拥有确定的历史意识之前，他们已经开始历史方面的调查了。事实上，任何一个民族志研究者若想对所观察到的材料进行充分的了解，都需要

---

① 这仅仅是由于对"民族-国家"知识的不充分而产生的误解。很明显，这些知识是由那些想将中国人"西方化"的人提供的，其实这些人的知识是极其有限的。然而在国外，人们的兴趣主要集中在政治问题上，当涉及政治问题时，认为中国人只能在政治或半政治的循环中进行选择。中国学生的观点不得不受到不同"设计师"以及实干家的影响，这些人通过提倡建立民族-国家来获得年轻人的认同。这不仅仅是实干家的行为，同时是一些体质人类学家的行为。我眼前就有这样的例子，L. H. Duddley Buxton 出版了两本受欢迎的专著，这两本专著完全地或者是部分地论述了"种族问题"。它们分别是《中国，土地和人民》（牛津，1929），《亚洲的民族》（伦敦，1925）。他以一种谦逊的态度来介绍自己（见《人，1927 年 1 月，关于我人类学著作的一个回顾》），将自己归于"十分迟钝的人"以及具有"实用取向"的人类学家。他断言道，中国人是一个非常一致的群体，他们仅仅是在英格兰所发现的南部黄种人的一个分支，尽管大量的观察已经显示出中国人群构成的差异性。一些实干家提出了同样的观点，希望以此令中国的年轻人满意，但是这些人却不知道在"种族"、"族群单位"和"民族-国家"之间有什么样的区别和联系。

② "水平"是一个具有相当误导性的术语。这个词实际是用来表示一个金字塔式的社会结构，作为比喻这个词是不恰当的。

运用历史的方法。因此，为了准备此类工作，民族志研究者需要掌握历史——民族志方面的特殊方法。当然，这也会对理解文化复合体的变迁规律，以及族群单位的运行机制有益处，掌握了该方法的民族志研究者将会避免犯一些基本错误。

一个民族志调查者在其所描述的材料上能走多远是由他所观察到的材料决定的。如果民族志研究者发现了多种重要的文化要素，那么一定要将其记述下来。如果发现这些文化要素之间的关联有不同寻常的规律，民族志研究者应予以足够的重视，因为透过该现象可能会发现既存文化复合体的历史及其构成条件。想达到上述要求，更多的是取决于调查者个人的能力，民族志调查者首先要对其工作有充分的准备，更理想的状况是，其在从事田野调查之前能够得到有经验的民族志学者的培训。但是，必须指出的是，除了上述的要求外，一个初入田野的调查者还应对该项工作具备一些特殊的天赋，例如与所调查人群和谐相处的能力，对所调查人群没有偏见、歧视的友善态度。同时，在没有违背基本诚信的情况下，民族志调查者在面对新的事实和情况时也要能够随机应变。很明显，并非每一个受过这种教育和训练的人都能胜任民族志调查工作。

一项民族志调查应该持续多长时间是不能够被确定的——一切都应视调查材料的性质、复杂性以及容量而定。对一些群体调查可能会花费很长的时间，而对其他群体的调查可能不会超过记录完显著文化特征①所需的时间。

我现在将调查技术以及设备的问题搁置一旁，因为在严格意义上说，这不是专业的问题。但是，我要指出的是，调查设备的完备程度是受调查的总体条

---

① 我注意到一种用不恰当的术语来概括其所从事的工作性质的情况。有时，在城市中进行一次短暂的旅行，并搜集一些材料就被称为"田野工作"。实际上，我们可以认为，田野工作是一种不同于在图书馆或实验室中进行研究的方式，民族志研究者需要直接与调查人群接触。但是，这样的工作如果不是系统的、规范的，就不能称其为有特定规范以及目标的田野工作。进一步说，如果民族志研究者带上特殊的装备，然后为了探险的目的进行一段很长距离的旅行，我们可以称之为"探险"。如果民族志调查者到一个非常著名，并非常容易到达的地方旅行，我们可以称之为"参观"。乘坐客船从上海出发，用几周的时间到宁波周围的村庄调查，也不能被称为"田野工作"，当然这也不是"探险"。根据上述调查的性质，我们可以将其分为两类，"固定的"和"分散的"。在同一个地区待上很长一段时间，并展开充分的调查，调查者可以适当改变调查地点，这意味着调查者有大量时间与其调查对象接触，我们可以称此类调查为"固定的调查"。如果一项调查是在快速的旅行过程中完成的，并且时有中断，我们可以用"分散调查"来指代这一类调查。在中国，根据所要搜集材料的性质，上述两种形式的调查都可能被用到。

件影响的，这其中也包括对调查者个人素质的要求。但是，这千万不能成为调查执行过程中的负担。这一点同样也适用于调查的花费，一般来说，不要和其他类型的田野工作①花费的一样多。

读过像费孝通或者葛学溥作品的人，可能会对中国的民族志调查情况产生误解。并非像那些不了解实际情况的人所认为的那样，我们的民族志材料不是如此贫乏。相反，我们有很丰富的材料，然而这些材料需要有一双巧手来整理，使那些终其一生研究它们的研究者得到。事实上，中国文化的许多支系都已经被很好地调查了，例如文学、宗教、哲学、道德系统、反映法律情况的社会组织，诸如建筑、绘画、雕塑、陶器、音乐以及戏剧等艺术表现。另外，关于一些地区以及社会群体的习俗及其实践的有价值的描述，都在所谓的"迷信"的名目下被表述出来。我现在不想提及在地方志和一般文献中所发现的文献资源。事实上，此类文献不仅大量地存在于汉语文献中，同时也存在于外文文献中。在其他地方的相似作品的刺激下，现在也保存了非常有价值的关于民俗的民族志材料。② 甚至像辜鸿铭③、明恩溥（A. Smith）④、汤森德（R. Townsend）⑤、坎特·史福扎（Count Sforza）⑥ 以及林语堂⑦的作品，在经过有经验的民族志研究者之手后，

---

① 如果对民族志调查技术细节感兴趣的人，可以参见拙著《通古斯人的心智丛结》导言部分的一些论述。我认为，对于民族志调查者来说，准备一记录所需搜集信息的手册是非常有用的。

② 在这里我不打算回顾与中国民族志有关的文献，我现在想强调一个事实，即民族志研究已经取得的进展。著名的科迪尔中国文献目录是一项具有历史-民族志性质的工作，它给刚着手研究中国民族志的学者提供了一个导引，使他们知道在民族志领域什么是已知的，什么是未知的。当然，这是一项巨大的任务，它不仅要求在民族志方面有充分的准备，同时也要掌握所有出版物的语言。我敢肯定，这些作品在汉学家，如 French Fathers，Father Hyacinth Bicurin 那里，无论是作为历史档案，还是用来分析各种文化现象，都不会失去其价值。"用俄文写的作品不能读"不能作为一个无知的托辞，这个道理也适用于中国的文献资源。意识到这项工作的困难，我认为有必要通过一些人通力合作来完成。为了知识的真正进步，缩短中国民族志研究的时间，制作一张民族志地图是很有必要的。我认为这比随机地去描述一些村庄要有用得多。

③ 《中国人的精神》，北京，1915。

④ 《中国的乡村生活》，同时参见杜立德的《中国人的社会生活》；梁宇皋与陶履恭的《中国乡村与城镇的生活》；费孝通的《中国农民的生活——一项关于长江流域农民生活的民族志研究》，伦敦，劳特利奇书局，1939。

⑤ 《黑暗的道路，中国的真相》，纽约，1928。

⑥ 《中国之谜》，巴黎，1928。

⑦ 《一盘散沙：家庭式思维的中国人在缺乏社会意识情况下如何行动》，亚洲，1935 年 8 月；《中国的出路》，亚洲，1935 年 10 月；以及一些其他文章。

都会具有一定的科学价值。但是，这份财富是很难利用的，因为对于它还没有形成比较系统的观点——优秀的文献目录仅仅围绕某一问题或属于某一文化的特定领域。现在所需要的是一门"中国民族志的历史学"，所有的分支都应被呈现，所有的资源也应被用到。这样一种关键文献目录的调查将会使我们清楚什么是已知的，有多少空白等待去填补。当然，这种工作不是像今天那些没有什么技巧的、办事员式的处理文献的工作。应当承认，出现一位受过良好训练，并致力于且能胜任此类工作的学者还需要一段时间。实际上，如果存在此类知识资源，就可以避免由于重复发现而浪费时间的情况，同时也可以避免对文献不充分地消化。

起初要做的，可能是制作民族志地图、建立一个相对完整的民族志历史之类的工作。当然，这并不意味着所有的田野工作一定要停下来。当地图以及民族志的历史能够为民族志调查者所用时，他们就会在一个更好的条件下在汉人或者非汉人群体中，逐步地进行他们的调查工作。因此，尤其是刚开始步入民族志研究的学者，不应该急于发表他们搜集上来的所有原始（raw）材料。事实上，如果民族志调查者能够得到熟悉中国及其地方相关民族志情况的专家的指导，将会受益颇丰。

现在我们已经能够看出，完成此类工作应该有一个合理的组织，即建立一个特殊的"民族志机构"，这个机构主要的职责是：（1）通过已有数据的比较以及定点的民族志调查来丰富中国民族志地图的材料；（2）为一个系统的中国民族志文献历史目录做材料准备；（3）对民族志工作者做田野工作方面的培训；（4）组建专门的图书馆；（5）建立民族志博物馆；（6）确定当下的调查方向。①可以说，将中国民族志调查体系化的好处是很明显的。首先，可以节约用在不成熟作品上的花费。其次，可以避免同一项工作被不同的人重复去做。再次，可以避免一些随意性的调查，这类不是为了科学的目的，而是为了其他原因。最后，所得到的知识可能还会被其他领域用到，而且被系统化到关于中国的实证知识体系之内。这些知识不仅可以为学者采用，同时也可以为实干家以及中国的政府官员采用，他们可以因此避免对当前的情况做出错误的判断。

---

① 在这里我不能讨论这一组织的技术方面及其功能。

中国古代民族收继婚的类型、功能及历史变迁

何星亮[*]

　　收继婚又称"转房"，是指男子在父亲或哥哥、弟弟死后，将庶母、后母或寡嫂、寡弟媳接受为妻妾的一种早期婚姻形式。"收继婚"源于拉丁语"levir"，意即"丈夫的兄弟"。收继婚，在某些民族看来是"乱伦"，但在许多民族中，则是合情合理，是合乎道德规范的。据经典著作的论述，这种婚俗出现于原始社会母系氏族制后期，在古今许多民族中广泛流行，世界上约有 2/3 的民族有此俗。有些民族虽然近代以来不存在这一婚姻制度，但在历史上曾存在过这一制度。恩格斯曾说，某氏族的一位姑娘因出嫁而加入夫方氏族团体，当她的丈夫死后，"为了把财产保存在氏族以内，她必须同她的第一个丈夫的同氏族人结婚而不得同别的任何人结婚"，并说这是"再自然不过的事"①。所谓"自然不过"，就是符合当时当地人们的道德观念，为大多数人所认同。收继婚制在历史上发挥过重要的社会功能，它对社会稳定与和谐、种族或民族的繁衍、社会经济的发展等，都起过重要作用。

　　一般认为，收继婚是原始社会群婚的残余形式，私有制产生后，赋予这种婚俗以不同的意义。收继婚的形式因随时代不同而变迁，其功能也因族而异，

---

　　* 中国社会科学院民族学与人类学研究所研究员。

　　① 恩格斯：《家庭、私有制和国家的起源》，《马克思恩格斯选集》第 4 卷，人民出版社，1972，第 121 页。

因时有别。本文主要分析中国各少数民族历史上的收继婚制类型、功能及其变迁。

一 收继婚的类型

收继婚，古代称"烝"或"报"，它既是一种婚姻习俗，也是一种在历史上普遍存在过的婚姻制度。

华夏人在春秋战国以前，收继婚不仅是习惯的而且是神圣的。《左传》称父亲死后儿子娶庶母为"烝"，称哥哥或叔叔死后弟或侄娶嫂嫂或婶母为"报"。"烝"与"报"原本都是祭祀名。如"烝"，《尚书·洛诰》："戊辰，王在新邑烝，祭岁。"《诗·小雅·谷风》："济济跄跄，絜尔牛羊，以往烝尝，或剥或亨"。《郑笺》："冬祭曰烝，秋祭曰尝。""报"也是祭祀。《国语·鲁语》："幕，能帅颛顼者也，有虞氏报焉。"韦昭注："报，报德，谓祭也。"《诗·小雅·甫田》："报以介福，万寿无疆。"郭沫若《由周代农事诗论到周代社会》："'报'乃报祭之报，《国语·鲁语》：'凡禘、郊、祖、宗、报，此五者国之典祀也。'……'报以介福'即是报祭先祖以求幸福。"[①]"烝""报"与收继婚有关，是"因实行收继时要祭祀祖先，以期在心灵上得到安慰"[②]。

"烝"与"报"在先秦文献中，都是作为褒义词来使用的，大概在当时娶后母或寡嫂事关家族繁衍，须举行祭祀祖先的仪式，向列祖列宗报告："本人按照惯例，'妻其后母'，以完成先父未竟之传宗接代的神圣任务。"[③] 春秋时期，中原还盛行烝报婚制。进入战国时期，这种婚制逐渐消亡，但在边疆的游牧社会中仍经久不衰。

春秋时的"烝"和"报"都是合乎当时的道德规范的。《左传·闵公二年》："初，惠公之即位也，少，齐人使昭伯烝于宣姜，不可，强之。生齐子、戴公、文公、宋桓夫人、许穆夫人。"宣姜是齐国女子，卫宣公的夫人，惠公是

---

① 《郭沫若全集·历史编》第 1 卷，人民出版社，1982，第 413 页。
② 阴法鲁、许树安主编《中国古代文化史》（二），北京大学出版社，1991，第 89 页。
③ 唐嘉宏主编《先秦史研究》，云南民族出版社，1987，第 220 页。

宣公与宣姜的儿子。昭伯也是宣公的儿子，不过非宣姜所生，是宣姜的庶子。按当时风俗，宣公死后，昭伯应收继庶母宣姜，但昭伯不愿，齐国人就施加压力迫使他收继。后来宣姜与昭伯生三男二女，也享有尊贵的地位。《公羊传·昭公三十一年》载，邾娄君颜公诛死，弟叔术立，遂以颜公之妻为夫人。这就是叔接嫂婚，即兄终弟及的"报"。《左传·宣公三年》："文公报郑子之妃曰陈妫，生子华、子臧。"文公是郑子的侄子，郑子死后，文公收郑子之妃陈妫，生下子华与子臧。这是侄儿收婶母，也叫"报"。

在古代中国少数民族中，匈奴、乌桓、鲜卑、突厥、乌孙、西羌、契丹、扶余等族，都普遍存在收继婚制度。20世纪50年代前，我国的哈萨克、柯尔克孜、达斡尔、鄂温克、独龙、怒、景颇、佤、傈僳、彝、毛南、赫哲、哈尼、苗、壮、布依、黎等族行此婚俗。关于我国少数民族收继婚的情况，汉文史籍记载甚多。

从世界各民族的收继婚习俗来看，收继婚存在三大类型。

（1）同辈收继婚，即兄或弟可以娶寡嫂或寡弟媳为妻。

例如，古代希伯来人如果兄弟中有一个死了，死者又没有儿子，遗妻必须转嫁给亡夫的兄弟，所生长子继承死者。在近代澳大利亚土著居民和亚洲南部的维达人、泰米尔人以及缅甸的克钦人中，寡妇通常嫁给亡夫的某一个兄弟。在印度尼西亚的巴塔克人中，死者的弟弟即使已婚，也必须娶寡嫂为妻。印第安人的许多部落及西伯利亚的科里亚克人，可以由未婚弟弟娶寡嫂，并继承哥哥的遗产。在南非班图人的一些部落中，弟娶寡嫂者，可免去聘礼。在西伯利亚的尼夫赫人中，弟可娶寡嫂，但兄不能娶弟妇。

（2）晚辈收继婚，即儿或侄可以娶失去丈夫的后母或庶母为妻，这种现象较为普遍。

（3）长辈收继婚，即父叔辈可以娶儿辈的寡儿媳为妻，这种现象较为少见。

在三类收继婚中，同辈收继婚和晚辈收继婚最多。在存在收继婚制的民族中，有不少民族，尤其是古代民族，大多数都是同辈和晚辈收继婚并存。例如，古代匈奴人"父死，妻其后母。兄弟死，尽取其妻妻之"①，吐谷浑也一样，

---

① 《史记·匈奴列传》卷一一〇。

"父兄亡后，妻后母及嫂等"。① 长辈收继婚现象较少，只存在于个别民族中。在近现代民族中，同辈收继婚的较多。

二 同辈和晚辈收继婚并存制

从古代和近代存在收继婚的民族来看，大多是同辈收继婚和晚辈收继婚并存。根据这种婚姻制度，家庭中的男性有接续亡兄遗孀为妻的义务和权利，儿子也有接续亡父的妻子（后母）为妻的权利和义务。家庭内如果没有合适的接续人，这种制度还扩展到同族的叔伯兄弟或同一氏族的其他男性。家族和氏族不仅有义务赡养亡人的妻子，而且必须扶养她的子女。

关于古代北方游牧民族的收继婚制度，最早是通过和亲公主的转房而被中原所了解。和亲是中国古代中原的封建王朝与边疆少数民族政权之间或不同少数民族政权之间为达到政治目的而进行的联姻。和亲始于西汉，汉高祖以"公主"下嫁匈奴单于，以缓和匈奴的侵扰。此后，历代王朝多有沿袭，所出嫁的女子大都遵循当地民族风俗，原夫死后，转继给原夫的兄弟子侄，有的被多次收继。例如，汉元帝时，宫女王昭君奉旨以公主身份适匈奴呼韩邪单于，被封为"宁胡阏氏"，生一男。两年后，呼韩邪单于死，其胡妇子立"欲妻之，昭君上书求归，成帝敕令从胡俗，遂复为后单于阏氏焉，生二女"②。

乌孙是汉代西域的一大部族，汉武帝元封年间（公元前110~前105年）以宗室刘建之女细君为公主下嫁昆莫猎骄靡，赠送甚丰。据《汉书·乌孙国传》（卷九十六下）记载，猎骄靡年老，按乌孙习俗劝细君公主改嫁其孙军须靡。细君公主认为这样有违汉朝礼教，上书汉武帝，武帝谕令"从其国俗"。细君与军须靡成婚后，生一女，不久病逝。汉又遣楚王刘戊之孙女解忧与军须靡成婚。军须靡死，按乌孙风俗复嫁军须靡族弟肥王翁归靡，生三男二女。肥王死，军须靡之胡妇子狂王泥靡继位，解忧再嫁狂王。可见，乌孙的孙辈可娶后祖母，子可娶后母，族弟可娶寡嫂，同辈和晚辈收继婚并存。

秦汉时羌人是西北地区的重要民族，也实行像匈奴等族一样的收继婚制。

---

① 《魏书·吐谷浑传》卷一〇一。

② 《后汉书·南匈奴传》卷八十九。

《后汉书·西羌传》（卷八十七）载："十二世后，相与婚姻。父没则妻后母，兄亡则纳厘嫂，故国无鳏寡，种类繁炽"。魏晋南北朝和隋唐时期的各支羌人也保留收继婚制。如："宕昌羌……父子、伯叔、兄弟死者，即以其继母、世叔母、及嫂、弟妇等为妻。"① 党项羌也一样，"其俗淫秽烝报，于诸夷中最为甚"。② "妻其庶母及伯叔母、嫂子、弟之妇，滛秽烝褒，诸夷中最为甚，然不婚同姓。"③

秦汉时的乌桓、鲜卑等，均实行同辈和晚辈收继婚制。《后汉书·乌桓传》（卷九十）载："乌桓……，其俗妻后母，报寡嫂，死则归其故夫。"《三国志·乌丸传》（卷三十）引《魏书》称：汉末魏初的乌桓、鲜卑风俗："父兄死，妻后母执嫂"。《魏书·乞伏国仁传》（卷九十九）载，西秦国君鲜卑人乞伏炽磐死后，"殊罗蒸炽磐左夫人秃发氏"。殊罗为炽磐之子，左夫人是其庶母，殊罗按习惯收继了父亲的妻子。

吐谷浑原为辽东鲜卑慕容部的一支，西晋末，首领吐谷浑率部西迁到枹罕（今甘肃临夏），后不断扩张，统治了今青海、甘南和四川西北地区的羌、氐部落，建立国家"吐谷浑"。建国后，保留了原有的收继婚制。《晋书·西戎传附吐谷浑传》（卷九十七）："吐谷浑……父卒，妻其群母；兄亡，妻其诸嫂。"《魏书·吐谷浑传》（卷一〇一）亦称："父兄死，妻后母及嫂等，与突厥俗同。"据该传记，吐谷浑国君视罴立死，"子树洛干等并幼，弟乌纥提立而妻树洛干母"。是说乌纥提不仅继承了他哥哥的王位，还收继了嫂子。开皇十六年（596 年），世伏可汗尚隋光化公主，世伏被杀，其弟伏允依俗尚光化公主："以光化分公主妻世伏……。明年，其国大乱，国人杀世伏，立其弟伏允为主。使陈废立事，并谢专命罪，且请依俗尚主，上从之。"④

柔然又作"蠕蠕"，与鲜卑同源，其婚俗与鲜卑同。《魏书·蠕蠕传》（卷一〇三）："初，豆崙之死也，那盖为主。伏图纳豆崙之妻侯吕陵氏，生丑奴、阿那瑰等六人。"那盖为豆崙之叔，伏图则是那盖之子。豆崙之妻侯吕陵氏，叔那盖不纳，只能由那盖之子伏图收继，说明长辈无权收继晚辈寡妇，收继婚只

---

① 《周书·异域传上·宕昌传》卷四十九。
② 《隋书·党项传》卷八十三。
③ 《旧唐书·党项羌传》卷一九八。
④ 《北史·吐谷浑传》卷九十六。

能在同辈和晚辈之间进行。《北史·后妃列传下》（卷十四）载："神武崩，文襄从蠕蠕国法，烝公主，产一女焉。"神武即北齐高祖神武帝高欢，文襄即北齐世宗文襄帝高澄，系高欢的长子。高氏本渤海人，但"累世北边，故习其俗，遂同鲜卑"。① 高澄收继庶母蠕蠕公主，说是从蠕蠕国法。《魏书·蠕蠕传》（卷一〇三）记，柔然首领阿那环在北魏的一次朝见中说："臣先世源由，出于大魏。"故所谓"从蠕蠕国法"，实际上也是从鲜卑旧习。

突厥是 6 ~ 8 世纪兴起于漠北大草原的重要部族。《周书·突厥传》（卷五十）载突厥人"父兄伯叔死者，子弟及侄等妻其后母、世叔母及嫂，唯尊者不得下淫"。《隋书·突厥传》（卷八十四）亦称，突厥人"父兄死，子弟妻其群母及嫂"。隋文帝将宗室女义成公主嫁给东突厥启民可汗为妻，启民可汗死后，其子始毕可汗继位，将庶母义成公主收继为妻；始毕可汗死，其弟俟利弗设嗣位，是为处罗可汗，又收继义成公主为妻；处罗可汗死后，其弟颉利可汗嗣位，又收继了义成公主。西突厥泥利可汗的妻子向氏是汉人，生子达曼。泥利死，达曼继可汗位，向氏又嫁泥利之弟婆实特勒。《北史·西域传》（卷九十七）说，北朝高昌的麴坚死后，子伯雅继立，"其大母本突厥可汗女，其父死，突厥令依其俗"，命伯雅娶其大母，"伯雅不从者久之。突厥逼之，不得已而从"。北朝高昌系汉人统治的政权，麴伯雅本不愿收其庶母，但因这位庶母是突厥可汗的女儿，麴伯雅不得不照突厥习俗行事。

古代回纥人也像匈奴、突厥等民族一样，存在收继婚制，即父死子继后母或兄死弟继嫂的制度。例如，唐德宗女咸安公主本来是嫁给天亲可汗的，天亲可汗死后，"子忠贞可汗立，忠贞可汗卒，子奉诚可汗立。奉诚可汗卒，国人立其相，是为怀信可汗。皆从胡法，继尚公主"。② 据此可知，咸安公主曾先后为三位可汗之妻。再如唐肃宗以宁国公主嫁回纥可汗时，又以荣王女作为陪嫁，"及宁国来归，荣王女为可敦，回纥号为小宁国公主，历配英武、英义二可汗"。③ 咸安公主是唐德宗的第八个女儿，嫁给回纥天亲可汗。天亲可汗死后，"子忠正可汗立；忠正可汗卒，子奉诚可汗立；奉诚可汗卒，国人立其相，是为

---

① 《北史·齐本纪上》卷六。
② 《唐会要》卷九十八。
③ 《旧唐书·回纥传》，《新唐书·回鹘传》。

怀信可汗。皆从其国俗，尚公主"。① 这是一个女子嫁给祖孙三代的例子。唐宪宗的女儿太和公主，先嫁给回纥崇德可汗，后又嫁给 4 个可汗，其中有的是崇德可汗的兄弟，有的是崇德可汗的侄子。②

古代契丹人同时存在收继后母婚习俗。《耶律庶几墓志》载："惯宁相公故，大儿求哥与其继母骨欲夫人宿卧，生得女一个，名阿僧娘子。长得儿一个，名迭剌特军。"③ 秦晋国王耶律隆庆卒，夫人秦晋国妃萧氏在圣宗主持下嫁隆庆之子宗政。此外，契丹人还保留弟继寡嫂婚习俗。唐开元十年（772 年），"郁于入朝请婚。上又封从妹率更令慕容嘉宾女为燕郡公主以妻之。"明年，"郁于病死，弟吐于代统其众，袭兄官爵，复以燕郡公主为妻"。④

女真人的收继婚制亦是同辈与晚辈收继婚并存。《大金国志》卷三十九《婚姻》载：女真"父死则妻其母，兄死则妻其嫂，叔伯死则侄亦如之。无论贵贱，人有数妻"。《金史·睿宗贞懿皇后传》（卷六十四）："旧俗，妇女寡居，宗族接续之"。《金史·辈鲁传附重孙劲者传》（卷六十五）："韩国公前死，所谓肃宗纳和卓之妻瓜尔佳氏者是也。"肃宗颇剌淑，为韩国公和卓的同母弟，所以韩国公死后，肃宗按风俗娶其嫂瓜尔佳。《建炎以来系年要录》卷八十四："宗干，亶（金熙宗合剌）伯父，且妻其母，如已子也。"《金史·宗雄传》（卷七十三）："宗干纳宗雄妻。"宗干为太祖阿骨打庶长子，宗雄为康宗乌雅束嫡子，互为从兄弟。《松漠纪闻》："绳果即宗峻，太宗元配圣穆皇后唐括氏之子，其妻蒲察氏。"固碪即宗干，太祖光懿皇后裴满氏所生之庶长子。宗峻（绳果）与宗干（固碪）为同父异母兄弟，宗峻妻为其弟宗干所收。熙宗皇统九年（1149 年）十月，"杀北京留守胙王元"。十一月，"杀皇后裴满氏，召胙王元妃撒卯入宫"。⑤ 胙王元本名常胜，与熙宗同为宗峻子，这是兄纳弟妻。"昭妃阿懒，海陵叔曹国王宗敏妻也。海陵杀宗敏而纳阿懒宫中。"⑥ 这是侄收纳其婶。海陵又纳其弟宗本子莎鲁啜、宗固子胡里剌、胡失打、秉德弟（幺）里等妻。⑦ 徙单

---

① 《唐会要》卷九十八。
② 杨圣敏：《回纥史》，吉林教育出版社，1991，第 102 页。
③ 引自向南等《论契丹族的婚姻制度》，载《历史研究》1980 年第 5 期。
④ 《旧唐书·契丹传》卷一九九下。
⑤ 《金史·熙宗纪》卷四。
⑥ 《金史·后妃上》卷六十三。
⑦ 《金史·海陵纪》卷五。

恭本名斜也，海陵之岳父，"斜也兄定哥尚太祖长女兀鲁"，定哥死，斜也"强纳兀鲁为室"。[①] 这是弟强纳其嫂之例。

明代的女真还盛行收继婚。李氏朝鲜的编年史《李朝实录》世宗二十年七月条载："凡察之母，金伊甫哥之女也吾巨，先嫁豆万挥厚，生猛哥帖木儿。挥厚死后，嫁挥厚异母弟容绍包奇，生于虚里、于沙哥、凡察。"猛哥贴木儿是努尔哈赤的六世祖。由此可知，努尔哈赤的七世祖母曾被收继。[②] 又据同书世宗二十一年正月己丑条载，明代的建州女真与海西女真，"父死娶其妾，兄亡娶其妻"。例如哈达王台死后，其妾温姐与其义子康古鲁结合，便是"父死娶其妾"的一例。[③]

收继婚在蒙古社会中存在的时间很长，不仅在成吉思汗统一蒙古诸部之前存在，而且元朝建立后依然存在。《元史·乌林孙良桢传》（卷一八七）："父死则妻其从母，兄弟死则收其妻。"多桑《蒙古史》上册："其人……除其生母外，常能娶其父之寡妇为妻。兄弟亦应赡养寡居之嫂娣。"[④]《马可波罗游记》在写到蒙古人的多妻和多子女时说："父亲死后，儿子可以继承父亲的妻子，只有生身母亲例外。他们不能和自己的姊妹结婚，但他们的兄弟死后，可以娶嫂嫂和弟媳妇为妻。"[⑤] 一些史籍还记载了具体的弟继寡嫂的事例，如《蒙古秘史》卷一记载：海都大儿子伯升豁儿多黑申死，其遗孀被其弟察剌海领忽收为妻。《元史·诸公主表》（卷一〇九）亦载："鲁国大长公主囊家真，世祖女，适纳陈子帖木儿弟蛮子台。"另有一些史籍还记述子妻后母的事例，如拉施特《史集》载，成吉思汗妾木哥哈敦为窝阔台所继承："成吉思汗死后，［他的］这个妻子为窝阔台合罕所娶。……察合台也爱这个木哥哈敦，在他得知窝阔台合罕娶她之前，他曾派人去说道：'父亲［遗留下］的诸母和美妾之中，把这个木哥哈敦给我！'窝阔台合罕回答道：'我已经娶了她，如果信早一些来，我就把她送去了，假如他还看中别的人，我可以给［他］'，察合台说：'我要的是她，除她而

① 《金史·世戚传》卷一二〇。

② 张涛：《中国古代婚姻》，山东教育出版社，1990，第38页。

③ 孙进己等：《女真史》，吉林文史出版社，1987，第292页。

④ 引自卢明辉等编《蒙古史研究论文集》，中国社会科学出版社，1984，第25页。

⑤ 《马可波罗游记》，福建科学技术出版社，1981，第63页。

外，我别无所求。'"①

元王朝在法律上对蒙古人和汉人在实行收继婚方面是区别对待的，规定蒙古人仍依照"国俗"，"父死则妻其从母，兄弟死则收其妻"。② 而汉人则不得接续，"敢有弟收其嫂、子收庶母者，坐罪"。③ 中书平章库库岱死后，其子巴特玛多尔济悦父侧室高丽氏美色，高丽氏誓弗贰适。巴特玛多尔济于是贿通了朝廷重臣伯颜，奏请皇帝降旨，"命巴特玛多尔济收继小母高丽氏"。④ 可见元政府允许蒙古人沿袭收继婚旧俗。

直到明代，在蒙古故地的贵族集团中仍有人沿袭收继制。被明王朝册封为忠顺夫人的蒙古右翼土默特部女首领三娘子，本是蒙古族首领俺答的庶妻，俺答死后，她被俺答的长子黄台吉收继；黄台吉死后，被黄台吉的长子扯力克收继；扯力克死后，又与扯力克的孙子卜石兔合婚。在满都海屯其夫古勒汗死后，科尔沁部首领乌纳博罗特王曾向她求婚，但遭到拒绝，反而嫁给年仅 7 岁的曾孙巴图蒙克，因为他们同属一家族嫡系继承人。

清代满族存在收继婚习俗，《建州闻见录》："婚嫁不择族类，父死而子妻其母。"《岷峨山人译语》："胡俗丧其夫，其家男子即收为妻，父子兄弟不论也。他适，则人笑不能赡其妇。"这种风习在民间一直延续了很长时间，直至 20 世纪 50 年代，农村尚有此风。

清代藏族亦有同辈和晚辈并存制习俗，萧腾麟《西藏见闻录·嫁娶》载清初藏族大多"不以燕报为丑，父兄死，妻后母及嫂等，国无鳏寡"。

西藏僜人也存在异辈转房制，在察隅县的僜人中，转房习俗直到 20 世纪 70 年代还存在。按他们的习俗，妻子在丈夫死后，要被转房给丈夫的兄弟，也可以转房给她的非亲生子，还可以转房给丈夫的侄子，但不能转给丈夫的长辈。20 世纪 40 年代，察隅县新村的僜人女子杜西·拜拜丈夫去世后，先被转房给丈夫的堂兄弟阿外龙·崩龙木，崩龙木死后又被转房给崩龙木的弟弟巴拉下。1971 年，新村的另一位僜人妇女德呷·西各央。在丈夫去世后，原想与自己喜

---

① 〔波斯〕拉施特：《史集》第 1 卷第 1 分册，余大钧、周建奇译，商务印书馆，1983，第 224 ~ 245 页。

② 《元史·乌古孙良桢列传》卷一八七。

③ 《元史·文宗纪三》卷三十四。

④ 《辍耕录》卷十五"高丽氏守节"条。

欢的帕各木·比惹结婚。但两次去比惹家，都被亡夫的同姓人抓回。最后，被亡夫家的人们"说服"，转房给了自己的非亲生子阿外龙·德力木松。①

凉山彝族实行同辈与晚辈并存转房制，他们称为"乌末意是"，意为弟弟娶嫂嫂，即妇女在丈夫死后，如仍在生育年龄，而子女又尚未成人，必须转嫁给死者的兄弟或其他亲属，不论他们是否已娶妻。转房时首先考虑死者的同胞兄弟，次及亲房，再次及远房；先考虑平辈，在特殊情况下亦可转给长辈或晚辈，有"因子死亡，翁媳成亲也应该"之说。处于奴隶社会时期的凉山彝族，转房是丈夫家族的权利，因为妻子是出钱娶的，故丈夫死后，应在家族内部转让，彝谚说："兄死弟在，牛死圈在。"女人是夫家的财产，不可外流；同时，转房也是夫家和寡妇的义务，即活着的成年男子有义务与这位死去丈夫的女人生孩子，尽繁衍家族的义务，寡妇则有义务与夫家的男人生孩子，以繁衍后代。所以，不仅男方视转房为理所当然，女方也认为必须如此，如男方不按规矩转房，女方便认为是一种耻辱，女方母家便把女儿接回另嫁，从此与原夫家不通往来；有时甚至剑拔弩张，向原夫家兴师问罪。如原夫家实在无适当的男子可收继，该寡妇可以改嫁，不过原夫家应给以适当的赔偿。②

傣族与彝族类似，西双版纳第37世召片领刀承恩死后，其子刀栋梁将刀承恩的第八房姜楠单收为他的第三房姜。③

鄂伦春族、鄂温克族和达斡尔族新中国成立前也曾盛行兄死弟继，弟死兄纳，甚至父子、叔侄之间都可以继娶。这实质上是将寡妇视为家族的私有财产。为防止"财产"外流，便在家族内部继承。

三　同辈收继婚

同辈收继婚，即兄或弟可以娶寡嫂或寡弟媳为妻。这种收继婚制度一般不允许晚辈或长辈收继婚，排除了异辈转房现象。这种收继婚制度可能是较晚时

---

① 张江华：《略论原始社会瓦解时期的僜人社会》，《民族研究》1980 年第 2 期。

② 马学良等编著《彝族文化史》，上海人民出版社，1989，第 407 ~ 408 页；严汝娴主编《中国少数民族婚姻家庭》，中国妇女出版社，1986，第 246 ~ 247 页。

③ 朱德普：《傣族婚俗中的文明世界再探》，《云南民族学院学报》1990 年第 2 期。

候形成的。在实行收继婚制的民族中，仅限于同辈收继婚的民族并不多。

古代夫余人主要为同辈收继婚。《后汉书·东夷传》（卷八十五）说："夫余国……兄死妻嫂。"《三国志·东夷传附夫馀传》（卷三十）说那时的夫余人"兄死妻嫂，与匈奴同俗"。

稽胡一般认为是匈奴的后裔，匈奴妻后母习俗没有保留在稽胡人中，史书仅记其有兄死妻嫂习俗：《周书·异域传上》（卷四十九）："稽胡……兄弟死，皆纳其妻。"

清代维吾尔族"兄弟之妻，兄死弟及，弟死兄纳。如兄弟三人，伯叔已娶，季弟未娶者，其伯兄死，则季弟娶伯兄之妻。"①

收继婚习俗也长期残留在哈萨克族人中。哈萨克语称收继婚为"安明格尔"制度，《新疆礼俗志》记载，清代时，根据哈萨克人的习俗，丈夫死后，妻子不能改嫁外族，丈夫的兄弟有继娶的优先权利，如果不愿改嫁，也不会勉强。直至20世纪50年代仍实行这一制度。妇女死了丈夫，如果要求改嫁，一定要优先嫁给亡夫的兄弟；如无兄弟，则必须嫁给亡夫的叔伯兄弟。当本家族无人娶时，也只能嫁给本氏族的其他成员。如本氏族内有人愿娶，而该寡妇坚决不嫁，非要嫁给外氏族之人，则不仅受到社会的谴责，而且不能带走儿女，更不能带走前夫的财产。有时还会引起氏族间的纠纷。传统观念认为："女人的一条腿如果属于她丈夫的话，那么另一条腿则属于她丈夫的氏族。"故民间流传"哥哥死后，嫂子是遗产"的谚语。哈萨克汗国时期的法典明文规定："兄终弟继嫂子"。《西西伯利亚吉尔吉斯人法规》也规定：无子的亡夫之妇归长兄所有，如有几个这样的寡妇，则兄弟每人娶一，但必须征得她们的同意，不得施以暴力。若寡妇拒绝作其丈夫兄长之妻，而愿作亡夫之弟之妻时，则后者须交大小牲畜9头。如寡妇不愿再婚，不得强迫。同时还规定：如果男子同父亲分居，死时无子，则其财产归父亲，其妻归兄长所有。如无兄弟则归异父母兄弟；如无异父母兄弟则归堂兄弟；如无堂兄弟则归其父亲之孙所有。这种制度可使本氏族的财产和人口不至于流入别的氏族，同时也有利于扶养前夫的儿女。如男女已订婚并交付了很多彩礼，而男子突然死去，也必须实行安明格尔制度，由未婚夫的兄弟娶未婚妻为妻。

---

① 《回疆志》。

　　清代柯尔克孜族也一样，妇女一般从一而终，不能随便改嫁，丈夫死后，首先改嫁丈夫的哥哥或弟弟，如果没有兄弟，则改嫁丈夫的族人，如果没有合适的族人，则由夫家做主，才可以改嫁外族，夫家索回结婚时的聘礼财物。在他们看来，妻子是丈夫付出了大量的牲畜银钱聘礼买来的，婚姻形同交易，"财聘之弊，同于市估"。① 20 世纪 50 年代前，也同样实行转房制。柯尔克孜族认为，女子嫁到夫家，不仅属于夫家，同时属于夫家的氏族，成为夫方氏族中的一个成员。为使本氏族的人口和财产不流入别的氏族，于是规定由亡夫的兄弟或近亲和氏族成员继承她们的婚姻关系。如果男女未正式结婚，但已订婚并交了很多彩礼，而未婚夫不幸去世，也必须实行转房制，由未婚夫的兄弟或叔伯兄弟娶未婚妻为妻；若未婚妻不幸去世，未婚夫可娶其妹为妻。如果未婚夫之弟年龄太小，未婚妻年龄太大，可与未婚妻之妹调换。

　　塔吉克也实行转房制（收继婚），当丈夫死后，如有子女，一般很少改嫁。如要改嫁，首先嫁给丈夫的兄弟。在鄂温克族和鄂伦春族中，哥哥去世，弟弟可以娶嫂为妻，但弟弟死后，哥哥不能纳弟媳。

　　南方有不少民族历史上也实行同辈收继婚制，古代瑶族有同辈收继婚习俗，洪迈《容斋随笔·四笔》卷十六《渠阳蛮俗》说，宋代湖南靖州等地的瑶民，"凡昏姻，兄死弟继"。

　　清代毛南族也有收继婚习俗，乾隆《庆远府志》说，清代广西的毛南族"兄死则妻其妯（嫂），又名'上蓝'；弟死亦然"。

　　清代云南的黑彝实行同辈收继婚习俗，檀萃《滇海虞衡志·志蛮》说，黑彝"兄死妻嫂，有一妇而递为兄弟四五人之妻者"。清代贵州的彝族也大抵如此，赵翼《檐曝杂记》说，清代滇黔彝族"兄死则妻其嫂，弟死则妻其妇，比比而然。水西安氏虽已改流，而其四十八支子孙仍为头目。头目死，妻欲改嫁，而资产不得将去，则于诸叔中择而赘焉，叔亦利其产而乐为婚也。故往往有妻年四十余，而夫仅二十者"。

　　普米族除了实行同辈收继婚习俗外，还有移配习俗，即使收继者与被收继者之间年龄相差不多。清余庆远《维西见闻录》说，清代维西县的巴苴，又名西番（即普米族），"……兄弟死，嫂及弟妇归于一人"。近人徐珂在《清稗类

────────────

① 《新疆礼俗志·布鲁特》。

钞·婚姻》中记载，清代云南维西某户有四子皆已婚配。"不幸某年长子死，某年四子之妻又死。"以长媳配四子，年龄相差太大，于是采取叔嫂移配的办法，使长媳配二子，二媳配三子，三媳配四子，这样"一转移间，年皆相若"。此事被县官发现，认为有伤风化，欲治其罪。县吏告之，"此间习俗如是，愿无拂其意"。县官只好作罢。

白族普遍存在同辈收继婚习俗，丈夫死后也要归婆家处理。对寡妇的处理有转房、招夫、出卖或送人等几种方法。一般劳动好的、能干的妇女，多被转房或另外招赘丈夫。在丽江九河一带，寡妇转房还有一定限制：弟亡，兄可纳弟媳，而兄死，弟弟则不能娶寡嫂，据说是"长兄当父，长嫂当母"之故。对于劳动力差或无夫弟可转的寡妇，一般就被出卖或送人。出卖由公婆主持，事前不让寡妇知道，进行抢娶，方式类似"抢婚"。这种抢娶除给寡妇公婆大量钱财外，须向当地保长、士绅送礼，取得其支持。在大理海东和碧江四区等个别地区，寡妇改嫁有一定的自由，任何人不得限制。① 怒江白族那马人的收继婚与丽江九河白族有所不同，兄死，弟可纳寡嫂，但弟若有配偶，则不能收继寡嫂；弟死，其兄无论有无配偶，均不能纳弟媳。他们的观念是"弟娶兄嫂天下有，兄纳弟媳天下丑"。② 白族勒墨人的收继婚习俗与那马人基本相同。丈夫死了，寡妇可以转房给其夫的弟弟，无论他有无配偶均可以，这是形成勒墨人一夫多妻现象的原因之一。但寡妇不能转房给其夫的哥哥、叔叔、伯伯。勒墨人有一个禁忌：哥哥在弟媳面前不准说带"脏"字的话。转房与否要先征求寡妇本人的意见，如她不同意转房可以守寡或自行改嫁，其婆家不得干涉。③

布依族妇女丈夫死后，如丈夫有小弟，得到寡妇的同意，二人可以结婚。如嫂嫂同意小弟不同意，只要父母坚持成婚，小弟的抗拒是无效的。安龙地区流行这样的俗语："筷子断了筷子接，哥哥死了弟弟接"。其他地区也有类似的谚语，如"肥水不落外人田"，"一叔管三嫂"等。但原夫的哥哥在习惯上是不

① 王云慧、王瑅、詹承绪调查整理《白族文化习俗诸方面的调查材料》，载《民族问题五种丛书》云南省编辑委员会编《白族社会历史调查》，云南人民出版社，1983，第196~197页。

② 赵寅松调查整理《洱源县西山地区白族习俗调查》，云南省编辑组编《白族社会历史调查》（二），云南人民出版社，1987，第151页。

③ 詹承绪、刘龙初、修世华调查整理《怒江州碧江县洛本卓区勒墨人（白族支系）的社会历史调查》，云南省编辑组编《白族社会历史调查》（三），云南人民出版社，1991，第74页。

能与弟妇结婚的，俗语说："弟可要大嫂，哥不可娶弟媳"。[①]

阿昌族普遍盛行夫兄弟婚的转房制度。即兄死，弟娶其嫂，弟死，兄承纳弟媳，这种夫兄弟婚的缔结，使原来的叔嫂关系、兄与弟媳的关系变成了夫妻关系，原先兄或弟所生子女，按其原来的关系称呼，而夫兄弟婚之后，所生子女，按父母称呼。一般情况下，夫兄弟婚，新夫不再给丈人家聘礼，新夫只是到丈人家去通知一下，捎带点礼物：草烟约20两、茶叶8两、米1升、肉6斤送给丈人家，在丈人家吃一顿饭后回来，请和尚念一次经，就举行结婚仪式，寨子里的人和亲戚朋友都来送礼祝贺。夫兄弟婚要经双方同意，若哥或弟已有妻子，还要经三方商议同意，方能达成结婚。若寡妇不愿在亡夫家转房，也不出嫁，留守亡夫老家，也是可以的。若寡妇不愿在亡夫家转给其兄弟，而欲他嫁，那么就丧失继承其亡夫财产的权利（自己的嫁妆可以带走），如生有子女也归其亡夫家抚养。转房制一般是弟娶兄嫂的多，而兄纳弟媳的少。[②] 在转房中，不能超过辈分，只能在同辈间进行。云南潞西县的阿昌族，寡妇如不愿转嫁亡夫之兄弟，可以另嫁，也可以守自己的孩子和家产，或者重招一个丈夫。[③]

收继婚制在云南西盟县的佤族中也较盛行。据调查，在马散大寨所调查的19对夫妻关系中，有6对存在转房关系。如该寨艾拉得有3个妻子，他死后，第一个妻子带领子女单独生活，第二个妻子转给族弟艾太，第三个妻子转给族弟艾恺，做艾恺的第二个妻子。又如艾夏的父亲死后，其母由艾夏的伯父收娶。[④]

20世纪50年代前，云南金平、马关等县的苗族还盛行转房制，兄死后，不仅未婚的弟弟有权娶其嫂，即使弟弟已婚也可收嫂。如亡夫无弟或弟不愿娶其嫂，族中其他男子（包括已婚者）也可娶寡妇为妻或为妾。男子占有寡妇的办法十分简单，欲娶寡妇为妻（妾）的男子只要将一把伞插在她住房中堂后墙上，

① 贵州省编辑组：《布依族社会历史调查》，贵州民族出版社，1986，第15～16页。
② 王叔武、龚荫、徐家弼等调查整理《户腊撒阿昌族社会经济调查》，云南省编委会编《阿昌族社会历史调查》，云南民族出版社，1983，第42页。
③ 杨永生调查整理《潞西县高埂田乡社会历史概况》，云南省编委会编《阿昌族社会历史调查》，云南民族出版社，1983，第100页。
④ 田继周、罗之基：《西盟佤族社会形态》，云南人民出版社，1980，第112页。

该寡妇就只有转嫁给他了。如有几个男人同时插伞，寡妇可以在他们中间选择一个，这是她的唯一权利。

四　同辈与异辈收继婚并存制

所谓同辈与异辈，即收继婚范围更广，除了同辈之外，寡妇既可转给晚辈，也可以转给长辈。

《隋书·西域传》（卷八十三）："附国者，蜀郡西北二千余里，即汉之西南夷也。……（父、兄死）妻其群母及嫂；儿、弟死，父、兄亦纳其妻。"

部分地区的彝族妇女转房，如平辈中无适当的人，则依次及于晚辈或长辈。

独龙族转房制度很盛行。一个女人死了丈夫，一定要转嫁给丈夫家族的人。转房的辈分不严格，儿子可以接纳父亲的小妻为妻，也有权接纳伯、叔父死后的妻子，亦有父亲娶儿子媳妇的现象。[1] 转房的原则按亲属关系由近及远，一般是先平辈，然后长辈或幼辈，兄死后弟娶其嫂或弟死后兄娶弟妇，据说南部地区媳妇可以转给公公（夫妻不睦或妻不生育，也可转给父亲作妾，自己另娶），婶母也可以转给侄子，但后娘不能转给儿子。[2] 例如在20世纪50年代，贡山县四区三村丙当·顶第三子于上年死去，其妻仅17岁。最先拟将她转让给二子为小妻，但二子未在家，后由老公公丙当·顶本人娶为小妻。又如孔当·争的妻子学哇当·当敢，是其父亲小妻的妹子，即孔当·争的小娘。这种不按等辈实行婚配的情形，在独龙族内部是习以为常、不足为怪的。[3] 独龙族还盛行异辈收继婚。子娶庶母：如孔当·批在其父死后，将其庶母木千王·下松那娶为妻子；侄娶婶：如冷木当·阿鲁才各在其叔父死后，将婶母迪政当·当巴娶为妻子；父娶儿媳：如丙当·今死后，其父丙当·顶娶儿媳布卡王·南为小妻。弟接嫂：

---

① 宋恩常等调查整理《贡山县四区茂顶等村独龙族社会调查统计资料》，《民族问题五种丛书》云南省委会编《独龙族社会历史调查》（一），云南民族出版社，1981，第68页。

② 全国人民代表大会民族委员会调查研究组：《独龙族社会情况调查》，《民族问题五种丛书》云南省委会编《独龙族社会历史调查》（一），云南民族出版社，1981，第6~7页。

③ 杨毓才等调查整理《贡山县四区三村孔当、丙当、学哇当独龙族社会经济调查》，《民族问题五种丛书》云南省委会编《独龙族社会历史调查》（一），云南民族出版社，1981，第48~49页。

大哥去世，其妻转给二弟；二弟去世，诸嫂一并转给三弟。[1] 北部地区转房仅限于平辈之间进行，不同辈分之间不能转房。由于买卖婚姻，妇女是用一定的代价换来的，被作为家庭的财产看待，所以转房是男方家族的一种权利。同时婚姻范围限制在一定的集团之间进行，为了维护亲戚关系，转房也就成为男方家族的义务。[2]

四川省冕宁县和爱乡的庙顶村，是一个藏族聚居村。20 世纪 50 年代前这里收继婚盛行，不仅平辈可转，异辈也可转。王保青已婚并有子女，其亲叔叔王焕章死后，王保青收其婶娘为妻，王保青照顾两个家庭，与其婶娘生一女，取名王光玉。王光玉称王保青为父，与王保青原来的子女以兄弟姐妹称呼，与其母原来所生子女亦以兄弟姐妹称呼；王保青本人与其婶娘原来所生子女以兄弟姐妹称呼，他自己原来的子女称其婶娘原来的子女为长辈。直至 20 世纪 50、60 年代庙顶村仍实行转房制。赵有芬原是伍兴良之妻，伍兴良于 1964 年病死，其时赵 20 多岁，转房给伍兴良的胞弟伍兴文，当时伍兴文才 12 岁。后来伍兴文长大，不情愿这门亲事，要另娶，其父不同意，说不能坏了规矩，伍兴文只得与赵有芬一起生活，生了几个子女。[3]

五 收继婚制的变迁

数千年来，收继婚是如何变迁的？为什么收继婚延续如此之长的时间？它有哪些社会功能？

原始时代遗留下来的婚姻习俗，随着社会的发展而不断变迁，只不过是由于环境和社会的不同，其变迁的速度有快有慢而已。纵观各族这方面的历史，仍有规律可循，主要可归纳为以下两方面。

第一，收继婚的范围由大到小，即由不受辈分限制的收继到只在同辈间收继，甚至出现即使同辈间收继也受限制的现象。如前述白族那马人和勒墨人只允许弟娶寡嫂，不允许兄娶弟媳。他们的观念是"弟娶兄嫂天下有，兄纳弟媳

---

① 《独龙族简史》编写组：《独龙族简史》，云南人民出版社，1986，第 94 页。

② 全国人民代表大会民族委员会调查研究组：《独龙族社会情况调查》，《民族问题五种丛书》云南省委编《独龙族社会历史调查》（一），云南民族出版社，1981，第 6~7 页。

③ 云南大学西南边疆民族历史研究所编印《西南民族历史研究集刊》第 5 辑，第 6 页。

天下丑"。而丽江九河一带的白族正好相反，兄可纳弟媳，而弟不能娶寡嫂，他们认为"长兄当父，长嫂当母"，所以不能娶寡嫂。这可能是受汉文化影响而形成的观念和习俗。

第二，收继婚的当事者由无权选择向有权选择发展，即原来无论男女在收继与被收继时均无选择权，男子无权拒绝收继，女子无权逃避被收继，到后来男子可以不收继，女子可以守寡或改嫁给非丈夫家族的人。例如，回鹘西迁以后，随着经济生活和社会组织方式的改变，这种婚姻制度已经成为陋俗旧法，逐渐失去了存在的根据，发生了变化，部分保留在习俗中。"阔儿吉思的父亲，在他年幼时就死了，除继母外，他别无亲人，而他的继母因他年幼贫困，毫不照管他。父死后不久，有人向她求婚，就在要成婚时，阔儿吉思去见亦都护，上告此事。按蒙古和畏吾儿的风俗，子有权娶其父妻，跟她婚配，于是亦都护执行旧法。然而，阔儿吉思后来放弃他的权利，仅取走一点财物，让他的母亲另嫁。"① 根据旧俗，接续继母为妻不仅是继子的义务，而且是他的权利，但是儿子也可以放弃这种权利；另外，女性有自由选择的可能，而且为社会所认可。习俗道德的束缚力明显减弱，制度发生了根本的变化，以偿付财物的方式可以赎买人身自由。另外，女性的人身自由还可以通过遗嘱的方式获得，"我屈瑟克得了重病，因可能会有好歹，故给我的妻子喜玲留遗书：（希她）今后不要嫁人，（好生）管理我的家，抚养我的儿子——阿尔特迷失·喀雅，我的儿子库桑·阿三·喀雅他们要是说：'继母，属于我们的，我们（需）要拿（走）'，不能拿，不能附和（他们的要求）。……"② 在这种关系中，喜玲的人身属于屈瑟克个人所有，但在习俗中，又为家庭所有。根据遗嘱，她有抚育屈瑟克儿子的义务；根据习俗，屈瑟克的其他儿子有接续她为妻的权利。但是，基于法律关系的遗嘱最终给予这位妇女以自由，习俗的力量已经微乎其微了。

随着收继婚姻制的发展，人们的道德观念也发生变化，原来认为异辈之间相互收继是道德的，到后来的认识上却成了乱伦行为；原来认为有妻之夫收继嫂或弟媳是道德的，到后来则被认为是不道德行为了；原来认为当事者拒绝收继或拒绝被收继都是不道德行为，到后来演变为只有强迫人收继或强迫人被收

---

① 〔伊朗〕志费尼：《世界征服者史》，何高济译，内蒙古人民出版社，1980，第586页。
② 李经纬：《吐鲁番回鹘文社会经济文书研究》，新疆人民出版社，1996，第293页。

继才是不道德的行为。所有这些变化都反映了我国少数民族婚姻道德的变化。

《大金国志》卷三十九《婚姻》说，女真"父死则妻其母，兄死则妻其嫂，叔伯死则侄亦如之。无论贵贱，人有数妻"。直到海陵王时此风尚盛："妇女寡居，宗族接续之"。但女真人也有受别的民族的影响，对这一婚俗给予抵制的。金世宗的母亲李氏，出身于渤海族，由于渤海族人早就无收继婚俗，因此她拒绝照女真旧俗办，宁可出家为尼，不让宗族接续。① 在其他各族影响下，到金代后期，女真人已有不少"嫠居寡处"者，宁肯"患难颠沛"而不再与原夫的弟、侄通婚了。②

虽然元朝政府在法律上维护蒙古人的收继婚旧俗，但随着蒙古贵族的封建化，在中原封建道德观念的影响下，旧有的蒙古"国俗"发生了变化。鲁国大长公主祥哥剌吉是元朝宗王答剌麻八剌之女，适弘吉剌氏之鲁王。丈夫死时仅26岁，不从蒙古收继婚旧俗适诸叔，终生守寡。到文宗时，诏谕："皇姑鲁国大长公主，蚤寡守节，不从诸叔继尚，鞠育遗孤"，令汉人学士赵世延等"议封号以闻"。③ 公主"不从诸叔继尚"，朝廷以予旌表，说明此时蒙古贵族的婚姻道德观念较之元朝前期有了很大的变化。有元一代，在一般的蒙古妇女中，也有人把收继婚视为不道德的行为。据《元史·列女传》载，有个名叫脱脱尼的雍吉剌氏的蒙古女子嫁给哈剌不花为妻，哈剌不花去世时，脱脱尼仅26岁，哈剌不花"前妻有二子皆壮，无妇，欲以本俗制收继之，脱脱尼以死自誓"，并斥责二子说："汝禽兽行，欲妻母耶，若死何面目见汝父地下？"二子惭惧谢罪，乃析业而居。三十年以贞操闻。脱脱尼敢骂庶子收继父妻为"禽兽行"，想必受汉文化影响，伦理观念发生了变化。且"三十年以贞操闻"，可见已为社会舆论所赞赏。不过，收继婚毕竟是长期历史形成的风习，其惯性力是相当强大的。

满族建国后不久，取缔收继婚习俗。天聪四年（1630 年）皇太极下令，凡娶继母、伯母、婶母、弟妇、侄妇，永行禁止。崇德元年（1636 年），他再次重申禁令，并记于《会典》："自今以后，凡人不许娶庶母及族中伯母、婶母、嫂子、媳妇。""若不遵法，其相娶者，与奸淫之事一例问罪。汉人、高丽因晓

---

① 《金史·后妃传下》卷六十四。
② 《金史·列女传》卷一三〇。
③ 《元史·文宗本纪二》卷三十三。

汉人道理，不娶族中妇人为妻。凡人既生为人，若娶族中妇女，与禽兽何异！"①
重申了伦常礼义，强调族外婚，同时说明清初收继婚在满族中盛行。众说纷纭
的庄妃下嫁多尔衮，实质上行弟妻其嫂收继婚习俗而已。

明代云南的阿昌夷出现了抵制收继婚的现象。据谢肇淛《滇略》卷九《夷
略》阿昌条附注载，当时阿昌夷还实行收继婚制："今永昌有罗古、罗板、罗明
三寨，皆阿昌夷也。其俗，父兄死，则妻其母嫂。近年，罗板寨百夫长早正者，
病且死。其妻方艾。忽持刀欲杀之，妻惊问故。曰：我死，汝必属我弟矣。妻
以死誓。俄而正死，妻遂大恸，不食而死。"早正是个低级武官，可能知道一些
其他民族的婚姻制度，从私有观念出发，对本民族的传统的收继婚感到不满，
为了防止自己死后妻子被弟弟收继，于是临死之前起了杀妻的念头。其妻也反
对转房，最后宁愿饿死也不转继他人。不过，传统习俗与本民族的经济生产和
社会环境相适应，虽然个别人有改革旧俗的意愿，但不存在彻底改革旧习的条
件和环境。直到近代，阿昌族虽然终止了异辈间的收继制，但依然保留着同辈
间的收继婚制。

六 收继婚的社会功能

学术界普遍认为，收继婚制度是原始婚姻的遗俗。父权制确立以后，女性
的地位降低了，物的属性增强了，女性成为一种财产，由家庭和同族成员接续，
其目的是把个体家庭所有的财产留在家庭和氏族之内，防止本氏族人口和财产
外流。这一观点虽有一定根据，但它是不全面的。收继婚长期存在是有多方面
的原因的，它在氏族社会中具有重要的社会功能。

（一）维护社会稳定

在氏族部落和古代社会，群体之间或民族之间的冲突频繁，男子在冲突中
死亡的现象十分普遍，因而造成寡妇较多。如果寡妇及其子女无人继承，一是
众多的孤儿寡妇必然会流落他乡，造成社会不稳定。二是造成群体内部不团结，
男子在战争中有后顾之忧，难以全力为群体拼命杀敌。实行收继婚制度，可以

---

① 《清太宗实录稿本》卷十四，崇德元年四月。

保证男有妻、女有夫，孤儿寡母有人照管，社会稳定，内部团结，同时也促使青壮年无后顾之忧，奋勇杀敌。

（二）保持族际的联系

根据氏族外婚制的基本原则，大多是环状式婚，如甲群男娶乙群女，乙群男娶丙群女，丙群男娶甲群女。对于相互间有姻亲关系的两个氏族而言，已婚女性改嫁，必须嫁给第三个氏族，否则只能嫁回母方氏族，这就违反了氏族外婚的原则，所以只能留在夫方氏族之中。内田吟风则认为，这种婚俗是"保持姻族间联系的手段"。①

（三）保障宗族繁衍，世代长存

在氏族部落社会，氏族是社会的基本单位，既是生产单位，也是军事单位。维护氏族的生存和发展，是氏族部落社会的基本原则之一。只有氏族人口繁盛，才有可能保持社会的稳定和氏族的强大，才有可能抗拒天灾和人祸。实行收继婚制，可使氏族群体人口稳定，正如史籍所记载的古代西羌人，"父没则妻后母，兄亡则纳厘嫂，故国无鳏寡，种类繁炽"。②

匈奴实行收继婚，其目的之一是防止种族灭绝。司马迁在《史记·匈奴列传》中叙述了中行说与汉朝使者辩论匈奴风俗的事。中行说原是汉朝官吏，后降匈奴并成其谋臣。汉使说："匈奴父子乃同穹庐而卧。父死，妻其后母；兄弟死，尽取其妻妻之。无冠带之饰，阙庭之礼。"中行说为之辩解道："父子兄弟死，取其妻妻之，恶种姓之失也。故匈奴虽乱，必立宗种。"中行说系匈奴官员，比汉朝使者更了解匈奴的风俗，尽管伦常有乱，但一定要立下他们的宗嗣种族。他以种族繁衍来解释匈奴收继婚的缘由，颇有见地。保持社会的稳定和氏族的繁衍、强大，抗拒天灾人祸。例如史籍所记载的古代西羌人，"父没则妻后母，兄亡则纳厘嫂，故国无鳏寡，种类繁炽"。③

---

① 内田吟风：《乌桓、鲜卑的习俗》，《民族译丛》1985 年第 1 期。
② 《后汉书·西羌传》卷八十七。
③ 《后汉书·西羌传》卷八十七。

伊斯兰跨国族际通婚研究

——对义乌穆斯林群体的调查[*]

马　艳[**]

　　总的来说，现在来关注义乌穆斯林通婚家庭应该说是一个不错的时机。随着第一代混血儿的出生与成长，穆斯林群体跨国族际通婚所组成新的婚姻家庭的文化模式已经延伸到上下两代人生活实体的内部。换句话说，当婚姻事实、亲属扩展、种族绵延与子女抚育种种问题都产生出来，才可以从义乌这样一个特定的生活时代和地区标准的文化源头来了解族群交往中宗教文化的现实影响力，以及不同文化载体在文化融合过程中到底期待什么以及想要接受什么。

　　到目前为止，义乌国际小商品城已经在各个方面都表现出多元文化集聚的特质。西方文化强调的个人自由，中国文化提倡的家庭团体精神，以及伊斯兰文化所保有的宗教范畴内的婚姻制度等多元的关系模式和婚姻理念也都杂糅于一处，使得义乌穆斯林族际通婚不仅表现出纷繁复杂的多元现象，同时也引申出一系列特殊的社会问题。鉴于此，笔者的研究只能触及其一隅，局限于已纳入伊斯兰婚姻制度[①]和中国婚姻法双重法律范围内的通婚家庭的研究。此外，由

---

　[*]　本论文的部分内容曾以《跨国族际通婚、信仰与秩序》为题在《北方民族大学学报》2011
　　　年第 2 期发表。

[**]　中国社会科学院民族学与人类学研究所助理研究员。

　[①]　伊斯兰经典《古兰经》、圣训等对穆斯林婚姻的具体细则所作的详细规定，在伊斯兰教国家
　　　犹如婚姻法。

于义乌穆斯林现象存在的时间段的限制，政府对外籍穆斯林的人口统计及管理也还处于不断规范和完善的过程中，同时由于穆斯林婚姻对宗教仪式的特殊要求，都使得笔者的调查不同于以往民族学者和社会学者在婚姻家庭问题上主要借助政府人口普查和人口统计的力量，而是得力于相关宗教机构和宗教从业人员的支持以及大量的个人访谈。

跨国通婚潮

对于义乌这样一个历史上几乎没有过原住穆斯林的地方来说，当 20 世纪 80 年代义乌还是一个名不见经传的小商品集散地的时候，外来穆斯林就已经悄然进驻。最先来到义乌的是新疆的维吾尔族商人，他们的主要目的是到义乌的小商品针织袜子市场采购以袜子为主的针织品，因为袜子对维吾尔族来说是必备的生活用品。一直以来，维吾尔族妇女的主要服饰就是裙子，各种面料厚度的长筒袜因此成为她们一年四季不可或缺的日用品。除此之外，由于中、南亚诸多国家在宗教信仰与生活习惯上与中国维吾尔族相近，沿着喀什口岸向巴基斯坦和阿富汗开放的贸易中，袜子也自然而然成为了主要的外贸商品。顺着这条线，巴基斯坦和阿富汗的穆斯林商人成为了最早来到义乌的外国穆斯林。不过在那个年代，来到义乌的中外穆斯林商人几乎都是行商，而且人数也不多，直到 20 世纪 90 年代中期也才不过有一百多名穆斯林商人定期往来义乌。

上述情况基本上从 20 世纪 90 年代后期开始迅速发生变化，往来义乌的穆斯林商人不仅成倍增长，而且国外穆斯林的来源地也不断扩大，几乎涵盖了所有的穆斯林主要国际分布区，即中东、中亚、东南亚和非洲。与此同时，一部分行商开始坐贾，不仅在义乌开办外贸公司或是相关办事处，而且开始长期居留于义乌。随着国外穆斯林的大量入驻，与外贸相关，与常驻穆斯林的生活需求相配套的产业及服务行业也随之应运而生，其结果是对懂阿拉伯语，了解外国穆斯林宗教信仰、生活惯习的务工人员的大量需求，而这恰恰是义乌当地无法满足的。因此随之蜂拥而至的是国内信仰伊斯兰教的回族、维吾尔族、撒拉族、东乡族、哈萨克族等少数民族群体。

义乌穆斯林跨国文化认同的深层次表达是跨国族际通婚。通婚主要囿于外国穆斯林男性和中国女性（包括穆斯林和非穆斯林）① 之间。一方面，年轻或不便携带家眷的中青年外国穆斯林男性，在中国生活和经商接触到大量的中国女性，而这是他们在本国（尤其是大部分阿拉伯国家）几乎不可能发生的经历；另一方面，外国穆斯林商人较多来自经济落后的第三世界国家，或战争频仍的地区，他们中有些想要留在中国长期生活和工作，而跨国通婚不仅提供了移民的最佳途径，同时也给他们的商业活动和日常生活带来诸多便利。因此，跨国族际通婚在义乌有很高的比例。②

义乌的穆斯林从无到有，到级数的快速增长，经历了一个极短过程。在这个过程中，大量的中外青壮年男性穆斯林集聚义乌（2004 年前占 90% 左右），其年龄段主要集中在 18 ~ 35 岁之间，这个年龄段的穆斯林男性正好大都处于婚龄阶段，而伊斯兰教又提倡适龄结婚，因此，从 2001 年到 2004 年，到义乌清真寺请求阿訇念尼卡哈③的族际通婚的人数平均每年为 30 对左右，并且数量上呈每年稳步递增的趋势。从 2004 年到 2010 年，平均每年通过义乌清真寺阿訇念尼卡哈通婚的人数仍旧保持在 30 对左右，但实际通婚率却超出了 1 倍多。这主要是由于从 2004 年开始，义乌清真寺对前来请求念尼卡哈的当事人，尤其是跨国通婚的双方要求其出示《中华人民共和国婚姻法》认定的结婚证，因此有一半以上的当事人由于不愿或出示不了结婚证而选择其他途径举行这一仪式。

穆斯林婚礼念尼卡哈的仪式从伊斯兰教法的角度来说是不要求当事人出示官方发放的结婚证的，然而，在义乌这样一个相对更为开放的城市，为什么清真寺反而会有如上规定呢？关于这个问题，义乌清真寺的马阿訇解释了其中缘由。

---

① 外国穆斯林和中国女性（包括穆斯林和非穆斯林）通婚的比例占到了穆斯林跨国族际通婚的 90%，因此成为本文主要的研究内容。

② 关于义乌跨国族际通婚的比例，由于缺乏官方和科学途径的统计，因此很难提供确切的数据，但据内部人士估计，其比例应该在 20% 左右。

③ 尼卡哈，简言之就是穆斯林结婚时的证婚辞，一般由阿訇或年长的亲朋来主持结婚仪式并宣读证婚辞。

图1 跨国通婚双方领取的中华人民共和国发放的结婚证

访谈人：马春贞，义乌清真寺阿訇，36 岁，时间：2010 年 6 月

在 2004 年之前，我们也没有要求那些想要跨国通婚的当事人出示结婚证，当时来请求念尼卡哈的人并不多，2001 年一年应该不到 10 起这样的婚姻。但到了 2004 年，平均每月应该有 3 对这样的夫妻来找我念尼卡哈，我也总是乐意接受。而就是 2004 年前后发生的一件事使我改变了想法：一天，一个中国汉族女孩儿来找我，她说她的爱人离开了她，而她现在怀孕了，这个人是个伊拉克人，是穆斯林，她想要挽回婚姻，问我可不可以帮助她。当我问她领结婚证了吗？她说没有。再问她在哪儿念的尼卡哈，她表现得很茫然，似乎完全不知道我在说什么？我当时很为难，只能告诉她如果他们在"结婚"时没有念尼卡哈，那他对宗教的认可程度是值得商榷的，可能仅仅作为一个宗教人士，我也很难说服他。这件事对我的触动很大，虽然之前在念尼卡哈仪式时，我也时常感到为难，因为女方（非穆斯林的一方）有一部分无论从穿着还是宗教的基本常识方面来看，都还称不上是一个新穆斯林，有些甚至衣着暴露，问及双方父母及长辈的认可情况都支支吾吾回答不上。但这种情况该怎样加以规范和限制呢？那件事发生之后，我觉得清真寺有责任保护新穆斯林，所以提出了两个要求：一是要求当事人拿《中华人民共和国婚姻法》认可的结婚证，再就是在念尼卡哈之前，提醒女方对聘礼①做一定的要求。但实际上先办结婚证再来清真寺的人很少，最多也就 50% 吧。这部分人中年轻人居多，其中 80% 以上是一夫一妻。不过有一部分人，可能知道对方已经有老婆也愿意。

图2　跨国通婚的新人念过尼卡哈之后义乌清真寺出示的相关证明

义乌清真大寺马阿訇是义乌穆斯林跨国通婚潮最重要的见证人。

在笔者做过个人访谈的 82 人次中，有 77 人都承认自己认识两个或两个以上在义乌工作并有族际通婚事实的朋友或同事，但他们是否都领取了合法的结婚证就很难确定了。笔者也找寻了多种途径试图对义乌穆斯林通婚的总体状况进行统计，难度确实很大。首先，中华人民共和国的结婚证一般要求在中国人一方户口所在地领取，义乌当地民政局很难有翔实的记录。其次，念尼卡哈也不必一定在清真寺举行，只要会念尼卡哈且被认可有一定尊长身份的人都可以，所以义乌清真寺也很难有详细的统计。最后，由于个人宗教信仰的程度以及对婚姻理念的不同，对是否要举行伊斯兰婚姻仪式的要求也不同，从其他见证人那儿也很难得到翔实记录。但通过多种渠道的调查都显示出，义乌穆斯林的族际通婚率（包括不符合伊斯兰教法和《中华人民共和国婚姻法》的）确实是比较高的。

————————

① 《古兰经》、圣训都规定：通过正确的婚约，聘礼是妻子的权利，也是丈夫的义务。

为了进一步了解影响义乌穆斯林跨国族际通婚的诸多因素，以及通婚家庭内部文化融合和文化冲突的情况，笔者有针对性地对 16 例义乌穆斯林跨国族际通婚家庭进行了深入调查。表 1 反映了 16 例通婚家庭的基本情况。

表 1　跨国通婚家庭基本情况

编号	男方（国家或地区）	女方（国家或地区）	女方（民族/信仰）	子女状况	结婚时间
TA	叙利亚	浙江兰溪	汉，非穆斯林	大儿子 8 岁，小儿子 4 岁	2002 年
TB	约旦	安徽	汉，非穆斯林	大儿子 8 岁，小儿子 5 岁	2001 年 5 月
TC	约旦	宁夏	回，穆斯林	无	2002 年
TD	约旦	甘肃兰州	回，穆斯林	儿子 8 岁	2000 年结婚，2008 年离婚
TE	埃及	浙江温州	汉，非穆斯林	无	2008 年
TF	埃及	浙江义乌	汉，非穆斯林	1 儿 1 女	2004 年
TG	土耳其	浙江台州	汉，非穆斯林	女儿 5 岁	2002 年
TH	土耳其	越南	非穆斯林	怀孕 5 个月	2005 年前
TI	土耳其	浙江衢州	汉，非穆斯林	儿子 4 岁	2005 年前
TJ	土耳其	浙江绍兴	汉，非穆斯林	无	2009 年
TK	巴勒斯坦	南京	汉，非穆斯林	女儿 6 岁，儿子 5 岁	2003 年
TL	巴基斯坦	新疆喀什	维吾尔，穆斯林	儿子 4 岁	2003 年
TM	巴基斯坦	福建	汉，非穆斯林	女儿 10 个月	2008 年
TN	索马里	新疆伊犁	维吾尔，穆斯林	女儿 4 岁，儿子 3 岁	2006 年
TO	伊拉克（库尔德人）	西安	回，穆斯林	女儿 6 个月	2008 年
TP	也门	安徽	汉，非穆斯林	无	2005 年前结婚，婚后 4 年离婚

资料来源：笔者根据田野调查编制。

如表 1 所示：16 例个案中的男方在婚前都信仰伊斯兰教，而女方仅有 5 例在婚前是穆斯林；在这 16 例跨国通婚家庭的个案中，15 例是中外通婚，1 例是外国穆斯林和外国非穆斯林的跨国婚姻，而 15 例中外通婚家庭都是既有《中华人民共和国婚姻法》认定的合法结婚证又举行过尼卡哈仪式的婚姻；12 例有子女，其中 5 对夫妇有 2 个子女，7 对夫妇有 1 个子女，4 对无子女；结婚时间在 5 年以上的 10 例，5 年以下的 6 例，已经离异的 2 例；15 例确定为一夫一妻家庭，只有 1 例属一夫多妻家庭，尚有第一任妻子并有子女。

尽管义乌穆斯林实际通婚的情况远比表 1 中反映出来的复杂得多，但能够办理结婚证并念尼卡哈的跨国族际通婚的婚姻相对都比较严肃，而且无论有无子嗣，也都相对稳定。对其进行研究具有较高的普遍性和社会意义。

通婚家庭的文化选择

从表 1 我们可以看到 16 例义乌穆斯林跨国通婚家庭的基本情况，32 位通婚当事人来自不同国家、地区和省份，因此他们生长的文化环境和家庭背景大相径庭。鉴于此，笔者通过对 16 例个案婚姻观念的差异、小家庭与双方大家庭交往、对宗教信仰的选择，以及子女抚育情况的调查分析，从较为客观的角度深入义乌穆斯林跨国族际通婚的一般规律、其家庭内部文化融合和文化调适的基本情况，以及通婚家庭遇到的主要问题和困难等，由通婚家庭内的文化选择而产生出的诸多新的社会现象和文化现象的认识和了解，达成对义乌穆斯林群体内民族互动与民族关系的进一步认识。

（一）婚姻观念上的文化差异

社会学认为，婚姻是一种社会交换，并且它往往需要等价地进行交换。当事人双方在最终达成婚姻之前，几乎都要经历对"婚姻到底能够带来什么"的冷静思考的过程，而在这个过程中，双方个体的婚前身份表达出一种潜在的价值，而价值本身是婚姻达成的最终标尺和重要筹码。因此，对个人婚前身份情况的调查，有助于我们了解穆斯林跨国通婚中双方不同的婚姻价值尺度。表 2 罗列了 16 例跨国通婚个案男女双方较为详细的婚前个人状况。

表 2　跨国通婚家庭当事人婚前个人情况（个案顺序同表 1）

编号	男　方		女　方		相识情景
	婚前身份	学历	婚前职业	学历	
TA	商贸公司老板	大学（留学生）	幼师兼饭店琴师	中专	偶遇，一见钟情
TB	餐厅经理	大学	餐厅翻译	大学肄业	经理-员工，一见钟情
TC	商贸公司老板	大学（留学生）	商贸公司翻译	阿语学校（中专）	老板-员工
TD	某大学教务长	大学	无	大学（留学约旦）	老师-学生，一见钟情
TE	商贸公司翻译	大学	个体经营（服装）	不详	偶遇，一见钟情
TF	商贸公司老板	大学	个体经营	高中	偶遇，一见钟情
TG	商贸公司老板	大学（留学生）	个体经营	高中（土耳其某大学进修一年）	偶遇，一见钟情
TH	商贸公司老板	大学（留学生）	无	大学（留学中国）	同学，一见钟情
TI	商贸公司老板	大学（留学生）	无	不详	偶遇，一见钟情
TJ	留学生兼商贸公司翻译	硕士研究生（留学生）	无	大学	同学
TK	商贸公司老板	大学（留学生）	无	大学（留学墨西哥）	偶遇，一见钟情
TL	商贸公司老板	大学	无	不详	偶遇，一见钟情
TM	商贸公司老板	大学	商贸公司职员	高中	老板-员工
TN	商贸公司老板	大学	餐厅领班	大专	偶遇，一见钟情
TO	商贸公司老板	不详	商贸公司翻译	阿语学校（中专）	老板-员工，一见钟情
TP	商贸公司老板	大学（留学生）	无	不详	偶遇

资料来源：笔者根据田野调查编制。

　　表 2 分别列出了通婚家庭男女双方婚前从业情况和主要身份、最终学历，以及认识时的情景。其中在婚前男方有 12 位自己或合伙开商贸公司，1 位在叔叔的餐厅任经理，1 位在约旦某大学任教务长，1 位正在中国留学攻读硕士学位

兼做翻译，1 位在商贸公司做翻译。社会分层中，有 1 位处于打工层，1 位是半工半读的学生，14 位处于社会分层的较高层面：老板、经理和大学中层领导。在 16 例个案中，87.5% 的男性婚前处于有钱和有一定社会地位的层面。关于 16 位男性的学历情况：15 位外国穆斯林都读过大学，其中有 8 位是曾经被派往中国的留学生，在中国完成了学士学位的研习，1 位学历情况不详。

16 位女性中，婚前有职业的 9 位，其中 3 位是商贸公司翻译，3 位自己做生意，1 位是幼儿园老师兼职某餐厅钢琴师，1 位是餐厅领班，1 位是餐厅翻译，7 位不工作（其中包括 1 位越南人）。学历情况：6 位读过大学，其中 1 位大学肄业，1 位大专；其余 10 位分别是：1 位中专毕业，2 位毕业于阿拉伯语学校（中专），3 位高中毕业，4 位学历情况不详。

16 例个案中，在偶然机会下第一次见面便一见钟情的有 9 对，由老板和员工关系发展为恋爱关系的 4 对，2 位是同学关系，1 位是师生关系。

表 2 基本上可以直观地反映出婚前男女双方的基本情况，但显示双方不同文化内部差异的重要信息——相识情景却难以真实全面地呈现。因此，通过访谈，个案所陈述的不同的相识经历，隐含了更重要的且只有在各自的文化"母体"中才得以习得的不同文化对婚姻的理解和价值观念上的差异。

访谈人：浙江兰溪人，女，新穆斯林，29 岁，时间：2010 年 5 月

第一次见到他是在我工作的饭店，他来吃饭，我在弹琴。弹完琴后他和在座的客人邀请我到他们位置上就座，他当时问我要了电话。但后来可能是电话号码弄错了，很长时间内我们都没有再联系，我也几乎忘记了这个人，直到后来他又专门来饭店找我。

访谈人：安徽人，女，新穆斯林，28 岁，时间：2010 年 6 月

我大学没毕业就去广州打工了，工作很难找，最后在一家外国人开的餐厅当服务员，他是这家餐厅的经理，老板是他叔叔。我当时年纪很轻，在家又没干过活，工作上总出错，但他很照顾我。后来因为懂一点英语又总干不好服务员的工作，于是他让我在餐厅当翻译。我当时对他没什么感觉，可是有一天他带我去见了他的几个朋友，他们说什么我也不是很清楚，现在才知道是念尼卡哈。我那时没想结婚，更没想跟他结婚，但他为了和我结婚，当时已经跟他叔叔闹翻了。那段日子他离开叔叔的餐厅，过得很苦，但他对我的关心却无微不至。我因此受了感动，渐渐接受了他。

访谈人：回族，女，宁夏人，35 岁，时间：2010 年 4 月

我在他的公司做翻译，他人特别好，我们就渐渐恋爱了。

访谈人：回族，女，甘肃兰州人，43 岁，时间：2010 年 7 月

我在约旦读书的时候，他是我们大学教务处的老师。给我上课的一位教授向我提起他，但我从没想过要嫁给外国人，所以并没动心。但从那时起，我常常发现他会远远地注视我。一次我生病感冒了，他还特地买了橙子榨汁给我喝，我慢慢被他感动了。我们结婚 8 年后分手，原因很复杂。开始几年我们很幸福，婚后 4 年他有了一些变化，让我很失望，所以我决定离开约旦离开他，带着儿子回国。

访谈人：埃及人，男，29 岁，时间：2010 年 6 月

我一直从事贸易，2004 年来中国，认识我爱人时正在上海做外贸。我去另外一家公司办事，她在那儿，我们见面就认识了。我们认识 3 年后才结婚，婚后我们在埃及待了 1 年，我的家人很喜欢她。

访谈人：义乌人，女，新穆斯林，33 岁，时间：2010 年 6 月

我们是通过朋友认识的，双方都有好感吧。

访谈人：浙江台州人，女，新穆斯林，31 岁，时间：2010 年 7 月

我们大概是有缘分吧，他跟我哥做生意时认识了我，应该是很喜欢我吧。我从没想过要嫁给一个外国人，所以开始没感觉，但他追了一阵，我也渐渐喜欢上了他。

访谈人：土耳其人，男，贸易公司老板，37 岁，时间：2010 年 6 月

我们都在中国留学，是同班同学，我很喜欢她，非她不娶。她的父亲是越南的外交官，反对她嫁给外国人，尤其是伊斯兰教徒，但最后她还是毅然说服家里嫁给了我。

访谈人：土耳其人，男，贸易公司高级翻译，35 岁，时间：2010 年 6 月

我和她是偶然认识的，一见钟情。

访谈人：土耳其人，男，贸易公司老板，30 岁，时间：2010 年 10 月

我刚来时是这个学校唯一的留学生，同学们都注意我，我的爱人也是我同学，是她先追求的我。我也觉得她很好，所以在一起了。

访谈人：巴勒斯坦人，男，贸易公司老板，35 岁，时间：2010 年 10 月

我刚来中国留学，在南京师范大学学习汉语，还几乎一点不懂汉语。一个留学生过生日，请来了几位中国女生，她是其中一位。那天她问我要了电话，随后没几天就给我打电话，我不太明白她说什么，但能心领神会，于是我们恋爱了。

访谈人：维吾尔族，女，新疆人，28 岁，时间：2010 年 7 月

我是喀什人，一次参加亲戚的婚礼，他和一个中国朋友也来参加婚礼，一见到我就跟带他来的朋友说要和我结婚。我当时不同意，我既不了解他，对他也没感觉，但我当时吃坏了东西，突然胃部不适，呕吐起来了，没想到他冲过来用手接我的呕吐物，我当时惊呆了。随后他抱起我把我送到了医院，并一直待在医院里照顾我。我病好起来的时候很感动，觉得嫁给一个爱我的人一定很幸福。

访谈人：福建人，女，新穆斯林，26 岁，时间：2010 年 6 月

我在他的公司工作了两年后，有一天他突然问我："想和你交朋友，答不答应？"因为之前我一直觉得他是一个很严厉的老板，汉语不是很好，有时会骂员工，我经常是哭着回家，一直对他没有过那份感情。所以他这么突然，我当时没了主意，只好不做声。他见我不做声，便说："我数三下，你不答应就算了。"我们就这样开始恋爱了。

访谈人：维吾尔族，女，新疆人，36 岁，时间：2010 年 6 月

我在柯桥的一家餐馆做领班，他经常带客户来吃饭，我们就认识了。他每次来都会教我一些英语，所以我一直称他为"老师"。后来我想离开餐馆，如果找不到其他工作就打算回新疆去，所以试着去义乌找他，希望他能给我一份工作，没想到他直接向我求婚了。

访谈人：回族，女，西安人，25 岁，时间：2010 年 7 月

我在他的公司工作，刚开始上班他就追求我，我开始不同意，可他追了 3 年，终于打动了我。

访谈人：也门人，男，贸易公司老板，35 岁，时间：2010 年 10 月

我的第一个老婆是安徽人，我们也是自由恋爱后结婚的，但她的家人在我们婚后经常干预我们的生活，我实在不能忍受，所以结婚 4 年后终于分手了。

16 例个案在访谈中都讲述了他们相识的情景。然而，16 例个案中的男方，也就是外国穆斯林一方，共同的特点是其寻找婚姻对象的前提几乎没有考虑宗教因素。这与传统上中国穆斯林的习惯恰恰相反，中国穆斯林总体上以族内婚为主，族际通婚也是以非穆斯林的一方首先要自愿，并通过仪式皈依了伊斯兰教为前提。因此，即使是选择非穆斯林为结婚对象，中国穆斯林也都会首先考虑宗教因素。而通过 16 例个案的陈述，可以感受到，外国穆斯林男性似乎更追求爱情的浪漫。"一见钟情"的男性外国穆斯林占到 62.5%。虽然可能大部分男方想要娶中国妻子的打算是提前预设的，但到底娶怎样的中国姑娘，最终的选择和决定却是随机的。

通常情况下，我们可能会直觉地认为，伊斯兰教所指导的婚姻观应该是十分保守的，甚至宗教对异教徒的排斥，以及其规定的达成婚姻的前提都会首先影响外国穆斯林对婚姻对象的选择。但事实表明，某种程度的被吸引是大多数外国穆斯林选择婚姻对象的直接原因。实际上，这样的做法与伊斯兰教义的规定并不矛盾，在伊斯兰的婚姻观念中，注重妻子的容貌是被提倡的。

> 使者说："你们娶妻要看四点：财产、身世、容貌、宗教。娶到有宗教的女人，你们会受益无穷。"（布哈里，穆斯林辑录）[1]
>
> 伊玛目艾哈迈德·本·罕百里也说过："如果某男向某女求婚，应首先打听其容貌，如果满意再打听其宗教，若满意则娶，不满意则因宗教的原因而退亲。不要首先打听宗教，满意后又打听容貌，若不满其容貌而退亲，则退亲是为了容貌而不是宗教。"[2]

阿拉伯地区整体的社会环境是以伊斯兰文化为主导，穆斯林基本上是主体民族且在人数上占绝大多数。因此，他们的婚姻观念缺乏根据信仰层面界定的族外婚；而中国的社会环境使穆斯林与汉族（也有其他少数民族）普遍地杂居，其婚姻观念特别重视区别建立在宗教基础上的族内婚和族外婚。

---

① 出自《布哈里圣训实录》和《穆斯林圣训实录》，是伊斯兰教逊尼派最具权威的"六大圣训集"中的两本，被称为"圣训两真本"的辑录。

② 资料来源：内部资料《伊斯兰的婚姻制度》。

此外，阿拉伯民族大多数是传统的游牧民族，又具有典型的热带地区民族的性格特点，总体上较为豪爽、随意、热情、浪漫。这样的性格特征不仅表现在他们追求爱情的过程中，在其婚后生活中也得以充分地体现。

访谈人：义乌人，女，新穆斯林，33 岁，时间：2010 年 6 月

我记得我们第一次吵架，因为我是个要强的女人，所以当时很生气，简直要气死了。他也很生气，但吵完架他过来主动抱了我，我当时气就消了一半。然后他会讲他也很难过，那种感觉是我自小从我父母亲和兄弟姐妹那里没有感受到的。当时我就想，下一次我一定先拥抱他。但第二次吵架后，我发现这样做还是很难，最后他又一次先拥抱了我。到了第三次吵完架，我做到了，我先拥抱了他，那时我觉得这样做其实很容易，感觉很好。之后我们会发现彼此之间越来越恩爱。

访谈人：巴勒斯坦人，男，贸易公司老板，35 岁，时间：2010 年 10 月

我们刚结婚时也许太年轻了，所以时不时会吵架，但有了孩子后就不太吵架了。现在我们已经有了两个孩子，她也没有以前那么年轻美丽了，但我更爱她，我会在离开家上班之前拥抱她，因为我觉得现在的她更需要拥抱，她也感觉很幸福。

在 16 例跨国婚姻的个案中，妻子对丈夫婚后感情交流和夫妻生活的满意度都比较高，结婚时间在 5 年以上的家庭这一点尤其突出。虽然笔者很难排除被访谈对象可能对其婚姻状态的粉饰，但从他们所叙述的家庭生活中的小故事来看，她们大都对丈夫的浪漫气质、责任感到满意。这些对更注重感情生活和主观感受的女性来说，在很大程度上弥补了生活中其他的种种不足和不便。

除此之外，笔者通过个案访谈还发现：16 例跨国通婚男方中的相当一部分，除了考虑到通婚能够带来的工作与生活的便利之外，其恋爱倾向中还带有一些复杂的情愫，如：对中国文化的热爱和对中国人的喜爱。其中 8 位外国留学生都表示中国是他们的第二故乡，由于青年时代就来到中国，对中国文化和环境的熟悉，使他们更具有跨国族际通婚的倾向性。

访谈人：巴基斯坦人，男，贸易公司老板，27岁，时间：2010年6月

2001年我大学毕业后就和父亲、哥哥来到中国做贸易，我主动请缨留下来开商贸公司。现在，我很喜欢待在义乌，有家的感觉。我也喜欢中国女孩，前一段时间一个湖北的女朋友离开了我，原因很复杂，我心里很难过。如果能娶到中国女人，我会考虑在中国买房和定居。

访谈人：巴基斯坦人，男，贸易公司老板，34岁，时间：2010年6月

1997年，我还在读大学，就和老师同学一行来中国旅游，那时我们走陆路，交通很不便，来往很辛苦，但我已经在尝试着带些巴基斯坦土特产来中国做点小生意了。第一次做得还真不错，所以2002年我就来义乌开自己的商贸公司了。那时候我就已经考虑娶一个中国女孩子为妻。

总体上看，由于生活环境、文化传统上的巨大差异，义乌的外国穆斯林与中国人的婚姻观念有着显著的不同，即使是具有共同宗教信仰的穆斯林，外国穆斯林和中国穆斯林也存在不小的差别。

（二）家族秩序的重构

族际通婚从大的方面说是两种文化的交流，实际上却是两个家族之间的深度交往。在族际通婚的情况下，这样的婚姻也标志着把一个"异族人"吸收进了"本族"的族群。正因为如此，族际通婚通常并不被本族群认为仅仅是通婚者个人的私事，在许多场景下，这些族群认同观念和相应的凝聚力会使本族的父母、亲属、家族、社区对于子女、族人的跨族群通婚表示他们或者赞同或者反对的意见。① 因此，族际通婚对两个家族内在的秩序产生深刻的影响。关于这种影响，通过对通婚男女双方及家族内其他成员的深度访谈，能够得以直观地体现。

访谈人：浙江兰溪人，女，新穆斯林，29岁，时间：2010年5月

他们家人对我很热情。我们结婚我家倒也没怎么反对，但我们婚后跟我的家人来往却越来越少。虽然义乌离我家很近，但因为吃饭不方便，我

---

① 马戎：《民族社会学》，北京大学出版社，2004，第436页。

们很少回家吃饭。我的父母偶尔会来我这里，但弟弟就几乎不来，因为除了不方便，他跟我老公也没什么话说。

访谈人：安徽人，女，新穆斯林，28岁，时间：2010年6月

我们结婚，他叔叔非常反对，为这个他不得不离开叔叔的餐厅。我们婚后一段时间，他叔叔才接受了我，我们才又回到叔叔的餐厅工作。

访谈人：回族，女，宁夏人，35岁，时间：2010年4月

我很喜欢约旦，喜欢他的家人，他们也很爱我。每年我们都要回去度假，那儿的人似乎很快乐，他们无论穷富，都很会享受生活，经常会全家出外郊游。开始我会觉得野外比较脏、玩不开，可时间久了也会受到感染，每次回去都会玩得很尽兴。

访谈人：回族，女，甘肃兰州人，43岁，时间：2010年7月

他的母亲一开始很爱我，但她总想打造我。从我们结婚的第一天开始，她就想把我变成约旦式的儿媳。并且一开始就执意让我叫她妈妈，这让我很难接受。我们的离婚应该和他的母亲及家庭有一定关系，当她发觉我很难被打造成她想要的样子的时候，她可能希望我丈夫再娶一个妻子，虽然这点还不能确定，但种种迹象表明我的感觉没有错。

访谈人：义乌人，女，新穆斯林，33岁，时间：2010年6月

我非常喜欢他的家庭。他的家是一个大家庭，父母亲、五个兄弟和他们的家人、两个没结婚的弟弟，以及结了婚的妹妹和妹夫都住在一起。他的母亲很能干，操持着整个家，有条不紊的。我在那儿他们什么都不让我干，甚至孩子也有人帮我看，所以我待在那儿感到很舒服。而且他们之间的感情很深，也很愿意彼此表达这样的感情。每次我们回去，我丈夫都会和他父亲深情地拥抱十几分钟，这让我很感动。我的家完全不是这样，父母亲和孩子总是淡淡的，甚至从没说过特别重感情的话。我们现在回我父母家很少，过春节回去我会自己准备锅碗自己烧饭，他们也不来我家。我跟哥哥们讲起伊斯兰教的东西，他们会很反感，会说："那能当饭吃吗？"我也没有办法。

访谈人：浙江台州人，女，新穆斯林，31岁，时间：2010年7月

他的家人对我真的很好，但我不喜欢土耳其，我不喜欢很旧的城市，我喜欢时尚的东西，喜欢购物，不喜欢晒太阳和郊游，我觉得还是回国待着更舒服。不过，我们现在也很少回我家，虽然回去我们吃海鲜，但他总不放心，吃东西总是很紧张，所以过春节他会陪我和孩子回去待两三天，然后先回来。我们也就待一个星期就会回来。但我的爸妈会常来我这儿待一段时间，这样会比较方便。

访谈人：土耳其人，男，贸易公司老板，37岁，时间：2010年10月

最开始我们两家都反对我们结婚。她父亲是外交官，虽然心里对我是个商人还是个伊斯兰教徒很不满意，但他只向女儿提出了三点：第一，你以后会离家很远，不方便见到家人；第二，宗教是一个很严肃的问题，你能做到而且不后悔吗？第三，他是一个商人，以后的生活可能会很不稳定，你能接受吗？如果你想清楚了这三个问题还愿意嫁给他，那我们也没法反对了。她当然嫁给了我，而且他的父亲后来说他最喜欢的人是我。我的父母亲当初反对首先是怕我没有认真考虑，其次是因为她不会土耳其语，担心以后沟通会很困难。但实际上，他们后来都很喜欢她。

访谈人：土耳其人，男，留学生兼翻译，30岁，时间：2010年10月

应该算是她先追我的，我也觉得她很好。她的家庭也不错，父亲是一个不小的官，母亲也在国家单位工作。对我们的婚事，她家里一开始就反对，觉得土耳其并不富有，我也没钱、没房、没车。但她很坚持，最后她们家不得已也就同意了。但关于她进教的事到现在也一直没有跟她父母亲说，我想要告诉他们，可是她反对，所以只好听她的了。我们结婚后差不多每两三个月才回她家待一阵儿，他们家人对我都很好，就有一点，他们总想让我喝酒，记得一次，他的叔叔非常坚持，但我仍旧没喝，他显得很生气。我给他讲不喝酒的道理，他也不理解。他们春节很热闹，吃饭会有猪肉，我只吃青菜、白米饭和清蒸的鱼。

访谈人：巴勒斯坦人，男，贸易公司老板，35岁，时间：2010年10月

我从高中毕业后就在外边做工，甚至战乱时也一直在外面飘，所以家里人从不干涉我的事情，包括婚姻。我们婚后回我家探亲，我没想到她跟所有人都相处得特别好。至于她家人，最开始我们认识想一起去墨西哥留学，她家里人很支持，对我也很好。我帮她弄好了护照，可是我却被拒签到墨西哥留学。她去墨西哥的4年间，我经历了为探望生病的父亲回国休学、父亲的去世、再回来后被学校拒之门外，在没有钱也没有学上的时候，她回国我们见过面，但感觉感情上已经很淡了，而且我当时的境遇也很惨，她家人就开始反对我们来往。实际上我们分手了一段时间，我后来又去南京大学上学并认识了一位来短期交流的美国女朋友，她希望我跟她去美国，于是我们到上海办护照去了。不知怎的她追到了上海，我们就又和好了。现在她母亲一直跟我们一起，帮助照看我们的孩子，她的两个姐姐和姐夫也很喜欢我。

访谈人：维吾尔族，女，新疆人，28 岁，时间：2010 年 7 月

我父亲就我一个女儿，很宝贝的，当然反对我嫁给一个外国人，尤其是我们认识的时间很短他就向我父亲提出要娶我。但因为我生病他对我的态度使我很感动，别人也劝我的父亲，最终他同意我们结婚了。

访谈人：福建人，女，新穆斯林，26 岁，时间：2010 年 6 月

我的父母亲很早就来义乌开商铺了，当然他们接触外国穆斯林也很早，在他们印象中，穆斯林很落后而且大都很穷。而我在他们眼中是宝贝，长得漂亮又爱打扮，经常会去做发型，他们也一直以我为荣。当我说要嫁给一个巴基斯坦人的时候，我的母亲简直要疯了，坚决反对。我们就秘密结婚了。后来我父母亲从朋友那儿得知这件事，我母亲找到他，当时就哭了，埋怨他连亲都没提过，他道歉。但我母亲就是想不通，我父亲劝她，我舅舅也出面来劝，因为我父母的婚姻当时也遭到过家里的反对，所以慢慢我母亲才接受了这个现实。但她见不得我戴盖头，说戴盖头看着那么老，每次都要骂。没办法，刚结婚的时候，每次去我妈的店铺都是到跟前了就赶快摘掉盖头。但现在我们有了孩子以后她似乎也接受了，有一次有客户来家里，我要出去客厅，忘了戴盖头，她竟然喊住我随手把盖头扔给我。现在我们跟我父母住楼上楼下，但分开做饭，我们从不去父母那儿吃，但母亲会到我这儿来给我们做好吃的。

访谈人：回族，女，西安人，退休的普通市民，55 岁，时间：2010 年 7 月

听我女儿说他是孤儿，父母早亡，而且从小就出来自己谋生了。我们第一次见他，本来听说是个外国人就很紧张，结果老远看到他竟然是白头发，以为是个老头儿，心一下紧了。结婚前我们提出了两个要求：一，婚后必须定居中国，我女儿绝不能到伊拉克生活；二，他本人必须加入中国籍。他都同意。我们就这么一个独生女，所以也不得不顺着女儿的意思同意了这门婚事。后来我们发现他还真的很孝顺，我们分开住，他每周都要专门买水果什么的登门看望我们，对我们特别关心，下雨会打电话提醒我们出门拿伞。只是有一点开始我们都不习惯，他跟我女儿说："他们为什么从来都不拥抱我，是不是不爱我？"我们开始都觉得不好意思，我老伴到现在也还不好意思抱他，但后来我抱了，他们外国人还真有意思。在教门方面他真是没得说，他从来都是先道"色俩目"①，否则不开口说话。抱着自己的女儿他会不停地念清真言。女儿出生时，他给宰了两只羊②，出月子胎毛三克，他就出散了600元。③

访谈人：也门人，男，贸易公司老板，35岁，时间：2010年10月

我的第一任妻子是个安徽人，是汉族。我们俩之间其实并没有什么摩擦，只是她的父母对我们的婚姻干涉太多，而她又是独生女。最后我实在不能忍受他们对我们生活的干涉，只好选择了离婚。

一般族际通婚中两个当事人同两个家族之间的问题大致都可以分两部分来看，一部分发生在婚前，但更主要、更多的问题发生在婚后。在笔者调查的个案中，跨国通婚的男方家族对通婚问题一般都很开明，分析其中原因：其一，在阿拉伯国家，男性在家庭中都占主导地位，妻子不仅生活习惯要适应丈夫，生活节奏及其行为举止都必须符合丈夫的要求，所以宗教文化上的差异根本就不是什么问题。其二，阿拉伯国家长期以来普遍同中国有着友好外交和贸易关系，所以其国民对中国文化和中国人大都存有好感。其三，根据《古兰经》的规定，儿子在国外能在适当的婚龄结婚本身就是符合宗教功修的一件好事。反而中国穆斯林对族际通婚的看法更加保守，实则对方主动愿意入教，也才能退一步考虑。至于女方家族，穆斯林家族最担心的是女孩子远嫁，其次是经济条件。非穆斯林的家庭基本上也是考虑这两个方面。由于历史的原因，汉族对与其他本土少数民族甚至与外国人通婚，总的来说没有歧视和排斥的态度。此外，

---

① 穆斯林的问候语。
② 伊斯兰教规定，生女孩宰一只羊，生男孩宰两只羊。
③ 伊斯兰教规定，孩子满月，要剃胎毛并称重，一克胎毛要按黄金的市价出散乜贴。

一般没有与穆斯林混居过的汉族家庭对伊斯兰教的认知都很浅，对其实质性生活惯习上的差异也是一知半解，所以其可能带来的生活上的不便一般在婚后才真正感觉到。这也使得婚后小家庭和中国家庭，尤其是非穆斯林一方的中国家庭发生矛盾的概率更高。

（三）信仰：坚守与皈依

中国穆斯林实行外婚制的家庭中一个主要的问题是信仰的坚守与皈依，这在跨国族际通婚的家庭中表现得更加复杂。传统、风俗、惯习和信仰滋养了不同文化模式的人的形而上的精神和情感，同时通过不同的文化心理语言来表达和沟通，可想而知，其文化融合的过程是艰难而漫长的。但对于穆斯林来说，伊斯兰式生活毕竟是其最基本的生活方式，因此，在文化融合的过程中，信仰的坚守与皈依总是处于不断的强化中。笔者在访谈中感到，跨国族际通婚家庭中有关信仰的问题是其内在文化融合的核心内容。

表3列出了关于跨国通婚家庭宗教信仰的详细情况。由于16例个案中，男方全部是外国穆斯林，女方有11位新穆斯林，5位穆斯林。而对于女方来说，即使婚前与男方有相同的宗教信仰，其与丈夫在文化背景、风俗习惯上都有不小的差别，所以表3中主要列出16位女性婚后宗教信仰的基本情况。

表3　跨国通婚家庭宗教信仰情况（顺序同表1）

编号	清真饮食	服饰盖头	礼　拜	宗教节日	婚后工作	男方态度①	女方态度
TA	遵守	戴	每天	积极	兼财务	引导	被动
TB	遵守	戴	不定期	积极	兼管理	积极请教师	被动
TC	遵守	戴	每天	积极	全职工作	极少要求	主动
TD	遵守	戴	每天	积极	不工作	极少要求	部分被动
TE	遵守	不戴	不礼拜	不积极	全职工作	引导	被动
TF	遵守	戴	每天	积极	兼财务	积极要求	主动
TG	遵守	不戴	不礼拜	不积极	全职工作	引导	被动
TH	遵守	戴	每天	积极	兼财务	极少要求	主动
TI	遵守	不戴	不礼拜	不积极	不工作	极少要求	被动

① 　男方主要指对妻子在宗教方面的要求，女方是指对宗教接受的程度。

编号	清真饮食	服饰盖头	礼 拜	宗教节日	婚后工作	男方态度	女方态度
TJ	遵守	不戴	不礼拜	不积极	不工作	极少要求	主动
TK	遵守	不戴	不礼拜	不积极	不工作	极少要求	被动
TL	遵守	不戴	不礼拜	积极	不工作	引导	被动
TM	遵守	戴	不礼拜	积极	兼业务	积极要求	被动
TN	遵守	戴	每天	积极	全职工作	积极要求	部分被动
TO	遵守	戴	每天	积极	全职工作	积极要求	部分被动
TP	遵守	戴	不礼拜	不积极	兼业务	引导	被动

资料来源：笔者根据田野调查编制。

由表 3 可见，在饮食方面，11 位新穆斯林无一例外都能够自觉并严格遵守伊斯兰教的饮食习惯。在服饰方面，16 位女性中，有 6 位女性平时不戴盖头，其中有一位是维吾尔族。至于衣着，16 位女性平时穿着都相对比较保守，尤其是和丈夫一起出门的时候。在礼拜方面，几乎能每天坚持礼拜的有 7 位，不定期礼拜或从不礼拜的有 9 位。关于伊斯兰教重要的节日，16 位女性都会参与，但能积极参与的有 10 位，不积极的有 6 位。在学习宗教礼仪和功修方面，男方极少做要求的有 6 位，以慢慢引导为主的有 5 位，积极引导甚至请家庭教师的有 5 位。对女方而言，在宗教礼仪和功修方面，有 4 位是一开始就主动接受并学习的；有 9 位是一开始为被动接受，之后慢慢接受的；其余 3 位婚前为穆斯林的女性开始只接受了一部分，究其原因主要是中外穆斯林文化的差别使然。婚后继续全职工作①的有 5 位女性，完全在家不工作的有 5 位女性，仅仅帮助打理公司某些业务平时大多数时间在家的有 6 位女性。

关于信仰的皈依，不同的访谈人有着自己不同的经历和看法。

访谈人：浙江兰溪人，女，新穆斯林，29 岁，时间：2010 年 5 月

我第一次去叙利亚见他父母亲的时候，穿着裙子和短袖，他没说什么，他家人对我也很热情。但婚后他会要求我穿保守的衣服，并时不时会表示希望我能戴着盖头，开始我很不喜欢戴，跟他出去只要应酬完一上车我就

---

① 这里所说的全职工作，是指每天按时上下班，但必须是在丈夫的公司里工作。

会第一时间摘掉盖头，他从没为此生过气。但只要我高兴的时候，他就会时不时提醒我。差不多结婚 6 年后，我们的大儿子都 6 岁了，我才适应了戴盖头。到现在我每天都会礼拜，如果晨礼①的时候睡懒觉，我心里会感到很不安。我现在已经开始认识到伊斯兰教的生活方式和习惯很好、很健康，所以我希望我的孩子们能够像他们的父亲一样，那我做母亲的当然也要是一个好榜样了。从这个角度来说，我觉得自己发自内心的有了信仰。

访谈人：安徽人，女，新穆斯林，28 岁，时间：2010 年 6 月

我们刚结婚他就找了个中国女阿訇来给我上宗教课，每周上 3 次，差不多坚持了 1 年的时间。我心里很排斥，但我一直没说。直到有一天，《古兰经》中一个很简单的句子我怎么也记不住，老师生气说了我，我也忍不住跟老师吵起了架，老公赶忙去跟老师道歉，我当时气急了，一把撕下头巾，哭着就想要走。幸好他婶婶拉住了我。他后来向我道了歉。那次之后他再没强迫过我。这样直到 2003 年 1 月 22 号我们的第一个儿子出生后，我才觉得既然要过日子就应该接受这一切。

访谈人：义乌人，女，新穆斯林，33 岁，时间：2010 年 6 月

我至少通读过十几遍《古兰经》了，开始觉得很难懂，但读的遍数越多就会越理解。尤其《古兰经》中对妇女的一些规定，都很有道理。比如：现在家里来了他的客户或男性朋友，我都会主动躲到房间里去。我也会在生活方面无微不至地照顾他，所以他会更自信，更自信的男人也会更爱他的妻子。

访谈人：浙江台州人，女，新穆斯林，31 岁，时间：2010 年 7 月

恋爱时我根本不了解伊斯兰教，也不知道进教的事儿，我家人也不知道。结婚后，我去土耳其学了一年的土耳其语。他家里人对我很好很热情。在土耳其时我去他家也会穿长袍，但从不戴盖头，到礼拜的时间也会礼拜，因为在那种环境里一切都很自然，我做礼拜的时候，心里会感到很宁静。但回到中国，可能因为大环境的缘故吧，我对宗教不是很认真，我喜欢穿时尚的衣服，但会尽量保守。我对女儿也不会很约束，至于信仰方面的教育，她父亲会教她的。

---

① 穆斯林每天五次拜功的第一次，也被称作邦布达。

访谈人：巴勒斯坦人，男，贸易公司老板，35 岁，时间：2010 年 10 月

她（妻子）从不戴盖头，我希望她戴，但信仰的东西是不能强求的，后来我就不作要求了。只有一次，是在我们家度假，我妹妹给她化了很浓的妆，她才觉得好玩，戴上盖头照了照片。

访谈人：维吾尔族，女，新疆人，28 岁，时间：2010 年 7 月

我一直都没戴盖头，但我知道他希望我戴。前几天我过生日，他带我出去吃饭，路上遇到了一个新疆女友，当时那个女友戴着盖头，我们聊了几句，分手后他第一句话就是："她也是维吾尔族吧？"那口气很明显是在说：你看她也是维吾尔族不是戴着盖头吗？饭后他去办公室了，我心里却一直不是滋味，就发短信给他说："我会戴盖头的。"他很高兴，我们在随后聊 QQ 的时候，他发了很多张戴盖头女人的照片给我。所以，我想我可能很快就会戴盖头了。

访谈人：福建人，女，新穆斯林，26 岁，时间：2010 年 6 月

他要求我戴盖头。一些穆斯林的女友也对我说："你戴盖头吧，那样你老公会更喜欢你的。"后来我会很注意，有一次女儿病了，我很着急地抱着女儿跑下楼，等发动着了车子才发现没戴盖头，当时心里很害怕，怕遇见熟人，结果越怕什么越来什么，车窗还没关就碰到了一个穆斯林女朋友。我主要怕她们说：连盖头都不戴了，还不知道别的方面会怎样呢。

访谈人：维吾尔族，女，新疆人，36 岁，时间：2010 年 6 月

我们婚后发生争执最多的是关于我的服饰，在他的家乡对妇女的要求是十分严苛的。所以婚后他要求我必须穿黑色的长袍戴黑盖头，不仅如此，他甚至会挑剔我盖头和衣服的面料，他会把我的盖头对着阳光看是否太透太薄。为此我会跟他争执，觉得他过分挑剔，但他不会跟我吵架，他会拿出《古兰经》，告诉我是经典这样要求女人的。因此我也没办法。

在访谈中，男方一般都表示信仰是个人的事，如果她自己不能自觉自愿，强迫也没有用。但婚前和婚后，他们对这个问题的态度是显著不同的。一般婚前都相对会强调伊斯兰教开明宽松、健康科学的一面，比如：小净①是很科学的

---

① 伊斯兰教规定穆斯林在每次礼拜前都有按照规定的程序冲洗全身的一些关键部位，这种冲洗的方法被称为小净。

卫生习惯等。但婚后会更强调一些具体的问题，比如：戴盖头是女人的功修；对丈夫百依百顺是女人的美德；等等。除了个别人有过激的做法和言辞外，大部分会采取循循善诱的方式，甚至会特意让妻子跟一些功修较好的穆斯林女性来往，受其影响，取得的效果一般也都较为显著。

至于女方一般会经历三个阶段，第一个阶段是从恋爱到婚后最初一两年，对伊斯兰教的认识处于懵懂阶段，也是一个较为排斥的阶段，从服饰到生活细节都很不适应，这个时期的大多数女性会从对宗教问题的忽视到感到不便以至于对婚姻产生失望感；第二个阶段从开始孕育新生命到孩子出生后两三年，由于女方的注意力开始分散到孩子身上，对自己的婚姻生活状况的考虑相对减少，再加上初为人母的幸福感和责任感，使她们对宗教问题开始主动接受；第三个阶段是随着第一个孩子长大一些，对母亲的依赖相对减少，或者第二个孩子的出生，大部分女性已经开始适应伊斯兰式的婚后生活，并且从丈夫身上发现了穆斯林讲究卫生、不喝酒等习惯对孩子的成长和家庭幸福的重要，所以大部分开始重新认识宗教并希望能够影响到下一代。

除此之外，伊斯兰教的宗教信仰还包括对女性外出的严格要求。其教义严令禁止男女混杂，如：

> 你们应当安居于你们的家中，你们不要炫露你们的美丽，如从前蒙昧时代的妇女那样。①

由此女性参加工作也是不提倡的。原则上，伊斯兰教不禁止女性参加需要由她们来参与的工作，如：教学、行医，但这是有条件的，要穿符合教律规定的服装、取得丈夫或监护人的同意、避免男女混杂和幽会，不得因工作而劳心费神。另外，伊斯兰教也不许可女性参与不符合女性天性的工作，如：法官和行政长官，且有圣训证明其为非法："由女人来执政的民族决不会成功。"② 因此，义乌的跨国通婚家庭中，女性的社会生活都不同程度受到限制：部分女性

① 《古兰经》，马坚译，中国社会科学出版社，1981，第33章第33节。
② 哈桑·阿卜杜·额尼等编《伊斯兰与社会》，易卜拉欣·马伊真译，香港开益出版社，2009，第75页。

婚后如果继续工作几乎都被限制在丈夫的公司里，部分干脆放弃工作做全职主妇。至于独自出行受到的限制则较小。

据了解，在伊斯兰教治国的国度，女性工作的概率微乎其微，而在非宗教治国的国家，如：土耳其，妇女（包括已婚妇女）工作的现象近年来也呈明显上升趋势，但妇女参加工作仍然有一定限制。而在中国，由于大环境的影响，穆斯林妇女婚后出去工作不仅没有被限制，而且似乎是很自然甚至在很多地方是被提倡的事情。表3显示：在跨国婚姻中，男方对女方抛头露面都会普遍加以限制，大多数对其工作也不提倡，少数会反对，但由于外国人在中国开公司会受到种种限制，所以在需要的时候，他们又不得不让妻子出面打理一些公司业务，但仅限于在自己的公司里工作。

访谈人：回族，女，西安人，25 岁，时间：2010 年 7 月

婚后他反对我继续工作，在街上他不能理解我怎么能跟我过去的男同学打招呼。这太让人受不了了，我们为此在婚后的最初两年总吵架，后来我只好跟他好好讲道理。我说："在中国很多家庭只有一个孩子，比如我就是我父母亲唯一的孩子，如果他们老了，我不出去工作，谁来养活他们呢？"他渐渐能够理解我们的国情和文化了，这样的争吵也就少了。

（四）子女抚育

帕克教授说过："和动物比较起来，人所生活的世界不是二度而是三度的。人能回顾前瞻，所以人的生活中有一种紧张及犹豫，足以破坏已经成立的习惯，或是解脱尚没有成立的习惯。在这紧张和犹豫的时间中，活动的方向受当时态度的支配，实较已有的习惯为甚。"对这句话，费孝通先生有他自己的解读：所谓三度是指过去、现在和将来。两性的享受不带有对于未来的瞻望。各人为了自己的满足不易有个共同的憧憬。这种生活不是三度的，因之各自被习惯所支配，使他们不易和洽。要打破这历史的不同习惯的障碍，必须创造出一个共同的向未来的投影。孩子不但给夫妇创造了一个共同的将来的展望，而且把这空洞的将来，具体地表示了出来。孩子的出世才完成了正常的夫妇关系，稳定和充实了他们全面合作的生活。这个完成了的三角在人类学和社会学术语里被称作家庭。①

的确，在族际通婚家庭的调查中，笔者深深感到：孩子不仅是夫妇生理结合的产物，更是文化融合的重要媒介。在16例个案中，新穆斯林的一方几乎都同意为孩子选择伊斯兰的生活方式，因为她们觉得那是一种健康的生活方式，因此大多数的新穆斯林在孩子降生之后都会更认真地对待宗教问题，甚至会以身作则。这在无形中淡化或者解除了穆斯林族际通婚家庭中最主要的矛盾，使相互的文化加速了融合。然而，具体到育儿，尤其是子女教育的问题上是否会出现新的矛盾呢？

访谈人：浙江兰溪人，女，新穆斯林，29岁，时间：2010年5月

我不打算去叙利亚定居，所以我的孩子会受中国教育，但我会在他们小时候，大概是初中之前吧，定期送他们去父亲的家乡学习语言和文化，对于这一点他也同意。

访谈人：安徽人，女，新穆斯林，28岁，时间：2010年6月

孩子在上学前可以去约旦受阿拉伯式的教育，但之后要在中国受教育。女人在那边没什么想法也不能出去做事，我受不了那样的生活。而且他现在也有了中国国籍。

访谈人：回族，女，宁夏人，35岁，时间：2010年4月

如果我有孩子，10岁前应该在约旦受教育，但从孩子的技能培养考虑，还是要在中国上学。

访谈人：回族，女，甘肃兰州人，43岁，时间：2010年7月

离开我丈夫之前，因为担心他不让我带孩子回国，我假说回中国探亲，这样我才带儿子回来了。这几天我们就打算离开义乌回银川我父母那儿。因为儿子在义乌上学很不适应，他更喜欢银川。如果没离婚，孩子一定会在国外上学，而这其实不是我所希望的。

访谈人：义乌人，女，新穆斯林，33岁，时间：2010年6月

我在埃及生的这两个孩子，他们的国籍都是埃及的，虽然我是义乌人，但他们在义乌却连户口都上不上。不过，这也没什么关系，我打算让他们

---

① 费孝通：《生育制度》，商务印书馆，2008，第110页。

在埃及受教育，学习阿拉伯语，每年回国几个月学习中文。我先生和我的想法一样。

访谈人：浙江台州人，女，新穆斯林，31 岁，时间：2010 年 7 月

我觉得我女儿一定要学中国文化，小学初中要在中国上，之后可能去土耳其一段时间，毕竟那是她父亲的故乡，但不会待很久。我们在家说汉语，我女儿听得懂土耳其语。

访谈人：土耳其人，男，贸易公司老板，37 岁，时间：2010 年 6 月

孩子小时，也就七八岁时会在越南，而且要有双重国籍，长大后在哪受教育都可以。在家我们主要说中文。

访谈人：巴勒斯坦人，男，贸易公司老板，35 岁，时间：2010 年 6 月

下个月，也就是 7 月，我们要搬回南京的新家（妻子的老家）了，因为女儿要上学了，儿子也可以去南京上幼儿园。我特意在南京买了一个离学校和幼儿园都很近的小区的房子。我们将来的打算可能是移民加拿大，我妻子很想去国外生活。我觉得世界这么大，我的孩子不应该只看到那么小一部分，我可能会带他们去很多地方，这样做唯一的害处是孩子们可能会没有朋友。

访谈人：维吾尔族，女，新疆人，28 岁，时间：2010 年 7 月

我不打算去巴基斯坦生活，所以孩子也应该在中国，至于在新疆还是在义乌还不确定，但很可能是在新疆上学。我老公应该也同意。

访谈人：福建人，女，新穆斯林，26 岁，时间：2010 年 6 月

我们打算生第二个孩子的时候，把第一个送去巴基斯坦受教育，我先生希望孩子受传统的伊斯兰教育，我舍不得但也没办法。这个（决定）孩子的姥爷姥姥还不知道，恐怕到时候他们会反对。

访谈人：维吾尔族，女，新疆人，36 岁，时间：2010 年 6 月

我先生的第一个老婆和六个孩子现在在叙利亚，为了便于我的两个孩子和他们的六个兄弟姐妹们交流，我希望他们能受阿拉伯式教育，现在他们在上义乌外国语学校附属的幼儿园，是也门人办的，可以受到正宗的阿拉伯教育。在义乌他们可以在外国人办的学校读到初中，之后我会陪两个孩子一起去国外读书。

访谈人：回族，女，西安人，25 岁，时间：2010 年 7 月

结婚时他答应以后定居中国，所以孩子肯定受中国教育。

在子女问题上，教育无疑是最重要的问题，尤其是阿拉伯式的教育和中国式的教育完全属于不同的体系，这本身就会带来较深的矛盾。但调查显示：大多数夫妇都会从实际的角度考虑，受中国式教育可能更现实，而且宗教教育往往可以在家庭内完成，所以最大的分歧应该是孩子在什么年龄段受哪国语言文化教育的问题。少数夫妇倾向于阿拉伯式教育，这些家庭的新穆斯林一方一般都比较喜欢甚至向往阿拉伯人的生活方式。但就目前而言，这些通婚家庭的第二代还都处于婴幼儿时期，父母亲仅仅是在设计孩子们的未来，还没有遇到更为现实的矛盾和问题。

通婚现象的讨论

当两个族群集团间的通婚率达到 10% 以上，则可以说他们之间的族群关系是比较好的。[①] 义乌穆斯林跨国族际通婚率应该不低于 10%。[②] 如果从这个意义层面上看，义乌的穆斯林与非穆斯之间的族群关系是较为融洽和和谐的。

一般而言，只有当两个族群群体的大多数成员存在着十分广泛而普遍的社会交往，彼此之间在政治、经济、文化、语言、宗教和风俗习惯等各个方面达到相互一致或者高度和谐，两个族群之间才有可能出现较大数量的通婚现象。通婚的主要条件包括："（1）两个族群的文化同化已经达到较高程度，族群之间没有语言障碍，宗教上互不冲突或至少能彼此容忍，而不是绝对排斥；（2）两个族群成员们之间有很多的社会交往机会，人们有可能相识并相爱；（3）两个族群彼此之间没有整体性的偏见与歧视；（4）个人所在家庭与族群社区对于族际通婚也不持反对态度甚至持比较积极的态度。唯有在这些条件之下，两个族群的成员之间才有可能发生较大规模的通婚。"[③] 从笔者深度访谈的 16 例跨国族际通婚家庭的情况来看，基本上也都满足以上四个条件。

相对而言，义乌通婚率高的一个重要原因是"两个族群成员们之间有很多的社会交往机会，人们有可能相识并相爱"。在大多数伊斯兰教国家，男女混杂

---

① 马戎：《民族社会学》，北京大学出版社，2004，第 436 页。

② 根据阿訇、相关宗教管理人士的估计。

③ 马戎：《民族社会学》，北京大学出版社，2004，第 437 页。

的概率很低。而在义乌，阿拉伯国家的男性不仅有机会接触到大量的女性，甚至可以和年轻女性共事或成为生意伙伴。这样大范围多层面的男女混杂使他们得到了在本国难以想象的与异性交往的机会，也因此为他们的相识与相爱提供了可能。

此外，由于迁移选择性等诸多原因造成了长期以来义乌穆斯林人口比例严重失调的状况。据不完全统计，在 2004 年之前，义乌外国穆斯林中男性青壮年的比例占到 90%，女性穆斯林占 10%，其中大部分女性是已婚家眷。因此，义乌外国穆斯林男性是选择跨国族际婚姻的主要人群。除了年龄层面的原因，这部分人群选择跨国族际通婚也受到宗教的直接影响。伊斯兰教提倡和鼓励适龄婚姻，认为婚姻是一种功修，谁结婚，谁便完成了宗教的一半。

> 据艾奈斯[①]的传述：穆圣说："真主给谁赐予贤惠的妻子，谁便在其宗教的一半中得到了真主的襄助，所以，让他在剩余的一半中敬畏真主。"[②]
>
> 据艾布胡勒[③]传述：穆圣说："三种人应受真主的襄助：1. 为主道出征的战士；2. 为交身价赚钱赎身的奴隶；3. 为守贞洁而结婚的青年。"[④]

伊斯兰教甚至将"为守贞洁而结婚的青年"与"为主道出征的战士"相比拟，足见伊斯兰教对适龄婚姻的提倡。

族际通婚除了作为一种文化现象，也是重要的社会现象，后者主要表现为它在不同程度上改变了现有的社会结构。从表 2 中显示的跨国通婚个案婚前个人情况来看，男方的经济水平和社会地位都较高，受教育水平也较高，尤其有过在中国留学经历的人占到了 50%。相对而言，女方的经济水平大部分较低，受教育水平也较低。因此这类婚姻表现出一种明显的"上嫁模式"，即社会地位和收入较高的外国穆斯林男性娶社会地位较低的中国女子。在这类通婚中，通常社会地位低的中国女子满足于自身经济地位和消费水平的提高，而事业上成

---

① 马立克·本·艾奈斯（Malik ben Anas，约 715～795 年），伊斯兰教著名教法学家、圣训学家，逊尼派马立克教法学派创始人。
② 资料来源：内部资料《伊斯兰的婚姻制度》。
③ 艾布胡勒是圣门弟子中传述圣训最多、最可靠，也是最出名的一个弟子。
④ 资料来源：内部资料《伊斯兰的婚姻制度》。

功的外国穆斯林男子则可以通过通婚给自己的事业和生活带来便利。在这里，中国公民的身份、母语的便利以及对母文化环境的熟悉，加之中国法律对外国人同中国人通婚后在居留和经商等方面的种种放开政策，都使中国女子具有某种社会"价值"，而以此作为交换，通过婚姻她们也使自己的经济地位和社会地位得到了上升，即所谓"上嫁"。

总的来看，跨国族际通婚是义乌穆斯林群体内不同民族深度交往的表现，也是其结果。它是跨国文化圈认同的更深层次的表达，对义乌穆斯林群体产生深远的文化意义和社会意义。正如费孝通所说，婚姻并不止是生物的交配，也是文化的交流。从个人讲，与一个生活习惯不太相同的人共同生活确有困难，但是从整个社会看，不同生活习惯的人谋共同生活，是促进文化传播和进步的方法。我们常可以看到异族婚姻的家庭生活不容易美满，但是我们也常说，两个民族要真的能互相了解和合作，通婚是一个最重要的条件。这就说明了怎样利用两性间的感情联系去促成社会和文化团结的道理了。[①]

① 费孝通：《生育制度》，商务印书馆，2008，第 92 页。

人类学视阈下的萨满医疗文化[*]

孟慧英^{**}

在过去的 20 世纪里，人类历史上首次出现了一个医学体系——生物医学体系——也就是 20 世纪西方世界的医学。什么是疾病？根据生物医学的解释：疾病是一个生物过程。它发生在人的体内，可能局限于某个器官，但是，由于所有器官互相关联，组成了生物整体，因此，受影响的始终是整个生物体。① 生物医学把疾病和病理都看成是正常生理功能在细胞、生物化学、物理层面上的失常。到底有没有生病可以通过实验室分析或其他生物、物理检查来界定和确定。② 生物医学的治疗就是运用可获取的最佳技术手段来诊断和应对病人的病况。治疗过程被认为是一个物理过程，其中身体的功能失调借用某种有药效的物质或手术调整而得到纠正。医生（以及病人）的主观性被认为是治疗实践中的妨碍因素。③ 西方世界的医学已经影响到世界范围内各个人类社会的卫生与医疗实践，渗透到了发展中国家，一般它与传统的治疗方式并存，但地位更加显赫。④

---

   * 本文发表在《民族研究》2013 年第 1 期。

  ** 中国社会科学院民族学与人类学研究所研究员。

  ① 〔美〕亨利·欧内斯特·西格里斯特（Henry Ernest Sigerist）：《疾病的文化史》，秦传安译，中央编译出版社，2009，第 122 页。

  ② 〔美〕罗伯特·汉（Robert Hahn）：《疾病与治疗——人类学怎么看》（*Sickness and Healing—An Anthropological Perspective*），禾木译，东方出版社，2010，第 341 页。

  ③ 〔美〕罗伯特·汉：《疾病与治疗——人类学怎么看》，禾木译，东方出版社，2010，第 342 页。

  ④ 〔美〕罗伯特·汉：《疾病与治疗——人类学怎么看》，禾木译，东方出版社，2010，第 159 页。

从生物医学的角度看，萨满文化中的医疗方式是迷信的、落后的，不值得研究。而人类学者不这样看，他们认为不能简单地将一种文化中的治疗现象称作"迷信""骗人"的东西，作为观察者，不能站在与自己研究对象的对立立场，让另一种文化的知识直接地服从自己的知识判断。在人类学领域，研究者非常重视世界上各个族群在自己漫长的文化实践中发展出来的独特疾病观念和治疗系统，尽管无法以科学方法去研究它们确切的治疗作用，但却不能忽视这些由来已久的人类医疗文化基础。所以，人类学把萨满医生以及萨满治疗当做正当的研究对象，并积极进行深入的发掘和理解。

一 世界医疗文化的多元性

人类自古以来所创造的医疗文化是多元的，"对于健康和疾病，所有文化都有自己的知识与信仰，并且代代相传"。[①] 人类一直是处在多样化信仰、价值观和行为方式之下的，每个社会群体对于疾病与治疗都有各自不同的理解与处理方法。人类学者不认为生物学的治疗和医护标准为世界上唯一的医疗文化。关于"疾病"每个文化都有自己的认识，各种本土的、地方性的关于疾病与治疗的文化系统，其立足点并非生物学基础，而是自身的文化系统。因此，千百年来，有多少种人就有多少种民间医学，民间医学的根源来自家庭传统和社群传统、神秘主义和各种迷信。[②] 他们指出，医学知识——不管是专职研究者的、临床医生的、城市社区卫生工作者的、西藏冥思治疗专家的，还是巴西印第安人萨满的——都是有关受到符号形式和解释实践调节的现实之不同方面的知识。[③] 人类学超越西方生物医学范畴的思考，使它所观照的医疗体系多种多样。萨满文化医疗系统作为多元医疗文化事实中的一种，必然作为人类学研究的重要领域。

---

① 〔美〕帕特林夏·盖斯特-马丁、艾琳·柏林·雷、芭芭拉·F. 沙夫：《健康传播：个人、文化与政治的综合视角》，龚文库、李利群译，刘雁书校译，北京大学出版社，2006，第83页。

② 〔美〕约翰·伯纳姆：《什么是医学史》，颜宜葳译，张大庆校，北京大学出版社，2010，第22页。

③ 〔美〕拜伦·古德：《医学理性与经验——一个人类学的视角》，吕文江、余晓燕、余成普译，北京大学出版社，2010，第263页。

研究人类医学史的学者习惯从进化论立场看待人类医疗系统的发展，他们将萨满医疗看做"原始"的医学，或把萨满类型的医疗文化称为"拟人化医学"。在萨满文化中，"超自然"力量涉及疾病与治疗的所有方面。人们认为，一切事物必定有可见的或不可见的原因，那些看不见明显的或直接原因的疾病必定是由于魔鬼、神灵、妖术、巫术或是因受害者丧失了某种灵魂、伦理道德造成的。有了病就需要求助于那些有能力控制疾病、具备与超能力沟通的人们，如萨满、巫师、巫医、智者、占卜者、女巫、男巫、术士等。对他们来讲，疾病的原因比症状更有意义，因为病因决定了治疗方式是用药草还是用驱魔咒语。诊断可能需要一些精神媒介来预知、占卜和卜卦。在做了一系列初步查验后，便开始进行一系列的复杂仪式，其中包括巫术、咒语、妖术，还有对可见物或不可见物的驱除，或夺取与归还病人失去的灵魂。为了驱除或迷惑鬼魂，巫师还可能为病人制造转嫁物或者给起一个新名字，以便提供一个吸引恶力的替代目标；或者他给病人服用有毒的药物，以免他们再受鬼魂的青睐。这些宗教仪式性质的活动，目的在于激起超自然力的协助，它们对于医者、病人、社会都是重要的。[①]

萨满医疗也运用植物或自然物质作为药物，这些都是通过生活经验积累的医学成果。比如借助某些草本植物来调节身体，使自己保持舒适的感觉：用调味植物激起食欲；用含油植物排除消化不良；用麻醉植物减轻疼痛，甚至仅仅用汁水丰富的叶片敷在身体某个发热的部位以降低该部位的体温。[②] 萨满医学也知道很多我们认为合理的治疗措施，比如按摩、发汗浴和放血。但这些表面合理的治疗方法，都是作为巫术仪式的一部分而得以应用。一种药之所以起作用，并非因为它是药，而是因为给药时所行的那套巫术仪式，因为对药物所念的咒语，赋予它治疗疾病、缓解痛苦的威力。[③]

在后来的发展中出现了"神祇医疗"这种医疗现象，它曾经在一些国家、民族和宗教中存在。有学者认为，在氏族制度解体后的奴隶社会中，疾病逐渐

---

① 参见〔美〕洛伊斯·N. 玛格纳《医学史》，刘学礼主译，上海人民出版社，2009，第15页。
② 〔德〕伯恩特卡尔格-德克尔：《医药文化史》，姚燕、周惠译，盛望平校，生活·读书·新知三联书店，2006，第2页。
③ 〔美〕亨利·欧内斯特·西格里斯特（Henry Ernest Sigerist）：《疾病的文化史》，秦传安译，中央编译出版社，2009，第123页。

解释为是公正的神灵对人们所犯罪行的一种惩罚。古代所有的神祇都有治疗疾病的法力。宙斯被崇拜为"救世主宙斯"，在罗德岛被崇拜为"医神宙斯"。赫拉是"女神赫拉"，而在罗马则是"大救星朱诺"。人们认为灾难和不幸是诸神派来的，疾病亦如是。阿波罗的飞镖带来了瘟疫，蛇发复仇女神惩罚犯罪并带来胡言乱语的疯狂。所以有很多人根据宗教来解释疾病，到神庙里去寻求治疗。① 根据历史记载，当时的治病行为发生在距离神庙不远的一些长廊。患者在经历一些预备仪式之后，便来到这些长廊里睡下来。在梦里，神出现在他们面前，当醒来的时候，他们的病就被治好了——至少是其中有些人的病治好了，那些治好的病例被记录在案，失败通常不会被广而告之。大量埃皮达罗斯人的碑版跟这样的神奇治疗有关，它们被保存了下来，最早可以追溯到公元前4世纪。我们从这些碑版中得知，有一个名叫安布罗西亚的雅典女人，一只眼睛瞎了，她不相信仅凭做梦就可以治好瘸子和瞎子。但接下来，当她的治疗之夜到来的时候，神出现在她的梦里。神允诺治好她的病，但要她向神庙供奉一份还愿的祭品：一头银猪，以纪念她的愚蠢。然后，神割开了她的眼睛，揉进了一些香油膏，当白天来临的时候，她那只瞎眼奇迹般地被治好了。我们还读到了阿格斯特拉图斯的故事，他的头痛非常严重，以至于无法睡觉，也被治好了。另一位名叫哥吉亚斯的患者，胸部有一处箭伤正在溃烂，他醒来的时候，伤处已经完好如初，箭头握在他的手里。② 巴比伦人的医学亦是一套紧密复杂的宗教医学。一切疾病皆来自神，神医的任务就是发现和解释神的意图，以便能安抚众神。巴比伦医学包括很多巫术因素，也包括很多经验的因素，但整体上是一套宗教医学体系。③ 总之，在人类社会发展的过程中，那些借助于超自然能力给人们治病的巫医逐渐地由神职医生替代了，他们的任务是通过祈祷、献祭和赎罪向"遭到冒犯的"神灵赔罪。④

---

① 〔美〕亨利·欧内斯特·西格里斯特（Henry Ernest Sigerist）：《疾病的文化史》，秦传安译，中央编译出版社，2009，第125页。

② 〔美〕亨利·欧内斯特·西格里斯特（Henry Ernest Sigerist）：《疾病的文化史》，秦传安译，中央编译出版社，2009，第127页。

③ 〔美〕亨利·欧内斯特·西格里斯特（Henry Ernest Sigerist）：《疾病的文化史》，秦传安译，中央编译出版社，2009，第123页。

④ 〔德〕伯恩特卡尔格-德克尔：《医药文化史》，姚燕、周惠译，盛望平校，生活·读书·新知三联书店，2006，第4页。

随着人类医疗文化的发展，在世界上的一些民族中还出现了与拟人论医学、"神祇医疗"不同的自然论医学体系。在持有这种医疗体系的文化中，如果身体内的元素，如：热、寒、体液（dosha）、阴和阳等在自然环境和社会环境中，按照人的年龄和身体状况达到平衡时，健康状态就良好。一旦这种平衡被破坏，就会不舒服。① 在主要盛行自然论病因学的民族当中，一般不存在萨满和巫医。病人和医生通常对所患的疾病有一致的意见，问题是确定使失去的平衡恢复正常所应用的适当的治疗方法。在自然论体系中，医治者一般是通过观察和实践学会医疗技能，不需要神介入的"医生"。②

在当今世界，尽管理性医学的发展突飞猛进，医学的理性进步已经成为我们共同文化的一部分，但萨满类的巫术医学、神祇（或宗教）医学、自然论医学从来都没有消失。如果仅仅依靠"科学–迷信"这个简单的二元思维来看待这些不同的医疗文化系统，无疑会将这方面的研究空间严重地压缩。就萨满医疗来说，撇开"迷信"与科学的对比，我们才可以自由地观察仪式过程中各种参与者，包括神祇、巫师、家属、邻居等，与病人的关系与互动方式，分析治疗场所、时间安排的意义，所有器具、符号、语言的指涉等。这些分析所透露的信息，正是用来了解身体疾病观的重要资料。在这方面，我们的确得依赖医疗人类学的研究方法。③ 在我国，从传统社会知识系统获得关于疾病看法和治疗习惯的人群为数众多，除去中医系统、藏医系统、蒙医系统等外，在汉族地区和一些少数民族地区还存在程度不同的"民族病理学"和"民俗治疗学"、"地方巫术医疗"等。虽然在今天的科学医学看来，某些医疗文化中关于疾病的解释和治疗行为是不科学的，误导人们的认知，耽误对病人的诊疗，但是它们仍旧被许多人所理解、所采纳，或被认为是有效的。这种情况在当今世界其他地区也非常普遍。难怪有学者如此感叹：在任何时代，我们都可以发现不同的体系并肩而立，有时候和平竞争，有时候公开冲突。如果主流哲学是理性的，科学

---

① 乔治·福斯特、芭芭拉·加勒廷·安德森：《医学人类学》，陈华、黄新美译，杨翎校阅，台北，桂冠图书公司，1992，第 74 页。

② 乔治·福斯特、芭芭拉·加勒廷·安德森：《医学人类学》，陈华、黄新美译，杨翎校阅，台北，桂冠图书公司，1992，第 98 页。

③ 梁其姿：《面对疾病：传统中国社会的医疗观念与组织》，中国人民大学出版社，2011，第 8~9 页。

就会繁荣，宗教医学就会退居幕后，满足于少数人的神秘渴求，并给科学医学治不好的患者充当最后的庇护所。①

二 疾病与治疗的文化维度

根据生物医学的观点，疾病是指生理机能的不畅。在生物医学模式里，如果用为数有限的生物学词汇来定义疾病，那么它仅仅是一种生物结构或生理功能的变异。② 疾病是一个客观化的实体，医生可以忽略患者个人的主观感受而对疾病本身进行诊治。而就患者个人来说，具有文化性质的疾病患者并非纯物体，当我们用医学的科学技术解释疾病时，关于疾病的文化解读必然出现。就像医学人类学指出的：对承受痛苦的人来说，身体并不仅是一种物质客体或生理状态，身体就是主体，是主观性或在世界中的体验的真正基础，而且作为"物质客体"的身体也不能与"意识状态"截然分开。意识本身无法脱离有意识的身体。因而患病的身体就不仅仅是认知和知识的对象，不仅仅是存在与精神状态和医学科学作品中的表达对象。它同时也是不正常体验的能动者。③ 因此疾病并非对象化的、商品化的单纯的生物生理现象，它同样是人类创造的一个符号形式，它依据文化提供的形构原则中的各种选项，形成自身方面的各种现实。

生物医学强调"病"的客观性而忽视患者对于疾病的感受和诉说，由此引起的人类学批判和反思是强烈的。根据医学人类学的解释学派一直追求的"主体间性"视角，疾病叙述是叙述者的个人经验与其所继承的文化理解的产物，是生理感觉与文化认知相互合作的结果。在我们生活的环境中业已形成的思想观念和行为方式，以及与此联系的社会关系，影响着我们如何理解和对待疾病。因此，疾病是生理过程、文化意义和社会关系相互衔接的网络中的事件，我们不仅要从生物学的角度也要从社会和文化的角度说明疾病。在医学人类学看来，

---

① 〔美〕亨利·欧内斯特·西格里斯特（Henry Ernest Sigerist）：《疾病的文化史》，秦传安译，中央编译出版社，2009，第 125 页。

② 〔美〕阿瑟·克莱曼：《疾痛的故事——苦难、治愈与人的境况》，方筱丽译，上海译文出版社，2010，第 4 页。

③ 〔美〕拜伦·古德：《医学理性与经验——一个人类学的视角》，吕文江、余晓燕、余成普译，北京大学出版社，2010，第 172 页。

生物医学的科学信念与非西方社会的观念一样，都是原则和实践构成的文化体系，植根于他们关于世界是怎样的基本假设、知识如何获得的标准方法以及什么是有价值的目标和方法。社会互动和社会组织方式在治疗过程中与医学或手术措施一样起着重要作用。① 也就是说，一种文化现实的基本维度与遭遇、体验、解释、治疗疾病密切相关。

许多年来在国内外民族志考察积累的大量材料中，萨满自传或萨满"领神疾病"口述史最为丰富，其中不难发现，萨满们并非从身体或行为受阻的角度看待自己的疾病，什么是萨满病是由其所处在其中的文化观念决定的。因此萨满的疾病叙事呈现出一种文化控制模式，它成为一个群体进行文化交流和相互理解的方式。对此，相关的群体成员会站在群体利益和关怀的角度去分担萨满候选人的痛苦、同情病人，化解病人的紧张、受辱的体验，以便病人脱离不同于常人的纠缠状态转化成被人理解与支持的解脱状态。这个时候家庭成员或其他社会群体成员会做各种必要的物质筹备（提供萨满需要的服装、头饰、鼓等各种器具）和仪式（萨满出马）筹备，支持他取得萨满身份。像这种"萨满病"一样，萨满文化中的疾病治疗经常涉及一个家族或村落的利益，疾病治疗的过程常常为一个家庭或群体提出问题、建议和方法，以便他们维持或改变某些继承的文化意义、价值和利益。因此我们经常发现，社会成员或家庭成员乐于加入对于患者的观察和讨论，参加为治疗病人所举行的各种仪式。

因此，医学人类学同生物医学的主导方向不同，它把文化断定为"人类病患反应的一个核心特征，一个很大程度上被医学行为科学所忽视的特征"。② 因为人类学者看到，疾病的发生可能受到一些病原因素的促动，而不同文化说明病原的解释框架非常丰富，它们常常不是从生物学的角度而是从社会和文化的角度说明疾病。所以疾病不应仅被看做客观的自然对象，还应被看做是人们理解的事物。与疾病相关的生理过程并非外在于文化的范畴，而是内化于文化之中。因此疾病不仅是生理上的感受，它也是受文化影响的有意义的事件。

---

① 〔美〕罗伯特·汉：《疾病与治疗——人类学怎么看》，禾木译，东方出版社，2010，第342页。

② 〔美〕拜伦·古德：《医学理性与经验——一个人类学的视角》，吕文江、余晓燕、余成普译，北京大学出版社，2010，第55页。

人类学医疗文化的研究使人们了解到，我们对世界的经验，常常由思想、认知结构和诠释的文化模式所中介，人类医学应该重视一个人的知识文化形式对于患者和治疗者双方的引导和束缚。在西方医学中，科学被当做临床医学的"金标准"，主要是因为它向医学允诺了一种可靠性、可重复性、客观性的希望，简而言之，在不确定的实践中所能获得的确定性的东西。① 但当医生在科学研究的基础上进行诊断和治疗时，医生们有限的实践知识限制了科学确定性的实现。换言之，人们都希望能够控制生命和疾病中的一切，事实上我们不可能获得这种控制力。假如医生是科学家，那他们当然不会再有什么"不确定性"。他们所遇到的障碍是临床实践的根本性的不确定性：不仅仅是因为医学知识的不完善，更重要的是因为，即使是那些看起来最颠扑不破的真理，最牢不可破的事实，当运用到一个具体病人身上的时候也变得并不精确起来。② 事实上，在医疗实践中，医生对疾病的诊断是一种综合性的描述，它是医学事件经过社会学构建后的病理生理学结果。③ 这样一来，叙事就成为临床医学进行思考与认识的关键。尽管叙事有其特殊性，但叙事也不单单是个体的陈述。它们也是公共的、主体间的、暗中或公开协作的陈述，因此也是依赖于受众和社会传统的。④ 诊断和治疗的抉择，在作出选择的那一刻，已不单纯是逻辑推理或病人偏好的问题，而是一个更广泛、更依据情景背景而定的，与历史、身份、文化、个人价值、生命意义纠缠在一起的考量和权衡。⑤

三 医疗文化自我实现的规律

任何一种医疗文化都有观念知识和治疗经验两大领域，一方面是人们普遍

① 〔美〕Kathryn Montgomery：《医生该如何思考——临床决策与医学实践》（*How Doctors Think—Clinical Judgment and the Practice of Medicine*），郑明华主译，人民卫生出版社，2011，第41页。
② 〔美〕Kathryn Montgomery：《医生该如何思考——临床决策与医学实践》（*How Doctors Think—Clinical Judgment and the Practice of Medicine*），郑明华主译，人民卫生出版社，2011，第38页。
③ 〔美〕Kathryn Montgomery：《医生该如何思考——临床决策与医学实践》（*How Doctors Think—Clinical Judgment and the Practice of Medicine*），郑明华主译，人民卫生出版社，2011，第11页
④ 〔美〕Kathryn Montgomery：《医生该如何思考——临床决策与医学实践》（*How Doctors Think—Clinical Judgment and the Practice of Medicine*），郑明华主译，人民卫生出版社，2011，第48页。
⑤ 〔美〕Kathryn Montgomery：《医生该如何思考——临床决策与医学实践》（*How Doctors Think—Clinical Judgment and the Practice of Medicine*），郑明华主译，人民卫生出版社，2011，第50页。

认可的有关疾病与治疗的思想观念，另一方面是文化治疗实践。在人类漫长的疾病治疗历史中，不同医学文化的价值就是通过它们实现的。所以医学人类学提出的主要任务之一就是"理解异文化中种种疾病与治疗现象背后潜藏的观念、理论和价值"。①

为了实现这一任务人类学者历经了一个多世纪的努力，提出了各种理论和方法，特别是 20 世纪 70 年代以来，在这个领域出现了有影响力的几个理论流派。

比如认知学派的人类学家提出的一种关于病患表达的理论。贯穿认知研究的一条朴实的主线是对疾病分类、对病患和治疗的民族理论以及对病患叙事结构的兴趣。这种研究在实施中并非参照生物医学范畴，而是采取对当地人的疾病范畴和诊断的一种纯粹"主位"的理解。他们关注不同文化中民间医学知识的结构，注重对日常医学知识进行详细调查。迄至 20 世纪 80 年代早期，认知人类学家对文化知识的表达开始转向各种"图式"或"原型"模型。医学人类学和心理人类学在走向对民间知识更宽广理解的努力中，所提出的"底本"、"原型"或"图式"的理论被证明是有用的。在本质上，文化被认为是提供了关于世界——文化客体、行为序列、命题关系——的简化表达，这些表达生产出个人所做的陈述和判断、组织了人的行为和人生规划，所以说，它成为搭建文化知识的砖石。②

再如解释学派的理解。在这个研究系统中，疾病并非实体而是解释模型，这就是说文化模型和解释模型是不同的，"文化模型"即共享的文化理解，"解释模型"则为针对某给定情境或是对某病患事件的特定解释，它主要是被个体用以对特定病患事件进行构想、解释或理解的。一些研究表明，在各个社会间以相当不同的方式组织了病患经验和行为，这说明文化可能提供"最终共同的民族行为途径"，甚至建构独特伪病。文化不仅是表达疾病的一种手段，它对疾病之被构造为某种人类现实也具根本意义。

解释学把疾病作为文化构造起来的表达。一种文化对某一病患的解释并非

---

① 〔美〕罗伯特·汉：《疾病与治疗——人类学怎么看》，禾木译，东方出版社，2010，导言第 2 页。

② 参照〔美〕拜伦·古德《医学理性与经验——一个人类学的视角》，吕文江、余晓燕、余成普译，北京大学出版社，2010，第 74 ~ 76 页。

纯粹的认知表述，一种文化的历史和社会关系将经验和意义先于它的表达，病患解释并非忽视病者体验、拒绝生物学反应的重要性，但它需要把这些与社会文化实践及其意义互动，所以研究者要把意义与经验的关系作为主体间性现象予以考察。因此民族志中有关病患苦痛经验的表达和叙事是与这个文化中的成员如何理解这种疾病经验密切相关，我们只有在这种病患经验与当地文化的道德世界、信仰世界、社会世界的相互关系中去理解他们形塑的病患解释，理解当下问题的意义。因此解释学的文化医疗研究成为探讨生物学与文化的关系、研究文化对病患形塑基础，强调病患经由解释活动得以构成进而能被了解这样一种建构主义主张。①

还有文化权力学派的理解也为医疗文化研究提供了新的方法。一些学者认为，文化并不只是构成意义之网、意义体系，文化形式也支持了既定秩序和支配它的阶级利益，就它的这种主流意识被大众所内化而言，它已成为"常识"的组成部分。就这样，文化霸权微妙地维护自身，它导致一整套价值、态度、信仰、道德等向市民社会的渗透，在将现存社会关系表现为常识性的、自然的及日常现实的一部分的过程中所起的作用。②

在这种理论方法下面，病患表达与当权者、某社会的精英、占支配地位的经济安排、医学职业抑或被赋有某种权力的人之间有因果关系，因此在各种文化的"知识生产的社会环境"中可见各种话语形式中权力的作用。从这种视角来看，对病患表达的分析要求批判性地摘去支配性利益的面具，要求揭露这种利益受权威话语支持的机制，也弄清病患中的什么被错误表达了。③因此权力视角研究的另一方面就是对"日常形式的反抗"研究，如何能在人类意识中认出社会和历史的存在、认出各种形式的自欺和歪曲，同时并不贬低对知识的地方性声称，这是人类学家都要面对的问题。④

---

① 参见〔美〕拜伦·古德《医学理性与经验——一个人类学的视角》，吕文江、余晓燕、余成普译，北京大学出版社，2010，第 77~80 页。

② 参见〔美〕拜伦·古德《医学理性与经验——一个人类学的视角》，吕文江、余晓燕、余成普译，北京大学出版社，2010，第 84~85 页。

③ 〔美〕拜伦·古德：《医学理性与经验——一个人类学的视角》，吕文江、余晓燕、余成普译，北京大学出版社，2010，第 86~87 页。

④ 〔美〕拜伦·古德：《医学理性与经验——一个人类学的视角》，吕文江、余晓燕、余成普译，北京大学出版社，2010，第 92 页。

在这种研究中，萨满文化医疗系统研究帮助了认知人类学者获得那种当地人对疾病范畴和诊断的一种纯粹"主位"的理解。在萨满文化中有大量的关于疾病的口述故事，这些有关疾病的叙述作为思维的实践是文化观念的应用现象，通过患者、家属以及周围人群的叙述和解释，可以发现人们对伤害、困扰自己的事情是从怎样的角度去思考的。研究者需要发现信仰萨满教的不同民族所建构的疾病观念和治疗模式是什么，它们以怎样的方式与患者的感受和人们的期待发生互动。

在医疗文化中萨满的权力研究同样支持着文化权力研究者的主张，同生物医学系统中培养医生的方式不同，萨满-医者的"医疗"能力来自神秘力量，他们得到神秘力量的或社会的"医学"培养，通过各种方式获得医者资格。在疾病治疗上萨满是启示者、教导者，萨满的知识能力对群体非常重要，他们提供和维持的是一个文化的环境系统，一种群体的经验知识。对于萨满来说，他不得不是公众人物，以便使他的群体相信，他与精灵沟通对于群体有好处和建设性，引导大家一起来分享萨满的经验，进而相信他精神引导的力量。萨满-医者主要是用宗教信仰、道德观念来理解和处理身体方面问题的专家，他不是生物医学方面的专家。萨满-医者利用文化的解释、仪式和人类对造成身体伤害的神秘量信仰在精神世界和人类世界之间进行操作，萨满-医者深入到超自然的精神世界，利用精神力量的渠道来减轻或增加人们的精神负担。萨满知道那些无意识的、习惯性的疾病信仰，懂得与病人的交流方式和适当的医疗行为模式。所以在很多情况下，萨满不只是治病，他们还是社会和自然之间不良机能和不和谐的修复者，他们会积极地调动文化所具有的那种心理调适作用。

按照解释学人类学者的立场，他们非常关注"在不同文化群体中，人们如何创作自己的疾病故事，如何通过自己相信或能够想象的疾病理论来说明疾病，摆脱困扰，减少它所带来的威胁和损害"。[①] 在萨满文化中，人的生理疾病或人的身体是与人的精神、灵魂、自然、社会不可分割的，萨满文化所强调的疾病主要原因是分离，即个人与自然、社会、神灵，甚至与自己的分离。从萨满的观点看，上述各种分离是罪恶，因为它们打破了应有的关联。这些分离引起了

---

① 〔美〕帕特林夏·盖斯特-马丁、艾琳·柏林·雷、芭芭拉·F. 沙夫：《健康传播：个人、文化与政治的综合视角》，龚文库、李利群译，刘雁书校译，北京大学出版社，2006，第81页。

灾难，造成各种关系的失调，包括生理疾病。萨满治愈观的核心就是结束这种分离，他们的工作就是直接接触超自然力量，修正错误，恢复秩序。显然这种治疗策略对于那些由个人怨恨、社会压迫、社会环境引起的疾病有心理学上的价值。① 有学者认为，萨满治疗的任务在于建构象征意义，通过萨满治疗仪式中的象征系统来创造并控制病人和仪式参与者的感觉经验，唤醒集体的情绪和感情，人们渴望自己的良好愿望通过仪式象征获得支持的力量进而使病者向健康转化。多夫（James Dow）构想了一个理解象征医疗的框架，其中包括四个步骤。其一是通过一个文化中的象征符号和神话来探讨疾病原因和疾病变化的观念，在患者、萨满和社区分享的世界观中寻找疾病的可能性来源；其二是倾听患者如何把文化对于疾病的理解应用到自己的案例，猜测患病的病因；其三是萨满向患者和社区承诺有能力调整病人的状况，让患者相信会利用降神会或其他诊断方法为其解决病患；其四是萨满通过表演神秘的治疗程序转变患者的情绪，利用象征交流中的符号引导对神秘力量、萨满行动的信任，帮助患者处理自己的困扰和焦虑，将情感、情绪转化为希望、安全、幸福。② 在他看来仪式足以有力量去沟通神秘的文化象征以便构建从疾病到健康的再秩序化信心和事实，所以仪式的效用是明显的。萨满的诊断和治疗有很多方法，如神灵信仰、精神发泄、象征治疗、安慰表演等。很多学者强调，在人类神经系统上萨满使用各种方法治疗，它们明显地影响病者态度向正面变化，进而导致整个健康状况的改善。

总之，古老的文化医疗是由传统或习俗的象征实践所形塑的。萨满治疗是将文化习俗当做现成的东西与之不断合作，病人常常依靠文化价值引导，利用治疗仪式来促使自己实现转变。

人类学提出医疗文化实现规律同样适用于生物医学。在西方医学教育的长期熏陶下，人们习惯地认为"医学是一门科学"，而科学向医学允诺了一种可靠性、可重复性、客观性的希望。然而医学本身并不是一门科学。尽管它依赖于深厚的科学知识的基础和科学技术的运用，但它仍然是一门实践：照料病人和

---

① Thomas A. DuBois, *An Introduction to Shamanism*, Cambridge University Press, 2009, p. 134.

② 参照 Thomas A. DuBois, *An Introduction to Shamanism*, Cambridge University Press, 2009, p. 144。

预防疾病的实践。即使科学和技术的进步能够归纳、破解临床难题，并提供解决方法，医生们仍然工作在一个充满无法避免的不确定性的环境中。临床因果思想不同于科学思想，它可能更接近、类似于社会科学中以叙事为主的调查研究。① 有学者反思道：在我们的文化里，成为一名科学家就代表着获得了权力和权威。但医生们却承受着这种傲慢所带来的不良后果：作为病人和公民，我们希望医生应该远比医学实践或作为医学实践基础的生物学所能提供的担保更有确定性。结果造成许多医疗差错的诉讼并不是由于真正的医疗错误引起的，而是由于病人过高的期望未获得满足、感受到了漠视而恼怒引起的。至于医生在病人面前具有的权力或权威，它主要来自病人生病之时的人性需要，而非科学的力量。② 症状和体征要在社会环境和文化语境中结合社会故事情节来理解，并要在特定的文化体系下解释。癌症肿块就在那儿，而问题是我们能做些什么？也就是说，那个肿块对于病人的重要性，肿块发现后所衍生的行动和措施，以及这些行动和措施对医患双方到底意味着什么，所有这些都是具有社会性和文化性的事情。③ 因此，如果理解了"医学是一门专注于照料病人的实践"，会更有益于患者和医生。④

四　人类学与生物医学的对话

人类学通过大量的研究成果，努力在生物医学和文化医疗之间开展积极的对话。迄今为止人类医疗文化还是夹在生物学、物理学层面的硬科学和人类文化层面软科学之间，那种将自然科学与人文科学分离开来的认识方式显然不利于深入理解并改善生物医学与文化医疗之间的微妙关系。所以人类学者主张去

① 〔美〕Kathryn Montgomery：《医生该如何思考——临床决策与医学实践》（*How Doctors Think—Clinical Judgment and the Practice of Medicine*），郑明华主译，人民卫生出版社，2011，第 1～2 页。

② 〔美〕Kathryn Montgomery：《医生该如何思考——临床决策与医学实践》（*How Doctors Think—Clinical Judgment and the Practice of Medicine*），郑明华主译，人民卫生出版社，2011，第 40 页。

③ 〔美〕Kathryn Montgomery：《医生该如何思考——临床决策与医学实践》（*How Doctors Think—Clinical Judgment and the Practice of Medicine*），郑明华主译，人民卫生出版社，2011，第 9 页。

④ 〔美〕Kathryn Montgomery：《医生该如何思考——临床决策与医学实践》（*How Doctors Think—Clinical Judgment and the Practice of Medicine*），郑明华主译，人民卫生出版社，2011，第 7 页。

"形塑一种认识论上连贯的立场——它既能理解人类生物学和医学的主张，同时仍然承认在病患和苦痛之事上地方性知识的有效性——对医学人类学家来说非常关键"。①

"医学人类学"是一种矛盾形容。"医学"一词通常表示一个理性和自然科学的领域，在这个领域，文化被看做是对科学的理解和理性的治疗学的一个侵扰。另外，"人类学"则指一种根本上属历史主义的看法，它确信所有知识都是文化性地安置的，与历史年代和视角相关。由自然科学和历史主义并置引起的问题因此就在医学人类学中尤其尖锐。② 医学人类学希望广泛开展与生物医学的对话，通过不断的沟通建立生物医学与文化医疗之间的辩证关系系统，在医学信仰的理性主义和文化信仰的惯常知识之间去建构医学的"常识性"或经验主义范式。在人类学与生物学之间探讨有关疾病的诸多问题，不仅关注疾病的生物学作用对于文化解释的制约，也重视文化制约下的医疗解释和处理系统。萨满文化医疗的研究有助于培养一种常识，即人们必须认识到，疾病医疗与文化传统处于深深的相互关联之中。

人类学在疾病治疗方面关于文化维度的研究引起西方生物医学的强烈反思。有学者呼吁："民族志、自传、历史、心理治疗——这些才是建立个人苦难经历的环境知识的正确方法。这些方法使我们可以透过简单的身体疼痛的呻吟和心理症状，理解病人复杂的内在语言所表达的伤害、绝望和道德苦楚（和胜利）。探求这种人文知识的正当性让我们对之肃然起敬，因为我们人类的内心深处存有嘤嘤相鸣的情感。在生物医学和行为科学中，什么才是测量人的生存质量的度量呢？缺乏这种理解，医学所创建的专业知识足以满足病人、家属以及医护人员的需要吗？"③ 于是医生们"作为对病人及其相关人群的挫折的回应，临床医生们只好努力地超越生物医学的限制，引进其他的理论模型，扩充他们的专业框架——比如，生物—心理—社会医学，或者与身心相关的医学模式——抑

---

① 〔美〕拜伦·古德：《医学理性与经验——一个人类学的视角》，吕文江、余晓燕、余成普译，北京大学出版社，2010，第94页。

② 〔美〕拜伦·古德：《医学理性与经验——一个人类学的视角》，吕文江、余晓燕、余成普译，北京大学出版社，2010，第262页。

③ 〔美〕阿瑟·克莱曼：《疾痛的故事——苦难、治愈与人的境况》，方筱丽译，上海译文出版社，2010，第31页。

或，他们也同他们的患者一样，采取某种共通的道德观点，或者某种宗教观念来应对这方面问题"。① 乔治·恩格尔在划时代的文章《需要一个新的医学模式：生物医学面对的挑战》中指出，尽管生物医学模式作出了许多贡献，但它有很多不足之处，并已成为西方社会的一种教条。"如今我们面临着一种挑战和必需的要求"，他写道，"要在不牺牲生物医学的巨大益处的前提下，扩展看待疾病的视角，以将社会——心理因素包括进去"。恩格尔的模式囊括了心理——社会对感染疾病的可能性，疾病的绵延、严重程度和过程以及病人的体验和对症状的描述的影响。恩格尔建议，医学应该把这些影响都考虑进去。②

人类学的医疗研究提出了要将人们的文化理念、社会习俗、社会关怀、社会支持的互动方式纳入人类健康、疾病问题的解决。人类学更注重医学实践的社会性，而不单是私人性的诊疗事件。萨满文化中的治疗活动为人类学者提供了有价值的经验证据，使得他们能够遵循人类学的经验主义路线来探讨文化与群体对于疾病的影响和控制能力。在印度尼西亚苏拉威西岛的瓦纳（Wana）人中，可能只有一个人遭受胃痛或心理困扰，尽管如此，却造成了整个社区都在经验疾病。人们像自己生病的家庭成员、朋友、邻居、贸易伙伴那样感觉和反映他们看到的痛苦，同时将导致疾病发生的那些偶尔的行为看做是对相互依赖系统、相互支持系统的打破，以往经济的和情感的联系由此被干扰和毁坏。结果，一个人的疾病经常产生集体不适，这些可以通过集体焦虑、罪过、挫折来确认，因此需要治疗。在萨满降神会上萨满提供这种集体治疗，它既对集体有益也对患者个人有益。③

肯戴尔（Laurel Kendall）探讨了韩国萨满的治疗传统，描写了她观察的仪式（库特）降神会典型的家族表现。她写道：我描写一种苦难的观念，在其中各种各样的问题——医疗的、财产的、社会的——都是一个家庭与祖先和神灵关系出现麻烦的征兆……在所有仪式中，整个家庭和群体家庭成员全部问题和渴求成为治疗对象。治疗是为了他们家庭活着的成员与他们的神灵和祖先之间

---

① 〔美〕阿瑟·克莱曼：《疾痛的故事——苦难、治愈与人的境况》，方筱丽译，上海译文出版社，2010，第31页。

② 〔美〕罗伯特·汉：《疾病与治疗——人类学怎么看》，禾木译，东方出版社，2010，第117页。

③ Thomas A. DuBois, *An Introduction to Shamanism*, Cambridge University Press, 2009, p. 136.

的和谐，这些神灵和祖先在换服装的萨满出现时依次展现。①

社会群体对于病人的理解、关怀和治疗方式的选择是一种社会群体文化中的协商活动，这里经由一个集体的文化与具体疾病事件的沟通过程。疾病的处理方式往往也是集体性的仪式，包括家庭治疗和公开的集体治疗仪式。这样的医疗文化设计，对现代人类医疗文化建构来说，是值得借鉴的。

每个人都有自己的性别、民族、宗教、疾病史，因此有代表自我身份的文化认知。在与别人沟通时，医生需要把自身认同的态度移情，从他者的角度理解有关疾病的思考方式，帮助他们进行医治方式和方案的选择。在疾病治疗上，医务工作者更需要发展多重文化认知，充分理解不同文化群落关于健康、治疗、疾病、医药的知识，关注健康与疾病信仰、实践复杂的差异性，提高理解异文化的能力，促进现代医学服务与文化多样性世界的适应。正如有人提出的那样："健康专业人员的一个有效的起点，就是训练他们检视自己的文化信仰和价值观，把它作为理解和欣赏其他文化的基础。"② 人类学者希望看到，生活在当代社会各种文化中的人们在文化学习和社会进步之间不断展现出高水平的人文智慧，在科学与文化联结、科学与社会联结的努力中，为人类的医疗事业提供更多、更好的认识方式和实践方法。

---

① Laurel Kendall, The Cultural Politics of "Superstiton" in the Korean Shaman World: Modernity Constructs Its Other, In: *Healing Power and Modernity*: *Traditional Medicine*, *Shamanism*, *and Science in Asian Societies*, Eds. Linda H. Connor and Geoffrey Samuel Westport, CT: Bergin and Garvey, 2001, p. 27.

② 〔美〕帕特林夏·盖斯特–马丁、艾琳·柏林·雷、芭芭拉·F. 沙夫：《健康传播：个人、文化与政治的综合视角》，龚文庠、李利群译，刘雁书校译，北京大学出版社，2006，第82页。

非物质文化遗产保护与民间文化传承

—— 以宽甸烧香为例 *

刘正爱 **

引　言

　　本文的目的是通过对"烧香"这样一个祭祖还愿仪式的民族志描述，考察仪式实践中民间文化的传承，探讨非物质文化遗产在保护中存在的碎片化与整体性保护的问题。关于宽甸烧香的仪式，笔者曾在《祭祀与民间文化的传承》一文中做过详细的分析和介绍①，此外，有关烧香方面的先行研究、调查地概况、司祭人员（烧香班子）等情况均可参照上文②。而作为上文的延伸，本文将从仪式文本切入，还原一个"非物质文化遗产"赖以生存的文化土壤，通过呈现一个活生生的仪式实践，指出整体性保护的文化政治意义，同时考察民众在日常生活中的各种行为规范是如何通过烧香这样一个祭祖仪式来得到强化和认同的。

　　近年来，通过学者和地方精英们的不懈努力，"烧香"以其音乐形式"单鼓"或"单鼓音乐"的名义被列入省、市级非物质文化遗产名录。2006 年 6 月，宽甸烧香作为"丹东单鼓"，与"岫岩单鼓"一道被列入辽宁省第一批省

---

　　*　　本文为中国社会科学院创新工程"当代社会变迁与文化认同"所设计。

　*　*　中国社会科学院民族学与人类学研究所副研究员。

　　①　刘正爱：《祭祀与民间文化的传承——辽宁宽甸"烧香"》，金泽、陈进国主编《宗教人类学》第 1 辑，民族出版社，2009，第 170～195 页。

　　②　出于叙述上的需要，本文部分内容与《祭祀与民间文化的传承》一文有所重复。

级非物质文化遗产名录民间音乐项目。2009 年 1 月 20 日，丹东市文化局非物质遗产办公室与宽甸县文化馆向宽甸王氏烧香班掌坛人 WYC 及其师傅 YSJ（上代掌坛人）颁发了丹东市非物质文化遗产代表性传承人证书。2012 年，YSJ 又被指定为省级非物质文化遗产代表性传承人。

"烧香"从一个民间祭祀仪式"升华"到"民间音乐"，从而成为"非物质文化遗产"而受到保护。这对那些整日里提心吊胆，害怕政府部门将其视作"封建迷信"而加以取缔的当事人而言，无疑是一件好事。作为人类学家，看到曾经"不受待见"的民间文化终于登上大雅之堂，也颇感欣慰。然而，现实状况让人在高兴之余也难免心存疑虑。将一套完整的民俗宗教仪式作为"民间音乐"加以保护的举措，想必是地方精英的某种策略或智慧。但其中存在的问题，不知那些积极参与申请"非遗"的地方精英有没有想过。在烧香中，单鼓作为仪式中不可或缺的道具，固然是重要的，否则也不会有"单鼓"这样一个别名。烧香中的唱，作为一种表现形式，也不失其重要性。但更为重要的是贯穿整个烧香仪式的唱词，唱词才是该仪式的灵魂。我们担心的是，作为一种宗教实践的烧香，被简化成一种民间音乐，脱离原有的语境，离开其赖以生存的文化土壤，今后是否还能够继续存活下去？这种碎片化的、人为的保护到底会产生多大功效？有没有一种智慧能把申请"非遗"时切割的碎片重新还原到母体，使其恢复自生能力？我们应该如何去对待那些非物质文化遗产所赖以生存的文化土壤？为了解上述问题，首先需要了解烧香仪式的全貌，了解被列入"非遗"民间音乐项目的"单鼓"的母体是什么。这样，我们才能够继续讨论如何保护的问题。

本文对 2009 年 2 月 11 日在宽甸某村举行的烧香仪式进行文本全文抄录，以飨读者，也希望同行们根据这些资料进行更加深入的研究。为了使读者对烧香有一个初步的了解，以下对烧香做一个简单的介绍。

烧香是曾经广泛存在于中国东北地区的一种祖先祭祀活动，因设祖先坛、挂家谱祭拜、烧香而得名，烧香又称"单鼓"，其形式与内容因群体不同而有所差异①。满洲人烧香祭祀通常由家萨满主持，俗称"萨满跳神"。汉军旗人烧香

---

① 东北地区有几种不同的文化群体：清代八旗组织成员"旗人"和未加入八旗组织的汉人——"民人"。旗人又分为满洲八旗、汉军八旗和蒙古八旗。汉军八旗与民人虽然在文化上同源，但长期的旗人生活已经使他们成为既有别于满洲八旗，又有别于民人的较为独特的群体。

叫"旗香",民人烧香叫"民香"①,此两者均由称为烧香师傅的司祭来主持。烧香祭祖通常在下列情况下举行:结婚、生子、升学、烧七、百日、周年等。较为常见的是愿香。许愿还愿的对象是祖先神,故在烧香中,祭祖成为仪式的主要内容②。但祭祖本身不是目的,而是手段。烧香是为了通过祭祖来达到消灾免难、驱魔镇邪的目的。子孙们大摆宴席,邀请祖先亡灵前来赴宴,主要还是为了让祖先庇佑子孙们人财两旺、阖家平安。而与祭祖无关的则称为"太平鼓"(又称"庆丰收"),是纯粹的娱乐性活动,打太平鼓时不需要挂家谱。

在东北地区,烧香在1949年以前较为盛行,中华人民共和国成立后日渐衰微。20世纪80年代以后部分地区烧香祭祖活动开始浮出水面,但由于长年禁锢,仪式的传承受到很大影响,大多数烧香师傅已经作古,存留的烧香班子已为数不多。目前,东北地区已确认吉林省部分地区和辽宁省朝阳市、宽甸满族自治县、岫岩满族自治县尚有烧香班在活动。目前宽甸地区有两个烧香班,王氏香班与陶氏香班③。掌坛人WYC④和陶德利分别引领两坛⑤。

一　仪式的构成

烧香仪式的构成要素主要包括如下部分:司祭人员(烧香师傅)、香主(烧

---

① 宽甸烧香基本上属于"民香",但是也可看到一些东北萨满教的影响。详细讨论见刘正爱《祭祀与民间文化的传承——辽宁宽甸"烧香"》,金泽、陈进国主编《宗教人类学》第1辑,民族出版社,2009,第181~182页。关于"旗香"和"民香"之别,任光伟曾做过详细的论述,见任光伟《辽宁民香的考察与研究》,王秋桂主编《民俗曲艺丛书》,台北,施合郑基金会,1994;任光伟、孙英:《东北汉军旗香的考察与研究》,王秋桂主编《民俗曲艺丛书》,台北,施合郑基金会,1998。

② 刘正爱:《祭祀与民间文化的传承——辽宁宽甸"烧香"》,金泽、陈进国主编《宗教人类学》第1辑,民族出版社,2009,第171页。

③ 笔者在成稿之后在网上看到一篇报道,在宽甸地区,被指定为非物质文化遗产传承人的还有另外两位,但尚未经调查确认,故未写进本文。

④ 绰号"王大挢",以前是汉族,20世纪80年代成立满族自治县之际改为满族。修改民族成分时,村领导听说WYC的家迁自岫岩,他认为岫岩的人都是满族,所以也把WYC全家改为满族。

⑤ 谭德利与WYC均为YSJ之徒弟,原来都是YSJ烧香班的成员,后来因"活多干不过来",谭德利分出另设一坛,此为"分帮"。YSJ退出掌坛人之位后,由其徒弟WYC接班,YSJ则甘愿退居为配鼓。2009年笔者调查时,WYC烧香班有四人,分别为WYC(72岁)、YSJ(75岁)、TDG(55岁)、WJ(20岁)。2013年笔者重访宽甸时,听说WJ已娶妻生子,为了维持生计,携妻儿到外地打工。WSP(现年59岁)作为新成员加入了烧香班。

香东家）、观众（包括香主家人和前来看热闹的街坊四邻）、文本（唱词或香卷）、祭器、服饰、单鼓、其他道具等，此外因该仪式是通过唱和简单的舞蹈动作来完成的，因此，音乐和舞蹈也属于仪式的组成部分。

烧香仪式中的唱词，即仪式文本通常叫做"香卷"，也称"神歌"或"神本"，该仪式文本的传承载体是烧香班子。烧香班通常由四五人组成，领头人称"掌坛人"或"坛主"，是烧香仪式的主要司祭人员，其他成员则为配鼓或配香。掌坛人需谙熟香卷所有内容，其他人属于配唱，配唱者不需记下所有唱词，通常只需学会拉腔即可。因此，在整个仪式中，掌坛人尤为重要。烧香师傅们平时耕地种粮，他们通常住在邻近的几个村庄，腊月农闲时才会结成烧香班子，应客户（也称"烧香东家"或"香主"）要求，走村串镇，为客户烧香还愿，或为家谱开光。

宽甸香卷主要以《杨氏香卷》为基础，《杨氏香卷》曾经的掌门人为杨希春，其祖父是杨青岩。据任光伟考证，杨青岩为山东文登人，山东著名肘鼓子烧香师傅，绰号杨半省，汉族，出身肘鼓子烧香世家①。清光绪二十五年（1899年）杨青岩渡海落户于宽甸杨木川乡红铜沟村，以烧香为业，培养弟子数十人，并把自己的香卷及技艺传授给孙子杨希春。民国四年（1915年）青岩病故，希春独掌门户，几十年来他又传授弟子四十余名，由他传授的香卷被称为《杨氏香卷》②。1968年《杨氏香卷》被焚为灰烬，后来主要靠口传心授③。

20世纪80年代，宋传玉和孟聪从在世的几位烧香师傅那里收集到《杨氏香卷》的部分内容，经过整理后，由宽甸县民委内部出版《香卷——宽甸汉军旗香神歌》。即将付梓的《六甸神歌》（孟聪整理）又在此基础上进行了增补。增补内容大多来自现在的烧香班子。然而无论是《香卷——宽甸汉军旗香神歌》，还是《六甸神歌》，均非等同于《杨氏香卷》，更不能与实际仪式中的烧香文本画等号。如下文所述，在香卷的传承过程中，每一代传承人都会适当加入新的

---

① 任光伟认为，辽宁民香的母体，就是曾经盛行于山东省的肘鼓子烧香，并称肘鼓子烧香是一种较为古老的傩祭形式。参见任光伟《辽宁民香的考察与研究》，王秋桂主编《民俗曲艺丛书》，台北，施合郑基金会，1994，第84页。

② 参见任光伟《辽宁民香的考察与研究》，王秋桂主编《民俗曲艺丛书》，台北，施合郑基金会，1994，第22页。

③ 参见宋传玉、孟聪整理《香卷——宽甸汉军旗香神歌》，宽甸，内部发行，1989，第197页。

内容，甚至重新创造具有时代特征的唱词。

作为口头传承，香卷是一部不断充实，与时俱进，既保持传统内容，又融合了时代价值体系的文本，每一个传承人都会从其自身的角度诠释并传承着香卷。应该指出，香卷不是一个脱离实践的文本，它是"烧香"还愿仪式的有机组成。没有仪式的文本是一个死的文本，没有"烧香"的香卷也就失去了生命力。在仪式结构不变的情况下，香卷内容可以有所变化或更新。然而，无论内容如何变化，仪式的基本结构是不会改变的[①]。

在宽甸地区的烧香仪式中，烧香师傅（主要是掌坛人）扮演祭司的角色。需要强调的是，他们与满洲人的萨满跳神不同，萨满可以通神，而烧香师傅却不能直接与众神灵沟通，他们不具备神附体，即通神的能力[②]。随后将在烧香文本中看到，在整个祭祀还愿过程中，上天入地请神送神的是一位叫魏九郎的特殊神灵[③]，而搬请魏九郎下山东的是一位叫白马先行的龙神。由此看来，烧香师傅与萨满在本质上是有所不同的。值得注意的是，烧香师傅的身份有时并不明确，我们可以确定的是，烧香师傅既不通神，也不附体，在整个仪式过程中，他们自始至终都是清醒的。然而，他们却可以通过唱词，请白马先行搬请魏九郎帮助他请神接神。

二　仪式程序

烧香仪式规模有大有小，时间长短可根据香主的目的或财力而定，一般分

[①]　刘正爱：《祭祀与民间文化的传承——辽宁宽甸"烧香"》，金泽、陈进国主编《宗教人类学》第 1 辑，民族出版社，2009，第 178 页。

[②]　车锡伦在江苏南通农村做调查时发现，该地区流传着一种民间演唱活动，从业人员被称为"童子"。童子在为民众举行消灾降福、驱鬼治病的"太平会"时，表演演唱、歌舞和戏曲等技艺，民众称之为"童子戏"。与宽甸地区烧香一样，在童子戏中，请神也是由魏九郎担当的。不同的是，童子可以通神，而烧香师傅只是一个执事，不能通神。关于童子戏，详见车锡伦"江苏南通农村的童子戏和太平会"，车锡伦：《信仰、教化、娱乐——中国宝卷研究及其他》，台湾学生书局，2002，第 369～392 页。

[③]　传说魏九郎是魏征之子，家住山东，于是便有了到山东请魏九郎的一段"山东鼓"。关于魏九郎的出身来历，第六铺鼓天门圈子（指路鼓）表明其家住山东邑州朔阳县。而在江苏南通童子戏中，魏九郎的家却在浙江金华（参见车锡伦"江苏南通农村的童子戏和太平会"，车锡伦：《信仰、教化、娱乐——中国宝卷研究及其他》，台湾学生书局，2002，第 379 页）。看来，两者虽然都涉及魏九郎，但各地有各地的故事版本。

为"小香"（一宿）、"节半香"（两宿）、"大香"（三宿）、"全香"（四宿）①。规模大小不会影响接神、娱神（慰神）、送神的基本结构。烧香时间的长短主要看小段的多少②。小段多，时间长；小段少，时间就会短一些，主要根据香主的需要来安排。小段以娱人为主，配合祭祀内容唱一段完整的故事，最受欢迎的有《孟姜女》《李翠莲盘道》《张郎休妻》《开山救母》等。而在整个烧香仪式中，祭祀的部分，即"正路"是最为重要的。

宽甸烧香多为"小香"，通常是从中午开始，至午夜时分结束。烧香班子午前到达香主家，帮助香主准备摆坛，挂上家谱，准备好供桌后，开始祭祀祖先亡灵。午夜两点多结束，烧香师傅们在香主家打个盹儿，天亮即返。

宽甸烧香通常分十个仪节，也称十铺鼓③，依次为开坛鼓、搭棚鼓、山东鼓、过河鼓、开光④、跑天门圈子、亡神圈子、安座（包括拜祖）、辞灶王、送神。烧香东家成员中若有香头⑤，第一铺开坛鼓之前要先为香头的神堂开坛。送神时也要先送神堂的神，然后再送天神及两性亡神。给神堂开坛并送神的唱腔与其他铺完全不同。笔者2009年观察到的烧香仪式，因香主于氏之妻是香头（萨满），故家中设有神堂，因而也多出"神堂开坛"和"神堂送神"这两个环节⑥。

---

① 参见任光伟《辽宁民香的考察与研究》，王秋桂主编《民俗曲艺丛书》，台北，施合郑基金会，1994，第25页。

② 任光伟将民香分为"内坛"（内路鼓）和"外坛"（外路鼓）。内坛有八个仪节，俗称"八铺"，也叫"八大本坛"，属于烧香的祭祀部分。外坛俗称"二十四铺"，是烧香中的娱人部分。参见任光伟《辽宁民香的考察与研究》，王秋桂主编《民俗曲艺丛书》，台北，施合郑基金会，1994，第27页。宽甸地区则称"正路"和"小段"。"正路"相当于任光伟所说的"内坛"或"内路鼓"，小段相当于"外坛"或"外路鼓"。

③ 此处比任光伟说的八铺多出两铺，这是由于任光伟将"山东鼓"和"过河鼓"归入"下山东"一铺，将辞灶王和送神归入"送神"一铺所致。参见任光伟《辽宁民香的考察与研究》，王秋桂主编《民俗曲艺丛书》，台北，施合郑基金会，1994，第27～31页。宽甸地区习惯于将"过河鼓"和"辞灶王"分开单算一铺。如果加上指路鼓，就是十一铺了。但是指路鼓有时可以省去，通常根据香主要求而定。

④ 若香主家已经有开过光的家谱，便可省略开光。

⑤ 香头，指可通神的宗教职能人员，即萨满。在东北通常称为"跳大神""大仙儿""仙儿"。详细参见刘正爱《動物信仰——民間信仰のもう一つの実態》，《アジア遊学》，2003，No. 58，第153～164页。

⑥ 因篇幅所限，此处略去这两个环节。

此次烧香仪式由王氏香班承办，成员分别是掌坛人 WYC，配鼓 YSJ①、TDG 和 WJ。每一铺鼓上场打鼓的人数不等，下文将一一标出。

以下按仪式顺序，依次介绍每一铺鼓的唱词，根据需要适当加以注释。此次烧香属于家谱开光烧香，香主为烧香师傅 YSJ。

第一铺：开坛鼓

掌坛人和配鼓 WJ 身着便装站在供桌前，面朝家谱，手持单鼓，开始打开坛鼓。开坛，即为祭祀做一些准备工作。

（掌坛人和配鼓一人一句，每句中或句后的拉腔"啊"略去不表）

道白：

掌坛人：开坛净扫神堂地。

配　鼓：铺下坛场摆酒席。

掌坛人：诸位灵神空中过。

配　鼓：两性亡神离马登坛吃宴席。

先唱一段小帽儿：

掌坛人：未从开坛迈步穿梭来到了东家的四座坛门。

配　鼓：来到东家的四座坛门，手搭眼罩四处观看。

掌坛人：这看了一看，烧香的东家门里带外、前厅、客舍、家堂、灶居收拾笤帚花打扫干而洁净。

配　鼓：打扫干而洁净，这红白桌上悬上新鲜的红花宗祖②。

掌坛人：打这才有烧香的东家衣帽整齐洗手净面，走到了神堂摆上了满桌酒席配上满把黄香。

合：满堂的花香。

掌坛人：这头来烧香为的这东家老辈家前、少辈的亡神。

配　鼓：二来烧香为的东家的大爷大娘高堂父母叔叔婶娘。

---

① YSJ 自称民人，老家在"小云南"，后来从山东迁到宽甸。

② 指家谱。

掌坛人：这三来烧香为这东家马上的君子、灶上的红娘①，当家应当亲口许些神愿。

合：小小的顽童。

掌坛人：这头一路黄香蜜蜜腾腾奉献给上方玉主的殿前。

配　鼓：上请天是下请地，是二十八宿于家的庙前。

掌坛人：这天神、地神、于家的庙神、天宫备马霹雷闪电一阵阵神风祖先天坛。

配　鼓：下了天坛这才大门二门来等候。

掌坛人：东家门外快去烧纸。

配　鼓：旧门外也得把酒奠。

掌坛人：未从烧纸奠酒二人鞠躬施礼。

合：拜拜天神。

掌坛人：这第二路黄香蜜蜜腾腾分在烧香东家的祖公、祖母的茔上。

配　鼓：要请烧香东家早年死去的祖公、祖母、大爷、大娘、高堂父母、叔父、婶娘。

掌坛人：这第三路黄香蜜蜜腾腾分在烧香东家的姥爷、姥娘的茔上。

配　鼓：要请烧香东家早年死去的姥爷、姥娘、舅父、舅母、姨父、姨娘。

掌坛人：这东家的两性亡神茔外备马依着那神风转回了家园。

配　鼓：来到家园这扇大门勒马二门等候。

掌坛人：东家门外再去烧纸。

配　鼓：旧门还得把酒奠。

掌坛人：未从烧纸奠酒二人躬身施礼。

合：拜拜两性的亡神。

（变调②。以下为掌坛人主唱，配鼓 WJ 拉腔。句中或句后的"啊"或配鼓的拉腔调"啊哈-嗨呀"，为节省字数此处略去不表，以下同）

分罢了香烟回来了路，咱们打开老师傅神本另念上一番。想当年那个

---

① 灶上的红娘指女主人。

② 烧香唱腔大部分易腔于地方拉场戏、二人转、鼓词、民间小调和民歌腔调，故有"九腔十八调"之说。而在一铺鼓中又几经易调，又有"调调不着调"之谈。

天塌地又陷，混那个沉沉多少亿年。天上没有星辰和日月，天连水来水都连天。什么因开天，什么因辟地，一位仙人执掌着天盘。哪一家老主神通大，哪一位神仙星斗来安。先有盘古开天就辟地，女娲娘娘炼石补天。洪钧那个老主道行大，他能保昆仑山不倒支住了西天。昆仑山方圆一万八千多里，他能围绕昆仑盘上三盘。德老子他神通大，他吹口气遮住了满天。他能定住阴阳五行共八卦，写天干地支连还带山。在那个天宫安上了星斗，八卦对面去安。安了南斗又安那北斗，微星福东能管全天。有一趟天河安在南北区上，牛郎织女安排在两边。东方安上了甲乙木，南方又把丙丁火安。庚辛金安在那西方地，壬癸水安在那一溜北边。中央安上了戊巳土，戊巳那个土上万民安。为人在世都得吃土穿土，万物生长土儿里边。想当年十三个太阳空中就旋转，节节连连薄荷天。一天得吃上十八顿饭，黎民百姓饿死万万余千。玉皇一见事情就不好，太傅扬言前去赶山。十三个太阳压下十几个，留下日光月光分为那白黑天。二郎赶山留下过河岭，留下三山六水一二分田。高祖公高祖母留下黎民百姓，孔圣人留下文字百篇。太极图画出风雷雨雪和电，分出甜酸苦辣咸。神农氏留下庄农汉，留下五谷杂粮种在这民间。天皇地皇轮流去做，炎黄氏是留下了一座山。想当年唐二主征东许过那神愿，征东还朝才把愿来还。要不是唐二主朝里烧香先还神愿，朝外哪个黎民大胆敢把愿还①。

---

① 关于烧香的起源，烧香师傅 YSJ 给笔者讲述了下列故事："唐二主 6 月 14 日征东，在过渤海的时候发现没有船，徐茂功算出某月某日有天助，有十万人马住在渤海。唐二主派探马去看渤海冻没冻冰，头两个回来说实话说没冻，唐二主说没冻就杀。第三个回来不敢说实话，就撒谎说渤海冻了。唐二主就下令过渤海。渤海龙宫龙王爷知道唐二主是真龙天子，就派鱼兵虾将搭上桥，一个跟一个。突然刮一阵大风，天昏地暗。又刮一阵尘土，把那些虾鱼给盖上了。徐茂功告诉唐二主说：'我主万岁，过渤海光兴往前走，不许回头看'。徐茂功知道里面是虾蟹。唐二主的人马开始过渤海，过了三天三夜，他寻思差不多该过完了，就站在桥上回头看，一看是那些虾兵蟹将。这些虾蟹扛不了真龙天子这么看，就害怕了，唰一下全沉了。后面桥上淹死了三千六百人马。唐二主得胜回朝，这时候死去的三千六百人马的鬼魂来显宠，跪在唐二主马前。唐二主认得他们都是自己的手下人马，问你们要干什么？那三千六百人马的鬼魂说：你们活着的人打胜仗回朝，加官的加官，封职的封职，俺们死就白白地死了。唐二主说我把你们放在关东三省（东北三省），谁家打鼓烧香还愿，你们就跟着吃喝。唐二主还说我回到长安城里去也烧一台香，来报答祭奠你们。烧香关里没有，光咱们东北有。我听师傅讲的就是这么个来历。唐二主烧台香祭奠那些冤魂，就这么留下了烧香。唐二主朝里烧香得了皇太子，后来朝外烧香，黎民得安，传统流传后世。为什么魏征的儿子九郎能成为请客的神仙？都是唐朝的。"关于唐二主征东与烧香源流的关系在任光伟的研究中也可看到，详见任光伟《辽宁民香的考察与研究》，王秋桂主编《民俗曲艺丛书》，台北，施合郑基金会，1994，第 62～69 页。

（变调）

唐朝传统留后世，你打鼓要找文官。大门二门进东门西落宝座，打鼓者我对你告一点儿。那唐王登基封你两员将，他后来把你下放来为门官。那秦琼手持熟铜锏，敬德①高举狐尾鞭。你白天把门把到日头落，夜晚把门把到五更天。今天是东家烧香还神愿，门里带外你要多加照关。白天不放紧走路，夜晚上谁还敢来花坛。放神放到后半夜，送神以后再把好门关。送神以后不准留下唐朝外鬼，留下外鬼不找门军就找你门关。辞别门军回来路，三家庙神②赶奔花坛。当庄土地头前走，那后跟灵童先行官。烧纸的门外再烧三张纸，未从烧纸那酒就浇奠。二人行些周公的礼，把三家庙神接到花坛。下坛放上土扶的椅，安下当庄土地神仙。那东头西头放上虎皮金雕椅，那落座白马先行的官。

（变调，掌坛人和配鼓一人唱一句，开始摆供）

小灵童他上坛来走得那好慌忙，他来东家摆摆桌张。他正东方设上了珍珠半斗③，秤平斗满包头菱花压秤前带去灾殃。那鸭绿江的火龙鱼呀都在那东方摆，猪头三牲供摆在西方。那有白面那个蒸供东西两边摆，啼鸣的金鸡摆在桌中央。有荤有素摆的五碗供菜，新鲜的玉酒来敬神王。神堂里那个蜡烛神堂前掌，金香炉银香炉烧高香。香蕉苹果草莓都在桌子那上面摆，香蕉苹果橘子来敬神王。有粳米捞供饭摆了五碗，上供的筷子整整五双。一摆烧香东家发福多发福，二摆东家免去灾殃。三摆那宫花④来报喜，四摆东家荣华富贵子女满堂。

（变调，掌坛人唱，配鼓拉腔）

灵童摆桌一碗杯，没给灵童按下坛场。供桌底下放上太湖石，那灵童落座太湖石上。那二人先打开坛的鼓，那三梆鼓五梆锣铺下坛场。

---

① 秦琼、尉迟恭（字敬德）均为唐朝开国功臣，相传曾为唐太宗守夜而被奉为门神。

② 指土地神、山神和五道神。

③ 斗的席位代表魏九郎。斗中盛满五谷杂粮，上插一杆秤，秤上挂青布（又称"包头菱花"）一块、铜钱若干，斗里放一面镜子，再放十个小馒头。代表烧香东家五谷丰登，秤平斗满，兴旺发达。此外，斗中插上纸剪的白旗幡。中间插一面大的，斗四角各插一面小的，分别代表东西南北中。大旗是九郎上天请天神，下阴曹地府请亡神时所举的帅旗；四面小旗是令旗，九郎请神送神都要拿此令旗。

④ 宫花：伺候皇娘的丫鬟。

（开坛鼓结束，把蜡烛吹灭，下铺鼓时再点燃）

第二铺　搭棚鼓

烧香师傅请东西南北中五方灵童搭一个龙棚，以便设宴招待各路神灵。此段详细描述了五方灵童搭龙棚的经过。

（主唱：YSJ，配鼓：TDG）

二人打鼓将眼睁，观看东家神堂点的蜡烛灯。灯一盏来灯两盏，一盏昏来一盏明。这盏明灯是明白师傅，那盏昏昏沉沉的是学徒工。丑妇人最怕明镜照，学徒唱神的最怕明师傅听。草怕严霜霜怕多日，露水珠虽然大又怕刮风。学徒最怕明师傅来听，老师傅当年留下了四六八句（打外场用的）。阳间请客客厅客舍，阴间请客先搭神棚。有心不把神棚来搭，老天爷下天没有歇马凉亭。这趟龙棚谁能去搭，灵童搭棚土地监工。东家莫能亏待了你，多给你金银财宝酒席封。灵童土地没怠慢，急急忙忙站起身行。灵童拿起了锨和镐，后跟土地前去监工。烧纸的快给灵童土地烧三张纸，未从烧纸酒去迎风。

此处表搭棚需要选什么样的址、选什么样的料。

（变调）

土地划拉钱财宝，灵童噗搂①紫金铜。划拉财宝往外走，走出东家府门厅。土地站在高岗上，看看哪里能搭神棚。靠山搭棚山又远，靠河搭棚冻了冰。岗尖以上不能搭神棚，岗尖以上搭棚召狂风。半山腰上不能搭棚，半山腰上搭棚柱角难平。一溜山根不能搭棚，一溜山根搭棚好被水冲。烂泥洼不能搭棚，烂泥洼搭棚好出浑龙。浑龙喝了浑江水，人困马乏不能出征。乱坟岗不能搭棚，乱坟岗搭棚不能太平（鬼哭嚎声）。回到东家天井院，这块宝地能搭神棚。拿上镐来镐头抓，洼里洼达抬土垫平。四角要用金砖垫，房砖铺地放光明。灵童来到了千层岭，砍回了木料数不清。这趟

---

①　方言：与划拉意思相同。

神棚到底何人搭，要请五方五色灵童。

（变调）

先请东方的青童来搭神棚，青梁青柱青绒绳。青绫幔子都在木钩挂，东方安上柱角一铭。二请南方红童来搭神棚，红梁红柱红绒绳。红绫幔子都在钢钩挂，在南方安上柱角两铭。三请西方白童来搭神棚，白梁白柱白绒绳。白绫幔子都在银钩挂，在西方安上柱角三铭。四请北方乌童搭神棚，乌梁乌柱乌绒绳。乌绫幔子都在铁钩上挂，在北方安上柱角四铭。五请中央黄童来搭神棚，黄梁黄柱黄绒绳。黄绫幔子都在金钩上挂，在中央安上柱角五铭。五方安上柱角五铭，先搭持角后搭神（龙）棚。大梁上去檀香木，二梁上去黄花松。三梁雕刻的好像一条龙，七星八卦摇摇赫赫往上升。升在半空等一等，亲朋路友来挂彩虹。亲朋路友挂彩虹来贺喜，喇叭号声吹吹打打没住声。乌木椽子柏木的檩，一挂一挂摆得平。大锯破开望天板，乒乒乓钉上果木钉。上面扣上琉璃瓦，太阳一照放光明。滚龙脊，钢叉寿，四角挂上风流钟。前打狼牙后出厦，房檐滴水冻成冰。四角立上青石玉柱，好给天兵天将拴走龙。

（变调）

灵童搭棚已完备，鲁班（师傅）上坛怒冲冲。喝问徒弟好大胆，敢背师傅搭神棚。你知搭棚高和矮，宽窄多少有余零。灵童上前躬身施礼，口尊师傅贵耳听。我高搭神棚三丈二，宽窄丈把有余零。师傅闻听心欢喜，赦出搭棚小灵童。

（变调）

一枝柬帖到东门，邀请东门大郎神。东门快烧接神纸，烧纸迎接东门大郎将军。二请二枝到南门，邀请南门的二郎神。南门再烧接神纸，烧纸迎接南门二郎将军。三枝柬帖到西门，邀请西门的三郎神。三门再烧接神纸，烧纸迎接三门的三郎将军。四枝柬帖下北门，邀请北门的四郎神。北门再烧接神纸，烧纸迎接北门四郎将军。五枝柬帖到中阳，邀请中阳五岳神。中阳再烧接神纸，烧纸迎接中阳五岳将军。六枝柬帖到湖广，邀请湖广灯光娘娘。湖广再烧接神纸，烧纸迎接湖广灯光娘娘。

（变调）

七枝柬帖漫天散，举家的庙神都备上走龙。五岳将军上龙马，灯光娘娘上了彩轿一乘。没有威风不启动，未从行走耀显威风。忽听响了三声炮，炮响三声就要登程。五岳将军催龙马，灯光娘娘驾起彩轿一乘。一驾云头十万里，两驾云头影无踪。三驾四驾来得快，来到烧香东家府门厅。五岳将军下龙马，灯光娘娘下了彩轿一乘。玉柱一上拴上马，五岳将军赶奔龙棚。东家门外烧上三张纸，再把灯光娘娘接上坛中。

（变调）

灯光娘娘请你上坛没有别事，请你来给东家执掌（两支蜡烛）明灯。支住灯芯草，这两盏蜡烛点到大天明。灯光娘娘灯斗落下宝座，半夜送神送到湖广城。二人上坛打的搭棚鼓，二番回来搬请九郎下一趟山东。

第三铺：山东鼓

此段表白马先行到山东请魏九郎。九郎来到香主家归座。烧香师傅拜请九郎上天宫请各位天神，下阴城请两性亡神来香主家赴宴。

（主唱：掌坛人 WYC，配鼓：WJ）

二人上坛打鼓观分明，观看东家神堂缺少哪位神灵。于家的庙神全都那个在位，缺少山东九郎没请到坛中。有心想不把九郎去请，谁能代替东家请客上天，谁能下阴城。山东的九郎谁能给搬请，谁能替东家代劳请客下一趟山东。有心想差咐灵童去请，怕他年纪幼小不会办事情。有心差咐老土地去，老土地年迈体衰难把路行。打鼓二人想起神灵就一位，想起供桌西头的白马先行。山东九郎就得先行你去把客请，因为你熟悉那条路径。先行闻听没怠慢，请客的柬帖带上一份。快给先行烧上三张纸，未从烧纸酒奠上一盅。

（变调）

先行下坛划拉钱财宝，急忙噗搂紫金铜。他拿了财宝往外走，槽头改缰就牵走龙①。先行槽头牵出龙马，双手接过鞍一封。菊花鞍串银呀蹬，那

---

① 此处指的是马。

金蹬银蹬列摆两中。前带辔头丘在后，两条肚带紧绷绷。龙马得含明镜铁，龙马张嘴带上嚼戎装。手牵龙马往外走，上马石下马台列在西东。文官上马旋团走，武将上马要抖威风。鹞子翻身上了马，连人带马骑在空。一驾云头十万里，两驾云头影无踪。走一山又一山神山都见，走一岭又一岭岭过千层。上山没遇见打柴汉，过河没遇见钓鱼的翁。鞭催龙马来得快，霎时间就过了关东。他正然往前催龙马，有座大山在面前迎。

（变调）

先行骑马正走抬头瞧，有一座大山那么老高。那山上长的松柏树，山下长的万年蒿。山上跑开七叉八叉的梅花鹿，山下走的是梅花仙鹤。山上豺狼狗棒棒咬，还有猛虎下山把人叼。山前有条小河长流水，水上搭的独木桥。那先行无心观看河里的景，扬鞭打马过了桥。那先行催马上了高山顶，山东古庙来到了。先行翻鞍下了马，整整盔甲要闯古庙。先行闯进了庙门里，惊动看庙道童喊了一声。你是哪里来的狂仙野神走岔路，你到古庙打听事情。先行急忙来回话，叫声道童听分明。今天夜晚关东山谁家摆的阴阳会，差我搬请九郎来到庙中。空口说话你不信，我有请帖作证凭。先行递过请神的帖，道童接过把话明。你在庙前等一等，我给庙里报事情。小道童手拿束帖回庙里，见到九郎深打一躬行个礼。双手递上请神的帖，庙前来了一个骑马汉，请客的束帖带着身上。九郎接过请神的贴，他打开封封皮看分明。一封请帖看完毕，他要到关东赴宴走一程。他手牵龙马往外走，他陪同先行要登程。

（变调，掌坛人和配鼓一人一句）

两家国公①无风他不走，未从行走要显威风。火公师助上两家国公三声炮，炮响三声就要登程。先行推开白龙马，九郎催开马走龙。两家国公一驾云头十万里，两驾云头影无踪。他腾空驾云来得快，烧香东家府门面前迎。

（变调，掌坛人唱，配鼓拉腔）

在西南方放着一块老乌云，你看雾气腾腾吓坏人等。这庄稼人自寻思龙王老爷来行雨，使唤船的船老大盼望龙王老爷多多刮顺船风。打鼓二人

---

① 两家国公指白马先行和魏九郎。

抬头观看不是风来不是雨，白马先行搬请山东九郎来到门庭。我把灯斗大旗拿到手，手摇大旗迎接神灵。这两家国公下了马，那玉柱上拴上马走龙。那烧纸的门外烧上三张纸，那末从烧纸就去迎风。打鼓二人行下周公礼，咱把两家国公请到坛中。

（变调，掌坛人和配鼓一人一句）

两家国公上坛笑呀么笑盈盈，要和打鼓之人讨座用。我有心安排你到上席上坐，上有天爷人马没请下天宫。我有心安排你到下席上坐，东家两性亡神没请到坛中。

（掌坛人唱，配鼓拉腔）

正东方倒有珍珠半斗，那是九郎歇马凉亭。这一东一西落下宝座，先行坐在西，九郎坐在东。两家那个国公都落座，灯斗烧路黄香你去受用。二人上坛打一个山东鼓，二番九郎回来请客好上天宫。

第四铺：过河鼓

该段表九郎要过天河请天神，因钱囊不足，遭船公拒绝，无法上船。为难之时，九郎的坐骑白马自称东海龙仙，驮着九郎过了河。

（YSJ 唱，TDG 拉腔）

二人打鼓抬头观，观看花堂缺少哪堂神仙。东家庙神都请到，还有上方天的没请下天。天爷人马谁能搬请，想起了灯斗落座的九郎神仙。天爷人马九郎给请，你替东家请客上趟西天。我东家不会亏待九郎你，一路上多给盘费银钱。九郎闻听有钱的话，请客的文书背在了肩。手扶灯斗平身站起，不给他财宝不下花坛。烧纸的快烧三张纸，未从烧纸酒去浇奠。

（变调）

左手划拉钱财宝，右手噗搂紫金钱。划拉财宝往外走，槽头改钢把马牵。将马牵在天井院，端过来鞍颤背调鞍。前带辔头丘在后，两头肚带牢牢拴。菊花鞍颤银压蹬，金蹬银蹬列摆两边。龙马嘴含明镜铁，坐马张嘴带嚼环。将马牵在大门外，上马石下马台东西两边。文官上马旋坛走，武将上马抖威严。鹞子翻身上了马，鞭打龙马上西天。鞭打龙马龙马不走，龙马回头要盘费钱。烧纸的快给龙马烧三张纸，一路好买草料钱。人得钱财马得宝草，连人带马好上西天。九郎二番催龙马，龙马四蹄生风半空旋。一驾云头十万里，两驾云头万万千。十层云头闯过去，有一趟天河在面前。

（变调，YSJ 和 TDG 一人一句）

九郎正走抬头看，天河不远在面前。远看天河有水，风摆浪浪花滚滚吓住了神仙。九郎马上登高观看得远，上水头下了两号神船。大船的桅杆三丈五六，小船的桅杆两丈二三。七十二道绒绳封到顶，两家布篷半空旋。船帮船底檀香木，珍珠玛瑙玉石栏杆。船老大在船头掌掌舵，十名船夫来把棹搬。九郎摆手船家叫，叫一声船家船靠岸边。船家闻听没怠慢，摇橹划棹船靠岸。船家扔下看船的锚，搭上桥舨来讲价钱。大船渡神不渡马，小船渡马不渡神仙。今天要连神带马一起渡过，要你十两银子把串铜钱。要的九郎呵呵笑，哪来这么多银钱来雇你船。等我搬请天爷回来路，东家赏钱平半使唤。船家闻听无钱的话，拔锚摇橹开走船。大船拔锚扬长去，小船拔锚走得更欢。天河院撇下哪一个，撇下了九郎请客神仙。

（变调，YSJ 唱，TDG 拉腔）

九郎在天河沿号啕哭，手扯龙马大哭苍天。我要早知道天爷这么难请，我在东家花坛吃酒永不动弹。九郎哭得如酒醉，倒把他那匹龙马哭软了心间。哭得龙马嘴带嚼环会说话，龙马张开嘴能吐出人言。龙马说主人看我像马不像马，你看我像龙不像龙仙。九郎闻听那龙马会说话，他将马前马后细看一番。九郎说：我看你马前像马真像马，看你马后像龙没长龙癍。龙马说：是马不是凡间马，我是上方南天门前遭贬的龙仙。有一年五月十三多行了三阵雨，冲破了黄河黎民来淹。淹了九州十府一百单八县，本县城隍一封黄表升上西天。玉主一见心好恼，打去了我的龙甲刮去了龙癍。打甲刮癍没放赦，贬我到下方转生龙马来驮将官。今天别说天河这么点水，九江八河五湖四海我常去撒欢。我白天能驮你走遍阳关路，夜晚驮你回到鬼门三关。九郎闻听心欢喜，叫声龙马细听根源。今天你要是驮我渡过天河去，我在玉主驾前封你为马路神仙。今天你要驮我渡不过天河去，你回归沧海我死在天河里边。龙马将头点了三点，叫声主人放宽心间。九郎二番又上了马，这回要探探天河几等深宽。

（变调，YSJ 和 TDG 一人一句）

有龙马一见天河兹兹叫，扑腾扑腾跳进天河里边。天河里下了一匹会水马，翻江倒海会水的浑水的龙仙。上水头跑得见神不见马，下水头连人带马水里边。有龙头摆开天河水，后花尾子点点耍开云端。龙马嘴像血盆牙赛铜，眼赛铜铃耳赛竹签。龙马后退蹬水水往上翻，龙马跑得快似剑。好不吓坏了摆渡的神仙。九郎只听耳旁小风嗖嗖刮，不多一时过了天河北边。天河北岸插宝剑，好给九郎把马拴。天河北岸日头洋洋，好给九郎晾汗衫。天河北有黄酒馆，预备九郎打茶间。九郎在天河北岸歇歇马，二番回来送他上请客西天。

第五铺：开光①

开光，即对新请的家谱注入祖先灵魂，开光需要用公鸡鸡冠上的血，故此处烧香师傅先表一下公鸡的来历，并对公鸡进行一番安慰。

（掌坛人主唱，配鼓 WJ、TDG 拉腔）

两两三鼓打一棒神河鼓，咱们伙计三人怀抱金鸡来到了东家的神堂底下述，**合唱：述述它家乡**。这小金鸡儿想当年它生在上方八宝凌云寺，它本是上方鸡爪雷神。想当初你在蛋里你的娘抱你抱了三七二十一天。小金鸡你的娘从小白天领你满街打食吃，怕的是三天鹞子黄鹰把你抓，牵去吃。小金鸡你的娘到了晚上领你回到家窝里睡，又害怕那狐狸头子黄鼠狼子野猫把你叼，洞里吃。小金鸡你的主人家一口水一把米把你从小喂，你这才长出老翎，显出红头绿尾巴，**合唱：大公鸡**。小金鸡儿今天夜晚烧香的东家把你选在神堂前走一趟，要用你来给东家两性亡神开开光明。开光明需用金鸡头上你的三冠，又害怕打开你的三冠，你的头可要疼。小金鸡儿今天夜晚开光的东家不能亏待金鸡儿你，先准备好了五谷杂粮老烧酒，**合唱：金鸡儿食**。

---

① 关于开光的详细描述，见刘正爱《祭祀与民间文化的传承——辽宁宽甸"烧香"》，金泽、陈进国主编《宗教人类学》第 1 辑，民族出版社，2009，第 187～188 页。

（变调，配鼓打鼓，掌坛人开光）

这头一口酒吃去东家的三灾八难，这第二口酒又吃去烧香东家的多少年的苦。东家两性亡神有灵有神保佑金鸡一连吃下三杯酒，打开金鸡三冠，开开光明。

掌坛人从升斗里抓一把五谷杂粮放在酒杯中，以表示没有亏待公鸡。接下来给鸡灌三口酒，将鸡冠掐碎，用毛笔蘸鸡冠上的血，在家谱上方左右两侧分别书写"供奉"二字，接着在家谱下方的祠堂上面画个代表吉祥的十字，然后在记录谱系的方格左右两侧各打一个✓号。香主接过公鸡将其放回院中。掌坛人用鸡血写字时，两位配鼓开始点两路香。

（掌坛人道白）

烧香的东家请过来。（烧香东家跪在神坛前）

（掌坛人唱，二鼓拉腔）

手举明香跪尘埃，我开光人等手举七寸明香、葛连纸、五彩线、七根新针、大木花、毛竹管、三尺白绫五绫包头来给两性亡神开开光明。开光明，头一针得打开上方天堂路，这第二针推开下方鬼府衙门。这开头光，那个顶上方。开耳光那个听神语。开眼光，那个开眼光，开开眼光眼观远方。开鼻光，闻美味。开嘴光，开开嘴光，好吃供养。开双手来抓财宝。开双臂来穿衣裳。开心口来多心口，开开心口两扇门。开足光来上天堂。开明堂来开明堂，开开明堂，亮亮堂堂。清晨起来两性亡神净神面，开光人等蘸哪过净面的水盆来。金盆银盆，两性亡神擦上香皂洗神面。（放下后，拿起毛巾）要用这条毛巾抹抹灰尘。（拿起牙膏和牙刷）有牙膏和牙刷，两性亡神刷牙用，刷牙漱口保护齿唇。（拿起镜子）这菱花宝镜拿到神堂照面，梳洗打扮整齐好吃宴席。打开八宝金盏，拨开祖公祖母青丝发，（拿起梳子、篦子）木梳、篦子梳开发丝万根。左梳左挽盘龙簪，右梳右挽水墨香云。这盘龙簪里天香草，水墨云里色香新。在前边城门楼子三滴水，后梳一对蝴蝶飞奔山林。（头梳完，拿起头簪）八宝金钗祖公祖母头上戴，（拿起耳环）八宝耳环坠耳轮。（拿起雪花膏等）这雪花膏和官粉，两性亡神用来擦神面。小桃红的胭脂点点腮唇。这红头绳勒住祖母奶奶青丝发，还有五绫包头遮遮乌云。这大木花、小木花，两性亡神奶奶头上戴，鬓角以上斜插海棠花。

图1　掌坛人在为家谱开光（刘正爱摄于 2009 年 2 月）

　　说竹根①，道竹根，我把竹根分一分，头根分给张天师，二根分给孔圣人，三根竹根无处分，分给两性亡神梳花香云。老描胡须，少描发，描眉打鬓，梳花香云。（盆里的东西用完，再放回盆中。掌坛人拿起东家压在盆里的开光钱，20 元、50 元或 100 元）说是钱，道是钱，工农兵包好天下传。我拿到神堂走一趟，预祝烧香东家大发财源。（拿起一块墨）东家两性亡神在阳间做官全凭三口印，（另一只手拿起笔）在阴间做官印要显显字文。（放下墨和笔，顺手拿起白布做的符，用蜡点燃）东家两性亡神，有灵有神写上梅花字，要是无灵无神，火化灰尘。（白布点燃后，掌坛人用手擎着，白布上渐渐显出字一样的光纹）请民工，都来观看梅花字，梅花篆字上写得分明。（掌坛人手拿一只碗，把符放在碗里，说：）这次光明开得好，

---

① 此处指眉笔。

这次光明开得非常周全。

（掌坛人手拿三四张黄表纸，开始说起数来宝）葛连纸，纸千张，我拿到神堂来抹面光，一抹东家他多发福，二抹东家免灾殃。三抹神童来报喜，四抹东家荣华富贵金玉满堂。金银财宝一起来，烧香东家从此以后就发大财。东家要是做买卖，那买卖兴隆镇四海。东家放蚕能发山，种地能多打粮。东家要上外去打工，一年四季上满勤那个保平安。奖金利润工资能挣万万千。东家要是去耍钱，指赛子净指四五六，押宝押红不押白。东家要是推牌九，把把不离天地牌。皇上王子把把来。东家要是打麻将，明枪暗弹把把有，不缺横牌不缺幺九，坐庄自搂胡满贯，摇奖摇上一大串，从此以后就发大财。人民币滚滚来，滚的滚抬的抬，箱子柜装不下，送进银行存起来。烧香东家你听明白，你磕个头，请起来。

东家起身后，把香插到香碗里。另一个碗里的符灰，加上点水，让许愿的人喝下。人们相信，喝了符水能去掉病根不再犯。

开光结束。

第六铺：跑天门圈子（含五铺战鼓）

掌坛人换上蓝布长衫。开始与配鼓一名唱一段小帽儿，往天门圈子路上引。接着另外二人上场，四人一起唱。这铺鼓是烧香仪式中较为精彩的一段。四人队形变化多样，唱腔丰富，九腔十八调样样俱全。尤其是"耍花棍"和"戴悟空面具"一段①，娱乐性较强。主要表九郎上天请诸神下凡赴宴。九郎闯五门、南天门、十层天门、龙庭，点星斗、二十八宿，递文书，打扮天神，最后天神来到香主家的龙棚落座。

（掌坛人 WYC 唱，配鼓 WJ 拉腔）
（小帽儿，唱的是八仙段）
东南风上来一块黄云彩，上面坐的众位八仙，汉钟离老主手摇芭蕉扇，

---

① 戴悟空面具是 WYC 的师傅 YSJ 发明的。他说："过去我师傅杨世和和师爷杨希春他们烧香都有'开坛刀'和'送神刀'，到了俺们这一辈儿就失传了，所以我就想出了这么个主意。"

铁拐李背后的葫芦正冒香烟。张果老骑毛驴空中走，吕洞宾的宝剑斜挎在肩。韩湘子手提花篮能装宝贝，何仙姑的笊篱海水能捞干。曹国舅横吹玉笛云端坐，蓝采和手敲云板响声连天。众八仙齐给烧香东家来贺喜，恭祝东家大富大贵大发财源。老师傅留下四六八句，重整鼓板另念神仙。

（正词）（天门圈子，拉马鼓）

刚才说的九郎请客过了天河北岸，歇人歇马打过茶间。宝剑底下改纲牵出了龙马，辞别了殿门要上西天。殿门以外翻鞍上马，马上紧紧又来加鞭。正往前走抬头就观看，有五条路就在那面前。不知哪条大路通往天宫去，不知哪条大路能上西天。九郎五条迂路上迷了路①，来了上方指路的神仙。西北有条小毛道，顺着西北小路能上西天。

（变调）

九郎催马西北路，顺着西北小路赶奔天宫。东家往前催龙马，西北上来乌云把路蒙。九郎一见心好恼，背后磨过宝习弓。前手拉弓后手打剑，前手拉剑后手松。九郎一剑射上去，他一剑射开了五龙门庭。他随着箭杆射上去，五龙门不远面前迎。

（变调，四人）

掌坛人道白：

这东家的香烧得不错，做买卖的能叫开市场，买卖兴隆通四海，财源茂盛达三江，放蚕能发山②，种地多打粮。

（闯东门，掌坛人唱，其他三人配唱）

老将军正走抬头看，五龙门不远面前迎。五龙门前高挑龙旗号，五龙门前高挂五色龙灯。有金灯和银灯，不知摆了多少层。琉璃灯来玻璃灯，照得昼夜一般同。九郎自顾观灯来慢了，五龙门上锁紧紧噔噔。五龙门前没留下神和马，老将军旋回龙马赶奔正东。东门高挑青旗号，青旗飘飘吓神灵。东门闪出一员将，将官打扮多威风。青蛇将巾头上戴，背后斜插雉鸡翎。神穿锁子连环甲，护心宝镜放光明。左边背的狼牙剑，右边挎的弯弯弓。座下骑的青鬃马，青铜大刀手中擎。观罢一回人得了，青龙行军把

---

① 此处本应有一铺"指路鼓"，如香主认为不需要，也可略去。见附录"指路鼓"。

② 宽甸地区桑蚕业发达，养蚕户较多。这一句是为了取悦香主。

正东。东门没留下神和马，老将军旋回龙马又往南门上行。

（变调，闯南门，配鼓 WJ 唱，其他三人配唱）

南门高挑红旗号，红旗飘摇吓神仙。南门闪出一员将，将官打扮真周全。火红战巾头上戴，火红战袍身上穿。背后背的火葫芦，杀气腾腾冒狼烟。座下骑的喷火兽，火龙钢鞭双手担。观罢两回人得了，火龙真君把南关。南门没留神和马，旋回龙马又闯西关。

（变调，闯西门，配鼓 TDG 唱，其他三人配唱）

西门高挑白旗号，白旗飘飘吓神魂。西门闪出一员将，小将穿戴喜欢人。头打抓髻孩儿发，红绫兜兜戴在身。打将钢圈拿在手，足蹬八宝风火轮。观罢三回认得了，哪吒三子把西门。西门没留神和马，旋回龙马又到北门。

（变调，闯北门，配鼓 YSJ 唱，其他三人配唱）

一到北门真凶恶，一员小将笑呵呵。披着头来赤着足，乌鸦头上来垒过窝。枕着猛虎睡过觉，骑过恶蟒过山坡。南海老母来点化，怀抱钢梁绣针磨。修真养性八百载，苦修苦练成了佛。观罢四回认得了，把守北门静珠佛。北门没留神和马，老将军旋回龙马又往中阳门上挪。

（变调，闯中阳门，掌坛人主唱，YSJ 配口，其他人二人拉腔）

中阳门高挑黄旗号，黄旗飘飘占中央。中阳门闪出一员将，将官配挂真刚强。生来鹰嘴长了个鸡翅膀，黄马褂穿在身上。头上还有三只眼，猴头猴脑不像个人模样。金箍狼牙棒拿在手，雷声一响天下忙。观罢五回认得了，鸡爪雷神镇中阳。中阳门没留下神和马，旋回龙马又奔南天门上。

（变队形，变调，闯南天门，掌坛人和 YSJ 一人一句，其他人二人配唱，四人边唱边扭）

南天门盖得高，金铜锁盘、滚龙脊、钢叉兽、八卦悬天。风流钟、安稳兽、人山四海，黄澄澄琉璃瓦五色俱全。杉松杆门前站分为左右，狮子把门列两边。南天门扣金钉星星耀眼，将台石凳，凳高走的神仙。南天门前还有三道龙匾，上有文下有武左右对联："按南辰钉北斗开天辟地，按五行分八卦连海带山"。横批以上还有八个字，"天下太平四季平安"。老将军观不尽南天门的景，有四员大帅在面前。

（变调，掌坛人和 YSJ 一人一句，其他二人配唱）

文元帅手使方天戟一杆，打将的钢圈半空悬。马元帅手使钉钉的狼牙棒，身戴套妖锁两盘。刘元帅五绺长须呵呵笑，他手使大刀放光寒。赵元帅手使钢鞭龙摆尾，他座下黑虎把爪弹。南天门前文、马、刘、赵四位天鹏大帅，镇守玉主的南天关。九郎上前请客搂袍跪倒，要和四帅讨印件。今天给我盖上四口印，斗牛宫请客把玉主搬。如果不给我盖上印四口，我跪在天台不动弹。

（掌坛人道白）四帅闻听呵呵笑，个个上前增印件。啪啪盖上四口印，辞别四帅要上天。

（掌坛人唱）整整盏，整整甲，（TDG 唱）整整俩，（以下是掌坛人和配鼓 TDG 打诨插科的一段）：整哪么俩，你胡说八道，你可能整差了，那无产阶级"文化大革命"四人帮那个时候是整三个整俩全国搞得乱七八糟，你要现在咱们胡锦涛总书记国家主席，走邓小平、江泽民改革开放安定团结的路线，现在不整了，要整不是吗，咱们要是赶上那个年代，整俩能行吗，四个都在这，一个都跑不了，都是一帮牛鬼蛇神，烧香东家老于头也得挨批挨斗，说他搞封建迷信，现在不整了。咱们北京的教授来录像，现在提倡了嘛。接着就整吧。我说整盏，下面是整甲。

（闯十层天门，WYC 和 YSJ 一人唱一句，配鼓 TDG 配唱）

整一整盏甲要闯天门，先闯闯天老爷头层天门里，天鹏大帅把守天门。二层天门还得往里闯，哼哈二将把守天门。又闯到三层天门里，哪吒三太子把守天门。四层天门还得往里闯，四大金刚把守天门。又闯到五层天门里，五帝文君把守天门。又闯到六层天门里，六丁六甲把守天门。七层八层一起往里闯，七星八卦把守天门。又闯到九层天门里，九妖星官把守天门。十层天门还得往里闯，十华娘娘把守天门。

（变调，变队形，WYC 和 YSJ 一人一句，配鼓 WJ 配唱）

十层天门全都闯到，没闯闯天老爷那座中阳门。走金门来跨过了银门，老将军害怕把他吓掉了魂。他走金街来过了金街（gai），老将军害怕呀头都没敢抬。走金桥过来那银桥，老将军害怕魂都吓掉了。走金宫来过银宫，来到上方斗牛宫。斗牛宫上长的八宝锁龙树，为的那座宝殿不透风。笙管笛箫齐声响，老将军闻着声音往上升。有九郎舍生忘死升上去，镇殿将军大叫一声。

（变调，WYC 和 YSJ 一人一句，其他二人配唱）

你是哪里来的狂仙野神走差了路，来到天宫打听路径。今天要对上天宫三项事，放你不死为神灵。如果对不上天宫三项事，割下脑袋就往下方扔。

（变调，WYC 和 YSJ 主唱，其他二人配唱）

一吓那个九郎立抖三颤，双膝跪下就把帅爷称。我家不在天上居住，家住下方地名是山东。今夜晚下方**某某君子**还神愿，差我九郎搬请天爷上天宫。空口说话你要不信，我有请帖作证凭。老将军递过请神帖，金童玉女接手中。放在天老爷的龙书案，但等天爷观分明。也是烧香东家洪福大，正刮北风换了南风。这阵南风吹开了黄罗幔，闪出了天爷的真面封。老天爷睁龙目就把请帖看，这才知道下方**某某**打鼓还愿兴。我有心到下方去吃酒，天上没有能神掌管天宫。如果不到下方去，辜负了烧香东家的一片真心情。老天爷正在为难处，走上了奏本军师李长庚。军师上殿来奏本，口尊天爷龙耳听。你想要吃酒只管下方去，自有能神掌管天宫。上有王母娘娘守佛殿，下有金童玉女看管龙书亭。剩下天宫大事无人掌管，有我太白李金星。老天爷临下天留下尚方宝剑，代管天宫一切事情。哪家大臣不服所管，我先斩后奏绝不容情。老天爷准了长庚的本，梳洗打扮就要下天宫。

（休息十分钟）

（掌坛人和 YSJ 唱，其他二人配唱）

老天爷头戴通天冠一顶，身穿蟒袍上绣盘龙。横廷玉带天老爷腰中系，他挂着乌鸦八宝朝靴两条龙。老天爷立时可都打扮好，他把令旗令剑拿在手中。老天爷令旗令剑就在空中举，叫一声李天王快快去点兵。李天王令旗令剑双手接过去，一步三摇他把将台登。叫你打鼓快打聚将鼓，叫你撞钟快撞景阳钟。鼓打三千六百棒，钟撞六百没差声。慌得文官戴纱帽，慌得武将顶盔戎。文一对来武一对，文武双全列西东。文武都在台前站，要看李天王怎么样去点大兵。

（稍息，变调，掌坛人头扎毛巾手持花棍下地，四人插科打诨一番后，掌坛人开始耍花棍，YSJ 唱，TDG 配唱）

东出一卯跟神走来到下方，西出半月点点花儿开来到下方。阴星阳星跟神走来到下方，火星土星金星木星点点花儿开来到下方。天河两岸点点花儿开，牛郎织女来到下方点点花儿开。天爷人马天鹏大帅、二郎大圣、金吒、木吒、哪吒来到下方，点点花儿开来到下方，天兵天将二十八宿点点花儿开来到下方。深山大庙跟神走，矮山小庙点点花儿开来到下方。上坛老爷跟神走，下坛老爷周昌、关平点点花儿开来到下方。上坛老祖下坛老祖点点花儿开来到下方，所有的娘娘所有的老母点点花儿开来到下方。上坛娘娘跟神走，下坛娘娘、出马娘娘、回马娘娘、出生娘娘、接生娘娘、眼光娘娘、耳光娘娘点点花儿开来到下方。

（点二十八宿，掌坛人耍完花棍下场更衣，YSJ唱，配鼓二人拉腔）

点完了星辰日月回来路，我再把二十八宿来点清。点东方甲乙木一片青，青人青马把守正东。东方倒有四员将，四员大将多威风。角木蛟、斗木獬星辰二位，井木犴、奎木狼共合四星。在东方点去木星四位，催阵鼓不住声南方又点兵。南方是阴沉折点南方丙丁火来火烧云，在南方闪出四位火神。红人红马红旗号，红甲将军个个吓利人。室火猪，尾火虎星辰二位，觜火猴、翼火蛇四位火神。在南方点去火星四位，催阵鼓不住声西方又点兵。点西方庚心金一片白，白人白马两面排。亢金龙、娄金狗星辰二位，牛金牛、鬼金羊四位英才。在西方点过去金星四位，催阵鼓不住声北方点起来。点北方寅癸水一片黑，黑人黑马把守正北。其水豹、壁水蝓星辰二位，轸水蚓参水猿四位英魁。在北方又点过水星四位，催阵鼓不住声中阳点英魁。**（掌坛人返回场内接着唱，其他三人拉腔）** 点中阳戊己土来一片黄，黄人黄马镇守中阳。氐土貉、女土蝠星辰二位，胃土雉、柳土獐四位英强。五四点去二十员将，还有日光月光把员大将守四方。虚日鼠、房日兔东南镇守，星日马、卯日鸡镇守在西南方。张月鹿、尾月燕西北把守，心月狐，毕月乌镇守在东北方。点去天兵天将二十八宿，老天爷排排执事要下天堂。

（稍息，排执事，YSJ和TDG轮流唱，其他二人拉腔，四人边唱边扭）

老天爷有马不骑要坐个龙凤辇，先备好了龙凤辇轿一乘。轿前边点上千里眼，轿后边点上耳顺风。在前边打回避肃静排两面，开道铜锣敲得响连声。在前边点上二十四对对子马，后边点的是轿前轿后轿左轿右那么些护神兵。前边金瓜月斧朝天凳，后边是鹰五鹰六鹰照鹰。又点上几对板来几对棍，点上几对锁来几对绳。枪刀剑戟密密摆，棍棒叉尺摆了多少层。红头帽子前边开着路，刽子手手持大刀身披大红。轿左边点上东方朔，轿右边点上姜老太公。左边点上吹笙的女，右边点上道捧笙。上打一把九曲歪把黄罗伞，下罩天爷大轿一乘。

（YSJ 道白）

天爷上了龙凤辇，二十八宿上走龙。各家大臣亮宝贝，各样宝贝放光明。雷神打开雷神鼓，风神张开风水瓶。老天爷打个霹雷带着闪，霹雳闪电要下天宫。

（掌坛人扮演孙悟空出场，对在场的人说道：）

于门东家喜乐家堂烧香还愿，九郎上天去搬请老天爷，老天爷乐了，老天爷一心想要下天吃酒赴宴，保佑咱们烧香东家人财两旺，大发财源。将来老于家的子孙后代，老天爷都要保佑他们念上大学。过去来讲就是高官福禄。老天爷排好了队伍准备走了，已经上了辇轿，恐怕在道上不安全，遇到狂仙野神拦路。他要找个能耐大的保驾，到花果山水帘洞，把大闹天宫的齐天大圣请来。

（龙摆尾圈子，掌坛人头戴孙悟空面具，手持棍棒开始舞棍，YSJ 主唱，其他三人配唱）

老天爷哪里去哪里落，老天爷上方起来下方落。下方那个倒有沈阳城，沈阳城还有金銮宝殿，准备天爷歇马凉亭。沈阳城还有喇嘛庙，大小喇嘛都念黄金。沈阳城里出美酒，好给天爷他老迎风。沈阳城里出美女，伴随天爷张老朝廷。老天爷歇马并没歇马，带领天兵天将又往前行。过了五里桃花店，又过十里杏花营。老天爷一阵神风来得快，烧香东家府门面前迎。

（变调，YSJ 唱，TDG 配唱）

小小花鼓靠心怀，烧香东家细听明白。打扫院子净扫街，八仙小桌放将出来。天爷人马就来到，二番回来好接天神。

此时香主要到外面跪香接神：在院中央放一张八仙桌，把堂屋供桌上的猪头、鸡、火龙鱼、两摞馒头、三杯酒、蜡烛、香碗都移放到桌子上，升斗也置于桌上或地上。香主家的男性成员每人手里拿着一路香，在铺有稻草的地上一排一排地跪下①。掌坛人和配鼓一名来到院中央，手持升斗中的大旗迎接天神。

---

①　亲朋好友、街坊邻居也可加入跪香的行列。

掌坛人指挥香主奠酒、叩头、烧纸，嘱咐诸神享用筵席后再请唐朝人马①。最后把浆水饭瓢朝正东方向泼出去，以招待唐朝人马的亡魂。

此时，九郎还站在龙棚外，掌坛人进屋烧香奠酒把九郎请进来，让他稍作休息，准备下阴城请客。

第七铺：亡神圈子

主要内容是接香主家的历代亡神回家赴宴②。这一铺通常是小段最多，也最见功夫的一铺鼓。

（YSJ 主唱，TDG 拉腔）

你到神堂将眼睁，看看神堂缺少那一趟神灵。天神庙神都被请到了，还有东家两性亡神没请上坛中。有心不把东家两性亡神请，东家杀猪宰羊设摆酒筵为的何情。这趟亡神谁能够搬请，谁能替东家请客下趟阴城。二人打鼓思想一回，又想起灯斗落座的九郎国公。我东家两性亡神还得九郎去请，你替东家请客下趟阴城。九郎闻听心中不悦，打鼓之人不懂得礼情。我搬请天爷刚才回来路，二次要差我要下阴城。打鼓之人躬身施礼，老将军息怒侧耳听。我东家不能亏待九郎你，多给你财宝酒席迎风。老将军闻听万般无奈，请客的文书准备两封。头一封请东家早年死去的祖公祖母，二一封请东家早年死去的姥爷姥娘诸位宾朋。先有土地给签字画上了押，城隍又盖上大印一封。包袱包好了请神的帖，拦肩背得紧噔噔。手扶灯斗平身站起，不给他财宝他不下坛中。烧纸的再给九郎烧上三张纸，未从烧纸酒奠一盅。

---

① 此处为"请五道神"一段。烧香师傅认为五道神就是唐二主跨海征东时不幸落海遇难的 3600 名士兵的亡魂。烧香之举是为了纪念这些亡魂的。关于旗香和民香的来源问题，学界有两种不同观点，一种是以刘桂腾为代表的"萨满来源说"；另一种是以任光伟为代表的"唐二主征东说"。对此，任光伟等人也做过相关的辨析。参见刘桂腾《单鼓音乐研究》，春风文艺出版社，1991，第 1~3 页；任光伟、孙英：《东北汉军旗香的考察与研究》，王秋桂主编《民俗曲艺丛书》，台北，施合郑基金会，1994，第 68~70 页；任光伟：《辽宁民香的考察与研究》，王秋桂主编《民俗曲艺丛书》，台北，施合郑基金会，1994，第 62~69 页。

② 所请亡神不仅包括血亲，也包括姻亲，换言之，只要是与香主沾点边的所有家人和亲戚的亡魂都要请来。这一点很值得人类学家关注，因为这涉及祖先的定义问题。因篇幅所限，此处不再展开论述。

（观茔。变调，**YSJ** 主唱，**TDG** 拉腔）

九郎划拉钱财宝，双手噗娄紫金铜。划拉财宝向外走，槽头改钢牵走龙。九郎正走来得快，三岔路口面前迎。不知道哪条大路是阳关道，不知道哪条小路能下阴城。九郎心中暗思想，土地庙里打听路径。手牵龙马进了土地庙，见到土地深打一躬。建庄立市先有土地你，老亡神归位留下名。阳间摆的阴阳会，我替于门东家请客下阴城。山上路口我迷了路，来请土地指明路程。老土地闻听没怠慢，手挂拐棍出庙中。老土地来到三岔路口，叫声九郎你要听。我东家老家都在**云南**住，后来迁民搬到关东①。关东山又住了很多年久，又采一座老坟茔。你顺着拐棍往东南看，东南这条大路能下阴城。土地指路回古庙，九郎二番上走龙。走一山又一山深山都见，走一岭又一岭岭过千层。走一沟又一沟沟上沟下，走一洼又一洼凹凸不平。上山没看见打柴汉，下河没看见钓鱼的翁。獐撺狍鹿赶獐满山跑，狼躲虎虎撺狼豹把山登。九郎走的阳关路，忽然间进了亡死城。一把火两把火具是鬼火，哭三声笑三声屈死魂灵。大妖精在树上学人说话，小妖精在地下口吐人声。九郎一见害了怕，催马加鞭上山峰。

（夸茔。变调，跑圈子，**YSJ** 和 **TDG** 轮流唱，其他二人配唱）

九郎立马站在了高山顶，高山顶上立走龙。手搭眼罩往下看，山下有座老坟茔。远看着老茔好像那一座府，近看着老茔好像一座城。前打照山冲北斗，后有坐山挡北风。茔前长的是垂杨柳，茔后长的是万年松。有一趟小河长流水，弯弯曲曲好像一条龙。曲曲弯弯向回转，山主人口水主财兴。椅子圈簸箕掌，老茔葬在正穴中。左面高岗出好汉，右面高了出英雄。左面不高右面也不矮，东家辈辈有功名。但不知功名大和小，碑上诗文刻得清。关东山七十二处好茔地，数着东家这座老坟茔。是哪位先生采的这穴地，下葬先生不知哪一名。袁天罡采的这穴地，下葬先生李淳风。袁天罡、李淳风，都是阴阳二位好先生。九郎观茔呵呵笑，催马加鞭下山峰。扬鞭打马高山下，闯闯四大老坟茔。

---

① 掌坛人 WYC 说："过去烧香东家祖祖辈辈都在南方住，有的老家在云南，后来移民到关东，我们都是那么来的，不是开天辟地就住在这儿"。这为我们了解当地居民的迁移史提供了重要的线索和依据。

（闯茔。变调）

（闯东茔）

有九郎鞭催龙马来到茔东，先观观梧桐树后观青松。古松树它不老冬夏常青，霜打的梧桐树叶落川平。茔东上古人碑字刻得分明，有秦琼挎二铜四海扬名。唐二主率领人马跨海征东，溢弥河困住了这条真龙。盖叔温力比唐二主，要叫他写出降书顺表一封。唐二主眼含龙泪我大唐江山就要一旁扔，徐茂功怎不发人马来救主公。忽听得马跑蓝铃响，高山下来救驾的人一名。有薛礼救唐王万古留名。

（闯南茔）

有九郎两旋龙马又到茔南，石榴树不开花好把马拴。茔南上还有古人碑文字刻得周全，汉高祖没得帝发配到云南。到云南养兵十二载，后来坐了大汉江山。

（闯西茔）

九郎官三旋龙马又到茔西，冰榴花开得早开在雪地里。茔西上还有古人碑字刻得分明，鸡冠子花穆桂英大破天门阵上留过名。葫芦花盂姜女哭倒长城，梅豆花李翠莲舍过金钗，菜豆花黄氏女打过秋千。

（闯北茔）

有九郎四旋龙马来到了茔北，老铁树不开花去巴溜黑①。有秦琼和敬德，争夺帅印谁也不让谁。有秦琼呈刚强鲜血吞腹内，尉迟恭不呈刚强血吐一大堆。

（以上是亡神圈子的帽儿）

（闯明堂。变调，YSJ 主唱，其他三人拉腔）

有九郎五旋龙马来到了明堂，石人石马石柱梁。化石桌子都在茔前摆，玉石香炉放好光。九郎这里把马催，抬头看茔前倒有两处碑。青石碑化石碑，上面的文字石匠钻子刻（kei）。黑字上面点墨水，白字上面涂的白石灰。九郎翻身下了马，掏出请客文书来对碑。连对三遍字没有差，这就是烧香东家祖老坟茔刻（kei）。九郎打马穿坟过，新坟没有老坟多。新坟头上压的是黄钱纸，老坟头上长蒿棵。青灵棵来绿灵棵，九郎将马拴在了紫

---

① 方言，意为很黑。

金棵。紫金棵拴上九郎的马，手提马鞭往老茔里揶。忽听得足扎干柴哗啦啦响，这一回可惊动看坟的小牧童。小牧童走上近前一声喝喊，哪来的狂仙野神三更半夜闯坟茔。茔前没有你的放马场，茔后没有你的饮马坑。茔左边没有你安身处，茔右边没有你的歇马凉亭。日落西山黑沉沉，看你好像挖坟掘墓的人。挖坟掘墓活该死，老茔你偷着打柴罪不轻。你马要吃了我的坟头草，你可是辈辈官司打不清。你龙马蹬破了我坟上土，我杀了你老马祭奠我老茔。九郎闻听气得不小，小牧童说话理不通。你说我是打柴汉，没带斧具镰刀捆柴绳。你说我来挖坟掘墓，没有铁锨镐头作证凭。你说我的马吃了你的坟头草，吃你青棵赔绿灵。要说我龙马蹬破你坟上土，我杀猪宰羊祭奠老茔。风也不刮来树它不动，我不告诉你你不知情。今日晚东家烧香还神愿，差咐请客下阴城。我空口说话你不信，我有请客的文书作证凭。九郎门前打开了乌包袱，请客的文书递给牧童。小牧童接过了请神的帖，打开封皮看分明。上写烧香东家名和姓，下写家乡居住小地名。小牧童一封请帖观到底，叫声请客的哥哥你是听。都怨我年纪幼小不会说话，请客的哥哥你把我多原谅。小牧童搬过来交椅安身坐，让家里坐下歇马凉亭。小小牧童懂文礼，前茔跑在后茔里。双手推开棺格木，一来一往报事情。

（亡神梳洗打扮，准备赴宴。变调，YSJ 主唱，TDG 轮配唱）

小牧童跪尘埃，前来报后来报，左来报右来报。先报报烧香东家再早年你死去的爷爷后报奶奶。细听得知前茔来了一位骑马的汉，骑着索龙马一匹。身后边背着一封两封请神的帖，口口声声说是阳世三间请客的。老亡神你去不去留神语，早早答复请客早早回去。香主爷爷想起了在过去有一回请他回家吃宴席，请了个巫婆坐在锅里。拉过了病人给我号了一号脉，他说是这场灾难是亡神打的。请个灵仙送纸的，浆水饭一把米。老菜刀老桃条，嘟嘟囔囔送到十字路去。

得亏爷爷上马上得快跑得伶俐，要不是浆水饭瓢一泼湿了寿衣。爷爷自从那年生了气把气生，这回请他不乐意来还不乐意去。看看哪个胆大的敢回家去，爷爷生气奶奶来解劝。叫声香主爷爷细听得知，阳世三间孙男弟女都是咱们留下的。你不照看你回家作去。你再要回家把灾打，请个灵仙来送他。送送他撵撵他，送送年老亡神好没有道理。南山将顶发明芽，香主爷爷信了香主奶奶的话一点都不差。香主爷爷、香主奶奶，高高兴兴欢欢喜喜转回家里要吃宴席。香主爷爷归位那年八十八，下了灵床忙打挂。穿靴子戴帽子，阳间打扮个外套子，还有靴帽蓝衫衣帽整齐。香主奶奶归位那年八十七，急忙对着明镜去梳洗。戴簪子，戴环子，金银首饰银镯子。

地头凤，一丈青，还有五菱包头遮住了眉须。香主爷爷奶奶立时都打扮起，欢天喜地要回家去。一声两声咔嚓莹门开，童男童女送出香主爷爷香主奶奶。香主爷爷出莹站在莹门东，打躬施礼邀请弟兄。香主奶奶出莹站在莹门西，金镯一响邀请妯娌。爷爷奶奶站在莹门抬头看，松树拴上九郎马一匹。马跑得浑身直冒汗，老将军请客汗湿衣。爷爷也来拜，奶奶也来拜，拜拜老将军请客来到这里。老亡神归位之时带来三杯压菜酒，连敬三杯九郎吃。敬一杯捎两提，老亡神上马打的阴魂旗，阴魂旗，旗一杆，排排辈号请到家里。三人打鼓把锣塞，说声东家听明白。再早年你死去的一辈、两辈、三四五辈爷爷奶奶给你往家里请，还有你大爷、大娘、高堂父母、叔父、婶娘请到家里。还有东家再早年死去的哥哥、嫂子、兄弟姐妹往家里请，还有东家过去死去的花姐、灵童请到家里。还有十几辈的幽魂请到家里。

（变调）

九郎请客莹外马鞭一指又把话提，说那边啦那块孤坟那是谁的。老亡神猫腰忙把躬来打，老将军你有所不知。你要不知我告呀么告诉你，莹外那块孤坟不是旁人的，本是个孤陋的、无儿无女的。无儿的、无女的，我看就不请他们拉呀么倒吧。吃了阴间没有还的，白白被他骗呀么骗了去。九郎闻听这话好不愿意，老少亡神说话太没有道理。没有儿的、没有女的，阳世三间俚男外女有呀么有的是。没有儿，过房有儿的，没有女，过房有女的。（下文为后加内容）**旧社会重男轻女，现如今有儿无儿都是一样的。无儿无女送到敬老院去。**

九郎请客打马过莹东，要请东家过去死去的老少弟兄。都请他们回家来吃宴席。九郎这回请客打马到莹西，先请姑舅，后请两姨姑舅亲、两姨亲。姑舅两姨都给你请了路，都请他们回家来吃宴席。九郎请客马上又看请文，要请上东家过去死去的老少丈人。有心不把东家丈人家请，他们家使唤人家的人，一匣坟埋的两性人①。曲末菜开黄花，小外甥到大别往姥娘家。现如今有不少小外甥把姥娘家的人全部都忘了，问道问道②外甥谁家留的根，姥娘姥爷留下外甥这条根。

九郎请客抬头观，有一座大山就在面前。南山将顶好大一棵槐，青枝绿叶黄花开。左边开得好比梁山伯，右边开得好比祝英台。梁山伯祝英台，手拉手来走下山来，高山顶下来二位秀才。

（请客，掌坛人主唱，其他三人拉腔）

大道不走毛道梢，再早年那个死去的老少辈的那些个对头亲家，还有小孩认的干亲家，说话说出来的亲家，走道唠嗑唠出来的亲家，抽烟对火对出来的亲家，喝酒酒桌喝出来的亲家，关东山八八六十四门亲家都给他请上路。还得给你们请一请再早年死去的，住在关里的、关外的，海南的、那个海北的，关里各省都请一请。河南的、那个河北的，山东的、那个山西的，湖南、湖北、江西的，还有陕西、甘肃、青海、宁夏、新疆、西藏、贵州、四川、云南的，广东、广西、海南岛的，还有香港、澳门、台湾的，外加福建、浙江、安徽、江苏的，重庆、上海、天津、北京、内蒙的，都给他请上路。再往咱们的东三省请一请，先请请黑龙江哈尔滨、齐齐哈尔、北安的、林口的，鸡东、鸡西、鹤岗、密山的，苇河、柳河、大庆的，牡丹江、那个佳木斯、珲春的，都给他请上路。再往吉林省去请一请，吉林的、长春的，四平的、那个延吉的，敦化的、梅河口、那个通化的，吉安、德惠的，都给他请上路。再往咱们辽宁请一请，沈阳的、铁岭的、阜新的、那个朝阳的，葫芦岛、那个锦州的，盘锦的、那个营口的，海城、鞍山、那个辽阳的，抚顺、本溪的。再往边里边外去请一请，桓仁的、凤城的、岫岩的、那个盖县、复县、庄河、普兰店、东港、丹东的，都给他请上路。再往咱们宽甸县各乡镇请一请，永甸的、长甸的，鼓楼子、虎山的，杨木川、毛甸子、青椅上、宽甸镇、石湖沟、大川头、灌水的，双山子、夹皮沟、红石砬子，都给请上路。再往你们红石镇那个各村请一请，上中下蒿子沟，红石砬子、杉松的，关道沟、大小韭菜沟、杨木的，燕脖子沟、小

---

① 指夫妻并骨同埋一处坟。
② 问道，方言，与问同义。

长甸子的，最后再往里请请长江村各沟的各岔的，沟里的，那个沟外的，各沟的，山前的，那个山后的，道南的，那个道北的，河东的，那个河西的，沾亲带故的，都给他请上路。

（变调）

不知道请齐没被请齐，争的不足让的能有余。九郎骑在马上点了一点卯，东家两性亡神请的真周齐。九郎他令旗摆，他带领两性亡神转身要回家里。

道白：年老亡神上车轿，年少亡神抓马骑，香主爷爷都上龙驹马，香主奶奶都上太平车。

唱：只听一阵神风刮，两性亡神要转回家里。

（稍息，烧炷香）

两性亡神回家赴宴，路上经过几个山头。

果木园（WYC 唱，TDG 配唱）

两性亡神走了一里，又盼那二里，这眼前来到果木园里。果木园都有那个两树梨，一树厚来一树稀，数数多少梨。那树厚的是媳妇的梨，被她那个厉害老婆婆就给赖了去。她拿着好梨上街卖去，那破的烂的瞧亲戚。亲戚有心想不要，她腆腆个老脸送来的。这南海菩萨又来化米，这地方有没有个舍善的。媳妇舀了米就向外走，老婆婆过来得在手里，抢在手里。婆婆得去这一碗米，咯咯咕咕嘎嘎去喂小鸡。躁得媳妇粉红面，背后骂了一声老东西把你厉害的。婆婆也是修，媳妇也是修，个人修炼都是个人个的。媳妇修得在金桥银桥上走，老婆婆她不修她也要上去，上也上不去。贤孝的媳妇上前拉一把，但是大小二鬼他还不依。因为你老婆婆在阳间做下了罪，打她个南河喂鱼去，她自己作的。果木园里再烧纸，烧给两性亡神好回家里。

破钱山（WYC 和 TDG 轮流唱，其他二人拉腔）

走前山来迈后山，眼前来到破钱山。破钱山倒有大小两个鬼，大小二鬼来挑钱。大鬼说是车瓦斧头打纸①不能好使，是个铁钱月牙弯弯。小鬼又说砖瓦石块不好打纸，烧了以后是沙打板钱。大鬼又说擀面杖、门串棍打

---

① 指做纸钱，即冥币。

纸不好使，烧到阴间回来回去是跑堂钱。小鬼又说拨浪鼓锤子和剪子打纸不能好使，烧到阴间转转悠悠绞边钱。这些东西打纸不好使拉倒吧，下边再把不周全人等打纸表上一番。如果咱们唱得不周全，表的不周全，屋里有不周全人等听了你别挑拣。双失目的瞎子打纸能不能好使，摸摸搜搜没有眼穿。红眼圈子、烂眼边子好不好打纸，打纸烧到阴间金线锁口、银线锁边、具锯齿钱。还有那么一个大气脖子、大龅牙打纸能不能好使，烧到阴间丫丫葫、芦葫芦纸钱。连鬓胡子打纸能不能好使，烧到阴间啰里啰唆一大连串。还有一个罗锅子打纸能不能有用，烧到阴间是个鼓盖钱。不知道到底是什么样的人等打纸才能好使，不满十二岁的花姐灵童打纸最好使唤。这打纸得用桑木墩、柳木棒，轻轻一棒一棒纸印钱张。黄表纸打上钱烧了就能敬那天和地，黄表纸写包袱①能进家堂。破钱山前再烧纸吧，烧给两性亡神好回家园。

夫妻山（变调，**WYC** 和 **TDG** 轮流唱，其他二人拉腔）

两性亡神正往前走抬头观仔细，夫妻大山不远就在那面前里。夫妻山前倒有男女两个鬼，有个女鬼哭哭啼啼。要知道她哭的什么哭来啼的是什么啼，她死的时候不是个好死的。就因为在阳间和她搭伙的那个丈夫两个经常吵架，她是悬梁吊死的。男鬼走上前照女鬼拉了一把，拉了一把女鬼叫声我的妻。哪知道女鬼翻脸就把男鬼骂，骂了一声男鬼你这个不要脸的。咱们俩在阳间不就搭那么几年伙，这回我是来算账的。那今夜晚就在夫妻山前算清这笔账，算算咱俩谁该谁的。男鬼不服气就把算盘拿在手，女鬼就把账本提。你先打二八一十六，再打三七二十一。再加八八六十四，再加上九九八十一。这前打后打正好对了账，女鬼欠男鬼三千共八厘。在阳间我给你拉扯儿女顶去三千整，我给你铺床叠褥顶去八厘。这回我就算还清你这笔账，一笔勾销永不提。再见面就不能说你是我的丈夫主，再见面不能说我是你的妻。汉高祖斩白蛇一刀就两断，你就往东我就往西。男鬼一听就傻了眼，骂一声女鬼狠心的。劝民工②有钱别买河边的地，有钱别说

---

① 东北、山东一带有给祖先烧包袱的习俗。包袱用纸做成，较为普通的是黄表纸，比较讲究的用金箔纸或彩纸，里面装有纸钱等，包成四方形。

② 指在场的观众。

半路夫妻。半路夫妻有可能十个就有七八个俩心眼，你一时待不到她就好耍脾气，她活的时候闹心眼耍脾气那都是小事，她死了以后还得找她前方丈夫并骨去。

（以下为掌坛人改编的内容）不过我们唱的都是旧社会留下的封建传说，屋里要有半路夫妻听着别往心里去。现如今共产党领导政府又颁布新的婚姻法，现如今从小到大都是一样的。我说这话民工要不信，咱们烧香东家老于头就是半路夫妻，他们老两口现在处得甜如蜜①。夫妻山前再烧纸，烧给两性亡神好回家去。

我们看到，仪式中的文本并非一成不变，而是根据当下的需要，不断增添新的内容，因地因时地创造出新的文本。

恶狗山（变调，WYC 唱，其他二人拉腔）

两性亡神走一山来又一山，眼前来到恶狗山。恶狗山前七条狗，三青四黄把路拦。老亡神想起归位的事，打狗干粮②在手脖上拴。拿出打狗干粮打出去，恶狗贪吃闪到路两边。恶狗山前再烧纸，烧给两性亡神回家园。

恶蟒山

走一山来又一山，眼前来到了恶蟒山。恶蟒山前两条蟒，摇头摆尾真凶险。老亡神又想起归位事，面夫榔子带到阴间。照着恶蟒打出去，恶蟒怕打洞里钻。恶蟒山前再烧纸，烧给两性亡神好回家园。

乌鸦山

走一山来又一山，眼前来到乌鸦山。乌鸦山前一群乌鸦，落下来盖地飞起来遮天。老亡神又想起归位事，五谷杂粮带到阴间③。照着乌鸦撒出去，乌鸦吃饱飞回树川。乌鸦山前再去烧纸，烧给两性亡神好回家园。

---

① YSJ 与妻赵氏为再婚夫妻。
② 按当地习俗，人死后，在灶坑里烧几个打狗干粮，用红线绑在死者的手腕上，再绑两个小面棒。
③ 按当地习俗，人死出殡时要带一个用稻草带编织的小墩儿，里面装上苞米、大豆、高粱、谷子等五谷杂粮，由女婿埋在坟茔地头上。

花容山（三人，**WYC** 和 **TDG** 轮流唱，其他二人拉腔）

两性亡神走一座山又一座山，眼前不远来到这座名叫那花容山。花容山想当年黄氏女游过地狱，众民工要听十八层地狱都在花容山。无论是那女人等在阳间不做好事坐下罪，死了以后都得在花容山上受些磨难。花容山东山上挂的都是偷驴偷牛盗过马的，再看西墙上做贼盗案的都在刀尖上穿。打爹的骂娘的五雷击他的顶，瞅见公公骂婆婆活活扒心肝。咱们先看看有那么一位女妇人，在阳间推碾子推磨不节约，糟蹋粮米作罪那才狠。花容山前给她积攒米面一座大山。米面山前摆的倒有碾子和磨，鬼拉碾磨滴溜溜地直打转转。大鬼抓住这个女鬼拖拖拉拉就往碾盘上拉，小鬼抓着这个女鬼大头朝下就往磨眼里推。只听研得女鬼嘎巴嘎巴齐声响，不多一时就把这个女鬼研得连骨带肉血糊淋拉地一大磨盘。还有一个女妇人在阳间不是正常来化妆，她为了摆浪子一天到晚抹十八遍，擦胭脂，抹官粉，梳油头作罪更不小。死到阴世三间大小二鬼拿起一把小钢刀，先片她小脸蛋，后把脑瓜盖掀。还有那么一位女妇人好倒坐锅台，用两只大脚去凑火作罪也不小。死了以后大小二鬼给抓着大头朝下就往浮台（烟囱）眼里填，灶君老爷见怪堵得烟囱直冒烟，呛得女鬼两眼看不着天。又有个女鬼大小二鬼用钢刀开膛破肚抠心挖胆，因为她在阳间给人家填房作后当后妈，对待前窝的孩子心眼太偏偏。还有那么一个年轻女鬼，大小二鬼用钢刀把她劈了好几瓣，因为她在阳间今天打离婚明天打离婚，走一家又一家，骗过不少男同志的钱。这女妇人作罪就表到这里不表吧。

咱再把男同志作罪表一番。如果不把男同志作罪来表，屋里的女同志嘴说咱们烧香的心眼真偏偏。那咱们就先说说，有那么一个年轻的小伙在阳间经常歪戴帽子斜楞眼，经常偷着看人家的姑娘媳妇作罪可不小，大小二鬼抓着他，把他两个眼珠挖。还有那么一个男鬼喜新厌旧，休妻毁地，休一方又一方作罪也不小，死了以后大小二鬼用钢刀把他大卸八块谁也没有可怜。这老君炉炼铁匠化成血水，因为他在阳间打镰刀打锄板不放钢光放铁，欺骗不少庄稼人的钱。有一个买卖人卖烧酒往里兑凉水作罪那才大，死到阴曹地府大小二鬼抓着用凉水把他冻成冰山。又抓到一个纸匠开膛破肚，因为他活的时候扎纸牛扎纸马不放肝腑五脏净把死人瞒。还有一个木匠伙计大小二鬼用锯把他破成了板，因为他在阳间是木匠望着别人家死人他做棺材好卖钱。花容山前再烧纸，烧给两性亡神好回家园。

阴阳桥（WYC 唱，TDG、WJ 拉腔）

两性亡神正往前走抬头就瞧，眼前不远来到这座阴阳桥。阴阳桥上站着两个披发的鬼，一个提叉一个拿着刀。行善之人放从桥上过，作恶之人抓着就往桥下撂。桥下倒有八尺水，钢叉铁舌水中锚。作恶之人扔下去，再想要托生万不能了。烧香东家两性亡神在阳间净做好事都过了这座阴阳桥。阴阳桥上还得烧纸，烧给两性亡神好过桥。

五道山（WYC 唱，WJ、TDG 配唱）

走一山来又一山，眼前来到五道山。五道山前有座五道庙，五道把守这座山。五道都是贪财的鬼，不给他纸钱不让过山。五道山前再烧纸，烧给两性亡神好过五道山。五道就在山头站，东家两性亡神细听根源。回到家里不能贪图吃喝和玩乐，鸡叫狗咬不能回还。

阴阳关（三人）

走一山来又一山，眼前来到阴阳关。阴阳关来阴阳关，阴阳两界两重天。太阳照在阳关道，月亮照在鬼门关。阴阳关前快烧纸，烧给两性亡神回家园。

狂风山（三人）

走一山来又一山，眼前来到狂风山。狂风山来狂风山，狂风山的狂风刮得欢。它把两性亡神刮到家园。

（变调，尾声，WYC 唱，TDG 配唱）

只听门外小风阵阵刮，他把两性亡神刮到家。香主爷爷都下了龙驹马，奶奶回来下了太平车。香主爷爷下马都站在门东，听到屋里打鼓吵闹哄哄。香主奶奶下车都站在门西，看到屋里摆的满桌酒席。爷爷你别慌奶奶别着忙，你的儿孙后代来摆桌张。咱们打了半宿鼓，神还都在外，二番回来接神安排。

（亡魂圈子结束，接下来准备安座）

第八铺：安座

安座又称"阴阳大会"①，是请各辈祖先亡魂进入香堂，请诸天神进入龙棚入座的一段。安座接神时，在门槛处面朝外放一张小桌。一张白纸条一端搭在桌子上，另一端搭到门槛外。将两碟菜、三双筷子压在纸条上，桌上放一杯酒，一支蜡烛。香主面朝外跪在门槛内的小桌前，掌坛人手持升斗中的大旗站在香主东侧，一名配鼓立于西侧。外面另有两人烧纸奠酒。每请一辈烧两张纸，奠酒叩头。

图 2　阴阳桥（刘正爱摄于 2009 年 2 月）

（掌坛人唱，WJ 配唱）

笤帚花开门净扫神堂地，木头花放上桌子一张。棉花花纸上塘桥布，

---

①　也可理解为阴间的亡魂和阳间的活人共聚一堂的欢乐庆典。

一头搭在门槛外。一头搭在桌子面上，白菜花萝卜花切上两碟菜。还有江南的竹子花筷子码上三双。高粱花玉米花烧上大缸接神刘伶酒。苏子花芝麻花靠成油，银灯掌掌上一盏灯。烧香东家请过来，雪花飘摇跪尘埃，迎接你死去的那些爷爷奶奶。烧纸的远点烧上三张纸，烧给那些穷神恶鬼，叫他们远远地离开。烧纸的你在门槛外再烧二三六张纸，烧给大门神二门神你挡住穷神恶鬼，把东家两性亡神放将进来。尊东家你家再早年死去的一辈两辈三四五辈爷爷奶奶吃酒来在房门外，房门以外等宝财。你把纸多烧，你把酒塞开，麻溜烧纸奠酒请进门来。

（此时，跪在屋里的东家磕三个头）

尊东家还有你再早年死去的那些大爷、大娘、高堂父母、叔父、婶娘吃酒也在房门外，房门以外等宝财。你把纸多烧，你把酒塞开。麻溜烧纸奠酒磕头，请进门来。尊东家你家再早年死去的哥哥、嫂子、兄弟姐妹、花姐灵童、十几辈幽魂吃酒也来在房门外，房门以外等宝财。你把纸多烧，你把酒塞开。麻溜烧纸奠酒磕头，请进门来。

尊东家还有你家再早年死去的老少辈的姥爷、姥娘、舅舅、舅母、姨父、姨母、岳丈、岳母、姐夫、郎舅、大小姨子吃酒也在房门外，房门以外等宝财。你把纸多烧，你把酒塞开。麻溜烧纸奠酒磕头，请进门来。

尊东家你家再早年死去的老少辈的对头亲家、串门的亲家、叔辈亲家、姑舅亲家、两姨亲家、磕头的、连香的，吃酒也在房门外，房门以外等宝财。你把纸多烧，你把酒塞开。麻溜烧纸奠酒磕头，请进门来。

（以上外盘腿结束）

叫声东家站起来，八仙小桌子往里抬。里八仙外八仙，对对八仙往屋里搬。

东家起身，将小桌抬进屋，调转方向，把纸条搭到供桌上，用香碗或供器压住纸条，谓之"阴阳桥"。掌坛人和配鼓在外面坐着唱叫"外盘腿"，进来以后坐在炕沿或凳子上，面对供桌宗谱，叫"里盘腿"。

掌坛人和 WJ 对白：

树要老了怕风摇，人要老了就怕归阴曹。家趁黄金筑北斗，有钱买不来长生不老路一条。

接着唱：

（掌坛人 WYC，配鼓 WJ）

WYC：咱们走一走那么瞧一瞧，阴间走阳间瞧。看看有儿的好还是没儿的好，再看看有儿的强还是没儿的强。咱们先说说这有儿的、有女的，阴世三间死了去，他的家里烧香还愿摆酒席。有人请他回家吃酒，有人陪酒跪在溜平地。

WJ：再看无儿的、无女的死了去，谁请他回家吃酒，谁跪花坛。

WYC：咱们再说说这个有儿的、有女的，你看他到了年岁大，生病在床，卧床不能起，你看床前床后有人给他请大夫，有人给他煎汤来熬药，你看他堂前堂后有人来照料。咱们再说说那个无儿的、无女的，他生了病，卧床不能起，你看那床前无人走，无人到，无人给他请大夫来煎汤来熬药，你看那床前床后疏单了。咱们再说说那个有儿的、有女的，阴世三间死了去，他停灵放在地。灵前灵后有人哭，有人叫，有人给他指明路，有人去报庙，有人披麻来戴孝。送浆水，送盘缠，灵前灵后吵吵闹闹。

WJ：无儿的、无女的，阴世三间死了去，没人哭，没人叫，没人送浆水，没人指明路去报庙，没人披麻来戴孝，灵前灵后就疏单了。

WYC：还得说说这个有儿的、有女的，阴世三间死了去，在家里停了三天并五日，来了街坊四邻抬杠的，把他抬到老茔地里去。三天有人去圆坟，七天有人去烧七。烧七七，烧百日，烧周年，你看那茔前茔后踩得明晃晃好几条道。

WJ：你再看那儿的、无女的，阴世三间死了去，当天就抬到乱坟岗子里。三天无人去圆坟，七天没人去烧七。只见坟前坟后狗荆条、万年蒿、割条套子、马尿烧，忽悠忽悠长起来了。

WYC：还得说一说有儿的、有女的，阴世三间死了去，一年三百六十日，有那么四个鬼节日①。过了年就来到正月十五头一个花灯大节日。你看那有儿有女的人家，豆面蒸灯是金灯，白面蒸灯是银灯。苞米面蒸灯是铜灯，荞面蒸灯是铁灯。粉子蒸灯是喜灯，白菜灯大蓬生。茄子灯紫莹莹，

---

① 正月十五、清明、七月十五、十月初一。

高粱灯那个红腾腾。有的人家不蒸灯，割开萝卜挖个坑。牛羊油，灌上灯，红头蜡拿到茔地点上了灯。劈腾扑腾放了一阵花炮灯，惊动老亡神出来观看一片热闹好花灯。

WJ：你再看看那无儿的、无女的，也盼几个鬼节日。盼到头一个正月十五大节日，看着人家有儿有女的坟头亮铮铮，看看自己的茔地黑咕隆咚。他起了贼心去偷灯，偷了一个荞面灯是铁灯。他一步三摇往回行，惊动看坟的牧童喊了一声，把他吓得打了个愣怔。正赶上正月十五横垄地征明的兵，他哧溜溜就照了个仰外登。起不来，蹭了蹭，后脑勺卡了个大窟窿。哧楞哧楞冒血星，捧着个脑袋疼得乱哼哼，从今往后发誓再也不偷灯。

WYC：咱们还得说说有儿的、有女的，过了正月十五又来到清明佳节、七月十五、十月一。有人给他去上坟，去填土，坟头以上压钱纸飘摇摇，你看多少年的古坟填得高亮亮的。

WJ：咱们再说说无儿的、无女的，阴世三间死了去，盼到清明佳节、七月十五、十月一。没人给他去上坟，去填土，多少年的古坟哈塌了。

WYC：我说高亮亮的你怎么能说它哈塌了。

WJ：白泛泛骨尸露出来了。

WYC：夜晚都是星辰月光把它照。

WJ：白天十人见了九人都吃笑。

WYC：真可叹无儿无女落为了下场。

（以下是掌坛人 WYC 改编的内容）

在座的亲友大伙听仔细，特别是无儿无女的，你听了俺们俩嘟哝这些事儿可别往心里去，这都是旧社会留下的坏规矩。现如今，共产党来领导，胡锦涛国家主席党的总书记，领导我们要往小康路上去，号召人民按着计划来生育。你真没有儿没有女，年纪大了丧失了劳动能力，就把你送到敬老院去。社会上有补助，上级还有救济。等你归到阴曹地府去，领导干部扎花圈开追悼会把你送到茔地里去。每逢过年过节日，干部群众都能给你填土上坟去。共产党领导得好，有儿没女都是一样的。

（变调，掌坛人和 WJ 一人一句）

上一层下一层，一层一层挂彩虹。上一排来下一排，一排一排排将下来。烧香东家请过来，二番还得跪尘埃，搬倒酒瓶慢慢塞（**酒杯里的酒分**

四次倒）。

尊东家你家再早年死去的一辈、两辈、三四五辈的爷爷、奶奶吃酒让在上席坐，还有你家早年死去的大爷、大娘、高堂父母、叔父、婶娘吃酒都在两面陪坐。好吃荤的荤桌上坐，好吃素的素桌上挪。好吃茶来茶三盏，要是不吃荤素酒奠刘伶。尊东家你家再早年死去的哥哥、嫂子、兄弟姐妹吃酒也让在席上坐，还有你家早年死去的花姐灵童、十几辈幽魂吃酒两面陪坐。神堂宽来宽宽坐，神堂窄来窄上坐。好吃荤的荤桌上坐，好吃素的素桌上挪。好吃茶来茶三盏，要是不吃荤素酒奠刘伶。尊东家你家再早年死去的老少辈的姥爷、姥娘、舅父、舅母、姨父、姨母让在席上坐，还有你家早年死去的老少辈的岳丈、岳母、姐夫、郎舅、大小姨子、姑舅连襟吃酒两面陪着。神堂宽来宽宽坐，神堂窄来窄上坐。好吃荤的荤桌上坐，好吃素的素桌上挪。好吃茶来茶三盏，荤素不吃酒奠刘伶。尊东家还有你家再早年死去的老少辈的对头亲家、串门的亲家、叔辈姑舅两姨亲家吃酒让在席上坐，还有你家早年死去的老少辈的、磕头的、连香的、交朋好友的吃酒都在两面陪着。神堂宽来宽宽坐，神堂窄来窄上坐。好吃荤的荤桌上坐，好吃素的素桌上挪。好吃茶来茶三盏，荤素不吃酒奠刘伶。

（酒倒光）

天上下雨地下流，小盅倒在大碗里头。小小酒碗落尘埃，你双手捧起烧酒碗。捧起来双手把它举起来，对着祖先堂让三让来拜三拜。恭敬爷爷恭敬奶奶，你要陪你死去的那些爷爷喝了这杯喜乐酒。你讨个寿禄能活九十九，日子过得年年有。你要陪你死去的那些奶奶喝了这杯喜乐茶，一辈子耳不聋眼不花，腿不疼来腰不麻。一口喝个干干来，光喝酒别动菜，磕个头请起来。帮忙的别卖呆儿，撤去桌子捡去咸菜。一杯酒来两杯茶，两性亡神吃酒安排坐。

东家磕头起身。里盘腿结束后，撤掉纸条和咸菜，撤掉小桌。香主磕头起身。亡神安座结束后，香主走到门外烧三张纸，把九郎请回屋，安排入座。掌坛人将大旗插在斗上，香主点燃一路黄香也插于斗上。

（请九郎，掌坛人唱，WJ 拉腔）

咱把东家的两性亡神请到花坛吃酒落下宝座，在门外还闪下一个去请客的。九郎好比一只鸡，门东下马落到门西。东家门外烧上三张纸，未从烧纸酒要去滴。老将军屋里请上坛罢，九郎上坛手扯大旗。老将军代替东家请客辛苦劳累，上天入地半拉多宿没捞着休息。烧香东家不能亏待你，两性亡神陪伴你吃用这满桌的酒席。你好吃荤的猪头三牲肉，还有供鸡火龙鱼。爱吃素的白面蒸的供，美酒水果管你吃用去。老将军要是荤的吃饱素的用足，灯斗上落座你就去休息。老将军灯斗落下宝座，这么多黄香可都是为了你的。二人上坛打的接神安神两铺鼓，下面咱等东家拜完祖先，咱们再把两性亡神给送回去。

图 3   街坊邻居和香主家人准备磕头拜祖（刘正爱摄于 2009 年 2 月）

掌坛人将大旗插在斗上，香主在斗中再烧一路黄香，九郎安座结束。东家开始磕头拜祖。

（掌坛人道白，主持磕头）

马跑悬阳地，来到四马庄，神鼓连声响，显出祖先堂。于门府上的两性亡神啊，你可要听明白。今天你的后代人 YSJ 老先生为你举办了这次阴阳大会，替你们请的新家谱，给你们添上名字，给你们烧香，请你们来家吃吃喝喝。但是你不能辜负了你们的子孙后代的一片孝心。要保佑他们老

两口和子孙后代人都太太平平的，平平安安过好日子，好发财。下面由亲
朋路友来替老于家拜拜祖、磕磕头吧。

街坊四邻、亲朋好友依次磕头，最后烧香东家依次磕头。
亡神圈子结束。

第九铺：辞灶王（掌坛人）

灶王爷是最接近百姓生活的神，过去几乎家家户户都要祭灶神。因此表灶
王是烧香程序中不可或缺的环节。神掌坛人面朝灶台，表述灶王的来历及其职
能，讲述灶台的诸多规矩和忌讳，从这一段可以了解到当地的诸多习俗。

　　辞灶君老爷，打扫前堂，打扫后堂，打扫锅台，要辞灶王。买卖人辞
灶王，一碟枣来一碟糖。庄稼人辞灶王，一碗草来一碗料，一碗青茶饮马
浆。灶君老爷本姓张，住在下方雪花庄。上方神仙他不做，他在下方当灶
王，一年四季锅台后里受些窝囊。下方倒有个邋遢女，她把洗锅脏水淋到
灶君老爷脸蛋上。灶君老爷生了气，他要上天奏本张。每年腊月二十三，
灶君老爷都要回天堂。灶君老爷踏着锅台上了白龙马，外边小孩放炮仗。
只听炮声三声响，一溜火光就上了天堂。灶君老爷来到天堂天坛跪，玉皇
大帝就开了龙腔。下方何人待你好，何人待你坏，快对本朕说说言良。何
人待你好，来年你往下界做些保旺。何人待你坏，来年下界遭些灾殃。灶
君老爷闻听事不好，好话多说，癫话他可以瞒藏。他说下方黎民待我好，
初一十五烧长香。又说下方红娘待我好，做什么饭菜香滋美味都要我先尝。
玉皇大帝闻听龙心喜，一本射出了张灶王。灶君老爷回来路，月大都是七
天整，月小就在六天头上，灶君老爷又下天堂。到了下界抬头看，家家户
户锅台后都换了一张新头像。灶君老爷归了灶君位，三台事情没表言良。
（当地人认为，锅台上不能坐，锅里不能干擦碗，葱皮、梅豆案子、高粱壳
子都不能烧火，正月里忌讳这些）锅台碾台磨台不能坐，坐磨台压青龙坐
碾台压白虎，坐锅台压灶王。灶王老爷见了怪，叫你腰疼腿疼不离身上。
正月里锅里不能干茶碗，几娄昚晃好打饥荒。正月里锅里不好压浑水，当
家的人等出门办事心里窝囊。正月里要刷净锅来添清水，当家人等出门办

事心里亮堂。正月里锅里压上糕和点，一年能攒万担粮。正月里笤帚簸箕不好锅台放，一扫一簸溜溜光。正月里刷子头子不好锅沿卡，出门的闺女想她的爹妈眼泪汪汪。正月里筷子不好锅沿卡，一条红棍打灶王。正月里烙铁不好锅台上放，养活姑娘舌头尖长。舌头尖长不要紧，她两口子打仗姑爷好骂丈母娘。正月里锅里事情表过去，还有锅底坑的事情没妥当。正月里小孩裤子不好锅门脸上晾，灶君嫌乎好肮脏。正月里葱皮蒜皮不好去烧火，小孩好生黄皮疮。正月里黄瓜蔓子梅豆蔓子不好烧火，小孩好生蛇胆疮。正月里高粱壳子荞麦壳子不好烧火，小孩出花黑锵锵。

正月里的事情表过去，抬头看到灯光娘娘。正月里不能对灯把喷嚏打，不是大人缺儿女，就是小孩缺爹娘。那常言说得好，能叫大人缺儿女，别叫儿女缺爹娘。小孩落座爷爷奶奶手，不疼孙子想他儿郎。缺了爹娘落在姥爷姥娘手，不疼外甥想他姑娘。那小孩要落在了婶子大娘手，一样的孩子带的两样心肠。自己生的搞在炕头睡，侄男外女搞在炕梢上。到了半夜小孩冻得哇哇哭，又找爹来又找娘。常言古语说得好，谷子稗子不算粮，婶子大娘不如亲娘。你看小孩落在后娘手，就怕小命不久长。闲言辣语丢开吧，快给灶君老爷烧上纸三张。未从烧纸别奠酒，因为张郎醉酒休过丁香。草料就往门外倒，这碗清茶就泼在地当央。我手扯大旗来到神堂，灶君老爷来到神堂拜三拜，东家两性亡神细听言良。世间都是你留下的儿和女，一年四季多去保旺。灶君归了灶君位，二番回来走走腰铃好送神亡。

第十铺：送神

俗语曰：请神容易送神难。送神是十铺鼓中最为重要的环节。送神送不好，香主一家这一年便不得太平。送神的重要性也体现在着装上。掌坛人只有在这一环节才会穿神衣，系腰铃，戴神帽①。掌坛人打着单鼓，唱着神歌，将天神、

---

① 看到这副打扮，会让人联想到跳神的萨满，但如前言所述，烧香师傅不能通神，这身服装无疑是受到满族跳神的影响。

两性亡神、唐朝人马请下座，并开始走腰铃、耍单鼓①。

（掌坛人主唱，TDG、WJ 配唱）

这一到神堂打寒战，眼望辽阳雪花山。雪花山前八宝云光洞，洞宾老祖戏过牡丹。牡丹戏得呵呵笑，说下路神仙不能升天。鼓靠鼓来锣靠锣，踩过门的媳妇全靠公婆。熬到媳妇手到的面，不受些折磨难当婆婆。多少年的老道修成佛，多少年的媳妇熬成了婆。多少年的干沟流成河，多少年的小树长成桥。小小花马背上安，撒欢撅脚一溜儿神烟。文王留的钢圈鼓，二郎留下赶三鞭。观音菩萨留下五角神冠，老君炉留下腰铃一盘。腰铃咀儿来七寸三，**（掌坛人开始走腰铃）** 摇摇摆摆耍送神仙。冬季里来梅花开，供菜供饭撒将下来。另打鼓来另上香，香烟腾腾好送神亡。

图 4　送神（刘正爱摄于 2009 年 2 月）

---

① 单鼓、腰铃、神帽等均由掌坛人 WYC 一手制作。

（变调）

东出一卯往下滑，西出半月滑下花坛。南斗六星往下滑，北斗七星滑下花坛。天河两岸往下滑，牛郎织女滑下花坛。玉皇大帝往下滑，天兵天将滑下花坛。深山大庙往下滑，矮山小庙滑下花坛。所有的老爷往下滑，所有的老祖滑下花坛。所有的老母往下滑，所有的娘娘滑下花坛。五岳将军往下滑，灯光娘娘滑下花坛。九郎先行往下滑，土地灵童滑下花坛。唐朝人马往下滑，东家两性亡神滑下花坛。

（掌坛人摆着腰铃往前走三走，拜三拜，往后走三走，拜三拜，持续约两分钟）

（掌坛人边打鼓边说）

某某神多烧纸，某某神划拉金银。砍刀大旗往外送，把天神庙神东家两性亡神送出门庭。头声喝开天堂路，二声喝开鬼府衙门。天堂路上走人马，鬼府衙门走神灵。天爷人马送回天宫去，老祖送到古洞中。天神庙神全送走，我送东家两性亡神都回坟茔。

掌坛人边走腰铃，边将各路神送出大门外。随后转回身念咒：

东为艮，艮为雷，雷公雷母使雷锤。雷公手使斩妖剑，雷母手使五雷锤。泰山压顶往下打，石沙四起遍地飞。一打妖魔和鬼怪，二打穷神恶鬼赶快退。叫你出门就快走，去请观音菩萨来免罪。四大金刚头前走，后跟火龙大将军保驾威。只许往前走，不许往后退，往后一退咔嚓就一雷，打你浑身都粉碎。一把神沙往外打，把穷神恶鬼都送出门。王母娘娘园里一棵桃，叶儿尖尖长得牢。老君炉上打钢斧，手拿钢斧砍桃条。砍下桃条整七根，我把桃条分一分。头根分给天鹏帅，二根分给二郎神。三根分给哪吒三太子，四根分给四大姐弟神。五根分到下方看五路，六根分给六丁六甲神。七根桃条无处分，留给东家打鬼魂。大鬼见了发了愁，小鬼见着低了头。我一根桃条往外打，把穷神恶鬼都打出门。穷神恶鬼都走了，我们压下恶令刀。东家送神送得好，鸡没叫来狗没咬，东家从此能得好。

此时屋里已经开始撤供，香主用瓢舀点饭和水，将供桌上的三杯酒倒入瓢中，再拿几张纸、一路香，到外面的十字路口将纸烧掉，把瓢中食物泼出去，送神结束。

结　语

以上我们展现了一个较为完整的烧香还愿仪式。综观烧香唱词的内容，它几乎囊括了中国民间宗教思想的所有层面：儒教的伦理纲常、佛教的因果报应和劝善惩恶、道教的阴阳五行以及神仙思想等。可以说，一部香卷就是一部中国民间文化的集大成，是一幅气势磅礴的民俗画卷，整个烧香仪式又可看做是民间文化的一次展演。对于人类学家而言，烧香这种形式的祭祀无疑为我们研究中国人的祖先观提供了一个崭新的视角。我们看到，在烧香还愿过程中，宴请亡神的范围不单包括父系祖先，也包括母系祖先、姻亲甚至拟制亲属的亡神，正如唱词中所表述的，所有"沾亲带故"的两性亡神均包括在烧香祭祀的范围之内。从整个形式来看，烧香既是娱神的，也是娱人的。通过人与神共聚的"阴阳大会"，拉近了人神之间的距离，以及人与人之间的距离，并最终达到了整合共同体的目的。

国家精英话语经常用"迷信"或"淫祀"来描述民间信仰，并将其定位成原始的、落后的、低级的宗教形态，而对于民众来说，这是一套与家族、村落、区域文化等密切相关的信仰体系。以神明世界为核心的象征秩序是现实秩序的一个补充。民众的日常生活正是在这两种秩序当中得以持续的。

人类学家与民俗学家能对社会所作的贡献应该是通过深入研究那些所谓的边缘文化，阐明它们在中国民众现实生活中所具有的特殊意义，让政府的决策者们去理解，那些"迷信"实际上是深深扎根于民众生活土壤中的文化，它自有其存在的合理性，从而给其以应有的定位。"烧香"曾经作为"迷信"，而被主流文化所排斥，好在这种仪式包含了音乐和舞蹈的因素，因此20世纪80年代以后，研究者们大多通过调查其音乐形式，或者将其归类于萨满教而试图获得某种话语权。然而，作为"非物质文化遗产"的，仍是烧香这种信仰仪式中属于音乐的那一部分，而不包括司祭、香主、烧香内容、祭祀仪式等一系列构成烧香仪式的所有实践要素的总和。换言之，被列入非物质文化遗产的，是从整个系统的生活实践中剥离出来的、被称为单鼓的音乐形式，而非作为一种祭祀仪式的宗教实践①。那些被认为是封建、落后、迷信、糟粕的成分需要剔除之后才能列入保护范围，以致离开文化土壤的保护对象逐渐失去生命力。这也是为什么许多专家呼吁要整体性保护的原因②。而国家也陆续出台相关政策，设立国家级民族民间文化生态保护实验区，以期文化遗产能在一个更大的文化生态中得到保护③。

尽管如此，非物质文化遗产保护工程中的种种问题似乎仍未得到有效解决。问题到底出在哪里？仅就民间信仰中的仪式而言，国家若不彻底改变对民间信仰的政策环境，就无法彻底摆脱碎片化保护的困境。不过，我们看到，同样是民间信仰，妈祖信仰所受到的厚遇多少会让人们感到一丝欣慰。但是，令许多学者为难的是，他们没有办法给所有的民间信仰戴上一顶冠冕堂皇的帽子，使其符合"有利于维护国家统一和民族团结，有利于促进社会和谐"的目的。因此，若不彻底排除进化论式的思维方式而继续保留以往的"迷信"观，"非物质文化遗产"就有可能变成另一种形式的意识形态，而我们所为之雀跃的伟大工程不但不会帮助我们去挽救和保护更多的传统文化，相反会成为我们告别"迷信"观的绊脚石，从而使许许多多渗透于日常生活中的传统实践重新遭遇不公正的待遇。犹如自然环境需要生态平衡，人类的文化土壤也需要保持一定的生态平衡，否则文化生态的失衡就有可能导致一个不健全的社会。

附录

指路鼓

五条迁路上叫苦连天，刚才好不容易我才把天河过，哪知五条迁路又摆在面前。不知哪条大路通往天宫去，不知哪条大路能上西天。九郎哭得

---

① 刘正爱：《祭祀与民间文化的传承——辽宁宽甸"烧香"》，金泽、陈进国主编《宗教人类学》第 1 辑，民族出版社，2009，第 194 页。

② 关于对非物质文化遗产进行整体性保护的想法参见刘魁立《非物质文化遗产及其保护的整体性原则》，《广西师范学院学报》2004 年第 25 卷第 4 期，第 1～8 页。

③ 张松：《文化生态的区域性保护策略探讨——以徽州文化生态保护区为例》，《同济大学学报》2009 年第 20 卷第 3 期，第 27～35 页。

如酒醉，惊动上方一位神仙。上方李靖大仙正在洞中坐，忽觉耳热眼跳心
不安。莫非何处不下雨，还是哪里受涝不晴天。还是哪里困住了英雄将，
哪家保国忠良有灾难。他手掐灵纹算了一算，知道五条迁路以上困住了请
客的九郎官。我不指路谁去指路，我不指路他怎么能够上西天。老祖急忙
打开衣甲库，急忙梳洗去打扮。九灵道巾头上戴，八卦仙衣身上穿。腰系
九梁珍珠穗，粉底道靴足下穿。指路柬帖腰中戴，防身宝剑戴在腰间。老
祖立时打扮好，迈步走出古洞前。老祖站在东门以外，双手要把云来搬。
左手搬云云没动，右手搬云云没动弹。想当年我从师学过艺，试试方法还
灵不灵验。就地画个双十字，站在上面念真言。真言咒语念三遍，四面八
方变了天。老祖照着东方指一指，一块青云起东边。又照南方指一指，南
方烧红半边天。又照西方点一点，一块白云起西北。又指北方壬癸水，北
方立起乌云斑。又指中阳戊己土，一块黄云起中间。五朵祥云都一起，形
成一朵莲花半空悬。老祖跳在上面坐，要把天下景来观。先看东方甲乙木，
有座九鼎铁刹山。铁刹山上八宝云光洞，修道长眉李大仙。又往南方送一
目，看到那座终南山。路童鹤童洞外走，伴随南极长寿仙。又往西方观一
眼，看到那座昆仑山。想当年洪钧老祖道行大，他能围绕昆仑盘三盘。又
往北方送一目，看到那座云蒙山。王禅王敖弟兄俩，收徒孙膑和庞涓。一
样徒弟两样带，差咐庞涓去征南。庞涓征南招了驸马，留下孙膑看桃园。
又看中央戊己土，士农工商闹喧喧。有人穿红有人穿绿，有人穿青有人穿
蓝。穿青穿蓝是男子汉，穿红穿绿是女儿婵娟。老祖观不尽天下的景，五
条迁路在面前。有心真体往下落，暴露仙体不是玩。老祖摇身变了一变，
变了一位老妖仙。头赛柳斗那么大，两道眼眉宽又宽。鹰钩鼻子凹凸脸，
两颗獠牙唇外翻。老祖落地高声喝喊，哪里来的狂仙野神在这叫苦连天。
今日说出真情话，放你不死为神仙。如果不说真情话，宝剑底下叫你染
黄泉。

〔变调〕

九郎急忙上前忙跪倒，叫声老祖听我言。问我家来我家也有，我不是
缺名少姓的男。我家住山东邑州朔阳县，魏门府上有家园。子不言父名魏
佰册，我母是邓氏女婵娟。我母三胎生九子，弟兄九人八个官。我大哥在
朝为宰相，二哥做过吏部天官。三哥官拜都察院，四哥挂帅掌兵权。五哥

做过提署府，六哥出任坐江南。七哥在朝为知府，八哥做过八府巡按。就属我九郎年岁小，伴随父母在家园。九郎我生来贪玩耍，后花园经常跑马射箭去游玩。马死前蹄把我跌在溜平地，因此我一命归阴间。天地下大庙不收我这屈死的鬼，小庙不收我这屈死的男。正赶上上方玉皇蹬八宝，将我连人带马收上了天。玉皇看我会办事，封了我一个请客的神仙。天下七十二把钥匙都交给了我。天下庙门任我开关。我上天能打开天堂路，入地能叫开鬼门三关。今天夜晚某某东家还神愿，打鼓之人差我搬请天爷上西天。方才我好不容易把天河过，这五条迁路又摆在面前。我五条迁路上迷了路，因此在这叫苦连天。万望老祖指条路，指条明路我好上天。

（变调）（老祖说话）

老祖闻听呵呵笑，叫声九郎你听言。你身后来了一位道仙长，他能指路你上天。骗得九郎回头看，老祖起在半空悬。一封柬帖落在溜平地，九郎拾起仔细观。东方大路不能走，青龙行军把东边。南方大路不能走，朱雀行官把得严。西方大路更不能走，白虎行军把西边。北方大路走不得，披头玄武把北边。中阳大道更不能走，二郎大圣守在中间。西边有条小毛道，直通凌霄宝殿前。你顺着小道把天上，凌霄殿前把本参。玉皇准了你的本，你跟随天爷大轿转回还。玉皇不准你的本，你顺着原路再下天。你当我是哪一个，我是上方李靖仙。九郎急忙把头磕，多谢老祖指点咱。九郎五条迁路以上歇人马，二番回来再上天。

达斡尔族萨满文化传统的当代变迁

——以斡米南仪式为例

吴凤玲*

　　萨满教是达斡尔族古老的原生宗教，是达斡尔族民族传统文化的重要组成部分，在其漫长的民族历史中发挥着不容忽视的作用。同时，随着历史的发展，达斡尔族的萨满教也在经历着时代的变迁，特别是近现代以来，巨大的时代变迁和剧烈的社会变革令达斡尔族的萨满教受到了很大冲击，这个曾经占据主导地位的民族传统信仰因此一度衰落和沉寂。然而，在当代，特别是 20 世纪 90 年代以来，这个一度衰落和沉寂的传统在达斡尔民众中间又有了复兴的态势，其中尤以民间自发地恢复举办大规模的斡米南仪式为突出表现。2009~2011 年，我们曾连续 3 年追踪调查了达斡尔族当代知名萨满斯琴挂和沃菊芬的斡米南仪式[①]。本文将主要以我们在 2009 年 6 月 18~20 日考察的沃菊芬萨满的斡米南仪式为例，通过将其与传统的斡米南仪式相对照，探讨这种复兴的萨满文化在延续传统同时经历了怎样的变迁？其复兴的契机是什么？当代萨满在新时代背景下又是如何探索萨满教的生存和发展之路的？

一　达斡尔族及其萨满教信仰

　　达斡尔族是中国北方人口较少的少数民族之一，据 2010 年的人口统计为

---

　　*　中国社会科学院民族学与人类学研究所助理研究员。

　　①　这三次考察的小组成员还有：孟慧英研究员、萨敏娜博士、孟盛彬博士、郑琼博士、李楠博士和郑文博士。本文的写作得益于课题组成员的集体调研成果，在此特致谢意。

131992 人，主要分布在内蒙古自治区、黑龙江和新疆维吾尔自治区等地，语言为阿尔泰语系蒙古语族。

达斡尔族曾以黑龙江流域为历史摇篮，至清朝初年，被称为"萨哈连部""萨哈尔察部""索伦部"的达斡尔、鄂温克等族各部相继归服清廷，被编为"佐领"，岁贡貂皮，在清朝理藩院和宁古塔昂邦章京（后改称宁古塔将军）的管辖下过着猎、渔、耕、牧的和平生活。

从顺治六年至康熙六年，达斡尔族迫于沙皇俄国对黑龙江流域的武装入侵而南迁到嫩江两岸繁衍生息。在清代，清朝政府将这部分南迁的达斡尔族与同在这一地区的鄂温克、鄂伦春等编入八旗，因为此地居民多以渔猎为生，故称为布特哈八旗，汉语译为"打牲部"。被编入八旗组织的达斡尔族官兵应朝廷调遣，频繁征战，迁徙戍边和驻守边防城镇。被征调戍边驻守的官兵，除部分返回家乡外，携带家眷的大部分扎根于所迁入地区。经过清代几百年时间，达斡尔族形成了一个散杂居的分布格局，并相沿至今。根据分布地域的不同大致可以划分出以下几种社会群体：（1）布特哈群体；（2）齐齐哈尔群体；（3）海拉尔群体；（4）新疆群体；（5）瑷珲群体。我们这次调查的斡米南仪式是在内蒙古自治区呼伦贝尔盟莫力达瓦达斡尔族自治旗举行的，这里属于达斡尔族的布特哈群体，即达斡尔族文化的基础区域。布特哈群体包括清代布特哈衙门管辖下的嫩江主支流域一带居住的群体，范围包括现在黑龙江省的讷河、富裕、德都等县市和内蒙古自治区的莫力达瓦达斡尔族自治旗、阿荣旗、鄂伦春自治旗和扎兰屯市等地。

达斡尔族的居住环境依山傍水，与居住地的生态环境相适应，达斡尔族一方面发展了以狩猎、渔猎、畜牧和农耕为基础的生计方式，另一方面也创造了适应这种环境的社会组织制度——哈拉和莫昆制度。"哈拉"和"莫昆"是我国北方一些民族都曾存在过的传统而古老的社会组织形式。哈拉指共同起源于一个或几个男性祖先的意识而结合起来的人们的集团，它由共同的名称和血缘关系的认知而结合。莫昆是哈拉下的大家族组织，每个哈拉由数个莫昆组成。莫昆是在一定地区内聚居生活，以血缘为纽带，共同劳动，共同生活的人。哈拉和莫昆的名称来源于达斡尔族世居地黑龙江上中游一带祖先曾居地的山川地名。

萨满教是达斡尔族古老的原生宗教，之所以谓之"古老"，是因为它是在漫长的历史过程中，达斡尔族适应居住地的自然环境条件并发展与之相适应的生计方式的产物；而之所以谓之"原生"，是因为它是在达斡尔族群体中自发产生的宗教信仰，而非传入的外来宗教信仰。达斡尔人信仰萨满教已有悠久的历史，在原居黑龙江北岸的几个世纪，可能是达斡尔族萨满教兴盛发展的时期。直到近半个多世纪前，即现代医学开始在达斡尔族中普及以前，几乎所有的达斡尔人都是萨满教的虔诚信奉者。他们认为整个世界都充满着神灵和鬼魂，不仅天、地、山、河都有神灵在主宰，而且刮风、下雨、打雷和闪电等自然现象，也都是由神灵主宰的；人和各种动物都有灵魂，人的肉体死亡以后，他的灵魂不死，仍然活在阴间或转生再世。他们把自己的幸运或灾难，都看作是神灵的庇佑、恩赐或报复的结果，因而供奉和崇拜各种各样的神灵，并借助作为人神中介的萨满来与神灵沟通，达成祈福和禳灾的美好愿望。

在达斡尔族中，萨满教的信仰和实践与哈拉-莫昆社会组织密切地联系在一起。在达斡尔族的神灵体系中，除了自然神灵和一些达斡尔族共同信奉的神灵外，每个哈拉/莫昆都有自己的祖先神，每个莫昆都有自己的萨满负责宗教方面活动。一代代莫昆萨满在莫昆内部产生，老萨满去世后，他的灵魂会到莫昆中挑选继承人，这一现象在民间也俗称"抓萨满"。萨满继承人"被抓"后会出现精神异常、久病不愈等症状，称为"萨满病"，必须顺应神意担当萨满才能去除萨满病。他的家属和族人要为其请一名老萨满为师，选择冬季或初春农闲季节举行领神仪式，学习掌握当萨满的基本要领。这种领神仪式要在一个冬春甚至两三个冬春内举行，直到学萨满者跳得神志不清时，就认为是上一代萨满的神灵已附体，便举行吃血仪式，请他的诸神降临来吃血，至此一个新的萨满便产生了。这个吃血仪式便是斡米南仪式。举行"斡米南"仪式的萨满，要拜一名老资格的萨满为师，在历时三天的仪式中每天上下午和晚上各跳一次神。斡米南仪式在达斡尔族中是每个莫昆最为隆重和盛大的传统宗教活动，全体莫昆成员都参与筹办并共同支付其费用。新萨满开始宗教职分后，需要在莫昆的资助下举办多次斡米南仪式来不断提升等级。萨满的职能包括为患者治病，主持祭敖包等宗教仪式和为族众消除自然灾害等。

达斡尔族的萨满教信仰在漫长的民族发展史中经历了不同程度的发展和变迁，我们可以结合达斡尔族历史上几个重要的发展时期将其大致分为四个阶段：(1) 黑龙江流域时期，此时的达斡尔族以渔猎和狩猎为生计来源，其萨满教处于全盛时期；（2）南迁到嫩江流域的时期，此时的达斡尔族在渔猎和狩猎之外，也兼事牧业和农业，在信仰上与所在区域的鄂伦春、鄂温克、蒙古和满族等不同民族的信仰相互影响，一方面在萨满教信仰上与周边民族有了相互吸收和采借，另一方面喇嘛教和道教等其他外来宗教也开始对达斡尔族产生影响；（3）近现代以来的时期，此时的达斡尔族社会经历着从传统到现代的时代剧变，传统的社会组织形式哈拉-莫昆开始解体，人们的思想日益受到科学和理性等思潮的影响，加之土改、"文革"和时代变迁等诸多因素的影响，萨满教经历了衰落直至中断；（4）近20~30年来萨满教的复兴时期，萨满教传统在达斡尔族中又开始不同程度地恢复，这种新时代背景下的复兴，在承袭传统的同时，带有鲜明的时代烙印。

二 本次斡米南仪式与传统斡米南仪式的对照：传统的延续与变迁

斡米南仪式在达斡尔语中又被称为"托落托贝利"，意为"竖起宇宙树"，是达斡尔族传统中最为重要的萨满教仪式。斡米南仪式是一种具有历史性和地域性的仪式，除了莫力达瓦达斡尔族自治旗外，"斡米南"（又译为"奥米南""奥米那楞"）也是居住于内蒙古呼伦贝尔盟鄂温克族自治旗巴彦托海镇、红花尔基镇，额尔古纳左旗敖鲁古雅鄂温克民族乡等地的鄂温克民族中主要的萨满仪式活动。在与之邻近的鄂伦春、达斡尔、陈巴尔虎（蒙古）各族中，也有十分相似的祭祀活动。较之这些见于文献记载的相对传统的斡米南仪式，特别是达斡尔族20世纪30年代[①]和50年代[②]的斡米南仪式，本次斡米南仪式一方面基本上延续了传统，另一方面又顺应时代的变化发生了一定程度的变迁，这里我们从仪式目的、仪式参与者和组织者、仪式程序和内容，以及仪式所发挥的作用等四个方面进行对照。

---

① 参见鄂晓楠、鄂·苏日台《原生态民俗信仰文化》，内蒙古大学出版社，2006，第187~188页。

② 参见吕大吉、何耀华总主编，满都尔图、周锡银、佟德富分册主编《中国各民族原始宗教资料集成》，中国社会科学出版社，1999，第334~335页。

（一）仪式举行目的的对照

虽然不同民族、不同地区的这类斡米南仪式在举行的日期、延续的时间、仪式内容、程序和名称等方面略有差异，但举行仪式的目的都大同小异，只有相对固定的几种：或者是老萨满教领新萨满以提升新萨满的能力和资历；或者是祭天祭祖以请神降临祈福消灾；或者是为请神还愿或者酬谢萨满。这几种目的往往相互联系共存于同一斡米南仪式之中。可以概括地说，在这几个相邻民族中盛行的这类斡米南仪式的主要目的在于：（1）承认新萨满资格和萨满等级。（2）萨满技术传授。（3）为氏族祈福。总之，此类祭祀一方面对于萨满个人或萨满职业来说具有实用目的；另一方面与萨满所在莫昆的福祉密切联系在一起。

本次斡米南仪式举行的目的与传统基本一致。

首先，仪式是主祭萨满沃菊芬所在的"沃日"哈拉"绰古罗"莫昆为她举行的，她是该莫昆的第九代萨满，2001 年农历九月初九在斯琴挂萨满的引导下出马，出马以来，曾经举行过祭祀沃姓敖包的仪式和小规模的萨满祭祀——依尔登等，也曾以陪祭的身份参加过斯琴挂萨满的斡米南仪式，但是此次作为学生萨满（喀库雅德根）和主祭萨满举行萨满教传统中最重要的仪式 ——斡米南仪式，对于她来说，还是第一次。在此之前，虽然她已出马，可以帮人看病、进行祭祀和举办仪式等，但是由于没有举行过斡米南仪式，没有获得对其萨满资格的公开和正式承认。因此，本次仪式的首要目的就在于承认沃菊芬萨满的新萨满资格并获得萨满等级。

其次，由于斡米南仪式被看作是老萨满教新萨满的仪式，因此举行斡米南仪式时，要请一位老资格的萨满领祭，其时必须由两个萨满跳神，一个是本莫昆的萨满，另一个是从别的莫昆请来的萨满，人们一般通俗地称从别的莫昆请来的老资格的萨满为"师傅萨满"（"额格雅德根"），他在仪式中充当领祭者和引导者的角色。虽然斡米南仪式的主角是主祭萨满，但是师傅萨满却是起着至关重要的作用的核心人物。本次斡米南仪式还是请引领沃菊芬出马的斯琴挂萨满为师傅萨满。斯琴挂萨满目前居住在呼伦贝尔盟鄂温克族自治旗政府所在地巴彦托海镇，她是"俄嫩"哈拉"博索克浅"莫昆的第七代萨满。在参加本次仪式时，斯琴挂萨满已经举行过两次斡米南仪式，2010 年夏季，我们又参加了她的一次斡米南仪式，经过这次仪式，她完成了职业生涯中的最后一次斡米南仪式，升级为戴12权神帽的最高等级的萨满。因此，作为出马时间不久的沃菊芬萨满首次举行的斡米南仪式，本次仪式的第二个目的就是学生萨满沃菊芬向师傅萨满斯琴挂学习萨满技术。

再次，本次仪式中依然强调主祭萨满沃菊芬作为莫昆萨满的身份，仪式依旧以莫昆的名义举办。在仪式最初的神灵附体的环节，先辈萨满贵德借萨满之口述说了他寻找后辈萨满的过程的艰辛和今天看到后辈萨满成功举行斡米南仪式的喜悦，以神圣的形式确认了沃菊芬作为神抓的莫昆萨满的身份并赋予此次斡米南仪式以意义；在多次神灵降临的话语中，既有对萨满"作为莫昆萨满要不忘为莫昆成员服务的职责和义务"的嘱托，也有对崇信萨满敬拜祖先的莫昆成员"莫昆祖先将保佑敬拜神灵的子孙"的承诺。因此，此次斡米南仪式的第三个目的就是沃菊芬萨满作为莫昆萨满通过仪式为全体莫昆成员祈福。

图1　主祭萨满沃菊芬（左）、师傅萨满斯琴挂（中）和陪祭萨满图雅（右）

（二）仪式参与者和组织者的对照

传统的斡米南仪式的参与者的构成与仪式的目的密切相关。一方面，作为新萨满向老萨满请教的仪式，斡米南仪式直接与仪式的主角——主祭萨满的升级相关，它相当于萨满的资格考试。萨满成功举行斡米南仪式的次数与其法术和神力密切相关，并直观地通过萨满神帽上鹿角权的增加体现出来。另一方面，作为萨满为莫昆祈福的重要集体性仪式，斡米南仪式与萨满所在的莫昆密不可分。萨满通过举行斡米南仪式，会为其所在莫昆的全体成员祈福，为所有仪式参与者祈福。因此在传统上，斡米南仪式的主要参与者，一方面是仪式神事活动的主角——主祭萨满、师傅萨满和萨满助手；另一方面是为仪式的顺利举行提供保障，同时作为仪式的佑护对象存在的全体莫昆成员。除此而外，一些曾经接受过或希望得到师傅萨满和主祭萨满救助和佑护的其他莫昆的外姓人也会来参加，希望在仪式中得到萨满供祭神灵的保佑。斡米南仪式作为一种群体性的祈福庆祝仪式，在娱神之外，还会有很多群众性的娱乐活动，与莫昆成员关系密切的居住在周围的人们也会受邀或自发前来观礼助兴。

作为莫里达瓦达斡尔族自治旗（下文为行文方便，简称为"莫旗"）近半个世纪以来第一次较大规模的斡米南仪式，本次仪式的参加人员与以往的斡米南仪式相比，范围更大，人数也更多。除了主导仪式神事活动的师傅萨满和主祭萨满外，还有为数不少的萨满徒弟和准徒弟也不同程度地参与了仪式的神事活动。在普通仪式参加者的层面，除了包括主祭萨满莫昆的成员外，还跨越了地域和民族的界限，吸引了该莫昆的聚居地——东博荣村以外的来自莫旗其他乡镇、莫旗周边的鄂温克族自治旗、阿荣旗和陈巴尔虎旗等地的达斡尔族、鄂温克族、蒙古族和汉族等，这些参加者有的是主祭萨满所在莫昆成员的亲族，有的是师傅萨满、主祭萨满和萨满徒弟等的亲属，还有些是此三者救助过的病人和慕名而来希望借助萨满的力量获得神灵保护的人。此外，还有二十余位来自高校、研究机构和文化单位的萨满文化研究者也从各地赶来参与观察这次仪式。相比传统的斡米南仪式，本次仪式能超出莫昆聚居地的范围有如此大的辐射面，既与达斡尔族由传统社会向现代社会转变后莫昆成员聚居的状态打破有关，也与现代的信息传播和交通运输的发达有关，更与师傅萨满和主祭萨满在族众和一定地域范围内的影响力有关。

较之此次仪式在莫昆之外的广大的辐射面和一定程度的影响力，仪式在莫昆范围之内的号召力较之传统则减弱很多。尽管举办场地位于紧邻东博荣村的诺敏河岸边的一块开阔的草甸上，但是传统的斡米南仪式中阖村而出、阖族而动的场面，在此次的斡米南仪式中体现得并不鲜明，仍有一定数量的村民并未前来参加仪式，来参加仪式的也有一定数量的村民只是旁观，而并没有真正参加到仪式中来。这种情况或许我们只能从以下两方面来理解：一方面，此次仪式虽然仍旧以莫昆的名义举行，但是由于在现代化的过程中传统意义上的能够发挥社会组织功能的莫昆已经解体，现在人们所说的莫昆不再具有社会组织的功能，而只是保留其体现血缘和地缘联系的意义。因此，斡米南仪式的组织者也从传统意义上的莫昆达和莫昆长老让位于主祭萨满的家庭和家族；其在莫昆内部的号召力，也从过去的规定性要求变为现在的出于个人意愿的自愿参加。另一方面，作为经历了长期的断裂后重新恢复的文化传统，斡米南仪式所体现的萨满教的信仰传统，在莫昆成员的心中已不再具有其在传统时代作为解释世界和认识世界的唯一知识体系的不可替代作用，人们对它的信仰产生怀疑、松动甚至替代。离开了过去坚如磐石的信仰基础，人们对于作为这种信仰传统的重要实践的斡米南仪式也会产生程度不同的关注度和参与度。

达斡尔族传统的斡米南仪式作为莫昆萨满的升级仪式，同时也作为萨满为莫昆祈求平安和繁荣的仪式，是莫昆的大事，作为哈拉和莫昆的主事人，一定要尽莫昆的力量所能将仪式办好。这其中既包括准备必要的资金和物力，如祭祀的牺牲和供品、祭祀场地的各种设施和待客的食品等；也包括组织充足的人力以保障为期三天的仪式能够顺利完成。可以说斡米南仪式的成功举行，一方面取决于主祭萨满和师傅萨满的神圣力量；另一方面也取决于举行该仪式的莫昆的世俗力量，莫昆的经济实力的高低、主事人能力的强弱和莫昆成员的团结与否都会通过这个仪式有所体现，在这三者中，莫昆主事人的作用至为关键，另外两个因素在他的统筹和协调下都可以作为积极的因素服务于仪式的需要。

在现时期，尽管莫昆这种传统的社会组织在现代社会生活中所发挥的作用日益让位于基层的国家行政机构单位，但是作为传统上以莫昆为单位举行的萨满教仪式，本次斡米南仪式的举行依旧是以莫昆的名义，只不过现在这个称之为莫昆的群体更强调的是所有成员在血缘和地缘上的关联。人员的参与也更多的是出于个人与主祭萨满家庭的亲情、友情、乡情和对仪式所体现的萨满教体系的信仰。由于传统意义上的莫昆主事人已经不存在，落实斡米南仪式的诸事项的主祭萨满的亲属就临时代行传统的莫昆主事人的职责，动员和团结莫昆成员共同参与到仪式中来。在本次斡米南仪式中，沃菊芬萨满的弟弟——沃银柱，充当的便是莫昆主事人的角色。沃银柱在莫旗当地是个颇有影响力的人物，经营建筑业，据说是莫旗首富，一向热心家族和民族的事情，莫旗达斡尔民族园中的萨满博物馆据说就是他的公司承建的。他早年虽然工作很努力，但是很不顺利，自从帮助经受了多年疾病和不幸折磨的姐姐出马当萨满以后，他的事业越来越顺利，对此他认为95%是祖上保佑之功。

（三）仪式程序和内容的对照

传统的斡米南仪式一般包括祭天、祭神、库热仪式和吃血仪式等四方面内容。其中祭天仪式是祭祀天神腾格里。祭神仪式是祭祀莫昆集体崇拜的氏族祖先神灵。库热仪式是斡米南仪式末尾举行的为氏族祈福的仪式，"库热"词义为圆圈，届时萨满用皮绳把围观者围成一圈，让众人从皮绳下面钻出来，通过这种方式为他们祛病和祈福。每当斡米南仪式举行时，家长常常把体弱多病的孩子带来参加"库热"仪式，并献祭羊或小猪等供物，在托落树上系小布条，祈求神灵保佑平安。吃血仪式是斡米南仪式结束时，萨满请祖先神灵降临以吃血的形式享用献祭牺牲，对这次仪式的成败做出评价，决定萨满是否可以成功升级。

图 2　准备祭天的白羊

图 3 斡米南仪式的核心象征——托落树

本次斡米南具体的仪式程序和内容是:

(1) 第一天清晨, 仪式空间的布置: 竖立内外两棵托落神树, 两树之间用皮绳连接并用五色彩条装饰, 内外托落是神灵降临的地方, 皮绳是神灵移动的通道。内托落的底部有三级横梁, 代表萨满沟通三界的能力, 横梁两侧立杆上缠绕的黑白两条蛇代表萨满始祖神。内托落所在的蒙古包内部四周摆放着主祭萨满和师傅萨满供奉的各种神灵的神位和相应的供品, 外托落上悬挂绘有日月图案的天神神位。用多色彩旗圈定仪式场地, 用红色的丝线圈定神圣的仪式空间。

(2) 第一天上午, 洒酒祭天, 开始仪式; 祭祀主祭萨满莫昆的萨满祖先的尚德 (敖包式的墓冢); 在外托落前祭天; 在蒙古包内请神为献祭者祈福; 在主祭蒙古包外西侧祭拜氏族供奉的神灵以外的外神, 以免他们对仪式可能的不利影响, 保证仪式顺利进行。

图 4 代表萨满沟通三界的能力的阶梯

（3）第一天下午，主要是神灵附体，向族人和信仰者传达神的旨意，预言灾祸并告知破解方法。

图 5　莫昆成员跪在降临的祖先神灵面前

图 6　附体中的萨满代为传达神灵的旨意

（4）第一天晚上，用黑山羊祭祀外鬼，同样是为了安抚他们，以免他们扰乱仪式。

（5）第二天，依然是各路神灵通过萨满之口来对族人进行劝诫、要求和预言。

（6）第三天上午，用红色公牛祭祀"怀马日"神。据说该神原为清代宫廷供奉的神灵，后来被作为赏赐，允许达斡尔族的一位有功之臣带回家乡进行供奉，此后逐渐成为达斡尔族供奉的重要神灵。这位神灵对供祭要求很高，必须用三岁的红公牛祭祀，并由九男九女跳民族舞蹈"鲁日格勒"娱乐；主祭萨满的祖神附体，传达神谕；主祭萨满和师傅萨满帮助他们的徒弟们降神，提升他们的能力。

图7　用红公牛祭祀"怀马日"神

图8　用民族传统歌舞娱神

（7）第三天下午举行为参加者祛病、祈福和禳灾的洁净仪式、库热仪式和分享供品仪式。

（8）第三天晚上，主祭萨满的吃血仪式，至此仪式圆满完成，萨满成功升级。

总体说来，此次仪式的程序基本上与传统的斡米南仪式一致，也是由上述四部分核心的仪式组成，但在仪式的内容上，也有其不同于以往的特殊之处，这里举几例为证。

首先，根据 20 世纪 30 年代的记录，主祭萨满和副祭萨满以及参加仪式的众人之间有很多交流，萨满的唱词声、村民随和随唱的"额耶额依"声音混杂在一起，笼罩了整个庭院。主祭萨满和他的助手"巴格其"之间也有很多语言与歌声的交流。"巴格其"，俗称"二神儿"，多由男性来充任，这些人通常能说会道而且声音洪亮，要有一定的表演才能。在举行仪式时担任伴唱，站在萨满的身后充当助手，在萨满昏迷、神志不清跌倒的时候，巴格其要及时将萨满扶起，以免其受伤，并让昏迷中的萨满苏醒过来，祈求下神灵。当萨满请的神灵附体之后，由巴格其充当其代言人，向人们传达神灵的旨意。而这次活动，达斡尔族古老的歌声显然衰退了，在仪式中我们看不到参与者通过歌声附和萨满的现象，偶有个别孩童跟唱萨满的某些唱词，也被其家长出于对神灵的敬畏而严厉禁止。同时，二神儿的作用也不那么明显了。师傅萨满和主祭萨满的二神儿都由其丈夫担任，斯琴挂的丈夫巴特尔是蒙古族，他在仪式的规程方面懂得比较多，可以在仪式中的各个具体环节给予仪式帮工们一些指导，在有些重要的环节也亲自为之。他兼通汉语、蒙古语和达斡尔语，在仪式上也经常负责将处于附体状态中的萨满的话语传达给大家。此外他更重要的作用则是保护处于附体状态中的萨满不要伤害到自身。沃菊芬的丈夫是汉族，在萨满文化知识上不及巴特尔丰富，加之达斡尔语不是他的母语，这两者的局限使他在仪式中的作用更多地限于保护处于附体状态中的萨满。这两位二神儿在伴唱和表演方面的作用基本可以忽略。

其次，根据 20 世纪 50 年代的记录，在第三天举行"库热"仪式时，前来参加仪式的人们（孕妇及经期的妇女除外），在外面集中站立，然后两个萨满用皮绳（用整张牛皮割成的没有接结的长约 12 个围长的皮条）把他们围住，各拿皮绳的一端，用力拉一次，然后放开，量绳子的长短，如此反复三次。每次量绳时如皮绳长度增加，是人口增加的象征，围住人们拉三次量绳三次后，把皮绳绞成一股，主祭和陪祭的萨满各拿皮绳的一头，围在库热圈内的人们由皮绳下面钻出来。据说经过这一仪式，可以避免疾病。① 此次仪式中的库热仪式与以往的记述也有所出入。主要表现为众人钻皮绳，所钻的皮绳是萨满服两侧下坠的皮绳穗子，萨满手执一端，萨满助手手执另一端，人们在绳子下通过。这种形式较之前面的记载，显然简单多了。

图 9　去噩禳灾的钻皮绳仪式

再次，此次仪式在四个主要的仪式内容之外，穿插了大量的师傅萨满和主祭萨满对仪式参加者——包括主祭萨满的族人、两位萨满曾经治疗过的病人以及慕名而来的人们——的治病、解惑和预言等活动，这些活动与信众对萨满的期待紧密相关，因而占据了仪式中相当多的时间。萨满通过这些活动彰显她的作用和神力，个人通过这些活动赶走内心的焦虑，获得紧张情绪的释放。而传统的斡米南仪式在祈福、解惑和预言方面的作用似乎更多地与作为整体的氏族紧密联系在一起，而非针对个人需求发挥更多作用。

---

① 吕大吉、何耀华总主编，满都尔图、周锡银、佟德富分册主编《中国各民族原始宗教资料集成》，中国社会科学出版社，1999，第 334~335 页。

图 10　手捧供品面带祥和的仪式参加者

最后，此次仪式中还包括师傅萨满和主祭萨满培训徒弟的环节。主祭萨满和师傅萨满各自引领出马了为数不少的徒弟，这些徒弟除了本次仪式的陪祭萨满图雅是与两位萨满同为穿"扎瓦"（即萨满神服）的莫昆萨满（"霍卓日·雅德根"）外，其余的都是达斡尔族萨满职业体系中的其他职分的人，如巴格其、斡托喜、巴日喜、巴列沁等，他们分工不同，有的能看病接骨，有的能祭祀接生，但他们没有扎瓦（萨满服），所以不能叫萨满。① 由于本次仪式是难得一遇的大规模的公开萨满教仪式，因此这些徒弟们也都来到仪式现场参与到仪式中来，发挥一些必不可少的辅助作用，全程参与仪式的经历无疑有助于他们对应有的萨满教相关知识和经验的更深认识。此外，师傅萨满和主祭萨满也有意通过此次仪式锻炼他们日后独立承担神事活动的能力，在仪式接近尾声的时候专门有一个培训他们进入入迷状态的环节，每个徒弟都要在两位萨满和其他助手的帮助下通过剧烈跳动和旋转进入状态，其中有些徒弟成功地请下神来，有些徒弟则没有成功。

① 吕萍、邱时遇：《达斡尔族萨满文化传承：斯琴挂和她的弟子们》，辽宁民族出版社，2009，第160页。

（四）仪式所发挥的作用的对照

在传统社会，斡米南仪式所发挥的作用与仪式举行的目的密切联系在一起，它是对仪式目的的达成，因此斡米南仪式的作用也有三个方面：其一，通过仪式的成功举行确认莫昆萨满的等级；其二，通过师傅萨满的指导，仪式的历练，作为仪式主祭的莫昆萨满获得更多的萨满教知识和技艺；其三，通过莫昆萨满在仪式上与神灵的沟通，同时也通过萨满所充当的中介的角色，全体莫昆成员被置于共同信奉和崇拜的氏族祖神的关照之下，个人和集体的压力和焦虑得到释放和缓解，同时在此过程中，个人与莫昆集体的依存关系更进一步彰显，个人对集体的认同感和集体的凝聚力因此而大大加强。正如史禄国在《通古斯人的心理精神复合体》一书中所指出的：在满-通古斯人中起很大作用的萨满教应该被看作是一种自卫的手段，有使群体延续和适应客观环境的作用，是族群社会稳定的"安全阀"或人们自我心理调节的机制。①

此次斡米南仪式作为现时期一种复兴的传统的表现形式，它所根植的是不同于以往的生存土壤，因此它所发挥的作用与传统斡米南仪式相比，既有共同之处，又有不同之处，我们可以分别从它对萨满和众徒弟、对举办它的莫昆、民族和地域等三个层面的集体、对参与者个人，以及对地方社会的作用来分析和总结。

首先，此次仪式对于萨满和众徒弟发挥着重要作用。它使主祭萨满和众位萨满徒弟都经历了仪式的历练，有了主持或参与斡米南仪式的经历和经验，从而确立了萨满正式的资格和相应的等级。在仪式中，神灵借萨满之口，向参加者传达了萨满作为神灵的使者的正统地位，确立了萨满的神圣性。在神词中，对于萨满本人和萨满徒弟进行了很多关涉职业道德的教育，如要担负自己的使命多帮人，帮人不能贪图钱财等，这些话语同时也让在场的参加者对于萨满服务公众的角色地位有了认识，确立了萨满在世俗社会中的作用。

其次，此次仪式对于举办它的莫昆、民族和地域等三个层面集体发挥着重要作用。仪式神词中对神灵来历的交代客观上发挥着向信众普及莫昆历史和神

---

① 参见〔俄〕史禄国《北方通古斯的社会组织》，吴有刚、赵复兴、孟克译，内蒙古人民出版社，1984，第566～568页。

灵体系知识的作用。莫昆成员共同的崇拜对象和达斡尔族与周边兄弟民族的共同的萨满教信仰，强化了仪式参加者在莫昆、民族和地域三个层面集体的认同和团结，是维系着莫昆成员、达斡尔族同胞和与兄弟民族的凝聚力。任何宗教都离不开道德的宣教，本次斡米南仪式的神词中同样有大量带有道德教化功能的内容：如对莫昆、民族乃至国家内部的团结的强调；对如何做好父母、子女和夫妻等角色，实现家庭和睦的训诫；对戒除烟酒和赌博等不良嗜好的劝告。另外，我们还可以从要求子孙尊敬和爱护家族敖包的环境的神词中，体会到对实现人与自然的和谐的强调。这些传统道德在仪式神圣的场合中以宗教形式传递给信众和参与者，必然在他们的心中产生普通的道德教化所不及的影响力，发挥着维护民族传统道德的作用。仪式要求参加者穿民族传统服装，敬神娱神要唱民族传统歌曲和跳民族舞蹈"鲁日格勒"，虽然这是以取悦祖先神灵的形式提出的硬性要求，但它客观上起到了维护和展现民族传统文化的作用。

再次，此次仪式对于参与者个人发挥着重要作用。参与者所有关切的事情，如疾病、不幸、前途（包括考学、考公务员）和未知的磨难等，都通过萨满被置于神灵的关照之下，仪式参加者在日常生活中的压力、烦恼和紧张情绪也通过仪式这个渠道获得不同程度的释放，仪式客观上发挥着精神治疗的作用。尤其对于其中的病人来说，仪式提供了一个由萨满为其诊治的机会，借助这一机会，萨满为他们提供了现代医疗之外的多一重选择，让病人们在精神上对重获健康增强了或重拾了信心，而不论萨满治疗手段奏效与否，病人精神包袱的减轻无疑有助于其疾病的改观和康复。另外，病人，尤其是被诊断为虚病的病人经过萨满治疗，按照萨满的嘱托来采取一些治好疾病所必需的措施，如重新立巴尔肯神像，祭祀祖先神灵或祭祀敖包等。这些做法会令人们信仰中渐行渐远的萨满教观念重新回到他们的认识中并得到强化，通过他们在周遭的亲朋中间产生影响，从而在一定程度上不断恢复和壮大萨满教在达斡尔族群众中原有的信仰根基。对于大多数此前没有参与过斡米南仪式的人来说，不论他们此前对萨满教有多少信仰和认识，此次仪式都为他们了解这一民族的传统文化提供了一次机会。

最后，此次仪式对于地方社会也发挥着重要作用。本次斡米南仪式是莫旗自 20 世纪五六十年代民主改革以来首次公开举行并且颇具规模的斡米南仪式，较之以往的斡米南仪式，本次仪式首先可以说在参与人员的广度上超出了莫旗历史上任何一次斡米南仪式。这一方面得益于师傅萨满和主祭萨满近年来在萨满文化传承方面的努力，以及他们在包括莫旗、鄂温克旗、陈巴尔虎旗等地在内的呼伦贝尔地区积累的信众基础；另一方面也得益于主祭萨满家庭对于仪式的雄厚人力、物力、财力支持和在当地的声望，二者促使和保证在莫昆成员之外的许多对仪式感兴趣的人来参加仪式。这种空前的规模和辐射面使得本次斡米南仪式的举行在莫旗当地引起了一定的反响，并对当地的地方社会生活产生了一些不容低估的影响。

一方面，斡米南仪式作为达斡尔族萨满教信仰中的重要仪式，是达斡尔族民众基于这种信仰观念的宗教实践，它的举行既反映和体现了这种宗教观念的存在，也传承和保存了这种宗教观念。本次仪式能够在经历了多年的萨满文化传统的断裂后，又在民间以传统社会组织的名义和传统的形式由群众自主举办，而不同于以往（主要是 20 世纪 80 年代以来）由官方主办的以抢救和记录文化遗产为目的的带有表演性质的类似仪式，在某种程度上反映了传统的萨满教宗教观念在部分民众中间的存在，仪式的举行在一定程度上向参加者传承和发展了这种宗教观念。

另一方面，本次仪式的举行是在莫旗将萨满教作为达斡尔族的民族文化遗产、兴建萨满文化博物馆、大力打造"萨满文化之乡"的文化品牌来兴办旅游业的大背景下举行的，它的公开举行虽然没有政府介入，但是未像 50 多年前那样受到政府宗教和公安部门的限制，就等于受到了政府的默许乃至支持。在这样的社会环境下，本次斡米南仪式为人们直观地了解萨满教这一民族文化传统，并做出自己的认识和判断提供了一个难得的机会。

应该指出，尽管本次仪式在莫旗当地对地方社会生活产生了一定的影响，但是，相对于莫旗达斡尔族人口的总数，仪式的参加者只是很小的比例，这一仪式在莫旗民众中的知晓率也只是一个小数目。此次斡米南仪式是主祭萨满职业化道路上的重要里程碑，它在此后对莫旗地方社会产生的影响和作用值得我们给予持续关注。

三　本次斡米南仪式所释放的萨满教复兴的信号和复兴的契机

达斡尔族的萨满教在经历了 20 世纪初哈拉-莫昆制度的解体和科学与理性

思潮的启蒙等影响开始走向衰落，在民众信仰中的主导地位受到动摇；在此后的民主改革、破四旧和"文化大革命"等一系列政治运动中，萨满教信仰和实践更是被视为封建迷信和民族文化中的糟粕而受到强烈的冲击，并一度沉寂。当然，这种信仰作为一种文化传统，显然不是通过政策性的强制手段可以完全根除的，尽管在这一时期公开的信仰和实践活动没有了，但是这种群众信仰的根基却不是在短时间内用强力手段可以割断的，秘密的和私下的个人信仰活动在民间依然存在。本次斡米南仪式作为莫旗历史上 50 多年来第一次公开的自发举行的大规模的仪式，它传递出的便是达斡尔族萨满教信仰和实践作为曾经断裂的文化传统开始复兴的信号。对于现时期这种复兴出现的契机，我们可以从如下几个方面探讨。

首先，20 世纪 80 年代初国家的宗教信仰自由政策重新获得确立，由"文革"人为造就的国民信仰的真空，开始由逐渐繁荣的宗教市场所替代。曾经在"文革"中遭受取缔和打压的各种宗教活动开始陆续恢复。尽管在政策管理层面，萨满教一直没有被定位为宗教，始终未被纳入国家宗教管理的体系内，而是在国家文化管理部门的管理和规范当中，但是宗教信仰自由政策的恢复，无疑有助于作为一种信仰形式的萨满教在宗教市场的诸多备选之中占有一席之地。

其次，萨满文化传统在达斡尔族中间有着深厚信仰根基。作为达斡尔族民族传统文化的重要组成部分，萨满教信仰与民众的生产和生活等各个层面交织在一起，这种深厚的信仰根基不是人为的压制可以彻底消除的，它始终在民众中存在，遇有合适的契机便会发展和壮大。

再次，在国家的文化遗产申报和保护工程的浪潮推动下，官方抛弃以往将萨满教视为封建迷信的做法，将其视为民族文化遗产，从人类文化多样性的角度对萨满文化进行重新定位和认识。地方政府从社会稳定、民族团结、文化发展和经济繁荣的需求出发，看到了萨满文化的民族性、伦理性、国际性和文化旅游价值及其与民族政策、文化政策的一致之处，把它作为一项宝贵的财富和资源加以保护和开发，莫旗以作为达斡尔族萨满文化的重要保留区而自豪，努力将"萨满文化之乡"打造成莫旗继"曲棍球之乡"之后的又一张文化名片。具体表现在：其一，政府大力弘扬达斡尔族的萨满文化，扩大其在国内和国际的影响，申请和承办国内和国际的萨满学研究会议。其二，斥巨资修建萨满文化博物馆，以丰富的展品展现包括达斡尔族在内的 8 个少数民族的萨满文化，国际萨满学会主席霍帕尔先生和副主席白庚胜先生对莫旗的萨满文化保护和研究工作予以肯定，并极力推荐将萨满文化博物馆列入"大世界吉尼斯"之最。其三，在静态的展示外，自 2007 年开始，政府积极塑造以敖包节为代表的民族节庆品牌来发展旅游业，每年 6 月 28 日的莫旗敖包节作为一项重要的民俗文化旅游活动为政府所重视。在政府的大力支持下，城乡民众对敖包节都表现出了很高的参与热情，原本宗教意义浓厚的敖包节，以其丰富热闹的节庆形式和民族特色吸引着新时代下的各阶层群体，师傅萨满斯琴挂曾经在 2008 年的敖包节上受邀主持敖包祭祀。其四，在莫旗成立 50 周年的庆祝活动中，在展示莫旗风采的花车巡游中也可以看到萨满击鼓的身影。政府的这些举措无疑以官方的话语权赋予了萨满文化信仰的传承和保护以极大的合法性存在空间。

四　开放与创新：探寻新时代背景下的萨满教生存和发展之路

本次仪式的师傅萨满——斯琴挂是达斡尔族的当代知名萨满，近年来达斡尔族萨满文化的复兴和传承与她在这方面的实践活动密不可分，她以其开放与创新的态度，探寻着新时代背景下的萨满教生存和发展之路。

斯琴挂曾经作过老师和政府官员，有着较高的文化水平和言说能力，她凭借个人的魅力和能力，从 2004 年起多次参加在长春、蒙古、匈牙利和美国等地举行的国际萨满学术会议，成为走上国际萨满学坛的萨满，使萨满由过去主要作为被研究和解说的对象，变为言说的主体，发出自己的声音，以个人经历讲述自己成为萨满的经历、她的神灵体系和医疗方法等，一方面使很多过去在萨满中间秘而不宣的内容为人们所了解，另一方面以真实的个案帮助人们了解当代萨满的存在状态。此外，她还以非常开放的态度欢迎学界关注和研究她，她所举办的大小仪式都不排斥学界和媒体参与观察和报道，重大的仪式，如她本人和她担任师傅萨满的徒弟沃菊芬的斡米南仪式，更是欢迎国际和国内学界来参加，为相关的学术研究敞开了便利之门。例如，前文提到的国际萨满学会的主席霍帕尔也曾受邀参加了她的斡米南仪式，并将相关研究成果刊载在萨满教研究界的权威刊物《萨满》上。因为她在萨满文化传承方面的贡献，2008 年她被美国萨满研究基金会授予"当代知名萨满"的称号。

作为当前在达斡尔族地区乃至整个呼伦贝尔盟地区比较活跃和知名的萨满，斯琴挂引领出马了很多徒弟，这些徒弟包括本次仪式的主祭萨满沃菊芬、陪祭萨满图雅，她们都是穿萨满神服的莫昆萨满。其他的徒弟都是达斡尔族萨满职业体系中其他职分的人员，他们受多年不明原因且久治不愈的病痛，也就是俗称的"邪病""萨满病"折磨，经斯琴挂治疗，看出祖上有这样的根，并由她引领出马才根治了疾病。沃菊芬现在也可以引领徒弟出马，她们两位的徒弟群体根据我们在仪式中的观察，应该有不少于 20 人，并且这个群体还在日益壮大。这些徒弟，来自达斡尔族的不同莫昆以及周边的鄂温克族和蒙古族。随着这个人数壮观的师徒群体相关萨满文化活动的增多，他们对于各自莫昆和生活圈子的影响也在扩大，从而也将在整个达斡尔族地区和呼伦贝尔盟地区产生更大的影响。本次斡米南仪式就是一个很典型的这方面的例子。

斯琴挂萨满及其徒弟群体的知名度和影响力的扩大，也令他们积累更多的原本有着萨满教信仰基础的信众和追随者。除此而外，为适应当地多民族杂处、多种宗教并存和人们的多样化认识水平及需求，斯琴挂和她的徒弟群体也适时地对传统的萨满教进行某些变革和创新，令这种复兴的传统在现时期有着更强的适应性和生命力。例如，对待其他地域信仰，如喇嘛教、道教和汉族的民间信仰等，抱着开放的态度兼容并蓄。每年带领徒弟到喇嘛教的圣地青海塔尔寺朝觐，在她的仪式现场可以看到汉族民间信仰的大神和喇嘛教中的喇嘛到场观礼和祝贺。我们在去主祭萨满沃菊芬家访问时，还看到她家在门厅的显著位置供奉着关公，她的萨满神衣的铜镜背面都阴刻有八卦图案。

在斯琴挂萨满对传统萨满教的变革举措中，尤其值得一提的是她在萨满医疗方面的创新。在长期的疾病医疗实践中，她总结归纳并提出了自己对疾病根源的理解，形成了自己对疾病的诊断方式和治疗方法，在治疗中她会根据病因"对症施治"。她既看实病，也看虚病，但主要看虚病。在《我的萨满医疗实践》中斯琴挂这样解释她的治疗方法："如果是实病，我会建议患者在进行西医治疗的同时，给其进行简单的萨满治疗，这样会使患者的疾病很快治愈。如普通的感冒发烧，扁桃体发炎的患者，因内火盛引起的咽痛、牙痛患者，用'塔仁米得贝'的方法。塔仁有几种，'阿日格'（酒）塔仁、'素'（奶子）塔仁、'切'（茶）塔仁，还有各种植物如百里香、艾蒿、鼠李等制成的'塔仁'。用起来比较方便，将'塔仁'喷洒在患病部位，也可内服，非常有效。对于虚病，即因为外界影响而得的病，如被什么东西冲了沾了'晦气'，吃了非正常死亡牲畜的肉而得的病，治疗的主要方法是把这些致病的异物和脏物驱逐出体内，从根本上为患者解除病因。对于此病症，我通常用神鼓。"她说："神鼓作为萨满的法器，具有震慑恶魔，驱赶恶灵的作用。"她还提出了神灵是萨满医疗的根基的观点。[①] 斯琴挂的看病方法与对策，我们在本次的斡米南仪式中得到了验证。仪式中，师傅萨满斯琴挂和来自她的师承的主祭萨满沃菊芬，在附体后给求问的人们所指的路大概有：吃官家的药（即西药、中药）；她们自己开的中草药方；恢复祖先或其他神灵的神位，或供奉祖先神灵，或供祭敖包；等等。师傅萨满和主祭萨满这种区分虚、实病的做法，反映了萨满教在现时期科学日益强大而传统宗教观念日渐衰微的情况下在科学与宗教这对二元对立之间所作的调和，它不是把宗教放在科学的绝对的对立面，而是将宗教作为科学的一种补充，在科学无能为力而宗教依旧可以发挥作用的方面坚守自己最后的阵地。而正是这样一种对待疾病和治疗的态度，令萨满治疗成为现代医疗手段的互补形式，一方面，在治疗实病时，它是与医院治疗和官家的药相补充的民间草药；另一方面，在治疗虚病时，它是在现代医疗手段无效时发挥主导作用的救治措施。

开放的和创新的态度，无疑让失去主导地位的萨满教信仰在今天面对多种宗教信仰和多种观念的冲击时能够拥有更多的解释力，从而在繁荣的宗教市场中不失一席之地。尽管他们的某些变革也因为"不是达斡尔族传统的东西"而受到某些达斡尔族传统知识分子的诟病和质疑。

小　结

斡米南仪式作为达斡尔族重要的萨满教仪式，集中体现了达斡尔族民众的萨满教信仰。在当代，作为一度消失的文化实践，它又再度以传统的形式出现，这在一定意义上体现了萨满教信仰在达斡尔族民众中间的复兴。这种新形势下再度出现的斡米南仪式，依旧以"民族文化传统"为依托来号召民众，也努力

---

① 参见萨敏娜、吴凤玲等《达斡尔族斡米南文化的观察与思考——以沃菊芬的仪式为例》，民族出版社，2011，第七章。

以传统的形式举办仪式，力图在"延续传统"的外衣的保护下实现曾经断裂的传统的复兴。

然而，我们通过对本次仪式和传统仪式的对照发现，虽然本次仪式依旧本着为莫昆祈福和实现莫昆萨满的升级为目的，仪式的组织和出资依旧以莫昆的名义，仪式的程序和内容也努力遵循传统，仪式的作用也惠及参与仪式的莫昆成员和萨满本人。但是，在经历了莫昆组织的解体、科学和理性思潮的冲击，以及历次政治运动的打压等之后，达斡尔族的萨满教信仰和实践在莫昆中的存在根基已经不再坚实。就本次仪式而言，莫昆不再拥有传统的组织力和号召力，仅仅具有血缘和地缘的意义，仪式变为主祭萨满的家庭出资、莫昆成员自愿参与、萨满的师徒群体和追随者们发挥更大作用的组织模式。

尽管萨满教信仰和实践与莫昆的必然联系松弛了，然而，作为一种传统的信仰形式，萨满教在达斡尔族民众乃至周边同样以萨满教为传统信仰的兄弟民族中间还有着深厚的信仰根基，人们对于萨满还依旧有需求，这也是本次仪式能够打破莫昆的界限，而汇集包括主祭萨满的莫昆、当地达斡尔族，以及莫旗周边兄弟民族等三个层面的集体的原因。

国家相关的宗教信仰自由政策的恢复和落实，宗教市场的日益繁荣和多样化，以及现时期官方对于萨满教作为达斡尔族民族文化遗产的重新定位和相关的经济开发，都令萨满教获得了更大的社会宽容度，这种宽松的外部环境，令原本受压抑的民众信仰根基有了复兴和发展的可能。

当代萨满也在新时代背景下探寻萨满教生存和发展之路，以开放与创新的态度，传承萨满文化传统，一方面延续传统，另一方面又对传统进行顺应人们不同认识水平和不同需求的变革，努力在人们诸多的信仰选择中谋求存在的空间。

参考文献

吕萍、邱时遇：《达斡尔族萨满文化传承：斯琴挂和她的弟子们》，辽宁民族出版社，2009。

丁石庆、赛音塔娜编著《达斡尔族萨满文化遗存调查》，民族出版社，2011。

萨敏娜、吴凤玲等：《达斡尔族斡米南文化的观察与思考——以沃菊芬的仪式为例》，民族出版社，2011。

吕大吉、何耀华总主编，满都尔图、周锡银、佟德富分册主编《中国各民族原始宗教资料集成》，中国社会科学出版社，1999。

鄂晓楠、鄂·苏日台：《原生态民俗信仰文化》，内蒙古大学出版社，2006。

〔俄〕史禄国：《北方通古斯的社会组织》，吴有刚、赵复兴、孟克译，内蒙古人民出版社，1984。

〔美〕罗德尼·斯达克、罗杰尔·芬克：《信仰的法则——解释宗教之人的方面》，杨凤岗译，中国人民大学出版社，2003。

达斡尔族萨满教几种核心
语汇的词源学研究*

孟盛彬**

　　词源学的研究方法属于历史比较语言学的范畴，按现代语言学的要求，词源学研究具体词（或词根）的最早来源，最初（指史前史，即还没有文献记载以前）的音和义是怎样结合在一起的，或者追溯出某个具体词（或词根）在亲属语言中的对应形式，并构拟出该词（或词根）在某个原始共同语中的最初形式和意义（有时只能是一个笼统的意义范围）。构拟的方法除了在亲属语言之间进行历史比较外，也可以在一个语言的范围内进行内部构拟。①

　　达斡尔人自古信奉萨满教，形成了比较完整的神灵体系和宗教观念，民族语言中出现了固定词汇与宗教活动相对应的联系。在史前时代，人类对周围的环境和生命存在形态以及身体各部分的构造并无充分的了解，根据直观感受，逐渐产生了关于生命、灵魂、死亡、天体、宇宙等一系列概念，用以指代生命活动和环境变化的种种迹象。语言所要表达的抽象概念展现了古人理解宇宙自然和自身的一种方式，这些特殊词汇属于最古老的文化层次，可以折射出人类最原初精神活动的根源。

---

　　* 教育部人文社会科学研究青年基金项目"现代化进程中人口较少民族传统宗教与文化建设关系研究"，项目编号：12YJC730006。中国博士后科学基金第 51 批资助项目"少数民族传统宗教与社会文化建设研究：以达斡尔族为例"，批准编号：2012M510704。阶段性研究成果。
　　** 云南民族大学人文学院副教授，中国社会科学院民族学与人类学研究所博士后流动站博士后。
　　① 伍铁平：《论词源学及其意义和研究对象》，《外语学刊（黑龙江大学学报）》1986 年第 4 期。

究竟萨满信仰是如何起源的？构成宗教基础的原初观念是什么？回答这些问题，除了以往历史学、社会学、心理学的视角以外，借助词源学的方法也许能够帮助回答一些根本性的问题，不失为一种切实可行的途径。正如宗教史学家所言："一个词的语源意义，在心理上和历史上总是极其重要的。因为它指出了某种观念由此出发的确切地点"①。从事阿尔泰语系诸民族语言比较研究的德国学者瑶百舸也说："达斡尔语就是东胡支唯一的、最后的活态语言，可以辨认其重要性"②。在历史语言学研究领域中，达斡尔语向来以保留古老词汇而著称，这一语言特性在解读《蒙古秘史》等古代典籍难解词汇时发挥了意想不到的作用，掌握达斡尔语的学者在这一领域取得了突破性的进展，已为学界所公认③。因此，对达斡尔族特殊的萨满教术语的探索，有助于加深对萨满教观念早期形态和推演历程的了解，就学术研究而言，无疑是非常有意义和价值的领域。但迄今为止，这方面的文章并不多见④，下面笔者仅以达斡尔族萨满教中具有代表性的几个宗教词例进行初步的分析和探讨。

一　"生命"的语源本意

在达斡尔族传说故事中人的生命是由奥蔑妈妈掌管。"在萨满世界里，人的生命从哪里来？相信他孳生在'奥蔑·额倭'的生命之泉里。奥蔑·额倭是掌管后嗣子孙的老妈妈。她白发苍苍，住在有九层台阶的木榭上，九顶白毡房的正中间的一顶包房里。那木榭上的桩子，是用金子和银子铸成的，包房的旁边长着金银松，门口有雌雄两只凤凰守候。庭院里有九眼永远汩汩喷涌的泉水，是人类生命的源泉。中间的一眼泉水里，孳生着胎卵，奥蔑妈妈把它捞出来，背在背上，抱在怀里。老妈妈乳房长得很长，能从肩上搭过去，喂后背的婴儿；从腋下肥大的

---

① 〔英〕麦克斯·缪勒：《宗教的起源与发展》，金泽译，上海人民出版社，2010，第7页。
② 〔德〕瑶百舸：《达斡尔语词汇和民间故事所反映的古老民族文化关系》，载于巴图宝音、孟志东、杜兴华主编《达斡尔族源于契丹论》，中国社会科学出版社，2011，第146页。
③ 吴依桑：《成德公家族对〈蒙古秘史〉研究的贡献》，《中央民族大学学报》2010年第1期。
④ 乌恩：《浅释蒙古族萨满教的几个重要术语》，《内蒙古社会科学》1989年第5期；斯钦朝克图：《生殖器名称与自然崇拜——以蒙古语为例兼论北方诸民族语言与文化关系》，《民族研究》2000年第2期；王新青、郭美玲：《腾格里（Tangri）考》，《西域研究》2009年第2期。

袖筒里掏出来，喂身旁的婴儿。当婴儿发育成熟的时候，老妈妈说一声'去吧'，再打一巴掌，就让他们到人间，哇的一声哭叫，便出生到人世"①。

人作为群体性的生物，当周围亲朋好友中某人突然亡故离去，从此不再劳作、说话、吃饭、睡觉之时，才会警觉生命现象——死亡的严重程度。而且尸首还会在短期内腐烂，发出臭味。虽然满怀不舍之情，但最终还是要把死人与活人隔离开来，并进行适当的善后处理。人们由此产生困惑，渐渐生发出生与死阴阳永隔的理念。

由于动物呼吸的停止与生命的停止是如此紧密一致，因而原始人十分自然地把呼吸跟生命或灵魂视为一个东西。②在人的一生当中，通过嘴部一起一伏的呼吸运动是最重要和最明显的生理活动，是生命存在最显著的特征。古代的达斡尔人很早就发现了这一生命规律，并把它运用到语言中。达斡尔语属于典型的黏着语类型的语言，构词规律是通过后缀来表示事物存在的状态或具有的某种性质。在达斡尔语中用来表示口、嘴的词汇"阿麼"（Am）和表示生命的词汇"阿弥"（Ami），还有表示气息、呼吸的词汇"阿弥思"（Amis），三者具有相同的词根和近似的语音。根据语音和语义可以判断三个词汇是具有同一来源的衍生词，用后缀尾音的细微差别来进行区分表达不同的含义。通过"呼吸"的概念转化成为"生命"的概念，而最早的源头应该是表示"嘴"或"口"的"Am"。"阿弥思"（Amis）除了表示呼吸的意思以外，还可以用来表示"气"的概念，用以表示生命之源。人如果没有真气、精气，生命力也会随之枯竭，进入衰亡的状态，一步步接近于消亡。

人们通过口部的吸气、呼气动作来完成呼吸的整个过程，保持生命的存在状态，当咽下最后一口气，停止呼吸之时也就意味着生命的终结。并由此引申出了表示生命存在的生存、活着的人这样的词语"阿弥那呗"（Aminabei）。通过词汇的类比，可以看出达斡尔人的认知观念中，生命等同于气息的观念，呼吸与否是生存与死亡的临界点，停止呼吸说明生命已不复存在，进入了与世人隔离的死亡地带。

---

① 奥登挂：《达斡尔族古代的萨满教信仰》，《北方民族》1991 年第 2 期。

② 吕大吉：《宗教学通论新编》，中国社会科学出版社，2010，第 90 页。

二 灵魂的存在方式、名称及形态

灵魂观念是一切宗教观念中最重要、最基本、最古老的观念之一，是整个宗教信仰赖以存在的基础。按照宗教学家的定义，灵魂是寓于个体之中，赋予个体以生命力，并主宰一切活动的超自然存在。[①] 古代的人对梦境中出现的各种情境，无法摆脱的生命轮回，各种征兆、预感的灵验，都感到无比的惊奇和畏惧，认为除了肉体之外，还有另外一个不可捉摸的神秘存在，各种无法解释的现象，就是这种不可触知的神秘存在发挥作用的结果，灵魂的观念由此诞生。

达斡尔人相信万物有灵，灵魂不灭，这些观念奠定了达斡尔族宗教心理的理论基石。达斡尔人认为世上一切有生命的动植物和无生命的日月星辰、山川河流、风雨雷电、弓箭枪械，包括生活用品都有灵力。从主体心理感受来看，达斡尔人认为物体与现象之间存在着一种神秘的联系，整个周围世界都充满了神灵，它们无处不在，无时无刻不在关注着世人的行动，虽然人的外在形体可以消亡，但灵魂却依然存在。

为了更好地探讨和认识神灵鬼怪这些未知世界的真实面貌，有必要对灵魂世界有一些了解。在达斡尔人的普遍观念中，每个人都有灵魂，称为"苏木思"（Sums），并认为人有三种不同性质的灵魂。

长生魂：人死后，虽然其肉体不存在了，但其灵魂并没有死，而是去了另一世界。故人死后，需陪葬其生前所用器具和交通工具，以供死者在另一个世界使用。还认为自己祖先的灵魂会护佑自己，因此达斡尔人特别崇拜自己的祖先，经常祭祀祖先的亡灵。即使在外地遇害、战死的将士的冤魂，也能回来给家人托梦，诉说冤情，表达心愿。

转世魂：人死后其灵魂便离开肉体到了阴间世界，等待转世再生。冤死者的灵魂因为尚未到期，不能回到阴间世界，便游荡在人间，等待机会作祟，加害于族人。在达斡尔族民间故事和萨满传说中，有不少反映灵魂观念的传说故事，其中有许多叙述了亡灵在阴间游荡若干年后，转世再生的细节。达斡尔人

---

① 孟慧英：《中国北方民族萨满教》，社会科学文献出版社，2000，第175页。

坚信生前为善者会转世为人，作恶者转世则为猪狗之类。

暂时魂：人在睡眠时，其灵魂离开肉体后所经历的见闻，便是人在睡眠时的梦。达斡尔人认为，人在活着的时候，他的灵魂能暂时离开人体活动。这种灵魂多为小动物之类，有时能从人的鼻孔出来活动。①

达斡尔人的宗教观念里灵魂具有实在性。虽然肉眼看不到灵魂具体形状，但人们还是展开了丰富的想象力，对灵魂形态进行了人格化的臆测。由于没有确切文献的记录，对灵魂的具体形态的描述缺乏有效的记录，但很多人都对灵魂形成了自己的看法，可谓见仁见智众说纷纭。

以语言学角度切入进行分析，也许能够呈现出更早期的灵魂形态。达斡尔语中表示灵魂的词汇"苏木思"（Sums）与表示米汤、饭汤的"苏木思"（Sums）同源而且语音也完全相同，还有表示牛奶、奶子、乳汁的"苏"（Suu），生命力、精神的"苏息"（Sux），表示精液、空气的词汇"苏乌敦"（Suwudun）。都是由同一词根"Suu"派生出的语汇。经过几个词汇的对比分析可以发现，它们所指代的事物具有某种共性：白色、稀薄的、缥缈的、略呈黏稠状。按照基本的心理学规则是观念之间相互"吸引"，只要彼此相似，一种观念就可以激发另一种观念，并将其召唤到意识中去。在感觉中，也存在完全类似的规则。一种感觉，就像一种观念，可以在心灵中引起与之类似的感觉。②按照同类事物感受联想律的逻辑规则，达斡尔人最早出现的灵魂形态可能与上述事物的形状具有某种共同的属性或特征。

在达斡尔人最早的思想观念当中，灵魂是生命的本源，也有具体的形态和可感存在的特征，当人们想努力触摸到它的时候，却丝毫感觉不到它，是半精神性的可感而不可见的真实存在。

从过去学者采录到的达斡尔族送魂悼词中也可以看出灵魂是某种具有气体一样特性的质料，可以飞升飘浮在空中，若隐若现：

德尔德亚得额，

---

① 丁石庆、赛音塔娜编著《达斡尔族萨满文化遗存调查》，民族出版社，2011，第75页。
② 〔德〕鲁道夫·奥托：《神圣者的观念》，丁建波译，中国社会科学出版社，2009，第61页。

额乌色雅德！①

瓦然莫昆的后代，

在你的家里，

祭起你的祖先神灵，

述说你的家族身世。

瓦然莫昆的族众已聚齐，

扶起你亡故的遗体，

从你世居的家室抬起，

送到你安身的墓地。

牵起你年幼的孩儿，

备齐金钱和供祭品，

选择好吉祥的日子，

祭请诸位神灵来享用。

不要为难活着的亲属，

不要苛求无辜的族众，

请你安心而去，

我们时时为你祭典。

……②

在达斡尔人的观念中与灵魂关系最密切的身体部位是骨头、血液和头发，人们认为生人的灵魂附着、寄居在骨头、血液和头发里。这在语言中也有所反映。用以表示骨头的"雅思"（Yas）、血液的"措思"（Cuos）和头发的"呼思"（Hus）词尾的后缀"s"音完全相同，应该与表示灵魂概念的"Suu"有关，在连读、快读过程中轻音脱落，是只保留元音、重读音节所导致的结果。

---

① 两句都为达斡尔语，属于送魂悼词前面的衬词。前半句意思是飞起来吧！后半句意思是升起来吧，与本悼词所要强调的送冤魂远离而去的旨意相符。

② 满都尔图：《达斡尔、鄂温克、蒙古（陈巴尔虎）、鄂伦春族萨满教调查》，中国社会科学院民族学研究所民族学研究室编印，1992，第39~41页。

三　骨头、裂纹、预兆、雅德根

古代民族认为骨头代表了最后的生命之源，也是灵魂变换形体任意重构的根据。这就是为什么古代狩猎民不把吃剩动物的骨头折断，而是仔细地收拾干净，并按照特定仪轨进行处理的原因。从这一观点出发，动物尸骨的处置方法和人类埋葬同类的方法大同小异，没有本质上的区别。"游猎于西伯利亚地区的埃文基老太婆看见被割下的熊肢肘肉就开始大声哭泣：'是谁把老爷爷杀了呀！'她虽把眼泪抹了一脸，内心里却为狩猎丰收而高兴，在仪式上还要装作悲伤的样子。吃过熊肉以后，还有葬仪，即将吃剩下的熊头骨放在特制的台子上；或者装在北地柳枝编成的笼子里，系在立起来的杆子顶上。在吉格达村，我见到熊头被摆放在大街中央的桩子上：原来，外贝加尔鄂伦春人刚刚举行过这只熊的葬礼。他们把熊的鼻孔、耳朵、颈部、四肢的肉一点点割下来，骨头堆放在那里，就像熊的身体摆在台子上一样。可以断言，这是一次传统的熊的葬礼。'吃你的肉不是我们，是乌鸦。'我们把你的遗骨风葬啦。"[1] 达斡尔族萨满在举行"奥米南"仪式时，主祭萨满都要叮嘱神职助手和帮忙的人，祭祀献牲牛、羊、猪的头骨和骨头收拢起来，不要折断，也不能任意丢弃。但肉可以吃，认为吃到献牲的肉会带来好运气。若把献牲的骨头给猪狗喂食则被视为亵渎神灵，会殃及家人，带来意想不到的厄运。把这些骨头收拾好后埋入指定的地点，仿若对人的丧葬仪式一般。这些对动物死后丧葬的处理方法就来源于最早的灵魂观念，即认为灵魂寄寓于骨头之中，期望人或动物能够从其骨骼中获得重生。

古代信奉萨满教的满族人客死异乡，要火化之后放入灵魂罐内。据满族老人讲述："我们祖上在清朝时，在乌拉街打牲衙门里当差。常听老人讲，满洲八旗出差死在外省，送回来的是黑色骨灰罐，不大，里边装几块骨头，还有发辫子。罐口用皮子包好，用皮条缠紧。罐子上沿有一个小洞，叫出魂入魂口。满洲人在早就讲究，人死魂不死，魂住在自己的骨头，特别是牙齿或发辫里，能

---

① 〔苏〕伏·阿·图戈卢科夫：《西伯利亚埃文基人》，白杉译，呼伦贝尔盟文联选编，2000，第125～126页。

跟着自己的骨尸回家。……骨罐到家要举行大葬礼，阖族隆重祭葬。"①这段话说明在满族人的宗教观念中灵魂与骨头关系最为密切。达斡尔族中也有类似的观念，人死之后，灵魂离开身体，不能进入阴曹地府的，就像气体一样四处飘荡，有时会依附在某种物体之上，此物体就具有了该灵魂的神性。传说家中有人将要去世之时，家人不准睡觉，害怕睡梦中魂魄被死者带走。除夕之夜还要给故去老人设位置，像生前一样，灵位设在死者生前坐卧之处，摆好小炕桌，还有被褥、碗筷、酒菜，根据死者生前的嗜好有时候也装好烟袋，点上烟斗放在桌子上。这些纪念仪式都与达斡尔人的灵魂观念有关，随着时间的推移，人们对死去亲人的感情逐渐淡化，认为他们已经熟悉了另一个世界的生活，也不会经常回到以前生活过的家庭。在田野调查中发现有的达斡尔族老人就不上坟烧纸。他们认为："几十年过去了，父母的灵魂早已经托生转世了，现在祭奠的是没有魂魄的空坟，祭祀已经没有意义了"。

骨头是生命的象征，达斡尔族俗谚中有："骨头是父亲的，血肉是母亲的"。在人们的心目中灵魂与骨头的关系最为密切，人死后，血肉在短期内就会腐烂、消失，只有骨骼会长久地留存。因此，在人们的意象当中，能够长久留存的骨头才是灵魂寄居的主要场所。据萨满文化专家考证："萨满教中的永生魂平时深藏在生命体的骨窍中。即或生命体完好，甚者躯体腐烂，只要其骨尚在，永生魂仍然完好，永远不死；即使随岁月流逝，或有疏散，只要予以呼唤和祭祀，仍可渐复如初。对藏于骨头乃至牙齿、头发中的魂，萨满常因各种缘故相招。魂骨常常佩戴在萨满服饰上，作为神灵符号；在萨满经验中，魂骨被视作生命的再生之源，'归魂于骨'成为萨满法术追求的主要目标。人们设想灵魂居住骨中，于是便期盼某一生命从中再生。萨满常保存骨头，用它代表某个神灵或某个萨满的骨魂。萨满服装上还挂着些许禽骨兽骨"②。

达斡尔语中"雅思"（Yas）除了用来表示骨头、骨骼之外，还可以代表尸首、尸体。在达斡尔语中举行葬礼称为"雅思·亦西克呗"（Yas ixkiebei），出殡、埋葬、发送称为"雅思·塔勒其呗"（Yas taliiqbei）。都是从骨头、尸体派

---

① 吕大吉、何耀华总主编《中国各民族原始宗教资料集成·满族卷》，中国社会科学出版社，1999，第 478 页。
② 孟慧英：《尘封的偶像：萨满教观念研究》，北京出版社，2000，第 16 页。

生出的关于丧葬礼仪的词汇。

古代中国的占卜就通过灼龟甲看裂纹来作决策。为了求得神谕，他们把裂纹区分出 125 种不同的形状来。[①]从现存最早的文字——甲骨文上可以得到证验，利用兽骨、龟甲的占卜盛行于殷商时期。"殷代的卜法，或凿或钻，而契后又用灼以求兆"[②]。殷商时期君王的任何举措都要通过巫师的占卜来获得指示，听从神和祖先的意旨。

北方民族契丹人社会生活中骨卜也占有重要的位置，据《辽史拾遗》卷十三记载："行军不择日，用艾或马粪，于白羊琵琶骨下灸之，灸破便出行，灸不破便不出"[③]。达斡尔族自古以来就有通过骨头进行占卜的习俗，通过占卜人和萨满巫师，以烧烤和咒语的形式召唤或激活深藏骨头之中的魂魄，获得来自另一个世界的信息，经过灵魂启示达到预知未来事物的目的。达斡尔族社会中最通行的形式是用动物的肩胛骨，去肉洗净，占卜前对着骨头细说几句密语，然后放在火上烧烤，通过观察肩胛骨面出现的裂纹，进行吉凶祸福的判断。萨满给人治病也通过验查白羊肩胛骨上纹理的明暗获祈神示，纹理通顺明达则表示病情无碍，不久即可痊愈。如果纹理晦暗曲折，则表示病情迁延难去，需要费时费力才能治愈，或者治疗无望。达斡尔族社会中很多普通人也都掌握简单的占卜操作方法，但无法释读比较复杂的纹理，在预测的准确性上也不能与萨满、神职人员相比。所以，面临重大决策或事态比较严重之时，为了准确理解神意，还要求助于最神圣的萨满巫师。为了获得人们的信任，萨满巫师对各种复杂纹理的分析需要高超的通灵能力和悟性，同时也要凭借深厚的社会经验和敏锐的判断力，才能根据具体情况给予不同的解释，使预测接近于正确的结果，从而获取人们对他（她）神悟能力的信任。

考古遗迹显示，利用肩胛骨占卜在北美印第安人、亚洲、印度和欧洲都有发现。[④]很可能与其他骨头比较而言，这种肩胛骨会更经常以某些方式产生裂纹和形成灼斑，而被普遍接受为获得神示的最佳手段和途径。

---

① 史宗主编《20 世纪西方宗教人类学文选》，上海三联书店，1995，第 815 页。
② 容肇祖：《占卜的源流》，海豚出版社，2010，第 6 页。
③ 厉鹗：《辽史拾遗》，中华书局，1985，第 249 页。
④ 史宗主编《20 世纪西方宗教人类学文选》，上海三联书店，1995，第 815 页。

达斡尔语中骨头"雅思"（Yas）与表示裂纹、裂缝的词汇"雅热"（Yar），还有表示预兆、征兆的词汇"雅若"（Yor），在词源上具有同一性，都是从骨头一词抽象、推演和派生出的宗教词汇。根据预兆、征兆这样的词语又衍生出达斡尔族萨满"雅德根"一词。

"雅德根"（Yadegan）称谓的汉字写法有多种变体，在齐齐哈尔方言中汉字写作"雅达干""亦都罕"等。在古代民族中，握有神权的萨满曾拥有至高无上的权杖，他们既是宗教祭祀，同时又是政治上的领袖，是一种首领与巫师合一或并存的社会政治结构。古代部落中巫师往往也是一个氏族的酋长。在我国鄂温克人当中，萨满就享有很高的威望，起初氏族的首领大部分都由萨满来担任，因而他不仅是氏族的巫师，而且也是本氏族生产生活的组织者，氏族习惯法的解释者和维护者。①

雅德（Yade）是由达斡尔语表示预兆的"雅若"（Yor）和表示知道、知晓之义的词汇"莫德"（Mde）结合而来。两个单纯词结合为新的合成词时，有时出现轻音的弱化、脱落，"雅德根"就是由预兆、知晓、首领三个词汇合并而成的新词，所以，它的含义应为"预言者"或"占卜者"更合适。此外，在达斡尔语言中由"雅德根"（Yadegan）演化而来的还有另外一个衍生词"Yade"，它的动词形式"Yadebei"在达斡尔语中具有敬畏、畏惧的含义。随着萨满巫师在社会生活中发挥的作用不断加强，人们对萨满的依赖程度逐渐提高，萨满的人格、行为也被人们神圣化，经过不断的衍变"雅德根"一词，又有了与其特有属性相对应的隐含的、附加的含义——令人敬畏之人。②在达斡尔语中另有形容词"Yadgelj"，它作为形容词具有癫狂或激动不安之意。人们形容一个人长得虎背熊腰，按照发生学上的先后序列，必然是有了虎或熊的形象之后才用它来形容某人的身材高大魁梧。所以，应是先有"雅德根"的癫狂形象，然后才出现了形容词"Yadgelj"，用来表述某人处于激动不安和癫狂的状态。

从上述语言的变化可以清晰地反映出萨满教特殊术语的演化递嬗过程，变化过程如图 1 所示。

---

① 秋浦等：《鄂温克人的原始社会形态》，中华书局，1962，第98页。
② 孟盛彬：《达斡尔族萨满"雅德根"词义解析》，《北方民族大学学报》2011年第1期。

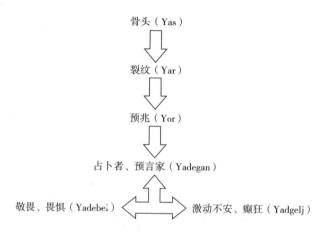

图1　萨满教特殊术语的演化过程

四　天穹观、宇宙树、腾格里

古人在漫长的历史长河中形成多种宇宙起源的解释模式。苍天崇拜就是世界上很多民族最古老的信仰传统之一，它并不局限于某一地区或某一民族，具有广泛的普遍性，但"天"的内涵和崇拜形式却不尽相同。古代阿尔泰语系诸民族中盛行敬天思想，北朝民歌《敕勒歌》中"天似穹庐，笼盖四野"诗句脍炙人口，影响深远。《敕勒歌》最早是由鲜卑语流传，后来译成汉语的民歌体诗歌，形象地表达了古代鲜卑人的天穹观，以天比作穹庐（类似蒙古包的居住空间），盖住了草原的四面八方。从宗教神话学角度分析，天似穹庐的观念不单纯是一种文学比喻，古代北方少数民族信仰观念当中普遍存在天像蒙古包一样覆盖在大地上的宇宙观，大地中央有一根柱子支撑天穹，反映出居中的空间就是人类生活的场所这样一种宇宙观念。一些阿尔泰民族把天想象成一顶帐篷，银河是它的"接缝"，群星是透光的孔隙。诸神一次又一次打开帐篷从外面观看大地，就有了流星。天也像是一只罩子或盖子，与大地边缘并非严丝合缝，因而时有大风从缝隙中吹进来。而通过这些缝隙，英雄和其他受到眷顾的人就能够悄悄地进入天上。在天的中央有北极星照耀，像一根桩子支撑天篷。蒙古人、布里亚特人等称它为"金柱"，西伯利亚的鞑靼人等称它为"铁柱"，而特留特人（Teleuts）则称它为"太阳之柱"。① 达斡尔人古老的传说中认为天体是圆的，它就像一口大锅倒扣在大地上。它的边就是天际，达斡尔语称"召札力札布克"（Jaojaalei jabk，直译过来就是"脚掌的缝隙"之义）。天际不断地一张一合，当它离开地面张开时人就可以钻进去，就到天上了。② 在另一则达斡尔族神话故事中，地球是顶在仙鹤的背脊上，仙鹤站累了换脚之时，大地便摇晃起来，于是地震就发生了。在科学技术不发达的时代，人们对地震等自然灾害的发生原因还无法探知，发挥丰富的想象力，按照世俗经验和神秘体验把各类自然现象归之于某种超自然力量发挥作用的结果，由此产生了朦胧的宗教意识和神话观念。

流传于达斡尔社会中的宇宙创生神话传说或民间故事当中，有几种变体形象来象征宇宙的轴心，除了上面引述的仙鹤的腿支撑天界之外，还有鹿角、神树等形象，在达斡尔民间故事《仙女与孤儿》《洪都勒迪莫日根》中，主人公都是攀援鹿角登上天庭的。上述达斡尔族神话故事中都有一个基本的宇宙原型，天界是由某种支撑物顶起的天幕笼罩在大地上。托落树（Tooroo）是达斡尔族萨满举行"奥米南"③ 仪式时所立的神树，在萨满举行的"奥米南"仪式中托落树必不可少，具有非同寻常的象征意义。"奥米南"仪式所用的托落树一般为新近从山上挖掘而来的白桦树，连根带土移植到"奥米南"（Ominan）仪式现场，根部埋入地下，托落树上必须有青翠的枝叶，整个仪式过程中在它根部周围设置祭坛摆放各种祭品。托落树象征着萨满的生命力，如果选用枝叶枯衰的树木，则对萨满不利，严重者甚至会丢掉性命。

在萨满教的观念中，是托落树把三个宇宙层面连接在一起，它矗立在宇宙的中央位置，是连接上界、人界和阴间的宇宙轴心，是萨满上天入地的通道，也是神灵下凡往来各界的所在。

---

① 〔美〕米尔恰·伊利亚德：《宗教思想史》，晏可佳等译，上海社会科学院出版社，2004，第949~950页。
② 满都尔图主编《达斡尔族百科辞典》，内蒙古文化出版社，2007，第421页。
③ "奥米南"（Ominan），在达斡尔语中意为"为小孩举行保护仪式"。其中 Om 是后嗣、子孙之义，Omie niangniang 是指掌管生育的神灵。Omol 是指隔一代的后嗣，包括孙子、孙女、外孙以及弟、妹的子女。Omie keku 是指已被萨满神灵保佑的小孩儿，Omielbei 是指为小孩儿举行入萨满保护的仪式。

在达斡尔语中萨满举行的宗教庆典"奥米南"仪式又叫"托落·托勒贝"（Tooroo tolbei），是"立神柱祭典"之义，托勒（Tol）在达斡尔语中是"立起，树立"之义。在整个萨满仪式过程中托落树正是象征着撑起天宇的世界树。这种宇宙观正是以人类居所这个小宇宙为模型，世界之轴被表现为一种具体样式，它或者表现为是支撑人类住房的柱子，或者是单独一根耸立的柱子，但都有相同的象征含义。因此我们可以说，每一个人的住所都生动地表现为一个"世界中心"，一切祭坛、帐篷或住家都能够突破自身的层次而与诸神交流，甚至（像萨满那样）登上天庭。①

达斡尔族宗教观念的基本范畴。认为宇宙有三界：上界即天空，为神灵所在的世界；中界系人类生活的人间世界；下界为阴魂所在的阴间世界，达斡尔人称之为"依尔木汗"。三界说系达斡尔人宗教观乃至人生观的核心，认为生前多做善事者的灵魂转生到人间，其中身后修炼成功者的灵魂可升入天堂，称为神仙；生前作恶多端者，其灵魂到阴间世界后备受折磨，最终将会转生为猪狗，甚至打入地狱。

"腾格里"这个词汇几乎是阿尔泰语系所有民族都存在过的天神信仰。司马迁的《史记·索隐》记载有，匈奴称单于为"撑黎孤涂单于"，匈奴谓天为撑黎，谓子为孤涂，单于者广大之貌，言其像天，故曰撑黎孤涂单于，撑黎孤涂意即"天子"，"撑黎"为腾格里的同音异写。在古代突厥文献中，腾格里是古代突厥神话殿堂里的第一位伟大的神灵，腾格里被认为是世界与人类的创造者，司掌着人类的吉凶祸福诸命运。②

"腾格里"（Tenger）一词在达斡尔语中具有多重含义，既用来指代覆盖世界的实体的天，又是具备掌管天体运行、气候以及生物生长发育能力的存在，也有信仰意义上的"天神"之义。达斡尔语属于阿尔泰语系蒙古语族的语言，是典型的黏着语类型的语言，构词规律中有两个或两个以上具有不同含义的词汇合并为一词的复合现象，词的派生和合成是丰富发展自己语言词汇的重要手段。达斡尔语中"特勒"（Tel）是"支撑、撑住"之义。"腾格勒"（Tengel）

---

① 〔美〕米尔恰·伊利亚德：《宗教思想史》，晏可佳等译，上海社会科学院出版社，2004，第949～950页。

② 毕桪：《突厥语言与文化研究》，中央民族大学出版社，1997，第304页。

是"轴、轴心"的意思，也用来表示车轴，隐含的附加含义则是支撑物体的柱子。宗教史学家伊利亚德认为："神圣的柱子或者树乃是位于宇宙中央支撑世界的宇宙柱的一种象征。阿尔泰民族相信诸神在这根宇宙柱上拴马，群星围绕它旋转。"[①] "格尔"（Ger）为"房屋、家、居住空间"之义。从词源上分析，"腾格里"（Tenger）应由表示具有支撑功能的轴"Tengel"和表示居住空间的"Ger"复合而成，表示由宇宙树支撑起来的"上界"或"天界"的概念。最早的"腾格里"词源经过合成之后应是用来表示相对于人间居住的人界而言的天界，为各类神灵居住的空间，是高于人界的存在。其演变发展过程如图2所示。

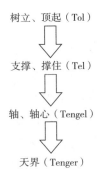

树立、顶起（Tol）

支撑、撑住（Tel）

轴、轴心（Tengel）

天界（Tenger）

图2 "腾格里"一词的演化过程

匈牙利萨满教研究学者也认为：在欧亚北部萨满教世界像中，作为象征的"支柱"是"宇宙树"。这种表象的由来是：圆形帐篷和天空的中心都在北极星的位置。在人们的想象中，星空比作圆形帐篷的墙围，在它的最高点有北极星的光亮确定方向。支撑天空的强有力的支柱就是大地中心的高山或者是立于高处的世界树。那里是世界的垂直轴心，连接着三分宇宙。繁星闪烁的天空的回转轴是天河。[②]达斡尔人的宗教观念中"腾格里·巴日肯"（天神）占据着首要

---

① 〔美〕米尔恰·伊利亚德：《神圣的存在：比较宗教的范型》，晏可佳、姚蓓琴译，广西师范大学出版社，2008，第284页。

② 〔匈牙利〕米哈依·霍帕尔：《图说萨满教世界》，白杉译，内蒙古自治区鄂温克族研究会选编，2001，第202页。

的地位，是至高无上的神圣存在。天神"腾格里"作为至上神，在达斡尔族整个神祇体系中具有突出的地位。天神"腾格里"生活在遥远的天际，是宇宙的主宰，他支配着天体和世间万物的运行规律，他的实体与生活空间有着很远的距离，人类被笼罩其中、不能离之须臾。

祭天在人们看来属于庄重而神圣的祭祀仪式，家庭范围内的祭天仪式开始前要在大门外挂上一双靴子，紧闭门户，任何人不得随意进出。没有门板者，要在大门上挂上渔网或网状的绳子，禁止通过大门。在正房的西南角，横置木杆，用被子将横木盖住，然后主祭者开始念诵祭词。把供奉的牛或猪杀了剥皮或去毛，在室外煮内脏，在屋内煮骨肉。祭祀完了大家吃肉，把骨头啃干净，用簸箕收拾好，扔到院外，把脖颈骨插在木杆尖上，挂在大门旁边。在讷谟尔地区祭天有所不同，把大门关上不挂靴子，由一个男人拿着弓和箭，站在房顶上，一直站到祭完才下来，并在院内置一座圆形包，不用被子盖住横木杆。①达斡尔人古老的传说中认为天体是圆的，它就像一口大锅倒扣在大地上。祭天仪式所选用的象征符号，设置的祭坛，上面材料中所记述的圆形包或横木杆上盖被子，都是用来表征天空、宇宙的形象，每个祭坛都被设计成世界的中心，让祭祀者获得居于宇宙的中心位置，人们在自身设计的小宇宙中穿梭往来，穿透三界飞升直达天界，可以与神灵进行交流沟通，传达人间的诉求和愿望。从宗教学意义上分析两者的结构所表达的象征意义非常吻合，古代人依据自身的认知模式构拟出的天界的具体形态，形成浩瀚宇宙的微观缩影，利用祭坛的天梯达到通往天庭的目的，完成与天神沟通的使命。因此这个仪式实际上乃是发生在宇宙的"中心"。这些祭祀设计和宗教仪轨最初有可能是出于信仰者对天神行为方式模仿和复制的结果，以此来满足宗教信众渴望与神灵生活更为接近的宗教情结。

语言首先产生于行动。如果我们认为只有语言才有助于我们，那我们就应当说，所有超越感性观念界限的宗教观念，都起源于某种外在启示。通过心理分析宗教史学家麦克斯·缪勒在《宗教的起源与发展》把三类可用感官感知的

---

① 满都尔图主编《中国各民族原始宗教资料集成·达斡尔族卷》，中国社会科学出版社，1999，第 303 页。

事物分为：可触知的对象，半触知的对象和不可触知的对象。① 通过以上词源学角度的分析，可以看出达斡尔族最早的宗教语汇均来自于可触知的对象，经过不断的抽象、推演逐渐脱离最初的表达，被逐步引导到感官不可触知的事物上，也即是从自然之物过渡到超自然层面，最终定型为超越感官所能触知的宗教语言。

---

① 〔英〕麦克斯·缪勒：《宗教的起源与发展》，金泽译，上海人民出版社，2010，第113页。

沙埋佛寺

——保护与开发中的多方迷局[*]

廖　旸[**]

大佛寺坐落在 Z 县 S 镇的村子[①]旁，是该县两大佛教中心之一。史志多称之为 S 寺，今又以位于山南麓、因山名而著称。这个中国西北黄灌区的小县城位于著名的腾格里沙漠南缘，几百年来当地建设起相当发达的水渠系统，防沙固沙的努力卓有成效。寺前临跃进渠，因修建于 1958 年"大跃进"时期而得名。[②]过去寺窟距离村落本就不远，渠修成后可以灌溉大面积的玉米地、稻田和枸杞林，渠边建起了居民点，大佛寺周边生态环境有所改观。

[*]　本文依据的访谈与调查材料来源于笔者 2010 年 8 月 8 日至 9 月 7 日的实地考察。这期间省文物考古研究所在工作和生活上都给予了笔者多方面的照顾和支持，不胜感激。对文中的僧人师弟的访谈由首都师范大学美术学院硕士研究生常红红、樊祎雯完成，谨致谢忱。本文曾于 2011 年 2 月提交中欧社会科学研究项目（Co-reach）"Cultural Heritage in China：Changing Trajectories，Changing Tasks"课题柏林工作坊，谨向中国社会科学院鲍江、翁乃群研究员及英国威斯敏斯特大学艾华（Harriet Evans）教授致谢。

[**]　中国社会科学院民族学与人类学研究所研究员。

[①]　村中原有 3000 多人，陆陆续续有 2000 来人因招工、考学等迁出。现在和大多数农村一样，村里青壮年男人种上田后就离家打工，主要由女人负担农务。

[②]　明弘治六年（1493 年）创建 S 渠，清乾隆年间移口后改名为"胜水渠"，民国二十三年（1934 年）延长后易名为"新生渠"，1958～1959 年间合并多渠并延伸建成跃进渠上段，现为河北 Z 县灌区的总干渠，也是省引黄灌区的骨干工程之一。详见李福寿《跃进渠渠道沿革》，载中国人民政治协商会议 Z 县委员会编《Z 县文史资料》第 2 辑，1989，第 138 页；吴洪相主编《宁夏水利五十年》第 3 卷"水利人文"，宁夏人民出版社，2008，第 349～351 页。

图 1　大佛寺周边环境

资料来源于 google 卫星地图。寺与村庄、农田隔跃进渠相望。洞
窟开凿在寺后山崖上，山上种着固沙林。

寺背后西北不远处，大概也就 2 公里的距离，尚存明长城遗址。明代为防
御蒙古铁骑侵犯，修筑长城时对选址的构想是：

> 虏逐水草以为生者，故凡草茂之地，筑之于〔长城〕内，使虏绝牧；
> 沙碛之地，弃之于〔长城〕外，使虏不庐。①

换言之，明长城标志着当时农区与游牧区、农田与沙碛的界线。蜿蜒的明长城
遗址说明，从明代以来风沙对这一带有所侵蚀，但没有大规模推进。② 人们除了
努力保障农田之外，也在与风沙争夺这座大佛寺。

大佛寺营建简史

大佛寺肇建年代众说纷纭，有北魏、唐、西夏、元诸说。较早的文献如

① 《嘉靖宁夏新志》卷一"边防·河东墙"。
② 参见景爱《沙漠考古通论》，紫禁城出版社，1999，第 192 页；朱幼棣、胡若隐：《我们家园
的紧急报告》，时事出版社，2000，第 108～109 页。

《嘉靖宁夏新志》称其为"元故寺"，其后清《中卫县志》称为西夏开国君主
"元昊建"，《陇右金石录》引光绪《甘肃新通志》主张"寺创建于唐时。就
山形作石窟，窟内造像皆唐制"。今人或指北魏开窟，则回溯更远，尚需证据
支撑。在讨论明长城沿线所设镇堡时学者提出，"宁夏镇共有城堡 38 座，在
修筑之时附近尚无居民村落"。① 明早期已有 S 寺堡的建制，② 堡似因寺而得
名，则寺应早于堡之建设，但 S 寺的兴盛则与此地具有重要的军事价值有
关。③ 寺中原有明万历二年（1574 年）所立石碑，记增修事，文字漫漶，尚
可读出：

> ……无记载，不知起自何年，或于何人。□传开劈时，闻山中连宵有
> 风雷声，一旦忽……然天成，人依之稍加削凿，遂成焉。理……间少加
> 开……参将□公拜者族类□全而智勇……仿佛焉，备尝艰楚，身经百
> 战……俘甚……人恃吕无恐者数十年不获，推移今……子惜之，一日瞻礼
> 有感，□金半百，约光操守今升花马池参将……麦公河、生员陈宗儒主其
> 事。起建门楼三……〔接〕引佛三尊。大佛三，诸佛十，□以饰之，垣以
> 卫之，起于嘉靖丙寅（四十五年、1566 年）□五月中，落成于隆庆戊辰
> （二年、1568 年）。④

此外，寺中藏有铭刻"大明景泰三年（1452 年）岁次壬申奉佛信士贾拳"字样
的石灯台，若干洞窟所铺地砖上犹可辨识出"嘉靖己酉年（二十八年、1549
年）造"铭文。

---

① 景爱：《长城》，学苑出版社，2008，第 93 页。
② 例如正统元年（1436 年）五月"戊子……宁夏总兵官都督同知史昭奏：虏寇数骑，犯 S 寺
堡，杀旗军四人，掠其牛畜"（《明英宗实录》卷十七。另见《国榷》卷二十三）。
③ 大佛寺山后的明长城当为明万历十四年（1586 年）十一月戊戌兵部题宁夏巡抚梁问孟条陈
（《明神宗实录》卷一百八十）之后修建，其中"议修紧要边隘：河东、河西，自大佛寺起、
直抵黄沙接 S 寺界止，该创筑土边一道，长三十余里，又该筑敌台共三十七座、月城各一
道"。另参见（明）张萱辑《西园闻见录》卷五十四，《续修四库全书》第 1169 号"子部·
杂家类"，第 367 页。
④ 原碑已佚，此据 Z 县党史县志办公室编《Z 县碑录》，宁夏人民出版社，2008，第 125～126
页。

"S"可能是蒙古语"山中"的意思。① 综合目前掌握的文献材料来看，《嘉靖宁夏新志》记其为元代故寺有一定道理。参照现存绘塑造像题材与风格、洞窟分布与相互关系等要素，可知明清为大佛寺盛期。清代方志述此寺胜景，记载"转西侧新建佛殿巍然，内外各六楹"，② 则清早中期在今之上寺位置新修部分建筑；而当时"寺在山半，为两院"，与后来分上中下三寺的格局不同，可知之后仍续有修建。崖面现存主要洞窟西起依次为：焰光洞（一名眼光洞）、万佛洞、炼丹洞、玉皇洞、真武洞、九间无梁洞、娘娘洞、龙王洞和睡佛洞等，原多有相应的窟前建筑。据村民回忆，大佛寺旧分三寺当中，现在的大佛寺地面主体建筑与过去的上寺位置相当，中寺以九间无梁洞为核心，下寺以睡佛洞为核心。过去最有名的是中寺；而蒙古族最重视下寺，其中供有他们信奉的神像。

大佛寺处于活跃的地震带上，文献明确记录 S 地方历史上发生过的地震及现代推定的地震等级如表 1 所示。③

表 1　S 地方历史上发生过的地震及其等级

地震发生时间		震中烈度	震级
明弘治八年三月己亥④	1495 年 4 月 10 日	Ⅷ	6.25
明万历三十六年八月十五日	1608 年 9 月 23 日	Ⅶ	5.5
明天启六年十二月二十一日	1627 年 2 月 6 日	Ⅷ	6
清乾隆三年十一月廿四日	1739 年 1 月 3 日	Ⅹ	8
清咸丰二年四月初八日	1852 年 5 月 26 日	Ⅷ	6

其中天启年地震资料中准确地记述了对大佛寺造成的破坏与人身伤亡情况："S 寺堡地大震，震倒礓山一座，坏石殿四座、僧房六间，压死僧二名，余丁四名"。⑤

① 类似的例子可见甘肃皋兰元代始建的石洞寺（又名 S 寺、石拱寺），蒙古语称为"石空唬喇"，意为山中之城。见安方彪《石洞寺的历史与现状》，载《兰州文史资料选辑》第 23 辑，第 405 页。

② 《续修中卫县志》"杂记"卷八"S 灯火"条。

③ 参见 Z 县县志编纂委员会编《Z 县县志》，宁夏人民出版社，1994，第 71～72 页。

④ 见《明孝宗实录》卷九十八。

⑤ 《明熹宗实录》卷八十二。另见《钦定续通志》等记载。

清末踵继天灾而来的还有同治四至八年间（1865～1869 年）的数次兵燹，遭受很大破坏的大佛寺从此一蹶不振。清末民初有所恢复，终究难挽狂澜。在社会动荡、僧众星散、少人问津的情况下黄沙逐渐蚕食，洞窟和地面建筑尽遭掩没、积重难返。只有声望甚隆的九间无梁洞在每年四月八会之前有专人清扫门道券洞的积沙，朝礼信徒躬身可勉强进入。

大佛寺佛教概况

大佛寺创建之初所属宗派不详。至明代，则有藏传佛教渗入，有关喇嘛的文献记载、[①] 窟内贴塑的藏式造像以及同地区其他寺院的情况[②]可资凭据。由于此地临近蒙古部落，随着蒙古族皈信藏传佛教，藏传佛教在此寺仍有一席之地，这从蒙古族有前来朝礼下寺的传统可以看出。老人说，过去寺前有两株特别粗大的柳树，穿着长袍、挂着珠子的蒙古族就把马拴在柳树上，下寺朝佛去了——"蒙古人的佛和我们的佛不一样"。但在当地居民中则未见藏传佛教影响的痕迹。

同时，从洞窟与佛殿间杂崇祀三清、玉皇、真武等道教神灵和龙王、财神、送子娘娘等民间信仰神祇的情形看，多种信仰并存共处、相互包容。清末寺院衰败，佛教势力削弱，其他从佛教衍生而来的民间宗教乘虚而入，某些特点至今可在当地居士信众身上找到：

> 当了居士后，保留原姓，另起法名。……据居士们说，他们的法名按

---

① 明正统十三年（1448 年）九月壬辰，"陕西宁夏卫 S 寺刺麻高僧耳昔、肃州卫吉祥寺刺麻星吉巴（藏 Seng ge pa）、河州卫显清寺刺麻朵儿只藏卜（藏 rDo rje bzang po）等来朝贡马及佛像、舍利，赐宴并彩币表里等物有差"（《明英宗实录》卷一百七十）。"耳昔"之名语源待考。

② 明嘉靖十四年至十五年（1535～1536 年）重修牛首寺时，"设心倡端，崇慎其教，则僧纲正副张藏卜巴，赵藏卜岭占也"（管律《牛首寺碑记》）。《重修吉祥寺碑记》则提及明万历四十三年（1615 年）为重修该寺"僧任叭坚参募化他方"。内地藏传佛教流行之处，皆存在汉族僧人奉其教故取藏文法名的例子，这里的正副僧正藏卜巴（拟还原为 bZang po pa）姓张，藏卜领占（藏 bZang po rin chen）姓赵，为汉族人的可能性最大，至少也汉化颇深，未见得为藏族或者蒙古族僧人也。可知当时藏传佛教在汉族人中间应有不小影响，这也是 S 寺石窟群中出现藏传佛教艺术痕迹的背景。

"清静道德回诚佛法能仁指挥本来自信园明行礼大通无血" 24 字排列辈份。本县自民国以来，只有园明二辈。①

除个别同音或近音的别字之外，上引文中提到的辈分用字非常接近罗教（无为教）及与之有渊源关系的青帮或类似民间教门的二十四辈："清净道德文成，佛法能仁智慧，本来自性圆明，行理大通无学"。② 罗教奉罗祖，而清光绪九年（1883 年）传入该省，清光绪二十三年（1906 年）逐渐发展到县上的"大乘理会"尊崇罗祖及其撰著的五部六册，字面上看大乘理会似与罗教分支大乘教有所关联。当然，在对当地晚清民间教门和结社进行更细致的研究之前，这些仅是猜测。民国十六年（1927 年）后大乘理会逐步改称弥陀会，与汉地佛教中以念佛为法门的净土宗靠近，但尊崇罗祖及五部六册等特点仍有保留。民国二十四年在省城成立佛教居士林，翌年在该县成立分林，这才提出剔除五部六册等非佛教教义，改宗净土。③ 根据 1990 年公布的资料，该县"现有皈依佛，皈依法，皈依僧的三宝居士 3000 余人。此外还有未皈依僧的弥陀会二宝居士 6 千余人"。④ 皈依三宝是佛教正信信徒的基本条件之一；从这个意义上说，这里的民间教门势力很强，弥陀会信众人数远逾三宝居士。

昔日佛灯僧烛燦如星辰的大佛寺历经磨难，新中国成立之后 1950 年进行宗教团体登记之时，全县僧尼 13 人，其中大佛寺仅有僧 6 人。⑤ "文革"开始后寺院被当作"四旧"拆毁，梁柱木材被运到县拖修厂供建厂房之用，从此荡然无存。1958～1982 年间全县完全没有出家修行的僧尼⑥，大佛寺自不能例外。

从全县范围来看，大佛寺附近乡村居士最多。党的十一届三中全会后逐步落实宗教政策，在重兴大佛寺的过程中，居士们起到了至关重要的作用。

① 叶光彩：《Z 县佛教概况》，载中国人民政治协会商议宁夏 Z 县委员会编《Z 县文史资料》第 3 辑，1990，第 84 页。

② 参见陈国屏《清门考源》，上海联谊出版社，1946，第 36 页；孔祥涛：《论罗教、大乘教的道统和辈份制——青帮辈字由来考》，《清史研究》2002 年第 3 期，第 59～66 页。

③ 参见窦仰仪《大乘理会的传入和演变》，载《Z 县文史资料》第 3 辑，1990，第 86～87 页。

④ 叶光彩：《Z 县佛教概况》，第 81 页。

⑤ 叶光彩：《Z 县佛教概况》，第 80 页。

⑥ 叶光彩：《Z 县佛教概况》，第 69 页。

他们自发在大佛寺过庙会，由张自建倡导，联络村民唐明文、樊明德，具文经县统战部、宗教局报请省党委统战部，1981 年省发字 006 号文件开放大佛寺为佛教活动场所，[①] 这也是该县首个开放的佛教活动场所。一方面，省文化厅开始进行寺窟的考古清理工作。另一方面，成立临时修建小组，小组的 6 人当中组长、副组长、保管、会计、出纳等均为任命，张自建为成员；后来临时修建小组改组为大佛寺管理委员会，除主任张自建居士外，其余成员均为明字辈居士。寺管会由 7 人组成的规模保留至今。

大佛寺几乎是在黄沙深埋废墟的情形下被批准辟为佛教活动场所的，因此，首要任务就是让许可证上的空中楼阁变成现实。大雄宝殿、万佛阁和弥陀寺先后募化重建；1984 年盖起东西厢房，1986 年建天王殿；至 1998 年，含上述殿堂及念佛堂、斋坛、库房等在内共建成 79 间殿舍。嗣后又陆续建起原下寺睡佛洞和九间无梁洞东侧的娘娘庙等，塑像彩画，铸钟造鼎，使大佛寺建筑群形成如今规模。重建经费中有 1980 年政府拨款的 7 万元，其余则通过募化捐施的形式筹得；[②] 村民称："这些花费是各家各户化来的，是寺上出的钱。"

寺自当有僧，才能弘法度众。1988 年经县宗教科批示，请来允成法师住持寺院。[③] 当时除方丈释允成之外，还有释园智、释湛周、释湛义与释通玄四名僧人，粗具僧团规模。但翌年大佛寺又仅剩允成一人，[④] 后来释允成前往别市武当山[⑤]并在那里圆寂，之后僧尼一拨拨来此，都未能长住。

在重建过程中，对于 1981/1982 年间发掘清理出土的泥塑，存在管理不善的情况。原有的雕塑残件或少头，或缺胳膊，就被砸掉、重新做像了，也有人说去向不明。而封存在真武洞、清理出土的八十余尊泥塑像在 1992 年 10 月至

---

① 详细经过见大雄宝殿东侧悬 1989 年三月十二日立匾。参见窦仰仪《大乘理会的传入和演变》；叶光彩：《Z 县佛教概况》，第 77 页。

② 参见大雄宝殿西侧悬 1989 年三月十二日立功德人名匾。

③ 1946 年，鉴于大佛寺僧人不守清规、坐吃山空的惨淡局面，当时省财政厅秘书主任魏烈忠从外省引荐允成和尚及两个小沙弥接管大佛寺。1949 年 9 月该县解放后允成出走。此据蒋若芝、王文举《S 大佛寺土地占有情况》，载《Z 县文史资料》第 2 辑，第 43 ~ 44 页。按：在另一些文字资料中，"允成" 又写作 "永诚"。当地方言例将 un 发音如 ong，似以 "允成" 为是。

④ 叶光彩：《Z 县佛教概况》，第 80 页。

⑤ 又称北武当，以区别于道教名山湖北武当山。该处佛道共处，作为佛寺的名字是寿佛寺。

1993 年 2 月间三次遭劫，悉数被人盗走头颅，仅一身得以幸免。^① 在这种形势下，经 1985 年成立的县文物管理所积极争取，1997 年崖面各窟由宗教部门移交县文管所管理。这样，大佛寺实际上被划分成两部分：重建的殿宇由寺管会负责，而洞窟古迹则由文管所负责。

图 2　1981/1982 年真武洞内清理后的情况

主尊真武大帝与二胁侍、二护神基本完好。资料图片，感谢县文管所惠允翻拍。

　　清代当地风俗"丧用佛事，动鼓乐"，^② 如今乡村总的形势是信佛教的人家少，大部分是信阴阳的，逢丧事多请阴阳先生。^③ 在当地三教圆融的民间信仰当中，佛教总的来说呈现衰退之势。

---

① 见罗吉元《千年 S 寺"遍体鳞伤"　修补进度赶不上损坏速度》，《法治新报》2006 年 4 月 27 日。唯一幸免割头之祸的泥塑现充当上寺焰光洞和万佛洞前室内新塑地藏菩萨像的胁侍闵公。原尊格不明。
② 《中卫县志》卷一"地理考·风俗"，第二叶。
③ 信阴阳的人家被认为奉道教，有事请的是阴阳先生；信佛教的人家请的就是师傅（居士）。阴阳先生的收入比师傅好，收来的谢仪自己放起来。居士组织法事活动具有一定的互助性质，事主需为参与的居士准备斋饭，较少物质报酬，通常只需花费几十元钱。

图3　真武洞内现状

雕塑不同程度残毁、倾颓，护神像仆地。壁画痕迹隐约可见。

大佛寺的旅游开发计划

随着旅游经济受到各地政府的重视和大力扶持，大佛寺成为当地重要的发展对象。比较它与沙漠景观、长城遗址、生态园等其他旅游项目的吸引力和竞争力，最后确定为以大佛寺为核心开发文化旅游，① 并于 2004 年 5 月 26 日举办了首届"大佛寺旅游节"——当日正值四月初八佛诞日，也是大佛寺传统上举行庙会的日子。传统文化与民俗活动为现代经济发展搭桥铺路，这在各地方都用得纯熟。② 在这种形势下，2005 年四川乐山一家旅游公司承包开发大佛寺，鉴于有寺无僧的荒凉景况，请来四川僧人合作。

① 大佛寺距离该省著名的沙漠景观沙坡头仅 50 余公里，后者在 2001 年就被批准为该省 AAAA 级景区。下文中提到的发生交通事故的旅游团采取的路线即沙坡头—大佛寺—王陵。

② 2012 年 10 月 8 日，国家宗教事务局等十部门联合发布《关于处理涉及佛教寺庙、道教宫观管理有关问题的意见》（国宗发〔2012〕41 号），主要针对的就是"一些地方受经济利益驱动，搞'宗教搭台、经济唱戏'，出现了一些不正常的现象"。

就在这时，发生了一起悲剧：2006 年 7 月 11 日，组织来大佛寺旅游的外地中学教师参观完大佛寺后坐客车离开时，在金沙铁路道口与西行火车相撞，导致第二辆车上的 27 名游客中的 13 名罹难。由于善后处理积极得当，这起特大交通事故没有引起更大的波澜；[1] 但这起意外使得四川公司丢掉了承包开发的资格，旅游项目也遭遇挫折，被旅游局从旅游线路上取消，开发计划暂时搁置起来。不过，鉴于四川僧人在为死难者度亡的佛事活动中发挥的重大作用，当地信徒将他挽留下来。

在交通事故带来的阴霾渐渐从人们心中散去的时候，大佛寺旅游也适时重启，而且开发计划更加宏阔——《S 寺旅游建设规划》早于 2007 年已然通过评审[2]并得到县长办公会的批准，万事俱备，只欠投资。招商引资的工作不太顺利，前来实地勘察的人一拨接一拨的，通常来两次就没下文了。投资预计需要 8 亿元，目前有一位煤矿老板先期投入 200 万元，正在争取省旅游局、省文物局和国家文物局投资，涉及利益分配的具体合同条款尚待研究。

文管所即将搬入新楼，旧址办公室墙上张贴的标语"保护为主、抢救第一"，在新形势下似乎也过时了。作为县文化旅游局的下级机构，文管所现在担负的责任要广阔、活跃得多；它担负起大佛寺旅游开发的方方面面，所长终日为招商引资奔波，办公室满墙的"先进单位"奖牌也表明它围绕文化旅游充分地履行职能。为了尽可能挖掘大佛寺"文化旅游"的价值，文管所从隆德请来杨师傅修补泥塑被盗走的头颅，并在这个过程中发现了造像内的装藏；筹资在上寺西侧修建陈列室（截至调查时因资金不到位而暂时停工），准备未来向游客展示这批泥塑文物；对大雄宝殿后面的焰光洞和万佛洞，则于 2008 年请敦煌研究院文物保护技术服务中心及河南方面对窟体进行加固，并修补了其中的部分塑像。而在当地声望崇隆、对信众来说最具有号召力的九间无梁洞，则理所当然地成为旅游建设规划的重中之重。

---

[1] 事后铁道方赔偿 60 余万元，省也做出积极努力，每位过世教师都有一名亲人前来处理后事，采取三对一的陪护力量，包括心理治疗等当时相当积极的措施，事情解决比较圆满。

[2] 此据市政府网站上公布的"S 大佛寺文物保护、旅游开发项目"，http://www.nxzw.gov.cn/EWD_ Article/ Read. aspx? ArticleID = 5598。

九间无梁洞的考古工作

"无梁洞"也叫"无量寺"。明代全国很多地方都修建有砖起券、穹窿顶的佛殿，因其建筑材料和结构方式都与传统的木构建筑不同，令人耳目一新，因此颇富时代意味。村中 70 多岁的老人回忆，1953/1954 年的时候，黄沙掩埋的中寺还能进人。当时九间无梁洞里面没有窗户，拜佛时一旦点香供灯，里面就烟雾缭绕。文管所所长告知，20 世纪 50 年代针对这一点给洞窟增开了天窗，便于通风采光。

图 4　1949 年前后的九间无梁洞（中寺）

除了供三佛的九间无梁洞、前楼及其两侧的钟鼓楼（从图片上看拍摄时钟鼓已无影踪）之外，过去中寺还有一座天王殿。资料图片，感谢县文管所惠允翻拍。

图片上带券洞的门楼应即在九间无梁洞前搭建的窟前建筑，老人称之为"前楼"，其中供有一头、二足、十八臂的神。据我们所知，十八臂神最可能是准提菩萨或莲花妙舞自在观音，不过没有人能说清楚那是谁了。① 前楼两翼为钟

---

① 老人们回忆，认为这尊十八臂神是蒙古族尊崇的，这与他们说蒙古族最重视下寺的情形不完全吻合。准提菩萨（观音）是汉地非常尊崇的神，莲花妙舞自在则属藏传佛教体系。关注这尊奇异塑像的目的在于进一步了解大佛寺昔日的信仰体系。

楼、鼓楼，20 世纪 60 年代拆除。文管所所长说，过去钟楼里那口钟声闻四十里，口径比出口还要大，当初是先置钟，然后才盖成钟楼的。可是一夜之间钟突然就没了。这是一桩奇事：按说它是拿不出来的，如果敲碎运走的话，村民一定会听到声音。不过老人则说，那口"敲起来 Z 县城都能听见"的钟是在大炼钢铁的时候（按：大约在 1958 年）毁掉的。

从全国范围来看，大佛寺名头不算如何响亮，但在新中国的文物保护工作中，其起步并不晚。1954 年 6 月，省文化事业管理局即派员实地调查并提出局部清理意见：

> 现在大佛寺内部积砂还不太多，如果将窟上的两窗堵塞，再将门旁的积砂清理，砌一道障壁或拱门通到前面寺庙，使流砂不再内注，就可以使人由此入窟。但关于整个窟群的历史艺术价值，以及彻底清理和保护的方法，都需要由有关部门研究决定。①

上引文中的"大佛寺"实际上专指九间无梁洞，"两窗"也就是所长提到的、窟前壁上部增开的天窗。当时诸窟都遭历年积沙深埋，痕迹全无，只有无梁洞在每年四月初八庙会之前要清理出来供人入内瞻礼，因此犹见孔径。特别要提到的是，这次调查的起因是有读者在《文物参考资料》上发表了简要报道，② 从而引起省里的关注。从字里行间看起来，这位没有署真名的读者不大像是文物工作者或者政府工作人员，不排除是当地信徒借保护文物之名，而求清理洞窟之实。

寺管会的成员也说，政府要开发大佛寺旅游，他们的建议是要维修九间无梁寺，"因为这个寺在群众中的影响力最大"。这样，信徒长期以来期盼清理洞窟的呼声与当地政府发展旅游业的计划就奇妙地结合起来了。考古学者也直言："近年出于旅游业的需要，当地花费了很大的投资，才将部分

---

① 《宁夏省文化局接受本刊读者意见，派员前往 S 寺实地调查》，《文物参考资料》1954 年第 8 期，第 157 ~ 158 页。

② 《一座未被人注意的文物宝库——宁夏省的 S 寺》（据飘扬报道），《文物参考资料》1954 年第 3 期，第 130 ~ 131 页。

图5　1981/1982 年，省文化厅在大佛寺进行发掘清理的工作现场

　　1981/1982 年，省文化厅对大佛寺进行了发掘清理工作。据说此次清理共清除掉 340 万方沙子，工程之浩大可想而知。① 资料图片，感谢县文管所惠允翻拍。

洞窟从流沙中清理出来。"② 但是这次清理之后，九间无梁洞部分山体在 20 世纪 80 年代末或 1990 年的香山地震中震塌，逐渐又造成目前砂石掩埋的情形，只有天窗上部还敞在外面。1963 年大佛寺公布为省级重点文物保护单位，按照文物保护的相关规定，清理积沙就不再是寻常的开工动土项目，必须由有资质的考古队伍来开展。在该省，这项政府重托、民望所系的任务就责无旁贷地落到了省文物考古研究所肩上。2010 年 8 月 5 日，重新清理石窟、考古测绘的工作正式启动。

　　然而，省考古所冷眼旁观，对这起考古任务背后的旅游开发计划和经济利益自然很清楚。他们更清楚，这项任务背后存在的风险。1981/1982 年省文化厅主持的那次发掘清理，就是因为洞窟中岩石崩塌导致一名民工身亡，遂告中止

①　此据丁毅民《丁毅民诗词选集》"登 S 寺"注，宁夏人民出版社，2001，第 168 页。
②　景爱：《沙漠考古通论》，第 196 页。经清理后的九间无梁洞景象，见唐志光《S 寺重建天日》，《中国旅游》1988 年第 6 期。

图 6　1981/1982 年清理洞窟时围观的村民

1981/1982 年洞窟基本清理出来，并采取了固沙措施。周围居民的热情从照片上可见一斑。资料图片，感谢县文管所惠允翻拍。

1998 年重修上寺的同时，"为了疏通旅游宾客和来往车辆之方便进行，又在寺前跃进渠上修建水泥桥梁一座"（大雄宝殿东侧匾文）。桥旁大致就是过去中寺的入口。

的。大佛寺石窟所在山体岩石构造疏松，即便是敦煌研究院先期用钢筋等方式加固过的焰光洞和万佛洞，窟顶与周壁仍然裂缝丛生，这都使得清理工作显得危机四伏。如果再出现人身安全事故，考古队是要负全部责任的。单说批准项目时考古所获得的 20 多万元经费，也捉襟见肘。

从考古队员的心态来看，这则是一起缺乏学术价值和挑战乐趣的任务：只是重复 20 世纪 80 年代前辈已经完成过的工作，完全知道沙子下面埋藏的是什么——如果那些发现物还安然存在的话。因此，考古所把工作重心放在测绘上，争取为石窟保护留下一套完整、可靠的资料；考虑组织力量粘裱、整理、识读大佛寺泥塑装藏所出的那批文献材料；同时也为如何收集保护洞窟内现存泥塑残件等给文管所提一些建议。

但这些并不是文管所目前关心的问题。所长行将退休，对开发大佛寺十分热心，希望在退休前留下一件辉煌业绩。考古队每天在焰光洞和万佛洞中埋头测量、绘图，而置九间无梁洞于不顾，令志在必得的他十分不满。在和考古队争执无果的情况下，他马上找来 L 大学土木工程专家设计加固方案，并在 2010年 9 月初签订了合同。他更雄心勃勃地设想用科技手段勘测周围是否还存在流沙深埋、不为人所知的洞窟，有信心将大佛寺申报为国家级重点文物保护单位、以扩大知名度和对游客的吸引力。

不同人眼中的"修旧如旧"

村里老少都说洞窟里是唐代的东西，这原本是旅游规划上的宣传口径，看来在地方上已深入人心。游客到洞中来，看到壁面斑驳、像台空寂、塑像没头，往往不假思索地撂下一句：是外国人割走了。

焰光洞和万佛洞共拥的前室至今还挂着敦煌研究院文保中心宣传修复原则的横幅："最大兼容、最小介入、修旧如旧、保持原状"。这也是目前文物界通行的口号。万佛洞主要修复了佛菩萨三尊像，包括补上了佛的腰部与须弥座上枋及座基，菩萨的腿、足和座，但补塑的这部分表面就不再彩画了，从而与原塑相区别。两尊菩萨的头部和残断的小臂都没有补，木像骨从菩萨颈部突兀地支楞出来。

村民们不理解文物修复的这些追求和准则。在万佛洞中碰到的时候，他们总是扯住我们说：这跟没修一样！对内情稍微熟悉的人，就会接着絮叨：花了多少多少钱，就修了个这！那两个师傅，一点一点弄，隔个一刻钟，就出去晒太阳，晒半晌回来，抹个一刻钟，又出去了，云云。我们只能笑笑：哪怕盛夏在窟里工作，一会儿就凉进骨子里，对维修师傅热衷晒太阳这事儿，好像能理解。信徒不满意偶像修缮后仍然缺胳膊少头，从感情上也说得通。

寺里面的两位僧人从不主动对洞窟本身和文物部门的做法发表意见。村里来了陌生人，村民得空的时候多喜欢上洞里来，在我们身后多站会儿，好奇地瞅瞅。四川来的僧人——师兄弟俩——显然很谨慎，几乎不往洞窟包括暂时陈列塑像的厢房方向走，就待在他们住的那两间房周围。

20 世纪 80 年代从真武洞中清理出的那批塑像，在多尊塑像的头颅被盗之后，文管所请的杨师傅根据发掘出土时的几张资料照片修补，以保证它们对于游客来说具有可观赏性。隆德杨师傅祖传的这门手艺，到他是第六代了，在地

图7　万佛洞中经过修复的三尊佛像

壁面原贴满擦擦，因此得名"万佛洞"。

方上很有名气。如果不执著于文物的准则，也不从美术史的角度出发、苛求时代风格，那么杨师傅还真算得上巧夺天工，像头身比较统一，基本上看不出修补的痕迹。2005年重塑焰光洞和万佛洞之上崖面的五佛，据说请的也是杨姓塑匠，估计至少是同一个作坊。

图8　1981/1982年真武洞内清理出的塑像

陈列于上寺东西厢房。尊像头部为杨师傅补塑。

至于重建的地面建筑，安置的塑像不消说是全新的了。跟修复洞窟中的古像相比，新塑像不用经文物部门同意，不用找专业的队伍，少了很多顾忌。问寺管会的人这些像塑得如何，其中一位大爷评价说：

大雄宝殿的像塑得可以，是中卫的侯师傅①；娘娘庙是王师傅王右芝（音）②。对财神殿的塑像我有看法，出土的那些泥塑头发都是塑上去的，他用彩画的办法，看起来现代，不是古代的。

这时候旁边就有人笑起来："本来就不是古代的！"
听起来，村民的理想也是近古如旧。但不是文物部门的"修旧如旧"。

外来的僧人

通常在同时作为佛教活动场所与文物保护单位的寺院，寺管会和文物部门是很容易发生矛盾冲突的，信仰崇拜的需要往往与文物保护的原则相抵触。但在大佛寺，这种情形却没有出现。这既是因为二者管辖范围的界限比较分明，大概也是调整后的结果：在重修大佛寺阶段，七名寺管会成员都是居士；而如今的成员当中，三名是居士（其中一名女居士常年患病，几乎未参与寺管会的实际运作），另外四名则并非佛教徒，他们多是退休的公职人员，也有人并非当地人，他们被认为是"有关系"从而被任命到寺管会里来的。另从村里请了两位大爷分工看殿，他们拿着钥匙，本身不信佛，从寺上支领钱。寺管会成员中没有出家住寺僧人，因此与寺院关系松散，这是大佛寺与其他寺院/文物部门共管的文物保护单位的又一处不同。上述立场决定了大佛寺寺管会与政府部门口径、步调一致，不能切实以维护寺院利益、规划寺院发展、弘扬佛法、组织法事、化导村民为己任。

2006年交通事故后担纲度亡、最终留在寺中的师兄是四川绵阳僧人，同年还在当地自发组织禅七讲座，纠正信徒的念佛方式，颇得好评，由此逐渐培养起一众追随者。按照当时旅游公司的对外宣传口径，师兄是佛教四大名山之一峨眉山的僧人，他则坦承自己曾住攀枝花，也在成都的昭觉寺、文殊院等大寺

---

① 按"公元一九八九年夏历三月十二日公立"大雄宝殿匾，为侯思荣。匾文称：
    ……天王殿前塑弥勒佛，袒胸露背，矫首昂然，视端容寂，备极庄严。背后塑韦驮菩萨像，两旁彩塑四天王像，神情各异，构思奇特，栩栩如生，民族风格较强。斯乃雕塑师侯思荣与画工师王力自之精巧致力也。

② 按上注所引大雄宝殿匾文，为王力自。

参访过，并没有在峨眉镀金的光环。目前同时住寺的还有他的师弟，也是四川老乡。寺中仅此二僧，信众数百名。

如前所述，当地乃至周边地区长期以来佛、道以及民间信仰杂糅，具有民间佛教、居士佛教的特点，在清末、民国流行的大乘理会与其后来演变成的弥陀会为信徒提供了一种民间结社性质的组织形式，在修行方法上则茹素、念佛，简便易行，不究义理：

> 〔当地〕居士们一望而知的明显标准主要有两条，一是吃素，二是念经。"在素"是居士的别称。念经，一是在家念，叫礼佛，每天早晚进行，念前先净手、上香，念时手敲木鱼，念后叩头作揖。二是在庙上念，通常在庙会时进行。①

除了上引文提到的长斋，也有的居士是花斋，即有会、有事时不吃荤，平时不忌。

在师兄弟看来，当地村民虽然不谙佛法，但诵经的能力很强，哪怕不识字的老太太也能靠记音把弥陀经、大悲咒和文殊咒等念得烂熟，时间久了之后超度亡灵等做法已成民风，不论生前是否信佛，死后家人都要举行超度仪式，放焰口的时候也都会来参与。与此同时，佛法有走偏的一面，他们也正尝试给予纠正，比如：本地不知佛法僧是三宝，不把僧看作一宝（按：这在弥陀会"二宝居士"那里体现得格外突出），所以僧人地位并不高，也不受官方认可；当地人信佛强调吃素、诵经，但出家人看来这只是形式，做表面文章，信佛更重要的是口不说恶语、心不存恶念。因此，他们住此的目的是要去除"迷"信。这里虽然难说是好道场，但于此弘法却是磨炼自身的一种好方式。

经过新中国成立后数次运动，尤其是"文化大革命"，不但出家修行僧尼减少，而且在家居士也存在数量削减、年龄结构老化的情形。师兄弟则一派新式僧人作风，开车出行，上网联络，见多识广，消息灵通，为人热情，大度宽容，对乡村年轻人乃至城里的信徒来说富于吸引力。追随者说：

---

① 叶光彩：《Z县佛教概况》，第84页。

　　师父来了之后，年轻人信的多了。年轻人被老居士戒得怕了，师父说一切随缘，最重要的是修心而非忌口。修行的程度到了，可以发愿戒肉。肉边菜可以吃，不然别人辛苦做了这不吃那不吃，那么特殊，现在不是讲"和谐"嘛。但老居士看不得，噫你还吃肉……你忌口，但是讲怪话，还不是更糟糕嘛。

　　在物质条件改善、受过学校教育、视野比长辈开阔、人生理想也与长辈不同的乡村青年那里，不吃肉而且葱蒜韭菜都不能吃，手掐佛珠不止，口念弥陀不休，已经是很难接受的生活方式。相比之下，随和的师兄更容易亲近。在他案头贴着一幅莲花图，是一名初中生给他画的。

　　在新中国成立前大佛寺有田产，可作为维持寺僧日常花费的经济来源；1951 年土改时，这些田产被全部征收。① 1982 年县里重新出现僧尼后，"政府号召寺庙，以寺养寺，发扬古代禅师'一日不作，一日不食'精神，提倡僧尼开荒造林，种粮种菜。……目前，庙产收入尚不足支付全部生活费用，不足部分，通常依靠布施解决"。② 在所处地区经济欠发达、布施有限的情况下，重建的大佛寺里僧人频繁流动、难以维系的局面，跟其依赖布施供养的生活方式也有一定关系。目前师兄弟经济来源不固定，主要依靠布施功德与自力更生。他们依凭当地人的尊崇聚敛人气，而个人及其组织的宗教活动的经济来源则更多依靠在当地从事工商业的老乡，以及在周边经济较发达地区主持或参与各种仪式而获得的布施，比较之下这些施主更有经济实力。③ 至于他们在大佛寺组织的佛事活动，无论四月八还是七月放焰口，功德箱的钥匙在寺管会手里，布施的钱也被寺管会收走。按照寺管会的解释，这笔钱他们也不能支配，寺院日常管理的开支由乡上管理，要钱的话需一层层申请。目前香火布施的收入主要用在电费、修理费、绿化和县乡部门的工资上。绿化、固沙是紧迫任务，否则大佛寺又会

---

① 参见蒋若芝、王文举《S 大佛寺土地占有情况》，第 42～45 页。新中国成立前夕大佛寺拥有果园 20 亩、粮田 120 亩、油坊 2 座、马车 1 辆，长工 4 人。

② 叶光彩：《Z 县佛教概况》，第 81 页。

③ 2010 年农历七月十五在黄河边举行的放生仪式由一位四川老板布施 5000 元。在大佛寺考察的一个月里，师兄 8 月底前往省城为人洒净（佛教徒在办厂、开店、搬家等情形时都需要举行洒净，以求地方干净、诸事顺利），9 月初前往直线距离约 300 公里的另一城市举行超度仪式。

被风沙掩埋。2010年是特别干旱的年份，仅是给山上的树苗浇水一项开支，每月就超过6000元。

外来的和尚好念经，但不是能念好经就行。寺管会和老居士们发现自己陷入两难境地。一方面，见过世面、活跃灵通、擅长组织仪式法会活动的师兄很快给寺管会带来了明显的利益，单以四月八佛会而言，师兄能联络来各地法师办起隆重的法事，所获布施颇丰，而且每年都能长进一两万、两三万。2009年收了18万多元，2010年又增加到20万元出头，这在过去是无法想象的。县文管所所长也说，此人比较会张罗，大佛寺的香火比名声在外的须弥山①要旺，光功德箱一年就能收入好几万元。但另一方面，在职业更专业的僧人面前，他们丧失了不少威信，于是他们挑剔师兄吃鸡蛋等食物的做法，②也对他放宽各种禁忌、博得年轻人追随的情形相当忌惮。

图9 2010年8月31日居士主持的超度仪式

---

① 同省的一处全国重点文物保护单位，是北魏到唐陆续开凿、历代修缮而成的一个石窟群，也是景色秀丽的风景区。

② 佛教徒能不能吃鸡蛋，是东晋支道林（314～366年）时代就曾引发过争论的问题，当代类似的争论仍未平息。就师兄而言，这个问题以及他初来大佛寺时和旅行社方面的经理一起在镇上租住，来了三年左右就买了车（自称是家里人给他买的），外出有时换便服等掺杂在一起，导致反对方批评他"就是个假和尚，还不是花和尚"。

居士（师傅）在村民的超度仪式上面朝西方、诵咒撒米，祝祷亡人清净罪障，往生西方净土。尽管当地长期的传统是敬奉"佛法僧"三宝中的二宝、把"僧"排除在外，但是显而易见，在荐亡这样重要的法事上，居士穿着僧人的袈裟，只是没有戴毗卢帽。无疑，他们在尝试向佛教的"正统"靠拢。

当地风俗，人过世后，在送葬前要请师傅念"安葬经"，然后五七经、百天经、周年经，有的人家两周年、三周年等也还会念经。有的人家是请阴阳，念阴阳的经。还有一种情况是阴阳和师傅都请。跟随师兄的信徒则认为，请谁都可以，在家里、寺上都能做，但不能都请。

七月七的信徒与村民们

上寺旁广场东头是在原址重建的戏台。农历七月初五这天，一早就看见戏台扯起了县剧团的横幅。楹柱上挂了个牌子，预告要演"哑女告状"，木牌下还能看到早先贴的佛教祈愿对联。看样子是有什么活动。可能跟七月十五盂兰盆节有关？算起来又早了些。

第二天上午，舞台上还空荡荡的，不过帷幕和几样道具一安置好，小孩子们就开始里外穿梭，卖零食、玩具和杂货的摊子也支起来了。用不着等到后台的演员浓墨重彩化上妆，人气慢慢就升温了。

初七早起，各间殿里的供品都较平日更齐整些，虽然也只是馒头、黄杏等乡间物事。在上寺看见老太太们排成一长队，手敲着木鱼，口里念着经，在铺砖的院子里转圈。头天唱了一下午的"哑女告状"还只是序曲，戏台那边足足唱了一天。上午是慈母泪，下午是窦娥冤。老爷子们自带马扎，领上忙着吃各种零嘴的孩子，在简易的遮阳棚下看得津津有味。原来当天是"娘娘的日子"（按：指七星娘娘千秋），连唱两天大戏酬神。黑压压一片观众里几乎见不到老太太，大概多还在寺里张罗。

回到上寺，大殿前拥满了人。长条桌铺上缎面，摆满了法器、香烛、鲜花、矿泉水，葡萄、西瓜、苹果、梨子等时令水果，还有好大一盆花生、红枣、糖果、饼干。桌远端的那一面墙上挂起纸灵位，走过去看才明白，前一天寺管会的人埋头在桌前填写的就是这个，长条形纸写好后把上端折成三角形，形如灵牌。师兄衣着光鲜，披挂齐整，身边的几名近随信徒穿着坏色海青，从气质打扮来看和村民们显然不一路。他领着师弟与近随信徒们摇铃击钹，作法念经。《地藏》《盂兰盆》《瑜伽焰口》等经念过数遍，一名信徒端着水饭向寺外走去。诵表文伸功德回向之后，师兄把大盆里的花生糖果撒向会众。几名信徒把纸灵牌揭下来到寺外一烧，仪式宣告结束。

后来师兄跟我们解释，严格说来居士不应参加焰口仪式，但大佛寺只住两名僧人，其实是个居士林，所以就组织信众都参加。有意思的是，师兄领着一院子人在殿前放焰口，大殿里却有几个老太太兀自跪在蒲团上拜佛，对殿外的一切恍若未闻。仪式结束，仍旧泾渭分明：寺中的这两拨人分开吃斋饭，僧人及其追随者在"僧人接待室"前开了三小桌，另外十数个老者则在不远处的廊下单独吃，认得出来就是早上在院子中转圈念经、淘米的那一拨人。

用过斋之后，寺里逐渐安静，村中响起鞭炮声。循声过去看，有人家在屋里设了佛堂、灵堂。一名居士（后来了解到是寺管会的副主任）带领几个人，一般地穿着坏色海青、摇铃诵经，只是不像师兄弟等还拿着经书和仪轨，或者手结契印。

图 10　寺中放焰口设的牌位

图 11　村民家中放焰口的位置

　　寺中放焰口（图 10）与村民家中办法事（图 11）具有类似的布置和仪式。家里的法事供地藏王菩萨与自家祖先牌位和照片。寺中的仪式除了普济各家亡者而外，也注重焰口仪式的本意，即施食予焰口等饿鬼，救济无主的孤魂野鬼，因此供有面燃鬼王。寺中黄色牌位除了供奉大佛寺历代祖师等而外，还有一个写着"祈佛慈超度全国洪涝灾害及一切遇难同胞之灵位"。

　　七月七这一天，一些居士在大雄宝殿内自行念经，另一些信徒则追随师兄弟在殿外放焰口，还有在家请居士为自家先人超度的；"娘娘的日子"上办庙会，那厢请来县剧团演出也有大批观众……把寺、僧、居士与村民之间的复杂关系直观而淋漓尽致地表现出来。

　　Z 县流行的地方剧是秦腔。在殿前，咣咣敲着的枣木梆子和悲凉的唱腔声声入耳。信徒们讲起四月八：

　　　　四月八的时候师父和寺管会各做各的，佛事是师父在做，大的活动寺管会做着，放鞭炮啊接待啊安全啊，就这些。唱戏是为了红火，招人，按照习惯就一直唱着，但其实佛教是不提倡的，这边经念着那边秦腔唱着……

突然想到，僧人主持放焰口，但写牌位等事宜则是由寺管会负责的，四月八的分工应该差不多。七月七放焰口的钱最后被寺上两个人拿走了，听看殿的老人说这次法事赔钱了，这是余话。

初七后没两天，一条水泥路新铺到大佛寺前，神速得犹如天降。这是为了改善大佛寺的交通条件，给引资加分。可能凑娘娘生日的热闹，照道理来说应在七月十五举行的放焰口仪式，大佛寺就挪到了初七。到了十五这个正日子，看见几位年老的婆婆拿着鸡毛掸子，从天王殿开始拂扫尘土，塑像前供的花也换得簇新。师兄领着一些信徒念过经，又上了一辆卡车，原来十五这天要放生。这次出现了一些平时见不到的城里的施主和小青年。在年轻人的鼓动下，几个小媳妇犹豫了会儿，也愉快地挤上车参加进来。车上的鱼和鸽子等被拉到黄河边放掉，鲤鱼摇摇尾游走，消失在黄河的滚滚波涛漩涡中，每个人脸上绽开满足的笑容。过去这里也就初一、十五由居士领着做做会，没有放生传统，师兄来了之后一直坚持下来。

从黄河边回来，忽然看到平时总关着门的寺管会里有好些人。佛历上盂兰盆节是很重要的日子，寺管会安排了什么活动呢？去打听了下，原来2009年起开展创建和谐寺观教堂活动，这当口是迎接上级检查，除了那位生病动手术的女居士，其他寺管会成员都来齐了。

村民和佛教徒心目中的旅游开发

村里人说不上四月八的会具体要念什么经要做什么法事，只说得出来也要在戏台唱戏，再就是要打布施。"原先三清洞、玉皇洞、真武洞都有像，是都拜的，都可以去拜。现在没有像了。"届时周围几个市县的信徒都会赶到大佛寺来，摩肩擦踵，盛况令人动容。但在平时，偶然才能碰到抱着婴孩来祈求神佛保佑的老人，求子的年轻夫妻，或者从网上浏览到石窟信息、慕名而来的三五驴友。打布施的也不多，往功德箱里投上一两元，最多十元钱。

由于百余年来当地佛教信徒与寺院的关系松散，对于大佛寺的开发，村民普遍抱着事不关己的态度。倒是考古队的出现给他们带来了额外的打工机会，这让他们有些许兴奋。对于偶尔往功德箱里放个几块钱的普通村民来说，也想不到在大佛寺问题上他们会有什么发言权。尽管和各地的佛寺一样，这里殿堂到处都立着功德碑匾，表明大佛寺是凭借民间一丝一缕的力量重建起来的。

由政府任命的大部分寺管会成员，对大佛寺没有特殊的宗教感情，甚至也没有深厚的乡土感情。对于官方的旅游规划，亦无异议。在他们忙着张罗迎接县上宗教部门和统战部门检查"和谐寺观教堂"创建活动的时候，僧人及其追随者们用"和谐"来化解信教老居士和年轻人之间的冲突，率领大佛寺众信弟子为全国洪涝灾害遇难同胞做超度法会，把组织放生活动与祈祷国泰民安以及环境问题等联系起来……体现出夹缝中的生存智慧。师兄弟在大佛寺资历很浅，却具有职业寺院管理人的思考，对大佛寺的旅游开发和文化发展有自己的认识和理想。

1. 在寺院应推行出家人为主、政府为辅的民主管理，但目前大佛寺正好相反。现况不佳就在于政府管理太多。大佛寺是乡政府管理，举办法事活动需要先上报宗教局、乡里并通知文物单位，限制重重，这是无法建立僧团的一大原因。

2. 当地不是正信，需要佛法，还要注重对年轻人的佛法教育。虽然只有他们两名僧人，也不可能立竿见影，但村民"就像山上的沙子，风往哪儿吹他们就往哪边走"。希望当地居民不把佛法当作在超度亡灵时才用到的东西，而是更有理性去生活或者思考。

师兄弟自身也是因旅游开发的机缘来到大佛寺的，尽管如此，他们对县里在大佛寺建旅游景点的做法持否定态度，认为一座佛寺吸引人需要香火旺，香火靠僧人、靠活的文化，而不是靠文物、遗迹景观；口碑相传自然带动旅游，不必刻意为了旅游去宣传。旅游和寺庙分不开，周边著名而且成熟的旅游景点还想新修寺院，历史悠久、声誉隆重的大佛寺却排斥僧人，难以理解。他们强调自己作为僧人爱护、敬畏偶像，尊重、珍惜绘塑，会请专业人士按原状维修、保护文物。本应用于寺庙维修、僧人生活的布施都被收走，主要归乡里支配，付出和权利显然不对等。

或许由于师兄与前旅游公司的关系，后来的开发方觉得他"碍事"而加以排挤，想用自己的人取而代之。300 来名信徒联名、摁手印，向寺管会和县宗教部门申请才将他留下。追随者称赞"师父度量大，学问好，走哪里大家都喜欢他，居士们都舍不得〔放他走〕"；而政府官员尽管私下也承认"这个和尚经念得好，文化水平比较高，年轻信教者拥护他"，但提出老年人反对他，目前寺管会和文物部门也都不拥护他，只是忌讳宗教政策，没法赶他走。当然也许并不容易找到能够长住的僧人，师兄弟目前才得以留在大佛寺。

多方迷局

重启旅游开发计划将打破大佛寺各方微妙而大体平衡的局面。从行政上看，大佛寺归乡政府管理；从宗教上看，大佛寺由寺管会管理；文物部门兼管着旅游开发和石窟保护；在现实生活中，大到佛事仪式，小到扫尘供花，则是师兄弟等领着其信徒在张罗。围绕大佛寺的开发，不同利益方呈现不同的态度。

1. 县乡政府明显偏向于以经济利益为衡量尺度。县领导提出谁能搞好经济、谁就来管这个寺；乡上的态度同样是价高者得。

2. 县文管所在履行其文物保护的职责时，优先考虑与旅游开发有关的项目。以 20 世纪 80 年代发掘出土的那 80 余件明清泥塑为例，文管所方面聘人重塑头部，并为之修建一座大规模，甚至比大雄宝殿还高大雄伟的陈列室以便观瞻，虽说这从文物保护的角度看并无必要甚至画蛇添足；但对修复过程中发现的装藏则束之高阁，尽管这些多语种文献很可能具有宗教、史料等多方面的宝贵价值。[①]

3. 纵向来看同属文物部门，但省文物考古研究所不染指开发，因而也能保持相对中立、客观的态度，为文物保护和整理提出一些建议。考古人员的工作重心是测绘、保存原始资料、解读装藏文献；而县文管所则期望假考古队之手清理传统上香火最盛的洞窟。二者在工作方面本需要相互配合，但在实践中有矛盾冲突。

4. 外来僧人对于佛教文化的弘扬、寺院管理、文物保护、旅游开发如何惠

---

① 就我们看到的材料，包括蒙古文文献、藏文转写梵文的真言以及汉文的藏传佛教文献。它们被认为缺乏观赏价值，因此一直搁置在文管所的仓库中，乏人问津。

及周边村民等问题有自己的想法，但其在大佛寺属于寄寓性质，自身难保，更没有能力让有关当局倾听他的设想。

5. 寺管会对政府的工作安排亦步亦趋，对二僧难即难离，缺乏管理寺院的经验、组织佛事的能力，也缺乏导众向善、利乐有情的责任感，不见近30年前那个居士组成的寺管会重建寺院时的抱负和发挥的重大作用。

6. 几十年以来佛法僧三宝的残缺不全，使得当地佛教更接近居士佛教，宗教仪式可以由居士主持、在信众家中举行，将当地信众与大佛寺联结起来的纽带更多的是传统的感情而非宗教实践的必需。对大多数人来说，开发旅游对他们没有直接的好处，他们只是有朦胧的想法要让大佛寺恢复昔日的荣光，而九间无梁洞里埋藏的佛像无可取代。但是对于具体如何操作，重修大佛寺是否有原则和底线，商业开发、宗教活动与文物保护三者之间如何协调，他们缺乏责任感和思考。

2010 年夏，围绕为开发旅游而清理大佛寺这个问题，各方的反应不同——地方政府部门期待洞窟清理工作赶快进行，尤其是最具旅游品牌价值的洞窟；考古队伍明哲保身；外来僧人感受着官方的排挤；当地民众则置身事外。表面上看，这里的文化遗产保护问题是人与风沙在争夺洞窟；而实质上仍是现实利益对于传统宗教、文化价值的取舍。不重视文化遗产所蕴藏的文化底蕴，把宗教文化遗产与现实中的宗教活动隔绝开来，势必导致宗教文化遗产的保护缺乏社会基础，[1] 最终导致宗教文化传承的中断，也将导致文化遗产成为事实上的无本之木，单纯从文化遗产追求经济利益更无异于缘木求鱼，这似与文化遗产保护工作的目的南辕北辙。

Z 县地处经济相对贫困、民众相对封闭的西北地区。到目前为止，大佛寺的重修、防沙和管理的经费都来自信众打布施[2]，政府只是为开发旅游而把水泥路铺到大佛寺前。政府在招商项目中提出的原则是"谁开发谁受益"[3]，显然，

---

[1] 旅游开发中借寺庙宫观之地，以香火布施的名义强卖敛财乃至诈骗，各种形式的假僧道鱼目混珠，这些现象的普遍出现有着复杂而深刻的社会根源，但均与视宗教文化遗产为生财之道的社会风气有关。

[2] 当地称布施为打布施。

[3] 此据市政府网站上公布的"S 大佛寺文物保护、旅游开发项目"，http：//www. nxzw. gov. cn/EWD_ Article/ Read. aspx？ ArticleID＝5598。

筚路蓝缕、聚沙成塔的普通信众并没有因为他们的奉献而获得相应权利。

一些地区培育出地方精英分子群体，他们既具有当地的知识文化背景和强烈的乡土情结，又具有一定的社会身份，从而可以采取灵活变通的方式与政府部门沟通，采取一定措施保护文化遗产。而寺僧在两方面都处于劣势：由于僧人的流动性，他们不一定具有乡土背景，需要努力争取民众的信任和支持；而僧人离世出家的特性，使得他们也不一定能够获得和政府职能部门对话的机会、沟通的技巧。在大佛寺这一个案当中，从某种程度上看，师兄扮演着别处地方精英的角色——他能够认识到活态的文化与固态的遗产之间的关系，设想在旅游开发和宗教活动之间找到一个平衡。他对自己身份的定位，也从职业宗教人员转换为职业寺院管理者。表面上看他因与前任开发商有关而遭到后来开发者的排斥，实质上更是因为他有可能扰乱官方的布局。

在物质文化遗产保护问题上，物质文化遗产本身的物质属性使得保护主体经常不够鲜明。经历动荡时代、不存在血缘子嗣的佛教遗产保护中，这个难题表现得格外突出。大佛寺亟待清理的不仅是积沙，还有各方利益的迷局。

藏西普兰科迦寺祖拉康木门浮雕研究（一）[*]

——《罗摩衍那》与《龙喜记》情节

李　俊^{**}

　　科迦寺（Khojarnath），地处西藏西部阿里地区东南部普兰县东南部马甲藏布东岸科迦村，也恰恰处于中国、尼泊尔、印度三国的夹角处，呈掎角之势，位置特殊又重要（见图1）。

　　当地有关科迦寺的传说众多。例如，传科迦寺为藏西一百零八寺的母寺，又传说在后弘期初期，拉喇嘛意西沃（lHa bla ma Ye shes'od）大力弘法之时，普兰科迦寺、古格托林寺（mTho lding）、拉达克的耶玛寺（Nyar ma）由仁钦桑布大译师在同一天建成且开光。尽管耶玛寺现已荡然无存，托林寺最初建筑也损毁不少，但依然有保存完整的科迦寺为我们留下了历史的部分记忆，来见证曾经的辉煌。

　　祖拉康在史书中记载是科迦寺最早的殿堂，为最早的佛像强巴佛而修。^①　拉

---

　　*　笔者于2011年7月底至9月底在西藏阿里地区普兰县及扎达县进行了实地考察，感谢考察过程中西藏社会科学院次仁加布、陕西省考古研究院张建林老师给予的大力协助。本文图片如无特别说明，皆由笔者拍摄或绘制。

　**　西安科技大学艺术学院讲师。此论题的后期撰写受西安科技大学博士科研启动金（资助号：2012QDJ042）资助。

　①　nyang nyi ma'od zer（娘·尼玛沃色），*chos'byung me tog snying po sbrang rtsi'i bcud*（《娘若教法史》），bod ljongs mi dmangs dpe skrun khang, 1988, p. 465。

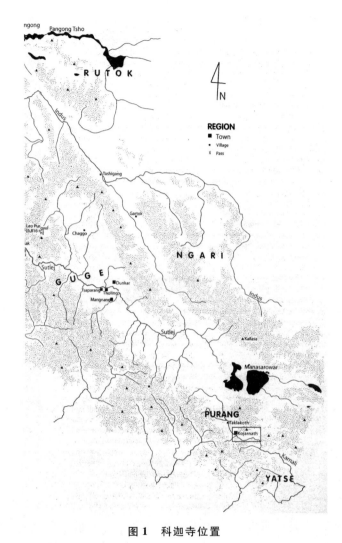

图 1   科迦寺位置

资料来源：*Buddhist Sculpture in Clays*，p. 5，fig. 2.

康有三重门。前两重门较小，朴素无饰，乃后建。进入第三重门前，须通过一极为狭窄小门厅，此即祖拉康主殿门廊（见图 2）。门廊平面呈矩形，面阔 3 间，进深 2 间，内设 2 柱，东面墙开第二重门，南北是实墙，西墙开第三重门，即主殿大门。

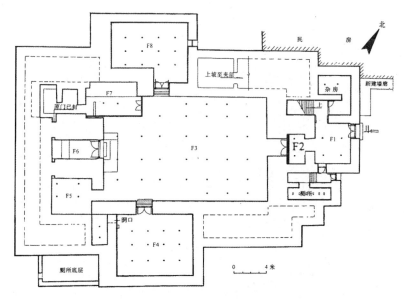

图 2　祖拉康木雕位置

资料来源：《西藏阿里地区文物抢救保护工程报告》，第 153 页，图 83。

西墙高 3.56 米，宽 3.6 米。[①] 壁面中间处开设双扇门。门框、门槛围成的门口高 2.2 米，宽 1.60 米。现有的新换大门有四层看叶与门钉，底部有双门叩。门槛的侧立面为"凸"字形。门楣、门框由于长期的酥油灯烟熏，加之朝拜者无数次的虔诚抚摸，早已变成黑褐色，反而更加深了历史沉淀感。此门虽体量最大，但精雕细琢得无比繁复，使初来乍到者眼花缭乱，惊叹不已，视若天物。"该殿按照任钦桑布设计的模式建造，还有大门是唯一的古老之物，仍然还存在，毫无疑问，这是西藏西部最杰出的作品之一……整个印度都没有一扇门，可以和科迦寺这座门相媲美"。[②] 高度赞扬之语，透露出图齐对此门雕的极度

---

① 《西藏阿里地区文物抢救保护工程报告》中记载高为 3.6 米，宽 3.48 米。此数据有误。笔者已重新测量出上述数据。

② Il tempio e costruito sullo schema di quelli i Rin c'en bzan po; ma l'unica cosa antica, che ancora resti, e il portale, senza dubbio una delle piu notevoli opere d'arte del Tibet occidentale. Giusepper Tucci, *Tibet ignoto*, Grandi Tascabili Economici, Newtom, 1978, pl. 43.

肯定。①

"文化大革命"期间，门框两侧的嵌板多数丢失。同时雕刻的形象头部被凿挖，加之朝拜者使用随身携带的刀子将木雕切割一块，携带回去作为供奉物，都导致木雕更加残缺不全。

过往研究成果

研究科迦寺木雕不乏其人。《西藏阿里地区文物抢救保护工程报告》中科迦寺的专题部分，分别写了历史沿革、建筑格局、殿堂平面、托木形式四部分内容。② 霍巍在《古格王朝早期木雕艺术的源流》中只提到科迦寺木雕的早期特征，未对内容进行判断。次仁加布等合著《廓迦寺文史大观》全方位描写科迦寺，尤其是拉康钦莫门框木雕部分。③

外文资料中，图齐在 *Indo-Tibetica*、*Tibet Ignoto*、*Tibetan Painted Scrolls* 皆有提到科迦寺。其中仅在 *Transhimalya* 一书中提到"在尼泊尔边界的阔贾那他有一些意义非凡的木雕刻品"。④ 这里的阔贾那他即 Kojarnāth。意义非凡的木雕刻品即此大门木雕。*Tibet ignoto* 出版有关科迦寺的两张图片，介绍现存殿堂、供奉佛像及僧人，明确提到科迦寺木雕是帕拉艺术样式。*Tibetan painted scrolls* 中绘画流派部分认为藏西艺术受克什米尔艺术影响，但是普兰的科迦寺，接近尼泊尔艺术。⑤

卢恰尼茨在 *Buddhist Sculpture in Clays* 中简单提到科迦寺的木雕，⑥ 以及在

---

① 王辉、彭措朗杰编著《西藏阿里地区文物抢救保护工程报告》，科学出版社，2002，第152页。
② 王辉、彭措朗杰编著《西藏阿里地区文物抢救保护工程报告》，科学出版社，2002，第145~163页。但其中描述与测量数据不够准确，随后笔者会专写一篇科迦寺木雕的考察简报。
③ 次仁加布、克黎斯坦·雅虎达、克黎斯坦·卡兰特利：《廓迦寺文史大观》，西藏藏文古籍出版社，2012，第148~165页。
④ 图齐：《西藏考古》，向红笛译，西藏人民出版社，1987，第52页。Giuseppe Tucci, *Transhimalaya*, Nagel Publishers, Geneva (Switzerland), 1973, pl. 143.
⑤ *Indo-Tibetica*, Vol. 2, pp. 64、66; Vol. 3, part 2, pl. 7; Vol. 4, part 2, pl. 280. 《梵天佛地》卷二，第59~61页；卷三，第2部分，第7页；卷四，第2部分，第429页。*Tibet Ignoto*, pp. 38–43. *Tibetan Painted Scrolls*, pl. 274.
⑥ Christian Luczanits, *Buddhist Sculpture in Clays: Early Western Himalayan Art, Late 10th to Early 13th Centuries*, Serindia Publications, 2004, pl. 28.

文章 *Early Buddhist Wood Carvings from Himachal Pradesh* 中将科迦寺木雕上的纹饰与瑞巴寺的木雕与之比对。[1]

在图像学上对科迦寺门楣木雕仅有一次系统研究，即赫尔默特·诺伊曼（Helmut F. Neuman）的《西藏西部科迦寺的门雕》（*The Reliefs of the Portal of the Temple of Kojar in Western Tibet*）进行过科迦寺门楣的仔细研究，将门楣、门柱的图像做了大概辨认与判断，提出颇有见地的观点，对本文在图像学上判定的帮助甚大。[2]

玛丽亚劳拉·迪·马蒂亚（Marialaura Di Mattia）在《西喜马拉雅的印藏流派艺术与建筑——以金诺尔的瑞巴寺为例》（*Indo-Tibetan Schools of Art and Architecture in the Western Himalaya*：*The Instance of Ribba in Kinnaur*）中，从地理、年代、装饰纹样等方面将科迦寺木雕与瑞巴寺木雕相比对。[3]

科迦寺木雕研究，虽有赫尔默特·诺伊曼做过专文研究，对大概样貌进行了解读，但都缺乏细节性分析。雕刻内容的判断尚有小疑问，涉及文本问题且风格问题有待更加仔细的推敲与商榷。此篇对已经判断出来的《罗摩衍那》与《龙喜记》情节做进一步描述与内容判断，为以后进一步的文本研究问题做好扎实而稳定的基础性工作。

描　述

木雕三面包围大门且占满大门墙体的外壁，与门厅的天顶和边墙两两相垂直。大门上部有 3 道门楣，共 9 层装饰，总宽 1.06 米，从下而上整体呈现出逐层增高之势。

门框有 2 道，外加覆盖墙体的木雕，共有 7 层，宽 0.95 米，雕刻厚度从内

---

[1] Helmut F. Neuman, *The Reliefs of the Portal of the Temple of Kojar in Western Tibet*, Orientations, 2008, No. 9, pp. 62-73.

[2] 赫尔默特·诺伊曼：《西藏西部科迦寺的门雕》（The Reliefs of the Portal of the Temple of Kojar in Western Tibet), *Orientations*, 2008, No. 9, pp. 62-73。

[3] Di Mattia, Marialaura, Indo-Tibetan Schools of Art and Architecture in the Western Himalaya：the Instance of Ribba in Kinnaur, *Impressions of Bhutan and Tiebt Art*, edited by John Ardussi & Henk Blezer, Leiden：Brill, pl. 91-112.

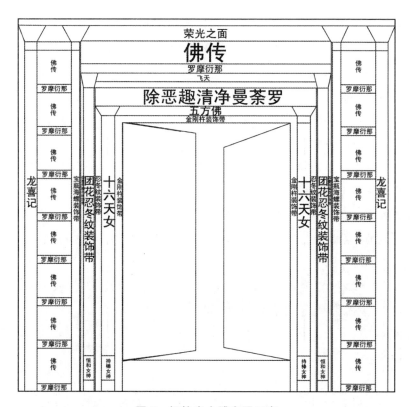

图 3　祖拉康木雕主题示意

向外递增。

其中门楣处雕刻，从上至下的第四层有《罗摩衍那》的故事情节。而门框处，从外向里，第二层则由 2 根带有柱头的立柱及 9 根短枋组成了抱框。内外立柱、短枋上均有雕饰。外立柱宽 12 厘米，雕《龙喜记》故事情节。内立柱与横枋宽各 8 厘米。内边框连续雕各种人物、动物与宝瓶、法螺。横枋雕《罗摩衍那》情节，子边上为忍冬纹（见图 3）。

门楣

第四层，有四大块的明显间隔，由 5 个大场景对接而成，刻画多组故事，以人物、动物为主，穿插以少量树木、山石，宽 9 厘米。

下面的场景按照从左向右的视觉顺序，依次为：

第 1 板　台柱支撑的华丽宝座内的男性形象，身体敦实，头部高大。其右侧有两位头发上扬呈尖锥形的女性。前者跪姿，左手上抬托物。后者立姿，右手当胸持物，左掌托物。台座左侧有一体态妖娆的立姿女性（头残），右手上抬，左手下垂持物。其身后有五只动物和两位无头坐姿人物（因头部残缺易被忽视）。

头部高大者应为十首王达夏支瓦（mDa śagriba）。妖娆者为十首王之妹布尔巴拉（Pur-pala）。两位无头者应为罗摩（Ramana）与悉达（Sita）。通过五只动物表现野兽出没的森林。

此场景应为布尔巴拉告诉正在宫殿里享受罗刹女侍奉的哥哥达夏支瓦，森林里住着罗摩与美丽的悉达。

第2板　一女性与一男性（头部残缺）端坐于树下。一立姿男性左手张弓，右手在后下垂。箭射中一只腾空而起的鹿。一男性左手持棒放于左肩部，棒上垂挂物。

内容应为（罗摩奉悉达之命捕捉金鹿），悉达与拉夏那（Lag śana，罗摩之弟）于树下坐等。罗摩杀死化作金鹿的玛茹孜（Marutse）。

第3板　树下仅一位头发后垂的女性面对一位高头的男性，身后有一象、一马（见图4）。

图4　第3板

资料来源：《廓迦寺文史大观》，第144页，图96。

内容应为树下的悉达（要求拉夏那去寻找罗摩）仅剩一人坐等。达夏支瓦趁此机会，化身象与马，试图带走悉达，皆不成功。

第4板　高头的跪姿形象双手捧着一跪姿女性的所坐处及大小两只猴。

内容应为（因悉达发过"谁碰着她谁烧焦"的咒语），达夏支瓦便将悉达连所坐之地一起带回楞伽国。路途休息，偶遇猴子。悉达祈求猴子帮忙。

第5板　一持弓男子俯身叩首，双腿跪莲座。一立姿男子右手持棒。一披着天衣的女性呈侧坐状。一男子合十颔首。一仰坐姿的形象左手上扬。一盘腿坐姿人物呈抬臂状。3只猴子张口仰天，抬手指天。

内容应为，罗摩与拉夏那路遇一生都在等待他们的沙婆梨（Savarī）。罗摩感激叩谢。受伤的妙音（Sugrīva）告诉兄弟俩，逃离的猴子可能知道悉达。3只猴子手指天说路遇悉达。罗摩感激。

图5　第6板

资料来源：《廓迦寺文史大观》，第144页，图96。

第6板　一蹲伏于洞内的形象探头观望。洞上方一只猴子弯腰俯身，双臂下伸摁压身下的一只躺着的猴子。一立姿形象昂首挺胸，持弓引箭，射向两只正在厮打的猴子。一跪姿猴子搂着一躺着的猴子的双肩（见图5）。大猴子与身边的两只小猴子看着身右侧的小型宝座，张口大笑。一端坐人物，面对四只跪拜的猴子，于胸前摆手。

此处表现，罗摩躲在隐蔽地方看到兄长巴里（Bālin）将妙音打趴下。罗摩张弓搭箭射向正与妙音打斗的巴里。巴里之妻扶着受伤的巴里。妙音获得王位，与部下仰面大笑。端坐的罗摩受到众猴的跪谢。

第7板　一坐姿人物，左手持弓。下方一个跪拜的猴子。一坐姿形象，悠闲地靠在座背上，右手搭于扶手上。一个坐姿人物，右手持棒（见图6）。

此内容应为（妙音即位后很久）小猴上前禀报，罗摩与拉夏那面见猴王妙音，商量寻找悉达之事。

第8板　3只猴子过海，1只渡海成功。不同环境中几只不同动势的猴子。

图6　第7板

资料来源：《廓迦寺文史大观》，第 144 页，图 96。

一只猴子看到，两个头发上扬的形象守着一个多层的宫殿门口。一只猴子从窗口处发现内有一女性。

此处内容应为，派 3 只猴子巴秀（Pasu）、森都（Sindu）、哈努曼达（Hammanta）过海，但仅哈努曼达顺利过海。他多地找寻，在两个罗刹看守的无门之九层堡内发现了悉达，从窗口处伸手递上信物。

此门楣处的情节，根据目前所搜集的季羡林翻译梵文《罗摩衍那》[①] 的汉译本与王尧先生翻译敦煌藏文本《罗摩衍那》的汉译本、德庸翻译敦煌藏本《罗摩衍那》（同王尧版）的英译本进行判定。[②] 通过比对，季羡林版并无第 3 板第 2 情节，第 4 板，第 5 板第 2、3 个情节，第 6 板第 4、5 个情节，第 7 板，第 8 板第 2 情节。而王尧版仅无第 5 板中叩拜沙婆梨的情节。[③] 有的情节内容不同，例如第 7 板中，王尧版是罗摩将带有书信的箭射给猴王妙音，而木雕则表现的是罗摩兄弟面见猴王。[④]

门框

门框木雕，从外向内，第二层内外立柱间的 9 根短枋上也有雕饰。

---

① 季羡林：《罗摩衍那》，人民文学出版社，1980。
② 王尧、陈践：《敦煌古藏文〈罗摩衍那〉译本介绍》，《西藏研究》（汉文版）1983 年第 1 期，第 29~44 页。对两个译本的比对，详细参看仁欠卓玛《〈罗摩衍那〉的敦煌古藏文译本与汉文译本的比较》，《西藏研究》2003 年第 3 期，第 82~86 页。J. W. de Jong, the story of Rama in Tibet: text and translation of the tun-huang manuscripts, Franz steiner verlag wiesbaden gmbh, Stuttgart，1989。
③ 《敦煌古藏文〈罗摩衍那〉译本介绍》，第 37 页。
④ 《敦煌古藏文〈罗摩衍那〉译本介绍》，第 38 页。

南侧横枋，从下到上：

第1条 雕刻磨损严重，约有6形象。

第2条 画面1/3已磨平。首尾的两个人还可见动势。

第3条 多位形象，动势不明。

第1条、第2条、第3条，虽有形象，但画面模糊，故无法判断。

第4条 形象1接到形象2、3的消息，形象4出生。形象5看到，坐于台座上的形象6指着形象7。形象8看着，形象10右臂上抬托形象9。

内容应为，十首王接到罗刹女的禀告。悉达出生。十首王找相面人相面。相面人右手托小悉达，仔细观看。

第5条 形象1合十，形象2右手在胸前做姿势。形象3、4、5、6面对面，似商量状。跪姿的形象7低头躬身，双手持一物。头部包裹的形象9看着躺着的形象8（见图7）。

内容应为，达夏支瓦听取看相人的意见，侍女把装悉达的器皿放入河中。农夫看到盒内的悉达。

图7　第5条

第6条 形象1接形象2所给物。形象3给形象4一物。形象5与形象6之间有朵花。形象7看着矮小的形象8，变成了高大的形象9。

内容应为，仙人给十车王（Ten-Chariots）一朵花。十车王把花给了赞蒙。（因另一个妃子要求），两人分吃一朵花。农夫看着小悉达长大成人。

第7条 形象1、2盘腿对坐。形象3，矮个，与双手托大肚子的形象4对立说话状。形象5紧挨高台座上的形象6。形象7从杂乱的植物中露出身体。

内容应为，十车王与罗摩对坐商量即位之事。王后吉迦伊（Kaikeyi）受驼背宫女曼他罗（Manthra）蛊惑。十车王看望因生气而进入冷宫的王后。她提出放逐罗摩去森林。①

第8条　形象1坐姿，右手当胸，左脚下伸，盘右腿，右脚翘起。跪姿形象2，左手掐腰，右手上托的台座上放一双高筒尖鞋。植物后的形象3束发端坐。植物后为形象4立姿，右手持棒，左手持弓，遇到形象5。形象6身姿纤美，注视形象7。形象8跪姿，头部毁，右手托一花状物。形象9右臂前伸，左臂掐腰，右腿直立，左腿蜷缩，似做生气状。

此处内容，前边表现了罗摩拿下右脚上的鞋子，放于拉夏那所举的小台上。以此鞋作王，拉夏那担任鞋下之臣。悉达与罗摩两人恩爱，并不理会献花的首布尔巴拉。首布尔巴拉发怒！

从此处与门楣处的情节衔接上。

第9条　平素无雕刻。

北侧横枋上形象，从上向下，依次为：

第1条　形象1持长条物，对着带尾的形象2后背。形象3将物覆于形象4后背。形象5对视形象4，左手当胸，右手上抬。形象6尾巴上翘，攀附于建筑顶。形象7托尾巴，身体前倾，双腿迈开，有疾跑之势。

内容应为，悉达持长条布遮盖哈努曼达的尾巴。罗刹发现了哈努曼达，振臂高呼。尾巴带火苗的哈努曼达跳上房顶后又快速跑开。

第2条　形象1、2、3、4右手持棒，长尾的形象5在形象6之上，双手斜托一团火焰，形象6挺胸抬头观望。长尾形象7双手前伸与形象8的双手接触。形象9立于形象10的身后。高头冠的形象10，面对姿态妖冶的形象11。

此为，罗刹追赶哈努曼达。悉达静坐观望。坐享的达夏支瓦，接到罗刹女的禀告。

第3条　形象1、2、3、4在船上。形象3持棒。形象4回望形象3。形象5丰胸大肚，双腿前后跪地抵船体，张口吞船沿。形象6跪姿，高举手臂，形象7半躺地，抬双臂。

内容应为，罗刹库香木那（Bumrna）欲吞下乘坐罗摩、哈努曼达等猴军的

---

① 在王尧版本中并无王后吉迦伊受驼背宫女曼他罗蛊惑。十车王看望因生气而进入冷宫的王后，她提出放逐罗摩去森林生活，而罗摩自主放弃王位。但从季羡林版本中可以找到与此图像对应的内容，《罗摩衍那》第二篇，第50~74页。

大船。船下有曲线状的波浪。只有罗摩与哈努曼达逃脱。香木那又睡去。

第 4 条　形象 1、2 手持刀，形象 3 张臂搭弓。形象 4 坐旁。形象 5 斜发，面对形象 3，伸右手做终止状，左手当胸。形象 6 张弓。形象 7、8、9 手持圆轮立，形象 10 躺于地上。

内容应为，猴军持刀，罗摩张弓射杀入睡的香木那。一罗刹伸出右手阻止，后有三个罗刹齐敲鼓，以期将入眠的香木那叫醒。

第 5 条　形象 1 横躺高台上。形象 2 与正面的形象 3 呈对话状。正面的形象 4 端坐。形象 5 双手上托一巨型物。形象 6 伸臂触摸躺地的形象 7。形象 8 坐姿，双臂伸开，右腿上抬。

内容应为，罗摩与猴王商量救受伤的拉夏那。罗摩命哈努曼达去采药，结果他双手托来冈底斯山。大家对拉夏那施救。季版说罗摩与拉夏那都满身中箭。[①] 而王版说罗摩衍那的人马和猴兵都受了伤。[②]

第 6 条　形象 1、2、3 三人对坐，似在对话。形象 4 骑马，形象 5 躺在地上，左臂半撑地，似乎奄奄一息。形象 6、7、8 三位侧坐。形象 9、10 端坐。形象 11 躺着（见图 8）。

内容应为，哈努曼达、罗摩、悉达见面。罗摩牵着驮着悉达的马。悉达、哈努曼达、猴王、罗摩众人看着倒地的十首王。

图 8　北侧第 6 条

第 7 条　形象 1 猴子右手触摸形象 2。形象 3、4 面对面，形象 3 屈膝弯腰扶坐姿的形象 4。形象 5、6 对视。形象 5 右臂下垂，上抬左臂。形象 6 左手当

① 《罗摩衍那》，人民文学出版社，1980，第 237 页。
② 王尧、陈践：《敦煌古藏文〈罗摩衍那〉译本介绍》，第 41 页。《中国藏传佛教艺术·木雕》图板说明解释为，北侧第五横梁外侧浮雕佛传故事中"观众宫女睡相"与"出游四门"，第 30 页，图板 38，图板说明第 13 页。

胸，右手触形象 5 左手。形象 7、8 端坐对视。形象 7 右手当胸，左臂撑地。形象 8 伸右手搭形象 7 肩（见图 9）。

此条应表现了哈努曼达与罗摩、悉达告别及罗摩见到数日不见的悉达的种种亲昵行为。

图 9　北侧第 7 条

第 8 条　因在最下方，早已模糊一片，不知为何场面。推测，可能是圆满结局。

在科迦寺祖拉康大门上的《罗摩衍那》情节木雕至此已告罄。① 尽管开端部分因木板的模糊并未——对照完全确认。但从随后的故事情节排列来看，是完全按照故事情节来雕刻的，说明此门雕至今未有变动，依然是一千多年前的原有模样。

每个形象都有自己固定的装束与造型，例如，悉达总是宽肩长臂，身材高大，头发高盘，衣着通过斫短斜纹来体现，其他装饰皆无，整体与佛陀形象无异。悉达出现时，通常头顶会出现半圆花型，象征其女神的地位。对达夏支瓦的刻画，通过头部的高冠表现十头。但在植物表现上，充分体现出热带植物的宽叶特征，较生动。罗刹皆用上扬的发型来体现。罗摩与拉夏那，虽然体态相似，但可以通过两人所持物不同来区分。总体上来说，形象的特征非常明确。

从目前门楣与门框部分的《罗摩衍那》情节来看，与王尧版内容的大部分

---

① 诺伊曼也认为是印度史诗《罗摩衍那》中的故事情节。*The Reliefs of the Portal of the Temple of Kojar in Western Tibet*, pp. 68-71。他辨认出的情节依次为，门楣处有悉达被劫、达夏支瓦让悉达坐泥地上、罗摩军队帮妙音与他哥哥激战、哈努门发现悉达在楞伽城的宫殿里 4 个情节。南侧门框从上至下，第 1 个为拉夏那将罗摩的鞋子供在王座上，代为摄政。第 3 个表现了达萨拉王的王后在赏花。北侧门框第 1 个为悉达让哈奴门藏起来，哈奴门用布挡着尾巴，并火烧宫殿。

有着一定的相似度。同时有差别的一些细节，却与
季羡林版的同情节内容相同。而且还有与两个版本
都不同的细节，例如王尧版、季羡林版皆说去楞伽
城，派群猴修桥。王尧版的内容要比祖拉康的内容
多一部分。这样既可以理解为，是因为祖拉康木雕
情节以悉达和罗摩的爱情为主，没有穿插其他的小
故事，例如大鹏鸟的故事，也可以理解为祖拉康木
雕的原文本情节就是如此简短。其中一个细节，罗
摩带领猴子大军，是乘船过来，而非两个版本中的
海上架桥。木雕中的船只、波浪刻画清晰，所以说，
文本来源需进一步查明。

《龙喜记》情节则是位于与《罗摩衍那》情节的
横枋垂直的外侧柱处。

南侧外柱，从下至上（见图 10）：

第 1 板　一形象屈腿倚靠大树休息。旁有立姿
形象，上半身与头部已毁。

内容应为，摩罗耶婆地（Malayavati）与侍女伶
俐（Chaturika）在多摩罗树下休息。

第 2 板　中间人物形体较大，肢体强健，大王
游戏坐姿，戴冠挂耳铛披璎珞。矮小人物伸臂在侧
护持。座前的两位坐姿人物仰头观望。

内容应为，主人公云乘太子（Jimutavahana）隆
重出场，两侧有人护驾。两个形象被太子的相貌惊
得目瞪口呆。

第 3 板　在繁杂的背景中，戴冠者，与身侧纤
小的女性对视。

内容应为，云乘太子在林间巧遇摩罗耶婆地，
两人对视而立。

第 4 板　在树林中两位形象并肩行走。

内容应为，云乘太子与摩罗耶婆地并肩同行。

图 10　第 1、2、3、4 板

第 5 板　两人同坐一大象背上。左形象屈腿，右侧身坐于背部正上方，右臂放于腿部，左臂抬起，手部呈倾斜状。右形象屈腿，左手当胸，右手抬起持物，迎左侧形象的左手。

内容应为，云乘太子与摩罗耶婆地高坐于象背上，云乘太子给摩罗耶婆地倒酒的场景。

第 6 板　在树林中一男性盘腿端坐，面对一猴子。

内容应为，云乘太子对阿低离（Atreya，一只猴子）诉说对心爱姑娘的相思。

第 7 板　两位身材高大的男性盘腿端坐，似在诉说。一位立姿女性，左手扶岩石，右手当胸，右腿直立，左腿稍后屈，侧耳听。

内容应为，哥哥友世太子（Mitravasu）找云乘太子，说诸世王（Vishvavasu）欲将摩罗耶婆地公主许配给他的消息。云乘太子并不知晓公主即思恋之人，当面拒绝。伶俐在旁偷听拒婚的消息。

第 8 板　一女性大步行走。两腿交叉角度较大，说明此女步伐较大，反映出着急的情绪。

内容应为，伶俐连忙赶回公主驻地。

第 9 板　两位跪姿女性分别抚弄穿戴华丽的中间女性的头发。

内容应为，侍女用花冠儿（Navamalika）、杂花儿（Manoharika）打扮摩罗耶婆地。

第 10 板　3 名女性屈腿盘坐，近距离观赏一只孔雀。

内容应为，摩罗耶婆地与两侍女坐于室外，正在观赏面前的孔雀。

第 11 板　一女性沉思，旁侧两位女性说话。

内容应为，两位侍女说兴正酣，但摩罗耶婆地低头不语，并未参与讨论之中。

第 12 板　一女性跪姿，其他两位女性侧身扭头看着她。

内容应为，回来的伶俐跪报拒婚消息给摩罗耶婆地等人。

第 13 板　树下躺着的一女性。旁坐三位形象，立一位形象。

内容应为，伶俐、云乘太子、世友太子等将自缢的公主救下。3 人坐等公主苏醒。

第 14 板　一形象右臂上扬，左臂下垂，交叉站立。一形象腿交叉，右膝竖起。一形象跪姿，左手当胸，仰头注视。

内容应为，摩罗耶婆地、世友太子等人听云乘太子讲述事情的前因后果。

第 15 板　一形象弯身躲进一小空间里，扭头向外观望边走边说的两位形象。

内容应为，云乘太子讲述自己曾经躲在森林的角隅，偷看美丽的摩罗耶婆地与伶俐。

第 16 板　形象一坐在上有顶的空间里。外部是两位女性形象。

内容应为，云乘太子在宫内回想林中遇到的摩罗耶婆地与伶俐。

第 17 板　一形象立姿，两个形象端坐观看。

内容应为，云乘太子站立着解释后，端坐的世友太子与摩罗耶婆地才恍然大悟。

第 18 板　三位形象前行。

内容应为，阿低离与两个侍女在行进中（参加婚礼）。

第 19 板　三位形象。形象 1 前走，形象 2 的右手上持物，回身看形象 3。

内容应为，摩罗耶婆地与伶俐、云乘太子走在时花苑中。

第 20 板　或立或坐或舞的四位女性围绕着一男性。

内容应为，众侍女围绕着云乘太子，载歌载舞。

第 21 板　两位形象垂腿坐于带顶的座椅上，手臂或当胸或抬起。侧旁有两位形象。一位做上托状，一位在旁侧。

内容应为，婚礼上，云乘太子与摩罗耶婆地两人并肩而坐。座下有人承托。

第 22 板　2 位形象双臂展开，屈双腿，正在舞蹈中。

内容应为，两位侍女在舒展舞姿。

第 23 板　背对的形象 1 双手扶树。形象 2 持物，靠近背对的形象 3。形象 3 左手扶树。

内容应为，云乘太子送礼物给娇羞的摩罗耶婆地，伶俐侧立一旁。

第 24 板　形象 1 男性与形象 2 女性端坐，手部置胸前。形象 3 坐姿，右手置耳边。

内容应为，云乘太子与摩罗耶婆地交谈，旁边坐伶俐。

第 25 板　形象 1 立姿，右手持剑。形象 2、3 端坐攀谈（动势被固定木雕的长棍遮挡）。

内容应为，云乘太子、世友太子端坐着谈论战争之事，旁立一位持剑侍者。

第 26 板　形象 1 右手持物。形象 2 右手伸出上托一物。形象 3 立姿，右手做摆手状。

内容应为，世友太子与云乘太子站立挥手告别。旁边侍者手托物。

第 27 板　三人立姿。形象 1 右手持物，左手残。形象 2 手持物。形象 3 双手当胸合十。

内容应为，云乘太子与仙人见面。仙人左手持物，旁立侍者。

北侧外柱，从上到下：

第 1 板　形象 1 半跪姿。侧坐的形象 2 伸左手似抚端坐的形象 3 的头部。

内容应为，摩罗耶婆地抚摸云乘太子的头发。侍女伶俐禀告世友太子来访。

第 2 板　3 位形象，扭转身体。

内容应为，摩罗耶婆地、云乘太子、伶俐 3 人皆回头看来者。

第 3 板　3 位形象皆立姿。形象 1 立姿、抬鼻，形象 2 抬头望前来的形象 3。

内容应为，世友太子来找云乘太子。

第 4 板　3 位形象。形象 1、2 皆扭转身体，背对形象 3。

内容应为，因为世友太子到来，云乘太子要摩罗耶婆地退下。

第 5 板　形象 1 看到形象 2 跟着形象 3。形象 3 高举半蹲着的形象 4 的手。

内容应为，云乘太子看到龙仆、难舍难分的龙母（Vriddha）与螺髻太子（Shankacuda）。

第 6 板　隔着障碍物，形象 1 看到身形高大的形象 2 被坐姿的长发形象 3 紧搂颈部。

内容应为，隔着龙骨，云乘太子看到龙母紧搂螺髻太子脖子。

第 7 板　立姿的形象 1 右手有所指。形象 2、3 互跪，双手高举合十。

内容应为，龙仆立于互跪的母子身旁，右手指着死岩的位置。母子相互合十祈祷。

第 8 板　形象 1 侧身扭头，形象 2 发现树后偷听的形象 3。

内容应为，螺髻太子犹豫中，其母发现了躲树后偷听的云乘太子。

第 9 板　形象 1 合拳，跪拜形象 2。形象 2 双腿斜侧，头顶起尖，有双乳。形象 3 立姿。

内容应为，云乘太子跪请两人，让他替螺髻太子受死。

第 10 板　形象 1 坐台座，与形象 2 说话。形象 3 女性坐于边。

内容应为，云乘太子坐于台座。母子换位，继续表达他的替死决心。

第 11 板 形象 1 坐台座。形象 2、3
低头，双手合拳，双腿跪地叩拜。

内容应为，云乘太子坐于台座，被
说服的母子双跪，叩谢表达感激之情。

第 12 板 形象 1 躬身立于形象 2 身
后。形象 2 坐于趴下的形象 3 身上，形
象 4 侧身扭头看着形象 2、3，右手搭于
左肩，右臂下垂。头顶有蛇头。

内容应为，龙仆立姿。云乘太子坐
姿，与螺髻太子讲话。

第 13 板 形象 1 似乎跟在有蛇头的
形象 2 身后。形象 1 右臂抚左上臂，左
臂下伸。形象 2，右臂放胸前，左臂弯
曲做上托状。形象 2 前方的方形台子上
有生长的植物。

内容应为，云乘太子要龙仆把牺牲
者的衣服交给他。

第 14 板 躲在形象 2 身后的形象 1
侧身扭头，双手做拒绝状，显示出胆小
与犹豫。形象 2 挺身颔首，右手握着形
象 3 的右手，做感激状。

内容应为，螺髻太子在旁有些犹豫，
龙母伸出右手表示感谢云乘太子。大王
游戏坐的云乘太子，左手撑左膝，显示
出一种慷慨之气。

第 15 板 一只大鸟出现在遍地尸骨
的地方。形象 1 蜷缩在角隅。大鸟立于

图 11 北侧第 14、15 板

死尸上，头侧边有坐姿的形象 2（见图 11）。

内容应为，金翅鸟（Garuda）出现。云乘太子半躺着，身上覆有一条龙皮。
金翅鸟落在一死尸上，云乘太子即在它侧旁。

第 16 板　大鸟抓着一人物乘空离去。两侧有 2 位身材矮小的立姿人物。

内容应为，金翅鸟抓着云乘太子展翅离去，途经母亲与妻子所在的上空。

第 17 板　在一建筑旁，坐姿的形象 1 左手持物，与坐姿的形象 2、立姿的形象 3 仔细观察手中所持之物。

内容应为，在别苑，空中坠下一物。父亲云明王（Jimutaketu）手持之，与母亲、妻子摩罗耶婆地仔细辨认。

第 18 板　形象 1 坐姿。形象 2、3 跪姿。形象 4，坐于高台上，与前 3 人面对面。

内容应为，父亲、母亲、妻子三人前去找寻云乘太子，途遇螺髻太子，听述一切。

第 19 板　形象 1 扶形象 2 的双肩。形象 3 躺地。

内容应为，听完后，国王夫妇皆晕倒。摩罗耶婆地双手扶母亲双肩，呼唤其醒来。

第 20 板　形象 1、2、3 人对坐。

内容应为，父亲、母亲醒来。摩罗耶婆地在身后扶着母亲。

第 21 板　形象 1 立姿。形象 2 躺倒。形象 3 扶形象 4。形象 5 金翅鸟站立。

内容应为，金翅鸟站着，云乘则横躺在地。妻子与父亲站立，母亲则晕倒。

第 22 板　大鸟立姿。跪姿形象 1 扶着躺倒的形象 2。形象 3 揭开盖于形象 2 身上的布。

内容应为，母亲扶着躺在金翅鸟旁边的云乘太子。父亲揭开遮挡身体的布，满是伤口。

第 23 板　形象 1 女性，立姿。形象 2，立姿。形象 3 女性，盘腿坐姿，右手抚摸。

内容应为，一家三口人看着云乘太子。

第 24 板　形象 1 立姿。形象 2 立姿，双手持物递给坐姿的形象 3。

内容应为，母亲双手递给云乘东西。

第 25 板　形象 1 立姿。形象 2 躺下。形象 3、4、5 跪姿，看着形象 2。

内容应为，云乘太子疼痛难受，又昏迷过去。一家人很害怕。金翅鸟立于旁边。

第 26 板　形象 1 站立。形象 2 给斜靠的形象 3 女性擦拭脸部。

内容应为，父亲站着，母亲给晕倒的妻子擦拭面部。

第 27 板 形象 1 抚摸形象 2 的身体。形象 3 在身后扶形象 2。

内容应为，金翅鸟悔悟，扶起云乘太子。

第 28 板 形象 1 扶躺于高台上的形象 2。形象 3，伸出右臂，右手上托一物，呈倾倒状。形象 4 半蹲于形象 3 身后。形象 5 站立。形象 6 跪姿上抬形象 2 所躺的高台。

内容应为，理智仙女（Gauri）给躺于高台上的云乘太子喷洒甘露。众人与金翅鸟立于旁侧观看（见图 12）。

图 12　北侧第 28 板

第 29 板 形象 1、2、3 坐于躺倒的形象 4 旁。形象 4 头部微抬起，双手做拜谢状。

内容应为，家人坐于旁边。云乘太子抬头，抬双手做感谢状。

第 30 板 有些模糊，但可以确认金翅鸟的存在，大概为金翅鸟的结局。

吴晓铃先生翻译的《龙喜记》版本，[①] 从内容上对科迦寺祖拉康木雕上的《龙喜记》全部情节进行了完整表现。在具体的艺术表现上，虽然两位主人公云乘太子、摩罗耶婆地的装饰并不繁缛，但依然可看出更多的形象细节。例如云乘太子较其他人高大挺直，长且粗壮的肢体，连珠状的长发垂至肩部，双臂挽天衣，颈戴连珠链，紧收的腰部雕刻一圈粗线来表现，大腿部刻有细纹表现衣褶。摩罗耶婆地的特征，是高盘的发髻显得端庄，弱小的乳房，颈戴垂膝的花环，腰部仅束有一细带状物。与侍女丰满的体型相比，摩罗耶婆地有弱柳扶风之形体，体现出一国公主的娇贵之态。

结　论

目前，科迦寺祖拉康大门上的木雕《罗摩衍那》与《龙喜记》情节大部分内容已经辨识出来。虽然有部分情节不甚明了，但并不影响内容整体上的明晰。

《罗摩衍那》传说是跋弥（Valmiki），意译蚁垤所著，在公元前三四世纪至公元前二世纪之间。全诗七大章，以罗摩和妻子悉达的悲欢离合为故事主线，表现了印度古代宫廷内部和列国之间的斗争，篇幅宏大。经研究，《罗摩衍那》在西藏有古代两种译本与后来一种译本。[②] 后弘期上路弘法之时，大译师仁钦桑布（958～1058年）又曾从梵文直接翻译印度古典诗歌马鸣的《释迦牟尼赞》，其中引用了罗摩王子的故事。[③] 科迦寺《罗摩衍那》主题的木雕，是否遵照大译师在《释迦牟尼赞》中使用的罗摩故事情节，需进一步确认。

这部史诗，是婆罗门教的宝典之一。在印度教徒眼中，罗摩是毗湿奴的化身之一，佛陀同样是毗湿奴的化身。这也是科迦寺从古至今都会有印度人、尼泊尔人来朝拜的原因之一。在印度人眼中，觉康的三怙主像也可以看作是罗摩、克拉什曼、悉达的化身。因为印度人是多神论的信仰者，[④] 所以在科迦寺这所佛

---

① 戒日王等：《龙喜记、西藏王统记》，吴晓铃等译，华宇出版社，1989，第21～176页。

② 洛珠嘉措：《〈罗摩衍那〉传记在藏族地区的流行和发展》，曲将才让译，《青海社会科学》1982年第1期，第71～75页。洛珠嘉措考证古代两个译本应为赤德松赞赤热巴巾时期。

③ 季羡林：《〈罗摩衍那〉在中国》，《印度文学研究集刊》第2辑，上海译文出版社，1986，第1～2页。

④ Goiseppe Tucci, *Tibet Ignoto*, Grandi Tascabili Economici, Newtom, 1978, pl. 42.

寺的主殿大门上将《罗摩衍那》情节雕刻出来。虽然在门楣处属于装饰地位，但在门楣及门框的横梁部分，所占比重不少。尽管《罗摩衍那》有印度教信仰的成分在内，但雕刻于科迦这座佛寺里，体现出此经典之作在藏西地区的盛行，且与当地人民的精神信仰并行不悖，也体现出当地的宗教信仰的多元性。

《龙喜记》是公元 7 世纪印度曷利沙帝国（Harsha Empire）的国王戒日王（Harsha，约 590～647 年）撰写的（也有的传说认为是他收买的别人的作品）。该小说以云乘王子解救龙族免受金翅鸟的残害，故梵文名字意译为《龙喜记》，而藏文名字侧重主人公的救度行为，所以《龙喜记》又称为《云乘王子传》。①所以说，尽管《龙喜记》始终出现在祖拉康门雕的外门框处，其从属地位与装饰性，依然无法完全遮盖其佛教本生性质的寓意。

这两部分木雕，从整体上来说，皆采用笈多艺术样式的表现手法，人物装饰极简，衣着通过刻阴线纹表示衣褶且线条较为稀少。通常女性腰部仅束窄带一条，并垂至身后。通过胸部、腰部的性别特征，例如肢体的纤细来体现女性。肢体的塑造不乏尼泊尔艺术样式的盈润特征，尤其在悉达与摩罗耶婆地身上体现得更为透彻。② 图齐认为即使不是印度工匠雕刻，也是熟稔印度艺术的尼泊尔工匠所为。③ 所有形象身体较为瘦长，比例适中。如此说来，科迦寺木雕是尼泊尔工匠雕刻而成的可能性更大一些。且莲花生、阿底峡两位大师入藏地皆从印度北部至尼泊尔再入西藏。这说明尼泊尔进入藏西交通的确比较方便，况且科迦即在边境地带。普兰王召集尼泊尔工匠入藏做工，方便省力。如若木雕乃尼泊尔工匠雕刻，那木雕上的《罗摩衍那》内容便有可能采用了由尼泊尔工匠带进来的尼泊尔版或尼泊尔人改编的《罗摩衍那》文本。此推理，需进一步找到文本进行核对比较。

---

① 13 世纪中叶，由藏族雄顿大译师与印度大师克罗什弥罗奉法王八思巴和本钦释迦桑布之命在萨迦寺翻译成藏文的。但此时已将名称改为 rgyal po sprin gzhon（云乘王子）。中央民族学院《藏族文学史》编写组编著《藏族文学史》，四川民族出版社，1985，第 274 页。

② 从该门框木雕的风格和样式可以明显地看出它是吸收了印度笈多王朝的木雕传统，个别的刻法也吸收了印度西马歇尔邦和克什米尔地方一些寺庙木雕的技术，并在那里仍可以找到不少的历史原型。《廓迦寺文史大观》，第 150 页。

③ questa porta o e opera di artisti dell'India vera e propria，oppure di nepalesi formatisi a quella scuola，*Tibet Ignoto*，pl. 43.

从支谶译经看佛像金身的成因[*]

马宗洁

引 言

佛像金身是多地域、多民族佛教文化的独特现象。"无论是印度、西域还是中原,佛像的面貌服饰或胡或汉,但总有相似之处,佛的几种明显特征还是必不可少的,如螺发、白毫、金色、丈光等相都是区别于其它偶像的标志。"[①] 对于佛像金身的成因,学界众说纷纭,主要有以下观点。

其一,受汉代"金人"传说影响。廉考文《略论五台山佛像艺术》认为,"五台山的佛陀与著名菩萨,均要装饰成金色。溯其原因,中国历史上曾有'汉武帝列金人于甘泉宫'和'汉明帝夜梦金人'两个典故,佛陀始以'金人'面目出现。佛教传说这是中国佛教之始,先入为主,于是就习惯将佛陀(也包括后来的一些著名菩萨)称为'金人'了。约定俗成,中国佛教中的佛陀(后来也包括著名的菩萨)形象因此也就非妆成金色不可了。"[②]

其二,震慑魑魅。郑鑫《闽漆考》认为:"佛像为何要金装?也许《髹饰录》中'人君有和,魑魅无犯'的观点可作为一种诠释。"[③]

其三,发扬、传播佛教。任绪来《中国传统色彩文化中的黄色审美文化研

* 本文系中国博士后科学基金项目"多佛信仰的人类学研究"(项目编号20110490528)阶段性成果。

① 侯艳:《汉译佛经之美术理论研究》,福建师范大学博士学位论文,2010,第104页。
② 廉考文:《略论五台山佛像艺术》,《五台山研究》1990年第3期,第33、34页。
③ 郑鑫:《闽漆考》,《艺术探索》2010年第1期,第91页。

究》认为："面对众多金色佛像，我们不禁有这样的疑问：佛教徒为什么要把佛祖与众菩萨的形象设计成金色呢？细究起来，这应该是佛教信徒虔诚信教的一种表现，是他们发扬佛教、传播佛教的一种方式。"①

其四，用色彩引发神圣化联想。杨文光《宫殿寺庙的传统髹漆工艺》云："只有菩萨金身佛像才是髹金施金，以示佛像金身神圣尊严。"② 叶舒宪《伊甸园生命树、印度如意树与"琉璃"原型通考——苏美尔青金石神话的文明起源意义》："特殊色彩搭配所造成的神圣化联想，是寺院建筑和神佛造像的不成文创作规则……金色与深青色相互配合，成为宗教建筑和佛像的常见表现模式……有许多佛像造型为金身青发，可作为'金黛辉煌'图像叙事的旁证。"③

其五，表达对佛的尊重。薛盈洲《现代性视角下宗教旅游发展的困境与反思》认为："塑造'金'身是人们对佛的一种尊重。"④

其六，模拟佛的金色光明身相。魏承思《论中国佛教艺术和审美》评云："自笈多艺术时起，在佛像造型方面就逐渐形成了许多定则，规范了佛像的'三十二相'和'八十种好'。三十二相是指佛陀生来就有的三十二种神异面貌，如'手足柔软相'、'眉间白毫相'、'手过膝相'、'身金色相'、'身如狮子相'、'身广长等相'、'四十齿相'、'顶髻相'（头顶上有肉髻）等等。"⑤ 王惕《佛教造像法》指出："佛像塑金身的种种情形在诸多的佛经中都出现过。如佛的三十二相中说：'十四，身金色相，身体之色如黄金也'；弥陀偈云：'阿弥陀佛身金色，相好光明无等伦'；《妙法莲花经》安乐品曰：'诸佛神金色，百福相庄严'等等。"⑥

上述观点中除第六种观点外，均未引述佛经教义作依据。佛像是佛教教义

① 任绪来：《中国传统色彩文化中的黄色审美文化研究》，山东师范大学硕士学位论文，2011，第36页。
② 杨文光：《宫殿寺庙的传统髹漆工艺》，《中国生漆》2011年第2期，第45页。
③ 叶舒宪：《伊甸园生命树、印度如意树与"琉璃"原型通考——苏美尔青金石神话的文明起源意义》，《民族艺术》2011年第3期，第39~40页。
④ 薛盈洲：《现代性视角下宗教旅游发展的困境与反思》，《赤峰学院学报（汉文哲学社会科学版）》2012年第10期，第55页。
⑤ 魏承思：《论中国佛教艺术和审美》，《佛教文化》1990年第2期，第69页。
⑥ 王惕：《佛教造像法》，天津人民出版社，1992，第318页。

的艺术表现形式，佛像金身应是相关佛教教义的体现，佛像金身的成因理应从佛经教义中寻找答案。持第六种观点的王惕《佛教造像法》虽然引述佛经，但其引用的后秦鸠摩罗什译《妙法莲花经》时代过晚，无助于揭示佛像金身之成因的教理渊源。

总体而言，学界有关佛像金身之成因的各种观点或脱离佛教教义，或未从现存最早期的佛教文献中探寻其教义依据，迄今尚无佛像金身之成因的专题研究成果。

东汉时期佛教经、像正式传入中土，现存的东汉佛教译经是最早的汉文佛教典籍，可能提供有关佛像金身成因的教义渊源，有助于我们探寻佛像金身理念之滥觞。笔者梳理学界公认的现存东汉佛教译经，发现支娄迦谶（简称支谶）的译经中有关于佛像金身之成因的较为完备的教义内容，故将其整理出来，并结合相关史籍和学界研究成果予以分析，以期为学界同仁提供参考。

一 支谶译经前的佛金色光明身相的理念

（一）汉明帝夜梦金人的传说

东晋袁宏《后汉纪》卷十云："初，帝梦见金人长大，项有日月光，以问群臣。或曰：'西方有神，其名曰佛，其形长大。'"[1] 南朝宋代范晔撰《后汉书》卷八十八亦云："世传明帝梦见金人，长大，顶有光明，以问群臣。或曰：'西方有神，名曰佛，其形长丈六尺而黄金色。'帝于是遣使天竺问佛道法，遂于中国图画形像焉。"[2] 汉明帝夜梦"金人"，群臣解梦时，将之与西方之"佛"联系起来，说明汉地当时已有关于"佛"的形象的传闻。一般而言，初传与载于正史之间有或长或短的时间差。汉明帝梦见"金人"的传说，作为"佛"的形象已经传到汉代宫廷之内，或是有一定说服力的。也就是说，汉明帝遣使西行求取佛经、佛像以前，民间已有佛金色身相的传闻。

---

① （晋）袁宏撰，周天游校注《后汉纪校注》，天津古籍出版社，1987，第277页。
② （宋）范晔撰《后汉书》第10册，中华书局，1965，第2922页。

（二） 迦叶摩腾、竺法兰译经

史载东汉最早的译经家是汉明帝时来华的迦叶摩腾（又称摄摩腾）和竺法兰。南朝梁代慧皎撰《高僧传》卷一云："汉永平中，明皇帝夜梦金人飞空而至，乃大集群臣以占所梦。通人傅毅奉答：'臣闻西域有神，其名曰佛，陛下所梦将必是乎？'帝以为然，即遣郎中蔡愔、博士弟子秦景等使往天竺寻访佛法。愔等于彼遇见摩腾，乃要还汉地。腾誓志弘通，不惮疲苦，冒涉流沙，至乎雒邑。明帝甚加赏接，于城西门外立精舍以处之。汉地有沙门之始也。但大法初传，未有归信，故蕴其深解，无所宣述。后少时卒于雒阳。有记云：腾译《四十二章经》一卷，初缄在兰台石室第十四间中。腾所住处，今雒阳城西雍门外白马寺是也……竺法兰亦中天竺人，自言诵经论数万章，为天竺学者之师。时蔡愔既至彼国，兰与摩腾共契游化，遂相随而来。会彼学徒留碍，兰乃间行而至。既达雒阳，与腾同止，少时便善汉言。愔于西域获经，即为翻译《十地断结》、《佛本生》、《法海藏》、《佛本行》、《四十二章》等五部。移都寇乱，四部失本不传，江左唯《四十二章经》。今见在，可二千余言。汉地见存诸经唯此为始也。"[①] 从上文可知：摩腾和竺法兰在汉明帝时来到汉地，译出《十地断结》、《佛本生》、《法海藏》、《佛本行》和《四十二章》等五部经典，只有《四十二章经》流传于世。

《大正藏》中现存的《四十二章经》云："昔汉孝明皇帝夜梦见神人身体有金色，项有日光，飞在殿前，意中欣然，甚悦之，明日问群臣：'此为何神也？'有通人傅毅曰：'臣闻天竺有得道者，号曰佛，轻举能飞，殆将其神也。'"[②]《四十二章经》虽然记载了汉明帝夜梦金人的传说，但没有佛金色光明身相的教义内容，且有学者疑该经非东汉译经，因而不能作为佛金色光明身相的教义依据。

刘凤君、彭云《佛教与"像教"艺术》认为："东汉明帝时期（公元58~75年）已图画佛像，这可能是魏晋时期的人根据当时的佛像艺术编造的。因为印度犍陀罗最早的佛像产生在公元一世纪末至二世纪初，公元一世纪中后

---

① （梁）慧皎撰《高僧传》卷一，《大正藏》第 50 册，第 322 页下~323 页上。
② （后汉）迦叶摩腾共法兰译《四十二章经》，《大正藏》第 17 册，第 722 页上。

期在中国不可能对佛有'长大，顶有光明'和'黄金色'的认识。"① 此观点有待商榷。汉明帝时期，汉译佛经出现，不排除有将佛"长大，顶有光明"和"黄金色"的认识引入汉地的可能性。从题名来看，竺法兰翻译的《佛本行经》《十地断结经》等经中很可能有佛金色光明身相的教义内容，但这些经典早已不存，难下定论。

（三）安世高译经

迦叶摩腾、竺法兰之后，安世高来到中土。《高僧传》卷一云："安清，字世高，安息国王正后之太子也……安世高以汉桓帝建和二年至灵帝建宁中二十余年译出三十余部经。"② 从上文可知：安世高的译经时间从汉桓帝建和二年（148 年）至灵帝建宁中（168～172 年）。

安世高译的《道地经》云："从明胜日出，像亦颜色行，德多中多贵，姓尊行德守，本从是种有，世间亦天上，皆叉手礼佛。"③ 上文虽以"从明胜日出"形象地描述了佛的光明身相，但还不是佛像金身之成因的决定性证据。

蔡俊士《略论佛教艺术在南方的传播路线——从三国西晋谷仓罐佛像谈起》认为："支谦所译的《太子瑞应本起经》中描述佛陀长相有'三十二相'，其中'躯体金色，顶有肉髻，其发绀青，眉间白毫，顶出日光，……'最早提出了佛陀形象问题，开佛教艺术之先声。"④ 此说法有待商榷。有关佛陀形象的描述并非始于三国吴代支谦译《太子瑞应本起经》，而是早在东汉时期的汉译佛经中就已出现。如果说安世高译经中有关佛陀形象的描述尚不够清晰的话，支谶译经中则有大量关于佛陀形象的清晰描述。

支谶是安世高之后的译经数量最多的东汉译经家。南朝梁代僧祐撰《出三藏记集》卷十三云："支谶本月支国人也，操行淳深，性度开敏，禀持法戒，以精勤著称，讽诵群经，志存宣法。汉桓帝末游于洛阳，以灵帝光和、中平之间

---

① 刘凤君、彭云：《佛教与"像教"艺术》，《山东大学学报（哲学社会科学版）》1999 年第 4 期，第 45 页。

② （梁）慧皎撰《高僧传》卷一，《大正藏》第 50 册，第 323 页上、324 页上。

③ （后汉）安世高译《道地经》，《大正藏》第 15 册，第 230 页下。

④ 蔡俊士：《略论佛教艺术在南方的传播路线——从三国西晋谷仓罐佛像谈起》，《杭州大学学报（哲学社会科学版）》1993 年第 2 期，第 74 页。

传译胡文，出《般若道行品》、《首楞严》、《般舟三昧》等三经，又有《阿阇世王》、《宝积》等十部经……凡此诸经皆审得本旨，了不加饰，可谓善宣法要、弘道之士也。后不知所终。沙门竺朔佛者，天竺人也，汉桓帝时亦赍《道行经》来适洛阳，即转胡为汉。"① 《道行般若经》的后记称该经"口授：天竺菩萨竺朔佛。时传言者译②：月支菩萨支谶。时侍者：南阳张少安、南海子碧。劝助者：孙和、周提立"③。支谶是月支国人，汉桓帝在位末年来到洛阳，灵帝光和、中平年间（178～189 年）译出《般若道行品》（即《道行般若经》，简称《道行经》）等多部佛经。《道行般若经》由天竺人竺朔佛在汉桓帝在位时（147～167 年）带来洛阳。支谶译经具有"审得本旨，了不加饰"的特点，能准确把握佛经的意旨而不做修饰，因此较能忠实地反映佛经的原貌。

综上所述，支谶译经出现前，汉地已有佛金色光明身相的理念，但是相关的教义理论体系可能还不完善，很难说有多大的影响力。

二　支谶译经对佛金色光明身相的描述

现存学界认可的多部支谶译经均为大乘佛教经典，反映出大乘佛教多佛信仰的内容，对多佛的金色光明身相有清晰的描述。

（一）释迦牟尼佛的金色身相

支谶译《道行般若经》卷十云："佛从袈裟中出金色臂，举右手着阿难头上，摩阿难头。"④ 释迦牟尼佛具有"金色"的体貌特征或已成为佛教徒的共识。

（二）十方佛的金色身相

根据大乘佛教教义，释迦牟尼佛并非唯一的佛，此世界并非唯一的世界，以此世界为本位的十个方向（东、南、西、北、东北、东南、西南、西北、下、

---

① （梁）僧祐撰《出三藏记集》卷十三，《大正藏》第 55 册，第 95 页下～96 页上。
② 原注："者译"，元、明本作"译者"。
③ （梁）僧祐撰《出三藏记集》卷七，《大正藏》第 55 册，第 47 页下。
④ （后汉）支娄迦谶译《道行般若经》卷十，《大正藏》第 8 册，第 478 页上。

上）各有无量世界存在，统称为十方世界。十方世界中分别有佛出现，统称为十方佛。《般舟三昧经》称释迦牟尼佛告诉颰陀和菩萨：有一种"现在佛悉在前立三昧"①，"菩萨如是得三昧以见不可复计佛"②，"是菩萨见十方佛如是……如雁王飞前有导，虚空清净无秽乱，紫磨金色佛如是"③。从文意来看，"紫磨金色"是十方佛的共性。

（三）三世佛的金色身相

根据大乘佛教教义，此世界和十方世界都有过去佛（曾在世间出现、已入涅槃的佛）、现在佛（现在住世的佛）和当来佛（未来必将出现的佛），统称为三世佛。《般舟三昧经》卷上云："佛者，色如金光，身有三十二相，一相有百福功德，端政如天金成作。过去佛、当来佛悉像自归，今现在佛皆于人中最尊。"④ 从文意来看，"色如金光""如天金成作"是三世佛的共性，三世佛都具有金色光明身相。

（四）化佛的金色身相

根据大乘佛教教义，除了生为人而成道、有明确名号的多佛外，还有众多化佛出现。

1. 无佛之世的化佛

《道行般若经》卷九云："乃往久远世有菩萨名萨陀波伦……是时世有佛，名昙无竭阿祝竭罗佛，般泥洹以来甚久，亦不闻经，亦不见比丘僧……萨陀波伦菩萨叉手仰向视化佛身有金色，身放十亿光炎，身有三十二相。"⑤ 久远过去世的昙无竭阿祝竭罗佛已入涅槃，无佛之世的萨陀波伦菩萨却见到身有金色、放光炎的化佛。

2. 有佛之世的化佛

《文殊师利问菩萨署经》称婆罗门惟耆先告诉释迦牟尼佛："我赍华，持到

---

① （后汉）支娄迦谶译《般舟三昧经》卷上，《大正藏》第13册，第904页中。
② （后汉）支娄迦谶译《般舟三昧经》卷上，《大正藏》第13册，第906页下。
③ （后汉）支娄迦谶译《般舟三昧经》卷下，《大正藏》第13册，第916页上、中。
④ （后汉）支娄迦谶译《般舟三昧经》卷上，《大正藏》第13册，第906页中。
⑤ （后汉）支娄迦谶译《道行般若经》卷九，《大正藏》第8册，第470页下～471页中。

婆罗门神祠，入门，见怛萨阿竭飞在虚空中而住。其佛问我：'持是华给何所？'即应言：'欲以上神。'其佛言：'有怛萨阿竭，号曰天中天，可以华供养上之。所以者何？因是可有功德而到阿耨多罗三耶三菩，便可逮得阿耨多罗禅。'即欲以华供养。其华悉化作佛，悉紫磨金色，其光七尺，三十二相、种好悉具。"①"怛萨阿竭"为"如来"的音译。有佛之世的婆罗门惟耆先见到手中的花都化为紫磨金色的佛。

综上两文可知：无论是无佛之世的化佛，还是有佛之世的化佛，均具有金色光明身相。

桑春花《汉地佛教文化视觉符号的演变研究》认为："公元 3 世纪前后，人们大体认为佛是印度神，身材奇伟，体呈金色，项有光芒，进而又认为佛具有飞翔和幻形的法力，能与古代的圣贤一样救助民生。这种观念是汉代流行的神仙方术和儒家思想的结合，神仙方术可长生不老，能事飞翔和幻形，儒家圣贤匡众济世，到了'佛'这里，成了二者的结合。"② 上文似乎认为公元 3 世纪前后人们有关佛的金色光明身相理念源于汉代流行的神仙方术和儒家思想。从支谶译经中有关三世佛、十方佛及化佛的金色光明身相的教义内容来看，2 世纪晚期印度大乘佛教的多佛金色光明身相的理念已经成体系地传入汉地，佛的金色光明身相的理念并非来源于汉代流行的神仙方术。

三　支谶译经对佛像金身成因的阐释

佛的金色光明身相如何与佛像金身联系起来呢？从支谶译经可以看出清晰的教理脉络。

（一）佛像应模拟佛的金色光明身相

东汉支娄迦谶译《道行般若经》卷十云："譬如佛般泥洹后，有人作佛形像。人见佛形像无不跪拜、供养者。其像端正姝好，如佛无有异，人见莫不称

---

① （后汉）支娄迦谶译《文殊师利问菩萨署经》，《大正藏》第 14 册，第 440 页下～441 页上。
② 桑春花：《汉地佛教文化视觉符号的演变研究》，江南大学硕士学位论文，2011，第 13 页。

叹。"① 佛像是佛般泥洹后的替代物，应尽量逼真，也就是说，佛像具有模拟佛身相的性质，佛的体貌特征势必要在佛像中有所反映。佛的金色光明身相是一切佛（三世佛、十方佛及化佛）的共性特征，佛像理应加以表现。从教理上而言，一切佛像都应模拟佛的金色光明身相而具备金身。

（二）金与佛的身色最相似

若要使佛像逼真地模拟佛的金色光明身相，需采用何种材料呢？《佛说内藏百宝经》云："佛语文殊师利菩萨：'……世间人所行皆着，佛所行无所着，独佛佛能相知……佛身如金。'"② 从文意来看，"佛身如金"是诸佛的共性，可见金与佛的身色最相似。

（三）金是造佛像的必要条件

《道行般若经》卷十云："不用一事成佛像，亦不用二事成，有金，有黠人……"③ 可见金是造佛像的必要条件，此教义规定说明佛像金身是佛教造像艺术必不可少的内容。

综上所述，从支谶译经来看，佛像金身源于多佛具有金色光明身相、佛像模拟佛相、金与佛的身色最相似，以及金是造佛像的必要条件等宗教理念，有完备的教义理论根据。

四 学界分析佛像金身之成因的倾向

从支谶译经有关佛像金身成因的教义阐释来看，学界对佛像金身之成因的分析有以下几种倾向。

（一）视角单一

"汉武帝列金人于甘泉宫"和"汉明帝夜梦金人"的传说被载入史籍，说

---

① （后汉）支娄迦谶译《道行般若经》卷十，《大正藏》第 8 册，第 476 页中。
② （后汉）支娄迦谶译《佛说内藏百宝经》，《大正藏》第 17 册，第 751 页中、752 页上。
③ （后汉）支娄迦谶译《道行般若经》卷十，《大正藏》第 8 册，第 476 页中。

明其在民间可能有一定的影响。佛像金身是宗教产物，我们在分析其成因时，除民间传说外，更应考虑佛教教义自身的影响因素。从支谶译经来看，佛像金身有完备的教义理论体系做支撑，且佛的金色光明身相的教义内容并非仅留存于支谶译经，而是大量佛经普遍共有的内容。支谶译经等汉译佛典从东汉流传至今，对中国文化产生深远的影响，人们翻阅佛经即可知晓佛具有金色光明的身相，易对佛像金身达成共识。与汉代金人传说相比，佛像金身的创作者受佛经的影响可能更大。

（二） 以解读文化现象、宗教现象的一般性观点来诠释特殊的宗教现象

李正晓《中国内地汉晋时期佛教图像考析》指出：“佛教的发展并不是像人们想象的那样，即一开始就有佛像的供养，即偶像的崇拜。”① 刘慧《佛像起源与弥勒造像起源探讨》亦云：“佛像并非一开始就有的，而是发展到了一定时期才开始出现的。”② 佛像的出现晚于佛教教义的产生，是佛教教义的艺术表现形式。支谶译经中关于佛像金身成因的完备的教理阐释表明佛像金身是大乘佛教教义固有的内容，无论佛教徒是否怀有传播佛教、表现对佛的尊重，或用色彩引发神圣化联想等目的，佛像金身都是宗教意义上不可或缺的内容。抛开佛教教义，仅从传播学、心理学、艺术学等角度分析佛像金身的成因容易得出非本质的结论。

（三） 以中国传统文化理念来诠释外来宗教现象

徐晓燕《佛教艺术与中国画色彩》指出：“有传说：佛教的宣道者，都能作画。他们所表现的‘金色晃耀、宝饰焕烂’的佛像和色彩缤纷的佛画与中国画有根本的歧异。”③ 佛像金身是外来宗教的独特现象，不是中国传统文化固有的内容，如果用中国传统文化的理念去诠释佛像金身的成因，等于用一种文化来解释另一种文化，容易得出“风马牛不相及”的结论。

丁明夷《试论孔望山摩崖造像》指出：“初传时期的佛教，是被中国人作为

① 李正晓：《中国内地汉晋时期佛教图像考析》，《考古学报》2005 年第 4 期，第 111 页。
② 刘慧：《佛像起源与弥勒造像起源探讨》，《美术大观》2011 年第 8 期，第 80 页。
③ 徐晓燕：《佛教艺术与中国画色彩》，《艺术教育》2004 年第 3 期，第 23 页。

一种宗教迷信和方术来介绍和了解的……作为一种外来的宗教，在人们对它缺乏应有的了解时，也就很容易用我国固有的传统思想文化加以理解或解释，依附于传统思想文化而得以发展。佛教与黄老道术，正可相得益彰，相资而用。这是中国佛教的方术化时期。"① 徐振杰《中国早期佛教造像民族化与世俗化研究》亦云："中国早期佛像可能被作为远方来的'神'而纳入传统的信仰中，而某些形式要素则可能来自对两种文化中原有的类似形式发生的'误解'，这也是不同文化之间的艺术传播经常发生的事情。实际上我们可以看到，后来对一些教义的理解也都是依据本地思想进行的，即所谓'格义'的方法。这在不同文化间物质文化和精神文化传播的早期是不可避免的。"② 支谶译经出现前，有关佛像金身的教义理论体系可能尚不完善，用中国固有的传统思想文化诠释佛像金身的成因还情有可原。在支谶译经出现并流传中国近两千年的今天，仍然用中国传统文化观念，或具有汉民族思维特征的观点来解读作为外来宗教独特现象的佛像金身之成因的做法值得商榷。

（四）以时代过晚的史料作依据

郑鑫《闽漆考》用《髹饰录》中的观点来诠释佛像金身的成因。《髹饰录》著于明代，时代过晚，即使其观点暗合佛教教义，也难免受到中国流传已久的佛教教义的影响，不适于作为流传千余年的佛像金身成因的依据。王惕《佛教造像法》引述后秦佛经来说明佛像金身的成因，时代过晚，无助于揭示佛像金身之成因的教理渊源。

总而言之，从支谶译经来看，佛像金身是大乘佛教教义固有的内容，在分析佛像金身之成因时，脱离佛教教义或未从现存最早期的佛教文献中探寻其教义依据均容易导致片面的结论。

结　语

从东汉月支国僧人支谶译经来看，印度佛教的佛像金身理念在 2 世纪中后

---

① 丁明夷：《试论孔望山摩崖造像》，《考古》1986 年第 10 期，第 944 页。
② 徐振杰：《中国早期佛教造像民族化与世俗化研究》，山东大学博士学位论文，2006，第 100 页。

期已出现，2 世纪晚期随支谶译经在汉地传播，揭示出佛像金身是大乘佛教最高信仰对象——佛区别于其他宗教偶像的标志之一，以实物形式体现大乘佛教多佛信仰的多元一体平等的理念，是一切佛像都应具备的共同特征，对研究印度、中国的佛教哲学、佛教史、佛教造像艺术具有极其重要的意义。

支谶译经中有关佛像金身之成因的完备的教理阐释，使佛像金身易为人们所理解与接受，为佛像金身在汉地的早期发展奠定了初步的教义理论基础，对中国佛教造像艺术的发展影响深远。林树中《早期佛像输入中国的路线与民族化民俗化》认为："东汉的佛教是依附道教而存在的，道教神仙观念与佛尚处在模糊时期，佛道并糅，把初期传入的佛像认作神仙的一种，参杂在神仙像之中，这是可能的"[1]，"佛教在输入之初，便出现外来文化和中国传统文化的碰撞，为求生存，其教义、佛像都要求与中国传统伦理、哲学思想、宗教观念相结合，因而得以传播。而对中国来说，对于初传来的佛教是把它作为神仙、方术的一种来接受的"[2]。如果说东汉时传入的佛教最初曾依附、混杂于中国传统神仙信仰中，则支谶译经对佛像金身之成因的独特而完备的教义阐释标志着佛教已经脱离汉地传统宗教意识形态而独立发展。

支谶译经是汉文佛教典籍，但其意义并不仅限于汉传佛教和汉族地区。不同民族语言的大乘佛教经典内容具有共性。支谶译经中有关佛像金身之成因的教义内容为多地域、多民族的佛教徒所普遍认同，具有跨地域、跨民族的宗教理念统一性特点。2 世纪晚期的支谶译经不但是研究汉地佛像金身之成因的重要史料，对研究其他地域、民族的佛像金身现象同样具有重要的参考价值和启示意义。

---

① 林树中：《早期佛像输入中国的路线与民族化民俗化》，《东南文化》1994 年第 1 期，第 84 页。

② 林树中：《早期佛像输入中国的路线与民族化民俗化》，《东南文化》1994 年第 1 期，第 86 页。

青海玉树称多固始殿壁画初识[*]

廖　旸^{**}

称多县（藏 Khri 'du rdzong）位于青海省玉树藏族自治州东北，东面与四川石渠县接壤。此地有一座小寺人称"固始殿"，传说或与固始汗（Güshi Khan，1582～1655 年）相关。殿壁绘饰曾经遭到破坏，目前尚有几块壁画保存相对完整。本文拟根据图像，初步判断其题材与绘制年代。

第一块壁画

描绘菩萨装（报身）五佛像。壁面呈横长条状，均匀分布五身佛坐像、中尊体量稍大。佛两侧绘眷属菩萨立像，光背之间的上部空间分布神灵小像，多遭香烟熏黑。佛坐下为仰覆莲座，莲座下还表现有狮子和小神像等（见图 1）。

Ⅰ．主尊结跏趺坐，照片上未见身色、手印等细节，右足头趾戴有环饰。左胁侍菩萨白色身相，系红色络腋，绕青色天衣，着红色下裳，跣足，侧身朝向主尊。左手自然垂下，屈右臂侧举、右手持数珠（见图 2）。

Ⅱ．主尊结跏趺坐，双手于腹前结定印，身相呈肉粉色，应为莲华部无量光佛。右胁侍菩萨白色身相，右手举胸前，左手置腹部、手中明显有持物，从残

＊　2012 年中国社会科学院民族学与人类学研究所的扎洛、卢梅等人参与了玉树灾后重建调查，蒙时任州政法委书记的盛意，有机会跋涉踏查了罕为人知的固始殿。扎洛、卢梅分享照片并惠允发表，草成此文，并申谢忱。

＊＊　中国社会科学院民族学与人类学研究所研究员。

图1 第一块壁画诸尊分布示意（照片所见部分，廖旸绘）

图2 I 主尊（局部）与左胁侍菩萨、II 主尊与二胁侍菩萨（卢梅摄）

迹看或为金刚杵/金刚铃（见图2）；左胁侍菩萨身浅青色，双手当胸，掌心向外、屈指结印，或为摄服印（梵 bhūtaḍāmara mudrā，藏 'byung po 'dul byed phyag rgya），这是伏魔金刚手等尊神的标志性手势（见图3）。

　　Ⅲ. 主尊头光、身光与光背的表现乃至胁侍站立的高度均与其余四尊明显不同，莲座中部也多出一朵莲花，虽然体量相差无几，仍可看出此尊在壁画中的特殊地位（见图4）。白色身相，四面，眉眼细长、呈弧度和缓的弓形，双眸下

图3　Ⅱ左胁侍菩萨与Ⅲ右　　　　图4　Ⅲ主尊普明大日如来（卢梅摄）
胁侍菩萨（卢梅摄）

视，薄唇轻抿，神情慈和平静。双手于腹前结定印，从其轻触的拇指和叠置的双手心之间可见一八辐法轮，显系普明大日如来（Kun rig rnam par snang mdzad）。靠背顶部两侧可见深红色、长鼻的摩竭罗（左侧残，仅可见其后部）。主尊项饰、胸饰、臂钏等漫漶，左臂与其左胁侍之间的大部壁画可能因漏雨而遭损毁。右胁侍菩萨红黄色身相，双手当胸结转法轮印，右肘下绕出莲茎，右肩侧红莲上托军持，似为弥勒菩萨（见图3）。左胁侍菩萨金色身相，双手当胸，左手上似见一短柄或茎状物，图像不辨（见图5）。

Ⅳ. 主尊黄色身相，双手当胸结转法轮印（见图6）。左胁侍菩萨红色身相，面部熏黑，衬托得眼白格外突出。左手垂下，举右手当胸、持物不明，头右侧、佛身光左缘有一白色圆轮，不见莲台、莲茎等。右胁侍身亦红色，当胸双手处

图5　Ⅲ左胁侍菩萨、Ⅳ右　　　　　　图6　Ⅳ主尊与二胁侍菩萨（卢梅摄）
胁侍菩萨（卢梅摄）

恰有残损，仅见左手中有白色持物（见图5）。

　　Ⅴ. 主尊暗绿色身相，左手仰置跏上，右手举至当心、红色掌心向外结施无畏印，此为羯磨部不空成就佛（见图7）。右胁侍菩萨肉红色，双手于腹前，右手执一金色金刚杵，左掌于其下托之。图上勉强可见左胁侍立像，深肤色，侧举右手。

　　此壁画主要绘五身菩萨装寂静相尊神，其中无量光（Ⅱ）、普明大日如来（Ⅲ）、不空成就佛（Ⅴ）三身具有典型的图像志特征，由此判断整体表现的是金刚界五佛，进而可推测另外两身为金刚部阿閦佛（Ⅰ）和宝部宝生佛（Ⅳ）。这里的五佛排列顺序（东—西—中—南—北）并不常见，另外Ⅳ主尊双手结转法轮印，与平常所见垂右手结与愿印的南方宝生佛不同，所据仪轨待考。Ⅰ主尊在图上不可见，不予讨论。

　　图片上一端阿閦佛之右胁侍不可见，另一端不空成就佛之左胁侍则隐约可

图 7　Ⅴ主尊与二胁侍菩萨（卢梅摄）

辨，从而可知原构图上以十菩萨随侍五佛。个别菩萨具有标志性持物，如持数珠的阿閦佛左胁侍可能为观音，现净瓶的普明大日如来右胁侍可能为弥勒，现圆轮的宝生佛左胁侍可能是虚空藏（日轮）①或除盖障（月轮），无量光佛右侧、手持金刚杵的胁侍或即其常见的胁侍之一金刚手大势至菩萨（梵Mahāsthāmaprāpta，藏 mThu chen thob）。不空成就佛有以金刚手和交杵金刚手（梵 Viśvapāni）为二胁侍的例子，②因此这里的不空成就佛之右胁侍可能是金刚手菩萨。五佛上部、光背之间的壁面表现有多身小像，大致是祖师或大成就者等人物。准确的图像志仍有待进一步的辨识与考证。

① 印度乌达耶吉里（Udayagiri）发掘的一座 8 世纪中叶塔的南龛中就有宝生佛以普贤为右胁侍、虚空藏为左胁侍的例子。见 Thomas E. Donaldson：*Iconography of the Buddhist Sculpture of Orissa*，vol. Ⅰ（Text），New Delhi：Indira Gandhi National Centre for the Arts，2001，p. 111；vol. Ⅱ（Plates），fig. 128。同书还提到乌达耶吉里另一件可能以虚空藏为左胁侍的宝生佛像，时代稍早，大约为 8 世纪早期。

② 如瑞士私人收藏的一件为 13～14 世纪唐卡。

第二块壁画

严重残损，画面漫漶，几无完整形象，构成大体分上、下两栏（见图8）。

图8　第二块壁画描绘的护法尊神像（卢梅摄）

图9　第二块壁画上栏诸尊神像（卢梅摄）

上栏为莲台上的坐姿神像，相对完整的有毗连的三身（见图9）。左起——
第一身顶部、右侧和下部残损不全，眼目圆睁呈忿怒相，身色青黑，裸上身并饰项饰、臂钏等，斜束络腋，腰围虎皮裙，双肩敷搭天衣的样子比较特别，也是这组神像的共同特点。左侧主手当胸，下左手似握拳并竖食指、结期剋印（梵 tarjanī mudrā，藏 sdigs 'dzub/mdzub，这种手势代表威慑），根据左侧臂数判断共计八臂。第二身寂静相、趺坐，菩萨装束，身白色，眼眸下视，面数不详。八臂，二主臂置胸前，左手横在当心、掌心向上；其余诸左臂漫漶，上右手屈指、掌心向外，中右手结期剋印，下右手伸食指与小指结 karaṇa mudrā（也有学者认为此为期剋印的变体，威慑力更有甚之），均无法辨识出持物。第三身脸长圆，面数不详，身红色，将白色的天衣、络腋与金色的耳珰、项饰、腕钏臂钏等映衬得非常分明，下身着青绿色裙，趺坐。虽然持物难辨，不过衡量人面、寂静相、十二臂、趺坐、身红色等几个图像特征，疑似大孔雀母（藏 rMa bya chen mo）① 或《究竟瑜伽鬘》（梵Niṣpannayogāvalī）所述之大密咒随持母（藏 gSang sngags chen mo，图 10）。大孔雀母和大密咒随持母为五护佛母（Pañcarakṣa）中的两位，此尊尊格若不出上述两尊范围，则其右侧或即五护佛母里中尊大随求母（藏 So sor 'brangs ma）的白色、四面八臂形象，这时她往往左手持羂索、三股戟、弓和斧，右手分持法轮、金刚杵、箭和剑。②

　　下栏尊神形体稍大，可见两身头戴五骷髅冠的神像残迹。其中右侧一身（见图 11）赤色卷发上扬，着黑袍，左手当胸捧白色颅钵，右手高挥红刃的钺刀，画面下部残，疑表现的是噶举派特别崇奉的黑袍大黑天（mGon po ber nag chen）。其右侧的一身形象与之类似，亦可见左手所捧颅钵，头戴五骷髅冠，天衣飞扬，余细节不详。两身形象之间可看到一身白色身相的四臂观音小像，坐下红色莲座，由此推测画面残存的数处红色横条状之上均应表现神灵小像。

---

① 大孔雀母具多种化身形象，十二臂的这种二主臂结转法轮印，再一对双臂于跏上结定印并捧钵、内盛佛头；其余诸左手分持弓、孔雀翎和莲花等，诸右手则分持金刚杵、新月、梵箧和羂索。右面白，这与壁画上主面右侧可见纵向一抹白相对应；二左面分别呈绿、青色，壁画上有待确认。参见 Antoinette K. Gordon：*The Iconography of Tibetan Lamaism*，New York：Columbia University Press，c1939，p. 79。

② 参见《成就法鬘》（梵 Sādhanamālā，最早的写本抄于 1165 年）；B. Bhattacharyya：*The Indian Buddhist Iconography, Mainly Based on the Sādhanamālā and Cognate Tāntric Texts of Rituals*，Calcutta：Firma K. L. Mukhopadhyay，1968（repr.），pp. 243-244，figs. 184-185；Antoinette K. Gordon：*The Iconography of Tibetan Lamaism*，New York：Columbia University Press，c1939，p. 78；逸见梅荣：《新装中國喇嘛教美術大觀》"諸尊身容表"，東京美術，昭和五十六年六月新装第一版，頁 61。

图 10　大密咒随持母化身之一

Todd T. Lewis： *Popular Buddhist Texts from Nepal：Narratives and Rituals of Newar Buddhism* ，Albany： SUNY Press， 2000， figure on p. 152.

图 11　黑袍大黑天（？）像（局部）。

壁画。残（卢梅摄）

第三块壁画

底色土黄，分上下两栏（见图 12）。与第二块壁画类似，上栏描绘坐于覆莲台之上的神祇，下栏描绘的各种立姿神灵主要现忿怒相。就人物造型和表现手法而论，则二者又有不同。

上栏左起第一身人物身青色、跏坐宽瓣覆莲座，从姿势和双手部位的黄色色块（表示金属物）判断，似持铃杵的金刚萨埵，噶当派等藏传佛教派别视此尊为法性化现亦即本初佛。第二身人物为女尊，身白色、寂静相，竖左膝、盘右腿呈大王游戏坐，面数不辨。八臂，二主臂当胸，其中主左手、上左手、中右手中均可见杆状物，持物有待分辨（见图 13）。

下栏醒目地表现了一位圆瞪三目、矮壮鼓腹的忿怒相神灵，肤色发红，裸

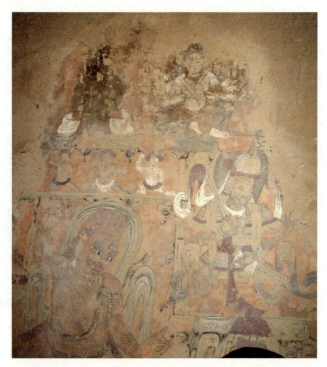

图 12　第三块壁画描绘的护法尊神像（卢梅摄）

图 13　第三块壁画上栏诸尊神像（卢梅摄）

上身、佩项饰、腰束虎皮裙，左肩至右腋下缠绕蛇，红眼眶中的白目黑瞳、血盆大口中露出的森森白牙都令人心生怖畏（见图 14）。颌下、口周有青色须髯，眉毛宽阔如扫，左手侧下伸、右手高举，均结 karaṇa 印，侧头偏向左、紧盯左

图 14　第三块壁画下栏的忿怒尊像　　　　图 15　第三块壁画下栏的南方
　　　　　　（卢梅摄）　　　　　　　　　　　　增长天像（卢梅摄）

手方向。宽大的天衣在头身后绕出三道峰峦形的曲线，动态强劲有力，有意思的是天衣并没有缠绕或披搭在身体上。上方可见三身展左式的忿怒相小神像，与此尊形象姿态大体类似，唯勾勒较简、正面而立。

　　此忿怒尊左侧上下各绘一身武士装人物，其中居上者身青色，瞋目啮唇，顶盔贯甲，屈右膝展左而立，脚踏厚底靴，这种长条形甲片连缀而成的战甲在西藏一直是主流形式（见图 15）。头盔两侧帛带翻飞，绕肩垂下的天衣也揭示了这身武士的天神身份。他左手持剑鞘，右手紧握宝剑。居下者身白色，头戴高宝冠，身着甲，双手捧琵琶状乐器（见图 16）。从身色、持物和组合关系来看，居上的持剑天神当为南方增长天，居下者当为东方持国天，四天王中的另外两尊①应该表现在另侧的对应位置上。

_____

①　即北方多闻天（黄色，持胜幢与鼠鼬）和西方广目天（红色，持蛇与佛塔）。

图16　第三块壁画下栏的东方持国天像（卢梅摄）

第四块壁画

这块壁画一侧经现代重绘，而从它本身所用的土黄之类颜料、背景的大面积单色平涂技法等来看，也可能已经重绘过，与前面探讨的三块壁画显然有年代差距（见图17）。

图17　第四块壁画上的罗汉与侍从像（卢梅摄）

画面主要人物为一具头光的人物，短发短髯，神情凝郁，身披红袍、领镶锦缎，双手交叉于胸前，左手拈一串数珠，右手伸拇指与食指以奇怪的方式执笔，身前长条状物似梵箧，但墨书方块符号非藏非汉，不排除是创作者或后来的补绘者的臆造。一侍者恭立在他面前，左手持钵状物朝向尊者。从形象观察这表现的是罗汉，藏传佛教十六罗汉当中以持梵箧为特征的有宾头卢跋罗堕阇（左手持钵、右手持梵箧）、拘博迦（Gopaka，双手持经书）、半托迦（左手握梵箧、右手作智印），迦诺迦伐蹉则双手持众宝而成的数珠串（一说羂索）。相对而言似释为宾头卢跋罗堕阇尊者（Piṇḍolabhāradvāja，藏 bSod snyoms）为优，不过仍需进一步考察整体构图才可能有确凿的判断。

尊者与侍者身处山峦之中，外侧的红衣白袍人物应属于另一画面，他身着俗装但是天衣绕体，可能是与另一位尊者有关的国王形象。

暂时性推论

就能看到的四块壁画，尤其是前三块的绘画风格来说，画面布局紧密，线描繁复，赋色多采用平涂技法。五方佛壁画中细致地刻画报身佛的装身具，中尊普明大日如来足心的法轮图案，尤其是头趾上的饰物都给人留下深刻印象。画师对于织物表现出令人吃惊的热情，但他并没有致力于逼真描写锦缎的质地或织绣的富丽图案，而是着眼于织物的动态：络腋、天衣反反复复地绕转，正面和反面采用对比色来强调出动态，衣纹线条流畅，褶襞刻画精细。

在西藏日喀则夏鲁寺甘珠尔殿南壁的 14 世纪五方佛壁画上，我们也能看到菩萨装五方佛的头趾上戴环，在阿閦佛一铺上格外清晰。不过夏鲁寺元代壁画显然着重表现躯体的质感与体量，衣物虽华美但并不繁复，上身裸裎，完全没有表现天衣、帔帛、络腋等。藏传佛教艺术中要到明永乐（1403～1424 年）、宣德时代（1426～1435 年）之后才倾力表现织物，尽管如此，像这里连绵翻卷的织物仍是难得一见的。这里的饰物已不如元代（13～14 世纪）以及永宣时期那般规整、精致、强调 U 形，除中尊普明大日如来的头光之外也见不到对诸色宝石嵌饰的迷恋。

眉眼的造型、莲瓣的装饰等留有古典风气的痕迹，也出现不小的变化。菩萨装五佛的身光不再强调六拏具。在阿閦佛和无量寿佛（Ⅰ、Ⅱ）画面上看得很清楚的连弧形靠背模仿的是汉地椅子的靠背，在 14～15 世纪藏地的罗汉、道果传承祖师的绘塑上已可见到。瓶中生莲的柱子支撑连弧券拱的例子在 15 世纪后常见起来。第三块壁画上栏的八臂女神的背光中填充的黑色卷草纹（见图

13），忿怒尊的叶裂形光背（见图14），以及络腋缠到身体右侧的腰部而非肋部等细节均常见于15世纪的藏传佛教艺术当中。

　　15世纪中后期西藏艺术创造出自己的流派，在构图、布局、造型、装饰和审美趣味方面发生明显的变化。这里的壁画有自己的一些特点：例如，五佛中两侧四佛的头身光没有采用传统的退晕技法营造出自然而绚丽的彩虹效果，而是勾线平涂；也见不到学习外来艺术、模仿铸造工艺中出现的连缀状宝石；与明中晚期出现、到清代大行其道的波浪细线辐射光芒显然不同。中尊大日如来的背光为紧凑的波浪状，与羊卓达隆寺壁画上释迦牟尼佛的光背（见图18）存在类似的意匠，而羊卓达隆寺的艺术创作常与西藏艺术的主要流派门唐派创始人门拉顿珠（sMan bla don grub，约15世纪20/30年代~16世纪上半叶）联系起来。

　　综合来看，这里的壁画聚集了很多15世纪藏地流行的元素，同时又体现出鲜明的地方特色，由此可大概推测其创作年代。

图18　十六罗汉与佛传图（局部：释迦牟尼佛像）

西藏山南浪卡子县羊卓达隆寺大殿回廊内侧壁前段门左侧壁画，约15世纪下半叶（廖旸摄）。

对于藏传佛教世俗化的几点思考

郭宏珍[*]

世俗化是当代世界的潮流趋势，同时，世俗化也是一个漫长的过程，世俗化的进一步实现，必将促使信仰模式、宗教活动、宗教伦理以及宗教实体经济及服务等方面的革新。

藏传佛教的世俗化由来已久，学术界在反思 20 世纪下半叶以来藏传佛教世俗化历程时，认为其总的发展趋势即是由神学宗教走向道德宗教，其实质上是与社会主义社会不断适应的过程。20 世纪 80 年代以来，尤其是在新世纪全球化背景下，随着改革开放的逐步深入、经济体制的日益完善、现代信息技术的广泛应用以及现代社会思潮的渐入，藏区社会结构发生了翻天覆地的变化，藏传佛教也在适应社会变革的过程中，世俗化趋势逐步深化，既遇到了良好的发展机遇，也面临许多现实的挑战。下文在引述田野调查资料和学术界已有研究的基础上，主要从宗教与社会、宗教与政治以及宗教自身三个层面入手，对藏传佛教世俗化过程中如何更好地适应社会进行一些思考。

（一）面对日益世俗化和现代化的社会，藏传佛教必须在变化的社会处境中不断地反省其社会基础，积极地参与社会服务，在稳定社会和促进社会革新方面都作出贡献

第一，在传统上，藏区寺院与基层社会有着紧密的关系，这是藏传佛教世

---

* 中国社会科学院民族学与人类学研究所副研究员。

俗化的社会基础，也是世俗化的有利条件。一方面，藏传佛教寺院在历史上曾经是地区的政治、经济和文化中心，村落与寺院存在隶属关系，寺院一般发挥着多种社会功能，维护着基层社会的秩序和稳定。调查人员在青海塔尔寺调查时，据僧人介绍说，当地有"先有静房寺，后有静房村；先有塔尔寺，后有湟中县"的说法。在日常生活中，静房寺由静房村民维护；在历史上，塔尔寺附近的好几个乡镇的6村落（原是6个部落）曾经都是塔尔寺的属民。另一方面，基层社会源源不断地向寺院输送僧尼人员，寺院的僧尼基本上都来自于附近的村落。在传统社会，他们大多都在家庭的支持和要求下从世俗社会一步步走向神圣世界的象征寺院。在寺院中接受传统教育，取得宗教功名和业绩，然后服务反哺予基层社会。

        EJZZ出生于1964年，4岁时父亲去世，家中有六个兄弟姐妹，靠母亲一个人支撑家庭，9岁时开始进入村学学习藏文（当时没有汉文课程）和数学（阿拉伯数字），13岁参加生产队的劳动，工种为放牧。学习藏文后开始接触并学习经文、诵经。1981年，党的宗教政策开始在民族地区逐步落实，这一年，EJZZ17岁，在母亲的要求（"你能不能去出家"）下，遵循藏族的传统出家，而在这之前，他完全没有出家的想法。在藏族地区，家长都希望有子女可以出家，为此大家都很高兴。

        在藏区，出家人一般都会念经，但很多人并不懂经文的意思。因此，他在18岁时立志要深研佛教理论，27岁时获得本寺堪布职称。他进入寺院后的生活来源由家庭供给，长达十余年（1981～1999年），主要是衣食，之后开始自己供养自己。他对宗教法规不甚了解，有些方面只是听说过，对宗教信仰自由政策有一定的了解，但认为信仰中有法律，这方面不自由。

    第二，宗教人士在维护基层社会稳定和秩序中仍然可以发挥一定作用。调查发现，僧尼们虽然不主张寺院、活佛直接参与到社会事务中去，例如调解草场纠纷等，但大多都同意活佛社团组织可以参加诸如社区调解委员会等，协助处理基层民事纠纷，在这种情况下，不赞成寺院、活佛直接出面。另外，调查也发现，在世俗化的大背景下，寺院、活佛等宗教权威的社会作用也日益衰微，就社会层面而言，现在的基层群众有的也不会听取寺院或者活佛的建议了，在诸如草场等纠纷中，自己能解决的就自己解决了，不能解决的一般由当地政府出面帮助解决，而且民事纠纷也大大减少了，例如草场一般都有承包证，围栏时界线都划清了。

第三，引导藏传佛教寺院或者僧尼个人根据条件积极参与慈善事业和社会公益。慈善事业是佛教的传统，致力于慈善和公益是寺院融入现代社会的一种方式。根据各自的实际情况，寺院力所能及地提供社会救助。目前，寺院主要通过捐助的方式参与社会慈善事业，捐助在寺院每年的开支中占有相当比例，这些捐助行为一般都是寺院通过宗教管理部门和协会实施的。据介绍，塔尔寺红十字会经常响应政府的号召，参与救灾捐助活动。

> 塔尔寺红十字会是全国唯一的僧人红十字会，也是青海红十字人道救助的一支主要力量。"5·12"四川强地震发生后，全寺 500 余名僧侣几次在大经堂集体诵经为地震灾区受难的民众祈祷平安，超度亡灵。平日里塔尔寺的许多僧侣生活都非常简朴，有些甚至还相当贫困，需要别人的帮助。但四川地震灾难发生后，他们感同身受，纷纷慷慨解囊，全寺僧侣先后两次向省红十字会捐赠 30 万余元的善款。①

根据条件开办一定规模的敬老院也是寺院参与社会公益的一种有效途径。调查发现，目前藏区寺院开办敬老院的事例不是很多，因为即使对塔尔寺这样的大型寺院来说，开办敬老院尚是很不容易做到的事情。有些寺院即使有敬老院，其规模普遍较小，而且人员大多是僧人，几乎没有社会人员。例如，X 寺敬老院现在仅有 3~4 名年老无靠的僧人，需要住进敬老院的老年僧人最多时也就 7 个，其他的老僧人一般都在自己的家中，由年轻喇嘛照看，或者由愿意来寺伺候的亲属照理。

除了有寺院组织的社会慈善和公益活动之外，大量的捐助活动是僧尼个人的行为。

---

① 参见《帮助灾区重建家园，塔尔寺僧众再次伸出援助之手》，http：//news. qq. com/a/20080530/001432. htm。

DWCR 是民和籍人氏，土族。2004 年左右，一次因缘巧合，DWCR 结识了一位财力颇丰的实业家，该人是广东狮子会①成员，长期致力于扶贫济困慈善事业。于是，DWCR 请求此实业家为他的家乡一所小学捐助电脑。该实业家欣然同意，答应捐助 15 台电脑，资助当地办学。然而事后，由于工作忙碌，实业家忘记了曾经答应僧人的这件事情。时过数月，不见实业家的回音，DWCR 感觉自己已经失言于家乡乡亲，不得已自己亲自购买电脑 15 台捐助之，花费 6 万余元人民币，此款可谓是自己数十年所有的积蓄！事后不久，广东实业家再次与该僧人联系，得知僧人替自己兑现诺言之事，感觉非常惭愧，立即捐助另外 15 台电脑运抵。DWCR 世俗社会的人缘密切，除了上面提到的广东狮子会这位会员外，还认识一位做楠木生意的老板。我们调查时，他正在帮这位老板联系一批楠木材的买主。

第四，寺院与基层社会的传统联系在较长一段时间还会存在，寺院在当地社区仍然是社会权威中心之一，藏传佛教依然发挥着有效的社会影响力。在这种背景下，宗教人士有时会成为基层社会世俗利益的代言人或者直接诉求者，有时则会成为基层社会与政府、企业等强势群体竞争的工具。因此，在面对某些社会问题和突发事件时一定要考虑清楚事件背后的宗教影响和作用，谨防实际工作简单化。

Y 寺是藏区著名的寺院之一，本身还是国家重点文物保护单位，也是国内外闻名的旅游景区。该寺周围有八个村落，位于距离寺院西北 20 里的山区是寺院僧众和周边村子上万群众的生活饮用水水源地，而该处的神山在信徒心中非常神圣。山区以前曾是牧民的放牧区，2005～2006 年期间开始封山育林，但效果不明显，按照当地村民的说法，是外面封山，里面开矿。大规模开矿产生了许多负面效果，既破坏了生态，又污染了环境，还

---

① 为加强国际交流与合作，开拓公益慈善事业，经国家政府批准，广东率先成立了狮子会。作为新型的社会组织，广东狮子会借鉴了国际狮子会的管理运作模式，依照国家相关法律正式注册成立，具有独立社团法人资格。该机构的道德信条为：扶贫济困，热心公益；关怀疾苦，乐于助人；竭诚服务，奉献社会。——《中国狮子联会·广东狮子会》，http://www.cclions.org.cn/agenice_ 16. jsp？items = agenicea。

引发了自然灾害。直接受害者当属周围八个村落的村民。开矿以后，产生了大量生活垃圾、炸药、粉尘，导致周围居民饮用水源中沉淀物质增多，水质浑浊不清。八个村子村民大部分人喝的是不干净的水。水源污染问题发生后，村民曾经把问题反映到政府，由于企业不配合政府，导致对话不畅；村民也曾派代表和企业进行过洽谈，但终究无果而终。水源污染只是这一事件的表面，背后则是村民的利益诉求，村民试图从开矿企业那里获得经济收入，但问题是该山区产权不清，因此周围村民最终没有得到满意的经济补偿，由此而激化了村民和企业双方的矛盾。村民在诉求无望的情况下，从现实的政教关系中寻找机会，自然想到了借助寺院僧众的力量，换个角度解决现实社会利益问题。他们认为，只要僧众出面，解决问题才有力度。

上述事件表明，某些群体性事件其起因可能很平常，如果得不到及时的控制，缺乏良好的措置，简单问题就会复杂化。由于利益诉求的渠道受阻，水源污染问题、企业和村民的矛盾最终可能会上升为宗教问题甚至政治问题、部分僧众同政府的矛盾，严重影响到民族团结和地区稳定。

（二）积极推进寺院社区化，提高服务与管理水平，有效引导藏传佛教与社会主义社会相适应

政教关系可以从多个层面进行理解，其中涉及"宗教与政治"、"宗教与政府"、"寺院与政治"、"寺院与政府"以及"政治与信仰"、"教徒与政治"、"信徒与政府"等不同关系。在所有这些关系中，最重要的是"寺院与政府"的关系。下面主要从寺院民主管理、政府社会化管理、普法教育等方面分析藏传佛教与社会主义社会相适应的途径、存在的现实问题。

第一，寺管会的教务管理作用日益明显，民管会民主管理水平有待进一步提高。寺院一般都成立了寺管会，包括数量不等的委员，任期有一定时间限制。委员由民主选举产生，一般在政府部门如统战部和宗教局的组织监督下举行选举，成员包括活佛、经师和僧众代表。民管会经由僧众大会产生，成员数量根据寺院的规模有一定限制，主任一般由活佛担任。寺院各项民主管理制度均由民管会负责制定，各项制度既不能违背国家相关政策，还必须充分尊重僧尼们

的意见，强调操作性，充分讨论后报政府统战部、宗教局审查，然后上墙公示通过。相对于寺管会和民管会而言，寺院住持则由活佛来安排决定，有的寺院的住持也可以由堪布担任，寺院住持不参与寺院的日常管理。

调查显示，寺院僧众普遍认可寺院现行的管理机构和体制，但也提出不少现实问题和建议对策。一是政府机构如宗教局和统战部干预寺院管理过多，就寺管会和民管会成员构成而言，政府机构虽然能够尊重僧众的意见，尽量选用能说服僧众的人员，但一般都任用了解的人，削弱了管理的民主性。二是寺管会日常工作中民主性较差，忽视了广大僧众的意见和利益，例如在前述水源污染事件中，寺内僧众的意见基本是一致的，但寺管会没能采纳僧人的意见，导致僧众反应比较强烈。三是民管会成员成为政府惠民政策的直接受益人，普通僧众对此不满意。民管会成员经常往来政府部门，人缘熟悉，享受的优惠较多。四是应该统一民管会成员工资（补助）水平。目前，藏区各地民管会成员工资不统一，各县标准不一样，有的寺院根据情况，多者上千元，少者仅数百元。僧众和当地行政管理人员普遍建议，把民管会成员纳入基层社会管理系统。

第二，社会化管理逐渐成为藏区寺院常态化管理方式，其重心是增强行政管理工作者的服务理念，服务于僧尼大众，在服务中提高管理水平。

首先，寺院管理主体明确，职责下移基层部门，实现了责任到位。以青海省为例，青海藏传佛教寺院规模不一，大的寺院有上千人，较大的寺院由当地县政府直接管理，较小的寺院由乡政府负责管理，其他藏传佛教活动点则由村委会管理。政府各部门相互配合，齐抓共管，民政部门负责寺院基础建设，扶济老弱孤贫；土地部门严格寺院土地审查；安全部门关注流动僧人、境外渗透活动情况；教育部门则配合寺院法制宣传教育；对口支援由发改委负责；僧众由组织部门管理；统战部门主管宣传等。

其次，基层管理方式发生重大改变，僧尼国家主人翁和公民意识增强。基层管理改变了以前工作队进驻寺院的工作方式，不再搞法律进寺院，而以进社区的方式，对寺院进行社会化管理，即寺院被看作基层社区，工作方式是不断增强服务水平。例如，寺院的治安管理纳入公共安全管理系统，僧侣户籍进入民警信息管理平台，青海省在寺院普遍设立了派出所机构，范围涉及乡镇，小的寺院设立了警务工作室，更小的寺院则派民警不定期巡视管理。在这种管理方式下，僧尼作为国家公民，获得了与其他人同样的照顾，贫困者还受到优先照顾，僧尼普遍感到自己的地位提升了，各级政府逐步帮助他们解决了一些实际困难。

再次，社会化管理以后，政府各部门改变传统管理观念，积极在寺院广泛推行惠民政策，干部和僧尼关系良好发展。一是多方改善寺院的基础设施。藏区寺院基础设施普遍落后，存在很多危房，经济条件较为困难的僧尼大多都住在这样的寺里面；有些寺院没有经济实力改扩建，僧舍不够，僧人没法住在寺院里面，平时闲散流动在社会上，只有在做佛事活动的时候才到寺院去，造成了管理困难。近年来，在政府的关注下，青海省各地成立了藏传佛教寺院基础设施项目建设及僧人社会保障工作领导小组，把各寺院的通路、通电、通水、通广播电视等基础设施项目建设纳入社会公共化服务范围，危房得到维修改造，僧尼生活明显改善。二是加强对寺院的安全服务，每逢重大法会等活动，政府相关部门都会组织消防、警务、医护人员等参与，预防突发事件发生。三是政府组织慰问寺院僧众，春节前后，寺院人员比较集中，政府有关部门组织干部慰问寺院贫弱孤疾者，干群关系发展良好，僧人经常给政府工作人员带来自种的蔬菜和哈达。

调查显示，僧尼对政府出台社会化管理政策评价较高，感觉各项措置给他们带来了实惠，期望政府管理人员能够在以下方面做得更好。一是扩大社会化管理工作的受惠面，目前还有一部分僧尼没有享受到相关政策的照顾，调查中，不时遇到僧尼抱怨说："我是国家公民，但为什么享受不到公民的相关待遇"，应该加强领导干部的服务意识，进一步改善工作方式，服务僧众。二是拓展经费下拨渠道，加大对寺院文化保护力度，解决寺院现实困难。目前，来自于政府的资金资助只能是撒胡椒面式的，覆盖面较宽但力度较小、均等化，这样是解决不了实际问题的。另外，政府下拨经费设有前提条件，即首先考虑世俗群众，下拨寺院的经费不能影响其他群众的利益，涉及寺院的许多项目政府不能直接参与，例如，20 世纪 80 年代修建了很多寺院，但大多数质量较差，目前很多都成了危房，但是政府不能直接投资维修，"不能以政府的力量推动或者削弱宗教"。有一所寺院，僧众 30 多人，鸽子偷吃青稞，打翻了酥油灯，烧掉了寺院，政府根据寺院的报告，只能从文化保护的角度解决修缮经费。三是彻底解决僧尼户籍管理问题。目前，僧人户籍隶属于原来的家庭，登记在家庭户口册上，出家离开家乡后，户籍不能随之迁来，只能按照流动人口的办法管理。因此，僧人无法享受驻在地的各种惠民政策，例如，僧人无法享受医保政策，而寺院也没有单独的医疗保险，僧人生病后只能自己去医院治疗。僧众普遍建议彻底解决僧人户籍迁转问题，或者设立单独的僧籍管理部门，或者参照高校学生户籍管理把僧尼户籍纳入驻在地社区集体户口管理体系。

第三，在寺院持续开展常态性普法宣传活动。寺院法制教育很有必要，平安寺院建设的中心之一是寺院教育，而院教育的重点就是法制教育。调查显示，寺院的普法教育基本处于缺失状态，僧众普遍不懂法、不讲法。其原因一是因为普法宣传和教育基础工作做得不够，例如，编印法律常识小手册、法律资料翻译等；二是教育活动注重形式而不讲实效，形同虚设，有的法规虽然编印并翻译成了藏文，但没有人组织学习。调查人员在一座寺院调查时，访问僧众是否学习法律，得到的回答是肯定的，但调查人员发现，相关的普法书籍都是崭新的，基本没有翻看过。三是僧众对于寺院普法教育有抵触情绪，这既有普法工作者工作方式的原因，也与僧众对世俗法的排斥有关，当然也不排除极少数僧人带有政治目的别有用心的行为。调查发现，有些僧人认为，僧人没有必要学习法律，法律是俗人的而非出家人的，僧人只需要遵循佛教戒律就行了；有些僧侣则认为自己不是公民，而是法外公民。

第四，重视和解决基层行政管理工作中存在的实际困难。基层行政管理工作目前存在两大困难，一是人员编制问题，二是经费短缺问题，这两个问题都会影响到基层工作的实效。

调查显示，藏区民族宗教工作覆盖面较大，然而，长期以来，基层民族宗教工作人员编制少、力量小，而且部门之间互相占用指标，例如，县级佛协会、统战部门和宗教局一共只有四个编制，就佛协会县一级往往没有编制，从事具体事务的人手不够，加之藏区山高沟深交通不便，相关宗教工作始终处于游离状态。另外，基层民族工作经费短缺，现有经费无法满足日常工作所需，更不用说交流经费、学习培训经费等。如果平时能够保证充足的经费，实际工作成效应该会更高一点，出了问题之后再给钱就迟了，会陷于被动。

（三）藏传佛教不断自我更新、自我完善和自我发展，对信仰模式作适应社会的改变，并在实践方式上加以调整，积极寻求改革的有效途径，在适应社会和谋求寺院发展方面显示出可适应性和可塑性

第一，世俗化本质上是宗教为适应现代社会而作出的自我变革，世俗化不

仅要求藏传佛教发生多层次、多方面嬗变，而且要求其进行能动的改革。藏区正在或者已经发生的藏传佛教世俗化趋势，既是藏传佛教与社会主义社会相适应的重要内容，又是藏传佛教世俗化的关键步骤，其中当然包括某些一时难以适应社会发展的弊端和不利因素，这就要求藏传佛教化消极因素为积极动力，使藏传佛教保持良好发展趋势，以下仅以藏区小孩入寺为僧的事例说明之。

在藏区，传统观念认为，出家为僧是一件很了不起的事，父母认为孩子一生的幸福莫过于出家为僧。由于这样的观念，孩子一般自己出家，有的孩子即使不想出家，但在父母的勉强下最终也进入了寺院。另外，藏传佛教讲求小孩年幼入寺学习，因为这时心灵干净，没有杂念，成年之后思想充满俗世杂念，再学习佛学就有了困难。现代社会中，政府从保护未成年人权益的角度规定，18 岁以下未成年人不能入寺为僧，15 岁以下儿童必须先进普通学校学习，接受基础教育。但是，目前在藏区各寺院中 18 岁以下的僧人还是比较普遍的，小孩入寺仍旧是常见现象，这与国家的规定发生了矛盾。接受基础教育、学习科学知识是现代社会的必然趋势，也是提高藏区群众整体素质的基本途径，即使对僧众而言，未来社会不仅强调深厚的佛学素养，而且更加看重现代知识和社会适变能力。

第二，强调人文关怀，适应现代文化，积极参与社会伦理道德建构，转变信仰模式，调试与现实社会的关系。首先，紧跟时代潮流，适应现代文化的发展趋势，发扬佛教文化中的人文精神，引导信众形成成熟良善的人格心理，为形成和谐的人际关系和社会关系作出贡献。其次，引导信众的价值观和道德观与社会主义价值观和道德规范相适应，与现代化时代潮流相适应。再次，发展教规教义，关注现实世界；去除单一性，增强多样性，从封闭和保守逐渐走向开放；转变信仰模式，逐渐使佛教信仰和崇拜走出宗教圣殿，融入广大信教群众的日常生活之中。

第三，寺院经济要积极地与市场经济相适应，以自养为前提，逐渐实现经济活动的世俗化。首先，宗教人士要从思想观念上根本扭转传统经济观念，要有参与意识和务实创新的精神，还经济生活以世俗性，参与寺院与社会事业，增强自养能力，步入世俗社会，提高适应社会的能力。其次，寺院要教育信教群众积极投身于经济建设，响应政府号召，学习科学技术，提高生产、经营、管理水平，大力发展产业经济。再次，寺院也要利用自身优势，创办寺院经济实体，以寺养寺，减轻信教群众的负担。寺院可以开铺面，做生意；开放寺院，开展旅游。最后，完善寺院财务管理和监督制度。公开财务，规范管理，民主监督。

第四，藏传佛教的发展不单纯是指寺院规模的扩大，更重要的是佛学建设要取得发展，藏传佛教佛学要实现创新，有待于新一代僧众人员的努力，而僧众培训和佛学教育必须提供充足的保障。

僧众培训一般由各佛学院负责组织举办。调查显示，藏区佛学院培训班除了系统地学习藏传佛教神学知识以外，还增设宗教法规政策课和时事课，并且组织实地参观考察，接受社会实践和社会教育，进一步增强僧众人员的爱祖国、爱家乡和抵御宗教渗透的意识，提高拥护共产党的领导、拥护社会主义制度的自觉性。以下是课题组成员调查青海省佛学院的观察笔记。

据介绍，青海佛学院按照省政府的要求，于1986年9月开办，编制12人，2002年精简为10人，两名正教授，一个中级职称，一个初级职称，都是国家干部，学院的名誉院长都是活佛。

教学目的：宗教方面的培训由佛学院承担。近年来，培训力度较大，每年举办6期，对象是活佛、寺管会成员；目前的培训重心是经师，因为他们对僧众的影响较大，培训目的是提高经师的政治觉悟，活佛培训内容强调政策性。另外，各州县委托社会主义学院办有僧人培训班，效果显著，接受过培训的僧人政治觉悟提高。

教学模式：学院已经培训学员1120名。学院可以分为两种班，一种是大专班，一个是培训班，大专班课程按照国家要求，宗教理论占课时70%，文化课时占20%，政治课程占10%。课程内容涉及佛教与社会适应、法律法规、爱国主义、佛教心得阐释、寺院行政及财务管理、活佛转世制度；佛学院课程设置有因明学、教派源流、入菩萨行论、菩提道炬论、波罗蜜多经、因类论、心类论、诗词学、杂文语法、政治、汉语文、计算机。培训班主要培训民管会负责人、活佛和经师。大专班和培训班都采取临时举办的形式，一期毕业再招收下一期，没有连续性。课程中有卫生、道德、社会公序等内容，将来拟安排多媒体授课。

学员来源：学院不分教派，格鲁派、觉囊派都有，也有个别的苯教徒，格鲁派和萨迦派较多，学员中有几个大专毕业的，都回原寺了。学员入学，一般采取推荐的方式，学识比较优秀。之后组织考试，不分教派，不分寺院，择优录取。如果生源不够，就补充僧人。入学免交学费和生活费。不同教派的学员在一块学习，相互交流，所教授的课程一般选择各派都接受的内容。

社会反馈：学院对已毕业学员的情况没有做过系统的调查，现无法获取有效的社会反馈信息。但据介绍，第一期毕业的学员中较多的成长为寺院骨干，担任各寺管会的主任、经师；有些成为所在县政协、人大代表，成为国家干部。有些学员自己出资办学，学生都是贫苦生或者孤儿，学校课程是国民教育课程和宗教课程相结合，果洛藏族自治州的一位僧人兴办了一学校，此外还有的僧人兴办敬老院、养老院和卫生院等，其中有藏医，开门诊为民服务。

调查显示，藏区各地的佛学院普遍存在如下问题：一是经费普遍不足，各佛学院经费没有纳入省级财政预算。二是佛学院规模普遍较小，以青海省佛学院为例，该学院占地仅 3.4 亩，远远不能满足僧员培训需要。三是各佛学院办学和培训任务繁重，工作人员基本没有假期。四是教员素质有待提高，教学方法有待增强。接受过培训的僧员普遍建议，希望佛学院教员的教学水平能够高一些，比如，政治课程可以采用汉语教学，其余的课程采用藏语教学；宗教课程希望能够聘请到藏区高僧来授课。调查也显示，对于各学院设置政治课程，学院普遍持认同态度，他们都明白如果政府不支持宗教，宗教肯定失败，所以宗教必须顺应政府的政策，国家兴则宗教兴。另外，各学院的教员普遍希望各佛学院能够使用统一教材，以便和高级佛学院接轨。五是各佛学院中尼姑培训不力，尼姑培训班少，大多没有设置大专班，尼姑们很有意见，强烈要求参加培训，建议藏区设立尼姑学院。

藏区藏传佛教佛学教育主要依据传统由各寺院佛学院承担，僧员一般为本寺僧人，且有明确的学习年限，下面引述的是青海省 Z 寺佛学院调查笔记。

Z 寺佛学院创建于 20 世纪 90 年代，已有 20 多年历史，该学院现有教师 10 多位，均为该寺僧人。现有学经生 200 多名，年龄在十二三岁到 20 岁之间。学经生都是本省人，青海省各地、州的学生都有，其中本地生源较多，涵盖藏、蒙、土、汉等族，其中80%为藏族。学院目前共有6个班级，每班最多不超过40名学生。上课地点在经堂，中午1~3点学经，夏天晚上8~9点念经。

学院原来学制为3年制，目前改为5年制，即学生在接受家庭教育之后，进入Z寺佛学院学习。5年学习期满，毕业以后进入大经堂，正式入寺为僧。学生在校期间主要学习因明学，课程包括诗歌、书画、文学、教训、工艺美术、壁画、音乐、舞蹈、藏医藏药等。学生学习期间的生活自己安排，寺里不管。目前，平均每年有30人毕业。

调查显示，目前藏区寺院佛学院存在的主要问题是佛学教育的衰落，一方面是普遍缺少拥有深厚佛学素养的高僧大德担当教育任务，藏传佛教教育传承受到了影响。因为自20世纪50年代以后到改革开放，这期间宗教界约有30年的断层，佛学教育人才力量不足，僧人们平时学习中缺乏有效指导。另一方面是佛学教育条件有限，后续人员参差不齐，"当今的年轻人中，有些想真正学习佛法的人入寺会努力学习，而有些虽然受了戒律，但不好好进行世修，后者往往占到年轻人的30%~40%，他们仅仅是冲着寺院的生活而来的，不是合格的僧人"。①

① B寺堪布W访谈录。

从东汉译经看佛像金身的象征意义[*]

马宗洁

　　佛教传播的多地域、多民族都有佛像金身的现象，其象征意义引起不少学者关注。毛军《仿古佛雕》认为："佛的木雕和泥塑都要全身贴金，象征佛有不坏之躯，遍体生光，给人以光明之感。"① 王宇《视觉艺术中的"色彩符号"研究》认为："金色因发光，常塑佛为金身，是神圣、光明、威仪的象征。"② 吴元芳《色彩在旅游开发中的作用探析》认为："佛教认为金色是西天的超脱之色，佛像金身对佛教极具权威性。"③ 贾素静《论青州龙兴寺造像艺术特征及写意精神》认为："俗话说：人要衣装，佛要金装。金装是指在佛造像裸露的皮肤贴金，以表现佛陀金色光明之身，寓意佛身不灭，佛法永存。"④ 薛盈洲《现代性视角下宗教旅游发展的困境与反思》指出："塑造'金'身是人们对佛的一种尊重，体现的是佛的尊严。"⑤

　　上述观点均未联系佛经教义进行分析。"佛像是赋予意义（宗教）与找寻意

　　* 本文系中国博士后科学基金项目"多佛信仰的人类学研究"（项目编号 20110490528）阶段性成果。

① 毛军：《仿古佛雕》，《中国对外贸易》1994 年第 12 期，第 23 页。

② 王宇：《视觉艺术中的"色彩符号"研究》，河南大学硕士学位论文，2006，第 13 页。

③ 吴元芳：《色彩在旅游开发中的作用探析》，《亚热带资源与环境学报》2007 年第 2 期，第 81 页。

④ 贾素静：《论青州龙兴寺造像艺术特征及写意精神》，曲阜师范大学硕士学位论文，2012，第 18 页。

⑤ 薛盈洲：《现代性视角下宗教旅游发展的困境与反思》，《赤峰学院学报（汉文哲学社会科学版）》2012 年第 10 期，第 55 页。

义的（艺术）完美结合的艺术表现，为佛的'肉身化'提供了一种十分有效的方法。这里抽象的本体有了一种具体而现实的体现。"① 赋予佛像意义的是宗教，因此，有关佛像金身的象征意义理应从佛经教义中找寻答案。

东汉时期佛教正式传入中国内地，现存的东汉佛经是最早的汉文典籍之一，为我们了解佛像金身的象征意义提供了重要的线索。笔者梳理东汉译经中的相关内容，发现支娄迦谶（以下简称支谶）和安世高的译经中有与佛像金身的象征意义相关的教义内容。

南朝梁代僧祐撰《出三藏记集》卷十三云："支谶本月支国人也……汉桓帝末游于洛阳，以灵帝光和、中平之间传译胡文，出《般若道行品》、《首楞严》、《般舟三昧》等三经，又有《阿阇世王》、《宝积》等十部经。"② 支谶译经在2世纪晚期（汉灵帝光和、中平年间，即178~189年）译出多部大乘佛教经典。

南朝梁代慧皎撰《高僧传》卷一云："安清，字世高，安息国王正后之太子也……安世高以汉桓帝建和二年至灵帝建宁中二十余年译出三十余部经。"③ 安世高在2世纪中后期（汉桓帝建和二年至灵帝建宁年间，即148~172年）译出大量小乘佛教典籍。

从支谶和安世高的译经来看，佛像金身内涵丰富，有表层、深层、核心层三个层次的象征意义。

一　表层象征意义——佛的金色之身和体表之光

支谶译《般舟三昧经》卷上称释迦牟尼佛言："佛者，色如金光……过去佛、当来佛悉豫自归，今现在佛皆于人中最尊……当作佛像种种具足、种种姝好、面目如金光。"④ 佛"色如金光"，可见佛有金色之身和体表之光。

支谶译《道行般若经》卷十云："譬如佛般泥洹后，有人作佛形像，人见佛形像无不跪拜、供养者。其像端正姝好，如佛无有异，人见莫不称叹……不用

---

① 贾素静：《论青州龙兴寺造像艺术特征及写意精神》，曲阜师范大学硕士学位论文，2012，第24页。

② （梁）僧祐撰《出三藏记集》卷十三，《大正藏》第55册，第95页下。

③ （梁）慧皎撰《高僧传》卷一，《大正藏》第50册，第323页上、324页上。

④ （后汉）支娄迦谶译《般舟三昧经》卷上，《大正藏》第13册，第906页中。

一事成佛像，亦不用二事成，有金，有黠人……用佛般泥洹后故作像耳。"① 大乘佛教教义认为佛像是佛般泥洹后的替代物，应该逼真模拟佛的身相。为模拟佛的金色身相和体表光明，金被视为造佛像的必备材料，以塑造佛像金身。佛像金身象征佛的金色身相和体表光明。

郑文宏《安阳石窟艺术研究》指出："倘若披阅佛教文学作品或观览诸佛造像与不同形态佛教艺术形象，就可以发现，佛陀与由其演化出各种佛的形象，其实并不是能够全部（也不可能）表现经典赋予的这些'相'、'好'。在许多情况下，只要概括地，集中地用象征手法来表现佛陀'迥异常人'、'唯我独尊'的相貌特征与气质神态即可……往往是将发端于内而形之于外的佛陀精神与形态，以具有标志性和冲击力的视觉形象以表现"②。具有标志性和冲击力的视觉形象——佛像金身以象征手法充分表现出佛教最高信仰对象——佛的金色身相和体表光明的"迥异常人""唯我独尊"的体貌特征，这是佛区别于其他宗教偶像的重要标志，为多地域、多民族的佛教徒所普遍认同。

"佛造像本身不仅只是对佛陀'肖像'的模拟或重现，而是包孕丰富的内涵并寄托更深远的寓意。亦可这样认为，通过具体可感的佛造像替代已'灭度'的佛陀与抽象玄奥的概念，由直观感受引发出丰富之想象。"③ 佛像金身内涵丰富，除金色身相和体表光明外，还有深层的象征意义。

二 深层象征意义——佛的身戒之净、功德之福和威神之尊

（一）象征佛的身戒之净

1. 佛的净色身

支谶译《佛说内藏百宝经》称释迦牟尼佛告诉文殊师利菩萨："佛身如金不受尘垢，佛现入浴，随世间习俗而入，示现如是。"④ "佛身如金不受尘垢"表

---

① （后汉）支娄迦谶译《道行般若经》卷十，《大正藏》第 8 册，第 476 页中。
② 郑文宏：《安阳石窟艺术研究》，西安美术学院博士学位论文，2010，第 291~292 页。
③ 郑文宏：《安阳石窟艺术研究》，西安美术学院博士学位论文，2010，第 151 页。
④ （后汉）支娄迦谶译《佛说内藏百宝经》，《大正藏》第 17 册，第 752 页上。

明佛的色身清净。

《道行般若经》卷六称释迦牟尼佛说阿惟越致菩萨"斐服衣被净洁、无垢坋、无蚤虱①，身中无八十种虫，所有功德稍稍欲成满，心极清净悉受得之，其功德过出于世间"②。根据大乘佛教教义，功德快要成满的阿惟越致（不退转）菩萨之身尚且清净，那么功德圆满的佛的色身更应是清净的。

支谶译《文殊师利问菩萨署经》称释迦牟尼佛言："但念佛色身……其有是心者，悉不应怛萨阿竭署。"③ 可见佛教教义贬斥仅着眼于佛的色身的人，因此"佛身如金不受尘垢"可能不仅指佛的净色身，还有其他寓意。

2. 佛的净戒身

支谶译《阿閦佛国经》称释迦牟尼佛向弟子舍利弗描述阿閦佛的净土："不以立淫欲乱意者得生彼佛刹，用余善行法、清净行得生彼佛刹"④，"其刹以三宝为梯陛——一者，金；二者，银；三者，琉璃——从忉利天下至阎浮利地。其忉利天欲至阿閦如来所时，从是梯陛下。忉利天人乐供养于天下人民，言：'如我天上所有欲比天下人民者，天上所有大不如天下及复有阿閦如来、无所着、等正觉也'"⑤，"阿閦佛不复授诸弟子戒。所以者何？其佛刹人无有短命者，亦无蔽恶人，无有秽浊劫，亦无有诸结，无有秽浊见，其刹以除诸恶、秽浊……阿閦佛说法时，诸弟子便度于习欲。所以者何？已弃于恶道故，其刹众弟子终无有贡高、骄慢，不如此刹诸弟子于精舍行律，其刹弟子无有作是行者也。所以者何？舍利弗，用其人民善本具故，所说法、悔过各得其所。其刹不说五逆之事，一切皆断诸逆已"⑥，"譬如出金地无有砾石，亦无草木，中有紫磨金，人便取其金，于火中试消合以作诸物着之。如是，舍利弗，阿閦佛刹诸菩萨摩诃萨清净微妙住，清净共会是诸菩萨摩诃萨行也。其有生阿閦佛刹者，甫当生者，皆一种类，道行悉等诸菩萨，当成如来。其人以过诸弟子、缘一觉

① 原注：见宋、元、明、宫内省图书寮本（旧宋本）。
② （后汉）支娄迦谶译《道行般若经》卷六，《大正藏》第 8 册，第 454 页下。
③ （后汉）支娄迦谶译《文殊师利问菩萨署经》，《大正藏》第 14 册，第 437 页上。
④ （后汉）支娄迦谶译《阿閦佛国经》卷上，《大正藏》第 11 册，第 756 页上。
⑤ （后汉）支娄迦谶译《阿閦佛国经》卷上，《大正藏》第 11 册，第 757 页上、中。
⑥ （后汉）支娄迦谶译《阿閦佛国经》卷上，《大正藏》第 11 册，第 757 页中、下。

地，是谓为一类道，无有众邪异道。菩萨欲得一类者，当愿生阿閦佛刹。"① 阿
閦佛净土的人清净、自然符合戒律而无须受戒。金是只有清净行之人才可往生
的阿閦佛净土的建筑材料，说明大乘佛教教义认为金是宇宙中各世界公认的清
净之物。产金之地连砾石、草木都没有，因而用以形容阿閦佛净土菩萨们的清
净境界。可见金有清净的寓意。

《佛说遗日摩尼宝经》称释迦牟尼佛告诉弟子迦叶："当效真沙门，莫效哗
名误诞沙门也……虽有沙门字，不行沙门法也……譬如死人着金傅饰，不持戒
反被袈裟像如持戒沙门。譬如长者子服饰着新衣，着新傅饰，多讽经、持戒好
亦如是。"② 不持戒的沙门冒充持戒沙门，如死人戴金傅饰。金因其精纯无杂而
与"持戒"联系在一起，有持戒的寓意。

《般舟三昧经》卷中云："于诸众生行平等，除去放逸众尘埃，性无卒暴及
粗言。"③ 可见佛教教义中讲的尘埃即放逸（不持戒），"不受尘垢"应指持戒。

《般舟三昧经》卷下云："佛告跋陀和菩萨：'……诸佛如是，佛持戒，佛威
神，佛功德，无央数国土悉极明，是菩萨见十方佛如是，闻经悉受得。'佛尔时颂
偈言：'佛无垢秽离尘劳，功德众竟无所着，尊大神通妙音声……思佛世尊清净
戒。'"④ 从文意来看，"佛持戒"即"佛无垢秽离尘劳"之意。综上所述，"佛
身如金不受尘垢"除形容佛的色身清净外，还有佛身如金一般清净持戒之意。

《道行般若经》卷三云："过去、当来、今现在佛净戒身、三昧身、智慧身、
已脱身、脱慧所现身。"⑤ 可见佛教教义认为三世佛除色身外，还有净戒身等五
身分法。

《般舟三昧经》卷下称释迦牟尼佛颂偈言："譬如冬月高山雪，若如国王人
中尊，摩尼清净超众宝，观佛相好当如是。如雁王飞前有导，虚空清净无秽乱，
紫磨金色佛如是"⑥，"阿难从坐起，更被袈裟，前至佛所，为佛作礼，却住叉
手，以偈赞曰：'其心清净行无秽'"⑦。紫磨金色的佛"虚空清净无秽乱"应不

① （后汉）支娄迦谶译《阿閦佛国经》卷下，《大正藏》第11册，第759页上、中。
② （后汉）支娄迦谶译《佛说遗日摩尼宝经》，《大正藏》第12册，第193页上。
③ （后汉）支娄迦谶译《般舟三昧经》卷中，《大正藏》第13册，第912页中。
④ （后汉）支娄迦谶译《般舟三昧经》卷下，《大正藏》第13册，第915页下~916页中。
⑤ （后汉）支娄迦谶译《道行般若经》卷三，《大正藏》第8册，第440页上。
⑥ （后汉）支娄迦谶译《般舟三昧经》卷下，《大正藏》第13册，第916页中。
⑦ （后汉）支娄迦谶译《般舟三昧经》卷中，《大正藏》第13册，第911页上。

仅指佛的净色身，也指佛的净戒身。因此，"佛身如金不受尘垢"既形容佛的净色身，又暗指佛的净戒身。因此，佛像金身象征佛的身戒之净。

《般舟三昧经》卷下云："清净无垢诸佛教。"① 佛像金身形象地传达了佛教倡导清净的宗旨。

（二）象征佛的功德之福

《佛说内藏百宝经》云："佛功德之福不可尽。"② 可见佛教教义认为佛的福来自于其功德，称为功德之福。佛的功德之福是无尽的。

《般舟三昧经》云："紫磨金色百福相"③，"紫磨金色佛如是"④，"佛者，色如金光，身有三十二相，一相有百福功德，端政如天金成作。过去佛、当来佛悉豫自归，今现在佛皆于人中最尊，常念供养"⑤。可见佛的三十二相都是佛的功德之福的体现。佛的金色身相和体表光明包括在佛的三十二相之中，象征佛的功德之福。

《道行般若经》卷十云："所以作佛像者，但欲使人得其福耳。不用一事成佛像，亦不用一事成，有金，有黠人……佛般泥洹后，念佛故作像，欲使世间人供养，得其福。"⑥ 佛般泥洹后，人们造佛像的目的在于通过供养佛像得福，佛像成为佛的功德之福的载体。佛的金色身相和体表光明象征佛的功德之福，因此供养以求福的佛像理应具备金身，佛的功德之福是佛像金身深层的象征意义。

安世高译《佛说七处三观经》称释迦牟尼佛告诉比丘们："黠人当识是，当避是因缘，以避乃得两福：一者，得长寿；二者，以长寿乃得闻道好语善言，亦能为道。"⑦ 文中提到了两福——长寿和闻修道。

1. 长寿之福

《道行般若经》卷二称忉利天（欲界第二天）之主"释提桓因问佛言：'天

---

① （后汉）支娄迦谶译《般舟三昧经》卷下，《大正藏》第 13 册，第 916 页下。
② （后汉）支娄迦谶译《佛说内藏百宝经》，《大正藏》第 17 册，第 752 页中。
③ （后汉）支娄迦谶译《般舟三昧经》卷中，《大正藏》第 13 册，第 911 页下。
④ （后汉）支娄迦谶译《般舟三昧经》卷下，《大正藏》第 13 册，第 916 页中。
⑤ （后汉）支娄迦谶译《般舟三昧经》卷上，《大正藏》第 13 册，第 906 页中。
⑥ （后汉）支娄迦谶译《道行般若经》卷十，《大正藏》第 8 册，第 476 页中。
⑦ （后汉）安世高译《佛说七处三观经》，《大正藏》第 2 册，第 880 页下 ~881 页上。

中天，何谓至德悉具足？'佛言：'其人终不中毒死，不于水中溺死，不为兵刃所中死……若有索方便者，不能危害。'"① 可见佛教教义认为具足至德之人能免于横死（长寿之福）。

《道行般若经》卷四云："佛语舍利弗：'菩萨至德之人学受持是经者，是菩萨摩诃萨今近佛坐，为阿耨多罗三耶三菩。'最后若有书持是经者，是辈人极尊，得大功德。"② 可见菩萨就是至德之人，何况功德之福无尽的佛呢？

《佛说内藏百宝经》："佛智慧、功德、威神不可复计，佛现人限长短使人知之，随世间习俗而入，示现如是。"③ 佛的功德多不可计，佛示现八十余年的寿命是随顺当时的世间惯例，使人知晓世间无常之理。

佛至德具足，能免于横死。因此，象征佛的功德之福的佛像金身也有长寿、平安的寓意。相应的，佛像金身的损坏也被视为损福折寿的征兆。刘悠扬《关于香港的"桃花源"与"失乐园"》认为："佛像金身片片剥落，暗示了伤害与死亡。"④

2. 闻修道之福

声闻乘佛教与菩萨乘佛教对于闻修道之福的理解是不同的。

（1）声闻乘佛教的闻修道之福

《七处三观经》称释迦牟尼佛告诉比丘："有四行法轮，令天亦人从是四轮行，若堕人、天，是轮法行便得尊一，得豪从善法行。何等为四？一为善群居；二为依贤者；三者知谛愿；四为宿命有福行……善群居、依贤者、为知谛愿、宿命行为乐，得无有忧，得善自在。"⑤ 可见声闻乘佛教教义倡导人修善法行，即使轮回在人、天，也能尊贵有福。

安世高译《佛说大安般守意经》卷上云："还五阴者，譬如买金得石，便弃捐地不用。人皆贪爱五阴，得苦痛，便不欲，是为还五阴也。"⑥ 从上文可知：人都贪爱五阴（色、受、想、行、识），一旦从中得到苦痛，便不再想要，如同

---

① （后汉）支娄迦谶译《道行般若经》卷二，《大正藏》第8册，第433页下。
② （后汉）支娄迦谶译《道行般若经》卷四，《大正藏》第8册，第446页上。
③ （后汉）支娄迦谶译《佛说内藏百宝经》，《大正藏》第17册，第753页中。
④ 刘悠扬：《关于香港的"桃花源"与"失乐园"》，武汉大学硕士学位论文，2005，第20页。
⑤ （后汉）安世高译《佛说七处三观经》，《大正藏》第2册，第877页上。
⑥ （后汉）安世高译《佛说大安般守意经》卷上，《大正藏》第15册，第167页上。

买金得石，便弃地不用一般。金是人们崇尚之物，佛教教义用它形容世间的表象，石则用以形容世间的本质，以说明追求世间福德是没有意义的。

《阴持入经》卷下云："为有四道德地。何等为四？为四行者福。彼若如有知智，是为见地，为得道迹，是为得道福。彼如如①有知是为恶，却离，是名为薄地，为有往来福。彼以恶却为不用，是名为相离地。彼已相离，是为不复还福。是名为欲竟地、无所着，亦行者福，是何义？为道弟子有八种道行，是名为行者，为是是福，是故名为行者福。何以故？为行清净为名，是为清净福，是为道德，有八种清净道行，为是是福，是故名为清净福。彼为应得道迹，云何？已谛相应，道弟子便断三缚结。彼为三缚结，为何等？一为知身非身；二为无疑；三为不贸易行戒。已断是三缚结，道弟子便堕道迹，不复堕恶道，毕竟道，七更天上亦人间，已更所在往来，便断苦，从苦得解，是名为见地，为得道迹福。"②声闻乘佛教教义认为修行者有四种福：其一，知道出世间的智慧，断三缚结，知身非身，无疑，不冒失或轻率地改变戒行，便堕入道迹而不再堕入恶道，经历天上、人间七次转生后，便断苦，得解脱，为见地、得道迹，为得道迹福。其二，知道世间为恶，想要离开，再转生世间一次就可断苦，为薄地，为有往来福。其三，因世间恶而相离，不会转生世间，为不复还福。其四，证得阿罗汉果，为清净福。这四种福是根据声闻乘修行者出离世间的程度而划分的，是声闻乘佛教教义中出世间福德的四种类型。可见声闻乘佛教以出离世间为福之极至。

（2）菩萨乘佛教的闻修道之福

《佛说遗日摩尼宝经》称释迦牟尼佛告诉弟子摩诃迦叶比丘："佛、天中天是善知识，具足诸佛法故……菩萨凡有三十二事"，其中"诸福功德悉究竟索，所施与但发心索佛耳，一切不索"③。菩萨乘佛教教义主张人寻求功德之福的极至，人的施与应该仅用以求成佛，不求其他一切福德。可见菩萨乘佛教教义不看重世间福德，而以成佛为福之极至。

---

① 原注见宋、元、明、宫内省图书寮本（旧宋本）。

② （后汉）安世高译《阴持入经》卷下，《大正藏》第15册，第178页上。

③ （后汉）支娄迦谶译《佛说遗日摩尼宝经》，《大正藏》第12册，第190页上、中。

《佛说内藏百宝经》云："佛威神巍巍，其有闻经法莫不过度。"① 菩萨乘佛教教义认为，佛的经法能使人出离生死轮回，其价值远大于世间福德，有福之人才能听闻传授成佛之法的佛教经义。

《阿閦佛国经》卷下称释迦牟尼佛告诉弟子舍利弗："若有善男子、善女人持金、银满是天下以布施，愿言：'我持是，使闻《阿閦佛德号法经》。'薄德之人终不得闻是经，亦不得受持、讽诵。菩萨摩诃萨闻《阿閦佛德号法经》者，为成阿惟越致行，闻已，受持，讽诵，是故专得无上正真道行……求弟子道人所不能及。若有闻《阿閦佛德号法经》，受持，讽诵，为若干百人、若干千人、若干百千人说之，譬如，舍利弗，转轮王以福德自然生七宝。如是，舍利弗，阿閦佛昔愿所致，我为说是《德号法经》。若有菩萨摩诃萨说是《德号法经》，若复有菩萨摩诃萨闻是经、甫当闻者亦福德所致。"② 从上文可知：薄德之人即使以金、银满天下布施，终究听闻不到《阿閦佛德号法经》，也没有受持、讽诵该经的可能。如果人听闻《阿閦佛德号法经》，就成就阿惟越致（不退转）行。听闻该经后，受持、讽诵，就专得无上正真道行，是求弟子道的人（声闻乘佛教徒）所不及的。如果有人听闻《阿閦佛德号法经》，受持，讽诵，并为百千人讲说，如转轮王以福德自然随生七宝。释迦牟尼佛因为阿閦佛的宿愿而讲说《德号法经》，若有菩萨说《德号法经》，始终能听闻到该经者也是自身的福德所致。也就是说，菩萨乘佛教教义认为佛教经法的价值重于世间的金，有金而无缘得闻菩萨乘佛教经法之人仍是薄德之人。与以金、银满天下布施而拥有世间福德的人相比，能听闻出世间经法的人福德更大。听闻菩萨乘佛教经典《阿閦佛德号法经》的人必将成为世间福德和出世间福德都具足圆满的佛，这是追求四种福的声闻乘佛教徒所不及的。可见菩萨乘佛教教义认为出世间福德比世间福德更宝贵。

胡海桃《中西方理想人格思想研究及启示》认为："功利主义价值观在社会各个领域的蔓延，学习的功利化忽视了真才实学的重要性，使得文凭变为目的，成为高官厚禄的敲门砖或是佛像脸上的贴金。"③ 从文意来看，佛像金身似乎被

① （后汉）支娄迦谶译《佛说内藏百宝经》，《大正藏》第 17 册，第 753 页下。
② （后汉）支娄迦谶译《阿閦佛国经》卷下，《大正藏》第 11 册，第 763 页下。
③ 胡海桃：《中西方理想人格思想研究及启示》，《胜利油田党校学报》2012 年第 5 期，第 110 页。

视为功利主义价值观的体现之一，这源于对佛教教义中佛的功德之福的涵义的误解。佛像金身象征的佛的功德之福并非仅指顺应世俗价值取向的世间福德，还包括佛教经法蕴含的出世间福德，不仅随顺世人的观念和心理需求而具有现实意义，更是对佛讲述的出世间经法至高价值的肯定。

《阴持入经》卷下称释迦牟尼佛说："从清净行有所入相，是名为福，令致堕五乐处。"① 可见佛教教义认为福德来源于清净行，因此，佛的功德之福来源于佛的身戒之净。

（三）象征佛的威神之尊

《道行般若经》称释迦牟尼佛言："小天见大天来到，避去。大尊天威神巍巍，其光重明"②，"弊魔极尊有威神，鬼神不敢当。魔作是念，鬼神用魔威神故便舍去"③。大天人尊威，其光明远胜小天人，因此小天人看见大天人来到就避开。大天人威神巍巍才堪称"尊"。魔"极尊"有威神，才使鬼神不敢抵敌，可见威神与尊贵是相对应的，威神是尊贵的体现。

《道行般若经》称释迦牟尼佛言："释提桓因与四万天子相随俱来共会坐，四天王与天上二万天子相随来共会坐，梵迦夷天与万天子相随来共会坐，梵多会天与五千天子相随来共会坐。诸天子宿命有德，光明巍巍，持佛威神，持佛力，诸天子光明彻照"④，"正使弊魔欲断是经者，会不能得胜菩萨摩诃萨……皆佛威神及十方阿僧祇刹土现在诸佛复假威神之恩，诸佛悉共念之，悉共授之，悉共护之，菩萨摩诃萨已为得护、佛所授者。舍利弗，弊魔不能得中道断之。何以故？十方阿僧祇刹土现在诸佛皆共护般若波罗蜜，若有念说诵者，若有学受书者，皆是诸佛威神之所致"⑤，"是辈人索佛道者，我知是善男子、善女人今近萨芸若。作是学者，在所生处常学是法，便行阿耨多罗三耶三菩。是善男子、善女人为极尊贵，魔终无那何，不能动还、令舍阿耨多罗三耶三菩。是善

---

① （后汉）安世高译《阴持入经》卷下，《大正藏》第15册，第177页下。
② （后汉）支娄迦谶译《道行般若经》卷二，《大正藏》第8册，第435页中。
③ （后汉）支娄迦谶译《道行般若经》卷七，《大正藏》第8册，第460页上。
④ （后汉）支娄迦谶译《道行般若经》卷一，《大正藏》第8册，第429页上。
⑤ （后汉）支娄迦谶译《道行般若经》卷四，《大正藏》第8册，第446页上。

男子、善女人闻是波罗蜜者以得极尊劝乐摩诃衍功德，还近阿耨多罗三耶三菩"①，"新发意者所知甚少，其心不入大法，亦不讽诵《般若波罗蜜》，是为魔所得已，自起魔因缘，至使得断。若善男子、善女人取、持、学《般若波罗蜜》，讽诵、读者，悉是佛威神。何以故？弊魔不能制令得断，是者以为怛萨阿竭、阿罗呵、三耶三佛之所制持"②，"初得佛之处四面若有人直从一面来入，若鬼神，若禽兽无有能害者。若鬼神，若禽兽欲来娆人，欲来害人，终不能中。何以故？用佛得道处故佛威神所护。过去、当来、今现在佛'天中天'皆为人中尊，悉于其中作佛，甫当复出索佛道者，皆当于其中得佛道。若有人入是处者，不恐，不怖，无所畏惧"③。诸天子的光明原本仅是"巍巍"的程度，释迦牟尼佛的威神加持使诸天子的光明达到"彻照"的程度。诸佛的威神使魔的破坏不能得逞。佛的威神使鬼神、禽兽不能娆害人而令人得安隐，这都与佛在天上和天下地位最尊贵有关。佛的尊贵胜过天人、魔、鬼神、禽兽，佛的威神也胜过天人、魔、鬼神、禽兽。可见威神的程度与尊贵的程度是相对应、成正比的。即将成佛的菩萨为极尊贵，魔对其无可奈何，不能令其舍佛果，可见尊贵即威神，统称为威神之尊。佛的威神之尊是无与伦比的。

《道行般若经》卷八云："譬如地出金、银，少所处出耳。"④ 可见佛教教义认为金、银的产地不多。因此，金、银是珍稀之物。

《般舟三昧经》卷上称释迦牟尼佛言："譬如人卧出于梦中见所有金、银、珍宝。父、母、兄、弟、妻、子、亲属、知识相与娱乐，喜乐无辈。其觉以为人说之，后自泪出，念梦中所见。"⑤ 可见金、银、珍宝是人们梦寐以求的贵重之物。金有珍稀尊贵的寓意，适合体现佛的尊贵。

《般舟三昧经》卷中云："佛尔时颂偈言：'若有菩萨学诵是，佛说三昧寂定义，假使欲叹其功德，譬如恒边减一沙……怨雠嫌隙莫能当，天龙鬼神真陀罗，睹其威光皆嘿然……弊恶鬼神将人魂，诸天人民怀害心，感其威神自然

---

① （后汉）支娄迦谶译《道行般若经》卷四，《大正藏》第8册，第446页中。
② （后汉）支娄迦谶译《道行般若经》卷五，《大正藏》第8册，第448页下。
③ （后汉）支娄迦谶译《道行般若经》卷二，《大正藏》第8册，第431页下~432页上。
④ （后汉）支娄迦谶译《道行般若经》卷八，《大正藏》第8册，第465页上。
⑤ （后汉）支娄迦谶译《般舟三昧经》卷上，《大正藏》第13册，第905页上。

伏.'"① 文中称学三昧者的"威光"使天、龙、鬼神、真陀罗沉默无言，持人魂的弊恶鬼神和怀害心的诸天人民都感其威神而自然屈服。文中的"威光"应指"威神之光"，可见威神可以通过光明表现出来。金近似佛的体表光明，适合表现佛的威神。

金适合表现佛的威神和尊贵，因此佛像金身有佛的威神之尊的深层象征意义。

"佛在众人中央端正姝好，坐起、行步安隐。佛众恶已尽，但有诸德，佛皆使人得安隐"②，"佛者，色如金光⋯⋯端政如天金成作"③。从文中可知：佛的金色身相和体表光明（如天金成作、色如金光）体现佛的身戒之净（众恶已尽）、功德之福（但有诸德）和威神之尊（皆使人得安隐）。可见佛的金色身相和体表光明是佛像金身表层的象征意义，佛的身戒之净、功德之福和威神之尊是佛像金身深层的象征意义。

三 核心层象征意义——佛的经法之慧

（一）象征佛的经法身

《佛说内藏百宝经》云："佛身如幻，以经法名为身，现人恶露身，随世间习俗而入，示现如是"④。可见佛教教义认为，佛的色身如幻化，仍属于人的"恶露"肉身，因此，真正意义上的佛身并非指佛的色身，而是佛的经法身。

《道行般若经》卷四称释迦牟尼佛告诉舍利弗："是善男子、善女人闻是波罗蜜者，以得极尊劝乐摩诃衍功德，还近阿耨多罗三耶三菩。是善男子、善女人虽不见我，后世得深《般若波罗蜜》者，为已面见佛说是语无异，是为菩萨行，当所施行。其有若干百人、若干千人索阿耨多罗三耶三菩者，当共教之，当共劝乐之，当为说法，皆令欢喜学佛道。"⑤ 佛教教义认为未见到佛的色身，

---

① （后汉）支娄迦谶译《般舟三昧经》卷中，《大正藏》第13册，第913页上、中。
② （后汉）支娄迦谶译《道行般若经》卷十，《大正藏》第8册，第477页上。
③ （后汉）支娄迦谶译《般舟三昧经》卷上，《大正藏》第13册，第906页中。
④ （后汉）支娄迦谶译《佛说内藏百宝经》，《大正藏》第17册，第752页上。
⑤ （后汉）支娄迦谶译《道行般若经》卷四，《大正藏》第8册，第446页中。

但后世得到深刻的《般若波罗蜜》经法之人，等于已经面见佛。也就是说，佛的经法身，才是真正意义上的佛身。

为何佛的经法身如此重要呢？《道行般若经》卷五称释迦牟尼佛告诉弟子须菩提："怛萨阿竭知色之本无，如知色本无，痛痒、思想、生死、识亦尔。何谓知识？知识之本无。何所是本无？是欲有所得者，是亦本无，怛萨阿竭亦本无，因慧如住。何谓所本无？世间亦是本无。何所是本无者？一切诸法亦本无。如诸法本无，须陀洹道亦本无，斯陀含道亦本无，阿那含道亦本无，阿罗汉道、辟支佛道亦本无，怛萨阿竭亦复本无，一本无，无有异，无所不入，悉知一切。是者，须菩提，《般若波罗蜜》即是本无。怛萨阿竭因《般若波罗蜜》自致成阿耨多罗三耶三佛、照明持世间，是为示现。怛萨阿竭因《般若波罗蜜》悉知世间、本无无有异。如是，须菩提，怛萨阿竭悉知本无，尔故号字为佛。"① 怛萨阿竭（如来）知晓色（物质）、受（痛痒）、想（思想）、行（生死）、识之本无，想要有所得的都是本无，如来也是本无，因慧如住。世间亦是本无，一切诸法亦是本无。如诸法本无，声闻乘佛教的果位（声闻乘的四种果位——须陀洹道、斯陀含道、阿那含道、阿罗汉道，以及缘觉乘的果位——辟支佛道）也是本无，菩萨乘佛教的如来果位也是本无，一体本无，无有差别，无所不入，悉知一切。《般若波罗蜜》经法的主旨即是"本无"。如来因《般若波罗蜜》经法自致成佛、照明持世间，是为佛的示现。如来因《般若波罗蜜》经法而全知世间与"本无"无有差别（色即是空）。如来全知"本无"，所以号字为佛。也就是说，佛因为经法而成佛，所以佛教教义认为经法非常珍贵。

《道行般若经》卷四云："须菩提白佛言：'其受、学、诵《般若波罗蜜》者，终不横死，若干百天、若干千天常随侍之。若善男子、善女人为法师者，月八日、十四日、十五日说法时，得功德不可复计。'佛言：'如是，如是，须菩提，得其功德不可复计。若守《般若波罗蜜》者，其功德出是上去。何以故？须菩提，《般若波罗蜜者》，即是珍宝故。'"② 可见佛教教义认为《般若波罗蜜》经法使人不会横死，将其视为珍宝。

《道行般若经》卷九云："其人报萨陀波伦菩萨言：'贤者不知耶？是中有

---

① （后汉）支娄迦谶译《道行般若经》卷五，《大正藏》第 8 册，第 449 页下～450 页上。
② （后汉）支娄迦谶译《道行般若经》卷四，《大正藏》第 8 册，第 443 页下。

菩萨名昙无竭，诸人中最高尊，无不供养、作礼者。是菩萨用《般若波罗蜜》故作是台，其中有七宝之函，以紫磨黄金为素'书《般若波罗蜜》在其中，匣中有若干百种杂名香……"①，"萨陀波伦菩萨及五百女人闻是大欢欣，踊跃无极，俱往至《般若波罗蜜》台所，持杂华、杂香散《般若波罗蜜》上，持金镂织成杂衣，中有持衣散上者，中有持衣作织者，中有持衣榻壁者，中有持衣布施者。是时萨陀波伦菩萨及五百女人供养《般若波罗蜜》已，便行至昙无竭菩萨高座大会所"②。"人中最高尊"的昙无竭菩萨将《般若波罗蜜》经法书于紫磨黄金上，萨陀波伦菩萨等用金镂织成杂衣供养《般若波罗蜜经》，可见佛教教义认为佛的经法非常宝贵，应以金供养。金是贵重珍宝，"佛身如金"形容佛的经法身如金一般珍贵。

《文殊师利问菩萨署经》称婆罗门荷沙漫告诉释迦牟尼佛：

我见诸婆罗门不多不少于恒水浴已，语我："汝复行浴，身所恶露、众恶悉当随水如去。"

便自思惟："何如而浴身诸众恶当随水去？"便自见佛在于虚空中。

其佛言："汝何思惟？"

我应时对曰："诸婆罗门令我浴身所众恶悉当随水去故，坐思惟是事。"

其佛言："若到祇洹释迦文所，当为若说现法，诸所众恶悉当除去。"

其佛言："有名《诸法甚深无有底》，其水甚美，于是浴者悉得净洁。若欲浴者当于中浴，众邪恶可以消除。浴已，诸天、人及一切皆得安隐，便以法教化，无所不遍。所以者何？诸过去佛悉那中浴，是故现瑞应。"③

从上文可知：佛教教义认为佛的经法可以洗涤"身所众恶"，因此，"佛身如金不受尘垢"的核心意义是佛的经法身如金一般清净，可以洗去"身所众恶"，不会蒙受尘垢污染。因此，佛像金身象征佛的经法身。

《道行般若经》卷九称释迦牟尼佛讲述过去久远世的萨陀波伦菩萨的故事：

---

① （后汉）支娄迦谶译《道行般若经》卷九，《大正藏》第8册，第473页上。
② （后汉）支娄迦谶译《道行般若经》卷九，《大正藏》第8册，第473页中。
③ （后汉）支娄迦谶译《文殊师利问菩萨署经》，《大正藏》第14册，第440页下。

"是时世有佛，名昙无竭阿祝竭罗佛，般泥洹以来甚久，亦不闻经，亦不见比丘僧……是时萨陀波伦菩萨啼哭时，便闻虚空中有声言：'善男子可止，莫复啼哭，有大法名《般若波罗蜜》。若有行者，若有守者，得佛疾。汝当求索是大法，汝闻是法若行，若守，佛所有功德，汝悉当得之，得佛三十二相、八十种好，汝悉当得之。'"① 可见佛教教义认为，佛的三十二相（包括佛的金色身相和体表光明）和所有功德都出自佛的经法身。

《道行般若经》卷三云："佛语须菩提：'是非一辈学，各各有行，若有已供养若干百佛、若干千佛，悉见已，于其所皆行清净戒已，若有于众中闻《般若波罗蜜》，弃舍去，为不敬菩萨摩诃萨法。佛说深《般若波罗蜜》，其人亦弃舍去，不欲闻之。何以故？是人前世时，闻说深《般若波罗蜜》，用弃舍去故，亦不以身、心，是皆无知罪之所致。用是罪故，若闻深《般若波罗蜜》，复止他人，不令说之。止《般若波罗蜜》者，为止萨芸若。其止萨芸若者，为止过去、当来、今现在佛。用是断法罪故，死入大泥犁中。'"② 从上文可知：佛教教义认为，即使人在百、千佛前行清净戒，如果听闻《般若波罗蜜》经法，弃舍而去，是"无知罪"所致，如果制止《般若波罗蜜》经法的讲说，等于制止萨芸若（一切智），等于制止三世佛的出现，会因"断法罪"，死后入地狱。可见身戒之净离不开佛的经法。如果脱离佛的经法，就无法清净持戒，不但阻碍自己成佛，甚至可能因断法而入地狱。因此，佛的身戒之净来自佛的经法身。

《道行般若经》卷二云："佛言：'其有行《般若波罗蜜》者，守《般若波罗蜜》者，亦不为魔及魔官属所得便。'释提桓因白佛言：'是辈人其福佑功德不小。'"③ 可见修行、自守《般若波罗蜜》经法的人不会被魔及魔的官属阻碍，相当于得到佛的威神之尊的护佑，得到功德之福。也就是说，佛的功德之福、威神之尊都出自佛的经法身。

综上三文可知：佛像金身的表层象征意义——佛的金色身相和体表光明，以及深层象征意义中的身戒之净、功德之福、威神之尊都来自佛的经法身。因此，佛的经法身是佛像金身的核心层象征意义。

---

① （后汉）支娄迦谶译《道行般若经》卷九，《大正藏》第 8 册，第 471 页上。
② （后汉）支娄迦谶译《道行般若经》卷三，《大正藏》第 8 册，第 441 页上、中。
③ （后汉）支娄迦谶译《道行般若经》卷二，《大正藏》第 8 册，第 434 页上。

（二）象征佛的智慧身、已脱身、脱慧所现身

《道行般若经》卷三云："过去、当来、今现在佛净戒身、三昧身、智慧身、已脱身、脱慧所现身。"① 可见佛教教义认为佛除色身、净戒身外，还有智慧身、已脱身、脱慧所现身。

1. 佛的智慧身

《道行般若经》记载释迦牟尼佛和释提桓因、须菩提的一段对话：

> 佛言："我故问汝，拘翼，随所乐报我。云何？拘翼，怛萨阿竭、阿罗呵、三耶三佛萨芸若成，是身出见，怛萨阿竭从何法中学得阿耨多罗三耶三佛？"
>
> 释提桓因报佛言："怛萨阿竭从《般若波罗蜜》中学得阿耨多罗三耶三佛。"
>
> 佛语释提桓因："不用身舍利从萨芸若中得，佛、怛萨阿竭为出《般若波罗蜜》中。如是，拘翼，萨芸若身从《般若波罗蜜》中出，怛萨阿竭、阿罗呵、三耶三佛萨芸若身，萨芸若身生我作佛身，从萨芸若得作佛身。"②
>
> 佛语须菩提："……色清净，道亦清净，故言色清净，道亦清净；痛痒、思想、生死、识亦清净，故言道清净，是故识亦清净，道俱清净。复次，须菩提，色清净，萨芸若亦清净，故言萨芸若清净，色亦清净，是故色清净，萨芸若亦清净，等无异，今不断前，前不断后，故无坏，以是故前为不断。故言痛痒、思想、生死、识清净，萨芸若亦清净，是故萨芸若清净，识亦清净；萨芸若清净，识亦清净，等无异，今不断前，前不断后，故无坏，以是故前为不断。"③

从上文可知：佛的萨芸若身（一切智身，即智慧身）出自《般若波罗蜜》

---

① （后汉）支娄迦谶译《道行般若经》卷三，《大正藏》第8册，第440页上。
② （后汉）支娄迦谶译《道行般若经》卷二，《大正藏》第8册，第432页上。
③ （后汉）支娄迦谶译《道行般若经》卷三，《大正藏》第8册，第442页上。

经法。佛身（金色身相和体表光明）出自佛的智慧身。佛的智慧身清净恒常、平等无别，不会断绝、损毁、变化。可见佛的智慧身出自佛的经法身。

《般舟三昧经》卷上称佛"圣智清净慧第一"①。可见佛的智慧身清净、神圣、无与伦比，是佛的本质特点。"佛身如金"实质上指佛的智慧身如金一般清净。因此，佛像金身象征佛的智慧身。

2. 佛的已脱身、脱慧所现身

《文殊师利问菩萨署经》称婆罗门倪三颷告诉释迦牟尼佛：

> 我本学婆罗门事时，于空中见佛，有三十二相、诸种好，便举言："若当学，若当事。"
>
> 闻之，则以头面着地，问："何所是学？何所是事？"
>
> 其佛言："有《怛萨阿竭署》，是若学，是若事。如学是者，诸法悉可知，是则为度，是则怛萨阿竭事。是故俗浴者谓去垢，不可议浴是菩萨浴，所谓诸法悉在前，脱不脱者。欲于众婆罗门中而尊，当学是署。"
>
> 我闻其言，踊跃欢喜，以头脑受其教，问佛："何以故前有是瑞？"
>
> 佛言："是《怛萨阿竭署》之瑞应。"②

从上文可知：《怛萨阿竭署》经法使人知晓诸法。诸法现前，就可使不解脱者获得解脱，这是佛教教义中的沐浴去垢的真正含义。因此，"佛身如金不受尘垢"指佛的已脱身、脱慧所现身。佛的已脱身、脱慧所现身也出自佛的经法身。因此，佛像金身象征佛的已脱身、脱慧所现身。

《阿閦佛国经》卷下云："佛言：'舍利弗，若有菩萨摩诃萨欲疾成无上正真道最正觉者，当受是《德号法经》，当持讽诵。受持讽诵已，为若干百、若干千、若干百千人解说之，便念如所说事，即得大智慧，其罪即毕。以得是大智慧、其罪毕已，其人自以功德，便尽生死之道。'"③ 可见佛的经法使人得到大智慧，得到大智慧后，其人的罪完结，自以功德断尽生死轮回，获得解脱，可

---

① （后汉）支娄迦谶译《般舟三昧经》卷上，《大正藏》第13册，第908页上。
② （后汉）支娄迦谶译《文殊师利问菩萨署经》，《大正藏》第14册，第438页中。
③ （后汉）支娄迦谶译《阿閦佛国经》卷下，《大正藏》第11册，第763页中。

见佛的已脱身、脱慧所现身来自佛的经法身。

佛的智慧身、已脱身、脱慧所现身及其来源——佛的经法身，合称为佛的经法之慧。

《般舟三昧经》卷中云："黠慧菩萨当了是，解知世间悉本无，于诸人物无所着，疾速于世得佛道。诸佛从心解得道，心者清净明无垢，五道鲜洁不受色，有解是者成大道。"① 聪慧的菩萨了解世间"本无"，于诸人物无所执著，就能快速在世间得佛道。诸佛从心解得道，五道（有情往来之所——地狱道、饿鬼道、畜生道、人道、天道）其实并不存在，理解此就成大道。佛的经法之慧是佛成佛的关键，也是佛之为佛的本质特征，与菩萨乘佛教徒的终极目标——成佛直接相关，因此是佛教教义的核心内容，也是佛像金身的核心层的象征意义。

《般舟三昧经》卷上称颰陀和问释迦牟尼佛"疾逮得一切智，诸佛皆称誉，近佛十力地，一切所想悉入中，一切所计悉了知，世间之变悉晓知，成败之事、生者、灭者悉晓知"② 的方法。释迦牟尼佛告诉颰陀和："菩萨一法行，常当习持，常当守，不复随余法，诸功德中最第一。何等为第一法行？是三昧名现在佛悉在前立三昧"③，"是三昧者诸佛慧"④，"菩萨复有四事，疾得是三昧。何等为四？一者，作佛形像，若作画，用是三昧故……佛者色如金光，身有三十二相，一相有百福功德，端政如天金成作……当作佛像种种具足、种种姝好、面目如金光，求是三昧者"⑤。颰陀和问释迦牟尼佛快速得到佛的一切智，接近佛的十力境地（均与智慧有关），达到"无所不知"的"正遍知"境界的方法。释迦牟尼佛告诉他：代表诸佛的智慧"现在佛悉在前立三昧"功德最第一。造"面目如金光"的佛像有助于快速修成"现在佛悉在前立三昧"，从而快速获得佛的智能。可见佛教教义认为造佛像金身有助于成佛智慧，这是佛教徒造佛像金身的核心目的。因此，佛的经法之慧是佛像金身的核心层的象征意义。

《般舟三昧经》卷下称释迦牟尼佛言："佛十种力。何等为十种力？一者，有限、无限悉知。二者，过去、当来、今现在本末悉知。三者，弃脱定清净悉

---

① （后汉）支娄迦谶译《般舟三昧经》卷中，《大正藏》第13册，第909页上。
② （后汉）支娄迦谶译《般舟三昧经》卷上，《大正藏》第13册，第904页上。
③ （后汉）支娄迦谶译《般舟三昧经》卷上，《大正藏》第13册，第904页中。
④ （后汉）支娄迦谶译《般舟三昧经》卷上，《大正藏》第13册，第908页上。
⑤ （后汉）支娄迦谶译《般舟三昧经》卷上，《大正藏》第13册，第906页上、中。

知。四者，诸根精进、种种各异所念悉知。五者，种种所信悉知。六者，若干种变、无央数事悉知。七者，悉晓，悉了，悉知。八者，眼所视无所挂碍悉知。九者，本末无极悉知。十者，过去、当来、今现在悉平等、无所适着。"① 可见佛的十种力都与智慧有关，可称为佛的十种智慧力。

《道行般若经》卷三云："佛语须菩提：'云何知摩诃波罗蜜因《般若波罗蜜》是？'须菩提言：'于色，无大，无小，不以色为证，亦不为色作证。痛痒、思想、生死、识亦无大，亦无小，于识不以为证，亦不为识作证，便于怛萨阿竭、阿罗呵、三耶三佛致十种力，即不复为弱。萨芸若者，无广，无狭。何以故无广、无狭？萨芸若知于《般若波罗蜜》无所行。所以者何？《般若波罗蜜》无所有，若人于中有所求，谓有所有，是即为大非。何以故？人无所生，《般若波罗蜜》与人俱皆自然；人恍忽，故《般若波罗蜜》俱不可计；人亦不坏，《般若波罗蜜》亦如是，人如《般若波罗蜜》者，便得成至阿惟三佛，人亦有力故，怛萨阿竭现而有力。'"② 可见佛的十种力来自于佛的《般若波罗蜜》经法，因此，佛的十种力即佛的经法之慧。

《般舟三昧经》称释迦牟尼佛言："见佛不视身相，但视十种力"③，"常清净心念世尊，意无所着不相空。譬如冬月高山雪，若如国王人中尊，摩尼清净超众宝，观佛相好当如是。如雁王飞前有导，虚空清净无秽乱，紫磨金色佛如是……念佛功德无挂碍，思佛世尊清净戒"④。可见佛教教义认为观佛、见佛时，关注的不应是佛像金身的表层象征意义——金色身相和体表光明，而是其深层象征意义——身戒之净（思佛世尊清净戒）、功德之福（念佛功德无挂碍）、威神之尊（若如国王人中尊），尤其是其核心层象征意义——经法之慧（佛的十种力）。

陈池《湖南明清木雕宗教造像研究》认为："按照佛教的说法，佛既是修悟证道，觉行圆满者，所以他的身体具有许多常人所无的异常形相。这些异相特征，归纳起来，有所谓'三十二相'、'八十种好'。三十二相又称'三十二大

---

① （后汉）支娄迦谶译《般舟三昧经》卷下，《大正藏》第 13 册，第 917 页上、中。
② （后汉）支娄迦谶译《道行般若经》卷三，《大正藏》第 8 册，第 441 页上。
③ （后汉）支娄迦谶译《般舟三昧经》卷上，《大正藏》第 13 册，第 906 页下。
④ （后汉）支娄迦谶译《般舟三昧经》卷下，《大正藏》第 13 册，第 916 页中。

人相'，其中主要是：头顶上有肉髻隆起，眼色如金精钳青，眉间放白毫光，面颊丰满如狮子，两肩宽阔圆满。身体呈金色，身上毛孔青色，全身有光……三十二相、八十种好，合称为佛身的'相好'这是佛像特有的标志，也象征着佛德智圆满，具一切天、人之美好。"① 佛像金身的表层象征意义——金色身相和体表光明，佛像金身的深层象征意义——佛的身戒之净、功德之福和威神之尊，以及佛像金身的核心层象征意义——佛的经法之慧从多层次、多角度勾勒出佛的"觉行圆满""德智圆满"的完美形象。

结　语

　　2世纪晚期的东汉佛教译经揭示佛像金身具有佛的金色之身和体表之光的表层象征意义，佛的身戒之净、功德之福和威神之尊的深层象征意义，以及佛的经法之慧的核心层象征意义，具有世间和出世间的双重意旨，直观而准确地传达出佛教最高信仰对象——佛的主要特征。

　　佛像金身的象征意义内涵丰富，可能是佛像金身影响广泛、长盛不衰的内在原因。孙晓蕊《寻找佛像市场的价值洼地——西谈中国佛像拍卖市场》指出："佛像质地有金、铜、石、玉、木、漆、陶、瓷等多种，其中金、铜佛最受欢迎。"② 在各种材质的佛像中，具有"金身"特征的金、铜佛像最受欢迎，除各种世俗因素外，或与佛像金身丰富的象征意义有一定的关系。

　　马德邻《论中国佛教造像艺术中的希腊精神》认为："中国人只注重'信'，而且从根本上来说，中国人之'信'不是'信仰'而是'迷信'。因此，佛像所要传达的精神或观念是无所谓的，他们只要有一具可供膜拜的神明就满足了。"③ 对不少佛教信众而言，即使佛像金身已进入其宗教生活并得到崇信，他们也未必了解佛像金身所要传达的精神或观念。东汉佛教译经揭示的佛像金身的象征意义有助于消除人们对佛像金身的曲解和盲信。

---

① 陈池：《湖南明清木雕宗教造像研究》，湖南师范大学硕士学位论文，2007，第28~29页。
② 孙晓蕊：《寻找佛像市场的价值洼地——西谈中国佛像拍卖市场》，《艺术市场》2007年第12期，第63页。
③ 马德邻：《论中国佛教造像艺术中的希腊精神》，《上海师范大学学报（哲学社会科学版）》1990年第1期，第15~16页。

　　佛像金身的象征意义对佛教造像业具有重要的启示作用。郑文宏《安阳石窟艺术研究》指出："凡属上乘佛像，应以一定蕴含的佛教意识（或经文要义）凭借合适的外在形式，才能恰如其分地表现出来。唯如此，方为形质的合拍，表里的一致。"① 东汉佛教译经中有关佛像金身的象征意义的教义内容直至今日仍有重要的意义，有助于人们准确理解佛像金身的宗教意涵，从而促进佛教造像艺术的健康发展。

---

① 郑文宏：《安阳石窟艺术研究》，西安美术学院博士学位论文，2010，第 287～288 页。

春节礼俗与古代中国人的思维结构

何星亮[*]

春节是中国人辞旧迎新、阖家团圆的节日，春节是中国传统节日中最大、最重要、最热闹的节日，是文化内涵最丰富的节日。春节文化是民族历史和文化传统的积淀，是民族智慧、价值和思想的浓缩。春节古称"元旦""元日""岁首""新年"等，俗称年初一。中华民国成立之时改用公历，一月一日称为元旦，把传统历法的正月初一叫春节。

春节古有"三朝"、"三始"和"三元"之称。"三朝"即"正月一日为岁之朝，月之朝，日之朝";[①] "三元"即"岁之元，时之元，月之元";[②] "三始"即正月一日子时是一年的开端，一月的开端，一日的开端。[③] 无论是三朝、三始还是三元，其意即正月初一子时是新年的开端，新季节的开端，新月份的开端，新的一天的开端。所以无论从日（阳）、月（阴）来看，还是从天（阳）、地（阴）来说，春节都是最为名副其实的一年的开端，因此，汉代以后的中国人选择元旦的方法最为科学。

众所周知，传统历法被称为"夏历"或农历。之所以称之为"夏历"，是因传统历法的元旦与夏历相同。其实使用了2000多年的传统历法，主要是在汉

---

[*] 中国社会科学院民族学与人类学研究所研究员。

[①] 《汉书·孔光传》颜师古注；（宋）杨侃辑《两汉博闻》卷七引如淳注；（宋）祝穆撰《古今事文类聚》前集卷六引如淳注。

[②] （宋）祝穆撰《古今事文类聚》前集卷六引隋代杜台卿《玉烛宝典》；（明）陈耀文撰《天中记》卷四引《汉书》注；（明）彭大翼撰《山堂肆考》卷八引隋代杜台卿《玉烛宝典》。

[③] 《汉书·鲍宣传》："今日蚀于三始，诚可畏也。"

代制定的太初历的基础上修订和完善的，所以有的学者认为应该称之为"汉历"。

为什么春节要放鞭炮、生旺火、挂灯笼等？为什么春节要吃饺子、年糕等？为什么元宵节要吃"元宵"？为什么春节祭祀祈福要献三牲、三杯酒、三炷香？为什么春节期间要祭五路财神？为什么立春要吃五辛盘？从春节礼俗可以看到中华文明有哪些基本理念？从春节礼俗中可以发现古代中国人有什么样的思维结构？

要回答这些问题，首先必须了解冬至与岁首的关系。使用了 2000 多年的传统历法的元旦在正月，通常在立春前后 10 天左右。但从历史文献资料和民族学资料来看，中国历史上曾有过在冬至期间过新年的习俗。

首先，冬至是一年中最重要的节气，许多民族都把这一天看作是旧年的结束和新年的开始。因冬至是一年中白天最短的一天，冬至后白天时间逐渐增长，因此古人认为冬至日是太阳死亡和复生的转折时刻，需要举行祭祀活动，使太阳得以顺利复生。欧美国家的圣诞节一般在冬至的第三或第四天，英国著名人类学家弗雷泽认为，圣诞节是在冬至祭祀太阳神节日的基础上演化而来的，古代的欧洲民族在冬至和夏至都要举行篝火会，也就是举行祭祀太阳神的火祭。[①]学术界也普遍认同这一观点。古代玛雅人使用的太阳历一年有 18 个月，每个月 20 天，另有 5 天禁忌日（不吉利的日子），这样一年为 365 天。玛雅人所预言的"世界末日"12 月 21 日也是冬至日，它不是世界末日，仅仅是玛雅历法中大轮回周期的终结，它既是新的一年的开始，也是新的大轮回周期的开始。

其次，从传统十二月的名称来看，也可说明冬至所在之月为岁首。一年十二个月是子、丑、寅、卯、辰、巳、午、未、申、酉、戌、亥。而传统历法的正月是寅（虎）月，子（鼠）月则为十一月，夏历十一月通常为冬至所在之月，如 2010 年冬至在十一月十七日，2011 年冬至在十一月二十八日，2012 年冬至是夏历十一月初九（闰年），2013 年的冬至是十一月十九日。无论是闰年还是平年，冬至均在十一月。十二地支和十二生肖均以子为首，以夏历十一月为子月，这也说明古代中国人最初是以冬至所在月为岁首月，而以寅（虎）月作为岁首是后来形成的。

---

① 〔英〕詹·乔·弗雷泽：《金枝》（下），徐育新等译，中国民间文艺出版社，1987，第909～912 页。不过，欧洲民族夏至和冬至均举行篝火节，与中国不同。

再次，周朝以冬至所在月为岁首。《史记·历书第四》："夏正以正月，殷正以十二月，周正以十一月。"《左传》卷一："火出，于夏为三月，于商为四月，于周为五月。"其意为：大火星黄昏中天时，夏历为三月，商历为四月，周历为五月。可见三种历法的正月是在不同的时节。古代所谓建寅、建丑、建子，也就是说，夏正以寅（虎）月为岁首，即今夏历正月。商正以丑（牛）月为岁首，即今夏历十二月；周正以包含冬至在内的子（鼠）月为岁首，即传统历法的十一月。有些史学家认为，三正说"可能是战国时期整齐化的结果，其实春秋以前还不存在这整齐的三正递嬗的事实"。[①] 有些学者则认为，春秋战国时代尚无统一的历法，岁首各不相同，"周王室与其同姓的诸侯国，以包含冬至的月份为岁首，叫'周正'……"[②] 有些科学史专家则认为，所谓夏、殷、周三种历法，实际是春秋时代夏、殷、周三个民族地区的历法，而不是三个王朝的历法。一般认为，汉武帝下令制订太初历之后，全国才有统一的历法。

复次，在古代，冬至节曾是一个重要的节日。《周礼·春官·神仕》："以冬日至，致天神人鬼。"汉代以冬至为"冬节"，官府要举行祝贺仪式称为"贺冬"，例行放假。《后汉书·礼仪中》卷十五："冬至前后，君子安身静体，百官绝事，不听政，择吉辰而后省事。绝事之日，夜漏未尽五刻，京都百官皆衣绛至。"魏晋时期，冬至过节习俗如同春节。《太平御览》卷二十八引沈约《宋书》称："魏晋，冬至日，受万国及百僚称贺……又冬至朝贺享祀，皆如元日之仪，又进履袜，作赤豆粥。"唐、宋时期，以冬至和岁首并重，是祭天祭祖的重要日子，皇帝在这天要到郊外举行祭天大典，百姓在这一天要向父母尊长祭拜。南宋孟元老《东京梦华录》卷十："十一月冬至。京师最重此节，虽至贫者，一年之间，积累假借，至此日更易新衣，备办饮食，享祀先祖。官放关扑，庆祝往来，一如年节。"明清两朝在太和殿举行新皇帝登基、颁发重要诏书，以及元旦、冬至、皇帝生日、发布新进士黄榜等仪式，可见明清皇帝也把冬至与元旦看作具有同等地位的节日。

最后，直至现在，一些地方还把冬至作为一个节日来过，有些地方还有"冬至大如年"的说法。人们认为冬至是阴阳二气的自然转化的时期，是上天赐

---

① 杨尚奎：《文明中国的彝族十月太阳历》序，刘尧汉、卢央：《文明中国的彝族十月太阳历》，云南人民出版社，1986，第 16～20 页。

② 徐传武：《中国古代天文历法》，山东教育出版社，1991，第 32 页。

予的福气。北方地区有冬至宰羊，吃饺子、吃馄饨的习俗。江南一带仍有"吃了冬至夜饭长一岁"的说法，俗称"添岁"。南方地区在这一天则有吃冬至米团、冬至长线面的习惯。部分地区在冬至这一天还有祭天祭祖的习俗。冬至过节习俗也可能就是先秦时代冬至为岁首的中国人过新年习俗的遗留。

综上所述，先秦时期的中国或部分地区也与古代欧洲人一样，以冬至所在月作为一年的岁首，在使用阴阳历之后，才以正月初一作为元旦。

一　从春节民俗活动看古代中国人的思维结构

为什么春节有许多与火有关的习俗，如生旺火、点长明灯、放鞭炮、放孔明灯、挂灯笼、舞龙灯和元宵灯会等。

作为二元结构的阴阳对立转换学说，是古代中国人的一种重要的思维模式。古代中国人认为，"一阴一阳之谓道"[①]，"天地合而万物生，阴阳接而变化起"[②]。阴阳和合万物才能生长和变化，自然界也如此，人类社会也一样。万事万物均可分属阴阳，如天属阳，地属阴；日属阳，月属阴；男属阳，女属阴；上属阳，下属阴；火为阳，水为阴；气为阳，血为阴；刚为阳，柔为阴；春夏属阳，秋冬属阴；奇数属阳，偶数属阴；雄（牡）性动物属阳，雌（牝）者动物属阴；单蹄（爪）动物为阳，偶蹄（爪）动物为阴。无论何种事物或现象，都存在阴阳对应的关系。古代中国人的这种阴阳分类方式，可称为"二元分类宇宙观"。

阴阳学说的基本内容包括阴阳对立、阴阳互根、阴阳消长和阴阳转化四个方面。阴阳学说的基本理念是使万事万物达到阴阳均衡和谐。大自然需要阴阳和谐，人类社会需要阴阳和谐，男女之间需要阴阳和谐，个人体内需要阴阳和谐。阴阳偏盛（阳偏盛或阴偏盛）或阴阳偏衰（阳偏衰或阴偏衰）现象都是阴阳失衡的表现。在自然界，阴阳失衡意味着自然灾害频发；在人类社会，阴阳失衡意味着社会不稳定；在个人，阴阳失衡意味着身体不适。阴阳失衡必须用抑强扶弱的方式使之均衡和谐。

在春节民俗活动中，有许多与火有关的事物和活动，如生旺火、点长明灯、

---

① 《易传·系辞》。

② 《荀子·礼论篇》。

放鞭炮、舞龙灯、放孔明灯、舞龙灯及元宵灯会等。所有这些，都是早期以冬至所在月为岁首时期的保留，主要目的是通过抑强扶弱的方式增强太阳的力量，使之阴阳平衡。

冬至和夏至是两个昼夜长短最为明显的节气。冬至是全年中昼最短、夜最长的日子，而夏至则是昼最长而夜最短的日子。原始时代的人们不了解太阳与地球运转的关系，认为昼夜长短不一是太阳阴阳失调的表现，因此，冬至和夏至是太阳阴阳失调最为严重的节日。不仅昼夜长短相反，而且气候和相关灾害也正好相反，冬至与寒冷和雪灾相关联，夏至与酷暑和水灾相关联。古人认为，这是自然界阴阳不调造成的，是昼夜长短差异很大造成的。

为了驱除灾害和避毒去邪，阴阳不调的节气就必须举行各种驱邪和祭祀活动，以祈求阴阳调和。"冬至祀天于圜丘，夏至祭地于方泽"①，成为历朝帝王重要的祭祀仪式，冬至祭天在南郊，夏至祭地在北郊。阳为天，阴为地，南为火，北为水。冬至之所以要祭天，因为冬至阳光微弱而短暂，是阳衰阴盛的节气，必须以阳性的物质进行祭祀，以加强太阳的力量，改变阳衰阴盛的结构，使之阴阳均衡。而夏至正相反，必须以阴性的物质进行祭祀，以增强阴的力量，改变阳盛阴衰的结构，使之阴阳调和。

根据史料，冬至与夏至祭祀习俗结构关系分别为：

冬至——天神——圜丘（南郊）——火——改火（更换新火）；

夏至——地神——方丘（北郊）——水——改水（更换新水）。

由于岁首的改变，冬至所在月（子月）不再作为岁首，而改在正月（寅月），但相关的习俗仍被保留下来。水是夏至和端午节的象征，有许多与水有关的活动。而火是冬至节的象征，是祭祀太阳的主要祭品。春节期间许多与火有关的事物均是冬至祭祀太阳习俗的遗留，是扶弱抑强现象的表现。

春节与火有关的民俗活动主要有以下几种。

（1）生旺火

传统除夕许多地区有生旺火的习俗，即在院子里点燃火把、火堆，或炭火盆，古代文献称为"庭燎""烧火盆""烧松盆"，民间多称"生旺火"或"点发宝柴"。古代的庭燎的主要目的是祭神祭祖，后来生旺火的涵义演化为象征兴

---

① 《南齐书》卷九。

旺发达、红红火火。

关于庭燎，古籍中有许多记载。《诗经·小雅》有"庭燎"诗，一般认为《庭燎》写于西周。《仪礼·士丧礼》注："火在地曰燎，执之曰烛。"《诗经·小雅·庭燎》疏："庭燎者，树之于庭，燎之为明，是烛之大者。"汉代及其以后文献中均有元日"庭燎"的记载。① 民间庭燎习俗在南朝宗懔《荆楚岁时记》中有明确记载。庭燎的方法大多是在庭院中，"除夜积柴于庭，燎火避灾"。② "架松柴齐屋，举火焚烧"。"烟焰烛天，烂若霞布"。③ 清代的庭燎也有用炭火盆代替的。

现代部分地区还保留生旺火习俗，通常是点燃柴堆或炭堆，火势越旺越好，象征新年全家兴旺。也有用火盆烧松柏桃杏树枝，合家跨火而过，象征燎去旧灾晦，驱除邪魔，迎来新气象。黑龙江一些地区，除夕夜老人会在院子里点起火堆，等火堆烧旺，每个人都去火堆旁烤烤，一为驱邪，二为祈祷来年红红火火。广东客家部分地区在 20 世纪五六十年代还保留了春节生旺火的习俗。春节期间，各家屋通常在大庭院烧柴庆贺新春，一般用松脂较多的松树柴，习称"考年光"，意即焰火比赛，看谁的柴火烧得时间最旺最久，时间最久者为胜。近代以来烧柴火（后改用煤油）象征新年兴旺的意义。

我国先秦时代冬至有烧柴祭祀太阳的习俗。④ 庭燎或生旺火这种习俗可能是冬至祭祀太阳习俗转嫁到春节中的表现，此种习俗与欧美的圣诞节圣诞柴火会相似。欧洲的英格兰、法国、德国和南斯拉夫的传统中，直到 19 世纪中叶还保留古老的冬至篝火会，他们用圣诞树、圣诞木或圣诞柴在室内点火。⑤ 秘鲁古印加人把阳历 6 月 24 日定为南半球的"冬至"日，并在这天燃烧柴火，举行祭太阳神的庆典。北美印第安人也在冬至前一天举行篝火晚会以祭祀太阳，仪式一直持续到冬至日的黎明。⑥ 从印第安人在冬至日的巫术仪式来看，先秦时代冬至祭日仪式主要是加强太阳的阳性力量，使之阴阳平衡。

---

① 《后汉书·礼仪志中》：元日，"百官受赐宴飨大作乐"。刘昭注解时引用蔡质《汉仪》云："正月旦，天子幸德阳殿，临轩，公卿大夫百官各陪朝贺。蛮、貊、胡、羌朝贡毕，皆陛觐，庭燎。"《隋书·礼仪志四》云："梁元会之礼，未明，庭燎设，文物充庭。"

② （宋）陈元靓：《岁时广记》卷四十。

③ （明）周汝成：《熙朝乐事》。

④ 《礼记·郊特牲》。

⑤ 《世界民俗大观》，北京大学出版社，1988，第 59 页。

⑥ 利普斯：《事物的起源》，四川民族出版社，1982，第 327~328 页。

（2）点长明灯

在传统社会，除夕夜家家户户所点燃的灯火，一旦燃上，就不能吹灭，直到油尽、烛终自行熄灭。除夕点灯守岁是最重要的年俗活动之一，体现了民间人们对长寿安康的祈福诉求。守岁之俗由来已久，最早见于西晋周处的《风土志》：除夕之夜，各相与赠送，称为"馈岁"；酒食相邀，称为"别岁"；长幼聚饮，祝颂完备，称为"分岁"；大家终夜不眠，以待天明，称曰"守岁"。"一夜连双岁，五更分二年。"人们点起蜡烛或油灯，通宵守夜。这种风俗流传至今。客家人守岁，也称点岁火，通常要将三盏油灯分别点在厅、门、灶上，直到天亮。

（3）放鞭炮

鞭炮是春节的象征物，放鞭炮是春节期间最为普遍的习俗之一。鞭炮的爆炸声，是"辞旧迎新"的文化象征符号。王安石《元日》："爆竹声中一岁除，春风送暖入屠苏。"关于鞭炮有各种不同的传说，但一般都认为是以鞭炮能驱赶鬼怪猛兽。[①] 笔者认为，这一说法当是后来添加的意义，最早的应是祭祀太阳的一种火祭，鞭炮原称爆竹，最早的爆竹是把竹子放在火里烧，产生爆裂声。隋代杜公瞻注解《荆楚风时记》的爆竹时说："俗人以为爆竹燃草起于庭燎。"即一般认为春节放爆竹起源于古代的庭燎礼仪。宋代袁文《瓮牖闲评》卷三云："岁旦燎竹于庭。所谓燎竹者，爆竹也"。古代的庭燎多烧柴，而南方多竹，用竹子代替柴，不仅具有木柴的功能，而且还会爆响。旺火加巨响在当时人看来比原来的庭燎效果好得多，更具有刺激性和热闹气氛。后来经过不断创新，宋代出现了火药爆竹，即现代的爆竹、炮仗、鞭炮。[②] 有了火药爆竹，没有竹子的地区也可以放爆竹了，爆竹于是成为全国性的风俗。爆竹种类繁多，而且增添了驱除邪秽、接神迎神等新的意义。目前，庭燎习俗在大多数地区消失，但爆竹以其极好的象征功能代替庭燎成为我们迎接新年的第一要事。

（4）放孔明灯

有些地区春节有放孔明灯的传统习俗。孔明灯又叫天灯，或称许愿灯（灯

---

① 南朝梁代宗懔《荆楚岁时记》："正月一日是三元之日也，谓之端月。鸡鸣而起，先于庭前爆竹，以避山臊恶鬼。"

② 宋人施宿《会稽志》卷十三说："除夕爆竹相闻，亦或以硫磺作爆药，声尤震厉，谓之爆仗。"宋代周密《武林旧事》卷三《岁除》记载了连续的爆竹——鞭炮："至于爆竹……内藏药线，一爇连百余不绝。"

上写上祈福语），相传是由三国时的诸葛孔明发明，故名。孔明灯利用热气球原理制作，可大可小，形状多为半圆形或长方形。一般以竹篾编框架，外以薄白棉纸糊成灯罩，开口朝下。底部的支架中间绑上一块沾有煤油或花生油的粗布或金纸，放飞前将油点燃，灯内的火燃烧一阵后产生热空气，孔明灯便膨胀，放手后整个灯会冉冉飞升空中。孔明灯最初也可能是用来祭祀太阳神的，以加强冬天太阳的力量。近年，台湾仍有放孔明灯的习俗。

（5）舞龙灯

舞龙灯是许多地区春节期间的重要的民俗活动。端午节划龙舟，春节舞龙灯或舞灯龙，是一对文化结构。端午节划龙舟主要是以水祭祀，加强自然界阴性的力量；而春节舞龙、舞龙灯正好相反，主要是加强自然界阳性的力量。春节期间的舞龙灯与一般的祭龙习俗有所不同，许多地区的春节所舞的龙带有灯或烛等，如火龙、烛龙、焰火龙、夜光龙等。从"舞龙灯"这一名称来看，最早的舞龙灯之龙，应当是带有烛或灯的，也就是以火来祭祀太阳神的一种形式。后来，舞龙灯的原初意义发生变化，其形式也发生变化，许多地区的龙不带灯或烛了。

（6）挂灯笼

春节和元宵节挂灯笼是许多地区的习俗。灯笼通常挂在住房大小门前，现在阳台和客厅也有挂灯笼的。如在广东客家地区，每年春节，无论祖屋还是户屋，大多数都要在大门口吊上灯笼，而且灯笼上都用红漆大字写上"××堂""×姓"。虽然挂灯笼象征着红火与喜庆，但其最初意义可能与太阳崇拜有关。其一，灯笼虽然种类很多，但形状均为圆形，与太阳形状相似。其二，春节或元宵节的灯笼必须有火（烛或油，现在多用电灯）。

（7）元宵灯会

古代的元宵灯会热闹非凡，大多数城市"灯彩遍张，不见天日"；"华灯万盏"，"竞巧争奇"。据记载，唐宋时期的京城元宵灯会一般三夜、五夜，明朝永乐年间延至十天。清代的元宵灯市依旧热闹，只是张灯的时间有所减少，一般为五夜。古代一些城市还有放焰火的习俗，焰火种类繁多，其名不一。焰火施放时呈现出一派"银花火树，光彩照人"。游人以看灯为名，结伴闲游，通宵不绝。

传说元宵灯会之俗起源于汉武帝奉祀太一神，《史记·乐书》曰："汉家祀太一，以昏时祠到明。今人正月望日夜游观灯是其遗事。"关于"太一"神是什么神，学术界有多种说法，但认为太一神是太阳神的说法更符合史实。《史记·封禅书》："天神贵者太一……"在大多数民族中，都把太阳神奉为天上诸神中最重要的神祇。夏商周均有祭祀太阳的习俗。《礼记·祭义》："郊之祭，大报天而主日，配以月。夏后氏祭其暗（日落时祭祀），殷人祭其阳（中午祭祀），周人祭日以朝及暗（日出和日落时祭祀）。"又汉武帝于公元前112年十一月冬至日祭祀太一神。[1] 从世界各民族的习俗来看，冬至祭祀的神一般都是太阳神。

太阳对人类影响很大，而且太阳东升西落，周而复始，永远不落。因此，古代大多数民族崇拜太阳神，有不少民族奉太阳为民族和王权的保护神，有的奉之为万能神，有的把太阳神作为天神的象征。祭祀太阳神也成为世界各民族最重要、最普遍的仪式，尤其是在冬至和夏至两大节气。冬至以火作为祭祀的象征物，以增强太阳的阳性的力量，使之阴阳平衡，以减少雪灾或严寒等自然灾害，祈求新的一年风调雨顺，国泰民安；夏至以水作为祭祀的象征物，以增强太阳阴性的力量，使之阴阳调和，以减少水灾和其他自然灾害。古代中国人在以寅月（虎月）作为岁首之后，冬至祭祀习俗转嫁到元旦习俗上，而夏至祭祀习俗则转嫁到端午节上。因此，春节许多与火有关的活动，其最初目的均与祭祀太阳神有关。

二　从春节食物看古代中国人的思维结构

大多数传统节日一般都有特殊的食物，如春节的饺子和年糕，元宵节的元宵，端午节的粽子，中秋节的月饼。这些代表节日的食物既有特殊的意义，往往包含独特的象征意义，从这些食物中也可窥见古代中国人的阴阳和谐理念和二元思维结构。

如前所述，阴阳学说把万事万物分成阴阳，甚至数字也以阴阳来解释，认为单数为阳为天，偶数为阴为地。《易·系辞上》有"天数二十有五，地数三十"之说，所谓"天数二十有五，地数三十"之语，即1、3、5、7、9五个单数相加之和为"25"，2、4、6、8、10五个偶数相加之和为"30"。任何事物，一阴一阳才会均衡和谐，否则就不和谐。凡是两种事物都是阴或都是阳就不和谐、不均衡。

---

① 《史记·封禅书》："十一月辛巳朔旦冬至，昧爽，天子始郊拜太一。"

春节礼俗不仅表现在抑强扶弱的阴阳和谐行为活动上，而且表现在阴阳和合的食品上。在古代中国人看来，一种食品以具有阴阳属性的物质制作，便象征阴阳和谐。以阴阳相合的祭品祭祀，自然界才会和谐；神灵和人吃了这种象征阴阳和谐的食品，便能吉祥平安，幸福安康。例如，粽子是端午节的象征性食品。粽子古称角黍，以黍和菰叶制作。古人认为黍具阳火之性，又称"火谷"。① 火属阳，而菰叶生于水中属阴，以之与黍相配，象征"阴外阳内""阴阳相合"之状。不少古籍均有粽子是象征"阴阳包裹"，② 也就是象征阴阳和合、阴阳调和，表达古代中国人祈求端午之后，阴阳调和、风调雨顺的愿望。此外，端午节还有吃鸭子、咸鸭蛋，有些地区赛龙舟时还有抢鸭子等习俗。禽类脚爪为四爪，为偶数，根据古人的分类观念，偶爪类动物属阴性动物。再者，鸭子是水上动物，水中动物一般都视为阴性动物。鸭蛋也是凉性的，属于阴性物质。以阴性物质进行祭祀，以增强阴性力量，减弱阳性的力量，使之均衡和谐，是端午节祭祀的主要目的。

春节的饺子与粽子有相似的象征意义。饺子由饺子皮和饺子馅制作，饺子皮为阴，饺子馅为阳。把两者结合在一起，象征阴阳和合。饺子的饺和交谐音，交有相聚和交合之意。在除夕半夜吃饺子，又象征"交子"。此外，传统的春节饺子，外形如偃月，象征月亮，5世纪饺子"形如弯月"，已经成为民间普遍的春节食品。里面的饺子馅则是圆形的，象征太阳。如朝鲜族人崇拜太阳，新年吃白色的小圆状米糕就代表着迎接太阳的光明。也就是说，饺子象征外阴内阳，蕴含阴阳和谐的理念。客家人到南方之后，没有面粉，用豆腐代替，做成豆腐饺子（称酿豆腐），即把豆腐切成小块，在豆腐中掏一个小洞，把类似饺子馅塞进豆腐中。这种豆腐饺子更像阴阳和合之状。

元宵也一样，元宵皮大多由糯米粉制作，馅有豆沙、白糖、芝麻或核桃仁

---

① 明冯复京撰《六家诗名物疏》卷十八引《尔雅翼》："黍之秀特舒散，故说者以其象火为南方之谷。"

② 后魏贾思勰撰《齐民要术》卷九和宋人李昉等撰《太平御览》卷八五一引《风土记》记述，称粽子是："盖取阴阳尚相裹未分散之时像也"。宋人高承撰《事物纪原》卷九亦引《风土记》称："取阴阳尚包裹之象"。元人陶宗仪撰《说郛》卷六十九上称："角黍，午日以菰叶裹黏米，以象阴阳相包裹未分散。"清康熙年间陈元龙撰《格致镜原》卷二五："粽子……盖取阴阳包裹未散之象。"

等，做法有煮、煎、蒸、炸等。元宵皮为阴，馅为阳，因此，元宵也象征阴阳和谐。后来，元宵又被赋予"团圆""圆满"的象征意义。明代京城在初九之后，就开始吃元宵。

年糕也是春节的重要食品。年糕早期是在年夜用来祭神及供奉祖先，其后渐渐成为一种春节食品。年糕的种类多样，各地有所不同。年糕的历史悠久，据说最早年糕是为年夜祭神、朝供祖先所用，后来才成为春节食品。年糕寓意"年年高"的意义是后来派生的：一是早期年糕不叫"年糕"，如公元6世纪的食谱《食次》记载了当时年糕名称"白茧糖"；二是查有关文献，"年糕"一词是在清代出现的；三是在客家人中，年糕称"甜粄"或"年粄"，而不叫"年糕"。年糕最初的意义是象征阴阳和谐。首先，打年糕通常由糯米和粳米按一定比例掺和制成。根据阴阳理论，黏性大的糯米为阴性米，黏性小的粳米为阳性米。其次，不少地区的年糕加上红枣、红豆、绿豆等制成红枣年糕和百果年糕等，有的地方还制作马蹄糕、萝卜糕、芋头糕等，多种不同属性的食品掺和在一起，起到阴阳调和的作用。再次，把糯米、粳米或黄米舂成粉，再加工成黏性较大、不易分的年糕，本身就是"和合"的象征。最后，年糕制作象征阴阳和合活动，年糕的制作是从米粒糕到粉糕的发展过程。但无论何种形式，传统的方法一般离不开石臼和石锤。客家人称制作年糕米粉的石臼和石锤为"对"，所谓"对"，也就是一阴一阳的意思。石臼象征阴性，石锤象征阳性，用石臼、石锤制作年糕，也就是象征阴阳和合的活动。在远古时代，用这种方法制作的食品，大多是用来祭祀的，后来才成为普通食品。

三 从春节祭祀祈福活动看古代中国人的和谐理念

春节是一年的开端，为祈求新的一年吉祥平安、万事如意，春节期间大祭众神和诸祖先。通过春节的祭祀和祈福活动，也可以看到古代中国人的和谐理念和思维结构。

（一）春节祭祀祈福与三元（三才）结构思维模式

祭祖是春节祭祀的重要内容，除夕年夜饭前通常必须先举行祭祖仪式。在祖先神龛前摆放祭品，祭品通常是三牲，即煮熟的长条猪肉一块（2～3斤）、煮熟的整鸡一只、干鱼一条，饭三碗、酒三杯、茶三杯，点三支香，跪拜时通常拜三次或三叩九拜。

宗教寺庙也是人们春节期间进行祈福求福的首选之地。台湾、香港等地大年初一有抢插头炷香的习俗，为在新的一年求新、求平安、求财、求喜气。通常，寺庙门准时在大年三十子时的十一点五分打开，而在庙外等候已久的信众涌进，争抢插下第一炷香。每炷香通常都是三支。把香点燃后应插在香炉中间，第一支香插在中间，心中默念：供养佛，觉而不迷；第二支香插在右边，心中默念：供养法，正而不邪；第三支香插在左边，心中默念：供养僧，净而不染。

道教场所春节期间也有一些与三有关的祭祀活动，如举行三心、三生、三福活动。三心，即同心、洗心、静心，欣赏道教音乐、道士用拂尘为宾客洗尘；三生即放生、养生、护生，放飞和平鸽、太极演练、琴棋书画表演等；三福即祈福、善福、祝福，举行斋醮仪式。

与"三"有关的祭祀活动或民间习俗在各民族中十分普遍，除了祭祀、祈福之外，在古代的迎宾接客礼仪中，有三揖、三让、三辞等习俗。[①] 古代的乡饮酒礼即敬贤尊老之礼，其行礼亦是"三揖""三让"等。[②] 在人生仪礼中，招待宾客的礼仪也往往是"三揖""三让"等。[③] 古代的礼乐，也多以歌或奏

---

① 《周礼·秋官·司寇》："司仪掌九仪之宾客、摈相之礼，以诏仪容、辞令、揖让之节。……凡诸公相为宾，主国五积三问，皆三辞拜受，皆旅摈，再劳，三辞，三揖，登，拜受，拜送主君郊劳，交摈，三辞，车逆，拜辱，三揖，三辞，拜受，车送，三还，再拜。致馆亦如之。致飧如致积之礼，及将币，交摈三辞，车逆拜辱，宾车进，答拜，三揖，三让，每门止一相。及庙，唯上相人，宾三揖三让，登，再拜授币，宾拜送币，每事如初。宾亦如之，及出，车送，三请，三进，再拜，宾三还三辞，告辟。"

② 《礼记·乡饮酒义》："乡饮酒之义。主人拜迎宾于庠门之外，人，三揖而后至阶，三让而后升，所以致尊让也。"《礼记·乡饮酒义》在解释"三让"时称："让之三也，象月之三日而成魄也。"

③ 《仪礼·士冠礼》："摈者告。主人迎，出门左，西面，再拜。宾答拜。主人揖赞者，与宾揖，先人。每曲揖。至于庙门，揖人。三揖，至于阶，三让。"《仪礼·士昏礼》"昏礼。……主人如宾服，迎于门外，再拜，宾不答拜。揖人。至于庙门，揖人；三揖，至于阶，三让。"《礼记·聘义》："聘礼，上公七介，侯伯五介，子男三介，所以明贵贱也。介绍而传命，君子于其所尊弗敢质。敬之至也。三让而后传命，三让而后入庙门，三揖而后至阶，三让而后升，所以致尊让也。"

"三"次为原则。① 婴儿诞生后一般三天举行诞生礼，有所谓"洗三"仪式。先秦时代的普通葬礼也含有三元结构思维模式，有三日而殡、三月而葬、三年戴孝的习俗。② 中国人在对待违规者或犯有过失者往往有"数不过三"的原则，初犯者以教育为主，二犯亦同，三犯则施以惩罚。③

在十二生肖中，除了"六合""六冲"之外，也有"三合"（申子辰、巳酉丑、寅午戌、亥卯未）的说法。

为什么祭祀、祈福必须用三牲、三碗饭、三杯酒、三杯茶、三支香、拜三次？为什么许多礼俗有许多与"三"相关的习俗？

与"三"有关的祭品或祭祀活动，其象征意义很多，有各种不同的说法，如佛教认为，三支香象征三无漏学："戒（持戒）、定（禅定）、慧（智慧）"（由戒生定，由定发慧，由慧起修），象征常住三宝：佛（佛像）、法（佛经）、僧（僧侣），代表三世菩萨："过去、现在、未来"菩萨，象征佛的三法印："诸行无常印、诸法无我印、涅盘寂静印"，等等。佛教的这些说法，无疑是后起的。

从结构的角度来看，与"三"有关的事物和现象属于"三元结构"或"三元结构思维模式"。有的学者认为，三元结构基于自然界的三个领域，即大地、海洋与天空，形成天、地、水三分法。例如，英国人类学家道格拉斯（Mary Donglas）在其名著《洁净与危险》④ 一书中认为，造物主把整个宇宙分为三个领域，即大地、海洋与天空，形成地、空、水三分法。

在中国古代文献中，有"三才""三光"等说法，即三元结构思维模式源

---

① 《荀子·乐论》："工入，升歌三终，主人献之；笙入三终，主人献之；间歌三终，合乐三终，工告乐备，遂出。"《孔子家语·观乡射》："工入，升歌三终，主人献宾；笙入三终，主人又献之；间歌三终，合乐三阕，工告乐备而遂出。"

② 《礼记·檀弓·上》："子思曰：丧三日而殡，凡附于身者，必诚必信，勿之有悔焉耳矣。三月而葬，凡附于棺者，必诚必信，勿之有悔焉耳矣。丧三年，以为极亡。"《礼记·王制》："天子七日而殡，七月而葬；诸侯五日而殡，五月而葬，大夫士庶人三日而殡；三月而葬，三年之丧。""父母之丧，三年不从政；齐衰大功之丧，三月不从政；将徙于诸侯，三月不从政。"

③ 《周礼·地官司徒》："凡民之有邪恶者，三让而罚。三罚而士加明刑，耻诸嘉石。役诸司空。其有过失者，三让而罚。三罚而归于圜土。"

④ *Purity and Danger: An Analysis of Concept of Pollution and Taboo*, London, Routledge and Kegan Paul, 1966.

于"三才""三光"。"三才"即天、地、人。《荀子·礼论篇》："上取象于天，下取象于地，中则取于人"。《周易·系辞·下》："《易》之为书也，广大悉备。有天道焉，有人道焉，有地道焉。兼三才而两之，故六。"《周易·说卦传》："立天之道曰阴与阳，立地之道曰柔与刚，立人之道曰仁与义。"所谓"三光"，一般指日、月、星。

从中国古籍来看，三支香最早的象征意义，是象征天、地、人。另外，从蒙古族敬酒习俗来看，蒙古族在敬酒和献哈达时，双手端酒杯，以无名指（在蒙古人的心目中，十指都是有象征意义的，大拇指象征第一，是最好的。小拇指象征最后一个，是不好的。食指、中指都有其功能，主要用来弯弓搭箭射猎的。敬神之所以用无名指沾酒，是因为无名指是不拉弓箭的，主要用于祭祀。小拇指虽然也不拉弓箭，但用小拇指是不敬的）沾酒，与大拇指合作弹酒三次，第一次往上弹酒，表示敬天。第二次往下弹酒，表示敬地。第三次往中间弹酒，表示敬祖先，即一敬天，二敬地，三敬祖先。其中"祖先"也就表示"人"。

三元结构思维模式是古代中国人重要的思维结构之一，它是人们祈求天、地、人的和谐统一方式，它表现在社会生活的各个方面。春节祭祀、祈福活动中的三牲、三杯酒、三杯茶、三支香、三拜等祭祀祈祷行为，一方面是祈求天上万物、地上万物、人类社会（包括个人）均衡和谐，同时也是祈求天上诸神、地上诸神和祖先保佑国家、社会、家庭和个人吉祥如意、幸福安康。

（二）春节祭祀祈福与五元（五行）结构思维模式

古代春节除夕有接五路神习俗。五路神即财神、福神、贵神、喜神和太岁神。五路神分居天界的各个方位，下界时来的方向自然也不同。所以接神时必须明了各路神分别从何方来，每年各路神下来的方位均不相同，必须事先查好《历书》，然后带领全家举香在院中按方位接神。按方位叩首礼毕后，肃立待香尽，再叩首，最后将香根、神像、元宝锭等取下，放入早已在院中备好的钱粮盆内焚烧，同燃松枝、芝麻秸等。接神时鞭炮齐鸣，气氛极热烈。

正月初五旧说为"财神生日"，许多地区有祭祀五路财神习俗。无论是商贸店铺，还是普通家庭，都要举行祭财神活动。五路财神具体指哪些神，说法不一。最初应为泛指的东南西北中五路神，意为出门五路，处处皆可得财。后来，五路神被人格化，把历史上的著名人物作为五路神的名称。祭祀五路神一般在正月初五零时零分，打开大门和窗户，燃香放爆竹，点烟花祭财神。大商人或富有人家的祭品要用"五大供"，即整猪、整羊、整鸡、整鸭、红色活鲤鱼等，祈望新年发大财。

有些地区春节期间还有五祀习俗。五祀之神，有的认为是祭祀五行之神，即木正、火正、金正、水正和土正；有的认为是祭祀门、户、中溜、灶、行五种神；有的则认为祭祀门、户、井、灶、中溜。

与"五"有关的还有春节或立春吃五辛盘的习俗。晋代《风土记》中说："元日造五辛盘"，"五辛所以发五脏气，即蒜、小蒜、韭菜、芸薹、胡荽是也"。吃"五辛"，迎新春，用的是"辛"与"新"的谐音，却很少有人去深究其中的医学道理。唐宋以下，演变为立春日之"春盘"。南朝梁宗懔《荆楚岁时记》："正月一日……进屠苏酒、胶牙饧。下五辛盘。"原注引晋周处《风土记》："元日制五辛盘。"原注："五辛，所以发五藏之气。即大蒜、小蒜、韭菜、芸薹、胡荽是也。《庄子》所谓春正月饮酒、茹葱，以通五藏也。《食医心镜》曰：食五辛以辟厉气。"唐韩鄂《岁华纪丽·元日》："肴列辛盘，觞称椒酒。"五辛盘目的是驱邪、除病、保健。南朝文学家庾肩吾（487～553年？）有《岁尽应制》诗就描写了守岁情景："聊开百叶酒，试奠五辛盘。"

为什么要接五路神？为什么要祭祀五路财神？为什么会有五祀习俗？为什么要吃五辛盘？所有这些，都与以五行学说为基础的五元结构思维模式有关。

五行学说认为，世界是物质的，木、火、土、金、水五种物质是构成宇宙的基本元素，宇宙间各种物质都可以按照这五种基本物质的属性来归类。五种物质之间存在密切的联系，宇宙中的许多事物都是五种基本物质相杂相和而化生的。五行学说十分复杂，其中主要有五行相生相克和五行并存和谐信仰。五行相生的规律是：木生火，火生土，土生金，金生水，水生木。相克的规律是：木克土，土克水，水克火，火克金，金克木。无论个人还是社会，均需要具有五行因素的相互均衡，才能维持均衡和谐的状态，假如缺少其中一个因素，就失去均衡，因而个体或社会就会处于危机和不稳定状态。例如，在传统社会，个人寻求五行因素的均衡，主要是寻求个人姓名与五行因素（金、木、水、火、土）的均衡，也就是采取象征的外在形式，即在个人的名字上加上所缺的因素。如个人的五行因素中缺木者，取带有"木"字的一词或两词为名；若缺水，则取带有"水"的词为名；其他金、火、土亦同。

在传统的端午节法物中，有不少与"五"有关的较为特殊的物品，主要有五彩丝、五色缕（即以五色丝缠臂）、五色缯（用五种颜色的布缝在一起，挂在身上）、五色桃印符、五毒符、五时图和五时花等。"五色""五彩"等不是取其五彩缤纷悦目，五色、五彩等之"五"无疑象征五行，象征五种物质并存才会均衡和谐，才能起到辟邪驱魔的作用。

春节期间接五路神和初五祭五路财神及五祀习俗，均与五行并存均衡和谐理念密切相关。五行因素不能缺少，少一个就不平衡，就不能达到保佑吉祥幸福、财源兴旺的目的。五辛盘也一样，象征辛、甘、酸、苦、咸五味，五种不同属性的食品放在一起吃，身体才会得到平衡，才能通五脏、驱病魔、保健康。

结　语

综上所述，可以得出如下几点认识。

（一）春节是体现古代中国人和谐理念的节日

春节选在立春前后，是十分科学的方法，是古代中国人综合性思维的体现，是智慧的选择，它既考虑季节与气候，也考虑人与自然的和谐。从时间的选择上看，它比欧美国家过圣诞节和新年的时间好得多，是最适合人类过新年的时间点。一年四季春为首，春季又以立春为标志，作为一年的元旦或开端，以立春前后过元旦是最科学的。许多实行太阳历的民族，一般都以冬至作为新年的开始。众所周知，冬至期间是全年白天最短的一天，同时也是最冷的时期。许多地区冰天雪地，寒气袭人，既不适合人类生活和生产，也不适合人们举行庆贺新年的各种活动。中国的春节不仅是一年四季的开端，同时气候也最适合人们过年。立春前后，一元复始，大地回春，万象更新，春花灿烂，芳草如茵。人们心情愉快，生活舒适，十分适合举行各种庆贺新年的活动。因此，作为中国夏历的元旦，比西历的元旦在时间上更为科学、更为合理。

（二）节日文化历史发展方向：普遍——特殊

从历史上来看，节日文化的发展方向是趋异，而不是趋同。最早的节日均与太阳活动规律有关，最早的节日均与祭祀有密切的关系，由于冬至与夏至是气候和昼夜完全相反的两个节气，因而也最早受到人们的注意和祭祀。而冬至是一年中太阳出现时间最短的日子，冬至以后太阳出现的时间逐渐增长，所以许多民族都把一年的岁首定在冬至或冬至后一段时间内。中国古代先民也一样，也曾把冬至所在之月作为岁首，后来才把正月作为岁首。目前世界各民族的节日文化五彩缤纷，千姿百态，正是节日文化由普遍向特殊发展的结果。

（三）中国传统文化是追求"和谐"的文化，中华民族是追求和谐的民族

从春节各种礼俗来看，中国人不仅追求社会系统、个体系统的均衡和谐，同时也追求自然系统的均衡和谐，即自然界中万事万物的和谐，如太阳与月亮的和谐，昼和夜的和谐，水和火的和谐等。在古代中国人看来，阴阳和谐，才能生生不息。只有自然界的和谐，才有可能风调雨顺，国泰民安。如果自然界不和谐，就会灾害频繁，民不聊生。

（四）火是春节的主要象征物，饺子、年糕等是春节的象征性食品，它们体现了古代中国人阴阳和谐二元思维结构模式

春节期间所有与火有关的活动——点长明灯、放鞭炮、放孔明灯、挂灯笼、舞龙灯及元宵节的灯火晚会等，都是冬至祭祀太阳习俗转嫁到春节中的表现。古代中国人与世界上大多数民族一样，认为冬至是太阳疲倦的时刻，是阴盛阳衰的节气，需要用火来增强太阳的力量，使太阳和月亮阴阳均衡和谐。

饺子、年糕、元宵等属于阴阳和合的食品，饺子皮为阴，饺子馅为阳；元宵皮为阴，馅为阳。年糕的构成和制作也一样，具有阴阳和谐的象征意义。在古代国人看来，一种食品以具有阴阳属性的物质制作，便象征阴阳和谐。以这种阴阳相合的祭品祭祀，自然界才会和谐；人吃了这种象征阴阳和谐的食品，便能吉祥平安、幸福安康。

（五）以"三"和"五"有关的祭祀活动体现古代中国人的三元结构和五元结构思维模式

春节祭祀、祈福活动中的三牲、三杯酒、三杯茶、三支香、三拜等祭祀祈祷行为，是祈求天上万物、地上万物、人类社会（包括个人）均衡和谐，同时

也是祈求天上诸神、地上诸神和祖先保佑国家、社会、家庭和个人吉祥如意、幸福安康。除夕子夜接五路神、正月初五祭祀五路财神以及五祀习俗，以及春节期间吃五辛盘的习俗，正是金、木、水、火、土五种物质同时存在才会均衡和谐理念的体现。五种物质缺少一种或两种，家庭和个人就会不和谐，财路就不畅通，社会就不祥和。

（六）以传统文化的核心价值和核心理念解释各种文化现象和行为，从传统文化现象中探讨古代中国人的核心价值、理念和思维结构

文化的核心是文化观念，文化观念包括价值、理念等，各种文化现象均受文化观念所影响或支配，因而各种文化现象均含有该民族的核心价值和理念等。因此，研究传统文化，既要以传统的核心价值和理念解释各种文化现象，也要从各种文化现象中探讨古代中国人的思维结构。阴阳五行学说是古代中国人的重要理念，许多民俗文化现象都是在阴阳五行理念的基础上形成的，不了解阴阳五行学说，就不可能深入研究古代中国的民俗文化。

满族文化象征的当下实践[*]

——以龙年续谱、祭祖为例

孟慧英^{**}

2012 年是壬辰龙年，这一年恰逢满族龙虎年续谱的又一个周期。这一年的整个年节期间，在吉林省九台市范围内的满族聚居村到处都有续谱的人家。由于调查人员和经费的限制，我们主要跟踪了胡家乡小韩屯的石姓（锡克特里氏），其塔木镇刘家满族村腰屯的罗关（呼伦瓜尔佳氏）家族、莽卡满族乡莽卡村的杨姓（尼玛察氏）家族等。这一年的 10 月我们还参加了吉林市丰满区小白山乡段吉村杨肇（尼玛察觉罗）家族的续谱、祭神仪式。在满族人这种独特的节日里，我们深刻体会到了满族人的热情以及在现代语境下满族续谱和家神祭祀习俗的存在状况。

满族的续谱和家神祭祀是一个不同族姓的具有血缘性质的认同习俗。我们对这两种习俗进行了全程观察，试图发现它们的基本结构形式、基本内涵以及它们之间的差异。

一　续谱

续谱又叫办谱，是指通过谱单和谱书对家族血缘关系的展示与添写活动，

* 本文发表于《东北史地》2013 年第 3 期。
** 中国社会科学院民族学与人类学研究所研究员。

活动范围涉及与该家族有血缘关系的整个家族成员。

满族与汉族记录血缘关系谱系的方式有所不同，虽然有与汉族类似的谱书，但也有在汉族中少见的谱单，或许可以说，谱单具有满族特色。

谱单用白色的棉布制作，上面画有最先几辈祖先的画像。这里所画的先辈祖先，有的家族可能是家族最早的祖先以及之后的第二代、第三代，有的画至第七代。接下来便是没有画像而用文字记录的家族历代成员的名字。画像中最后一代祖先往往是现在仍旧聚族而居的几大支系的直系先祖。每个家族画像到底画出几代祖先图像，这要看现在各个支系所归认的直系祖先在哪一代辈分上。莽卡村的杨姓谱单，其谱头、谱尾都有图案。谱头上画着长白山，云海波涛、青松翠柏，正中间是仿照故宫太和殿的造型绘制的红砖绿瓦的大殿，正门处写着祖先代书的名讳，殿墩之下是 7 个墓碑，左 3 右 4，分别是代书的下一代 7 个儿子的名讳。有的家族单支独脉，它的祖先就可能都为画像。这些画像中的祖先都居于楼宇之中，画面中的天空和周围环境伴有各种自然物和自然景象。新近办谱的满族人家的谱单也有不带祖先画像的，从第一代始祖开始就用名字表述。

这些祖先画像在有的族姓里叫谱头，随后由名字表述的辈分表是近世代际关系的主要部分。为何叫谱头，大概是因为在悬挂谱单时，由于画像祖先在上，首先悬挂，其后是只书写辈分名字的部分，它接续着画像，其间要用针线等物连接起来。有的家族后代脉繁人多，可能还要多做一幅或几幅，以便向下伸展，并与其上的部分连接。也有满族人认为，在满族人家谱单的前面多有关于家族历史的简短介绍，由于它处在谱单前侧，被视为谱头或谱序（也有称作谱叙）。在谱书中，写在最前面的也是家族历史的短序，此序称作谱序或谱叙。以上都是民间或学者曾经用过的词汇。

在谱单上不同代际名字的标示呈树状分支形式，去世人的名字用黑字填写，活着的人用红字填写。谱单的大小各族姓不同，它取决于各家族繁衍的状况。莽卡村杨姓的谱单据说高 3.3 米，宽 6 米，展开之后占满了整个北墙和西墙，上及顶棚，下垂到火炕上，尚有大约 2/5 高度的谱单在火炕上没能完全展开。

满族也有谱书，它是和谱单并列的有关血统延续的记录方式。不论谱单还是谱书，最早出现的文字都用满文，至于何时改作汉文，还须深究。谱单和谱书一般会有谱序，它简略地记述了一个家族的历史，从谱序上面大致可以看到一个家族的来龙去脉。

所谓续谱或办谱，即或是展开谱单，将上一次办谱之后新生人员的名字用红笔添上，将去世的人的名字用黑笔描上；即或是重写谱书，谱书都是用黑色笔迹书写名字，但有的族姓去世的萨满用红笔写名，因为人们认为萨满不死。谱单可以用先前使用过的布单继续添写，谱书就是另一种情况。我们在石姓家族看到大量的以往龙虎年办谱时留下的谱书，他们并非在原来的谱书后面直接添写新人，而是重新造册，新写谱书，或许因此人们才说这样的活动是办谱。各支先前辈分的名字依旧抄写在新的谱书上，然后几个支系负责人安排人员将本支系现有人名一一按照辈分添上。最后形成的是每个支系一本新谱书。这样一来就能看到不同年代办谱的各姓各个支系的谱书，若保存下来，数量十分可观。今年各姓续谱中的谱单也有重新制作的，事实上，由于人员不断增添，谱单也不可能满足后代添写的需要，新换谱单是正常的事情。因此一个家族可能保留几个谱单。所以有的家族干脆只将祖先画像作为谱单，而后的分支繁衍表述只用谱书，形成谱单和谱书两种形式共存、互补的情况。如石姓家族就是如此。

在龙年办谱过程中，各姓对女性不上谱的旧习惯普遍进行了改革。因为现在一对夫妻一个孩子，男孩女孩都是家族的后代，道理上女孩应该上谱。这个改革涉及很多家庭，只有女孩的家庭感到欣慰，他们由此改变了被忽视甚至被歧视的尴尬，对参与家族续谱活动也变得十分积极。有的家族也主张媳妇上谱，但是有条件，即必须死后上谱，因为家族担心妇女改嫁。有的家族还主张将自己支系出现的大学生、硕士、博士以及各级国家干部的身份写进谱书，以此张扬家族的荣耀，鼓励后辈积极上进。龙年还出现了电子版谱书，比如莽卡村的杨姓，由于穆昆达本身是教师，有能力把自己家族的谱书制成电子版本，这样记载的家谱更利于观赏和保存。这份电子版谱书和杨姓家族的巨大谱单成为并行的两类家谱保存形式。

续谱，每隔十二年才举办一次，满族人一生当中至多能参加 5～6 次，所以满族人都把祭祖修谱当成人生大事，格外重视。即使有远离故土的族人，只要条件允许也会不远万里返回家乡认祖归宗，参加祭祖仪式。我们看到每个族姓都来了很多参加办谱的族人，许多族人远道而来，有的穆昆参加办谱的人数达到 400 余人，例如杨姓。杨国华 1951 年出生在莽卡村附近的查理巴，父亲先出去工作，然后带他们一家到外地生活，平时跟家族的联系不算太多，这次是通过网络得知祭祖修谱的消息，为了赶上这次家族的盛会，在家过完春节，就踏上了返乡祭祖的旅途，一路奔波非常辛苦。但他认为很值得，他说：如果这次不参加，以后也许就没机会参加了，如果让自己这一支脉丢掉，对子孙后代没法交代。① 每个姓氏都有从北京、青海、黑龙江等地赶来的老人，他们都怀有深刻的家乡记忆和浓浓的亲情，把认祖归宗看作是心灵的朝圣。外地到来的族人都受到了热情的招待，被安排在村子里自己穆昆（家族）的人家住下，他们的到来更增添了家族欢聚的气氛，也使得穆昆组织的价值更有现实意义。

对比祭祖，续谱的方式相对简单。续谱开始时燃放鞭炮，各姓会在谱单悬挂后，在其前面摆上水果、馒头、点心、酒、香等作供品。谱单一般挂在北墙，也有挂在西墙的。有的家族谱单太宽要占据整个西墙和北墙。一般而言，家族穆昆达或家族长老会在磕头之前面对谱单讲几句话，表示对祖先的尊敬和问候。之后穆昆达及家族长辈开始磕头，之后根据辈分排序，一辈接一辈地集体磕头。晚来者随到随磕头。续谱时间的长短根据家族人员多少而定，也根据事前登记造册的准备情况而定。这个阶段，纷纷有人前来查看自己和家庭成员名字登记的情况。负责往谱单上、谱书上填写名字的人比较忙碌，或走家串户登记一个个成员的名字，或在登录处根据不断到来的人的需求不停地添写名字。续谱时，有的家族会准备一头猪，在即将结束续谱时杀掉，然后族人竞相庆贺，团聚一处吃肉喝酒，畅叙亲情。有的家族会把猪头供到谱单前面，有的家族在谱单前的供品十分简单，只有酒。这与满族祭祖仪式不同，没有杀猪摆件子的程序，也没有萨满跳神内容。

在满族有"谱单不与祖爷见面"的习俗，祭祖爷（或家神祭祀）都是在谱单收拾好之后才能举行的。如萨满关连福所说："谱不收鼓不能响。"即谱单不与祖爷（神案子）见面。满族石姓、杨姓、关姓，都严格遵照"不见面"的原则来安排祭祀程序，这种信仰禁忌被世代遵守。根据所见情况来看，续谱和家神祭祀并不属于同一祖先崇拜系列，也不必然地连续举行，壬辰年办谱的一些家族并没有举行祭祖仪式。

---

① 采自孟盛彬电子本调查报告。

二 家神祭祀

在满族民间，家神祭祀也被常常说成祭祖或祭祖爷。家神祭祀或祭祖是满族依据血缘关系举行的家族祭祀活动，它祭祀的不是谱单或谱书上的各代祖先，而是家族传下来的各路神灵，以及能够把这些神灵传下来的各代萨满。这些萨满传袭神灵的方式就是死后回到族里抓新萨满。随着时代变迁，一些"家萨满"（即神抓萨满的助手，或非神抓但主持家族祭祀的萨满），甚至穆昆达也被家族"封神"，从而成为神案子上的神灵。

家神祭祀或祭祖的最重要象征物是神案子，它或是用绘制的图画，如石姓；或是用各种象征物来代表，如关姓用梭利条（即布条或绸布条）来表示。满族石姓有家神案子和野神案子，它们都是家神祭祀的对象，石姓的家神案子和野神案子上的主神都是超哈占爷，即长白山主。在石姓家神案子上的另外两个人物是辅助长白山主的二位侍从。在石姓野神案子上，长白山主下面排列的神楼里面是石姓去世的前几代萨满。关姓只有家神案子，所祭祀的是自己族里传袭下来的神灵和去世的先辈萨满。所有神案子都在西墙，平时在西墙上面有祖爷板，祖爷板上有祖宗匣子，祖宗匣子里装的是神案子和其他具有神灵意义的器具等。因此满族以西为贵，祖爷板下的炕沿是不能坐人的。

满族俗称的祭祖爷一般分家祭和野祭。家祭主要有四个项目：西墙祭祖、背灯祭、换锁（或索）、祭天。

西墙祭祖，即面向西墙上的神案或神龛，由萨满主持的祭祀神灵的活动。按照祭祀供品献祭程序又分祭饽饽神和祭肉神。前者指做打糕祭祀，其中包括淘米、震米、蒸米、打糕、制糕、供糕各个程序。祭肉神是指杀猪祭祀，包括抓猪、领牲、杀猪、摆件子各个细节。在整个过程中萨满要穿萨满服装、系腰铃、手持抓鼓；另外还有抬鼓手、帮鼓手数人，他们配合萨满的鼓点、舞蹈、唱诵，以及制造火爆的祭祀气氛。每个祭祀程序都有固定的萨满唱词，萨满用满文演唱它们，因此各姓都有满文祭祀文本传世。每个姓氏的萨满还有自己独有的舞蹈方式、祭品种类与祭品摆放方式，从祭祀形式上看各有千秋，很有观赏价值。

背灯祭是指关灯闭户，在黑暗中举行的祭祀形式。具体的祭祀对象，从满文萨满祭词来看，多种多样。我们看到的杨肇家族祭祀的是敖都妈妈；有的族姓背灯祭是指祭星，如罗关家族，人们在熊熊燃烧的篝火旁祭祀星神。

换锁（或换索）祭祀的是佛多妈妈，在清代宫廷的爱新觉罗家族祭祀中，这个神灵的全称是佛立佛多乌木西妈妈。这个神灵是保护儿童出生和健康成长的，神位的象征物是一个布口袋，俗称妈妈口袋，里面装有子孙绳。平时妈妈口袋就挂在祖爷板稍微北侧下方的钉子上。祭祀时，将妈妈口袋里的子孙绳拉出系到外面事先栽好的柳树上（石姓和杨姓是挂到与妈妈口袋斜对角的堂屋东南角处的柳枝上）。子孙绳子上面挂有布条、弓箭和锁。每个在上次换锁之后生了女孩的家庭，在子孙绳上挂布条，生男孩的家庭挂小弓箭。每个家族还用三根不同颜色的线做成一尺多长的线条（有的家族还在线条上缝上一小布块），即为锁（索），用来挂在孩子的脖子上，保佑他们健康成长。壬辰龙年的情况是，杨姓、石姓家族将锁线挂了所有家族成员的脖子上，关姓则只给儿童挂锁。以往挂锁之后，在仪式结束时或下次祭祀时，将锁线挂回子孙绳上，所以在石姓、关姓的古老的子孙绳上都有锁。但杨姓是将子孙绳及上面的饰物全部送到江中，顺水漂去。

祭天并非像通常所理解的那样是专祀天神阿布卡恩都立，它只是祭祀的对象之一。在民间祭天俗称给外头，祭天时要立神杆，用它来捆绑给神灵的各种祭物。神杆的方位在东南，而祭祖的方位主要在西北。祭天时有的家族萨满不穿萨满服，不系腰铃。祭天所杀的猪要切成小块与米饭一起蒸制。祭祀后族人会将放置各种祭祀物的神杆送到河水中或向南 100 米之外的荒野，送走神杆之后，参与送杆的人绝不能回头看，而是匆匆往回赶。

西墙祭祖、背灯祭、祭天一般都会杀猪，换锁（索）时的祭品，在关姓、杨肇穆昆主要是鱼。鱼象征着繁衍、兴盛。

这次家神祭祀，石姓家族还举行了野神祭，神灵降临时，萨满表现出昏迷、被附体的状态。每位神灵降临，萨满与主要助手（即栽力）都有问答。萨满还会按照常规套路，手持降临神灵表演时必需的神器，展示不同神灵的舞蹈。杨姓的祭祀中，萨满也通过附体的示范来表演各种神灵舞蹈，展现神灵到场的姿态。

家神祭祀是神圣、严肃而火爆的，所有参与人员都要遵守祭祀规矩，不能违反禁忌。家神祭祀之前要占卜，确定祭祀日期；萨满也通过占卜与神灵商量，请求神灵保佑祭祀顺利。关姓的萨满在祭祀期间要住在堂子里，不能接触有"污染"的人和事。杨姓在大祭前要求萨满沐浴净身，不得有房事。祭祀祖先的打糕要由没有到月经期的小女孩来做，以示人和供品都干净。家神祭祀有很多规矩，其中最重要的是不准说脏话。关姓传说，2000年跳神时人特别多，看门的人不让某些人进来，由此一位女子说了句脏话，结果回家就病了。后来她知道自己得罪祖爷了，就赶紧回来请罪，请罪过后病就好了。依照老传统，神对供给他的祭品有严格要求，包括屠宰猪所用的刀具，宰猪的刀法、捆绑喜猪所用的绳索和系法，不得任意为之，以表示对祖先的崇敬。神灵领牲是通过萨满用白酒或净水灌入猪耳内的方式，如果耳朵动了，说明神灵接受了献牲。如果猪耳朵不动说明神挑理了，萨满和族人就要检讨自己的过失，反复请求原谅，一次次灌酒或水，直到猪耳朵扇动为止。

在家神祭祀中如违反禁忌，后果是很严重的。在关姓萨满祭祀过程中，萨满突然倒地，表示出不满。据萨满解释，在罗关穆昆的祭祀中，有些神器摆完后有人动了，祖爷生气了，于是萨满倒地，发声斥责。全家族人赶紧跪成一片请神息怒。有的族姓传说，在祭祀时有人将祭祀的猪头拿回家去，结果拿猪头的人死掉了。在关姓祭祀的时候我们看到一人请求萨满在神前道歉，因为他的孩子在吃过祭祀的猪骨之后，将猪骨头递给狗吃，结果孩子生病了。于是萨满在神前反复吟诵神词，经过萨满与神沟通后，孩子的病情不久便好转起来。石姓传说，在龙年祭祀时，某个来访者不小心碰倒了供品，后来这个人病了。经过萨满占卜得知是得罪了某位神灵，萨满代他向神灵道歉，于是病人的状况得到缓解。关姓有人讲述自己在家族祭祀祖爷时说错话，把"子子孙孙"说成"孙孙子子"，结果孩子不会走道了。于是赶紧请萨满在神前给叨咕叨咕，承认错误，萨满叨咕完了，孩子的腿就能走路了。对此关姓族人关玉武说："每个民族都有宗教信仰，对人们有一种约束，这对国家和社会秩序有好处，我认为萨满能够存在下去"。

三 续谱、家神祭祀——满族文化象征的当下实践

人类的亲属关系既是最自然的情感关系也是最基本的社会关系，关于祖先的记忆和尊崇是最古老的文化表述，它与亲属关系有内在的一致性。满族的续

谱与家神祭祀，是一种与血缘关系完全一致的传统文化实践。它们作为满族文化的一个范式，储存、传承的是现代族人与两套祖先关系、族人之间关系、群体性质、群体生活规则、个人道德约束等信息。它们不仅是满族文化历史的特定之物，也是一个用来承载历史和现实家族成员的生活意义、族群情感、人际伦理的社会实践。因此满族人对于它们保持了长久的回应。

满族这样的习俗活动有一种延续下来的固有价值。这种"固有"的某些"恒常性"似乎说明这样的活动在某些方面或某些程度上具有满足不同时代社会与心理需求的一般本质。当然"固有"的东西也是相对的，我们只是根据观察到的现象，在已经变化了的当代满族穆昆的生存条件下，分析某些传统文化对于当下满族人的价值和意义。

满族家神祭祀有一套信仰、实践和组织系统。在神圣的祭祀空间里，人们关注神灵，即一种实在的力量，人们往往会将自己置身于神圣实在之中，相信在献祭或其他神圣表演形式中，他们会得到保护或改善。因此一种积极的预期，构成了穆昆成员对传统祭祀依赖的基础。就像关姓媳妇邱桂红说的："心里有一种期盼，对祖宗恭敬点，对咱们有好处。"很多族人也认为，祭祖爷神，族人就会太太平平，人丁兴旺，祖爷保佑大家平平安安。他们相信在遇到问题和困境时能够获得祖爷的调节和保护。萨满关长福说："我们家以前很穷、困难，但是自从我祭祖之后，我觉得我受祖爷保护，家里好了很多，孩子啊农业收成啊都占中上等。我骑摩托车摔过两次，结果都没事，我觉得都是因为我们敬祖，是祖爷保佑的结果。"所以他说："我义务做这件事，是让老祖宗乐乐呵呵，保佑我们族人，这是最主要的。"

满族人家都有很多关于祖爷的故事，特别是受到祖爷惩罚的故事，在上述那些叙述中我们能够领会到，满族家神祭祀以神灵的方式提供了人与社会道德之间的伦理观念，每个人都要为自己的错误负责，要通过经受损失、磨难、自我否定，才可获得救赎。所以有萨满说："我是萨满，偷鸡摸狗、打架的事儿都不能做。"

我们在关姓祖宗匣子下面看到一副红纸黑字的对联，右边联上写着"孝父母月月平安"，左边联上写着"敬祖宗年年增盛"，横批是"永言孝恩"。可以看出罗关家族祭祀祖爷是与"孝"文化的提倡融合到一起的。有萨满说："敬祖爷，就像孝敬你的父母一样，不敬祖和不孝敬父母，你有再多钱，在世界上唾沫星都能淹死你。"

所有这些都使我们体会到家神祭祀通过祖爷神灵构建的那种世界观的底色和作用，很多人依旧认为，家族神灵真实而有效，能够内在地呼应人们对它们的需求。在满族穆昆世界已经大为改变的当今时代，家神祭祀还在某种意义上作为血缘家族群体精神生活的源头活水，传递着传统伦理价值和一种公认的思维系统，这是难能可贵的。这样的作用不仅使仪式仍旧包含神圣性、凝聚力，也使得它能够引发出某种意义上的正面情感，由此对参与者产生引导、催化和影响的力量，进而有益于维护穆昆的神圣性。

续谱也像家神祭祀一样，它作为一种文化上的既成习惯，有自己的文化价值。家族谱系和家神系统是满族家族血缘关系认同的基本方式，处于满族血缘文化价值的核心，能够反映一个家族的与众不同，可以代表这个家族的文化特征，因此我们可依据家族谱系和家神祭祀来对满族各姓的界限和复杂关系进行理解。或许可以说，续谱、家神祭祀这种活动的持续，使得穆昆组织的重要性不断强化，穆昆被理解为一种集体需求的象征，让抱有各种意义需求和心理支持的形形色色的人所期待。

我们观察到，续谱与祭祖活动中最常见的是本族成员对自己的群体和文化界限的尊重与骄傲，由此对族中事务表现出极大的热情和奉献精神。关连玉，男，1997 年生人，正在九台市三中读书，为了这次活动特意从九台赶过来。他说："名字上谱之后有种自豪感，有种对祖先感到骄傲的感觉。我有一个想法，以后有钱了，就把这样的活动搞得更大。"1951 年出生的关连晨说："祭祀活动告诉我们家族怎么回事，让大家有一个了解。先尊重你的家族为家族做事，才能为国家做事，先为小家，再为大家做事。一个家族在一起，高高兴兴，兴兴奋奋，挺好的。"关氏家族在外界最有影响力的关长玉说："祭祖活动不要隔那么长时间，几年可以搞一次，钱不成问题，不要担心，要搞得红红火火的，这样家族也能发展，越来越兴旺"。关云蛟是关姓家族文化的主要知情人和研究者，他说："烧香祭祖是我们民族的传统，也是我们家的传统，自古以来，就有每到龙虎年祭祀祖先、歌颂他们的功德、继承先人遗志的习俗，我们祭祖就要把家族团结起来，为国家、为民族作出更大的贡献，这是祭祖的主要目的。"

任何仪式都不是一种私人的状态，而是一种公共行为，参与仪式意味着对公共秩序的接受。在活动中，大多数人都遵守习俗惯例、族中规范、群体目标，这样的社会秩序对于穆昆的基本伦理价值以及对个人的心理需求都具有维护作用。我们最有感触的是，参加仪式的很多人都在积极主动地为祭祀活动出力，人们彼此承担仪式的任务，这本身就是道德。在祭祀场地很多人主动地做帮手，有人扫院子，有人劈柴，妇女们不声不响地切菜、烧水、做饭。他们认为烧香祭祖是满族人家的大事，都想为大家出把力。当看到上年纪的人也参加劳作，就会有人吆喝："你们上岁数的应该上炕坐着看看就行了"。1984 年出生的关连飞第一次参加这样的活动，觉得挺神圣的。他认为有责任和义务去做族中需要的事，做锅头（祭祀中的祭品制作人）也愿意。以后做任何事情都会想到祖宗是不是让做，祖宗不愿意的事情不能做。1951 年出生的关连厚说："作为一个家族要有一个凝聚力，要团结。这次办谱不管在哪，长春的、吉林的、哈尔滨的、南方的都往回赶，12 年一次，大家互相见见面，互相认识了，挺好的。我对家族的事很有感情，常常给孩子讲家族史。现在党的政策好，我们得保护啊，族长要有接班人，萨满也得培养，不然会接不上流的。这种活动好处非常大。"不难看出，这样的活动有助于培养维系穆昆的亲属感情，使人们主动地去做对穆昆有利的事情，也约束那些对穆昆不利的自私行为，强化了穆昆组织的伦理认同，也避免了一些穆昆内部的矛盾冲突。

续谱和家神祭祀并非空中之物，它是在传统文化与当下需求的互动中发生的。作为一种既成的文化供给资源，它们能够在一定程度上满足族人之间亲密交往的渴求。我们看到，对于客观的亲属关系或亲族关系，人们有着难以割舍的情感。当一个族人被纳入一个共同的祭祀关系网时，他们就会正式地或非正式地相互交往，这种交往既是个人主动选择的，又是传统文化供给的。杨姓的杨长春说："这样的活动对家族发展挺有好处的，发扬家族文化啊，对后世有重大的影响。不通过办谱，家族再大，枝再繁盛，没有亮谱这事，也聚不到一块啊。家族人都来了，彼此都有沟通，互相办事也有沟通、照顾啊，有老大关系了。"23 岁的关连生，祭祖那天的上午主动帮着砍柴，他表示，家族活动组织者让他干啥就干啥，希望多帮着忙活忙活。他说："祭祀祖爷、祖先，挺有意思的，可以结交好多不认识的人。将来结婚了也会带着孩子回来参加家族活动。"也有人认为："祭祭老祖宗，上上谱，就知道一个家族系统，到哪都知道谁是一个家族的，这样办事方便，到哪都找我们家族的队伍。"可见这样的活动加强了穆昆作为连接其他社会行为纽带的作用，会与穆昆成员的日常生活和社会联系活动结合起来。

当然，现代的满族穆昆成员不仅仅是穆昆文化的继承人，他们也接受了很多穆昆之外的文化影响，作为生活在现代社会需求中的人，大概不宜过多估计穆昆文化对于个人的作用，更应该仔细分析穆昆这种活动所对应的一般的社会心理基础。比如，对于亲情归宿的渴望，生活在当下的人有可能都有这类的心理需求，满族穆昆恰好有一个自己传统的渠道来与之适应。从这个意义上来说，他们是幸运的。

我们也注意到，在外部大环境的影响下传统文化在时代变迁中也逐渐贬值。时代变化了，传统文化系统无法充分满足人们的各种需要，而外部文化却使他们大大受益，对于新文化系统的认同使很多人获得了自尊，新的价值观也发展起来，传统文化的允诺已经变得可有可无。所以一些族人对于穆昆的活动可以按照自己的好恶来决定参加与否，对此类活动支持的力度因人而异。

龙年满族的续谱与祭祀家神并非传统原型，而是在当下的情境中对原有传统的复制，这种复制不是简单地再生产而是在延续中改变。参加仪式的很多年长者都看到了这种改变。关长德是1940年生人，他认为："过去烧香比现在麻烦，那可真是枝儿是枝儿，蔓儿是蔓儿，过去那些老人现在都没了，现在的年轻人有的会，有的也不会，都简单了，粗枝大叶不那么细求。"71岁的关云珊，在接受采访时说："我参加的多了，有七八次了，以前跟现在差多了，老萨满在的时候好，他们熟悉呀！以前，老萨满说的满文多，现在少了，以前要两三个小时，都用满语说。现在的萨满不知道是学不会还是师傅没教，虽然也是用满语说，但太简单了。"73岁的关玉武认为："整个仪式跟预期的想法不太一样，感觉有点乱，有些东西也在变。"关姓此次祭祀时有萨满穿色彩斑斓的萨满服、戴神帽，而1986年那次祭祖活动，当时的老萨满关云刚和关云章都没有戴神帽，而只身着白大褂。族人说，这些神帽和萨满服都是后做的，都是对其他各家的模仿和对文献书籍中记载的参照，是为了突出满族文化特色，使人看起来更像是一个地道的民俗活动。也有人说，服饰上的变化也算是变革之一，以前没有神帽，光头，穿白布衫，现在不一样了，都是硬加的。一些人对于现在仪式中加入的秧歌表演，甚至是各级领导讲话的仪式，觉得奇怪，也有人说这是必要的变革之一。

总之，在一些人心目中存在一个大都理解或意识到的有关续谱、祭祖的惯例和仪式结构，这为我们很好地理解传统文化的遗存与变化方式提供了一个有价值的参照系。龙年满族的几个案例表明，文化遗产不是固定不变的，它是与外界不断交流、不断更新的人类创造物。我们看到的是满族传统文化的更新过程，而不是它固有的样式。

四 举行办谱、祭祖活动的动力分析

如果我们要思考某种文化维持的模式（比如，满族的办谱、祭祀活动）就应该在其与当下道德体系、社会需求、经济目标互动的价值之中展开探讨。

续谱、祭祖基本是在传统血缘关系内部展开并获得支持的，在传统血缘关系、社会结构稳固的阶段会对家族成员的生活产生系统的影响，仪式组织者的工作也会得到普遍的支持和肯定。而当下中国社会越来越开放，由于社会交往的扩大和政治的开放，不同族群之间的流动加强，通过与外部文化的接触，个人的文化选择渴求和能力越来越大，其中包括个人对宗教信仰的选择机会和能力都在增强。在中国的一些少数民族中，原生宗教信仰正在失去信仰者，失去正统的社会地位。

正是这样的环境条件提醒我们，即使续谱、家神祭祀是满族"天生的"文化传统，有着"命定"的生命活力，但在整个社会结构变化了的环境下，特别是经过"文化大革命"的破坏以及近几十年经济、文化转型的过程，它们的重现一定与某些个人和群体的需要有关。

就我们的观察，有这样几种动力不容忽视。

1. 情感动力。一个民族、一个国家都有精神文化传统，在漫长的历史发展中，它长久地作为支撑人与社会发展之间互动的精神力量和价值源泉。在当今时代，中国经济社会高速发展及其催生的物质主义对文化精神的挑战日益加剧。社会正义的脆弱、生活意义的缺乏，生活方向感和幸福感的缺失、社会诚信的危机、伦理底线的失落，这些都使得人们产生道德与文化饥渴，以及人们对健全社会发展的需求。满族人也像其他各民族的成员一样，不约而同地希望通过发掘、再造自己的传统文化实现心灵回归；或者在现实发生矛盾的情况下借助传统文化，获得缓解通道或谋求解决冲突的途径。

因此我们在仪式中看到浓烈的亲属感情、无私的参与热情、平等的交流气

氛，就在这样的环境下穆昆的共同价值基础、社会规范、集体利益、情感召唤力获得了充分表达。

当然获得这样的效果是与穆昆精英殚精竭虑的努力分不开的。任何一个穆昆的续谱、家神祭祀活动都是通过家族精英发动、组织的。为了这样的活动他们付出的辛苦难以想象。谈到这次修谱准备工作的艰辛，杨姓年轻的穆昆达感慨万千。他说，这里的故事比较多，人有五指，指指不齐，家丑不可外扬，不能往外宣传。个人知道怎么难就行了。不管怎么说，要感谢深厚的传统文化，没有我也许还会有其他人出现做这个事情，好的文化是不会断的。谁糟蹋这个文化我一定要讨个说法。

我们观察到，在举办修谱、祭祀仪式中最辛苦的总是几类人物：穆昆达、萨满、锅头、穆昆知识分子、穆昆中的其他精英，这些人都付出了很多心血和劳作。一般而言，他们也是最积极的文化保护者，对周围的异化环境很反感，以认真自觉的方式来保存满族文化。由于唯恐自己穆昆的风光不再，多数人自认为有坚守文化的使命，理性地复兴传统常常是他们最为看重的方向。

在仪式现场，关姓老锅头关云多脸上挂着笑容说："我传了四个（新锅头），很高兴，像完成了一项任务一样，毕竟有继承人了"。萨满关连福说："我有一儿一女，孙子今年都3岁了，下一次烧香时候他正好15岁，没有合适的萨满人选，我就传这个孙子，一定要传承下去"。杨姓老族长杨长海说："尊敬祖宗能没有意义吗？这是对祖宗的奉献，老祖宗对我挺保佑的，家庭和睦，顺顺利利地都是祖宗保佑的。我想让祖宗保佑全族人，所以办这个事儿。办这个事儿增加了族人的凝聚力，更加团结了，我觉得挺好。"

满族的活动告诉我们，一个文化土壤里总有自己最基本的满足生存需求的东西，就像我们生存需要阳光和水一样，我们精神的生存和成长需要的这些基础，也是培育后人的养料。

2. 保护文化遗产的动力。在当今提倡文化多元化的政治语境中，很多族群精英以维持族群原始身份作为群体自我保护并寻求外部支持的手段。为了让家族传统获得更高的知名度和正统性，有的族姓先是为所聚居的村落申报民族乡，得到批准后再争取政府资金修建民俗室、家族堂子。我们所考察的这几个穆昆都申报过文化遗产项目，现在关姓、杨姓、石姓的满族祭祖都被评为吉林省省级非物质文化遗产项目，以后还有希望晋升为国家级非物质文化遗产项目，这也成为各家争取办好仪式的动力之一。① 对于他们来说，争取到文化遗产项目就是得到了政府有关部门的肯定，政府就有可能通过文化遗产保护政策对传承人和传承家族进行社会声望和经济上的支持。他们认为，政府的支持是最重要的，这使他们获得更多的文化想象和实践空间。

可以这样认为，满族祭祀文化在当下扮演着重要角色，人们希望用它来体现特殊群体身份的价值。关云蛟在仪式现场接受采访时这样说："要把这种文化传承下去，这是一种原始的、古老的文化，我们家族被列为吉林省非物质文化遗产，搞这个活动就是让非物质文化遗产这个活化石活下去。"这与其他家族的想法相似，他们都希望通过祭祖、修谱活动凝聚家族力量，制造社会声势，使自己的家族在地方性互动中获得更多的信誉和竞争空间。

3. 开发旅游资源的动力。对于续谱、祭祖活动，关云蛟这样认为："要继承这种文化，宣传这种文化，弘扬这种文化，就要把萨满文化作为文化产业来开发，开办满族萨满文化的旅游，在政府的主导下，作出整体的规划，让国内外的人都能欣赏到古来神秘的萨满文化。"现在许多地方政府都在努力发掘文化遗产的有用性，特别是希望它能够带来直接的经济效益。这种渴望常常是各地不断申报文化遗产项目的动力之一。

萨满文化与旅游的结合是这几个家族都很关心并亲力亲为的大事。十几年来，每个家族为了配合当地旅游事业的开展，都进行过各种表演。无论在冬季开江捕鱼节上，还是在长白山文化旅游基地的仪式中，以及各种地方性旅游项目的安排里，这些家族的萨满被无数次邀请前去表演。这种表演除了向外展示自己家族的萨满文化特色之外，表演者和组织者还会略有些经济收入。甚至说，经济补偿在某种程度上，也是某些个人对萨满文化热衷的动力。但就整个情况来看，通过萨满到外边表演获得的经济利益是微小的，受益的只是少数人。如果能让萨满表演作为自己家族、自己村落的旅游资源，让萨满表演带来的经济效益全族共享，就更好了，这是某些家族精英更为关心的事情。但是这种整体工程做起来很难。直到现在，这几个家族仍旧在等待旅游局的召唤，随时准备为其服务。

我们承认，文化传承人就生活在复杂交错的环境里，不得不在经济利益与

---

① 见于孟盛彬的调查报告电子本。

传统文化之间进行调适，在自己传承的知识、技艺和现代化生活追求之间寻找变通。这样做的结果常常会出现这样的情况：传承人操作的一些文化表演仪式，在表演的时间和地点上并不符合它本来的规矩，从而淡化了它的精神内涵。传承人要根据旅游的需要对自己文化的内容和形式进行选择。在旅游地的表演中，诸种文化元素由于旅游需要不断地被置换、重组。传统的文化常常被简化为易于把握和利用的几组要素或特征，越来越成为固定的场景展演模式，文化遗产逐渐变得客体化、非历史化，人为的编排几乎把文化遗产塑造成凝固的东西，失去了它的精神活力。

文化遗产的保护是一项培育灵魂的工程，我们不能目光短浅地指望它们不断地给你增长财富，不能对文化遗产采取急功近利的功利主义的态度。既然文化遗产的保护是一项人类精神培育的工程，这个工程不是短时期就可以完成的。它要长期坚持下去，要花费巨大的心力去培养、教育子孙后代。如果一个民族要生存下去，这种辛勤的工作，就永无止境。

返回祖荫：满族石姓家族龙年办谱习俗的观察与思考

于　洋[*]

2012 年 1 月 24 日到 2 月 7 日间，在导师孟慧英教授的带领下，我们来到吉林九台小韩屯，并在当地的石姓家户中住了下来，在他们的生活节拍中进行我们的田野工作。我们重点的考察对象是石姓家族龙年办谱烧香活动，该活动由石姓家族成员于腊月三十至正月初八期间完成，共包括亮谱、拜谱、续谱以及收谱四项活动。在整个活动过程中，我们对活动空间、活动中的标志物、参与活动的家族成员以及三者之间的互动过程进行参与观察，并通过访谈获得了家族成员对该仪式活动的看法。石姓家族续谱活动再次表述了石姓家族的历史，熔铸了家族成员的生活情趣，作为一种历史想象的资源，它或许会一直成为家族成员实现凝聚的实践动力。

一　满族石姓家族概说

我们所调查的老石家是一个满族家族，现居于吉林省九台市胡家乡的小韩屯与莽卡乡的东哈屯，是一个由"一姓三支"构成的家族单位。据《九台县志》记载："九台县的满族最早为努尔哈赤统一女真各部落，转战南北后迁徙于此者，或为满洲八旗兵于打牲乌拉衙门当差者而留居于此者，开荒垦地，务农

＊　中国社会科学院研究生院在读博士生。

为业，形成村落"，① 石姓家族的情况大体上属于后者。据石姓家族的老人介绍，明朝时期，石姓家族应该在今天松花江下游与黑龙江汇合处，属于明代海西女真的扈伦四部中的辉发部，其生活"土俗居处，稍类建州，聚会为礼人持烧酒一鱼胞，席地歌饮，不食一菜，少有忿事，则弯弓相射"。② 在生计方式上，则是"不事耕稼，唯以捕猎为生"。③ 这个时期的石姓家族先人们，就常往返于祖居地黑龙江和牡丹江两地，收购土特产，并将这些土特产带回到辉发部，最后到抚顺、开原等马市进行交易。

明朝末期，在以努尔哈赤为领主女真部统一各部的过程中，石姓家族的祖先们经历过跟随努尔哈赤南征北战的戎马生涯，后被编入八旗正黄旗，并在盛京南部郊区的花月堡居住二百五十余年。清朝入关时，该家族曾随龙入关。该家族的先祖吉巴库曾官至总珠轩达，年迈后带领族人先是到乌拉街官通村郎通屯落户。吉巴库去世后，由于家族势力弱化，加之该家族与其他家族之间有冲突，又迁徙到今天的九台市胡家乡小韩屯与莽卡乡东哈屯，其中小韩屯有两个家族支系，东哈屯有一个家族支系。笔者这次调查的对象是小韩屯石姓家族。

小韩屯老石家现位于吉林省九台市东北部的胡家乡小韩村。小韩屯的老石家人用"一山三水六分田"来形容他们所处的地理环境。这个村屯是位于长白山余脉，松花江下游西岸的自然屯落。该地属于长白山与松辽平原的过渡地带，地理位置较好。九台市境内是一个半山、半平原丘陵起伏之地，小韩屯的地理位置属于典型的"半山区"，多有低山丘陵。该屯为四周较矮的一些土山环绕，这些土山覆盖着野生树木和植被，未被开垦。九台市境内的松花江、饮马河、木石河以及雾开河四条江河在各个地方村落中开辟出一些小的支流，为各地方村落的居民提供了丰富的水源。离石姓家族所在的小韩屯较近的就是松花江，松花江的干流分成一些小的支流流入到两屯所在地，当地人对这些为他们提供了水源的支流小河都有相应的命名。

由于四季分明，并且处于半温带、半湿润地区，小韩的老石家人也可以从周围的环境中获取较丰富的生态资源，松花江中的鱼虾，山上种类丰富的药材、

---

① 参见戴玉芬主编《九台县志》，长春市地方志编纂委员会，2001。

② 《寰宇通志》卷一一六。

③ 《皇明九边考》卷二。

野菜，以及像野兔、沙鸡等动物都是他们从事副业的良好资源。在这片土地上，现在的老石家人，主要以从事农业劳动为生，种植有玉米、水稻、大豆等作物。俗语说："一方水土养育一方人"，不难想象，在过去百年里，老石家人就是在这个依山傍水的环境里，来展开他们的日常生活，他们同自身周围有着直接感知的每一座山、每一条河、每一块土地、每一种动植物打交道，逐渐形成了一套对待周围环境的地方性知识。利用这些知识，老石家人通过协作创造性地从周围的环境中获得财富，在与周围环境的共处中得以栖居，使得家族共同体的生命得以延续。

二 返回祖荫：石姓家族龙年办谱活动过程

（一）亮谱

在满族家族的社会生活中，有逢龙虎年，或者是红鼠年亮谱、续谱的习俗。所谓的"亮谱"，就是在春节期间，将家族的族谱从谱匣子中取出后并悬挂起，供族人瞻仰并祭拜。而"续谱"则是指在"亮谱"的同时，在前一次修谱后的谱书基础上，将家族新添的人口写到谱书上。我们所调查的满族石姓家族也一直保持着这一习俗。据石姓家族穆昆达石清帅介绍，石姓家族向来都有"亮谱"和"续谱"的习俗，在他的记忆里，从新中国成立前一直到今天，石姓家族的成员一直沿袭着这个习俗。2012 年是龙年，石姓家族的穆昆达们经过商议，决定在今年亮谱、拜谱并续谱。需要说明的是，石姓家族在虎年一般只亮谱，而不续谱。在他们看来，"虎崽子"一般都很稀，所以这一年要是续谱的话，可能会影响到本家族子孙后代的兴旺，选择在这两个年份的目的是希望本家族的子孙各个生龙活虎，彪悍无比。

从前一年的腊月起，石姓家族的穆昆达们就开始谋划这次续谱活动。我们通过这次调查了解到，在总穆昆达石清帅和石文纪的组织下，石姓家族的各穆昆达于 2011 年 12 月 13 日在小韩屯的"谱房子"中开了一次家族会议，主要的议题就是商讨关于 2012 年小韩屯石姓家族龙年办谱烧香活动的事宜。除了两位总穆昆达之外，这次活动的主要参加人员还有石姓家族各支系的族长石文岩、石文学、石晓辉、石晓明、石文远、石清有、石清真、石文纪、石文泽和石文林。

　　这次办谱烧香活动的费用要由"户下"承担，以具体的家户为单位，每户需上交200元钱。会议结束之后，各分支的穆昆达将意见传达到具体的家户之中，并做一些动员的工作，对于那些散居在外的石姓成员，其所属家族支系的穆昆达则通过打电话的方式通知办谱的时间，动员他们按时回到小韩屯参加家族的活动。在办家谱之前，石文学负责把神猪、槽盆、香炉等仪式活动中要用的物品都要准备好。

　　据穆昆达石文纪向笔者介绍，在过去，"接谱"是办家谱的第一项，届时须由穆昆达带领各大支的穆昆达等人到上一年负责伺候祖先的家户中将家谱接来。一般多在太阳还没有出来之前前去接谱，到了上次供祖的地点，在穆昆达的带领下按先长后少的辈分给族先磕头，然后用满语说道：您的后辈子孙时刻不敢忘记先祖的恩德，如今旧月已过换新月，在此吉日良辰，特来请祖先到某地享祭。然后，几位穆昆达才能将放有影像谱的谱匣子和谱书的谱箱子抬走。原来供谱之家必须跪送，表示对先祖的敬畏，等到谱匣子和谱箱子抬出大门，这家人才能够起身徐步相送。自从家族的成员石文炳出钱给家族购置了一间"谱房子"之后，家族的家谱和神案子就一直被放在谱房子中接受族人的敬仰和供奉，所以在这次办谱的过程中，我们没有见到石文纪所介绍的情形。小韩屯石姓家族的"谱房子"离六太爷支的家族成员石晓明家较近，平时逢年过节由石晓明负责祭拜谱房子中的各位神灵。每年年三十的下午，石晓明都要给"谱房子"的各个神位上香摆供。如果不遇龙虎年，过年的时候，只需要在谱匣子前摆上供品，上香敬拜即可。每逢龙虎年，在三十下午都要将影像谱从谱匣子中取出并悬挂起，然后接受族人的瞻仰和祭拜。其目的是希望本家族的子孙各个生龙活虎，彪悍无比。

　　由于今年是龙年，年三十这天下午两三点钟的时候，在栽力（侍神人）石清真的主持下，七大支的穆昆达和总穆昆达在净手后，将影像谱从谱匣子中取出，悬挂在谱房子的北墙上，接着是磕头跪拜。在谱房子内悬挂谱的同时，谱房子外面是鞭炮齐鸣，借此表达先祖又一次和后代子孙团聚之乐，而后代子孙也可以借此来目睹先祖的英姿和尊容。与此同时，栽力石清真老人也给"谱房子"内的"祖爷板""南炕""佛多妈妈""奥都妈妈"的神位前点上"年期香"。

　　这时，锅头（祭祀中的伙夫）石中海已经将供品准备好了，供品主要是用面粉蒸制的馒头。在用馒头摆供之前，锅头将红纸放到少许的水中浸泡，这样水就被染红了，接着石中海用筷子头在染红的水中蘸了几下后，将筷子头点向馒头，就这样每一个馒头上都点了三个小红点，像一朵花儿。接着由石清真老人摆供，由于影像谱上所绘的先祖有九位，所以需要摆上九份供品，每一份供品由五个馒头构成，其中三个馒头呈三点被紧凑地摆放在一起，在这三个馒头之上是一个馒头倒过来摆在其上，然后又有一个馒头正着摆在上面。供台由红砖叠起，上面铺的是红布。每一份供品的前面都放有一个香碗，在所有的香碗前还有一个"主香碗"，香碗里面装的是大米，点的是"汉香"，也称为"长香"。

　　2012年农历正月初四早上，在穆昆达石文纪的带领下，我们来到了小韩屯石姓家族的"谱房子"，此时家族中的"影像谱"已经悬挂起。这张影像谱是道光十八年五月二十日修成的，上面标有满文。在"家谱"前跪拜之后，笔者对这张影像谱进行了仔细的观察。这张影像谱长约为三米，宽约为两米。该谱的两侧分别写道："福如东海长流水千古永久，寿比南山不老松万年长青"，顶端写有："永言孝恩"。该影像谱以白山黑水为背景，顶端部分的右边绘有太阳，左边绘有月亮，天空中同时飞有各种鸟类，天空下边是高山流水，影像中标出来的山有长白山，山中长有树木。河流有鸭绿江、一步三江、爱辉河、胡敦河、辉发河等，河边有鹿、狼等动物，江中还有乘船的人。在长白山脚下绘有一间房屋，边上标有"倭力和库"的名字，据石姓家族成员介绍，他即是先祖吉巴库的父亲，该影像谱并没有对其进行影像绘制。接下来便是祖先的祖神楼，顶端是先人吉巴库。在吉巴库的下端是其子萨喀奈，萨喀奈的下端绘制的是他的七个儿子，就是小韩屯石姓七大支的七位先祖。这七位先祖的座次分别是，正中央是大太爷，大太爷的两边分别是二太爷和三太爷，以此类推。影像谱的最底端绘制的是两位看门的门童，门外还有马、鹿以及鹤等动物。

　　每年大年三十晚上，石姓家族的男女老少都要到谱房子里去，并在谱匣子前磕头，初一的时候还要再次到谱房子给先祖行礼拜年。做完这件事情之后，才能够给家里的老人以及长辈们拜年。石晓明告诉笔者，由于今年来一些散居在外的石姓家族成员不能及时赶回，所以在正月初三这天收谱之前，一直都有家族成员前来拜谱的。在不续谱的年月里，一般在正月初三的下午就要将谱收起来，在收谱之前，穆昆达们要给先祖的谱前换上新的供品，同时磕头上香，并在先祖前祝福祈愿，求得祖先佑护后代，使家族兴旺发达。等到香燃尽后，人们便可以将谱收起来。

（二）拜谱

由于 2012 年龙年小韩屯石姓家族要办谱，所以家谱要一直等到续谱结束之后才能收起来。在以后的这些天里，陆续有人前来拜谱，尤其是那些散居在外的石姓家族成员。正月初二过后，一些散居在外的老石家人，为了参加家族的办谱活动，陆续地开始从外地赶回来。那些从外地赶回来的老石家人，回来都住在了小韩屯本地的家户中。笔者在调查的过程中，见到了这些从外地归来的家族成员来到谱房子拜谱的场景。到了谱房子之后，在穆昆达石文学的引领下，他们首先给西墙上供奉的"祖爷"磕头，然后在给北墙上故去的先祖磕头。做完这些仪式之后，他们开始到族中的长辈家中拜年，和分别已久的亲人热切地攀谈。

在小韩屯石姓家族的谱房子中，笔者见到了这些老人们相见的场面。拜完谱后，这些多年不见的亲人们能够借助此次办谱活动的机会得以相见，彼此之间握手拥抱，有的甚至是喜极而泣，然后促膝长谈，很是亲密，这一场面令人十分感动。

在拜谱的过程中，除了年长的人之外，还有一些石姓家族的中年人从外地回来拜谱。家住在沈阳的石文华就是专程回来参加续谱活动的。他告诉笔者，他是二太爷支的石姓后人，其父亲是出生在小韩屯的，现在已经去世，石文华本人出生在吉林桦甸的城郊乡，后举家搬至沈阳。石文华本人一直都与小韩屯的家族人保持着联系，近几年小韩屯有些青年到沈阳打工，石文华也通过一些个人的关系帮助介绍工作。

同时，也有一些年轻的石姓家族成员回来拜谱，其中不乏女孩。一位从长春市来参加办谱的女孩告诉笔者，她从小到大只听到爷爷奶奶或者父母们提起过小韩屯，却从未来过小韩屯，也不认识自己家族的人。通过这次办谱活动，她才知道，自己的家族竟然有这么漫长的历史和丰富的文化，她以后要参加到对家族文化的保护和传承中去。另一位石姓的男孩在石姓族人的陪同下，亲自到石姓家族的墓地去祭拜。在祭拜的过程中，男孩跪在祖先的墓碑前，磕头并焚烧纸钱，很是虔诚。对于这些年轻人来说，他们的生命又多了一个"共同体"意义上的维度。在拜谱的这几天，石姓家族的总穆昆达一直待在谱房子里，向前来拜谱的人介绍这次办谱活动的相关事宜，还给家族的青年讲述家族的历史，祖先故事等。

正月初六是续谱的日子，早饭过后，家族成员纷纷来到谱房子等待续谱。此时，谱房子的周围环境已经经过精心的布置。在小韩屯的主街上悬挂有三条横幅，前一个上面写有"弘扬家族文化，共建和谐社会"，第二个横幅上写有"传承家族美德，弘扬民族精神"，第三个横幅上写有"弘扬家族文化，展示地方文化"。谱房子外面的大门也是焕然一新，上面已经插上了松枝，大门的顶端插有一面五星红旗，五星红旗的底下挂的是满洲正黄旗的旗帜。两边有用满语写的对联，意思为"喜居宝地千年旺，福照家门万年兴"。横幅为"满族锡克特里氏壬辰龙年修谱"。进入大门来到谱房子外面，笔者见到一张用红纸贴出的公告，上面写道："上谱程序：新来人员先到族谱前跪拜后，到各支穆昆报道等级，交钱上谱。上谱：把各家需上谱的后人登记全，特别是'清'字辈之后的女孩，需回忆周全、上全、补齐、不漏。"

早晨八点钟左右，老栽力石清真开始主持全家族人的拜谱。在拜谱之前，小栽力石宗波在影像谱前的供台上上香摆供品，先是摆馒头，每五个馒头一份，一共九份，馒头前对应的是供果，包括橘子和苹果。然后，在供台上的香碗中点上汉香，每个香碗三根，先是主香碗，然后是主香碗后面的香碗。石清真告诉笔者，之所以点上"三根"汉香，是符合"佛一神三鬼四"的说法的。在家谱前上香摆供品完毕之后，石宗波还依次在"祖爷板"、"南炕"、"佛多妈妈"和"奥都妈妈"的神位前点上年期香，并磕头叩拜。

此时，石姓家族一些成员来到了谱房子，等待上谱。大家在一起攀谈家族上谱的事情，很是亲密。待整个仪式空间布置完毕之后，石清真主持拜谱。拜谱的顺序是按照家族成员的辈分来进行的。在石姓家族的谱书上，共记载二十个字辈，依次是"清文宗继盛，庚兆咏明良，璞蕴祥微玉，昆衡宝润方"[①]。石姓家族现在辈分最长的要数清字辈，拜谱就从清字辈开始。先从男性开始，石清帅、石清真等人先开始拜谱，先是拜"祖爷"，然后拜"家谱"，各个辈分的

---

① 《石氏家族谱书》，1984 年修。

男性依次完成了"三拜九叩"后，接着是石姓家族外嫁出去的姑娘拜谱。由于本次写谱有了新的规矩，老石家外嫁出去的姑娘也可以上谱，所以这些石姓家族的"姑奶奶"们也回来参加写谱。最后是石姓家族的儿媳妇，也是按照辈分依次拜谱。在拜谱的同时，谱房子外面鞭炮齐鸣，庆祝石姓家族壬辰龙年的办谱活动。

（三）续谱

拜谱结束之后，穆昆达石文学抬出了谱箱子，按照规矩，这个谱箱子应该同谱匣子一起被供在北墙上面，但是由于谱房子的空间小，所以将谱箱子里面的谱书放到了其他屋子里。这个谱箱子长约为一米，宽约为五十厘米，高约为四十厘米，外表呈深红色，可以看出，谱箱子的年代是十分久远的。石文学将谱箱子打开后，我们看到了里面的谱书。这些谱书有民国三十九年的，中间一些年份的在"文化大革命"期间已经遗失，接下来的就是分别于1984年、1988年以及2000年修谱的谱书，其中还有办谱时的收支账簿。这些谱书分为三种类型，其一是谱单，主要是先祖吉巴库的七个孙子，即影像谱上的七位太爷的情况。其二是总谱书，从先祖吉巴库一直写到第四代先祖。其三是各分支的谱书，一共七支，这种类型的谱书主要从各分支太爷一直记录到今天的石姓家族成员。

笔者对谱书的相关知识进行了了解，凡是结婚成家的石姓男子都要独立成页，男性成员的边上写上其妻子的名讳，但是只是"氏名"，即随夫称"某某氏"（夫姓在前，妻姓随后，后面加上"氏"字），如有生儿子，则在页底下写上儿子的名字。在过去，凡本家族的女性，无论婚否，一律不上谱，因此看不出生女的情况。这次小韩屯石姓家族修谱，打破了原来书男不书女的旧俗，将女儿的名字也记于谱上，不能不说这是家族观念在新的社会环境下的一种适应，也反映了民间社会"姻亲"关系的重要性在逐渐增强。

在翻阅小韩屯石姓家族谱书的过程中，我们常常会有这样的发现，有的谱书页上会标出该户的某一个男孩被"过继"到另一支的某一家户中。例如，在家族的总谱书上我们看到了所记载的如下信息，小韩屯石姓第四代传人七太爷倭哥的长子被过继给其胞兄老哥为子嗣，类似的例子在谱书中还可以发现很多。这种过继原则被石姓家族成员称为"保长门"。

老石家在写家谱的时候采取的是保长门的制度，就是说老二有一个儿子也要给老大，这样的话，就让这个家族的血统宗往上串，这样就会把这个家族保持的总是亲如一家的感觉，这样如果老二没有儿子，老三再把自己的儿子串给老二，我爷爷把我爸爸过继给我四爷，我爸爸过继的时候，我老叔还没生呢，不就给我四爷了嘛。①

在家族发展的长期历史过程中，正是家族成员凭借着智慧所发明的"过继"制度，才使家族的各个支系保证每一代都有后人接续。另外，也使得各个支系之间不是越来越疏远，越来越分裂，通过"过继"使得不同家族支系之间发生了"交叉"，从而家族的整合性更高。

据小韩屯石姓家族成员介绍，小韩屯六太爷支和七太爷支之间就一直沿袭着"护孝"制度。所谓的"护孝"，就是指在石姓家族的丧礼上，本家族支系的成员不可以接受亡者所属家庭的孝服，而是要自己携带孝服前去尽孝。对此，石姓家族成员做出如下的解释，即是因为六太爷支和七太爷支之间发生的"过继"太多，以至于"两支"如同"一支"。另据穆昆达石文学介绍，过去在旗当差，是满族人家的心中所向，因为能补上当差的缺，生下来就可以享受俸禄，然而这等好事都是从长子往下轮，其他人不可越位，长子继承权具有支配作用，这也是"保长门"和"过继制"的另外一个动因所在。在石姓家族成员中，有这样一句俗谚："侄在门前站，不叫孤寡汉"。可见，在石姓家族成员看来，无子的人家如果能有一个近门的侄子，也可视为是后继有人了。于是在男孩稀少的家庭中，兄弟之间相互过继男孩就是很正常不过的现象了。特殊情况下，一个男孩还要顶充两家门户，视为两家共同继承人，俗称"一支顶两门"。

自从20世纪80年代独生子女政策实行以来，向来以相信"多子多孙多福"的石姓家族民众不得不接受了政策的现实。据笔者了解，小韩屯石姓家族中，有不少家户都是独生子女。这一现实对上谱的传统规矩形成了挑战。如果按照以往女孩不上谱的原则，这次就会有很多石姓家庭不能上谱。其实，石姓家族成员对生男生女的观念最近几年也在发生着改变，由原来的"重男轻女"转变成今天的"生男生女都一样"，并且在小韩屯由女儿养老的现象已有发生。可

---

① 访谈对象：石文柏，男，64岁。访谈时间：2012年1月29日。访谈人：于洋。

见，女儿在家庭乃至家族生活中的作用越来越重要。所以这次穆昆会议决定修谱时女孩也上谱的原则是符合家族成员观念和期待的。

各个支系的谱书发出去后，初六上午的拜谱以及相关的续谱事宜就算是结束了，在接下来的两天里，各分支的穆昆达要组织该支系成员续谱。穆昆达们要在正月初八中午之前将续好的谱书交到总穆昆达的手上，等待收谱。

（四）收谱

正月初八的早上，总穆昆达石清帅和石文纪二人通知各支穆昆达将修好的谱书装订成册，交到谱房子中，并由石文学负责审核，另外，此次办谱要求"户下"交修谱钱，每户两百元，主要用于写谱、烧官香以及杀祭祀猪的花费。各分支穆昆达在交谱书的同时，也要将所收齐的钱交给穆昆达石文学，由其负责保管。交钱家户的名字也被写在了红纸上，贴在了谱房子外面。栽力石清真通过"走托里"的方式占卜出，收谱仪式要在初八中午的十二点后进行。

正月初八这天早上，谱房子再次热闹起来。按照事先的计划，这一天石姓家族的续谱活动结束，并进行收谱仪式。在收谱仪式上，还要献给祖先神灵一口神猪。早晨八点过后，笔者来到了谱房子，这时石姓家族的成员也纷纷来到谱房子，为"收谱"做准备。一些家族男性成员在谱房子的外面搭起了简易的锅灶，用于做杀猪菜。还有一些男性成员在劈一些木头，为炉灶加热所用。厨房内，石姓家族的妇女在紧张地忙活着，一些妇女成员忙着切酸菜、淘米煮饭等活计，准备做"杀猪菜"。据笔者了解，做这些活计的人一般都是石姓家族中的年轻小辈成员。

早上九点多钟的时候，石文远与一些石姓男性成员到其家里，将祭祀用的猪赶到谱房子。石姓家族用于祭祀的猪是有很多讲究的，据石姓家族成员介绍，祭祀所用的猪必须为黑色无杂毛，并且是经过阉割的公猪。在过去，如果有计划烧官香或者烧太平香等活动的话，该家庭或者家族要在这一年的春天就开始饲养祭祀用的猪，也成为"养使唤猪"。在饲养猪的过程中，主人是不能够打这些猪的，其中也包括禁止对这些猪说一些不敬的语言。石姓家族成员相信，对祭祀猪的不敬就意味着对祖先和神灵的不敬。石姓家族这次所用的猪不是由石姓家户自家所养，而是从附近购置来的。尽管这样，从石姓家族成员的言谈以及对待祭祀猪的行为上，我们还能体验到一种"神圣感"。据石文远介绍，在购置祭祀猪的过程中，几位穆昆达经过了精心地选择，其中包括猪的体型，乃至耳朵、鼻子等大小比例，另外，猪的重量必须要在一百五十斤以上。在购置祭祀猪时，买者也不能够与卖者进行讨价还价，也就是说，买者在购置神猪时要表现出大方的态度。这次石姓家族的办谱烧香活动用的两头猪被买回后先是放在石文远家的猪圈里，正月初六这天猪被购置回来时，几位穆昆达并没有将猪绑上，而是将猪的头部用不透明的袋子套上，然后赶到猪圈里的。正月初八中午的收谱仪式上要用一头猪献给已故的祖先亲人，石姓家族的几位男性成员到石文远家的猪圈里来取猪。同样，这些人并没有将猪绑上，反而是将猪从猪圈里赶出来，让其走到谱房子。由此不难看出，石姓成员对作为献给祖先"礼物"的神猪抱持着一种珍视、尊敬的态度。

一些散居在外的石姓成员，多在谱房子中，听石清帅对照着影像谱讲述着家族的历史。到了中午十二点左右，各支修好的谱书已经全部收完，并被放在了谱箱子里，同时也是将亮出的影像谱收回到谱匣子中的时候。

这时，老栽力石清真带领着各位小神职人员开始给各个神位上香。先是小栽力石宗波在影像谱前的香碗里上香，其中包括九个香碗中每个上三根香，另外前面的主香碗中也点上了三根香。其中九个香碗分别供奉的是先人吉巴库、萨喀奈以及几位太爷共九人，而主香碗则供奉的是在影像谱中没有以影像形式出现的先祖，即吉巴库的父亲倭力和库。同时，石宗多和石宗学在"祖爷板"前点上汉香，以及"年期香"，同时石宗义也在"南炕"、"佛多妈妈"和"奥都妈妈"前点上"年期香"。点香完毕之后，这些人都在神位前三拜九叩。

"影像谱"前点完香之后，穆昆达石清帅和老栽力石清真开始主持全家族的成员在谱前跪拜，给祖先献祭神猪。几位穆昆达将塑料绳放在一起搓了三根绳，用来绑猪，笔者了解到，这种用来绑猪的绳必须得是"反着劲"搓，而且过去多用麻绳。绳子搓好之后，锅头石中海和几位年轻人将猪从外面"请"进了谱房子，猪被请到了影像谱的前面后，几个人将其按倒，使其头部朝向影像谱所在的北面，四只脚朝向西面。这时，穆昆达石文学用刚搓好的绳子将猪的腿绑住，绑腿的方法是将每一侧的两只腿绑在一起，猪被绑好后，一动不动地躺在地上。此时，一碗干净的水已经准备好，放在了供台前面。

一切都准备好之后，老栽力石清真开始主持仪式。他说道：

石氏家族的，咱们的屋子小，要是屋子大就好说了，屋内主要跪石氏家族的总穆昆达和各支穆昆达，两个小栽力，剩下的就都在外屋地下跪着，现在开始准备跪吧。

说完之后，石姓家族在场的男女老少都按照长幼的辈分顺序跪下，由于人多，一直跪到了谱房子的外面。老栽力石清真和穆昆达石清帅跪在了最前面，在他们的带领下，家族所有成员在谱前磕头。每拜一次磕一个头，一共磕了三次。

这时，石清真老栽力用满语在影像谱前念诵献祭词，声音洪亮，气氛神圣并令人感动。内容的大意为：

今天是良辰吉日，户下人等于今年龙年修谱。老石家子子孙孙一心一意，穆昆达尽心办谱，能人不在，愚人过多，有些差错请祖先别挑理，保佑老石家子子孙孙幸福安康。①

念完神词之后，石清真老人接着站起来又念诵了一篇祭文，这篇祭文是石清真之前已经准备好的，写在了一张约为一米长，五十厘米宽的白纸上。祭文内容为：

盖闻天地人间，上有日月，下有五行。有了人间，历史朝代川流下来产生了列祖列宗。上有君臣，下有父子人伦，尊祖敬宗礼仪之先，我石氏家族同样如此，尊祖敬宗，不忘根基，于二零一二年正月初六日修谱，把七大支人等召集谱上，按顺序写清大小辈分，永远不混杂，也望祖先恩典，保佑石氏家族世世代代平安，年年增寿，月月安康，工作顺利，六畜兴旺，全族幸福，为此全族人等慎终追远，永言孝思，源远流长，万古流芳，永不忘也，龙飞华夏，人丁兴旺，凤舞阳春，本固枝荣。修于农历二零一二年正月初六日，初八日收。

---

① 访谈对象：石清真，男，68岁。访谈时间：2012年1月31日。访谈人：于洋。

石清真在念诵祭文时，整个谱房子内部的石姓家族成员都跪在地下默默地倾听着这位老人的念诵，仿佛石姓家族的祖先已经亲临现场，和家族的成员共在。

祭文念诵完毕，石清真老人请族长石清帅做"领牲"仪式。

穆昆达石清帅首先在谱前做了祈祷，说道："石氏家族的列祖列宗们，今天你的子孙聚集在这里，为你续延子孙万代，家族筹集喜猪一口，希望你们笑纳。"

石清帅随后端起已经准备好的一碗净水慢慢地往猪耳朵里倒。水刚倒进猪耳，献祭猪的耳朵就开始抖动起来。猪耳朵抖动象征着祖先已经领受了族人献祭的神猪。众族人站起来后高呼"大喜"。外面也是鞭炮齐鸣，人们沉浸在快乐的气氛之中。

随后，几个人抬了一张矮圆桌放在了影像谱的供台前。锅头石中海和石文绵在几个人的协助下将猪抬到桌子上，开始杀猪。石文绵用搓好的绳子将猪嘴的上半部分绑住，并用左手拽住绳子，同时用手拿刀对准猪喉咙部插进去。石中海用一个盆接住淌出来的血，并不断地用筷子在盆中搅动，以免猪血凝固。同时，还有几个人在猪挣扎的时候按着猪。猪血流尽后，杀猪完毕。几个年轻人拿来一根木棒，在猪腿部已绑好的绳子中穿过去，抬到了外面的锅灶旁。此时锅中盛满了烧得滚烫的开水，锅头石文绵一边往猪身上浇开水，一边用一把较钝的刀刮猪毛。锅头的动作十分麻利，不到半个小时的功夫，猪毛已经刮完。接下来要做的是将猪卸成几块。

石清真告诉笔者，由于这头猪是祭祖用的，而不是跳神烧香用的，不需要"摆件子"，所以也不需要分成固定的块数。褪完毛的猪被抬到谱房子后，将被卸以后的猪的左前蹄和猪头放到影像谱的供台前用于上供，具体摆供的方法是猪嘴叼着左前蹄，并在猪头的两个鼻孔中分别插上一根香，在猪鼻子上又横了一根香。等撤供以后，这个猪头归主持祭祀人石清真所有。另外，石姓家族一直有敬老的习俗，族长石文学让一位年轻人分别给家族中年事已高，不能前来参加祭祖的四位老人送去四块猪肉。

在褪猪毛摆供的同时，几个人将猪血端到厨房中，准备灌制血肠。虽然之前在接猪血的时候，为了避免猪血凝固，石中海不断地用筷子在盆里搅动，但是血里面还是有一些凝固的成分，人们将这些凝固的血称为"血抹布"。在灌制血肠之前，先要将血里面的"血抹布"挑出去，"血抹布"不能扔掉，而是用来炖酸菜。灌制血肠的活计一般由锅头完成，石中海先是将一些调料放到猪血里，并在猪血里面加少许温水将其稀释，然后用一个漏斗将洗净的猪小肠固定住，将猪血一勺一勺地倒进漏斗中，灌好后，将血肠的两端系住。据石中海介绍，这些灌制好的血肠放到锅里煮大概十五分钟左右就可以吃了。

此时，厨房里的几位妇女已经将酸菜准备好，并将猪肉和血抹布放到一起炖上。石姓家族成员等待着吃这顿"杀猪菜"。值得一提的是，这时笔者听到一位石姓家族的女性成员告诉笔者，杀猪菜的肉一般吃起来都不香，因为香味都被神灵给享受了。

正月初八下午两点钟左右，饭菜准备完毕，全族人都在一起快乐地享受午餐。

除了前来参加调查的科研单位以及相关政府部门的领导外，能够上桌吃饭的主要是石姓家族的男性成员，年长的女性成员以及石姓嫁出去的姑娘们。石姓家族年轻的媳妇们则要在厨房中忙活，或者负责端菜盛饭等事情。在这次聚餐上，家族成员的座次顺序也是很有讲究的，穆昆达以及族中的长辈坐在南炕上用餐，其中总穆昆达和辈分年龄较大的人坐在南炕靠窗户的一面，而年龄较小的人则坐在炕边上，室内地下的桌子所坐的客人则辈分更小。笔者体验到，这次聚餐真的不仅仅是一次简单的吃饭，在某种意义上它更是一次展示家族伦理秩序的仪式。在仪式上，家族成员内心中所认同的伦理情感通过吃饭的先后顺序以及座次这些表征得以展现出来。

众族人吃过饭后，再次在谱前做最后一次叩拜。然后，石清真老人让小栽力石宗波再次在祖先影像前上香磕头。等汉香燃尽后，两位小栽力石宗学和石宗义小心翼翼地将影像谱从下至上卷起，并放到谱匣子里面。之后，两位小栽力开始将供台上的供品馒头、橘子、苹果等，以及香碗、酒盅等器具撤去。族人们纷纷抢食供品，俗信吃了这些供品，尤其是摆在顶部的"供尖"可以使人身体健康，生活顺利。

结　论

石姓家族每十二年一次的续谱活动由此告一段落，在谱书上增加新成员的同时，石姓家族的生命也得到延续。随着城市化进程的推进，现在的石姓成员已经移居四面八方，但是以祖先的名义进行召唤后，这个跨越了传统居住边界的家族得以重新聚合在一起。在此次仪式上，他们体验到的是一个家族的地理与叙事世界。在此世界里，石姓家族成员才会提出"我们从哪里来？"，"我们是什么？"，以及"我们往何处去？"这样的问题，正是续谱此类的习俗、信仰和仪式才是石姓家族成员生命的坚固之物，它们在当下的社会中被不断地建构、延续并赋予意义的动力恰恰在此。

民族文化在城市文化中
表现出的抗拒与妥协

——现代文化再建现象之一

王晓丽[*]

社会的转型需要文化与其同步转型，当此时文化中出现与社会变革同步转型的部分，就产生了现代文化与传统文化的互动、互渗，甚至出现现代文化部分地取代一些传统文化的元素，一些传统文化内容消失等现象。如，新中国成立初期，政府力主"男女平等"的人权要求，真正取代了延续上千年的"男尊女卑"的社会顽疾，从根基上铲除了传统文化中的陋习、恶俗，促使整个社会面貌焕然一新。当然，社会转型不必然会引起整个文化的同步转型，部分传统文化因素或内容的变化，会在时空中出现背离于社会发展速度的类似于凝结或滞后的状态，即传统文化与现代文化出现并存并行的现象。例如，"多子多福""无后为大"等观念的长期存在和对社会发展所形成的影响。这是文化存在自身主动性作用的结果，也是传统文化与现实发展产生冲突的原因。而社会对人本性的限制力量，可以负载这种冲突，并能逐步转化、削弱这种冲突（特纳，340，1992）。[①] 如，利用"计划生育"的国策，来控制迅速增长的人口；利用城市化建设和扩大原有城市功能的方式，推动区域间人口和劳动力的流动，从而调整社会进入现代化发展后，凸现的城乡劳动力配比不平衡的现象。这其中，

＊　中国社会科学院民族学与人类学研究所研究员。

①　黄应贵主编《见证与诠释——当代人类学家（比较象征学大师——特纳）》，正中书局，1992。

社会转型对传统观念的限制力的大小和政策的针对性，以及人们对社会发展给予传统观念限制的接受程度，都是转化冲突的重要因素。当然，不论是传统文化与现代文化的互动、互渗，并存、并行，还是冲突、排斥，妥协、相容，恰恰构成文化再建的过程，表现为现代文化多元结构的本质。如果将城市文化当作中性文化，民族文化和传统文化当作特征文化来看，这三种文化之间的关系是什么，内在的相互联系是怎样的？本文从现代城市中民族文化存在的现状切入，对现代文化再建中的一对相逆的现象，即文化对抗与文化妥协作一分析，了解民族文化在现代城市中如何实现保持其特点，并与城市发展同步的事实。

中国是个多元文化整合的国家，在国家现代化进程中，影响文化和社会转型是否同步的变量是多重性的，而且大多数人对社会转型期间社会对个人的要求，均是从非认知过程的从众心理和个人感悟能力中获得一知半解。同时，这种认识的标准是自在的、多样化的，理解的程度是个性的。这对于民族文化如何跟进社会转型的帮助甚微，从而造成了民族文化自身的发展速度减缓，或形成民族文化在时空中被视为停滞的情况。因为，不光看不到民族文化如何实现现代化的发展指标和发展趋势，甚至大部分推动和研究民族文化发展的力量，却投入到强调保持文化旧模式（所谓的文化原生态）不变的努力上。当然，现代化不是一个既定的框架，不同国家、不同地区的现代化具有不同的模式。但如果固执地认为，只有一成不变地保留旧的传统才是保护民族文化，实在是对文化本质的误解，也无益于双方的发展：既不利于社会的转型，也不利于民族文化的现代化。在农村是这样，在牧区是这样，在城市也是这样。同样，对于民族文化来说，不论是城市还是农村，越是强调其民族文化传统的特点，对民族文化如何现代化的整体理解越趋于缓慢和偏颇，并且会表现出对社会转型所具备各种条件的排斥，这会加重构成影响社会转型的阻力。

中国所有的城市里，都聚居着一些少数民族，他们是某一民族的一部分（带着与城市文化有些相异的本民族的文化，或坚守着本民族的文化）生活在城市里的群体。比如，北京牛街的回民，西安市鼓楼西北角几个街区的回民，西宁市东大街的回民，等等。他们聚居在城市的某一个地方已经有几十年或几百年的历史，始终保持着随商而居、随居建寺、居寺相邻的民族文化特点，保持着特有的生活习惯、宗教信仰、饮食禁忌、传统手工艺、个体经营内容和经营方式，甚至礼仪、婚俗、家族结构、日常行为规范都是延续和传承下来的。最为值得关注的是，由于聚居形成特有的民族文化氛围所创建出的软环境，带给他们精神上的依托，带来无处不在的风俗特征的提示，自觉不自觉地强化每一个个体的民族意识、民族认同，这可以说是他们长期处于异文化之中能始终保持民族特征不变的核心因素。这种核心因素的力量，已经超越每一个个体的愿望，更经常地代表群体的意志和群体的需求。同时，这些意志和需求不仅是非个人的，超越个人的，而且制约着每个个体的行为和意识。如果将城市文化看成是日本学者中根千枝先生所讲的人类学意义上的"场"，生存在城市文化体系内的民族文化，事实上构成了一个个小"场"，同样产生了"场"效应，即出现了"场"内特定文化规则的产生和应用。

城市文化中，借助小聚居形成的民族文化的"场"，及其产生的效应，保障了城市中民族特征的相对稳定，也使得民族的发展有了局限；它维护了一个民族内共有习俗的规范和传承，也限制了个性的张扬。如，在20世纪之初，西安市的中心区域，已经较大规模地展开了城市改造的工程，包括对老城墙的整修、现代商业区的规划和建设、由高层居民楼构成的社区已经出现。但是，在鼓楼附近的回民聚居街区，还保持着民族传统的生计模式，即典型的一家一户的个体式经营小商品的形式。一眼看去，几条街道的路边，挤满了一个挨着一个的小摊面，经营着完全相同的小商品。这里不仅摊面小（有的只有60厘米×50厘米的一张桌面大小），商品品种单一（处处雷同的旅游小商品，没有突出的特色），价格无差别，而且非常拥挤。因为这里是还没有进行改造的老街区，调研时这里的民居建筑还保留着老式平房那种前门后窗、单间连接的结构，一家挨着一家，没有空地或间隙，而且，家家都没有多余的房间可以用来从事经营活动。大多数人家的经营方式就是直接在自家门边支起一个摊而已，并且摊面不能过大，否则不是堵住了自家的门，就是挡住了邻居的门。

这种既不能刺激竞争，又达不到营利目的的商业行为，仅仅表现为满足维持生活的生计方式，根本不符合现代市场的基本要求，也与身居闹市的现代人观念非常不协调。虽然，以家庭为基本单位经商是回民的传统生计理念，但身居在城市里上千年，依旧恪守"以家庭为单位行商、以居室为经营地点"的传统，甚至不吸收过去城市里"协作行商、专店经营"的方式，却能这样长久地在现代商业高速发展的大城市里存在下来，实在不是他们不接受现代市场的经营观念，而是由不得他们接受别的经营方式。可以说，这是民族文化发挥着决定性的作用，是两种文化之间抗拒因素的显现。这里事实上存在着文化的控制效应，也就是保持传统习惯、保持原有观念，按照民族习俗的要求参与城市生活，谁更能持久地遵守和传承这些规则，谁就能更稳当地在城市文化中带着自身特点存在下去。而这些规则是要求全"场"遵守的，如果"场"的规则发生改变，就要求"场"内所有的人同步接受改变、接受新规则，否则"场"就会解体，或者被新"场"取代。"场"内的每一个人，都受这种文化的制约，而不是受经济规律的制约；每个人都接受同样的生活方式，而不接受社会变化带来的生活方式的改变；这不是个人需求的一致，而是民族文化的要求。任何个人想突破大家遵守的生活方式，都要受到"场"内文化的质疑、排斥、敌视和孤立，除非你离开"场"所能制约的范围。这种明显无误地存在于大城市生活中，却排斥现代城市观念和现代商业行为的群体现象，如果不是文化因素的制约，恐怕是很难看到的。

对城市的改造和扩建，使其布局更合理，功能更完善，是国家现代化的必经之路。改造和扩建后的城市，对居民来说，最直接的收益是优化了生活环境，提高了生活质量。现代城市的改造和扩建，其规模之大，投入之巨，不是政府一家一时可以实现的。于是一些地方改变由政府一家承担改建的新型方式，吸收开发商介入，共同开发，共同受益，开始了持续二十多年，目前依然继续的中国城市现代化发展工程。由于建设主体的多元化，利益主体也出现多元化，过去由政府开发，政府的代表——居民委员会实行福利性管理的办法，现在转换到由居委会与开发商并行实行小区经营性管理的办法，这种小区形式，已是现代城市民居的主要代表形式。

小区式民居模式，其入住者来源是分散的和任意性的，特别是单位分房制度的逐渐减弱，居民住宅商品化形式增强以后，给予城市居民个人充分选择居住环境、居住条件的机会。小区，作为城市规划里的民居单元，一经市场化，入住身份就简化了，同时，也失去了人为安排或分配住房的理由。这样一来，没有谁能保证一个城市里聚居的相当数量的少数民族，可以实现整体的平行迁移，包括连带他们生活中的特殊需要一起移动（比如，居寺相邻的需要而迁移寺院）。由此，在城市现代化改造和扩建工程实施的过程中，遇到了一种非约定性的统一现象，即在一些大城市中出现了群体延迁的行为，而群体延迁的正是在城市里居寺相邻的少数民族。他们不仅仅是城市居民，同时他们还是身居异文化中的城市少数民族；他们不仅需要良好的居住环境，还需要不可或缺的与他们民族特性紧紧相关的文化环境；他们不仅需要聚居在一起，而且需要邻寺、伴寺而居，居寺相邻是他们的民族文化特征之一，又是他们用以强化和保持民族特征的重要取值。面对城市改造形成的搬迁，他们心存极强的威胁感，担心一旦搬迁，他们将被迅速拆散，丢失他们熟悉而且长久依赖的文化环境，这将意味着他们要丢失保持民族特征的载体，接受一种不同的文化环境。这里强调的不是个人的民族性，而是在强调文化"场"的存在意义，因此，他们的延迁并不是拒绝选择优越的生活条件，拒绝的是将被中断的民族文化存在的氛围，拒绝的是对他们民族心理需求的干预。一个民族是否易于接受一种不同的文化现象，最基本的仍是心理因素（李亦园，1976）。① 群体延迁所表达出的心理抗拒，事实是文化抗拒因素的显现，因为，任何一种文化都存在对不同文化抗拒的潜质，这是文化自有因素之一。只是它不会时时以同一种形式表现出来，而是在不同的条件下，以不同的方式表现或不表现而已。

新建的居民小区，为什么不可以成为少数民族文化和民族特征的载体呢？首先，它不具备民族迁居的基本条件。回民就是要有寺有居、居寺相邻的条件，这是每个人自愿遵循的民族文化规则。而新的居民社区是以每一个开发商对其投入的多少来决定其规模的，并且，所有的投资行为都是要求回报的，包括土地。从前，清真寺多是自建，且是先有居后建寺，同时，清真寺是无经济回报的少数民族公益项目。在城市进行现代改造要求搬迁时，提出的条件多是随寺而迁，或建寺后迁，这个先决条件很难满足。其次，新建小区缺少民族文化积淀的历史厚度，不足以承担起促成民族聚居的核心，缺少对民族群体进行移动的吸引力。现在大城市里的回民聚居区，一般都有较长的历史，有的聚居区里的大清真寺，在国际上都有一定的地位和知名度，形成有相对意义的民族文化中心点，如，北京的牛街清真寺。像这样的民族文化中心点，固然对每一个回族的同胞都构成极大的吸引力，何况过去曾长期居住在附近的回族居民，怎么可以轻易地放弃已有的文化优势环境，而迁居到陌生的环境中去呢？因此，新建小区一下子成为民族文化载体是困难的，聚居民族延迁的事情也是存在的。从形式上看，延迁是民族生活要求与现实城市发展的不适应；从内容上看，却

---

① 李亦园：《文化比较研究法探究》，《思与言杂志》第 13 卷第 5 期。

是两种文化相互抵触的非融合表现。

内蒙古自治区呼和浩特市的繁华地带，也有一个回民聚居的小区域。虽然，他们生活在以民族特点为主的城市里，但因为存在着文化差异，区域内依然保留着回族的文化风格：如，居寺相邻（见图1、图2），自愿经常参与清真寺活动，严格遵守回族日常生活习惯，按照传统庆贺民族年节，保持为新生命施民族礼仪（如，起教名），着民族服饰，无论男女重视族内见面礼节和交往规则，保留民族婚礼、丧葬习俗，甚至大多数家庭维持着民族的从业习惯，即以家庭为单位行商、以居室为经营地点的方式经商，或以此作为生计手段，等等。不仅与当地民族文化相区别，而且与城市文化也保持着一定的差异。呼和浩特市对城市改造的方式是促使街区特征化（见图3），即将原有聚居小区临街一面的

图1　呼和浩特市清真大寺门匾（王晓丽摄）

图 2　呼和浩特市清真寺建筑外观一角，周边均是回族居民的民房（王晓丽摄）

图 3　呼和浩特市经过改造后带有伊斯兰风格标志的回民聚居街区

普通民居建筑，改造成现代伊斯兰教风格，不仅使其具有民族文化特征的展示意义，还具有城市旅游观赏意义，同时，避免了城市改造中搬迁的难题。这是一种让步，是多种文化共生同一空间时，实现和谐相处的技巧。

城市文化相对于民族文化和传统文化等具有特点的文化来说，是一种中性文化，它表现为：第一，独立于任何民族文化之外而存在的空间文化；第二，能够接受和吸纳任何民族文化于其中的文化空间；第三，任何民族文化都可进入其中，并能保持民族特点而存在下来的包容性文化。事实上，民族文化真正进入城市文化中是需要一个过程的，在整个过程中，不仅会表现出文化抗拒的现象，也会表现出文化妥协的情况，它本身就一直处于抗拒与妥协两种状态之中。比如，回民的家庭式经商模式，也是一种个性化经商模式，虽然经营品种单一，但易于提升商品的品牌化，适合制作工艺的传承；虽然缺乏规模，缺乏商品制作的标准化，难于参加市场竞争，但它适合小农经济的生活需求，并且转型快，能及时为市场提供所需商品。不过，城市现代化进程的加快，刺激着民族文化的变迁，使回民为了适应现代化的发展，不断地采用退让、妥协的方式，改变传统生活、生产观念，接受现代城市生存的理念。如，以现代旅游产品来取代生活小产品的经销；以小铺面连接形式来博弈规模效益；以老字号的品牌广告来招揽现代客商；以走出去接受高等教育来默认子女与其他民族通婚的事实；等等。民族文化的这些变化，不是制度的作用力，也不是国家的组织力，更不是经济模式的制约力，而是城市文化的影响力。因为，城市内民族文化的成形，使同一民族文化内部出现了文化在不同空间的差异，证实了现代文化存在再建现象。现代文化的再建，不是简单地推进文化的发展过程，它蕴含着多种因素：如，对于民族文化来说，它融合了传统与现代、本民族文化与异文化的整合和再建；对于城市文化来说，它融合了多民族文化与现代文化、本土城市文化与国际大都市文化元素的吸收和再建。所有的现代文化再建过程，几乎都是抗拒与妥协、排斥与融合之间不断博弈的过程。

民族文化与城市现代文化的抗拒与妥协，不仅仅是一个认知行为，更是一个协调的实践过程。可以假设多个结果。如：其一，随着民族文化的现代化发展，民族文化在现代都市中找到再建的地域和机会，甚至是新的再建模式，形成新的城市民族文化与现代都市文化并行存在和发展；其二，坚持不介入现代城市，失去进入城市改造和扩建的机会，被现代城市移动的规则所放弃而滞留在原地。可能还有第三条、第四条出路，甚至还有更多的出路。不论怎样，可以肯定地说，现代文化再建的过程，将是一个多变且复杂的过程，是一个需要深入探究的领域。

参考文献

金耀基：《中国社会与文化》，牛津大学出版社，1993。

〔美〕C. 恩伯、M. 恩伯：《文化的变异——现代文化人类学通论》，杜杉杉译，辽宁人民出版社，1988。

〔美〕P. K. 博克：《多元文化与社会进步》，余兴安、彭振云、童奇志译，辽宁人民出版社，1988。

青州井塘村香社小考（外一篇）[*]

刘正爱^{**}

一 村庄概况

井塘村位于山东省青州市西南 15 公里处。村庄依山而建，东、西、南三面环山，整个村子又被当地人称作"鞍子口"的山脊分为东西两部分，当地老百姓用"山高石头多，出门就爬坡"来概括村庄的基本特点。井塘村是行政村，它包括井塘和郭沟山两个自然村①。

井塘村有 480 户②，1603 人，全村有 8000 多亩土地，人均收入 1 万多元，1/3 以上的家庭有车。主要靠山楂片、柿饼等果品加工以及桃、核桃、山楂、柿子等果树种植来维持生计。井塘村的桃（青州蜜桃）远近闻名，离核，颜色红，味道甘美。老品种核桃皮厚，味香，但生长周期长，产量低。俗话说："无儿不种核桃园，桃三杏四梨五年"。村里有 20 多户经营果品加工，柿子可做成青州柿饼远销日本、韩国。村里每家每户自己加工，有的曾经把买卖做到了日本和韩国，以前是通过外贸出口，现在有了经纪

＊ 2011 年 10 月 20～27 日，笔者与中国社会科学院妇工委国情考察项目组一道赴山东省泰安、曲阜、菏泽、青州等地做民间信仰调查，该文是此次调查的部分成果。在此向中国社会科学院妇工委表示感谢。

＊＊ 中国社会科学院民族学与人类学研究所副研究员。

① 参照叶涛《信仰、仪式与乡民的日常生活——井塘村的香社组织与民间信仰活动述论》，《民间文化论坛》2006 年第 6 期。

② 480 户是村委会介绍的数字，2010 年人口普查的数字是 503 户。

人，可直接出口销售。最近几年受金融危机影响，出口量日渐减少，目前主要在国内销售。

农闲时，村里的剩余劳动力会出去打工或经商，妇女打工的长项主要是树苗嫁接。农忙时出去的少，秋天是收获季节，村民们都留在家里加工山楂片。经营户们除了在村子里自己种植山楂外，还到东北等地收购山楂，回到村里加工后再销往外地，挣的是其中的差价。村里还有一家果品加工厂，主要加工山楂片。一般来说，手工加工质量好、价格高，机器加工虽然量大一些，但质量差、价格低、利润少。从秋季到春季的三个月时间里，村民们仅加工山楂片就能获得纯利润 200 多万元。全村约 500 户，每户有 4000 多元的收入。为了便于晒山楂片，村民的房顶现在都改成了平顶。加工时男女老少都参加。据说山楂片加工早在大集体的时候（1981 年前）就有了，但是真正形成一定的规模还是在十多年前。

井塘村有吴、孙、张三大姓氏，其中吴姓来得最早。据吴氏族谱记载，明代初年，井塘村吴氏家族四世祖吴三从河北冀州府枣强马安场迁入青州吴家井，绵延三世，于明代景泰年间（1450～1456 年）七世祖时自吴家井迁入井塘村。吴氏宗谱最早由十六世祖秀才吴经帮修纂，全文书写在约 3 平方米大小的白布上，自此布谱成为吴家修谱的传统形式。随着支系繁衍，为使昭穆有序，吴氏又分别于 20 世纪 50 年代和 1980 年修纂了 7 份支谱。支谱为后世子孙续定字辈，依次为：平、庆、安、国、章、家、仲、树、东、升、敬、贤、良。相传明代后期，朱明宗亲衡王的女儿下嫁井塘村吴氏子弟，现有吴宜宾的传说在当地流传。吴氏家族选择老村中地势较平坦的北部居住，世代务农，传承至今已有二十七世，九个支系，约 1100 人①，占全村人口的 69%。

孙氏迁居井塘晚于吴氏。据现存于孙家祖坟的孙氏谱碑等资料记载，井塘孙氏于明代末年自山西省迁居山东临朐天井庄，九世祖孙彪从天井迁入井塘定居。井塘孙氏历史上曾修纂有族谱，1931 年土匪打井塘时老谱被毁，20 世纪 80 年代新修孙氏宗谱，确定后世字辈，依次为：世、杰、英、魁、永、治、国、安、邦、强。孙氏族人主要居于井塘老村南部，世代务农，传承至今已有二十三世，约 300 口人，占全村人口的 19%。

---

① 该数字是按家族人口计算的，以下相同。

三大姓氏中最晚迁居井塘村的是张氏，据现存张氏先茔谱碑记载，张氏十一世祖弘公于元朝时自杭州府钱塘县移居临朐张家庄，至十六世祖张志功一支迁居于青州北峰西山（玲珑山西），十八世祖张廷魁定居于郭沟山。井塘张氏藏有祖传谱书，并于 2004 年续修新谱，新谱规定后世字辈，依次为：世传成训，汝景宗德；正心修身，恒兴万春。张氏世代务农，传承至今已有二十三世，约 200 人，占全村人口的 12%。

三个姓氏之间相互通婚，村里人基本上都是亲戚。村委会的人介绍说，井塘村村民之间关系非常融洽，红白喜事或盖房子都相互帮忙，一来是传统，二来是领导班子正。

二　玉皇社与四季社

玉皇社和四季社是井塘村的两个香社组织。关于井塘村的玉皇社和四季社，已经有学者做过详细的调查，并发表了相关的研究成果①。在这里我们仅就我们所调查的内容作一个介绍，有些部分也会与叶涛等人的研究进行对话。

1. 玉皇社

玉皇社是信仰玉皇大帝的人们自愿聚集在一起进行崇拜活动的香社组织。井塘村一带乡民信仰玉皇大帝由来已久，井塘村附近的驼山上有供奉玉皇大帝的庙宇，青州云门山上的昊天宫主殿就是玉皇殿，供奉玉皇大帝。据井塘村村民孙全道说，20 世纪 80 年代修山路时还曾经在地下发现过一尊玉皇大帝的铜像，虽然铜像的具体年代已不可考，但这足以说明这一地区玉皇大帝信仰是早已有之的。我们在菏泽市的仿山墓群域内新建的寺庙群中也看到了供奉玉皇大帝的玉皇阁。

玉皇社最早成立于哪一年已无法考证，但是"文化大革命"期间有过中断是确凿无疑的。我们问过一些年纪大的老人，他们说很早以前就有玉皇社。叶涛在讨论玉皇社的历史沿革的时候只提到了玉皇社是 1985 年兴起的②，但准确地说，1985 年应该是恢复，而不是兴起。关于恢复玉皇社的契机，叶文中也有

---

① 中国社会科学院世界宗教研究所叶涛和他的学生长期在井塘村做田野调查。
② 叶涛：《信仰、仪式与乡民的日常生活——井塘村的香社组织与民间信仰活动述论》，《民间文化论坛》2006 年第 6 期，以下简称"叶文"。

所描述，我们听到的是，20世纪80年代包产到户，村民们有闲散时间了，当地有敬天敬地的习惯，老人们在一起商量，到临朐县找了一个80多岁的老画师，花了80元钱请了一个轴子①，当时一斤猪肉才一块钱。

据玉皇社轴子保管人吴兆银（55岁）说，玉皇轴子是当年她母亲刘继英（已故）回临朐娘家找画师画的（见图1）。轴子请回村后，便通知全村人每月初一祭拜玉皇大帝。玉皇社从此恢复活动。母亲去世后，轴子便由吴兆银继承保管。玉皇轴子由主轴和左右配联两部分组成，主轴构图分上下两部分，上面画的是老子，当地人称为老子爷，两位仙童分立左右。关于老子，当地有一个传说：老子本来不姓李，因为他生在李村，所以才姓李。老子为什么叫老子呢，因为他生下来就有胡子，他娘怀孕80多年生下了他，所以起名叫老子②。

轴子下面画的是玉皇大帝，秦琼和尉迟敬德分立其下方左右。这种构图也可看作是当地人"先有老子，后有玉皇大帝"的观念的一种体现③。主轴两边的配联是八仙画像。轴子平时卷起来保管，每逢香社活动时才取出，挂在墙上。轴子以前在吴兆银家老房子的西屋保管，现在她迁了新居，轴子就保存在衣柜里。

根据玉皇社社员名簿记录，目前玉皇社成员有296人，这个数字不包括井塘村外的社员。玉皇社是跨村组织，除了井塘村（村民们通常习惯按自然村来划分村落，此处的井塘指的是自然村，不包括郭沟村）296人外，还有上石皋村（11人）、白店村（2人）、朱家庄（1人）、中刘井（2人）、张家峪村（29人）、东营市广饶县西刘桥乡（1人）、前石皋（9人）、石皋（40人）、十八里屯（2人）、上石皋（9人）、后石皋（60人）、南闫村（61人）、下院村（7人）、西刘井（4人）、张家洼（3人）、郭沟村（4人）、黄麻（马）村（14

---

① 当地方言发音为zhuzi，笔者在东北地区调查时也听说过这个词，意为"画轴"，是一幅画。画面上方画着两性祖先，中部和下方画着祠堂，旁边有童男童女各色人物，主轴之外左右配有对联，多画有花瓶等装饰物。轴子也称"家谱"。东北地区的山东移民都是用挂轴子的方式祭祀祖先的。这种轴子便于携带，它是祖先祠堂的象征或替代物。笔者认为，历史上山东人来自山西的移民较多，在长途跋涉的过程中，他们有可能是以这种方式替代祠堂祭祀祖先的。此种习俗后来又被山东移民带到了东北，延续至今。关于东北地区不同群体的祭祖方式可参照日文拙著《民族生成的历史人类学》，东京：风响社，2006。

② 这个传说在中国各地广泛流传，被称为老子故里的安徽省涡阳县也有类似的传说。

③ 又说：老子化胡，骑着驴到了印度，把中国的道传到印度。后来达摩从印度又来到中国。先有老子，后有玉皇。

图 1　玉皇社轴子（刘正爱 2011 年摄于井塘村）

人）、邓家河（12 人）、茅峪村（5 人）、高柳镇李家庄（1 人）、高柳（2 人）、张崖顶（17 人）、北崖（1 人）、东刘井（1 人）、下院（1 人）、刘井（11 人），外村社员 310 人，两者加起来，玉皇社总人数应该是 606 人。

　　尽管男女都可以加入香社，但玉皇社以及下面将谈到的四季社成员基本上都是女性，井塘村 40 岁以上的妇女基本上都加入了玉皇社。男性只有 4 个人，这 4 个人同时也是四季社的成员，会计和文书由孙全道负责，吴兆银的丈夫吴景昌负责保管社友簿（账簿），另外两个是普通的社友。香社采取自愿加入的原则。

　　加入玉皇社的条件很简单，以前是两年（两个闰月年，五年两个闰月）收五角钱或一块布，在玉皇大帝面前挂个号就可以了。后来因物价上涨，开始收一块钱。这笔钱主要用来购买号布，剩下的钱就给玉皇社买香、黄表纸和一些公用物品。号布是指长约 20 公分，宽约 6 公分的布条，上书挂号人的姓名和要挂号的神的名字，它是社友身份的标志，通常保存在自己家中。号布由香社统一购买，把一块整布切割成小块。由孙全道写上文书，再分发到个人手中。

　　号布的内容和格式与挂号单大体相近，布条的颜色有所区分，在玉皇社，老子用粉色，玉皇大帝用黄色，这种颜色区分在玉皇社是比较固定的。号布五年更换一次。玉皇社的挂号单用红、黄两种颜色的绸布制成。据说，红的给老子爷，黄的给玉皇大帝。

玉皇社社友号布格式：

　　社友　　信女
　　老子爷（玉皇大帝）案前挂号人　　吴门孙全兰
　　公元二〇〇一年六月十八日　　合社同具

挂号单也称作飘带，制作精致，需要挂号的人自己制作后拿到香社来让文书写上挂号文，自己不会做的也可以请别人来做。挂号文内容主要包括地址、姓名、挂号时间。我们来看看其中的一个例子：

　　王府办事处井塘村信女陈秀英在老子爷玉皇爷面前表命挂号　公元二
　　〇〇九年岁次己丑闰五月

红黄两种颜色的飘带做好后，全部系在一处，每次活动时把它挂在一把伞上，让飘带顺着伞架自然垂落，很漂亮，这把伞被称作"万民伞"。每两个闰月年，飘带就要重新做一次，旧的就升（焚烧）掉了。人死后要把飘带取下给亡者带上，一起入葬。

图 2　玉皇社万民伞（刘正爱 2011 年摄于井塘村）

玉皇社以前是每月初一请神祭拜，现在改为三个月一次。正月初九是玉皇大帝的生日，这一天也要把玉皇大帝请下来进行祭拜。玉皇社的活动一般在社首吴兆银的家里举行。遗憾的是这次我们没有观看到请神仪式，详细过程可参看叶文。

2. 四季社

据叶涛研究，从井塘村北面凤山发现的石碑来看，四季社的历史最早可以追溯到民国八年（1919 年）。井塘村原来只有一个四季社，至 20 世纪 80 年代中期，随着村民从山上陆续往山下道路两旁迁移，村庄逐渐形成了沿着山边道路、以鞍子口为分界的东西狭长的形状。原来的一个四季社也根据活动方便的需要分成了鞍子口东和鞍子口西两个香社①。

四季社供奉无生老母和四季老母，四季老母分别是春季老母、夏季老母、秋季老母、冬季老母，另外一种说法是，春季为观音老母，夏季为清凉老母，秋季为文殊老母，冬季为普贤老母。其实，仔细想来，这两种说法并不矛盾，只是后者将四季老母做了更详细的区分而已。

四季社供奉老母用的轴子原来有一个旧的，叶涛在井塘村做调查的时候，这个轴子还在，他当时推测这幅轴子大概有 50 多年的历史。但我们 2011 年去的时候，这幅轴子已经于 2010 年立冬时升（焚烧）了，现在用的轴子是十五六年前新请的，原来在孙全香家里保管，四五年前由张子爱接管至今。

老母轴子的主轴上面画有五位神像，最上方是身披黄袍、盘坐在莲花座上的无生老母，四位侍女分立两旁，无生老母的下方分别是身着褐、蓝、红、绿袍的四季老母，各有两位侍女各立左右。左右配联是八仙画像。主轴长 226 厘米，宽 94 厘米，配联长 170 厘米，宽 35 厘米。

四季社也有号布，四季社的号布颜色没有玉皇社那么严格，我们看到无生老母一般用黄色较多，也有用白色的。春季老母既有蓝色，也有红色；秋季老母用黄色；冬季老母用红色；夏季老母既有红色，也有粉色。

四季社社友号布格式：

---

① 叶涛：《信仰、仪式与乡民的日常生活——井塘村的香社组织与民间信仰活动述论》，《民间文化论坛》2006 年第 6 期。

图 3　四季社老母轴子（刘正爱 2011 年摄于井塘村）

社友　　信女

无生老母（春季老母、夏季老母、秋季老母、冬季老母）案前挂号人吴门孙全兰

公元二〇〇一年正月十二日　合社同具

四季社一年要接四次老母，立春接春季老母，立夏接夏季老母，立秋接秋季老母，立冬接冬季老母。这种习俗从何时开始，尚不得而知。但是与玉皇社不同的是，四季社的活动仅限于村内。如果说玉皇社是一个跨村落、跨社区的组织，其开放性较强的话，那么，四季社是村落内部的较为封闭的组织。四季社不仅井塘村有，附近每一个村都有一个四季社。可见，四季社是以村落为单位的信仰组织，其成员基本上都是女性。玉皇社和四季社的成员是重叠的。井塘村四季社的成员都可以是玉皇社的成员，但是玉皇社成员并不一定都是井塘四季社的成员，因为玉皇社是跨村组织，其他村落的人也会参加玉皇社。而四季社是村落内部的组织。从上述号布的例子我们看到，井塘村民孙全兰既是玉皇社成员，也是四季社成员，因为两个香社活动时间不一样，所以这两种身份并不冲突。这一点从组织的角度说明了中国民间信仰的兼容性特点。

我们看到，女性成员多是玉皇社和四季社这种香社组织的共同特点，但是叶涛认为，不能只从表面上把这些香社组织简单归属为女性组织。他发现从组织结构和管理上来看，井塘村的香社是一个全村性的民间信仰活动。比如，他在调查时所见到的玉皇社1995年农历八月初一书写的一份供单上，玉皇社有三个"领袖人"：孙全宝、吴稳兴、吴庆禄（其中孙全宝是村委会主任）。这份供单上的69人全部为男性。而玉皇社2003年农历八月初一的收支账单上的社友名单为女性①。那么供单和社友名单之间到底是什么关系，男性在香社组织中到底起到多大的作用呢，这些问题在叶文中没有提及。因为时间的关系，我们在调查中也未能了解到更多情况。

我们注意到，香社社友（女性）中年龄较大的成员基本上都是文盲，写文书、记账都要靠村中能写会算的男性村民来帮忙。其中写文书的孙全道是一个较为关键的人物。他曾经在邻近的刘井小学从事过40多年的教育工作，写得一手漂亮的毛笔字。除了负责两个香社的文书和记账外，平时还在村中主持红白喜事。孙全道的父亲曾经也是村中有知识、有威望的人物，他说："俺父亲也是咱庄的红白喜事写文书的，也是干这个的。干了一辈子了。1999年去世了。他得找个接手的，后来我就接他班了。这个吧，不要报酬。"

红白喜事等各种仪式中蕴含着丰富的民间文化要素，它是靠一代代人手把手地传承下来的。欧大年在《廿世纪中国北方地方社会祭仪师：进展中的研究报告》一文摘要中曾经提到过中国北方地方祭仪专家（ritual leader）②，按其分类，像孙全道和他父亲这样的角色应该属于礼生的范畴。在东北地区，类似的角色称为"待客的"或"待qie的"，qie是东北方言中客人的意思。在乡村社会，红白喜事、上梁、寿宴、过周等的仪式仪规都有一套完整的知识体系。在当代中国的乡村地区，这些知识体系是靠这些特殊人群来传承的，他们是村中各种仪式的核心人物。他们通过各种仪式，将这些知识用来"教化"社区成员，并维持着他们的精神世界和生活世界。而这些知识同样也是被民间大多数人所

---

① 我们在调查时也收集到了这份社友名单。参见叶涛《信仰、仪式与乡民的日常生活——井塘村的香社组织与民间信仰活动述论》，《民间文化论坛》2006年第6期。

② Daniel L. Overmyer, "Ritual Leaders in North China Local Communities in the Twentieth Century: A Report on Research in Progress", Min-su ch'ü-i 153, 2006 (9).

"承认的有价值的知识"①。不同的是，他们不是士绅，然而在文化的传承上却起着举足轻重的作用。

三　瑶池（王母娘娘庙）

井塘村西南玲珑山海拔 576 米，在井塘村界内。山顶上有一座王母庙（也称瑶池），从井塘村步行走山路需要一个小时。1984 年政府为了开发旅游，拨款修了山路和登山阶梯，架设了电线，后来不知什么原因，中途搁置了。尽管有公路可直通山下，但是村民们嫌绕远，基本上还是徒步走原来的小路。

王母庙位于玲珑山顶，坐北朝南，有两间房大小，石砌而成，屋顶铺的是绿色琉璃瓦，《玲珑山碑》立于庙的右侧，庙前有一片不大的空地，地面上画有伏羲八卦图，庙前方立了一座制作精美的铁制香炉，香炉底座上刻有"玲珑山圣母殿"字样。从王母庙向南眺望，目及群山峻岭，风景秀丽，令人心旷神怡。

庙的东侧空地上有一块修补过的旧的功德碑，因年久风蚀，加上碑体受损严重，碑文已不可辨，但功德簿尚可辨清"胡门孙氏""方门王氏"等字样，数量不下 100 位，均为女性。现在我们看到的庙是 2009 年由村民集资重新修建的。据 2009 年立的《玲珑山碑》记载，瑶池最早建于明清时期。

《玲珑山碑》碑文如下：

> 九州之首数青州，青州名山乃玲珑山之巅瑶池大殿建于明清，工程历经几载，砌石庞大，雕刻精美，石檐拱顶气势辉煌，为历代庙宇之冠，可与泰山碧霞祠相媲美，山体玲珑剔透，形同盆景，怪石一般，山崖陡峭，洞穴天然，置身霄汉，风光无限，极顶面向仰逢诸峰，迎来万物和谐天下太平，周围群山拥抱，形同发髻，曰鸡冠山，穿越通神洞，登上升官台东麓眺望滴水观音涯水珠飞泻，赛珍珠纱帽山，唯此唯大独尊皇冠，一顶方圆数百里，庙宇佛光普照，百峰寺院香火旺盛，早在一千五百年前笔祖中岳先生郑道昭游盘之山谷也，名山显灵于荒旱之年石鼓震撼，多有求拜之后降下绵绵细雨，解四面百姓之难，祈祷消灾祛病者，求来八方庶民平安，

---

① 参见费孝通《中国绅士》，惠海鸣译，中国社会科学出版社，2006，第 37 页。

不言而喻均有记载，谓之山不在高有仙则名，庙不在大有神则灵。

　　井塘玉皇社社友　井塘四季社社友　王坟社友

　　（此外刻有村委、五里村、南闫村、西刘井、中刘井、东刘井、张崖顶、上院村、下院村、后石皋、夏庄村等十个村以及青州市捐款者共 135 人的名单）

　　己丑二〇〇九年五月二十六日立

　　与旧的功德碑不同，新的功德碑，捐款者既有男性，也有女性。而且从名字来判断，男性占大多数，这说明尽管井塘玉皇社社友和四季社社友基本上都是女性，而且碑文上也明确记载有"井塘玉皇社社友　井塘四季社社友　王坟社友"，但是在寺庙重建过程中，男性所起到的作用是不可忽视的。

　　庙的管理由井塘村民孙全道负责，每周六、周日，初一、十五以及节假日到庙里来看庙。平时庙门是锁着的。神像前装供品用的盘子、碗、杯平时都反扣着，以防落了灰尘，据说神仙喜欢洁净。

　　殿里供奉着三位神像，中间供奉王母娘娘，西侧是观音菩萨，右侧是玉皇大帝。可见，这是一座道佛皆有的寺庙。庙殿内立有两块石碑，一块是《重修圣母观音殿碑记》，另一块是《重修圣母殿碑记》，从日期上看，与《玲珑山碑》乃同一天所立。

　　《重修圣母观音殿碑记》：

　　　　青州西南皆山也，玲珑山巍然雄峙林壑尤美，因其玲珑剔透，名人题刻、神祠古建众多，世人目之，为自然文化双胜地也。山之巅旧有古殿，明兴清修，此殿为王母观音殿，道佛共尊一堂，香火绵绵矣，岁月既久，殿宇颓败，像毁门废，已凄不可睹，井塘村一届人员与善男善女筹划捐资重修，民心所向，一呼百应，更与善士陈君联合施工年余，履艰茹苦，古殿绽新，塑像焕彩，增置香炉，石板铺地，雕栏护院，修路植树，进香者旅游者感焉，但觉榆柏增色，奇峰更峭，在山顶南望，仰逢诸峰，北看青州新城，慨然兴叹，神哉玲珑山，美在玲珑山也。以彰佛缘善款者。

　　孟庆刚　房重阳　裴德广　撰　己丑二零零九年五月二十六日

　　（接下来是井塘村 209 位捐款者的名字，基本上都是吴、孙、张三姓）

《重修圣母殿碑记》：

　　青州城西南三十里许有山曰玲珑，气势巍峨灵秀，居群山之冠，山阴
南阳水之源长流不竭，郑道昭白驹谷题刻闻名遐迩，峰巅之上卡天门飞来
石蔚为奇观，名山有灵显于神峰，称玉皇顶，建有圣母殿，香火甚盛，由
来已久，起于唐宋，兴于明清，然因社会变革，历年失修，往日香火不再，
时逢盛世，宗教复兴，名士贤达多有善举，己丑年来吴君兆秋、孙君世德
呕心策划，潍坊益和电器有限公司、六和食品有限公司总经理陈福先生弘
扬佛法，报效桑梓，慷慨解囊，铺山路，雕石栏，使游人览胜无险，重修
圣母大殿，铸香炉，塑神像，灵光再显，昔日景观复见，观诸君之明举，
功德无量，启迪于后，必将名于永远，愚与吴君交久，遵嘱托拙撰数语，
是为记。

　　孟庆刚　刘序勤　撰　己丑二零零九年五月二十六日

　　（以下捐款者共 234 人）

　　王母庙里有两把万民伞，分别置于祭台两侧，万民伞上挂满了红、黄两色
的挂号单。据庙管孙全道说，在王母庙挂号的大部分是井塘村人，也有少部分
外村人。王母庙的挂号单形式与玉皇社和四季社相同。

　　王母庙挂号单例：

　　王府办事处井塘村信女吴英香在王母娘娘观音菩萨面前表名挂号　公
元 2009 年岁次己丑六月初六日

　　与玉皇社和四季社不同的是，王母庙的万民伞不用更换，可以一直挂下去，
直到人不在了，才把她（他）的挂号单取下，一同入葬。还有一点值得注意的
是，王母庙没有号布，那么号布与万民伞及挂号单是一个什么样的关系呢？作
为在神明面前注册的记录，号布与挂号单应该具有同样的功能，但是为什么王
母庙有万民伞和挂号单，却没有号布呢？叶涛的研究表明，号布是在社的标志，
它与香社组织有关，是香社成员身份的证明。"四季社每两个闰月年收一次钱，
发一次号布。有了号布才算是社友。……以前当社的时候，都要把号布挂在身

上，现在都不讲究了。"①

当地流行的看法认为，无生老母和四季老母是姐妹，都是王母娘娘的女儿。而我们注意到，在井塘村，玉皇信仰和老母信仰都有一个香社组织去支撑，但是王母信仰却没有类似的组织。这是为什么呢？据叶涛的研究，井塘村内原来有一座无生祠供奉无生老母（村民称无生祠为"老母庙"），村里的老人说："有老母庙的时候没有老母轴子，庙毁了之后才画的轴子。"但另有一种说法，过去的时候也是接老母的，那么，当时接老母是否也在家中举行？是否也有神轴？对此，叶涛调查组未得到明确的答复②。

从上述情况来分析，是否可以得出如下结论，即轴子是庙宇建筑的替代形式，有了庙就不需要轴子，因为庙本身就是神明的居所，信徒祭拜神明的空间。这只是笔者的一个推断，但此推断并非没有依据，比如，笔者在山西晋中地区做调查时发现，被称为家谱的画轴俨然就是一个画在布上（或纸上）的祠堂，上部画祖先牌位，下面依次排列两性祖先名讳，家谱上方写有"祖宗堂"，底部写"祠堂"字样。显然，在这里，画轴子是祠堂的一种替代形式，上书祖先名讳实际上是与祠堂中的牌位有着同样的意义。至于井塘村的轴子和庙宇的关系以及王母庙为什么没有成立香社等情况还有待今后进一步的研究。

我们看到，庙宇、神像、轴子、万民伞、挂号单、号布等物质以及香社这样的组织，终其究竟，都是人们为了信仰的需求而构建出来的不同的外在形式。当这些外在形式在特定环境下不能得以充分彰显的时候，人们可以变通的灵活方式来替代这些形式。

孙全道为我们讲述的一些故事就说明了这一点。

上个星期东北来了一个人，他来这里看山，他也想在王母那里挂号，我就在黄表纸上写上他的名字后升（焚烧）了，也算是挂了号了。其实没有飘带也行，飘带是一种看得见的东西，升了就看不见了，但是也相当于

---

① 叶涛：《信仰、仪式与乡民的日常生活——井塘村的香社组织与民间信仰活动述论》，《民间文化论坛》2006 年第 6 期。

② 叶涛：《信仰、仪式与乡民的日常生活——井塘村的香社组织与民间信仰活动述论》，《民间文化论坛》2006 年第 6 期。

在神面前挂了号，王母娘娘就可以保佑他。和文书是一样的，文书写了不就升了嘛。

"文革"的时候禁止这些，家里有什么重要的事情，就在黄表纸上写，之后升掉。那时候，村里有一个贫农组长，也是个红卫兵头，去找我父亲给他写文书，我父亲说："我不给你写，你是个红卫兵头，又是个贫农组长，我给你写了不就犯错误了嘛。他说我家里急等着用这个文书，后来就偷偷地办，夜间办，在家里升了，别人不知道。白天他领着红卫兵去造反了。

这说明飘带只是一种看得见的形式，挂在那里让人们有一个视觉的感受，它可以起到提醒人们在神明面前的信仰身份的作用。但是更重要的是"写上字"，写了字以后再"焚烧"，这两种行为就可以达到与神沟通的目的，就等于是神面前挂了号。我们在泰山看到的焚烧文书的行为与其有着同样的性质。

一般认为，"文化大革命"期间，中国的宗教信仰（或民间信仰）活动都销声匿迹了。但是根据笔者的调查发现，"文革"期间信仰活动的消失只是一个表面现象，消失的仅仅是外在的形式。但信仰行为却从来没有因为外在形式的消失而销声匿迹，甚至在有些地方，人们依然以非常隐蔽的方式供奉神像，偷偷地举行各种祭神仪式，只不过规模和范围大大地减小了而已。民间信仰的生命力极其顽强，它不会因为政府禁止就完全消失，也不会因为政府引导而走向另一条路径。它是自在的存在，是镶嵌在民众生活当中的日常实践的一个有机组成部分。

四 其他信仰

井塘村过去庙宇很多，曾经有王母庙（瑶池）、关帝庙、无生祠、龙王庙、三官庙、玉皇庙、土地庙，1949 年后都遭到了不同程度的破坏。现存的除了我们上面提到的王母庙外，位于井塘村旧村的关帝庙和龙王庙也于 2000 年得到了修复。关帝庙大小与玲珑山玉皇顶的王母庙一样，原庙建于明朝，石砌而成，重修前主体建筑基本完好，只是屋顶的瓦损坏严重，重修时换了一下瓦，所以没花太多的钱。

龙王庙与关帝庙并排，位于其西侧，庙很小，两米见方。底座是旧有的，主体部分用水泥砌成，两边各立一块石板，也是原来旧庙里的，上面的字迹尚可辨认：八方齐唱太平歌，四境咸慰云霓望。

供奉无生老母和四季老母的无生祠（当地人称"老母庙"）位于关帝庙和龙王庙的南面，20 世纪 50 年代被废弃，据说原来有人在里面居住，2006 年拆除，2011 年村民们在旧址上用几块石头围成了一个地基，立"老母庙遗址"石碑一块，以示纪念。

旧村的老屋大部分已经荒废，无人居住，我们在最南面的吴兆银家的老屋旧址处看到了一座方八尺小庙，据吴兆银说，这是她家的家仙庙，供奉的是黄仙[①]。

井塘村有四位香头[②]，都是女性。香头所请的通常都是当地民众信仰较多的神灵。在井塘村，有的香头家里供奉玉皇大帝，有的供奉南海大师，也有的供奉老子爷、王母、无生老母、泰山老母等。现在岁数较大的两位香头因为身体的原因已经不再请神，因为神附体要消耗大量的体力，请一次神下来，通常都会累得筋疲力尽。

生病、小儿受惊吓或家里有了灾难时，人们就会找到香头，寻求神灵的帮助，以达到治病、避灾的目的。关于疾病，每个社会都有不同解释，疾病不仅仅是一种生理现象，同时也是文化现象。在中国乡村，人们往往会把疾病分成两种类型，一种叫实病，另一种叫虚病。前者可求助于现代医疗的帮助，比如，到医院动手术、吃药、输液等。当人们认为现代医疗无法医治，或被医生宣告无能为力时，人们就认为此人患的是虚病，需要求助于神灵，而香头是可与神灵沟通的媒介，或者说神灵是通过香头给人治病的。

这种观念不仅乡民有，甚至连医生也会有。一位村民告诉我们说："有的人生病到医院看，不见轻快，医院的医生就说，你回去找一个明白人给你看看，

[①] 张士闪和叶涛的文章也提到过此庙，并说这是供奉狐仙的，估计是村民以讹传讹造成的。黄仙是黄鼠狼成的仙，东北地区也有很多此类动物信仰，详细参见刘正爱《东北地区地仙信仰的人类学研究》，《广西民族大学学报（哲学社会科学版）》2007 年第 2 期，第 15~20 页。

[②] 此处的香头与井塘村香社没有直接的关系，它指的是能沟通人与神灵的宗教职能人员，即人们通常所说的"巫"，在此我们用的是当地的他称。各地有不同的称呼，同时也有自称和他称之别。东北地区通常叫"跳大神儿的"、"大神"、"大仙儿"（他称）、"香童"（自称），也有叫"顶神的"、"顶香的"（他称）；山西晋中太谷县称"香头"（自称）、"神婆"（他称），而山东菏泽地区则区分男女，男的叫"香头"，女的当地方言叫"sipodi"（在此且称"司婆的"），不一而同。

医生也很信这个。医生家人有病医院治不好，他也会来找香头看病。"这个所谓明白人就是香头。需要指出的是，给人治病消灾的是香头所请的那些神灵，而不是香头本人，香头只是起到一个媒介作用而已。即便香头本人看似有很大的本事，那也是神灵所赋予的，是神在操控着她（他）。

香头的成巫过程都有一个共同特点，即都要经历一场大病，这场病通常被解释为神灵要求供奉或侍奉的一种诉求的表现形式，神灵以此种方式来使一个人的身体变成适合神灵附体的体质，从某种意义上说，它是神灵得以经常光顾的肉体空间。在东北地区，这种体质叫做"斜骨斜肉"。有这种体质的往往是女性较多，病人如果答应顶神（也称"领神"或"请神"），就会马上痊愈，如果不答应，神灵还会隔三差五地"折磨"他（她），直到同意。不过也有例外，这种人被认为是身子骨硬，或身上的气较硬，从而压倒了神气，神就会另觅他者。

在有些地方，香头除了可以看病避灾外，还会看风水、择日、看亡灵（与亡灵沟通），但这一地区的香头的能力似乎更加有限，她们主要是治病（包括小儿受惊吓）和避灾。看风水和择日则另有人在。

祖先祭祀是中国人的宗教生活中必不可少的内容之一。祠堂与家谱被学者认为是祖先崇拜不可或缺的要素。不过在北方地区，像东南中国，尤其是福建地区那样的大规模的祠堂较为少见，至少在东北地区，很少见到供奉祖先的祠堂，而即便是有家庙，里面供奉的也往往是称为"保家仙"的家神，祖先崇拜是通过另外一种形式来实现的。祖先祭祀一般分为家堂祭祀和墓地祭祀，在东北地区，较为多见的家堂祭祀是，将一幅画有祖先画像的画轴于大年三十悬挂在堂屋的墙上，下面摆上供品，阖族祭拜，初一或初二把画轴卷起，撤供①。此次我们在井塘村调查时发现，井塘村的吴、孙、张三大姓氏都没有建过祠堂，他们祭祖也是通过祭拜轴子（也称"家堂"）的方式来进行的②，当地人称"请

---

① 这幅画轴有的称为家谱，有的称为 zhuzi（即"轴子"），有的称为老祖宗。笔者 2003 年在山东潍坊、蓬莱等地调查时发现，山东地区也有同样的习惯。而根据上文所述，山西晋中地区的家谱更像是画轴式的祠堂。

② 东北地区有大量的山东移民，此种习俗估计是由他们带往东北的。但是，同样是画轴式的家谱，东北的汉军旗人（清代加入八旗组织的汉人）和民人（没有加入八旗组织的汉人，山东、山西人较多）的画轴有些差别。首先，在大小上，汉军旗人的家谱小，没有对联；民人家谱大，两边有对联。其次，汉军旗人的家谱上部有的画五位神像，有的画两性祖先，下部分别是已故两性祖先的名讳。显然，轴子是祠堂的一种替代形式，是祖先牌位的另一种表现形式。

家堂"，家堂由轴子（画轴）、家谱（谱系图）和供桌构成。孙氏家堂是20世纪80年代新请的。老的家堂在1931年土匪打井塘的时候被土匪放火烧了。改革开放以后重新又续修了一次谱。家堂在续谱以后请了三年，后来就不请了。以前过年的时候，户主请家堂，阖族祭拜祖先，家中的女性成员也可以参加。通常是除夕将祖先请来，初一晚上送走。家里如有新女婿，就要在初二晚上送。虽说家堂不请了，但是祖先轴子还在①。墓地祭祀即一般所说的上坟，一年有三次，清明、农历七月十五和十月一日。上坟通常没什么限制，家里的女主人和儿媳妇也可以与男人们一同前往，年初的时候也可上坟。

我们看到，在井塘村，女性是玉皇社、四季社这样的香社组织的主要成员，那么在生活中、在家庭中她们又扮演着什么样的角色呢？由于时间有限，我们没有能够详细了解这方面的情况，还有待下一步进行更加细致的研究。

附　泰山碧霞元君信仰

泰山有很多寺庙道观，但如果乘缆车直接上山，能看到的庙观是非常有限的。此次调查因时间关系，仅限于碧霞祠及其周围的玉皇顶和青帝宫。其中碧霞祠的香火最旺，来自四面八方的香客们怀揣各自的心愿来到这里烧香许愿。除了到泰山游玩顺便给碧霞娘娘烧香的以外，还有特地前来祭供碧霞元君的香客。前者往往在山上的售香处购买线香或炷香，后者多是携香入山，除了香以外，香客们还会自带黄表纸、金元宝、包袱和鸡、猪肉、水果、饺子等供品。我们看到的这些香客多是山东境内的人，不过也有从外省长途跋涉前来进香的。我们在烧香处就见到了几位来自河南的香客。

这一行共九人，八女一男。她们从驻马店乘坐长途汽车，路上花了一天时

---

① 与东北民人家谱相比，形式基本相同，只是这里的轴子没有对联，而且上面只画有祖先画像，祖先名讳处是空着的。据说名字都写在了家谱（谱系图）上。即谱系和画轴在这里是分开的。但是作为谱系图的家谱记录的不仅是已故的祖先，活着的人也可以上谱。传统上只有男性才能上谱，在井塘村，女性也开始上谱，借村民的话说：现在女儿也是传后人，女人也可以上谱了。村民孙全道告诉我们，记已故祖先名讳的谱叫做"述"，男左女右，一支一个名字。井塘没有，但听说过，外村有。这个地方有这个习俗，本村没有，是因为嫌麻烦，所以没有办。

间才抵达泰安。为了省门票钱，一行人从半夜十二点抄小路徒步进山，黎明前就登上了泰山顶。我们见到她们时已是上午十点多，从家里出发到现在她们还未曾合过眼。她们准备当天连夜返回驻马店，一来省时间，二来又可以省去住宿钱。上山一次往返路费需要 280 元，加上买香、元宝等费用，进香一次每人需花费四五百元。这对农民来说是一笔不小的开支。我们问，那么远的路又要步行上山，累不累？她们说徒步上山表明心更诚。

她们当中年龄最小的是 53 岁，最大的是 74 岁，平时在家理佛，每逢朔望都要吃斋、念经。村里人口 1000 多，信佛的居士有 20 多人，大部分是女性，她们经常在一起活动，一起念大悲咒。三年前她们曾去武当山进香，之前还去过九华山。

从一般学者的分类来看，碧霞元君信仰属于道教范畴，武当山也是道教名山，九华山则是佛教名山，如果因为她们平时吃斋念佛而将她们定位为佛教徒，那么，她们去九华山是顺理成章的，但是她们千里迢迢去武当山这个道教名山，来到泰山祭拜碧霞元君又作如何解释呢？该问题对学者而言也许是一个问题，而对她们而言就不是什么问题了。在她们来看，只要是神，只要这个神是灵验的，就可以祭拜。神听取了她们的心愿，满足了她们的需求，解决了她们人生中各种各样的问题，那就是值得拜的。她们一般不会去区分哪个是佛教的，哪个是道教的。

在调查中我们发现，在山东地区，"佛"是一个很宽泛的概念，它类似于学者们常说的"神明"，如果我们一听到"佛"字，就把它限定在佛教中的佛，那就大错特错了。乡民们很少会像学者那样将各种各样的神进行分类。道教的道观也好，佛教的寺庙也好，甚至是用三块石头垒起的小小的祭拜空间，对乡民们而言都是"庙"，即这个"庙"就是神明的居所。

在与神明沟通的时候，"焚烧"是不可或缺的程序，香、纸、包袱、元宝、文书，只有通过焚烧这样一个行为才能够达到与神沟通的目的。我们在泰山碧霞祠香炉前看到的香烟缭绕的场面正是一场场人与神沟通的仪式盛典。

一般来说，家里有事需要神明来帮助解决或祈求家族平安的时候，要在神明面前许一个愿，待问题得到解决，再带上一些东西来还愿，一来表示对神明的谢意，二来表示要继续维持与神明之间的关系。就如我们求人办事，办成之后要向对方表达谢意一样。也有的是先送礼，后办事，办完事后再送谢礼。那么，具体如何答谢神明呢，我们看看来自山东淄博的一家人的例子。他们（两个女的一个男的）在一张红纸上用黑色签字笔写下如下内容：

山东省淄博市淄川区寨里镇寨里寨阳社区住山头村 7 号楼

王洪斐　　善人　　黄粮 2 吨　　大袍 3 件

求重（众——笔者注）位佛祖保平安　工作顺利

（以下竖写）
左方从右往左写着：

大袍一件 8 丈 8 尺

泰山上财神爷　红

大袍一件 3 丈 6 尺

泰山上天仙圣母　红

大袍一件 6 丈 8 尺

太上老君　黄　5 付（副）

右方从右往左写着：

求保工作顺利全家平安

献给重（众）位佛祖

王洪斐　善人

显然，这是先送礼，后办事。大袍是用红色或黄色绸缎做成的袍子，在碧霞祠下面的香炉亭烧完香后直接到庙里给神像披上或置于庙中。我们在庙里常常看到神像身上或神像旁边的红黄绸缎袍就是各地的信徒们送来的。至于红黄两种颜色有什么不同，还有待于进一步考证。此外，从上述文书内容也可以看出我们在上面讨论的"佛"的内涵。在她们看来，碧霞元君也好，财神爷也好，太上老君也好，都属于"佛祖"的范畴。顺便提一句，该文书要与供品一道先摆在神像前（碧霞祠专设一个香炉亭，烧香还愿的香客要在这里烧香叩拜），待祭拜完毕后，投入香炉中焚烧，以告神明。

碧霞元君也称送子娘娘，因此前来泰山碧霞祠求子的香客也络绎不绝。我们看看来自山东临朐县的两位妇女是如何求子还愿的。

妇女 A，50 多岁，去年（2010 年）九月十四日（阴历）曾经来泰山为儿子夫妻求子，今年六月十九日儿媳妇生了男孩，于是携供品前来还愿。妇女 B，60 多岁，是当地的一位神职人员，用当地话来说是一个"明白人"，即精通神事的人。从下面的文书可看出，她自称"香保"①，家中神坛供奉的主神是三皇姑，其次是关公，据她本人说，家里还请了玉皇大帝、泰山老母和送子娘娘等。去年妇女 A 来求子的时候是跟她一起来的，还愿自然也要有"明白人"陪伴。俩人分别住在不同的村庄，这说明该香保在那一带是颇有名气的。

还愿过程如下：

将从家里带来的包袱②（见图 4）以及供品摆放香炉亭旁边的空地上，包袱下面垫上一摞黄表纸，求子还愿文书叠好置于包袱上面。供品有六杯酒、六双筷子、一只鸡、三个苹果、一块白肉、九个鸡蛋、一串香蕉、一袋饺子、炸豆腐、炸鱼等。香保与妇女 A 一道燃上五捆香，持于手中，两人并肩站立，香保唱经③，两人根据经文内容时不时地朝碧霞祠大殿方向叩拜。之后，香保点上五根香烟，放在供品旁边，拿出求子文书，在空白处填写上地名和人名，叠好放在包袱上。

求子文书（黄表纸黑字手写竖书）内容如下：

今有山东省临朐县 某某镇 某某村村民　某某

善男　信女侯　为求泰山老母给他夫妻二人送上一个长命百岁的儿子，

---

① 通常人们用神婆来称呼，学术界用"香头"的较多，东北地区则称之为"跳大神的""大神""大仙儿"等。此处我们暂且使用自称。

② 包袱用纸做成，较为普通的是黄表纸，比较讲究的用金箔纸或彩纸，将装有金砖、包、金条、钱粮等的包袱包成四方形，正面贴上各种花纹的剪纸，求子一般贴石榴纹剪纸，寓意多子多孙。此外还有各种吉祥图案，制作精美。

③ 对于研究者来说，经文内容应该是非常重要的，可惜由于我们不懂山东方言，基本上听不懂经文内容。好在有录音记录，今后或许有机会解读。

特请明师三皇姑，和他母亲带上黄金、礼品再来到泰安山上，泰山老母面前求老母送上儿子一对，有求必应，过百岁前一定来到泰山老母面前叩谢老母送子大恩，做上大红袍一身，登云鞋一双，包袱三个，金砖元宝一宗，戴上大供品决不失言（食言）。求老母一定显灵，送子一对。

　　叩谢

　仰恩　　　　　　　　　特此为据　　　　　　　　神保关公老爷

　　　　　　　　　　　　　　　　　　　　　　　　香保三皇姑

　　　　　　　　　　　　　　　　　　　　　　　　阳保庄文会

　　　　　　　　公元二〇一一年古历九月二十六日

　　唱罢经文，叩拜完毕后，将包袱、黄表纸拿到香炉处焚烧，供品则可当场吃掉，或带回家慢慢食用。

图4　包袱（刘正爱摄于泰山）

　　在泰山，类似这样的仪式，每天都会发生。许愿和还愿是中国民间信仰中最常见的现象，不同的是，此处距离生活空间较远，人们千里迢迢不远万里来到这里进香朝拜，一方面说明了碧霞元君的灵验程度，另一方面也说明了人们的朝圣意愿。碧霞元君信仰辐射面很广，各地都能找到她的影子。即便如此，人们还是相信，神明的世界犹如我们所生活的现实世界，在解决问题的能力方面，特定地点的特定神明总要略胜一筹。所以，即便是远了一点，路上辛苦一点，也要来到这里进香许愿。当然，更多的人是在自己的生活圈子里寻找解决的路径。家神、村神或者是地方神才是他们日常生活中频繁登场的神明。在日常生活中，在公共领域得不到解决的，在制度内得不到解决的，或者说，用人力得不到解决的，他们都会转向另一种途径。在某种意义上，神明是人们所赖以依托的另一个精神保障。

北京朝鲜族大学生基督徒基督教
信仰情况调查报告[*]

吴凤玲^{**}

前　言

作为"北京市大学生基督教信仰现状调查"一个组成部分，本次调查的对象是北京的朝鲜族基督徒，并以其中的在校大学生和受过高等教育的知识群体为重点调查对象。在北京的所有基督徒中，朝鲜族信徒是一个非常特殊的群体，他们是唯一用本民族的语言来进行礼拜和聚会等信仰活动的少数民族群体，他们所组成的教会也因此成为以朝鲜族这一单一民族成分的成员组成的团体。在这些朝鲜族教会中，有的教会中有很多大学生信徒或受过高等教育的信徒，也有的教会专门针对大学（毕业）生信徒。本调查就选取了两个各具特色的教会进行调查，并对其中的专门针对大学生信徒的朝鲜族教会进行重点调查，了解这些拥有朝鲜族、大学生和基督徒三重身份的信徒的信仰情况，并探讨这个特殊的大学生基督徒群体的一般性和特殊性。

这次调查从 2009 年 4 月开始开展，在时间上断断续续持续了一年半多的时间，分别与北京的 C 教堂朝语礼拜部和 H 教堂 S 聚会点^①建立了联系，不定期

---

  * 本调查报告是中国社会科学院国情调研项目"北京市大学生基督教信仰现状调查"的分报告。

** 中国社会科学院民族学与人类学研究所助理研究员。

  ① S 聚会点隶属于 H 堂，有朝语礼拜部和汉语礼拜部两部分，这个聚会点的信徒不在 H 堂内礼拜和聚会，而是为了聚会方便，另外在一处写字楼租了场地礼拜和聚会。

地参加他们的礼拜活动和团契活动，进行参与观察，并与教牧人员和教会中的侍奉人员广泛接触，通过他们了解北京朝鲜族基督徒的总体情况和所调查的两所教会的基本情况。本次调查随机选取了 C 教堂朝语礼拜部（12 名）和 S 教会（6 名）的 18 名信徒为调查对象，见附录 1。在对象的选取上采取社会学意义上的"偶遇"和"滚雪球"式的方法，一部分信徒通过在教会偶遇认识，经过他们的同意与他们进行深度访谈，在此基础上也通过已采访过的信徒和教牧人员介绍符合调查需要的信徒，再进行访谈，使访谈的信徒的人数像滚雪球似的递增。在接受访谈的对象分布上，一方面尽可能兼顾不同年龄、性别、职业和学历等，以期他们能够全面地代表北京朝鲜族信徒及其基督教信仰的情况。在年龄层上，从最小的 22 岁到最大的 56 岁，老中青都有。在学历上，从受过初等教育的小学文化程度到受过高等教育的博士，各文化层次的信徒都有。总体来说，受访的信徒文化程度普遍较高，除一名小学文化信徒外，其余的受访信徒全部是初中以上文化程度，受过大学及以上高等教育的人数更是高达50%，这与朝鲜族历来重视教育的传统不无关系。信徒所从事的职业和目前的身份有大学教授、教师、个体企业主、韩资企业的高级白领和普通职员、导游、翻译、家庭保姆、家庭主妇以及大学生等，几乎囊括了在京朝鲜族从事的主要职业类型。另一方面重点对其中的大学生基督徒和受过高等教育的知识分子群体进行深度访谈和多次的接触与交流，并最终将调查的重点放在信徒的主体为大学生和知识分子的 S 教会上，深入了解他们的信仰历程和他们的信仰与其工作、学习和生活的关系。

一　在京的朝鲜族与朝鲜族教会

由于流动频繁，加之有些来到北京的朝鲜族在外来人口登记等方面手续欠缺，对于在京的朝鲜族的规模，只有粗略的估计数字。据笔者调查过的比较了解在京朝鲜族整体情况的一些学者和教牧人员介绍，在京的朝鲜族人口总数应该在 13 万～15 万人，除了少部分是因为工作关系，早年定居北京外，大部分是改革开放以后陆续到北京求学、工作和打工的。从事的工作大多与其朝鲜族的身份和懂朝语的优势有关，或者根据学历的高低在韩国在华的大小企业工作，或者利用语言和文化优势从事导游、翻译等文化交流工作，或者从事与韩国人相关的服务业，如餐饮业、家政业等。其人口大多数集中在韩国企业和韩国人聚居的朝阳区的望京地区、海淀区的五道口地区、通州区和顺义区等。

北京的朝鲜族教会集中在上述朝鲜族人口聚居的地区，有一位朝鲜族教牧人员总结在京的韩国人、朝鲜族和朝鲜族教会三者的关系："有韩国人的地方就有朝鲜族，因为他们要赚他们的钱，有朝鲜族的地方就该有朝鲜族教会"。正规的被纳入三自教会体系的朝鲜族基督教会有 C 堂、G 堂、CH 堂和 H 堂四个教堂下设的朝语礼拜部，还有为数众多的尚未被纳入三自教会体系内的非三自教会，也就是人们通常所说的家庭教会。据一位了解北京朝鲜族基督教总体情况的牧师①估计，在京朝鲜族基督徒的总人数，包括在三自教会的信徒和非三自教会的信徒，应该在 5000 人左右，占在京朝鲜族总人口的 3% 左右。人数在 20 人以上的大小聚会点有 80～100 个，主要集中在朝鲜族人口最为集中的望京地区，通州和顺义两个朝鲜族人口相对集中的地区也分别有 10～20 个聚会点。虽然这部分非三自的教会个数和人数不在政府宗教部门统计之列，但是由于北京朝鲜族教会的所有牧养人都来自朝鲜族教牧人员的圈子，他们基本上都有正规的神学背景，有从东北过来的，也有从武汉的神学院毕业的，还有些人是从国外回来的。因为这个圈子并不大，大家彼此都认识，所以也很容易了解彼此教会的情况，从而对北京的朝鲜族信徒总体情况有个估计。

二　两所各具特色的教会

本次调查分别选取 C 堂的朝语礼拜部和 H 堂的 S 聚会点的朝语礼拜部（下文简称 S 教会）两个朝鲜族教会作为调查对象，并更多地将调查和研究的重心放在信徒的构成以在校大学生和受过高等教育的知识分子为主体的 S 教会上。之所以作这样的选择，是因为它们在历史、信徒的人员构成和教会的发展历程等方面各具特色，互为补充。一方面能够有助于我们形成对北京的朝鲜族教会和信徒的整体情况的认识；另一方面也适合我们对二者进行比较，总结它们表现形式的不同，并探求其中的原因。

---

① 这位牧师目前在 C 堂朝语礼拜部担任牧师，同时他还牧养一个家庭教会。这个家庭教会是他在进入三自系统的 C 堂之前就牧养的。

首先，从历史而言，C 教堂的朝语礼拜部是自 20 世纪 70 年代末 80 年代初国家恢复宗教政策以来北京最早在宗教管理部门登记，并入堂开始正规的宗教活动的朝鲜族教会，在时间上从 1989 年延续到现在已长达 20 多年，是一个十分成熟的教会。教会有着分工明确的管理机构，在主任牧师之下，还有五个委员会，分别是教育委员会（负责培训班，夫妻学校，新信徒培训）；宣教委员会（主要是对外的，负责主办运动会和与外界联系等活动）；礼拜委员会（管理现场礼拜、唱诗班、赞扬组、引导组和主日学）；侍奉委员会（负责教会班车和灵修会管理）；企划委员会（负责筹备各类活动，经过筹备的活动具体由宣教委员会执行）。教会还曾兴办过小规模的幼儿园，专门针对朝鲜族的子女，除正常的幼教内容外，兼顾朝鲜族的文化和语言的学习，但是后来因为资金不足无法继续运营而停办。而 S 教会则是先经历了一段很短暂的不到一年的非法聚会的历史，于 2005 年 6 月才获准在北京市的宗教管理部门登记注册，成为 H 堂下的一个聚会点，从此被纳入三自的管理体系之中。相对而言，它还是一个很年轻的教会，它也有类似 C 堂朝语礼拜部那样的分工负责的人员，但是这样的组织管理部门还在不断地完善之中。

其次，C 堂位于北京朝鲜族比较集中的东区，能够辐射到顺义、望京和通州等朝鲜族社区。因此，它的信徒来源广泛，人数相对众多，各年龄层、性别和学历的人均有分布，并且由于它开始礼拜的历史比较长，其教会中已形成了相对稳定的信徒群体，每周固定来这里礼拜。S 教会则位于北京的西区，这里是高校和科研机构等密集的地方，也是大学生和知识分子集中的地方，这里的朝鲜族人群也主要以大学生和知识分子为主。但这里在 S 教会创建之前却是包括三自系统和非三自系统下的朝鲜族教会分布的盲区，由于还没有一个教会针对大学生和知识分子传福音，因此 S 教会决定在这里创建，并将传福音的目标定在了包括朝鲜族和其他民族在内的大学生和知识分子身上。因此其信徒的来源比较单一，主要以周边的高校和科研机构的大学生和知识分子为主，除了来自中国科学院的几对老年信徒外，信徒的主体是在校大学生和工作不久的大学毕业生，还有一部分 40 岁左右的中年人。由于大学生和刚工作的大学毕业生经常处于流动状态，随着他们的入学、毕业和更换工作，每年都有新面孔加入，也都有相当一部分信徒从此不见踪影，信徒群体总是处于周期性的更新和变动之中。不过，由于朝鲜族在北京大体上是流动人口，随着他们流入和流出北京或因工作关系在北京内部流动，体现在信徒群体上，其发展总的来说还是处于动态的，稳定和变动只是就这两个教会的比较大体上而言的。

再次，C 堂朝语礼拜是 20 世纪 80 年代中叶由三名朝鲜族信徒在每周汉语礼拜后进行的朝语祷告会，在人数激增到 100 多人时从汉语礼拜分离出来，经过政府和三自许可单独礼拜，成立朝语礼拜部。因此它一开始就是从三自教会内部脱胎而来的，其礼拜和聚会活动也顺理成章地在正规教堂内进行。而 S 教会则在一定意义上是后创建的教会，虽然它的一部分信徒来自三自体系下的 G 堂，但它创建之初在性质上却是具有一定规模的尚未进入三自体系的家庭教会。后来由于非常现实的原因，因为没有在政府注册登记便不能租到礼拜和聚会的场地，因此教会的创建人向政府提出申请，同时也得到 H 堂的支持，经过努力获得批准，成为 H 堂下的一个聚会点。虽然 H 堂很欢迎他们进入教堂礼拜和聚会，但是如果这样，礼拜堂就要上午和下午分别给汉语礼拜和朝语礼拜轮流使用，而没有一个专门的礼拜堂给朝语礼拜，因而非常不方便，不仅汉族的牧养会受影响，朝语的礼拜也会因为时间安排在下午而效果不好，遇有重大节日更会在时间安排上受影响。因此，S 教会婉拒了 H 堂的好意，在一处写字楼中租用场地，用于礼拜日的敬拜活动。因此尽管 S 教会是隶属于三自教会，但是它却以一种目前的家庭教会常见的存在形式在写字楼里礼拜，只在礼拜日才租用写字楼的场地，因此它的礼拜空间就是写字楼中的普通的会议室，很难与 C 堂那样正规教堂礼拜空间的那种宗教气氛相比，唯一与其相同的就是墙上用来向信徒们展现赞美的歌词和讲道中涉及的经文的投影仪。

具体说来，两所教会在信徒、教牧人员和团契等方面的情况是：C 堂朝语礼拜部平时能有 200 名左右信徒，60 岁以上的老年信徒有 30 多人，45～60 岁的中年人有 30 多人，其余的中青年人占绝大多数。在男女的比例上，女性较男性稍多一些，大概是 3∶2 的比例。信徒中有 2/3 来北京以前在家乡已经受洗，来北京后才接受福音的只占 1/3。大部分老信徒是来到北京以后，根据自己的生活和工作区域，结合去其他教会参加礼拜和听讲道后所做的比较，最后选择定期在 C 堂做礼拜。信徒最终选择固定在哪个教会做礼拜，这中间有一个个人自主选择的问题。相对来说，像 C 教堂这样有着悠久的历史，和显著的标志性建筑的教堂，无疑会成为初来乍到的信徒的首选。而像 S 教会这样只是周末在写字楼中租用场地进行礼拜和聚会的教会，没有内部或了解该教会的人介绍，是不大可能自己找去的。牧养工作由本堂聘请的一位毕业于东北神学院的牧师负责，他曾在吉林省的朝鲜族聚居地方牧养教会多年，来北京后，也曾在一个朝鲜族教会中担任过教牧工作。他在朝鲜族聚居区牧养的经验，和在北京牧养的经验，应该说对其在 C 堂朝语礼拜部牧养这些来自朝鲜族聚居区并且在北京工作和学习的信徒是非常有帮助的。在每周日下午 13～15 点的主日礼拜后，老年、中年、青壮年和青年等四个年龄组还有各自的团契活动，新加入的成员也有活动。除了主日的礼拜和团契活动外，信徒们基本没有其他聚会活动，不过几个人小规模的自发聚会也还是有的。在和其他教会的交流方面，与 G 堂和 CH 堂的朝语礼拜部都有交流。

　　S 教会的信徒人数在 150 人左右，但是由于信徒中大学生占很大比例，其中有周期性变动的原因，礼拜的人数有时相差很大，平时基本保持在 100 人以上。信徒中除 10～15 位中老年人外，全部是年轻人，以海淀区高校的大学生和毕业后工作的白领为主。男女的性别比例基本持平。除了一少部分因为来自基督徒家庭而在来北京之前就已经开始信仰的信徒外，大部分信徒是来到北京后才开始接触基督教并接受福音的，他们来到这个教会多是由本教会的信徒介绍带领来的，后来在教会的环境中不断熏陶，慢慢接受了信仰。教会的牧养工作由一位曾在北京的 G 堂服侍过多年，并在韩国的神学院获得神学硕士的传道员负责。① 该传道员从 20 世纪 80 年代中期起就开始在北京读大学，并在大学毕业前夕立志做牧师，除了到韩国学神学的几年，一直在北京的教会中服侍和牧养，其自身的生活经历和素养对于其胜任大学生、大学毕业白领和知识分子这三类信徒的牧养工作有很多帮助。因为在教堂外自租场地礼拜和聚会，教会每月要负担 1 万元左右的场地费，这笔支出的资金主要来自信徒的奉献。由于教会的大多数信徒又都是没有收入的大学生，奉献金很有限，这笔支出确实是很大的负担。因此，教会的很多老信徒，尽管工作以后到了远离教会的通州、顺义等地，但礼拜日的时候还是专门回到 S 教会礼拜，把自己收入的 1/10 奉献给这里。大学生做兼职有一部分收入的情况下，也会主动拿出 1/10 奉献给教会。教

---

① 由于他是在国外受的神学训练，因而他回国后无法获得国内三自系统的按立。因此，他虽然有神学硕士学位的学历，并有多年的牧养教会的经历，却依旧是传道员的身份，没有被按立为牧师。

会的负责人认为尽管目前负担重了些，但是从教会长远发展来看，场地解决好了，对于教会的未来发展很有利。在当前这样的环境条件下，信徒们参加完上午的主日礼拜后，中午还可以与自己教会的朋友在写字楼的餐厅用餐，下午依然有场地继续参加各自的团契活动，敬拜、听道和分享在每周礼拜日来教会的这一天中都得到充分的实现，因此信徒们也很满足于教会目前的这种存在形式。教会中除青年团契外，还有一个针对夫妇信徒的夫妇团契，老年信徒因为人数尚少，还没有组成团契。

三 以朝鲜族大学（毕业）生基督徒为主的 S 教会的发展目标和具体实践

以朝鲜族大学（毕业）生基督徒为信徒主体，并处在良好的发展势头中的 S 教会，设定了它的由近及远一系列发展目标。这些发展目标一方面基于它作为一个教会的宗旨，另一方面也基于它作为一个少数民族成员组成的教会的现实。这些发展目标是：（1）个人得救，让更多不信主的人能够信靠主，从而得到永生，这一点与所有教会的发展目标一致。（2）关注家庭，这一目标是与伴随着朝鲜族的境外流动和国内流动所产生的重要社会问题——离婚率升高、家庭解体和畸形家庭增多等密切联系在一起的。由于朝鲜族人口中流动人口所占的比例日益增多，人数尤以青壮年为多，父母外出打工，孩子多与祖辈一起生活，很多孩子在遇到成长中的各种困惑时由于缺乏父母的及时关怀和引导而不能获得解决，因而积压和累积成为不良习惯和人生态度，甚至因此而成为问题少年。很多夫妻在外出或出国打工后离婚，造成单亲孩子增多。在这种畸形的家庭环境中成长起来的孩子，如果不能得到父母双亲情感上的适当补偿，很容易产生被抛弃感，并直接影响到他们成年后对待婚姻和家庭的正确态度，在离婚率越来越高的情况下，无视个人对婚姻和家庭的责任感，采取对离婚无所谓和不在乎的态度。这样的例子在朝鲜族大学（毕业）生群体中有很多。因此教会针对当前朝鲜族社会中的这一常见社会问题，希望通过信仰，基于圣经中的相关内容，对处在这样的困境中的信徒进行辅导和帮助，引导他们走出困境，并能够和所有其他的信徒一样以正确的态度对待婚姻和建设家庭。教会对于这一目标的践行，我们可以从教会在相关讲道内容的侧重、父亲节母亲节等相关节日的特别活动和如夫妇团契等特色团契的活动中体会到。（3）民族重建，这一目标是与朝鲜族聚居地的空洞化、城市朝鲜族民族文化传统传承的断裂等民族发展问题密切联系在一起的。朝鲜族是一个有着优秀的民族文化传统的民族，有着重视教育的传统，包括学校教育和家庭教育，人口的受教育程度普遍较高，高学历人口所占的比例更是在全国56个民族中遥遥领先。但是近年来，随着朝鲜族人口流动的频繁和加剧，朝鲜族的发展出现很多问题，人口的负增长，聚居地空洞化，迁居大城市的朝鲜族在包括语言文字等在内的民族文化传统方面的弱化，导致民族文化同化现象严重。很多朝鲜族的有识之士都为迁居到大城市、处于汉文化的包围中的朝鲜民族如何保持和发展自己的民族优秀文化传统的问题而思考和努力，集中了众多的朝鲜族知识分子和精英的S教会也在这方面积极努力。S教会的负责人说"上帝既然让朝鲜族这个民族在这个世界上存在，必然有他的美好的旨意，应该为这个民族做些什么"。他认为，现在在北京，在朝鲜族中间也有一些团体和交往的圈子，但是从目前来看，教会无疑是其中凝聚力最大的，因为教会有非常具体的目标，其他的圈子都是有目的的。在实践"民族重建"方面，教会在信徒中间对于尊重和恢复民族文化传统的倡导，主日学对于城市朝鲜族第二、三代的民族语言文字和民族文化的熏陶，以及教会中引发的对于民族未来的发展的讨论等，都是有益的尝试。（4）世界宣教，随着基督教信仰的传播，教会的发展将不再局限于某个民族和国家，也将走出国门，在世界的范围内宣传福音。S教会汉语礼拜部的建设在这方面迈出了一大步，经过教会5年多的发展，S教会已经在最初的单一的朝鲜语礼拜的基础上，发展成拥有朝语和汉语两个语种的礼拜的教会，除朝鲜族的大学生和知识分子之外，又吸引了许多汉族和其他民族的信徒。

四 身兼三重身份的北京朝鲜族大学生基督徒

北京朝鲜族大学生基督徒兼有少数民族、受过高等教育者和基督徒三重身份。对于他们独特的信仰历程，本报告将从他们皈信、寻找和走入教会，以及定期礼拜和聚会及参加教会的其他活动等三方面的经历着手分析。一方面探讨他们作为普通的基督徒的共性，另一方面探讨他们作为受过高等教育的知识阶层和朝鲜族的特殊性。具体的分析对象为18名调查对象中深入访谈和重点追踪的 10 名大学在读和有大学或以上学历的信徒[①]。

（一）皈信

1. 朝鲜族大学（毕业）生信徒皈信过程中的共性

梁丽萍在《社会转型与宗教皈依：以基督教徒为对象的考察》一文中认为，"压力或危机事件的触发是现阶段民众接受基督教信仰的内在动力，社会网络的示范和导引是民众接受和皈依基督教信仰的中介因素，'神迹'或'特殊的感应'对民众皈依基督教信仰具有催化作用，教义与礼仪通过对信仰者人格的转换逐步实现其信仰的内在化"。这里，该文所提出的促成皈信的要素和作用过程：压力或危机→社会网络的示范和导引→神迹或"特殊感应"→教义和礼仪，对于我们分析这些朝鲜族大学（毕业）生信徒的皈信过程很有参考意义。受访朝鲜族大学生信徒的皈信过程都可以纳入这一框架下进行分析。

首先，作为皈信的内在动力的压力或危机，压力主要指涉的外部作用于个体的大环境。压力往往是无形的，你看不到它，却谁都逃脱不了的它的影响。不同的群体面对的可能是不同的压力，如在职的人有升职和加薪的压力，求学的人有升学和就业的压力，初到某地生活的人有适应新环境的压力，等等。而危机则主要指涉对个人的生活造成不良影响的具体事件，如生病、失业、离婚，等等。正因为危机表现为具体的事件，往往信徒在叙述自己的皈信过程时都有明确所指的表述，而压力因为相对比较无形，所以信徒即使在皈信前身处某种压力之中，往往也没有明确的所指，而笼统地叙述"有压力"，或根本不提及。因此，在访谈中，我们发现并不是每个受访对象都有明确所指的皈信内在动力，可以总结出来的只有：（1）失去重要的家庭成员，如信徒 5（见附录 1 表 2，下同）；（2）失业（或生意破产）造成生活窘迫，如信徒 7；（3）生病，如信徒13。但是，总体说来，作为从聚居地来到北京的少数民族，离开自己熟悉的生

---

① S 教会的 ZHCH 传道员，即附录 1 表 1 中的教牧人员 1，是在大学期间开始的信仰，在大学毕业后，立志做牧师，因此后来到韩国留学，学习神学。他的经历不同于同为大学学历，但是所受的高等教育是神学院教育的教牧人员 2。作为 20 世纪 80 年代末期最早接触和进入朝鲜族基督教会的大学生，教牧人员 1 在身份还是普通信徒时的皈信经历，很能代表当时的大学生，对于我们分析今天的朝鲜族大学生信徒也有重要参考，因此在这一部分对朝鲜族大学生信徒信仰历程的分析中，我们将教牧人员 1 也作为一个重要的个案纳入分析的范围。

活环境以及能够给予支持的家庭和朋友圈子，来到新的工作、学习和生活环境，这其中必然存在调适的过程。面对新的挑战和压力，这在一定意义上构成了来北京后皈信的信徒的内在动力。

其次，作为中介因素的社会网络的示范和导引，社会网络可以理解为与个人生活密不可分的社会大环境和人际关系网络。在我们此前作过的中国社会科学院国情调研项目"延边朝鲜族基督教信仰情况调查"中，我们已经发现，延边州基督教信徒的发展在经历了恢复宗教政策以来的初步发展时期和20世纪90年代的快速发展时期之后，到现在已经颇具规模，并在延边朝鲜族社会中具有一定的影响力。同样，基督教的发展在国内的其他朝鲜族聚居区也呈显著上升的态势。以延边朝鲜族自治州为首的朝鲜族聚居地的这种基督教信仰环境背景，无疑有利于人们认识基督教，接近基督教，以至皈信基督教，信徒18显然属于这种情况。除了社会大环境外，有很多信徒来自家庭成员有基督徒的家庭，其家庭成员的信仰经历和现状，也会对其最终皈信起到积极的示范和导引作用。此次调查接触到的在家乡接受信仰的朝鲜族大学生基督徒——信徒5和信徒6，都是在家庭成员的影响下开始接受信仰的。这无疑在一定程度上与聚居地朝鲜族社会内部相对静态、人员同质化程度高的环境有关，因为在那样一种相对闭塞的环境下，家庭对于一个人的影响力要远远大于其他类型的社会关系。这种在家庭成员的影响下信教的信徒，可以等同于梁丽萍文中划分的"家庭式入教信徒"。她将当前民众最初接触基督教的状态分为"家庭式入教信徒"和"非家庭式入教信徒"两类，并认为通常家庭式入教信徒家庭的宗教氛围，使其在心理上对基督教信仰并不排斥，遇有合适的条件或机遇，便更可能接近宗教。

"非家庭式入教信徒"在皈信时更多地受到其家庭之外的社会和人际关系网络的影响，在北京接受基督教信仰的7名受访大学生信徒中，除了信徒13是在家乡时受姐姐影响开始去教会，到北京上大学后因为生病，在向神祷告和祈求得到应许后确立信仰以外，其余的信徒无一不是在熟人或朋友的介绍和影响下走入教会的。这其中有（1）朋友，如信徒7是受到了他的韩国传教士朋友的影响；信徒4是受到他的韩国留学生朋友的影响。（2）同学，如教牧人员1是在读大学时由他在北京另一所高校读书的高中同学带领去教会；信徒1是受大学同学的影响；信徒3则是受到同宿舍的大学同学的影响。（3）合租人（如信徒8）等多种关系的影响。总的说来，在大学阶段接受信仰的5名信徒中，除信徒

13 外，教牧人员 1 和信徒 1、3、4 都是受作为大学生经常交往的高中同学、大学同学和留学生等同学圈子的影响，大学生主要的人际关系—网络——同学的圈子对于大学生接受基督教信仰有着重要的乃至第一位的影响。信徒 3 的经历，很好地说明了这一点："那个时候我的宿舍有一个人信主，后来毕业的时候我们寝室八个人中有六个人信了。虽然程度不一样，但是都有那个愿望……她影响了我，我又影响别人，这样互相影响慢慢变大。"在大学毕业后开始信仰的 2 名信徒，信徒 7 和信徒 8，则是受其生活和工作的圈子中接触密切的合租人和朋友的影响。值得重视的是，在这 7 名来京后开始信仰的信徒中，对他们接受基督教信仰这些产生影响的人都是本民族的同胞或与朝鲜族在族源和文化上有着亲缘关系的韩国人。这一方面说明，虽然从相对同质化的聚居地来到异质化程度很高的特大城市北京，朝鲜族大学生的交往圈子扩大到与国内来自不同地域和民族的人们的交往，但是朝鲜族的族内交往和与韩国兄弟民族的交往的程度依然较高。在影响朝鲜族大学生基督徒的皈信上，这种民族内部的关系网络发挥着至关重要的作用。因此这些信徒无论接受的是家人的影响，还是本民族的同学、朋友或熟人的影响，都是在他们主要的人际关系网络之下进行的。这个人际关系网络实际上就是罗德尼·斯达克和罗杰尔·芬克所说的由人际依恋构成的社会资本，他们认为宗教选择是人们的一种理性选择，人们在作宗教选择时都会试图保持他们的社会资本，具体说来，也就是，"当人们把他们的宗教选择建立在他们所依恋的人的喜好基础上时，他们保持（最优化）他们的社会资本——他们没有因为没能顺从而冒险失去他们的依恋关系，因此，他们没有面对取代这种依恋关系的潜在需要"。[①]

再次，是作为催化剂的神迹或"特殊感应"。罗德尼·斯达克和罗杰尔·芬克将"神迹"定义为："相信由神干预世俗事务所引起的合意的效果"，又将"神秘体验"定义为"某种跟神接触的感觉，无论这种感觉如何短暂"，并认为对于宗教信仰的信心会随着"归功于宗教的神迹"和"人们有神秘体验"而增强。[②] 我们

---

① 〔美〕罗德尼·斯达克、罗杰尔·芬克：《信仰的法则——解释宗教之人的方面》，杨凤岗译，中国人民大学出版社，2004，第 148 页。

② 〔美〕罗德尼·斯达克、罗杰尔·芬克：《信仰的法则——解释宗教之人的方面》，杨凤岗译，中国人民大学出版社，2004，第 135～136 页。

在调查中也发现，信徒在叙述其皈信经历时，除了会提到前面论及的其个人的压力或危机事件，将其引入基督教信仰的社会网络，大多还会着重提到他们体会到的神迹和感受到的特殊感应（或称神秘体验），认为正是这种经历让他们真切地感受到上帝的存在，也让他们对待信仰的态度由此前的犹豫和怀疑变为坚定和确信。神迹和特殊感应作为他们由初信到确信的转折性事件，充当了其个人最终皈信的催化剂。信徒 7 的叙述就很好地证明了这一点：

我是涉外导游起家的。1998 年金融危机的时候韩国客人很少，所以生活也比较艰苦。而且老婆孩子也一起来到北京，还得生活。最差的时候手里只有五毛钱，家里有五斤大米，还欠了房东 1000 多元的房费。当时我就去旅行社推销自己，接了日本客人。但是房钱的问题解决不了，所以当时欠债问题一直没能解决。

我高中的时候，很好的男同学母亲是基督徒，我们无聊的时候去看看。以后老家理发店的老板也是基督徒，他就跟我说信主。所以我高中开始就有了萌芽。我曾经跟我爱人谈恋爱的时候，跟她说过咱们信主吧。但是她说这是迷信。

…………

可是到了北京以后情况就变了。因为家庭生活越来越困难，最后迫不得已借钱去了。找了韩国留学生传道士，我跟他一面之交，当时他跟我说"我自己也没有钱"。我很难受，觉得天堂的门应该是开着的，这样的结果让我怎么办。后来他告诉我了方法，说你要跟神祷告。当时，我就想，祷告也不能给我送钱来。但是当时情况是迫在眉睫，所以没办法就持半信半疑的态度开始祷告了，我也跟爱人说了这个事情，她也就安静下来。我们祷告完了以后最后一句是"以基督耶稣的名义祈求的"。

祷告一个礼拜左右了吧，我收到了 4000 元。这个钱是大学同学借我的。一个人是 2000 元，另两个人各 1000 元。但是因为邮寄地址和收款人名字的问题，汇款来来回回被退了两次，整整花费了一个月。这个事情最终得到解决以后，我想到：假如这件事情能够顺利结束，那么我爱人是肯定不信主的，神正是给我们通过各种磨炼，让我们非要来教堂，下个星期（指收到汇款这件事后的一个星期日）我就跟我爱人说了，她没说一句埋怨的话就跟过来了。当时来的教堂就是 C 教堂。来到这个教堂以后，就踏踏实实听神的话。

从信徒 7 的皈信经历，可以说他的皈信过程是在延边老家时就通过其周围信教的人际网络"开始有了萌芽"。到北京后困窘的生活，让他有了信靠主的内在动力，觉得"天堂的门应该是开着的"。在个人力量所不能解决的困难中通过向上帝祷告体会到了神迹，这一经历对于其最终确信起到了决定作用。神迹不仅可以对亲身经历过它的信徒的皈信起到催化剂的作用，也会通过该信徒与他人的见证和分享而扩大影响，对他人的接受基督教信仰产生积极影响，信徒 7 的妻子显然就是在这样的情况下皈信的。

对于处在求学期的信徒，在追求学业过程中所体会到的神迹，会对其坚定信仰，平衡学习和信仰之间的矛盾，发挥重要影响。信徒 5 和信徒 6 都是在家人的影响下接触基督教的信徒，从小随父母去教会的主日学，高中时代仍经常去教会，只不过信仰还在逐步坚定的过程之中。作为面临考大学的压力的高中生，繁忙的学业无疑是他们当时生活的核心，因为自己的信仰，他们常常要面对内心的挣扎，担心参加教会活动会占用学习的时间，影响到升学，因此在与神的交流中会经常有如何平衡学业和信仰之间的冲突的困惑。后来他们非但没有因为信仰影响学业，而且还以相当优异的成绩考到北京的重点大学就读。这样的经历让他们体会到了神在其中所做的事功，因而信仰更加坚定。如信徒 5 原本老家在黑龙江，后来因为父母和家里的亲戚都来到延边，而举家搬迁到了延边。初中升高中时，因为她是外地户口，在当地读书要交很多保证金，因此她就为此事向上帝祷告。后来，她初中老师的朋友帮忙，让她顺利地升入高中而不必付出高额的保证金，她的祷告相当于得到了应许。因此，在这件事情之后，她开始坚定了信仰，决心认真地信主。升入高中时代后，她学习成绩一向不错，她也非常有信心考入一所好大学。但是临近高考的时候，她必须回原籍考试，她不得不小小年纪一个人回到黑龙江一所陌生的高中就读，备战高考。黑龙江的教学质量要比延边高，高考录取分数也高出延边很多，原本在延边是优等生很受老师关注的她，在更多比她优秀的好学生中间变得不突出了，老师也不十分了解她，对于她考上原来的目标学校也并不十分看好。在这样的情况下，信徒 5 一度对高考失去信心，但就是靠着信仰给自己的信心一路走过来。

高考中，她也感觉如有神助，发挥特别超常，考试成绩非常优秀，如愿考到北京。而在当年延边的高考中，由于考场纪律问题，受到严惩，高考录取分数线首次超过黑龙江，信徒5在延边的学习成绩与她相仿的同学们，很多都因此没能升入大学。这样的对照，让原本经历曲折却最终顺利升学的她深切体会到了神迹的力量，也因此信仰坚定不可动摇了。

最后，是教义和礼仪对信徒的信仰的内化作用。有很多信徒，最初去教会的时候，可能对基督教的教义知道的很少，但在父母、亲人或朋友的带领下来教会，最初可能就是喜欢教堂的庄严肃穆的氛围、教会的弟兄姊妹之间的温情和教会的赞美、礼拜等敬拜形式，后来随着来教会的次数增多，参加更多的礼仪活动，了解和学习更多的教义，会慢慢地从慕道友的身份，主动要求受洗，成为真正的基督徒。在这个过程中，教会也会对他们进行初信栽培或慕道友培训等。通过这些活动，"一个人宗教解释的信心会随着其他人表现出的对宗教解释的信心而增强"，同时"对于宗教解释的信心会随着人们参与宗教礼仪而增强"。[①] S教会的传道员谈起自己最初开始信教的经历时提到，自己20世纪80年代在离家千里之外的北京求学，每年只有寒暑假可以回家，平时因为远在异乡感受不到家庭的温暖和家人的关心。而来到教会后，教会的老姊妹对他们这些离家在外的年轻人像老母亲般的关心，让他们在教会感受到家庭般的温暖，也让他开始爱去教会，而最初去教会听的讲道什么的反而没留下太多印象。因为当时教会中多是老年信徒，有几个年轻人加入，都非常喜爱和欢迎。并且，由于他们又是有知识的大学生，在当时教会没有什么正规的学神学出身的人带领的情况下，这些老年信徒在教义等不懂的地方更愿意向他们讨教。而他们也因为出于面子，怕辜负那些长辈的期望，开始主动地认真学习圣经知识，并在这个深入学习教义和不断参加教会的礼仪的过程中慢慢地坚定了信仰。从大三走入教会开始，到大学五年级临毕业前，他不仅成为一名坚定的基督徒，而且还立志做牧师，让更多的人接受福音。信徒4的情况也与教牧人员1类似：

　　　　大二（1999年）之前我的生活圈基本上是学校，而且我们年级大概有

---

① 〔美〕罗德尼·斯达克、罗杰尔·芬克：《信仰的法则——解释宗教之人的方面》，杨凤岗译，中国人民大学出版社，2004，第345页，命题22和命题23。

十个朝鲜族，我们经常聚在一起玩，所以我的朋友基本上也就这些。后来我去了教会之后，看到了有几个老人，他们就很关心我，我不去的话他们就会问我，你为什么没有来什么的。当时我觉得那种感觉挺好的，但当时我不知道什么是信仰，后来通过学习我也就慢慢接受了耶稣基督。

信徒 5 也提到，自己从小上主日学，见得最多的就是教会里的笑容。现在到了社会以后，对照在教会看到的人和自己周围的普通人，二者最大的区别就是，教会的人的脸上总是带着笑容，而且都是发自内心的；而周遭的普通人则总是皱眉，很少笑，并且很容易就有生气或愁苦的表情。这一点让她更加坚信自己选择的这种生活是对的，认为正是基督教信仰让教会里的人如此喜乐。在教会的人的影响下，她也希望改变自己以前有些内向的性格，用自己真诚的笑容和内心感染周围的人，让他们能够了解基督徒。笔者也看到在教会她积极地参与接待的事功，热情地接待每一个来教会的新信徒和老信徒，并乐在其中。

2. 朝鲜族大学（毕业）生皈信过程中的特殊性

从以上的分析可以看出，这些朝鲜族大学生信徒在皈信原因的方面与当前的所有基督徒有着共性，可以纳入梁丽萍所提出的关于社会转型期的宗教皈依的框架来分析。同时我们也看到他们在基督徒身份外的另两重身份——少数民族和受过高等教育者——也给其皈信带来了不同于普通基督徒的特殊性。这种特殊性表现在以下两个方面。

第一，作为离开家乡到北京求学和谋生的少数民族，面对新的学习、生活和工作环境，生存和生活等方方面面的压力，使其较之普通皈信者更多出一些选择基督信仰的可能性；他们原来的生活环境——朝鲜族聚居地基督教信仰的大环境不可避免地也会对他们到北京后选择信仰基督教起到推动力的作用。这种推动力，通过这些后来的皈信者对基督教的不排斥感或亲近感，以及在家乡皈信的信徒来京后通过人际网络对其他后来的皈信者的影响体现出来。在这一点上，对于在北京的朝鲜族信徒，无论他是具有高学历的大学生信徒，还是没有高学历的普通信徒，都是一致的。只不过影响普通信徒皈信的人际关系更多地表现为同事、亲属、同乡和朋友等工作和生活中的关系；而影响大学生信徒皈信的人际关系更多地表现为大学生经常交往的高中同学、大学同学和留学生等同学圈子。

第二，作为接受和接受过高等教育的人群，大学（或毕业）生信徒正处在人生观和世界观确立，探寻人生和未来的意义的关键时期，较之普通的朝鲜族信徒在宗教中寻求慰藉的想法和做法，他们在接受基督教信仰时更多一些理性的思考和审慎的选择，一旦接受信仰，往往比较坚定。大学生信徒最初在面对与自己原有的知识和观念系统相异甚至在某种程度上相排斥的基督教时，更多的把它看成一种宗教文化，抱着扩大知识面的目的来了解它，对于自己放弃原有的观念体系来接受这种信仰则很排斥，觉得自己是大学生不可能信仰基督教，只有软弱的人和需要帮助的人才需要到宗教中寻求慰藉和解脱。在北京读大学期间接受信仰的5名信徒中，除了信徒13，其他的4位（教牧人员1，信徒1、3、4）都提到他们最初接触基督教时的态度：对于基督教这种宗教文化有兴趣了解，但是对于放弃自己原有的认识体系而接受这种信仰体系则很排斥，后来通过对教会中的人和对教义的更多的深入了解，开始不再对教会中的人带有偏见，并逐渐开始接纳基督教信仰。如信徒1就是在大学时抱着到教会中去帮助那些需要帮助的人的目的，开始接触基督教和走入教会，最终自己也成为其中的一名信仰者；信徒3的经历更具有代表性，她在一位基督徒师姐的介绍下参见了教会组织的一次灵修会，当时她并不知道实情，以为只是普通的郊游，就参加了：

> 刚开始的时候讲的那些进化论啊，创造论啊什么的。然后他们问我你信哪个，我当然说相信进化论，后来他们就问我，谈一谈进化论是什么，但是我说不出来，因为我知道的进化论仅仅局限在教科书的内容。然后我就让他们讲讲创造论，刚开始的时候我没有觉得有什么合理的，但是这个创造论可以让人觉得很高尚，让人生感到很有意义。我就想到底为什么会有这样的作用呢？后来就开始算研究了吧。但是我一直保持警戒心，因为我周围的很多朋友都不信创造论嘛。在教会里面也是，别人问我"你信主吗"，我就回答"我信科学"。我刚开始就觉得这些人在干什么，在那里唱歌什么的，就像是在找心理上的依靠。而且他们受到韩国的那些宗教的影响，连自己民族的东西都没有了，很不理解他们。

但是后来通过看到他们的生活习惯和对别人服侍的态度、博爱的精神，渐渐地受到了感动了……我看到我周围的人，像××啊，××啊①，他们生活的和我们不一样，他们虽然物质上不富裕，而现在的很多人都是追求物质上的东西，但是他们追求的不是那个，尽管他们过得比较艰苦，生活不是相当富裕，但是他们内心的幸福是我们可以感觉出来的。然后我就想这里面的东西到底是什么，什么东西能让他们如此喜乐，如此平安，后来渐渐地我就明白了。

（二）寻找和走入教会

信徒在初信之后，就有一个经常到教堂做礼拜和聚会，在信仰上不断成长以至确信的过程。每个礼拜到教会和弟兄姊妹一起敬拜主，感受神的话语，分享成长的喜悦，是每个基督徒信仰生活的一部分。那么，作为外来人口，这些信徒是如何寻找和走入北京的教会的呢？

1. 朝鲜族信徒选择教会的共性

从对所调查的两所教会的 18 名信徒的访谈中，我们得知那些在原籍已经确立信仰的信徒找到教会的方式分为三种情况，第一种是在来北京前，其原来的教会介绍其到北京后可以去的教会，如信徒 6，他在上大学之前一直是到延吉教会礼拜和聚会，知道他考上北京的大学后，教会的一位教牧人员向他推荐了 S 聚会点；第二种是来到北京后，其生活的圈子中有信徒，在他本人公开自己的基督徒身份后，前者介绍其去自己常去的教会，如信徒 5，她最初是大学里的一个师姐带领去 S 聚会点的；第三种，也是情况最多的一种，是来京后自己寻找教会，并最后固定下来，信徒 9、12、15、16、17、18 都是这种情况。如信徒 16，他 1993 年起随母去延边的龙井教会，1997 年来京后，一度生活困顿，他找到 G 教堂，希望从教会和信仰中获得面对生活的勇气。对于在北京接受信仰并走入教会的信徒，相比在原籍已经确立了信仰的信徒，其在北京还多一个最初与基督教发生接触的环节，之后才是逐步皈信和走入教会的过程。信徒对于教会有自主选择的自由，这个选择的结果是或者根据工作和生活的地点就近选择教会，或者根据去过的教会讲道的情况和礼拜聚会的气氛选择自己喜欢的教会。

① 此处略去真名，分别是指附录 1 表 2 中的信徒 4 和信徒 1。

在受访的这些信徒中，转换教会的情况还是很常见的，其中既有信徒在北京的三自教会之间转换，如信徒 16，在去过 G 教堂一段时间后，就固定到 C 教会参加活动。也有从家庭教会到三自教会的转换，如信徒 12 和信徒 13 这对夫妇就是最初在望京的家庭教会和韩国人教会参加聚会，后来经过比较和选择转入 C 教会这样的三自教会，他们在谈起几次转教会的经历时说：

> （这里）比较正规的感觉，来北京之前就在网上查到了这个教会，所以就直接来的这里，但是我老公觉得这里有点远，所以就在望京那边找了一下。可是那里的教会感觉有点乱，就是管理上有些不好，所以最后选择了这边。我们是 2005 年开始固定在这里的（妻子）。
>
> 当时离开的理由是因为觉得 C 这边信徒之间不存在爱或者互相照顾之类的感情，但是张牧师来了以后我们教会改革挺大的，现在信徒之间关系都很好。就因为我刚来的时候根本没有人关心我们，我感觉那种气氛不好。所以当时就是过来以后睡觉（丈夫）。

还有曾在三自的各教堂都听过讲道，最后因为它们不能够达到自己满意，而转为在家庭聚会的信徒，如信徒 17 和 18 夫妇。丈夫信徒 18 是原为大学教师，后来接受了基督教信仰，再后来又到韩国学习神学，并被按立为牧师。2005 年来北京后去过一些教会，包括 C 教堂，G 教堂和 H 堂，听过教牧人员的讲道，觉得他们的讲道方式和内容不适合自己，对圣经的理解在他看来也不够。到那些教会参加礼拜，他一般不暴露自己的神学背景。因为通常教牧人员都不喜欢有神学训练的人来听道，所以他只以一名普通信徒的身份听道，而不能加以评论，后来就慢慢不去了，自己、妻子和儿子在家里聚会。他准备将来牧养汉族教会，现在还在准备中。他认为，要想做好这件事，不能着急，一定要有十足的把握才开始，他不喜欢边做边尝试的做法，与其那样不如准备充分了再开始。因此虽然他来北京三年了，牧养教会的事还没有头绪，但是他认为要想牧养好一个汉族教会，不是光有神学训练就足够的，还要对汉文化以及社会有足够的了解。

他们的经历反映出信徒在选择教会时看重的几个方面：距离自己的住所远近，教会的管理是否规范，教会的氛围是否适合自己，以及是否有熟人引见等。另外，教牧人员的讲道和牧养方式是否是自己喜欢的类型也在考虑之列，如信徒 7 就认为现任的牧师是位朝鲜族教牧人员圈中比较有灵性的一位，这是很多朝鲜族信徒愿意来 C 教会的一个重要原因。而 S 聚会点在创始之初的信徒有很多都是从 G 教堂出来的，当时的背景是，原在 G 堂传道的传道员从 G 堂出来，原先喜欢这位传道员的牧会方式的信徒们就也跟着他出来了。后来随着加入他们的聚会的信徒逐渐增多，他们向北京市的两会提出申请，成为三自系统下的一个聚会点。在这些要求无法都满足的条件下，信徒选择哪个教会定期去礼拜，取决于所选择的教会所具有的他更为看重的条件。如在朝鲜族聚居的望京、顺义和通州等地，也存在着许多家庭教会，而在 C 堂中有许多居住在这三个社区的信徒，他们每个礼拜日或者自己来教会，或者搭教会的班车来教会，他们没有就近选择去这些地方的家庭教会，显然他们认为距离的远近并不能构成他们来教会的障碍，而大教堂规范的组织管理形式，庄严肃穆的敬拜空间和正规化的礼拜聚会活动才是他们更为看重的因素。

选择去家庭教会的信徒，既有一开始就被动地被介绍到家庭教会去参加活动此后一直参加那里的活动的情况，也有主动地从大教堂出来，而选择家庭教会的情况。从信徒和教牧人员两方面获得的相关信息归纳起来主要有如下几方面的原因：第一，家庭教会规模通常比在大教堂的教会小很多，成员相对固定，教会的带领人与信徒之间以及信徒与信徒之间的关系都很密切，而大教堂则人员流动性强，既不断有新面孔加入，也随时有可能流失人员。同时由于人数众多，除了在教会侍奉的信徒，普通信徒与信徒之间和信徒与教牧人员之间不易形成比较熟悉和亲密的关系，有些信徒来教堂做礼拜仅限于敬拜赞美、听讲道，还有些信徒礼拜过后会参加各自的团契活动，但也仅限于与本团契的人有更多一些接触，而与非本团契的信徒则几乎没有机会接触。而较之大教堂，家庭教会因为人数相对较少，对于新成员的接纳又很谨慎——一般没有该教会成员的引见，一个新成员加入家庭教会的可能性为零，相对小的规模和稳定的人员构成，使得家庭教会的成员之间有更多和更深入的接触机会，比较易于形成亲密而轻松的聚会氛围。对于一些不满于大教堂的教会中相对冷漠和泛泛之交的弟兄姊妹关系的信徒们来说，家庭教会在这方面无疑是有吸引力的。第二，由于家庭教会规模小，成员之间在长期的密切接触中也有了更多的理解、信任和默契，对于本教会的宗旨和发展方向也容易达成一致，因此更容易"劲儿往一处使"，成就一些在大教堂的教会中不可能成就的事。如教牧人员 1 就举了一些这样的例子，他说，比如，在中国内陆的一些省份的乡村教会，由于经济的困窘，教牧人员过着非常清苦的日子，为传播福音做出了很大的个人牺牲，而有些经济相对宽余的城市家庭教会就拿出自己的一部分奉献金收入，支持这些经济困难的乡村传道员，以利于他们继续在那里的工作。也有的家庭教会已经差派本教会的一个家庭到国外传教，并解决他们在那里的生活和其他相关费用。① 第三，就分布而言，北京的朝鲜族家庭教会也主要分布在朝鲜族聚居的望京、五道口和顺义等地，这些教会的存在为居住在那里的朝鲜族信徒礼拜和聚会提供了地理上的便利，在一定程度上也可以作为它们存在的理由。当然三自的教会每到礼拜日也会有班车往返这些地区，接送信徒们到教堂参加礼拜，但是毕竟教堂容纳是有限的，而往返的时间耗费也很大，三自教会班车的路过给居住在这里的信徒提供了可能性，而最终的选择还是要由信徒自身综合各方面的考虑后作出。第四，家庭教会的产生是基督教三自爱国运动这一特定的历史背景下的产物，当时很多不愿意加入三自和不认同三自教会的存在前提的信徒们结合在一起形成的教会便以家庭教会的形式存在下来。而由那一个历史时期延续至今，发展出更多的家庭教会。家庭教会的大量存在，已经为我国的宗教部门和宗教研究界正视和重视，并有了相当的研究成果。对家庭教会存在原因和存在状态的探讨不是本研究的重点，但是由于它们为信徒们在三自教会之外提供了另外一种选择，因此在这里略有触及。

2. 朝鲜族大学（毕业）生选择教会的自身特点

在教会的选择上，大学生信徒和普通信徒相比并没有什么特别之处，选择教会的参考指标同样是前去是否方便，教会的氛围是否适合自己，教牧人员的讲道是否吸引自己。但是尽管如此，从我们对 S 教会这个北京的朝鲜族教会中大学生最为集中的教会的参与观察和对信徒和教牧人员的调查来看，朝鲜族大学（毕业）生在选择教会上还是有自身的一些特点，其中比较重要的两点是：第一，更贴近大学生和知识阶层思考方式、认识水平和生活重心的讲道；第二，信徒构成中与自己年龄、经历和背景相近有着共同的关注点、兴趣点的同类信徒成员的存在。

首先，在讲道风格上，S 教会的传道员的讲道更多地是基于圣经用讲道理的

---

① 引自 2009 年 6 月对教牧人员 1 的访谈记录。

方式帮助信徒在信仰中树立人生观，让喜欢思考、追问和探寻的人生意义的大学生在大学阶段这个建立人生观的重要时期明白什么样的人生是有意义的人生，为什么这样的人生有意义，以及要想人生过得有意义，该如何去做等问题。教牧人员 1 通过自己的切身经历认为：“我自己是大学阶段信主的，我觉得在大学阶段信主非常好，因此教会确立的传教的重点是向大学生传教，让他们在这个人生的重要时期接受到福音”。信徒 5 总结 S 教会的传道员的讲道是“他的讲道是用道理讲，某些事情上应该吸取什么教训，就是谈人生，将人生应该怎么过……他的这种讲道方式与我高中时在家乡的教会听的牧师讲道风格一样，他的讲道也就是谈人生，讲人生应该怎样过，可以说我的人生观就是那时候确立的”。虽然她在老家时也在不同的教会体验过不同牧师的讲道，其中有两个牧师给她留下深刻印象。一位是“她的讲道让人特别受感动，不是用讲道理的那种方式说的，而是用利用各种见证，听她的讲道感觉就像上帝在讲，特别受感动，会流泪”。另一位是“她讲道时讲话的速度特别快，就像上帝审判一样，坐在下面会有胆战心惊的感觉，就像自己做错了什么事，犯了什么罪会受审判一样”。C 教会的主任牧师的讲道，借用该教会的信徒 7 的总结，“非常充满圣灵”，“会带给你很多感动”，显然也是同这两位牧师相同。尽管信徒 5 也认为这样的不同风格的讲道也非常好，会带给信徒很多感动，让他们不断地意识到上帝的存在，但是对于大多数大学生信徒来说，更为平实和循循善诱，更为贴近他们的世俗生活和更能满足他们对信仰的需求目的——用信仰来获得人生的意义——的讲道更能够被他们接受。因此教牧人员 1 最初从 G 教会朝语部出来建立新教会时，原教会的一部分喜欢教牧人员 1 的讲道风格和牧会方式的信徒会追随着一起出来，一起经历教会初创时期的艰难。在 S 教会，有很多老信徒已经在距离 S 教会很远的通州和顺义等地工作和居住，但他们还是继续到 S 教会礼拜，而没有选择更方便去的其他朝鲜族教会，喜欢这里的教牧人员的讲道是其没有转会的一个重要原因。

其次，在教会人员的构成上，S 教会的人员构成既同一又相异，同一性表现在从普通信徒到教会的管理层再到教牧人员都拥有高学历的背景，相异性表现在各年龄层的信徒都有一定分布比例，这种同一性和相异性让各个年龄层的大学（毕业）生都能够在教会中寻找到同类。虽然大多数信徒都能够认识到“来教会是为了见神而来，不是为了见人而来”，但是为了见无形的上帝，提升自己的信仰，还是要通过由有形的教牧人员和信徒们组成的教会这个"肢体"来实现。因此在可能的情况下，信徒在选择教会时还是希望在教会中能够更多地找到与自己年龄、经历和背景接近的同类，这样彼此有着共同关注点和困惑，更容易相互交流和相互理解。据作为 S 教会的执事的信徒 4 介绍，S 教会从 2006年创办开始，信徒最初以年轻人为主，几乎没有中老年信徒，现在经过这几年的发展，中老年信徒开始多起来，并占有一定的比例，信徒的年龄层丰富了，各个年龄层的活动都可以组织起来了，但信徒几乎都是大学生、白领和科研人员等知识阶层。曾经也有知识阶层以外的信徒来 S 教会，但他们因为在这里找不到同类，后来自己就转到别的教会了。到目前为止，经历了 5 年多的时间，随着教会的发展，信徒年龄层的丰富，以及原有的信徒的成长，教会的信徒基本上形成了一个由不同年级的大学生——大学刚毕业初涉职场的群体——进入事业平稳期的白领——退休知识分子的自然梯队。这个自然的梯队对应着一个大学生经历人生的各个不同阶段。如果说拥有各种年龄、各种受教育水平和各种身份职业的信徒的 C 朝鲜族教会，给人以一种类似"小社会"的感觉的话，那么这个自然梯队的信徒构成的 S 教会则给人一种在其中可以体味到"整个人生"的感觉。在这样一个梯队中，一个人可以与同一阶梯的成员一起经历成长，分享成长的烦恼与快乐，也可以以上一个阶梯的过来人的身份给下一个阶梯的后来者提供借鉴，还可以以下一个阶梯的后来者的身份从上一个阶梯的过来人那里汲取经验。最初如信徒 5 说：

> 来教会后认识了很多不同高校本民族弟兄姊妹，他们来自不同的专业，都非常优秀，我和他们都是好朋友，经常和他们交流，大家不仅在团契活动中就信仰上的心得和困惑进行分享，而且私下也交流学业和学校生活等方面内容，相互都从对方那里学到很多东西。

现在信徒 5 马上进入大四，即将毕业和参加工作，面对找工作和就业的选择，一方面她说会将这件事交托给上帝，听从神的安排；另一方面，在实际操作的层面，教会里的经历过大学毕业和就业的弟兄姊妹的经历无疑会为她的选择提供参考，甚者是实际的帮助，如为其提供就业岗位的信息等。在北京朝鲜族这个就业方向比较集中（主要是韩企和涉韩企业）的群体中，这种帮助十分有效。

（三）定期礼拜和聚会及参加教会的其他活动

在寻找和走入教会之后，基督徒便开始每周定期到教会礼拜和聚会，并开始参加教会的其他活动，如在教会侍奉，承担一定的职分；或仅仅作为平信徒参加教会组织的各种节日庆祝活动和社会活动。

1. 主日活动

就所调查的两所教会而言，信徒参加的教会活动，主要以每周日的主日礼拜为主，在主日礼拜之后还有分年龄层的团契活动，大多数的平信徒每周只在礼拜日这天来教会。这与我们在延边看到的信徒在可能的条件下每日到教堂晨祷，每周中间还有一次周中聚会那种相对频繁的到教会的情形形成鲜明的对比，这种现象可以从北京这种大城市的快节奏的生活入手来获得理解。在北京，由于城市大，教会成员分布相对分散，一般信徒到教会大多要耗时 1 个小时以上，频繁地到教会祷告或聚会，对于身处繁忙的学习和工作中的信徒来说是一种负担；另外，对 S 教会没有固定的教堂，要在礼拜日租用写字楼来作为礼拜和聚会场所的教会来说，在非礼拜日，信徒更是不可能有集中的祷告和聚会的场所。当然，小规模的信徒之间在两次礼拜日之间的聚会还是常有的，有些在校的大学生信徒也在校内集中晨祷。因此，对于所有信徒来说，周日的礼拜和团契活动都是他们最为重视的敬拜上帝、与弟兄姊妹分享交流的时间，是他们每周都要预留出来的尽可能不安排工作和学习的时间。C 堂的朝语部因为与汉语部的礼拜共用一个礼堂，由于上午由汉语礼拜部使用礼堂，朝语礼拜部的主日崇拜在每周日的下午 1 点开始到 3 点结束，主日崇拜后，青、中、老各团契开始各自的活动，全部活动都集中在这一下午的时间。S 教会是在周日一天把写字楼的一个楼层的一半都租了下来，上午是敬拜活动，从 8 点到 12 点平均分为两个时段，汉语礼拜部，人数较朝语礼拜部少一半以上，他们的敬拜活动在先，持续到 10 点钟；朝语礼拜部的敬拜活动在后，持续到中午 12 点，大多数信徒在写字楼的食堂进过午饭之后，继续留下来参加下午的团契活动。

以 S 教会的信徒礼拜日在教堂的活动为例，可以分为礼拜和团契活动两部分。礼拜活动是全体信徒共同参加的，是信徒与上帝之间的沟通形式。包括正式敬拜活动之前的祷告会和赞美，时间通常是半个小时到一个小时，在这段时间内信徒们会陆续来到教堂，坐到座位上跟着前面的领唱唱歌。正式的敬拜活动开始后，会完全按照信徒们进入时拿到的周报上所列的程序进行，持续时间是约一个小时。以 2009 年 12 月 13 日的礼拜活动为例，内容主要包括如下程序：

唱　　诗

祷　　告

启应经文

使徒信经

唱　　诗

代　　祷

经　　文

唱　　诗

证　　道

唱　　诗

奉　　献

洗礼与圣餐（H 堂牧师）

唱　　诗

祝祷（H 堂牧师）

团契活动在下午进行，主要是在不同的信徒群体内进行分享、见证和交流。S 教会信徒的主体是在校和刚工作不久的大学毕业生，另外是一部分年龄大体不超过 45 岁的中年人，还有少数几位来自中科院的老年信徒。因为老年人人数较少，没有相应的团契，S 教会的团契主要有青年团契和中年团契（也称夫妇团契）两部分。青年团契人数最多，成员多是海淀各高校的朝鲜族大学生和已经工作的大学毕业生，学历普遍较高。团契活动是信徒之间交流的渠道，它除了让这些有着相似的生活经历的青年人有机会一起在信仰上共同成长外，也让他们能够借此机会分享各自在生活、学习和工作中的喜乐与困难，互相学习和鼓励。团契活动中信徒之间定期的交流与互动，为彼此提供了相互了解的机会，团契中的很多成员因此成为好朋友，相互期待每个礼拜日的见面和分享。信徒 3

在谈起教会的朋友时说道：“（教会的朋友）挺多的，因为每周都要见面嘛。……（平时）我们互相有联系，但是见面（机会）几乎没有，因为都在忙自己的工作，所以见面是比较难的。我就没有想过不是周末的时候见面。现在通信很发达，有 MSN，QQ，赛我网，发短信，打电话，所以联系是经常有的。……（和普通朋友比）和教会的人在一起就舒服多了。志同道合吧。”

夫妇团契可以说是 S 教会的一大特色，较之大多数教会中单纯以年龄来划分团契的做法，这个团契兼顾了年龄和婚姻状况两个层面。它的设立也集中体现了该教会倡导的“关注家庭”的发展目标（关于其发展目标后文有详述）。该夫妇团契的成员主要是 30～45 岁的已婚男女，大部分是夫妻二人都在这个团契内，团契的聚会内容更多的是关注家庭内部夫妻关系和亲子关系的建设以及子女的教育等。笔者曾参加过一次夫妇团契的聚会活动，参加者包括四对夫妇和另外两个已婚男女。当天的内容首先是共同听取由主持人——该教会的传道员给大家播放的台湾一位主内的姊妹所作的关于如何教育孩子的讲座。这个讲座据介绍很著名，在两岸很多人中间引起较大反响，并令他们受益很多。在听取了这一讲座之后，主持人首先抛砖引玉，谈起了自己在教育孩子的问题上的一些得与失，将自己的一些思考和做法与大家分享，之后其他的几位有孩子的男女信徒都也谈起了自己教育孩子的心得与困惑。因为团契成员很熟悉彼此家庭和孩子的情况，并且他们的孩子分属不同的年龄段，人们围绕讲座内容所受到的启发进行倾诉、分享和学习，讨论的场面十分热烈。

随着教会中已婚育的信徒的增多，S 教会的主日学也拥有了 20 多名孩童，教会在主日学组织和管理上投入了很多力量：由信徒们都称她为“师母”的教牧人员 1 的妻子亲自负责，她和教牧人员 1 同时留学韩国，也获得了神学硕士学位，因为朝鲜族的传统中很少有女性担任牧师的，因此师母回国后没有作牧师，而是在教会中辅助她的丈夫负责学生工作和主日学的管理及教学；主日学有多名信徒在此侍奉担任老师，基本可以做到每个孩子都对应一个老师辅导。这样的力量配备，足见 S 教会对于主日学的重视，因此，主日学吸引了很多信徒在主日时把孩子送到这里，一方面信徒可以没有照管孩子的后顾之忧，专心于礼拜；另一方面也可以让孩子在主日学接受基督教文化知识和民族文化传统的熏陶。北京的朝鲜族孩子从小就离开本民族聚居地或根本就是在北京土生土长，因为除了高等教育的相关专业外，北京还没有教授朝鲜族的语言文字和民族文化知识的专门针对朝鲜族孩童的学校，因此朝鲜族儿童在脱离家庭入托和就学后身处汉文化的包围和影响之中，本民族的语言文字和文化都得不到运用和学习。来到北京的第二代朝鲜族，朝语因为在除了家庭之外的范围运用机会不多，大多掌握得很不好，听的能力尚可，但说的能力远不及汉语；文字的读和写的能力就更弱了。此外，对本民族的文化的了解也在减少，对于它的感情也在弱化。离开聚居地迁居大城市的少数民族，由于与原有的民族文化距离较远，子女民族文化的传承渐成问题，因此教会对主日学的孩童也进行一些包括语言和文字的运用和学习在内的民族文化知识的熏陶。此外同龄的群体、相同的家庭宗教背景和相同的民族身份，让这些在教会之外的环境中要面对大多数与自己身份背景相异的交往对象的孩童，在这里能够找到更多的认同，有利于他们更好地认识自己的家庭宗教背景和民族身份。

2. 灵修会、节庆活动和娱乐活动

除了最主要的主日的礼拜和团契活动外，教会也会组织一些其他的活动，如郊游形式的灵修会；为各宗教节日，如复活节、感恩节和圣诞节等准备的庆典活动；其他文化娱乐活动等。这些活动大多以信徒的参加为主，是其提升信仰、与上帝沟通、同教会群体中的其他信徒一起交流和放松的重要活动。此外这些活动也是重要的传播福音的途径，信徒们会邀请朋友和亲属来参加，在娱乐活动中让他们更多地了解基督教和基督徒。

灵修会不仅为教会的信徒提供在信仰中成长的机会，也欢迎对基督教感兴趣的慕道友参加，从中获得对基督教、教会和信徒群体的更多的了解。信徒3最初接触教会的机会便是通过接受她大学的一位师姐的邀请参加师姐所在的教会组织的一次灵修会，虽然在这次接触之后，她的感觉是"不理解这群人"，却是她与基督教发生联系的开始。

至于教会中的节庆活动，笔者分别参与观察了 2007 年 C 堂朝语礼拜部青年团契为圣诞节活动进行的话剧排练和 2009 年 S 教会的圣诞布道会。在 C 堂的话剧排练中，几位男女青年信徒充满激情的演出，充分展现了他们年轻的活力和相互之间的合作精神，也深深地吸引着在场的观看者们。同时观众们也能体会到这是个快乐的排练过程，排演虽然因为某些成员出现的失误，要不断地重复，但失误者的尴尬都被同伴们善意的戏谑和宽容所化解，排演在不断的笑声中继续进行。在 S 教会的圣诞布道会上，所有参与演出的都是本教会的信徒，有汉语礼拜部的信徒，也有朝语礼拜部的信徒。他们为了此次演出，在此前的几个礼拜日聚会后进行了认真的排演。演出的形式丰富，有合唱、诗朗诵、圣剧，还有邀请参加者参与游戏的环节，因为参加者多是受本教会的信徒邀请第一次来参加活动的人，这个游戏的环节就是与座位周围的人交谈，然后记住他们的某些特点，最后看谁能记住更多的人。最后由一位本教会的信徒与参加者们分享他信仰的经历和心得，他恰恰是在此前的圣剧表演中因为扮演受难的耶稣而给观众留下深刻印象的那位信徒。他从小时候父母不睦的经历谈起，谈到他对父亲的仇恨，谈到他叛逆以致成为坏孩子的过程，又谈到他因为怎样的机会认识了基督，走入了教会，他的生活经历了怎样的变化，在成为一个真正的基督徒的过程中，他经历了怎样的挣扎和困惑，他又是怎样面对它们的。

此外，教会还组织一些有本民族特色的文化娱乐活动，其中 C 教会所组织的文艺和体育等活动，符合能歌善舞和热爱体育运动的朝鲜民族的性格，能够吸引各种阶层和身份的朝鲜族同胞参与和关注。据在 C 教会朝语部担任教育委员会会长的信徒 7 介绍，在 2008 年北京举办奥运会前夕，C 教会也举办了迎奥运的运动会。运动会的目的就是提倡和谐社会，宣传奥运精神，教大家认识和听一些上帝的福音。参加运动会的人主要是信徒和他们的亲朋好友。对参加者免费发放印有本堂标志的衣服，运动项目主要是包括朝鲜族的传统体育强项——足球在内的球类运动。这样的活动很受信徒和其他参与者的欢迎，很好地实现了预期的目的，也激励他们以后更多地开展类似的民族运动项目。例如，C 教会朝语部的信徒 16 就是经该教会的同乡介绍进入教会，最开始是因为他喜欢踢足球，到这里来可以和很多民族的同胞踢足球，另外，他是学音乐专业的，他的唱歌的能力在这里受到极大重视和发挥，因此通过参与这些教会组织的他所喜欢的文娱活动，他慢慢地拉近与教会的距离，最终成为其中的一员。S 教会所组织的文化活动等，则更侧重针对本教会以大学生信徒为主和传福音的重点是大学生的特点，经常组织一些对大学生的学习、工作和就业有帮助，以及与他们所关注和思考的关于民族发展的问题有关的讲座、论坛和文化交流活动。

结 论

通过对上述两所朝鲜族教会的调查和对其中包括一定数量的大学生信徒在内的朝鲜族信徒的深度访谈，我们对北京的朝鲜族教会的存在形式和朝鲜族大学生基督徒的信仰情况有了如下认识。

第一，随着朝鲜族人口在国内包括求学、就业和迁居等人口流动活动的加剧，大量的朝鲜族从聚居地迁移到如北京的大城市，在这种迁移中，大量的朝鲜族基督徒也来到北京的朝鲜族教会，继续他们的信仰生活，这些来京的老信徒通过民族内部的交际网络的作用，又影响和带动了在北京皈信的朝鲜族基督徒群体的产生，这种影响和带动作用的发挥又以这些后来皈信的信徒在原聚居地的基督教信仰的大环境的长期浸染、对基督教信仰有一定的认知度为前提。老信徒的不断汇入和新信徒的不断产生，令北京的朝鲜族教会的规模日益扩大，北京的朝鲜族教会的不断发展与朝鲜族聚居地的人口的空洞化和教会发展速度减缓密切相关。

第二，朝鲜族大学生基督徒的皈信原因，与当前社会转型期影响信徒皈信的四个因素：压力或危机、社会网络的示范和导引、神迹或"特殊感应"、教义和礼仪，并无二致，不过在这些共性之外，还因其在基督徒的身份之外，同时还具备朝鲜族和大学（毕业）生两重身份，而具有自己的特殊性。如作为从聚居地迁居到北京求学和工作的少数民族，面对新环境的压力和危机，面对开始新的人生历程的思索和迷茫，在来自民族内部和大学（毕业）生日常交往圈的两种力量的交汇影响下，让他们皈信的可能性大为增加。大学（毕业）生的高学历背景，令他们的皈信更多地表现为对人生观和价值观的理性的求索，而非出于到宗教中寻找寄托和慰藉的心理。其对教会的选择除了（1）前去是否方便，（2）教会的氛围是否适合自己，（3）教牧人员的讲道是否吸引自己等一般性的标准外，更为看重贴近大学生和知识阶层的思考方式、认识水平和生活重心的讲道，和信徒构成中与自己年龄、经历和背景相近有着共同的关注点和兴趣点的同类信徒成员的存在。在选择的教会中，信徒定期地参加教会的礼拜活动和其他活动。

第三，作为以朝鲜族这一单一民族成分的信徒组成的宗教团体，朝鲜族教会的宗教活动不同程度的带有朝鲜族民族文化的特色；教会的讲道和传教活动也针对朝鲜族社会当前存在的诸如高离婚率、畸形家庭和问题青少年等社会问题，教会基于圣经的教导为这些问题求解，希望借助宗教的教化和引导力量，在信徒中间倡导关注家庭和建设家庭的做法，使这些社会问题从一个个社会的细胞——家庭开始发生改善；教会也在自身建设中将在城市朝鲜族移民中间恢复和弘扬不断弱化的民族文化传统纳入自己的发展目标。由于目前在北京还没有一个有影响力的能够凝聚各阶层、各职业和各年龄的朝鲜族的社会团体，朝鲜族教会作为当前聚集民族成员最多的团体，在除了作为宗教团体的角色之外，在某种程度上还发挥着民族社会团体的作用，它在构筑朝鲜族信徒的宗教认同的同时，也在维系着他们的民族认同。

附录 1

表 1　受访教牧人员名录

序号	化名	年龄	性别	原籍	学历	身份/职业	所属教会	在教会侍奉的内容	何时何地开始接触基督教
教牧人员 1	ZHCH	42	男	吉林蛟河	硕士	传教士	S 教会	传教士	1989 年，G 堂
教牧人员 2	ZHMS	41	男	吉林通化	大学	牧师	C 教会	牧师	20 世纪 80 年代后期，通化教会

表 2　受访信徒名录

序号	化名	年龄	性别	原籍	学历	身份/职业	所属教会	在教会侍奉的内容	何时何地开始接触基督教	受何人影响
信徒 1	YBS	44	男	龙井	博士	大学教授	S 教会	执事	20 世纪 80 年代中期，北京	朋友
信徒 2	YFR	41	女	延吉	中专	全职主妇	S 教会	探访学生，带领一对一学习	1990 年，G 堂	工作中的上司
信徒 3	YL	25	女	图们	大学	公司职员	S 教会	同声传译（朝译汉）	2004 年，北京	大学的师姐

续表

序号	化名	年龄	性别	原籍	学历	身份/职业	所属教会	在教会侍奉的内容	何时何地开始接触基督教	受何人影响
信徒4	JR	31	男	图们	大学	公司职员	S教会	执事，负责接待	1999年，G堂	所在大学的一个韩国留学生朋友
信徒5	PCM	24	女	图们	大学	大学生	S教会	接待	2001年左右，图们教会	母亲
信徒6	PJZ	24	男	延吉	大学	大学生	S教会	乐队领唱	2002年左右，延吉教会	哥哥
信徒7	ZYR	44	男	和龙	大学	企业主	C教会	教育委员会（培训班，夫妻学校，新信徒培训）	1998年，C教会	在延边时接受朋友母亲传的福音，来京后受到一韩国传教士影响
信徒8	YJN	45	男	延吉	硕士	企业主	C教会	唱诗班	2002年，G堂	合租人
信徒9	ZHXJ	30	女	和龙	初中	出纳	C教会	侍奉主日学	1994年，和龙教会	哥哥
信徒10	JXSH	36	男	和龙	初中	翻译	C教会	无	2004年，望京一家庭教会	妻子
信徒11	LJNV	57	女	龙井	初中	家庭保姆	C教会	中年部的部长	1997年，C教堂	工作中的同事
信徒12	YJNV	36	女	延吉	高中	家庭主妇，兼做导游	C教会	唱诗班	1993年，深圳一教会	工作中的同事
信徒13	JBNV	22	女	和龙	大学	教师	C教会	做卫生	2006年，G堂	在确信之前在老家受过姐姐影响
信徒14	DYNV	56	女	汪清	小学	家庭主妇	C教会	无	1998年，北京一韩国人家庭教会	丈夫的韩国合伙人

续表

序号	化名	年龄	性别	原籍	学历	身份/职业	所属教会	在教会侍奉的内容	何时何地开始接触基督教	受何人影响
信徒15	LJN	28	男	龙井	初中	物流公司做物流工作	C教会	赞美队,青年团契负责人	1993年随母去龙井教会,1997年来京后在G堂	母亲
信徒16	YZHN	22	男	延吉	中专	曾在韩资企业工作,现辞职	C教会	赞美队,足球队	2007年,C教会	在延吉时的一位同乡
信徒17	LH	37	女	延吉	初中	导游和零售	曾去C教会,目前在家过信仰生活	无	1997年,延吉教会	丈夫和母亲
信徒18	PNX	40	男	延吉	大学	曾为大学教员,现做翻译和经营老家的小公司	曾去C教会,目前在家过信仰生活	无	1997年,延吉教会	不详

附录2

信徒4访谈记录

教会简介:

我们教会现在是汉语和朝语分开进行礼拜。朝语礼拜前段时间参加者是100~110人,不过这个趋势正在上升,今天能有150人吧。我们的周报对这个人数是有统计的。还有教会的奉献,支出都是有记录的,包括我们这个场地费是最大的一个支出。每次好像是两千多。我们每个月的场地费支出大概有8000~10000元。还有就是ZHCH的工资,青年会组织活动的费用,有时候我们也会通过特别奉献来解决资金问题。现在整个教会的活动运营基本上都是在我们资金允许的正常范围内进行。

我们教会信仰人群，一开始的时候学生多。我们成立这个教会快 3 年了，也就是 2006 年的 6 月中旬，第一次礼拜不是在这里，我们场地变更过 3 次，一开始的时候在北师大那边的西餐厅，那个时候大概有 40 人，不过那个时候我已经工作了，那个时候学生占 70% 多，中老年人很少，老年部那边就两三位，中年部当时有 ZHCH 和他的家人，所以一开始的时候年轻人居多，不过现在中老年人也越来越多了。所以我们教会的年龄层次还是比较丰富的。

以前的话因为年轻人多，所以中老年人过来以后可能会有所负担，但是现在变得很好了，因为每个年龄层都有一些信徒，所以也组织了不同年龄层的活动，每个信徒也都消除了这种想法。

我们教会现在有 10～15 位中老年人。您今天看到的老年人就是全部的，因为他们的信仰比较稳定，每周都会出来礼拜，不像年轻人那么忙。我们教会的青年人群是最不稳定的一个阶层，因为他们大多不是学生，是像我一样的社会人，而且都有自己的工作，也有生存压力、工作压力，所以他们学生期间很认真地来，但是工作以后就不能像以前那样了。这些都是可以理解的。我也经常祷告，我们的这些痛苦不要自己藏在心里，要到上帝面前祷告。今天也有一位姊妹，她有心理抑郁症，前一段时间她状态特别好，出勤很好，但是 3 月开始就没有来，当时我有时间就为她祷告，结果她今天又来了。其实我有时候也不是很坚强，很多时候被一些问题绊倒，可是我们就是要通过这些事情的经历来逐步认识神，通过这些事情让你感觉到神的存在。你的生活很平坦的话可能也体会不到神，当你碰到一些问题的时候，神是怎么看待这个问题的，神让我通过什么样的方式来解决这个问题，所以在这个过程当中，我们的信心会越来越长大，成熟。所以认识神是需要一个过程的。不同的年龄段会有不同的体会，因为我们的意识或想法是有局限性的，就是我们每个人生活在不幸福当中，不管你再努力，你都要面对你的极限，包括能力、智力、体力，但是因为有神的关注，我能够克服这些困难，可以超越我的局限性，面对我新的天地。很多人都会觉得自己的成功只是靠自己的努力获得的，所以对上帝没有感激之情，但是当你达到一个极限的时候，你又会不得不到上帝面前，所以这些成功并不是你自己创造出来的，都是上帝的安排。

你现在面临的主要问题是什么？

有很多，比如说我的前途的问题，还有一些个人关系上的问题，我觉得我在别人眼里的印象还算不错。工作了以后就是工作当中能力上的问题、前途问题，这些都是我年龄层最关注的问题了。更琐碎的就是亲戚之间的关系，同事之间的关系，经济问题，等等。

对我来说这些问题，尤其是前途问题让我想得很多，所以前段时间我离开了公司，后来28岁的时候又回来了，当时我就想我到底要做什么，什么工作会适合我，不过我们也应该知道想象和现实是存在差距的，弄得我也不知道我该去做什么。就这些问题也会影响到我的信仰，我会怀疑神，神到底有没有在我的身旁，他到底有没有引导我。所以去年有一段时间也让我苦恼过，但我们毕竟是人，谁都不知道明天将会发生什么。我也不知道我的未来，但我相信神的存在，我所信仰的神是在我的生命里面，他是希望我能看到他的，他也希望我能够按照他的意愿走下去。在我不知道我的前途的时候，神是知道的，所以我要依靠他慢慢走下去。神帮助我们并不在于我信仰了多长时间来判断，而在于只要你有信心，哪怕有一丁点儿，这样性质就不一样了，至于做功可能就是能更快地去接近神。神会通过我生活的改变，周围环境的微小的改变来影响我。特别是对于我的前途问题，我就感觉到了神在给我做功，神通过我的公司，我的上司，部门调整等各种方法来锻炼我、引导我。我呢，也做祷告，而且我也认识到了我要做的是什么，我也愿意神带领我、引导我。不管我以后最终要做的是什么，但我相信这一切都是神的安排，是神在引导着我一步一步向前走，我需要的一切神也会用自己的方式去带我走。

什么时候开始有信仰？

我是1999年7月15日第一次去教堂的。大二之前，我家里也没有信仰基督教的，我是我们家第一个信主的人。

之前在老家，圣诞节的时候有很多不信主的人也会去凑热闹，不过我那时候也没有去过教会。

我认识耶稣是通过一个人，他是我们学校的韩国留学生，是我在大一的时候认识的。因为两个人关系比较好，所以经常一起玩，也一起互相学习。不过刚开始的时候我也不知道他是基督徒，过了2年后他要回国之前，他跟我提起了有个朝鲜族基督教的聚会，问我要不要去。我当时其实并不想了解耶稣，但是因为是很好的学长邀请我的，他邀请我肯定是对我有帮助的，然后就去了。一开始坐在那里感觉很别扭，不过通过那次聚会也认识到了一些人。

当时的那个聚会要进行 15 天，但是第二天的时候我就借口学习忙没有去，当时我听了牧师的讲话后就感觉到我是不能信这个的，因为当时我是大学生，我为什么要信这个？就怀着这种心态没有去。

大二之前我的生活圈基本上是学校，而且我们年级大概有 10 个朝鲜族，我们经常聚在一起玩，所以我的朋友基本上也就这些。后来我去了教会之后，看到几个老人，他们就很关心我，我不去的话他们就会问我，你为什么没有来什么的。当时我觉得那种感觉挺好的，但当时我是不知道什么是信仰，后来通过学习我也就慢慢接受了耶稣基督。差不多 7 月 15 日我开始去教会，9 月开始学习，但是受洗是过了一段时间的，是 2001 年的最后一天。

我一开始是去的 G 堂，我们教会最初的人员也都是 G 堂那边的人。我们之所以出来是有很多原因的，但是我觉得是神带领我们的，因为当时我们没有从那里出来的话，也就没有现在的这个教会了。神是 2005 年的 1 月开始慢慢准备我们的新教会，中途也有一些曲折，但是最终在 10 月我们的新教会建成了。当时原来教会的人就跟我们 ZHCH 说："我们接受不了你们，请你们出去。"原因是他们对我们有一些偏见吧。我觉得是人与人之间观点不同吧。

我们第一次从 G 堂出来的时候是去了家庭教会，但是在那里也没有很好的发展，又辗转回到原来的教会，第二次才搬到现在的这个教会，其间 ZHCH 是一直和我们在一起的，他上大学的时候就开始在 G 堂那边了。传道是他从韩国回来开始的，一开始他在 G 堂服侍。他在那里讲道的时候是轮班的，当时有三个人，但是每当 ZHCH 讲道的时候我就觉得感触很深，神给了我很深的感动，所以我觉得神给了我这么一个带领我去见上帝的人，感觉很兴奋。我现在很感谢神，因为他让我和 ZHCH 在一起，也让我经历了很多事情，这些都让我成熟起来。我们的 ZHCH 是清华土木工程系毕业的，但是他毕业后没有参加工作，而是选择了这条道路。现在他们家庭不是很富裕，他的工资是教会给的，另外还有一些人的侍奉，就这样维持生活。可是我觉得他们生活得很幸福，我在他们身上看到了信仰所带来的幸福感和信心。我们是不是为了金钱和名利而活着？我觉得这不是全部，我们不能只看今世的这些物质上的东西，应该看更长远的东西。但是假如世界上只有今世，我可能会选择金钱和名誉，但事实不是这样的，所以这些都对我的生活有一些影响的。

你在教会侍奉什么？

我们教会现在还没有职分，只有分工。有一个类似委员会的机构，有 9 个人，不是 ZHCH 一个人说了算。我负责的是礼拜这一块，主要做赞美队和新成员管理。

和工作有没有冲突？

有加班的话我基本上不加班。有时候还可能会有周末上班的时候，这样的情况发生过一两次，可是礼拜是我周末活动中最优先的，所以现在公司老板也知道我周末一定要礼拜，所以跟工作还没有很大冲突。

我对礼拜的理解是这样的，礼拜是我一周的全新开始，礼拜给我充电，可以给我带来力量和能力。每周礼拜的时候我也有一个祷告题目，就是求神带领我的这一周，能够在平安和喜乐当中度过。有时候礼拜的时候可能没有感受到很大的恩典，感觉淡淡的，但是我相信神一直在我的心里。

我把星期天当作一周的开始也是在两年前。当时周末都要在教会度过，感觉有点累，而且也不能准备星期一的工作什么的。但是后来把想法改变过来以后，我就觉得很充实，周一到周五认真工作，周六休息，周日礼拜。

朋友圈的情况

一个是公司，一个是大学同学，一个是教会，基本上就是工作的延伸。其中教会的圈子比重来讲应该是这样的。我上大学的时候，在教会服侍，但是服侍的时候我感觉不怎么累，我很乐意和他们交流，我也受感动。当大学毕业后，我周五的时候到家庭聚会点去侍奉，周日是到教会，平时赞美队还有一些人会一起吃饭什么的。我认为基督徒的生活并不聚集在教会和礼拜的时候，随时都可以一起吃饭、聊天、交流。圣经也说，把你的生命和生活献给神，意思就是周末来教会是一个团契，但是在生活当中是你自己一个人面对神，所以我的信仰贯穿我的整个生活。

我在三元桥那边工作，那边有很多上班的兄弟姊妹，我们大概一周半有一次聚餐，互相沟通沟通。我们教会现在还有一对一的侍奉，是有教材的。原来规定是一周一次，不过因为双方的时间不合，我大概两周进行一次。平时偶尔还会和朋友吃饭，周五晚上是有大学生礼拜。

活动内容大概是这样的，假如按时间算的话大概是我生活的 30% 会在教会或这种氛围当中度过。但是我工作的时候也会想神。

兄弟姊妹之间探讨烦恼？

我会和兄弟谈谈男女关系了，家庭关系了。我觉得有了信仰以后，话会变得多起来。反正有问题的话，我们也都很愿意和别人分享，也会为别人祷告。所以，有时候我会找别人谈，别人也有找我谈的时候。

是否赞成主内婚？

我是愿意主内婚。因为两个人当中只有一个人有信仰，那么另外一个人就会不理解你的想法和思维，只会一个劲儿地埋怨你在信主上浪费时间，所以我觉得还不如志同道合，这样两个人可以相互依靠，感觉更好。我也希望我将来能够和我的另一半将主内生活过得很好。

关于族内婚，我一直认为我应该找朝鲜族。首先可能习惯相同，想法相同，汉族的话肯定是存在一定的意识形态差异。但是最重要的是，要有信仰。人与人之间是有差异的，当这种差异表现为矛盾时，我们要通过信仰互相包容，互相理解，这一点很重要。这种包容和理解普通人也能办到，但是我是通过圣经的话语和思想来实践它的，我觉得这样更加合理。这种例子在我们教会也有，包括 ZHCH。

与老家教会相比较？

我回老家也就待一个星期，两个星期。所以去那里基本上只做礼拜。因为春节的时候很多朋友都回家，正好我们也可以在老家的教会见面，一起吃吃饭什么的。

两地教会存在很多的不同。但是我不想评价对比两地教会，因为每个教会都有自己的风格，而且组织上、结构上、牧师的讲道风格上也存在差异。延边那边的教堂规模要比这边大，所以唱诗班也要宏伟很多。但是最重要的不是规模，是人们对上帝的一种心态，我们这里人虽然不是很多，但是照样可以赞美神，神也一直在我们身边。

仪式与权威[*]

——对许烺光"权威性"论述的民族志反思

刘忠魏[**]

引　言

2004 年，我跟随韩忠太教授攻读心理人类学硕士学位期间得闻许烺光大名，并拜读了他的大作《祖荫下：中国乡村的亲属、人格与社会流动》。初生牛犊不怕虎的精神促使我去挑战前辈的理论。于是，我于 2006 年七八月间前往许烺光《祖荫下》的田野喜洲（学名"西镇"）进行自己平生第一次的人类学田野调查。在调查期间，我再次详读了许烺光的《祖荫下》一书。结论是：许烺光的田野扎实可靠，分析独到。敬仰之情油然而生，而诸多的理论疑惑却挥之不去。比如，许烺光有关权威的论述问题，文化与人格的关系问题，文化变迁问题，等等。2008 年我跟随罗红光教授继续攻读人类学的博士学位。在罗教授的指导下，我开始对许烺光的理论系统进行全面的研究。这次的焦点是许烺光的理论解释力问题。其中对仪式的研究既涉及田野对象的人观（含宇宙观和秩序观），也涉及他们的权威认同问题。这自然需要更加扎实的田野调查。于是，我于 2010 年 4 月重返喜洲进行自己的田野调查，至 2011 年 4 月，除中途往返两月，我总共进行了 10 个月左右的田野调查。算上

---

*　本文为中国社会科学院创新工程"当代中国社会变迁与文化认同"子课题研究阶段性成果；同时受到中国博士后科学基金资助，资助编号为 2012M520180。

**　北京师范大学中国教育政策研究院博士后。

2006 年短暂的两个月时间，前后总计一年的时间。勉强达到当代人类学对田野作业的基本时间要求。2012 年 8 月间，我陪同罗红光教授又到喜洲进行了短暂的有关考察。值得一提的是，随着社会的发展，特别是信息技术和互联网的普及，人类学学人和田野的联系也日趋紧密。如今，田野对象不再是生活在遥远的异乡的他者和被怀念的朋友们，那些曾经与你朝夕相处的人们既是你手机中的联系人，也是你的 QQ 好友。当你论及田野中的各种事实时，电话和 QQ 可以为你提供意想不到的帮助。因为现代通信技术的发展，田野和我们的研究乃至生活共处于全新的网络之中。这或许也是新的人类学研究关系的开始。作为博士论文的一个小节，本篇论文主要涉及当地人的部分仪式生活。在此，我们想结合对仪式生活的呈现和描写来初步讨论许烺光在《祖荫下》一书中曾经讨论过的权威问题。

正如许烺光在《祖荫下》一书中所说，喜洲的仪式活动繁多，场面壮观。[①]且不说集体性的节庆活动，仅婚丧嫁娶中的请客就动辄上百桌，不逊"夸富宴"的气势。而喜洲人似乎已经习以为常了，当地有句俗话："天天请客不穷，夜夜做贼不富。"日常的仪式既有烦琐至极的仪礼，也充满了生活的情趣。参加仪式的男女老少身份不同、角色各异，所思所想也各不相同，共同构成了社区内丰富多彩的人文景观。多数情况下，仪式是习惯性的人情往来：闲话客套，或亲友相聚的喜悦场面。而有时，仪式中也饱含了"力量"的对决，如火把节中的"抢升斗"，人们为了抢得那个木制的吉祥物，如飞蛾扑火般迎险而上，甚至不惜请客送礼，组队冲锋。仪式的主题不同，则内容各异。而最大的共同点在于：仪式总是与灵魂世界相关。我们从一位德高望重的女性葬礼开始我们对这个灵魂世界的探索。

送之以礼

人去世以后，亲友要为其举行葬礼送行。除了本家族的人参与外，社区内的亲友们均会闻讯而来。事实上，这样的消息在社区内传播很快，相关亲友一

---

① 许烺光：《祖荫下：中国乡村的亲属、人格与社会流动》，王芃、徐隆德译，台北，南天书局，2001，第 19~20 页。

般都会适时到场。喜洲当下的规矩是"白事问吊，红事问请"。意思是如果某家有人去世，亲友不必理会是否接受邀请，均应自觉前往凭吊；如果是谁家结婚，则必须收到请帖或受到邀请才有资格参加。据说在人民公社时期，喜洲人还形成了一个新规矩：社员们会集体参加本社成员的葬礼。或许因为社员都是街坊邻居的缘故，这个规矩至今保留。

2011 年春节期间，市上街德高望重的老妈妈苏联旗去世了，享年 97 岁，按照当地"加寿"的习俗，她被认为活了 101 岁。一位颇具批评意识的前辈说："这是圣母娘娘一个呢！一辈子做了多少好事啊。"苏奶奶获得的乡评是"贤淑"。① 的确，她堪当此评。苏奶奶和为她举办葬礼仪式的孝子之间没有血缘关系，但他们之间的关系只能用血浓于水来形容。

正如许烺光曾经观察到的那样，喜洲人对于人之死的理解极为丰富。未成年人的死亡包含了更多的不幸。比如，我在田野调查期间，有两个年轻人因为酒后骑摩托在大丽路上出车祸死了。除了惋惜之外，人们认为这种死很不吉利。其中一个孩子的母亲几乎精神崩溃。一位老人说起这件事时说："唉，家门不幸啊。估计这个孩子是来讨债的。"类似的死亡一般不会举行很大规模的葬礼，因为死者的"资格"不够。并且，传统上，死者的遗体不会进祖坟，一般会被埋在乱葬岗，乱葬岗一般靠近大路旁边。当然，这样不幸的死亡毕竟属于少数。更多的是正常死亡，或说寿终正寝。有些老人昨天还好好的，可第二天就再也没有醒来。如果老人家过了一定的年纪，人们还会很羡慕他的死亡，说他有福气，没有受病痛之苦。如果死者的年龄超过了 80 岁，那么在当地人看来，这个人的死亡就可以认为是一件"喜事"，这样的葬礼往往成为"喜丧"。"喜丧"的丧联要用红纸来写，而一般的丧事则用白纸。而有些人家为了彰显自己对逝者的孝敬之情也会根据实际情况突破年龄限制，一般在几岁之间并无大碍。并且，这种突破也已经考虑"加寿"的因素。苏奶奶的死虽然也让家人难过，但她的葬礼无疑要当成"喜事"来办。因为在当地人看来：一个人能活过 80 岁，要么是积攒过不少的"功德"，要么就是前世修来的"福分"。像苏奶奶这样的高寿完全可以视为亲友的荣耀。在葬礼举行之前，尚有很多重要的事情要办。

---

① "乡评"是当地的一种传统习俗，人们过世以后，要请村里德高望重的老人评价该人一生。男的会被评为"勤朴""耿直""淳朴"等；女的则会被评为"贤淑""慈惠"等。

首先就是遗体的处理。① 死者离世后，亲人们照例痛哭一场，然后为她换上早已准备好的"寿衣"②，此后，亲人们将她的遗体从卧室抬到堂屋，停放在两条板凳支起的木板上面，遗体被一条红棉被紧紧地裹起来。③ 而在前方的贡桌上，则点起了两根白色的蜡烛，一个香炉。香炉里的香也点燃了，直到出殡结束为止，这里的香火都不能间断。除了苏奶奶的遗像外，她爱人的遗像也被摆在上面，这是特意为苏奶奶放置的，以慰其在天之灵。晚上，大概10点多钟的时候，人们开始准备为死者的遗体装殓。

负责帮忙治丧的亲友早已提前赶了过来，社里的干部一般都会积极地参与这样的事情。④ 除了村委会和各社的干部外，村里的婚丧嫁娶通常都有一批较为

① 喜洲当前有两套处理办法。农民户籍的一般按照传统风俗实行土葬，非农户籍或称为居民的则实行火葬。土葬需要棺材，棺材的颜色分黑、红两种，喜洲村至少有三家棺材铺。棺材买回之时，一般还是原木的颜色，等到装殓后，人们才会给它上漆。苏奶奶是农业户口，她无需火葬。根据明代史官的记载："云南俗无礼仪，男女往往自相配偶，亲死则火之，不为丧葬。子弟不知读书。赛典赤教之拜跪之节，婚姻行媒，死者为之棺椁奠祭，教民播种，为池以备水旱，创建孔子庙、明伦堂，购经史，授学田，由是文风稍兴。"（方国谕：《云南史料丛刊》，《元史·赛典赤传》，云南大学出版社，第554页）因此，元代以前的大理地方是实行火葬的。值得注意的是，《元史》是明代官方所修，其对大理地方的记录充满了主观的意识形态想象。并且明代立国后在征服大理的过程中有过"在官之典册，在野之简编，全付之一烬"之举（侯冲：《试论〈白古通记〉的成书年代》，《云南学术探索》1996年第2期，第27页），妄图以此达到思想统治的目的。故该条中的"文风稍兴"大可质疑。不过，历史资料提醒我们，元明以来的中央王朝对地方的统治多以儒家思想作为正统。

② 寿衣多为蓝黑或暗红两色，帽子和鞋多用红色。一般来说，老人临终前，儿女或至亲都会守在床前，当老人咽气后，家里人会在他或她的嘴里放上"百果"，一般为红枣，红枣内有散碎的银子，当地人称之为"接气"。意在帮助死者的灵魂顺利"出窍"的意思。此后，孝子会到井边或洱海边取水，俗称"买阴水"。"买阴水"时要点香祭拜，然后向水里投入一枚硬币，之后方可取水。这样的水被称为"阴水"，"阴水"据说由龙王掌管，"阴水"主要用来洁净死者的遗体。家里人用艾草或蒿草蘸上阴水象征性地在遗体上面挥洒即可。而死者的手脚指甲也要剪下来放入荷包内，然后拴在死者的手脚上。

③ 裹尸也是当地传统的习俗。接下来，人们还要在遗体的前方点起一盏油灯，俗称"长明灯"。而遗体的正下方则放上了一盆水，并且有一束用稻草扎成的草绳树立在盆中。

④ 入殓前，有些准备工作要做。首先，人们从院子里的墙上取来"老墙土"，用"老墙土"做枕头是当地传统习俗。所谓"老墙土"是老宅子里土墙上的泥土。用锤子砸碎，然后研碎研细，装入一个布口袋里，缝好后，就做成了一个枕头。当地人说："死人见土如见金。"除了入土为安之外，这句话也被用在此处。除了做枕头，还要找来锯末刨花等用报纸卷成圆筒状，这些东西放在棺木内可以固定遗体的位置。而"海水罐"和"金鸡玉犬"也是必备的：一个小巧的粗陶瓦罐用洱海水装满，里面放上几条洱海里的小鱼就成了"海水罐"；"金鸡玉犬"是用银或锡打制的公鸡和狗，也非常精致。据当地老人说，以前有钱人家的"金鸡玉犬"确实有用金银和玉雕成的。"文革"时一位当地名人的坟墓被炸开后，人们就从里面发现了货真价实的金鸡玉犬。但一般而言，所谓"金鸡玉犬"主要是象征层面的，人们通常说"是个意思"。据说，"金鸡"的主要功能是为死者报告时间；而"玉犬"的主要功能在于为死者看家护院。

固定的热心长者参与，他们一般会写一手漂亮的毛笔字，善于写祭文（关于祭文的格式和基本内容参见本节的相关内容），精通各种礼仪的基本规则，且能够根据情势灵活变通。各家的婚丧嫁娶等整个流程都需要有他们的指导或参与，多属于村里的文化人或"懂礼数""懂规矩"的人之列。喜洲人历来重视教育，这样的人才不难培养。入殓的时候，死者的遗体一定要居中"放正"。① 因为苏奶奶是女性，所以棺材的棺盖并未钉上，需要出殡前由死者的娘家人或"后家"瞻仰遗容并允许后方可用钉钉。② 这些活动完成后，已经是半夜了。家里人会准备酒饭招待帮忙的人们。之后，留下几个亲人守灵，其他人各回各家了。

第三天③，灵堂就完全搭起来了。堂屋正房被清扫得干干净净，屋里铺上了一层稻草。④ 一个芦苇编成的帘子横在门框上，以此为界，形成了内外两个空间：女人们在里面守灵，男人们则在外面守灵。亲友乡邻来祭拜时则要跪拜致谢，凡是来祭拜的都会领到孝布。⑤ 苏奶奶的遗像挂在帘子上，周围挂着黑色的挽布和白花，正前方是供桌，上面供着苏奶奶的灵位。⑥ 这一天，很多参与吊唁的人要吃"生饭"，所以要请不少的人过来帮忙。⑦ 一般来说，本社的人都会参

---

① 即棺木的中轴线一定要和死者的身体中心重合，当地人习惯上用墨斗来辅助测量，然后固定其位置。此后，一切就绪后，人们把棺木盖上，入殓仪式告一段落。

② 如果是非入赘的男性，则家里人或本族人无异议即可钉钉；如果是入赘的男性，也需要类似的仪式，经"后家"后方可钉钉。有些人家在入殓仪式完成之后，死者的亲人们还会围绕棺木绕行，最后一次瞻仰死者的遗容。并且，现在很多人家都会请摄像师把仪式的整个过程拍摄下来作为留念。葬礼如此，婚礼和其他重大仪式活动同样会请人拍摄。

③ 喜洲丧礼习俗有不过三的说法，但因为是过年，所以大年初一隔了一天。不过，事在人为，当地老人回忆，新中国成立前一位大户显赫人物去世，灵柩自昆明运回喜洲，停灵一个多月。据说葬礼期间，主人家办的流水席，凡客有孝，而且是上等布料；大理坝子的生猪都吃完了，要到外地的祥云等地采办生猪。

④ 灵堂既可以设在屋内，也可以用帆布设在屋外，各家根据情况定，基本格局不变。

⑤ 结过婚且配偶还在世的会领到两块。喜洲的风俗基本上是所有参加葬礼的人都要在头上戴孝布，而死者的亲属则要戴重孝。

⑥ 当地在写灵位、引魂幡、墓碑时有个习俗，要求字数必须是五的倍数加一，据当地"懂礼数的"人讲，主要是按照"生老病死苦"的排列而来，要求最后一字必须落在"生"字上面。

⑦ 喜洲办白事时，请客的人数少则五六十桌，多则一两百桌，一般每桌8人。一般要连吃3天。苏奶奶去世时是春节，所以大年初一没有请客，从第二天开始吃生饭，第三天是正客，也就是出殡的日子。而红事一般要连续请客3天。如此大规模的宴席耗费不少，但赴宴的人家都会拿出礼金，因此人们大多可以承受。在我调研期间，一家人办丧事至少花去五六万元，但据说也收了将近20万元的礼金。普通人家遇到这样的事情，至少也要一两万元才能办下来。仅酒席来说，红事一般比白事耗费多些。

加，不少客人是全家出动。苏奶奶因为以前做过接生的赤脚医生，口碑又好，声望很高，所以前来祭拜的人就更多了。

第四天是出殡的日子。村里的洞经会早早地来到灵前，为她弹经超度。这种场合下一般要诵《报恩真经》。苏奶奶的一位侄子从昆明赶了回来，因为已经在外定居，他对家乡的风俗比较陌生，好在有"引礼"的指导，一切都有条不紊地进行着。按规矩，苏先生瞻仰完遗容之后，坐回院心的凳子上，孝子赶紧跪拜过去，其他人也都随后跪下，请他训话。苏先生略显不安，要站起来搀扶，但随即被"引礼"摁住。于是他才明白过来，赶紧按照"引礼"事先交代的话说："很好，你们都很孝顺，做得很好。我们都很满意。"这样，孝子就算通过后家的检验了。之后，才有人帮忙把棺木钉上。

出殡前还有一个很重要的"点主"仪式。孝子跪在灵前，德高望重的老人手持毛笔在灵位的左右、上下、内外各处不断地圈点着，口中还要念念有词。为苏奶奶主持"点主"仪式的是村里一位很有威望的老人，也是洞经会的前任会长。"点主"用的墨是红色的，传统上，要从一位孝子的中指上取一滴血，现在一般只是象征性地点一下。"点主"仪式完成之后，毛笔被人"抢"走了。据说为高寿之人"点主"用的笔有"福气"，谁要抢到了是可以沾到"福气"的。上午，亲人们和后家在灵前祭拜，表达对逝者的哀思和怀念之情。祭文多为村里经常参与此类仪式的文化人所写。依据传统，此类文字有固定的格式和韵律。① 我们从苏奶奶的祭文里选两则：

（一）

时也　正月梅花凌寒开　乃我

中华贤媛乡评贤淑享年一百零一寿胞姐杨母苏氏联旗赴

瑶池宴日也

---

① 祭文一般用绵纸书写，自左向右竖行书写。其中，"中华"的"中"字要高出其他各字一格。一般由两人在灵前诵读，一人读前后的白话文字，一人读中间的诗文。读的时候，声音要抑扬顿挫，与其说是在读，不如说是在唱。

胞弟苏云利率男苏××、苏××及合家人等谨以香花果品纸帛①

冥金清酌不腆之仪致祭于灵前而唁曰：

胞姐逝痛断肠

珠泪滚滚湿衣裳

想一生甚贤良

三从四德有纲常

邻梓里和乡党

人人称赞女贤良

育儿孙教有方

克勤克俭无说常

要相会梦里谈

欲访音容难上难

供果品灵堂尝

灵前祭奠表心肠

伏惟

尚飨

时也　春风春雨暖人间

中华贤媛乡评贤淑享年一〇一上寿亲姐

母苏太孺人赴瑶池宴日也

（二）

时也新春大吉艳阳天乃我大中华人民

共和国贤媛乡评贤淑享阳近百岁之寿也

二娘杨母苏氏老妇人来鹤西归辞

世之日也侄杨昆生苏××集合家眷人等

仅以香花果品清酌不腆之仪致祭于二娘

苏老孺人之堂前而唁曰：

---

① 实际上，弟弟因为年龄、身体健康的缘故并没有亲自到场，但按照礼数，应该以他的名义献祭。当然，如果已过世了，则可由更近的亲属替代，很多仪式场合均是如此。文中的名字均以××替代，全文同，不赘述。

呜呼！

缅想婶母女中杰　　懿德诚堪比孟姜

医生操持多劳累　　上下看顾都到家

淡如秋水清如风　　品似碧玉贵似璋

仪型只居琴堂梦　　一世为人千古杨

伏惟　　哀哉

尚飨

中午，人们吃过饭之后开始准备移灵。① 人们忙里忙外地做着各种准备，有拆灵堂移供桌的，有准备抬棺材的。虽然显得很忙乱，但一切都井然有序。死者的灵位由孝子抱到楼上，放在祖先牌位前之后，行跪拜之礼。从此，死者的灵位就留在了家中。孝子从楼上下来之后，要在棺材前面牵灵。他弯下腰去，做出背棺材的姿态，八个抬棺材的人则实实在在地把棺材抬了起来。鞭炮声中，唢呐吹起哀伤的调子，送灵之行启程。② 路上，会有"路祭"的亲友。路祭时要准备鲜花、果品、香烛和几碗供品。并且还要在灵前跪拜行礼，诵读祭文。我们选一则：

姻晚严××率男李文新及合家人等仅以香花果品冥金纸帛清酌不腆之仪致祭于姻母灵前而唁曰：

缅想亲妈女中杰

懿德诚堪比孟姜

淡如秋水清如风

品德碧玉贵如璋

三从四德润君子

四德兼全女丈夫

---

① 每顿饭前，都要先用一个盘子把各式菜肴放在灵前祭奠一番，之后才会正式开饭。

② 整个队伍从曲折的巷道走出，前后绵延数百米。一位少年孝子手捧遗像走在队伍的最前列，还有两个举着"引魂幡"和"铭旌"。其后是洞经乐队，乐队之后跟着长长的来送别的街坊邻居和朋友们，有的拽着挽幛，有的拿着花圈。男性孝子弯着腰走在棺材的正前方，身上是一条长长的白色孝布。本家的媳妇们和已经出嫁的姑娘们则走在棺材的后面。

仪型只居萱堂秀

一生为人千古扬

伏惟

尚飨

　　送行的队伍穿过正义门后，孝子跪在路边，请送行队伍中年长的先回去，以示对老年人的尊重。送灵的队伍来到一处小桥时，几个孝子要卧倒在地，让棺材从身上穿过。据说是为了让死者的灵魂能够平安过桥。据我观察，选择的路线不同，举行这一仪式的地点也不同。喜洲有南北两条"生死路"，基本上在两处固定的地点举行这一仪式。之后，队伍来到大丽路西侧的大青树下，人们要抬着棺材绕树一周，让逝者最后看一眼家乡。鞭炮声中，人们把花圈等物付之一炬，女人们则放声嚎哭，比之移灵之时更加悲痛。① 当地人习惯上把送灵的道路称为"生死路"，意为送灵魂西归之路。"生死路"通往西方的苍山深处，那里是喜洲人的墓地所在，也是灵魂安居之地。至此，送行的队伍中除了几个孝子要随棺木上山之外②，其他人由此返回。③

祭之以礼

　　死者去世之后，除了在守灵期间要请人为他念经超度之外，还要在"头七"

---

① "哭丧"除了死者的至亲好友外，基本上是带有表演性质的。我曾经在一家移灵时正和一位阿姨说话，前面唢呐一响，她急忙扭过头去，随之大放悲声。

② 我曾经跟随几家的孝子上山考察之后的仪式活动。山上墓地的活动主要是下葬，在墓地那里，一个孝子要在墓地中平躺，以体会死者是否在这里住得舒适等。喜洲的坟墓多用水泥构成一个长方形的空间，底部整理平坦，四壁砌砖，棺木放好之后，在上面盖上青石板，一般是三块或四块。之后用土掩埋，孝子先用手捧些土撒在上面，之后用土盖严，堆出一个椭圆状的坟头。孝子们祭拜之后回家。据说，以前抬棺材的人都是本村人义务来做，现在邻村山脚下的一些人组成了较为固定的抬棺材的队伍，但要收费。这也能看出地方社会在交换上的相互关系。往山上抬棺材很辛苦，并不是棺材重的问题，主要是山路难走，一位抬过棺材的朋友对我说，回来之后，几天都缓不过劲儿来。

③ 送葬的亲友们在大青树下回到村里，并不回家，而是要先到死者的家里吃上一碗甜汤。客人们进家之前，要跨过一个火盆，一般是点燃的松枝，之后还要在脸盆里洗洗手，据说是为了辟邪。

"五七""百日""周年""中元节"① 等日子祭拜他（她），据说这些日子是亡灵归来的日子，他（她）会回到家里来看一看。家里人除了准备香花、果品、香烛等祭奠灵魂外，还要烧纸钱，宴请亲友等。有条件的还要请道士为他（她）念经，而莲池会的老妈妈也会为他（她）念经祈福：希望他（她）能够早日到达西方极乐世界，或希望他（她）能够在另一个世界里过得安宁。很多人家会在初一、十五为祖先的灵位上香，祈求祖先护佑，逢年过节更是如此。喜洲的周年祭日有些特殊，男性的周年办两次，女性的周年办三次。这意味着人们要为死去的男性守孝两年，为女性守孝三年。当地人说这样区别对待的原因是母亲养儿育女更辛苦，功劳更大，所以要为她守孝三年。做完之后，可以"脱孝"，也称为"除服"。人们在办丧事期间，主要是"百日"之内会有些禁忌，主要是不能随便到本家之外的朋友家串门，这是当地人的一种传统禁忌。不过现在的年轻人对此并不是很介意。一位朋友曾经和我说起他遇到的类似问题："某某昨天来找我吹牛，弄得我父母很不高兴。他父亲才去世没几天，按道理是不能到别人家串门的。可大家都是朋友，说这些伤脸面了。"

家里如果有人去世，人们会在第二年的中元节为他"烧新包"。② 人的生命从去世开始就进入另一个世界。但生者和逝者的关系并没有因此而中断，人们通过各种仪式活动维持着这种关系。在喜洲，除了新近去世的亲人之外，那些更加久远乃至古老的祖先也享受着后人的香火。人们祭拜亲人和祖先的地点有三个。一是家里的祖先灵位，这些灵位一般供奉在二楼的正中间位置；二是他们的坟墓；三是祠堂。2010 年中元节期间，我参加了喜洲严家和尹家的一些祠堂祭祖活动。严家规定，从农历七月初一开始到十五中元节结束为止，每天有两家人来祠堂为祖先献祭、上香、焚烧纸钱。严家还在七月十三这天晚上请人演唱大本曲。

　　严老师让我晚上一定要到他们家祠堂去，说有大本曲听。我说大本曲在

---

① "头七"是死者去世后的前七天，"五七"是第三十五天，"百日"是第一百天；周年则是死者去世的日子，按照阴历固定日期。除此之外，死者的家人还要在清明、秋明等到死者的坟前上香、烧纸。

② "烧新包"的日子固定在人去世后遇到的第一个中元节的农历七月十三。这天家里要请莲池会的老妈妈来为死者念经超度，也要请客等。"包"是用纸糊的类似于信封状的东西，里面装有纸钱元宝冥币等，"包"的外面写有死者的姓名以及烧包人的姓名等；除此之外，"包"还包括纸做的衣服等物品。"包"被当地人用来祭奠亡灵或祖先的灵魂。

严家民居听过好多了。严老师说不一样，那里是商业演出，很多表演非常简单。他们祠堂里的表演更加完整，也更有意思。于是，吃过晚饭就到严家祠堂听大本曲。天还亮着，里面的人欢声笑语，几个老妈妈和妇女忙里忙外地张罗着。祠堂的院子里摆着几排长凳子，几个小孩正在上面玩耍。旁边，严家的几个老人边喝着茶，边讨论祠堂维修的事情。小严也给我端了茶，拿了烟。平时很内向腼腆的小伙，这时也灵活起来，大概这是他今天分配的工作吧。接下来，一位叔叔给我讲了这些人的辈分，其中一个和他年龄相仿的人居然是他的爷爷辈。他很自豪地笑了起来："我们是大家族嘛。"过了一会，严家民居唱大本曲的两个人来了：一老（男）一少（女）。男的唱曲，女的弹奏。严家民居的老板也是严家人，今晚的大本曲演出就是他赞助的。

演出的时候，严老师坐在我旁边。因为有些方言唱腔听不懂，需要他给我解释。不过，听着听着，也就大概搞明白了。一开始先来段开天辟地的故事，宇宙鸿蒙，盘古开天等。绕了几句后，财神赵公明等也出现了。祝严家人兴旺发达，财源广进，大家鼓掌叫好。接下来进入正文，今天的故事是《张义钓金龟》。大意是古代有个老妈妈养了两个儿子。大儿子进京赶考，小儿子在家养母亲。因为家里穷，大儿子的媳妇不孝顺，就跑回娘家去了。张义大冷天的去钓鱼，没想到老天垂怜他们母子，张义竟然钓到了金乌龟。大哥考中状元，当了官。报喜的人遇到老大媳妇，老大媳妇就高高兴兴去做官太太了。她害怕自己不孝的事被丈夫知道，就告诉大哥说家里人都没了。老妈妈思念儿子，又听说大儿子当了官，就让张义去找大儿子。可张义竟然在后堂被嫂子给杀了，头被割了下来。后来，张义的鬼魂变成乌鸦向老母亲说了自己的冤屈。张义母亲找大儿子要张义，但没有成功。后来是在包拯的帮助下，才为张义报了仇。而太白金星的出现则让张义死而复活。于是，大团圆结局。其间，有不少插科打诨的笑料，时时引起观众的笑声。主旨是劝人恪守孝道，一心向善等。

这个故事很长，中间休息时，严家人端上了刚蒸好的"发糕"，玉米面做的，很甜。结束的时候，每家都带了一些回去。严老师特意给我包了两块，让我当早点吃。①

---

① 摘自田野日记。

而尹家则在七月十五烧包的时候请来洞经会为祖先安魂。人们在祭祖的仪式活动中，既有对祖先的缅怀，也有人们自我的反思和对子女的教育。此外，族内的公共事务也需要专门的人员组织和族内成员的参与。通常，每家都会派出代表。

上午，我们来到尹家祠堂。里面的人正在为今天的祭祖做准备。地上放着几个铁皮桶，里面是活蹦乱跳的洱海鱼，几个女的正在收拾它们。尹家祠堂的东边没有房子，里面的桌子并在一起，长长的，像个会议桌。他们今天要在这里开会，讨论修族谱的问题。尹家没有唱大本曲，但他们请来了洞经会，要在这里"谈经"。

各家代表在祭祀前坐在一起开了一个会，由祠堂管委会主任主持。主要是通报祠堂管理和经费使用情况，并就重修家谱等事宜征求大家意见。会议结束后，准备祭祖。人们按照辈分年龄等分排站好。尹主任（他既是喜洲村刚当选的村委会主任，也是尹家祠堂管理委员会的主任）主持祭祖仪式，宣布祭祖仪式开始。第一项鸣炮奏乐；第二项向祖宗三鞠躬；第三项请副主任宣读祭文。而几个老妈妈则开始在祖先面前烧包。有的上面写有名字，有的只是写历代宗亲收。仪式之后，几个老人似乎觉得意犹未尽，又独自到祖宗牌位前行跪叩之礼了，有些人还把小娃娃弄过来磕头，小家伙把大家逗得乐不可支。据尹主任说，有些仪式也该与时俱进，国家领导人都是只鞠躬，老百姓也没必要非磕头。然后开席，是传统的八大碗。革委会尹主任（"文革"时喜洲公社革委会副主任）非要和我喝酒，于是喝了不少。尹主任说这个祠堂就是他们家1949年前住的地方，那时候他们家里很穷，盖不起房子，族里的人就让他们家住在祠堂里面。他说喜洲的资本家大地主有良心，没有黄世仁那样的。他还讲了他父亲为救一个"开明士绅"而被冤入狱的事情。我简单地记了下来，准备随后再访。接下来，尹主任向我介绍另一个尹家的主任。说他们平辈，都是"泽"字辈。但人家是跟邓小平走的，是当权派。他则属于被专政的对象了。

于是，和"当政的"尹主任聊了起来。不过主任说自己已经退休了，只是在政协发挥些"余热"。他和我聊起他们家这支的历史，说以前的"四大家"的尹家就是他们这支，他们家的商号是"复春和"。于是聊到当下的市场经济、股份制、现代企业制度什么的。他说现在这一套都是他们的先辈曾经实践过的，经验教训应该好好总结。结合历史资料来看，所言不虚。又说到六世祖尹梦鳌的问题。原来，云南省正在组织编写一个历史人物志，他也参与了。其中，尹梦鳌的级别绝对有资格入选，但他觉得尹梦鳌积极参与镇压李自成农民起义军，并因此自杀殉国，这个传记不好写。

看着大大小小老老少少的一院子人，我顿生恍惚之感：一个老祖宗的后代竟然有如此多样的人生！①

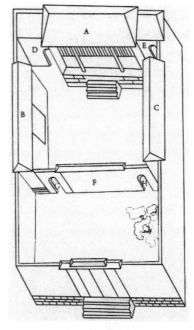

图 1　祠堂手绘图

注：本图参照许烺光《祖荫下》一书第 43 页。由肖保源根据我的构思重新绘制，我的构思得自田野中对某家祠堂的实地考察。图中字母为许烺光原文标号，予以保留。现根据我的考察予以重新解说：祠堂整体分为前后两大部分，前院为小型花园，据说有"聚气"的意义，后院为主体建筑，A 为祠堂主房，坐西朝东；B、C 为偏房，为族人议事使用，也可用作旧时的私塾，而家户也可来此居住并负责看守祠堂；D、E 为耳房，内有小天井，天井或一楼可用作厨房；F 为祠堂照壁，上面一般写有文字，如"山高水长""紫气东来"等，也有彩绘图画；原来的花坛已被移除，但祠堂内的那株树寄托了该族族人对祖先的情思，特意绘出。而祠堂的大门非常讲究，一般会向内缩进一些。

除了家中的祖先灵位前的祭祀、墓地的祭祀和祠堂的祭祀外，人们还要在路上祭祀那些无家可归的孤魂野鬼，通常在大路边举行这样的仪式。这是积阴德之举。另外，莲池会的老妈妈还会在中元节举行撒米粥的仪式②，这些仪式是用来抚慰那些孤魂野鬼的。中元节最后一

---

① 摘自田野日记。

② 许烺光曾经记录过撒米粥这个仪式。许烺光：《祖荫下》，第 166～168 页。

天，人们会把一些祭祀用的香火果品抛到村北的万花溪里，这些祭品曲曲折折起起伏伏顺流而下到达洱海，或留在河道之内，据说洱海也是灵魂出没之地。每年农历七月二十三，当地人还会到洱海过"耍海节"，有人说是为了纪念"柏洁夫人"，但据我观察，除了游玩的人之外，人们多是来这里参与仪式活动的，有些人家还买了泥鳅来放生。莲池会的老妈妈会在海边的几个庙里烧香、念经，有些还要乘船到洱海上去念经。

诸神之灵

为祖先的灵魂举行各种仪式，既是为了让祖先的灵魂得到安息，也是为了让祖先的灵魂可以保佑自己。而为了家人的平安和兴旺，人们还要拜神，祈求诸神的护佑。以送葬为例，人们不仅要为去世的人举行隆重的葬礼，还要到村内外的各个庙宇里去祈求神佛的护佑。其中，本主是喜洲人的地方保护神，也被很多人视为祖先。喜洲村共有三座本主庙，并且据说这几个本主的性格和偏好也各不相同。城隍同样是地方的神灵，他管的地方似乎更大些，有人把他通俗地比喻为市长或县长。本主和城隍不仅掌管活人的世界，也管理灵魂的世界。而地藏王菩萨和十殿阎罗则主要掌管地府的亡魂。大慈寺、紫云山等庙宇内的其他神佛贤圣也是必须要敬拜的。事实上，凡遇婚丧嫁娶之类的大事，人们都会逐一敬拜。我们通过图2来介绍这些庙里的诸神。

不难看出，所有的仪式活动都脱离不了与灵魂世界的关系。主要的神都有自己的寿诞或其他需要纪念的节日，这些寿诞或节日与祭拜祖先灵魂的仪式共同构成了地方的仪式空间或精神世界。礼敬神佛的仪式同样郑重其事，我们以妙元施主景帝寿诞为例来考察这些仪式活动。妙元施主景帝的寿诞是农历正月十五日，人们要在城隍庙里举行仪式，为他祝寿。① 一般，正月十三的下午，负责组织本年度寿诞的十家"会首"② 已经开始行动了。"会首"由本主管辖范围

---

① 妙元施主景帝和史城城隍共用一个大殿。二人的神像并列在大殿之中，城隍居左，景帝居右。文武神像侍立，不赘述。

② "会首"由本主管辖内的三个街道的村民轮流担任，每年选出"十家"。一般是那些家有喜事，如结了婚、生了孩子、考上大学等，或者是想积点功德的人家自愿申请。

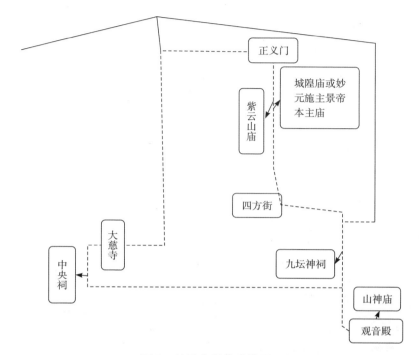

图 2　社区内拜神路线图示

注：虚线为社区内基本路线，实线为社区周围公路，开车的话可以走公路。本图上西下东，左南右北。观音殿：内供观音、地母、王母等三教诸神，庙内广植名木异卉、香草奇葩，环境清幽，遥对苍山五台，墙上写有"万花西献"四个大字，与城北杨家祠堂同期建造。山神庙：城北有一座小型山神庙，供奉山神、土地、龙王。九坛神祠：内供奉有建国皇帝、大黑天神、阿灵帝母、柏洁夫人、洱河灵帝、爱民皇帝、三灵皇帝、中央皇帝、护国皇帝九位大理地区最高的本主神像，故取名九坛神庙。九坛神庙有一个院落，大神殿坐西朝东，雄伟高大，殿内男女本主神的群像，光彩照人，栩栩如生。古庙香火旺盛，每年本主圣诞及九月一日的"接阿太"最为隆重。紫云山：寺庙一进三院，寺内集中了神、释、道各种神祇。第一院正殿内有关帝圣君像，并有诸多匾额；第二院正殿内有观音男像、玄武大帝和文昌像；第三院为后院，西为斗母阁，有斗父斗母像，北偏殿塑地母像。寺内建筑古香古色，环境清幽；寺外一株千年古榕，虬枝苍劲，浓荫一片，每年 3～10 月，各类鹭鸶祥集于此。城隍庙或妙元施主景帝本主庙：又称十皇殿，一进两院，北殿塑"爱民皇帝"本主神及侍臣群像，紧靠大殿的阁房内塑本主神的爱妃神像。西殿正中塑地藏王菩萨像及众神祇，其中有"傅萝卜救母故事"的群像；两旁是冥界十殿鬼王像。此外，与十皇殿仅在咫尺的"正义门"是喜洲的西大门，一座二层飞檐斗拱的阁楼建筑，下层为正义门，上层为魁阁，内立魁星塑像，魁星笔尖直指喜洲，因此村内文人蔚起。城隍庙与本主庙同院而居，绝无仅有；魁星崇拜，闻名一方。大慈寺：大慈寺是喜洲历史上的代表性建筑，以殿宇众多、松柏森森、花香袭人、幽静安宁著称，现占地 20 亩，一进四院。据《康熙·大理府志》所载，大慈寺"唐时建，内有卓溪泉"。大慈寺坐北朝南，儒、释、道三教合流。第一院为佛教，内有观音、文殊、普贤像；第二院为道教的玉皇阁，阁分三层，一层塑王母，二层塑玉皇大帝，顶层则塑有太上老君和元始天尊；第三、四院是魁阁和儒教的奇观堂。魁阁古色古香，观音堂供孔子及弟子牌位。抗日战争时期，华中大学（今华中师范大学的前身）曾迁驻于此。中央祠：本主庙，敬奉"中央皇帝"本土和"南老倌"亚本主。此外，内有财神、牛、马、猪等神像。

内的三个街道的社员轮流担当，定例为每届十家，他们运来松枝、竹竿、木棍、绳子和铁架子等物，在城隍庙的大门搭起彩棚。① 松枝苍翠，彩旗飘扬，非常喜庆。然后，还要洗碗，摆桌子，淘米洗菜，埋锅造饭等。一天聚餐分早中晚三顿②，一般都有几十桌人，需要不少乡邻和亲友来帮忙。莲池会的几个老妈妈则负责为庙里的神像敬香献茶等。彩棚搭起来的当天晚上，每家会首要派人在庙里值夜。同时，还要举行一个小小的仪式，每家会首派出代表参加，要在典礼官的主持下行三跪九叩之礼。正月十四晚上的仪式如下：

　　　　妙元施主景帝圣诞

　　　　史城城隍　　佑下

　　　　庆祝仪式现在开始

　　　　放爆竹

　　　　鸣锣三响

　　　　发鼓三通

　　　　击磬六音

　　　　奏乐

　　　　乐止

　　　　主礼生就位

　　　　读祝文

　　　　大中华人民共和国二〇一一年岁位辛

　　　　卯月建庚寅 祀日辛丑 主祭者

　　　　喜洲寺上街 富春里 坡头村 士席及本

　　　　届会首等人秉虔诚净心仅以牲

　　　　礼香帛等烛果酒之仪感昭告

　　　　而拜颂于

① 搭"彩棚"也是当地习俗，诸如神佛寿诞，结婚等都会用松枝、彩旗等搭起一个棚子，据说是为了增添喜庆之气或取悦神佛。
② 庙里的餐费一般按人头收钱，早饭一般吃素，每人收 3 元钱，中午饭和晚饭吃荤，每人收 5 元钱。

护国施主景帝　　座前

本土史城城隍　　佑下

维神承司天命　　永保福国利民

浩气常昭万古　　威灵永荫千秋

今逢盛世　国泰民安

百业兴旺　物阜民丰

千家万户　安居乐业

国威大振　共乐升平

威灵永荫　万事顺心

大好河山　举国欢腾

际此佳日　庆祭神灵

以昭德泽　咸赖神恩

谨祝

人越来越多。正殿的廊檐下，左边是敲鼓、吹唢呐的，右边是记账的。莲池会的老妈妈则在念经。中午洞经会排好阵势后，正式的祝寿仪式开始了。照例，放鞭炮，鸣锣三响，发鼓三通，击磬六音之后，典礼官开始读祝文，祝文如下：

二〇一一本主施主景帝寿诞祝词①

维

大中华人民共和国公元二〇一一年农历正月十五日岁次辛卯、月建庚寅、日逢癸卯、为我妙元本主施主景帝之寿诞日也。所辖区喜洲市上街、富春里、坡头村之会首率所属庶民以牲礼香烛菜品之仪叩拜于宝座之前而祝曰：本主承司天命、福国福民、保国保民、现属庶民等在中国共产党第十七届四中、五中、六中全会精神指引下，以邓小平理论、三个代表和科学发展观为指导，以民为本促进社会和谐、保护洱海、建设社会主义新农村、扶贫攻坚、力奔小康富裕之道。我国已胜利实现了第十一个五年计划

---

① 与祭文所用的白色绵纸不同，祝文用黄色的长方形黄表纸书写，自左而右，毛笔工楷。

的各项任务指标，国家实力明显增强。今年已进入第十二个五年计划的头一年。我国较好地应对了国际经济危机的困扰，战胜了特大地震、旱灾、洪涝灾害、泥石流等自然灾害带来的严重困难。党和政府全力应对，一方有难八方支援，体现了社会主义制度的优越性，受灾地区人民得以安居乐业、各得其所。我国还举办了世界闻名的世博会、广州亚运会，深得国际的赞誉，今年又逢中国共产党成立九十周年，诚为盛世时代。

我本主所统领下的庶民在本主庇荫之下，在我辖区内得以消灾化吉、安然无恙、去病延生、风调雨顺、五谷丰登、家宅清吉、人才辈出、万事亨通、经营得益、力奔小康，全体庶民感恩戴德、抒情顿首、陈设菲仪，为我本主拜寿。叩请施主景帝及城隍、文武百官等保佑、体恤庶民心愿，千秋永荫，以沿袭历年元宵佳节祝圣寿期、以昭德泽。恭祝圣寿无疆

执事人：

赵×× 施×× 杨×× 张××

杨×× 王×× 赵×× 赵××

赵×× 李××

统领市上街、富春里、坡头村全体庶民下拜顿首

二〇一一年农历正月十四/五日　早/晚

祝文读完之后，洞经会开始弹经。因为是本主寿诞，所以要弹《颂圣乐》等歌颂神佛的曲目和经文。大殿内雕梁画栋，香烟袅袅，钟磬齐鸣；仙乐飘飘，佛绕梁。而神像前则不断有人过来敬拜，除了向本主和城隍磕头，其他的神像也一个不落。中午开饭之前，人们在大殿中央摆好一张桌子和几把椅子，有人把今天的八大碗先端了上来。莲池会的老妈妈请本主和诸位神佛先用。然后，外面才开始给参加聚餐的人上饭菜。

根据杜昆的回忆，喜洲在 20 世纪 40 年代还要在"奇观堂"举行只有男子才能参加的祭孔仪式。① 而当时的财神殿也曾举办过神佛的寿诞活动。② 除了本

---

① 这个仪式 10 多年前曾经恢复过，但近些年已经终止了。

② 经我考证，应该是财神寿诞，而非本主寿诞。杜昆：《喜洲忆旧》，云南人民出版社，1997，第 128～129 页。

主的寿诞外，观音诞、关圣诞等的仪式过程也大体近似，不再赘述。除活动组织者必然参加外，其他人会根据自己的具体情况选择是否参加。大理地区其他地方的仪式活动也格外丰富，诸如接金姑、接阿太等活动，喜洲的莲池会是必然要参加的。相传"金姑"和"阿太"都是从喜洲嫁出去的姑娘。因此，按照"规矩"，有关的仪式活动是离不开喜洲人的参与的。人们礼拜神佛之时神情专注、庄严、肃穆，而仪式的间歇也不乏相互愉悦的插科打诨。

妙元施主景帝的寿诞

昨天庙祝杜老师已经打招呼，让我早点过去。到那之后，很多熟人都在。于是帮着一起干活，我和杨先生几个主要是往墙上贴名单。这些名单都是挂功德的人名字。功德钱一般为五块、十块，也有两块三块的。今天大概一共贴了十张左右。今年的一个会首赵先生告诉我，为了今天的本主寿诞，做会首的要提前半年开始准备。主要是准备食物，比如大白豆等。我问花费的问题，赵先生说既然是做好事，就不能太计较，餐费里收一点，不够的就各家平摊。而在活动举办前，每家都要先垫上一笔钱。至于功德钱，"会首"是不动的，因为那是各家给佛爷的。另一个朋友说，庙里的事情有时也复杂，他们是不参与这些事情的。去年一家庙里因为功德钱的问题闹起了纠纷，还有人贴了大字报。我问他怎么看，他说老妈妈赚几个功德钱也正常，可不能太贪了。毕竟，你是为佛爷爷干工作的，只顾自己贪钱，可不好。不过，他说，和那些政府当官的比起来，这点钱算什么呢？于是，又聊起了村里的"政治问题"，都是闲篇。来帮忙洗碗的一个大姐笑着制止了我们的闲扯，说今天是本主的寿诞，不要扯那些坏东西的事。几个人笑着说我们也是为本主干活的，顺便汇报一下问题。吃早饭的时候，开始收钱。除了会首和帮忙干活的，每人都交了两元钱。一位记账的老人家见我也要交钱，赶忙制止，说小刘也是干活的，不能收钱。

阿巧阿姨既是洞经会里的成员，也是村里舞蹈队的老资格，她说下午他们还要在广场表演舞蹈，是村委会组织的，让我不要走。吃过饭后去看她们表演。广场上，村委会的干部支起了两根粗钢管改制的锅炉，负责给下午演出的人们烧开水。今天吃饭较快，主要是怕喝多了，下午没法干活。

见端盘子的小赵和小周很辛苦，就拿起一个托盘帮他们干起来。里里外外
跑了几趟，没想到还挺累。大家吃完饭，离演出还有一段时间。演员们也
都换好了服装，有白族风格的，也有彝族风格的，都很光鲜。女人们化上
了浓妆，弄得像画里的人一样。然后，就是帮人们拍照，有集体合影的，
有单人的，更多的是要好的人或一家人拍合照，各种 pose。娘母几个穿上
表演服合影，不像婆媳母女倒像姐妹了。施哥也来给老妈和媳妇助威加油
了。他说以后儿子结婚，就在这个地方请客。施嫂说：你别乱吹牛，谁会
那样显摆？

鞭炮放过之后，表演开始，先是邻村的舞龙表演，把广场圈了个严实，
人们都挤在圈外看热闹。节目有几个舞蹈，分别来自村文艺队、严家民居、
宝成府、喜林苑、阳光画苑等。今天的演出由村委会负责，村里的演员们
大多有点报酬，而各单位的据说就是做公益了。

大理地区庙宇众多，里面供奉的各路神佛数不胜数。每逢神佛寿诞或其他
节庆的仪式活动，寺庙里除了阵阵鞭炮声外，还会传出钟磬锣鼓之音，一般是
洞经会或莲池会的老妈妈在举行惯常的仪式活动。细究之下，诸神之间的分工
不是那么明确，但大致有自己职责。有些神圣赏善罚恶，如本主、关公等；有
些神佛则普度众生，如菩萨、三清等。庙里的人一般会告诉你两句名言："有求
必应"和"心诚则灵"。中央祠的庙祝杨先生说："佛是吃素的，而神则要吃
荤。佛比神的地位高，但神则直接管理着世间的事务。"九坛神的王奶奶则说：
"佛菩萨高高在上，不爱管闲事。本主保佑我们家宅平安，五谷丰登。可人要做
坏事，他就不保佑你了嘛，还会有报应。"除了郑重其事近乎烦琐的仪式，雕龙
画栋的庙宇楼台，以及千姿百态的神佛塑像外，诸神的来历和故事也引人入胜。
如王奶奶讲的一则斗母的故事：

今天，难得王奶奶有兴致，给我讲了不少自己的故事。以往大多无功
而返。这个旧时的千金小姐真是贵口难开！午后的阳光暖暖地洒在小院里，
泡杯"炒茶"，气清味香，在几株盛开的茶花前听老奶奶讲故事是不错的享
受。不仅如此，老人家讲故事的水平也很高，有时还要配合一下动作，挥
挥手臂，指指点点等，声情并茂。她讲的斗母的故事如下：

　　斗母最初也是个人嘛。以前，有个寡妇，辛辛苦苦养儿子，供他读书。后来，儿子在外面考上了状元。做了官，良心却坏了。他娶了大官人家的姑娘，好不满意，又回到家里算计老母亲的家产。地卖光，房子卖光，还要害死老母亲。他找了个口袋，要把老母亲装进去，扔了。老母亲说："我养你不容易，你就不能给我一口饭吃？"儿子说："你这个样子嘛，人才不好，丢我的面子。"（"人才"是当地说法，意为外貌等。"人才不好"意为长相不好）老母亲说："你不要扔我，也不用你认我当母亲。你就说我是要饭的，领回来喂猪，我给你干活，你给我一口饭吃可好？"儿子想有人喂猪也不错，就把她领回家了。跟人说："这是要饭的，我可怜她，带她回来喂猪。"老母亲嘛，你想想，苦熬那么多年，这个下场，难过啊！没人的时候，她对着几头猪说："猪啊猪，我不如你们啊，我苦熬那么多年，养个儿子，要了家产，还要我的命，苦苦哀求，才能来到这里喂你们，我命苦，不如你们啊。"媳妇正好走过，这些话媳妇听到了。媳妇就问："你到底是什么人？"老母亲哪里敢说实话？就说："我是要饭的，老爷可怜我，让我来喂猪。"媳妇说："你说实话！你不是要饭的，你是我的婆婆。"老婆婆就哭了，说出了实话。媳妇就认了老婆婆，儿子没有话说。媳妇说："我嫁的这个人，没有人性，我要看看这个人的心是什么做的。"就带人把男的杀掉，三个儿子也杀掉。一个心是铁做的，一个胆是石头做的，一个根本没心没肺，媳妇说："婆婆，我带你上山，我们修行去。这个世道不好。"媳妇就带婆婆去修行了嘛，后来媳妇就成了斗母。他们成佛了嘛，就保佑我们，谁的心肝不好就罚谁嘛。你看紫云山那里，斗母面前就有几只金猪嘛，那些猪就是老妈妈养的。斗母前面抱着一个妇女，就是婆婆。

　　民间的演绎或许并无文献可考。并且，很多民间的演绎甚至与各种文献资料相背离。[①] 但二者所彰显的主旨或许并不矛盾。而这些民间的理解因为有当事

---

　① 斗母即紫云山庙内斗母庙中所供奉之神像。斗母一说，我曾经在庙里的《文昌帝君阴骘文广义节录》中读到。里面的记载如下：〔发明〕真者，天仙之谓；斗者，列宿之名。尝记人之善恶，注人之生死，安得不敬奉朝礼乎？若欲原其最初，则天仙在前，斗宿居后。盖劫初未有众星，梵王帝释，因驴唇大仙之请，而后安置二十八宿于四门也。斗为西门　（转下页注）

人的体验而变得鲜活起来。这或许正是信仰能够渗入生活并发挥作用的缘由之一。仪式活动的严肃固然表现了人们的崇敬之情，一些日常生活中的体验则强化了对某些仪式的意义，有些离奇的传说甚至会让置身其中的人毛骨悚然。记得一位刚刚到喜洲紫云山做庙祝的老先生——杜先生就被这些故事弄得很心烦。"我以前是老师，都是宣传无神论科学的。不信这些。可前几天晚上下大雨，竟然有马蹄的声音。不知道是不是做梦，我就觉得头皮发麻。第二天，老妈妈们说是关圣人巡查回来了。唉，活了这么多年，还是没搞懂这些事情。"不过，现在杜先生已经非常坦然地给人们举行各种仪式了。①喜洲庙很多，除了莲池会的老妈妈会在初一、十五定时来庙里敬香外，庙祝只有两个：一个是紫云山和城隍庙的杜老师；一个是中央祠的杨老师。杜老师和老伴就住在城隍庙里。

喜洲在明清两代出了不少有功名的人，大家或者认为是喜洲的风水好，或者认为是喜洲的菩萨灵验。无论原因如何，喜洲"正义门"的魁星神在大理坝子名气很大。每年中考、高考前后，来这里上香的人络绎不绝。有人说他是玉皇大帝的女婿，有人说他是文曲星君，总之最灵。据我考察，喜洲以外的其他地方并非没有魁星，而喜洲魁星的名气如此之大，纯属人们的理解或"信"使然。不仅如此，同为本主，喜洲村的三个本主的"灵验"之处也有差别。据说中央祠的本主

（接上页注①）第五宿，属斗宿者，当以粳米花和蜜祭之。《楼炭正法经》云："大星周围七百里，中星四百八十里，小星一百二十里，中有天人居住。"世俗乃谓陨星仅如拳石，甚至画七猪之形于斗母下，亵亦甚矣。真人斗母，宿生皆从尊敬三宝、修行十善而来，故能享飞行宫殿，照临下土。乃今之奉道者，往往反谤佛法，安在其能奉真朝斗？汉魏以前，称佛为天尊，称僧为道士，称道士为祭酒。自北魏寇谦之，窃天尊与道士之号，而后佛不称天尊，比丘不称道士，其后祭酒之名，沿为大司成矣。该文是我从大理古城红龙井一然堂所录。版本较多，多为信佛之人自发印行。该文字在我所用版本中为"或奉真朝斗"一章，第101~102页（内部资料）。结合当地人的讲述可知书中的解释和民间口传讲述差别很大，并且书中批评了这种民间的演绎附会。不过，老百姓从劝人向善的角度来理解斗母，和该书的劝人向善主旨相符。该书所持的观点应该属于某些知识分子的演绎，书中所录多选自儒家经典、诸子名篇，以及官方正史和地方方志、佛教、道教典籍等，旨在："玉峰周子，纵观三教之书，折衷百家之论，为之句诠字释，缕析条分。而又推广其未尽之旨，发所未闻，扫尽迂腐之庸谈，大破管窥之陋说。滔滔十万余言，号为《阴骘文广义》。"〔《阴骘文广义》（序言），第9~10页〕而民间自发的演绎当属于老百姓自发的知识理解。形式、内容不同，但主旨相通。喜洲当地的庙里也经常有人自发地发放此类书籍，有些还借着公民道德与通识教育的名义，而内容多属于劝人学好向善的一些文章，也有科普文章等。

① 杜老师，紫云山莲池会2006年请来的庙祝。他以前是村里的民办教师，退休后来喜洲做了庙祝。他2006年到的喜洲，当时我正在那里做田野调查，比较熟悉。

对财运最有帮助，如果要求财的话，可以拜他；而城隍庙的本主则对官运更有帮助，如果要升官的话，可以求他。但也有人说，有些本主的脾气不好，如果他看不上你，或者你很缺德的话，求也没用，有时还会被他戏弄或报复。不同的人家也会根据自己遇到的问题到庙里去拜神，较为正规的拜神方式是一家人聚在庙里生火做饭，完成各种拜神的礼节，而后在庙内一起吃饭。①

中央祠的庙祝说："灵"这个事情主要看来拜的人多不多，拜的人越多，神仙的香火越旺，神仙也就越"灵"，两个事情是相互的；同样是财神，大理古城的金甲财神就比其他地方的财神灵，因为那里的财神香火最旺。据我观察，他说得很有些道理：同样是观音诞辰，大理的观音庙就比喜洲的庙里人多；而城北的观音殿又比紫云山里面的仪式活动隆重。② 喜洲的很多人家一般隔几年都会到鸡足山去拜佛，大家说那里的佛也很灵。③ 一些经常到处参加仪式活动的老年人对这些庙和神仙的情况也非常清楚。除此之外，"绕三灵"时，人们要到山脚下的庆洞村去拜神。④ 而"绕三灵"也是大理地区非常有名的民俗盛会。人们可以在那里对歌、跳舞、看热闹⑤，各种摊贩也都随之而来。往往需要政府出动警察来维持治安。另一个最常去的庙，是山脚下的山神庙。拜山神的时候，家里人通常会约上要好的亲友，带上酒肉等在庙里做饭。鸡和鱼一般要当场宰杀，庙旁边有一条清亮亮的溪水可以供人饮用、洗菜等。一位朋友对我说："都说那

---

① 不同的本主对供品的要求还有差别。如中央祠的大本主忌讳鱼，原因是他在世时曾在远征的战场上负过"箭伤"，而据说鱼这种食物对于伤口的愈合不利。所以，中央皇帝直到成神之后仍然忌讳鱼这种东西。

② 紫云山里面的观音为男相观音，城北的则是女相观音。据说观音菩萨千变万化，往往根据具体情况决定自己现男身还是现女身。

③ 我的一位朋友曾经带着自己的父母去鸡足山旅游。他说，到鸡足山去是老人家很久以来的心愿。现在自己工作稳定了，要帮父母实现这个心愿。到远的地方去拜神也并不容易，需要有钱、有时间，等等。

④ 那里有大理地区"五百神王"段宗榜的庙，据说是所有本主里面最大的本主。

⑤ 对歌的调子，当地人叫白族调。一些中老年妇女会在"绕三灵"期间到本主庙后面的路口平地上对歌。通常为男女对唱，旁边还有人拉二胡、吹笛子伴奏。所唱的曲目并不固定，多为即兴发挥之作。当地人称此为"肚才"，并不是谁都能应答如流。有些人因为"肚才"不好，或让对方看不上眼，会被人奚落笑骂一番之后狼狈而逃。"绕三灵"又称"风流会"，在此期间，有些人可以找情人。而喜洲的很多人则表示不会参与这样的活动，说那是"伤风败俗"。事实上，现在主要是一些中老年人在对歌。年轻人一则不擅此道；二则似乎也没必要趁"绕三灵"时去找男女朋友。对很多人而言，拜神祈福或游玩才是主要目的。

里的山神很灵验，家里有了婚丧嫁娶等大事，都要去那里拜的。说不清都有哪些事，求财去，生了孩子也去，做生意也去，不顺心了还要去。"其实，来这里不仅要拜神，顺便还可以摆上桌子，吹牛、喝酒、打打麻将扑克什么的，也是一种娱乐。

案例：拜山神

老李叔准备把自己临街的房子翻盖一下，今天也来山神庙里上香了。他遇到我很意外，也很高兴。邀请我和他们一起吃饭。李叔叔的儿子先把一只鸡抱到庙门前的台阶上，旁边的老妈妈请山神接受他们的孝敬。据说那只鸡自己会点头，然后就表示山神同意接受他们的孝敬。在山泉旁边把鸡宰了以后，放在锅里煮一会儿，重新又端到庙里，放在神桌上敬了一会儿，磕过头之后，把鸡端出来，照例拿到灶台下去加工，这次，是炒鸡，该我们吃了。中间，庙祝带领着李叔一家在庙内举行一个仪式。李叔跪在神像前，放完鞭炮，庙祝站在旁边开始祷告："喜洲村富春里严氏门里李某某阖府特来敬拜山神，并献功德银××元，恭请山神、土地、龙王等山神庙诸神保佑严氏一家生意兴隆，阖家平安，清吉平安。叩首，叩首，叩首。"（以前喜洲驻有部队，李叔的老乡就有在这里当兵的。李叔到部队找老乡，经人介绍在当地上了门。他入赘的人家姓严，所以庙里的人会说是严氏门内）同时在山神前面焚了一道黄表。仪式结束。今天，山神庙里一共有三家拜神的。庙祝说："山神很重要，我们这里不就是靠苍山和洱海嘛。这个山神庙和别的山神庙不一样，它最灵了。你看周围这么多村子，哪个村子不来啊？大家都来，怎么会不灵呢？你看，很多来这里求的，还愿的。今天是人少的时候，平常都有好几家来。如果是山神诞辰，那就站不住人了。"

院子里，几个男人在打麻将，旁边的女人们则有围观的，有做饭的，两个小孩也在那里玩。吃完饭，李叔回家去了。我则在山下一所房子前和人闲聊。庙里正请人修上山的路，说要把以前的一段土路全部修成水泥石板的台阶，这样人就好走了。听他们说这个庙被山脚下的一家承包了，具体情况不了解。聊天的时候，一个女的带着几个人来了。人们说那位女同志是镇里的一个干部，今天是来巡视山林防火工作的，跟着的几个人既有镇里的,也有村里的防火队员。干部说,大理这里传统习俗多,人们都要在庙里烧香、烧纸、放鞭炮的,很容易引起火灾。前些日子,剑川那里山上失火,就烧死了好几个人,省里、州里和市里都高度重视。这次,他们就是根据上级的指示来查火情隐患的。并说以后庙里不准烧火做饭了,至少在旱季不行。

并非所有的仪式活动都如此的平和,其中最为激烈的要数火把节的抢升斗了,其高潮时的场面类似武斗。请看下面一段有关我在火把节现场的日记:

> 更让我好奇的是,随着前来"拜火把"的人越来越多,竟然出现了十来个戴着白手套的小伙子,他们笑嘻嘻地站在那里,摩拳擦掌,跃跃欲试。我判断:这些家伙可能是一伙的。果然,过了一会儿,一个小伙子拿着两条烟过来犒劳他们,还不时耳语几句。小伙子也没有忘记给其他人散烟,一边还客气地说:帮帮忙啊。可一旦到了抢升斗的时候,是没有人会轻易相让的。照样你推我搡,争前恐后。毛头小伙固然生猛,几个中年男子也是勇猛不已,有几个人甚至干脆踩着前面的人堆往上冲!人群里爆发出阵阵尖叫和呐喊,咒骂也是少不了的。但并没有人真的要打架,所有参战人员的目标就是那个吉祥物——升斗。终于,混战之后,名花有主,尘埃落定。升斗被人抢走了。转身要走的时候,却被眼前的一幕震了一下:一个男子手捂额角,满脸鲜血。而旁边的一位妇女则不断地埋怨他:不要你抢,你非要抢。几个小姑娘见到此种场面更是惊讶地捂住了嘴。确实够血腥!
>
> 要走时,忽然被人叫住,前任杨书记正抱着个小娃娃悠闲地站在那里:"博士,来!帮我们拍上一张,留个纪念。"一边说着一边拉过来一个小伙子,小伙手里拿着的正是今天的升斗,原来今天染衣巷的"赢家"是他们。书记说:"没什么,抢给孙子了!回家养老,就是看看孙子了。哈哈!"志得意满之情溢于言表。

火把节不仅为人们提供了一年一度的"狂欢",而且像其他类似的节日一样,它还为人们提供了各种人际交往的平台。我的一位朋友曾经很坦率地告诉我,他和女朋友之间实现关系的突破(正式确立恋爱关系)就是在火把节之后的家庭聚会上。

喜洲村的西北不远处是唐梅寺，里面供奉着的据说是大理皇族的一位娘娘。这里最灵的是求子。正月，每逢她的诞辰，人们都来这里上香、做饭。除了组织本庙仪式活动的莲池会和老协会外，各村的莲池会也会过来念经拜佛。此外，每逢此类活动，总会有很多摆摊设点的人来这里做买卖，卖农具的、卖零食的、卖书的、卖衣服的，等等。场面也非常热闹。很多娶媳妇、嫁姑娘的，要来这里求子，生了孩子的人家还要来这里还愿。庙里的灶台根本不够用，人们只好在外面用石头就地搭起灶台。这时，唐梅寺旁边的河道正值枯水期，除了岸上的，很多人干脆在河道里支起了锅灶。当然，人们最常去的地方还是社区内的庙宇。祖先是否是神？这个问题似乎不是那么重要，据说当地确有一些人的祖先死后成仙，例如喜洲最具名望的"宏山公"，人们说他才华横溢，活着的时候已经是半仙之体了。逢年过节，或是初一、十五，很多人都会给祖先上香，祈求他们的保佑。我想，正是集体的仪式和人们的理解让诸神和祖先的"灵"不断地再现。

此外，据我的了解而言，为了祖先和自身的安宁祥和，仅举行仪式还不够，很多人家还会为祖先寻找一块"风水宝地"。而只要人们按照规矩将死者的遗体葬入苍山，都会考虑到一些基本的风水因素。至少，坟墓的朝向与墓穴所用的材料是很严肃的事情。据当地一位对《易经》颇有心得的先生说，阴宅和阳宅都会影响到人们的生活。① 而这肯定不是迷信，它是有科学道理的。即使从生活的舒适和对祖先的情感的角度来看，人们也应该慎重对待房屋和坟墓的建造。而这一点是人们公认的，至少我们没有见到谁草率地对待这些事情。

天作之合

人的生老病死祸福吉凶都可以通过这个信仰世界获得解释，缔结婚姻自然也离不开相关的仪式活动。根据对文献和访谈资料的分析，传统上喜洲的父母在子女的婚姻缔结中扮演着关键的角色，即"父母之命，媒妁之言"。而深究之下，我们发现父母在为子女选择适宜的结婚对象时也必须遵从既定的规则，即要受到亲属制度的限制。在亲属制度的规制下，"门当户对"与"名声"是家

---

① 人们盖好房子之后，同样要举行一系列的仪式。其中，请道士念经，谢土神、宴请亲友等是必不可少的。自然，人们还要去庙里烧香拜佛。

长在婚姻缔结中非常关注的因素，一个人的家庭背景、出身、所从事的职业、个人的能力和品行以及在当地社区的口碑等是家长所要着重考虑的。此外，婚姻的缔结还要讲究姻缘——主要根据当事人的生辰年月和八字来确定两人是否适宜结婚。而可能成为丈夫和妻子的青年男女的意见也会在特定条件下得到尊重，至少，在民国时期的一些婚姻中，我们找到了这样的案例。在喜洲，春节前后两三个月的时间内，是举行婚礼最多的时候。甚至某些时候，一些人家不得不做些分工：丈夫去一家做客，媳妇去另一家做客。

婚礼前的各项准备及其禁忌非常关键，包括说媒、换庚帖、订婚、求亲、择吉等，均有特定的讲究。例如，男女双方婚配，事前必须说亲。一般会找一位与双方沾亲带故且夫妇双全又有儿子的老年妇女做媒人，代表男方向女方讨"庚帖"（一张写有女方生辰八字的红纸）。这被称为求亲。其中，一定要带的礼物是大小各一盒砂糖。女方同意后，会把庚帖交给媒人，男方则会请来算命先生，根据男女双方的属相、生辰八字等进行推算。根据当地人的介绍及有关文献记载，男女的属相有相顶和相冲两种，八字相顶还勉强相配，而相冲则绝对不能相配。其中相顶的有：鼠与马、兔与鸡、虎与猴、猪与龙、羊与猴。相冲的则有一首歌诀：蛇虎如刀割，白马怕青牛。兔儿见龙天上去，猪与猿猴不到头，金鸡玉犬双流泪，诸羊合合休。① 并且，一定要选一个良辰吉日来举行婚礼。在婚礼举行之前，男女双方还有一系列的准备工作要做。② 与其他重要事务

---

① 参见李正清《大理喜洲文化史考》，云南民族出版社，1998，第301页。如果二人的属相、八字命理等均匹配，媒人就会把结果告诉女方，称为换庚帖、小定、下聘。一般要有礼金、首饰和两盒砂糖。换庚帖或下聘之后，男女双方就算是订婚了。定亲之后，男女双方要严格遵守"授受不亲"的礼俗，即使是表兄妹，青梅竹马两小无猜，也要互相回避。即使路上偶遇，也要装作相互不认识，更不允许交谈。其之所以被称为小订，是因为在小订之后还有大订。大订时礼金加倍，另外还要送砂糖、糯米、烟和水果。女方接到礼物后要分发给亲戚和族人，并把砂糖退回一小部分。此外，中秋还要送一甑麦面大糕，冬至节送糍粑一对，砂糖两盒，女方要退回一盒。大订之后，订婚的礼数才算全部完成。如果要举行婚礼，还必须要求媒。一般男方要到女方家里求媒三次，女方才会允婚。男方可以择定吉日举行婚礼并通知女方。而具体的日子则要请算命先生来推算。

② 首先，男女双方要把结婚的日期提前告知各自的亲友，一般要发喜帖，邀请亲友届时参加。其次，男方要准备婚礼所需的酒水食物等，并要提前邀请亲友帮忙，其中，"知客"的人选非常关键，因为他要负责婚礼当天各项事务的协调。而女方则要准备嫁妆。嫁妆主要包括四季的衣物和一些日常用品。据杜昆记载，民国时结婚必备的日常用具有木柜、火盆、铜壶和镜箱等。杜昆：《喜洲忆旧》，云南人民出版社，1997，第93页。

一样，对于婚礼这样重大的事情，男女两家都会各自到庙里拜神，祈求神佛护佑。通常，苍山上的山神庙和村里的几处庙宇是必须要去的。

一 结婚拜神

小赵今年24岁，他要过门的新娘和他同岁。他们要在腊月二十六举行婚礼。因为他们家距离九坛神本主庙最近，所以，上午他在姥姥的带领下和其他几个女性亲戚一起先到九坛神庙来了。他们先在庙里院子中央的香池点上一对大香，然后每座门前都要点。点完香之后，小赵在姥姥的带领下来到大殿里头，在九坛神经母王奶奶的指导下，开始向本主磕头。王奶奶双手合十，照例祈求本主保佑小赵婚姻和睦，家庭和睦，早生贵子等。姥姥则忙不迭地说："谢金口，谢金口。"其间，小赵在下跪的时候，动作好像出现了失误。姥姥让他重新来过，并作出了示范。左脚向前跨出一步，先跪下一条腿，然后，另一条腿接着跪下，等等。王奶奶说："不怕，不怕，心诚就好。"姥姥则坚持要他重新来过，并说："现在年轻人哪里懂这些，不教怎么行呢？"

小赵趁姥姥和王奶奶聊天的时候，和我聊起了天。他说，自己确实不大懂这些。但一辈子结一次婚，总要认真些才好。最后，小赵在功德箱里投了些香火钱，和姥姥离开了。

因为姥姥行动缓慢，其他几个庙距离又较远，小赵他们决定先回家里，开上一辆小面包，香烛祭品装好后，开始接下来的拜神活动。

他们依次来到十皇殿、紫云山、大慈寺、中央祠等几个庙。其中，十皇殿和大慈寺是另外两个本主庙。仪式的内容则和九坛神大体一致。

二 杨家结婚拜祖

祭祖先是在每顿饭开始的时候。从正客开始前一天，每顿饭前，都要有人端着饭菜来到祖先的灵位前祭拜。磕了头，放了鞭炮之后，大家才开始吃饭。而每天，家里人都要到堂屋二楼上的祖先牌位前点香和蜡烛，并放上果品酒水等贡品。新郎不仅要在祖先牌位前磕头，在他临出发之前，他还要给祖父母、父母等长辈磕头。①

---

① 节选自笔者的田野日记。

结婚的婚礼一般需要三天时间。① 主要在新郎家里举行。第一天要搭彩棚，宴请男方家的亲朋好友，吃六大碗。② 同时，男方要请夫妇双全和多子女的女人安床、缝喜被。床上会放些花生、枣、瓜子和核桃之类的，寓意早生贵子、多子多福、生活甜蜜等。晚上，会找一个童男子陪新郎同睡，称为压床。而女方则要在婚礼的前一天举行装箱礼。准备的嫁妆要一件一件地给新娘子过目。箱底一般会放上钱。③ 除此之外，瓜子、花生、核桃、枣和红糖等也会适当放一些。

第二天是迎娶的日子。传统上，新郎要穿礼服，一般是缎子长衫，外罩缎子团花马褂。现在则以西装革履做礼服。陪郎2~4人，由未婚男青年构成。迎亲队伍出发前，要先吃上一顿丰盛的酒席。新郎坐首席，轿郎官坐首二席。接下来是陪郎和媒人夫妇的坐席，主婚人陪席。这时会有较为规范的应对礼节。④ 而有的人家在结婚前，还要问一下当天吉神的方位，并向这个方位磕头。喝过了迎亲酒，拜了天地，迎亲的队伍就要出发了。临出门前，还要喝上马酒。主婚人和新郎的长辈会端着点心酒水站在门口恭送这支年轻的队伍。关于迎亲的队伍，可以参看我的一则笔记。

　　天蓝云淡，蚕豆花送来阵阵清香，人们衣着鲜亮，欢声笑语，这又是

---

① 婚礼的日期确定以后，要在结婚前半个月左右举行送柬礼，也叫进门分柬礼，即新郎在父亲、叔叔的带领下来到女方家里送客柬，邀请女方亲友。一般是男方送去一封"总客柬"，由女方另备单柬邀请。女方请的客人叫后亲客。礼物和礼金由女方收取，客人则由男方接待。进门分柬这一天女婿要送礼品：猪肉（一般为一头猪的1/4）、果子和一对鱼。女婿还需要拜女方家的祖先、父母等长辈，女方家里则要宴请女婿和前来祝贺的亲友。其后，女方会开出客单，由女方派人带领新郎一一登门去请。结婚前一天，男方请媒人再送给女方家一些礼金，以及一头猪的一半、米、盐、一只鸡、一对鱼、三把粉丝和酒等，俗称"六样水礼"，取谐音"六六大顺，顺顺利利"之意。礼物要用红纸和红线包扎，以示喜庆。

② 六大碗主要有豆粉、香油、肉片、木耳、竹笋等。

③ 而据当地人介绍，以前人们还会在箱里放上两个红纸包的鹅卵石，并告诉女儿说："想家了，就摸摸这块石头，如果石头变软了就可以回来。"主要意思是告诉女儿要好好生活，要敢于面对并担当家庭生活中的各种考验。

④ 新郎出门前拜天，拜祖先，拜父母是基本的，但具体的礼节方式并不十分固定。如总指挥和新郎的舅舅先作揖鞠躬，而客人则同样作揖还礼。总指挥或舅舅会说："拜托大家了。"众人则说："客气了，放心。"很快，酒席完毕。司仪指引新郎来到正厅前，先四拜天地，然后三拜灶神，接下来两拜祖先，最后一拜父母。此外，有些人家提前要请人看"喜神"方位，如果"喜神"的方向在西北方，那么新郎还要对着西北方拜"喜神"。

一次浪漫之旅。新郎是毋庸置疑的主角，而另一个传统意义上的主角是轿郎官。轿郎官一般由亲戚（无论是家门还是亲家）家里的小男孩担当，迎亲的旅途上，这个小男孩会紧紧地牵着新郎的手。此外，负责路上招呼客人特别是到了新娘家里处理迎娶的礼节应对问题的会有两三个青年男性。而伴郎通常也兼任这种角色。小赵迎亲的乐队还是由老杨等三个人组成，吹唢呐的一人，打鼓敲锣的一人，敲梆子的一人。而迎亲队伍里最威风的要算四个手持水火棍①的青年小伙了。这种棍子半截红半截黑，一人多高。拿棍子的人还要带上一根盘起来的绳子。据说是为了捆嫁妆，但多半是形式。更多地承担了一种威仪的象征角色。除此之外，就是新郎的年轻亲戚和同学朋友了。现在结婚的时候流行摄像摄影，一位退休的中学老师做起了这个生意，他或他的儿子也会出现在各个婚礼的现场，并全程跟拍。今天，小赵的迎亲队伍大概有四五十人之多吧。在村间的大路上，也是浩浩荡荡。

迎亲的队伍来到新娘家后，要先叫门，一般要多叫几次或拿上红包，对方才会开门。对方的女性长辈会端着酒水在门口迎接，新郎要喝过下马酒之后才会进入家里。女方会招待迎亲的人们坐下休息并喝三道茶。而新郎要在堂屋叩拜新娘的父母，然后在人们的引领下到新娘的房里接新娘。这时，新娘的小姐妹们会出各样的难题来考验新郎。

等到新郎抱着或背着新娘走出闺房，需要整肃仪容，向新娘父母行礼，然后在鞭炮声中返回。而新娘送亲的队伍也会紧随其后。其中，新娘家里会找一个小男孩做"小轿老倌"，负责把守轿门。其实在迎亲的路上，同样有不少的娱乐节目。"闹"新郎、新娘是这个仪式中最为热闹的一部分，通常属于新郎、新娘的朋友们和本家的年轻人。新郎新娘回到家中时，照例有人在门口迎接。据说，新郎和新娘谁先跨进大门，谁就会当家，因此，这时往往会有一个新郎和新娘赛跑的热闹场面。这时，新郎的父母要躲到楼上去，以回避新娘。

---

① 这种棍子一半是红色，一半是黑色。

新郎新娘回到家时，鞭炮响起，正席也就开始了。席面一般是当地人所说的土八碗。① 其间，新郎新娘要到各桌敬酒。其后，新郎新娘进入洞房。洞房里要点上蜡烛，还要在门上挂上镜子，据说是为了辟邪或吉利用的。第三天有两件大事要做。早上，要吃鱼饭。新郎新娘在早饭前要向父母长辈敬三道茶。同时，新娘的母亲和亲友回来认亲，父亲不出席。早饭后，新郎新娘再次向父母长辈献茶（蜜茶）、献鞋，长辈会给礼物或见面礼。这一切完毕之后，新郎新娘和父母长辈要到女家认亲，称为回门。② 新娘家会宴请回门的新婚夫妇及其亲友。至此，婚礼完毕。

正如许烺光所观察到的，喜洲在婚姻上的一大特色是上门婚的盛行。当地人称之为上门，又称招赘或倒插门。其与一般婚姻的区别在于丈夫到妻子的家里生活并充当儿子的角色。因此，亲属关系系统中自我身份的转换就成为上门婚的关键所在。其与一般婚礼的差异在于，订婚是由女方发起的。但订婚的聘礼只送一次，并且订礼中不包括现金。订礼结束之后，双方家长会选一个日子招女婿进门。一般由男子的叔叔或哥哥等陪伴，女婿进门之后，要先拜见未来妻子的父母，并到女方家里的神龛前叩拜。女方家的亲戚朋友也会前来祝贺。这时，女方父母会根据自己下一代的辈分为女婿起名字，在这些仪式完成之后，人们就认为该男子已经是家庭和本家族的一员了。人们会把他视为这家的儿子，并享有儿子的各项权利和义务。他的名字可以写进族谱，只是需要标记为"入赘"。与订婚的禁忌类似，因为此时婚礼尚未举行，男女双方仍然需要回避。一般来说，男子仍会回到自己的家里居住，直到举行婚礼前，他才会来到女方家里，而女子要么到男方的家里要么到自己的亲友家里居住，等待男子前来迎娶，婚礼举行之后，男女方可一起居住生活在女方家里。上门婚的请客柬由女方到男方家里发送。在婚礼前一天，新郎会到女方家里，而新娘一般会到新郎家里居住，如距离较远则到自己的亲友家里居住。在迎娶的当天和以后的仪式中，

---

① 土八碗一般是添加红曲米的红肉炖；挂蛋糊油炸的酥肉；加酱油、蜂蜜扣蒸的五花三线肉千张；配加红薯或土豆的粉蒸肉；猪头、猪肝、猪肉卤制的干香；加盖肉茸、蛋屑的白扁豆；木耳、豆腐、下水、蛋丝、菜梗余制的杂碎；配加炸猪条的竹笋。但事实上，诸如烧鸡、烤鸭、红烧鱼或清蒸鱼等也是常见的，并不局限于八碗。除了自己请人做外，也可以到下关等地定制做好后运来备用。而村里一位姓赵的先生专门组织了几个人来经营这件事情，熟能生巧，他们厨艺精湛，做出来的菜品非常不错。

② 一般要备四样"水礼"：全猪或1/3、一对鱼、盐、砂糖或乳扇等。

与一般婚礼相同。换言之，这时的女婿是以儿子的身份在娶媳妇。上门婚在女婿的身份转换之后会引发以下的后果。首先，在名义上，女婿成为女方家的儿子，他应该或必须改姓女方家的姓，并起一个与其辈分相当的名字。其次，他在写入家谱的时候，要标明是入赘。再次，他可以和其他兄弟享有同样的财产继承权，并要尽儿子应尽的义务。而他本人在原来家庭中的财产继承权则自动丧失。并且，在原来家谱上要注明出姓。最后，据当地人解释，"上门婚"之所以叫"倒插门"，是因为在他们的子嗣当中可以允许"次子归宗"。即所谓"长子立嗣，次子归宗"。① 而这个返回到父亲原来家庭并归宗的孩子可以享有双重继承权。即一方面有权利从自己的生身父母处获得财产继承，另一方面又可以从父亲原来的家庭中获得一份财产。可见，"上门婚"制度的设计和生活中的普遍存在或许有效地解决了人们传统上对于"续香火"这一信仰的潜在问题，如没有儿子等。另外，上门婚的流行也满足了人们通过"招婿上门"这一策略来完善家庭经济和家庭福利②的愿望。同时，因为上门婚也充分地考虑了"上门女婿"的家庭问题，设计了诸如"立嗣""归宗"这样的制度性安排，所以，它同时考虑到了联姻的互惠性。

不过，事在人为，并非绝对。我在田野调查中就遇到过这样一个案例。一位城北的杨姓男子到染衣巷赵家上门，但年轻的时候没有注意给儿子们改姓，于是自己和儿子们全姓赵。后来老人家就千方百计地动员二儿子、三儿子、小儿子中的某个人改回杨姓，可儿子们觉得：一则已经习惯姓赵了，二则嫌麻烦，于是坚决不改。老人家非常生气，但也没办法。等到长子长孙出生时，老人家有了机会。于是，悄悄地拿着户口本到派出所给孙子改了姓名。事已至此，儿子媳妇们也不好说什么。事后，老人家心情畅快，颇为自得：我老赵终于运用计谋遂了"归宗"的心愿。老人家的孙子后来读了大学，学医，并且还当了教

---

① 长子立嗣意为长子从此以后跟随父亲入赘家族的世系，姓氏和字派都要根据所属宗族的习惯使用，并且要写入族谱，告知祖先。所谓的"立嗣""归宗"都是延续家族香火的一种人为之举，虽有基本的规则，但当地人在应用时并不僵化。如以前四大家之首的严家，当时的严子珍有四个儿子，他就没有让二儿子"归宗"，而是让三儿子杨克成归了宗。当地人说，杨家也不吃亏，后来杨克成同志还做了云南省的副省长。如果没有儿子怎么办？有女儿的可以继续招婿入赘，照样续香火，不过，这时一般已经不再考虑"归宗"的问题了。

② 有关家庭经济和家庭福利的论述参见罗红光《公共服务"义务化"总报告》。

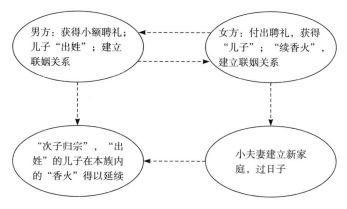

图 3   "上门婚"分析图示

注：该图示参照许烺光《祖荫下》，第 87 页。与许烺光的解释不同，我们认为"上门婚"或"倒插门"的婚姻形式除了具有功利性的关系外，更为关键的是建立许烺光所说的亲密关系，当事人的人格因素当属核心因素。

授。杨教授对我说："我到城北，本家人叫我杨医生；到了这边，本家人叫我赵医生。我都答应，两边不敢得罪呢。"通情达理之人哈哈一笑，从此成就一则美谈。这倒是当初曾经郁闷不已的爷爷所没有想到的。

分析：仪式与权威

许烺光对"西镇"仪式活动的考察非常深入，《祖荫下》一书中对各种仪式活动的描写也堪称详备。不难发现，许烺光立论的基础得益于对喜洲仪式现象的全面考察。很大程度上，这也是他早期学术研究的根基所在。基于学术对话的基本要求，我对喜洲的仪式活动给予了高度的重视。经过重访，我认为许烺光对各种仪式活动的描述是真实可靠的。在他的基础上，我甚至还原了当时的许多人物和故事，而诸多仪式细节的变化当属常态。就许烺光遗留的学理问题，特别是有关权威的论述而言，我们可以通过仪式这一相对稳定的文化现象来予以初步分析。许烺光曾经以"父子同一"和"大家庭的理想"这对概念来论述"西镇人"的人格构成，核心属性是"竞争性"和"权威性"。就许烺光的文本立意来看，"竞争性"主要是家庭之间的横向关系所形成的；而"权威性"则主要是家庭内的纵向关系特别是父子间关系的基本属性。当许烺光从跨文化的角度展开分析时，竞争性的关系属性演变为中国人国民性中的一种次要属性，而权威性的关系属性构成则进一步跃居为中国人国民性的首要属性之一。于是，对"权威性"的理解在很大程度上构成了对许烺光理论系统进行分析的一个支点。因篇幅所限，我们择要论述。

首先，就许烺光有关家庭内部关系的讨论而言，他对父子关系权威性的论述虽然颇为恰当，却没有充分展示权威性的文化意涵。如果我们结合当地人的亲属制度对这一问题进行分析的话，我们就可以理解父子关系的特殊意义源于人们对"己身"理解的人观。这种人观既是宇宙观的呈现并内蕴其中，也是秩序观的呈现并内蕴其中。因此，对于自身的理解不能局限于实体化了的家庭中的父子关系，而是需要结合当地人的人观来理解这一问题。也只有这样，我们才能理解当地人对于祖先的情感依恋和意义赋予。简言之，一个"始祖"的存在构成了一个宗族和宗族延绵裂变的众多分支家庭的起点；而在这个绵延不绝的系谱内诸多人物的光辉业绩和美好德性则构成了宗族成员追忆和学习的精神动力。对此，我们可以从当地人的讲述中获取内容丰富的信息，这里就不再赘述。仅就我们本文已经展示出的仪式而言，许烺光对父子关系的权威性论述也难说全面。比如，喜洲人为母亲服丧三年，为父亲服丧两年的传统，以及"后家"对子女孝行的象征性监督等（事实上，也不乏实质性的监督）。丧服制度的刻意区分，意味着人们对母亲德性的尊崇，这完全可以和父亲的权威性并行不悖。但当人们将"后家"的监督和干预纳入生活实践中时，这本身就意味着对父亲权威的一种否定，即孤立的父之权威或许未必足以承担人们对理想生活秩序的保障。此外，有关家庭的婚丧嫁娶等仪式活动也需要家庭之外的他者参与乃至主持方能顺利进行，这意味着新的权威的存在和介入。其中，村内德高望重之人的帮助固然不可少，而即使是精神层面的象征性权威的存在也足以对家庭内父亲的权威构成限制或否定。

其次，家庭和宗族的存在仍然不足以揭示当地人的文化理解和人格属性，如果仅从家庭和宗族立论的话，涵盖更广的文化现象和权威人物的存在则容易遭到忽略。传统意义上的士绅团体固然是一种可能超出家庭事务范围之外的团体，而即使是诸如莲池会、洞经会等类似的地方宗教团体也不容忽视。我们看到，正是这些地方性社会团体的推动和承担着当地内容丰富的仪式活动，也正是这些团体中的权威人物在组织日常的团体活动和重大的仪式活动。他们同样构成了一种权威性的文化资源。在此，我们尚且暂时搁置了国家和各级行政性组织的影响力。而在喜洲，这种权威或权力的影响力历时颇久。概言之，仅凭家庭内的权威和家庭间的竞争，仪式生活无法成立和延续。

再次，当一个人在这样的世界中出生长大，并潜移默化地接受、选择自己的人物角色之后，他（她）所理解的人观必然通过他（她）的行动与他者（文化群体内的他者）建立起各种各样的联系或关系。他（她）甚至可以超越具体的组织而形成一种人格意义上的权威。我们可以将其称为人物。这种人物的权威虽然可以通过地方性知识的意义网络予以分析，但显然已经超越了任何实体性的组织形态的规范。或许，我们可以颇为恰当地说，是这些人物的德性构成了各种权威的意义源头，而组织只是在一定程度上固化或呈现了这种权威。就本文考察而论，当地神庙里所供奉的神灵有相当一部分可以追溯至人物的形成。比如，地母、关公、当地的本主等。概言之，这种基于地方信仰而形成的文化理念或说人观（含宇宙观和秩序观）所建构支撑的文化和生活意义不容忽视。

最后，我仍然要向许烺光的学术贡献和思想遗产致敬。在功能主义和科学主义盛行的时代里，他致力于从一些基本的社会关系及其所隐含的生活意义来理解人的做法，为人类学的发展作出了莫大贡献。至少，他的研究给了我无尽的启发。一位前辈学者曾经欣慰地说：从你的研究里，我们看到许烺光的魂还在！果如前辈所言，我的研究不过是对他的努力方向的一点非常有限的推进而已。在我已经完成的分析和正在进行的分析中，亲属制度、权力运行和仪式活动的关系密切，互为凭借。并且，我们需要突破具体的田野调查的限制，沿着当地人的地方性知识脉络谨慎地从历史中有所斩获。若干可供讨论的学术问题是，汉人宗族制度的起源是否可以从历史的权力创设和演变中予以分析？作为汉人亲属制度的宗族制度与权力构成的关系如何？亲属制度、政治制度与仪式活动的关系如何？等等。

贵州洒雨镇海星村民间信仰调查

贾学霄*

前　言

　　本次田野调查历时一个月，以贵州省黔西南州安龙县洒雨镇的黑苗为最主要调查对象，后逐渐扩展到当地的汉族、彝族和布依族；以民间信仰为主要调查内容，兼顾整体观的文化观察视角，对与民间信仰相关的节日、仪式、禁忌等进行调查、叙述以及初步的阐释。我们从海星村科基组黑苗（苗族之一支）入手进行调查，后逐渐扩展到以彝族为主的谢家屋脊组和瓦窑组，以汉族为主的保堡组以及汉族、苗族、布依族杂居的上纳堡和下纳堡。

　　当地多民族杂居，民间信仰内容丰富，各民族间相互交往频繁，民族文化交流、融合现象非常明显。当地主要有汉族、苗族、彝族、布依族，而这几个民族在地理空间的分布上又非常接近，彼此之间接触很多。这对于我们了解和调查各民族的民间信仰、各民族民间信仰的相互交流与影响是极为有利的。基于此，本次调查是以当地主要的四个民族的信仰状况为主要内容，并在充分了解各民族信仰状况的基础上，对各民族的信仰情况进行对比研究，了解这几个民族在相互交流中民间信仰的变迁过程。

　　随着社会的发展和社会主义精神文明建设进程的不断推进，合理引导少数民族的宗教和信仰发展成为必然，而这样的引导必然要建立在充分了解当地信

*　中国社会科学院研究生院硕士研究生。

仰状况的基础之上。在对当地民族信仰有所了解的基础上，积极帮助其进行自我调试，适应现代社会高速发展的步伐；抓住机遇，立足于民族特色，大力发展民族旅游、民族文化资源、非物质文化等文化、经济资源的保护和开发，从而促进当地社会、经济、文化的发展。

中国传统宗教信仰是一个复杂的混合体系，与西方的制度化宗教体系存在明显差异。中国人觉得自己并非严格意义上的儒教徒、道教徒或者佛教徒，因此无法获得明确的宗教认同，而中国宗教也只能被称之为"民间信仰"或"民间宗教"。① 周大鸣先生认为，民间信仰"是流行于一般民众，尤其是农民中间的神、祖先、鬼的信仰，以及庙祭、家祭、墓祭、岁时节庆、人生礼仪和象征等的现象"。② 王建先生从历史学的视角将民间信仰定义为："与制度化宗教相比，没有系统的仪式、经典、组织与领导，以草根性为其基本特征，同时又有着内在的体系性与自身运作逻辑的一种信仰形态"。③ 中国民间信仰的形态表现在两方面：一是其"普化的宗教"形态，与西方的"制度化宗教"相异④；二是中国民间信仰具有突出的现实功利性和巫术性质。

在国内学术界，有学者将"民间信仰"与"民间宗教"交叉使用，在术语的使用上并不对其进行严格区分。例如王铭铭⑤、李亦园⑥、牟钟鉴⑦等就将民间信仰与民间宗教视为同一概念。还有一些学者则将这两个概念进行了区分，例如金泽⑧、郑志明⑨，但他们同时认为这种区分只是相对的。

由于学识浅陋，认识有限，更由于中国传统民间信仰的特殊性和复杂性，

---

① 李亦园：《宗教与神话》，广西师范大学出版社，2004，第 115～116 页。

② 周大鸣：《凤凰村的变迁——〈华南的乡村生活〉追踪研究》，社会科学文献出版社，2006，第 115 页。

③ 王建：《近年来民间信仰问题研究的回顾与思考：社会史角度的考察》，载《史学月刊》2005 年第 1 期。

④ 〔美〕杨庆堃：《中国社会中的宗教：宗教的现代社会功能与其历史因素之研究》，范丽珠等译，上海人民出版社，2007。

⑤ 王铭铭：《社会人类学与中国研究》，广西师范大学出版社，2005，第 132～164 页。

⑥ 李亦园：《新兴宗教与传统仪式——一个人类学的考察》，载《思想战线》1997 年第 3 期。

⑦ 牟钟鉴：《对中国民间宗教要有一个新的认识》，载《中国民族报》2008 年 11 月 11 日。

⑧ 金泽：《民间信仰的性质与特点》，载《中国社会科学院院报》2004 年 4 月 8 日。

⑨ 郑志明：《关于"民间信仰"、"民间宗教"、"新兴宗教"之我见》，载《文史哲》2006 年第 1 期。

本文中笔者对"民间信仰"与"民间宗教"将不做概念上的细致区分，仅以周大鸣先生关于民间信仰的定义为研究范畴，详细介绍黔西南州安龙县洒雨镇的民间信仰状况。

一　洒雨镇海星村概况

（1）环境状况。洒雨镇位于安龙县西北部，与普坪镇、戈塘镇、新桥镇、龙广镇、海子乡毗邻，距离安龙县城 33 公里。全镇国土面积 126.83 平方公里，现有耕地面积 18500 亩，其中水田 7500 亩、旱地 11000 亩。全镇地势由西向东倾斜，起伏较大，海拔在 1197～1839 米。气候温和，平均气温在 15.9℃，无霜期 288 天，雨量充沛，年平均降雨量为 1243 毫米。海星村是洒雨镇一个比较典型的多民族杂居地区，有布依族、苗族、彝族、黎族、汉族、回族等少数民族。同时各民族间的经济文化交流众多，从而造就了当地多民族文化的差异性与相似性并存的文化分布状况。

（2）人口与经济状况。洒雨镇是一个有布依族、苗族、彝族、黎族、汉族、回族等众多少数民族杂居的镇，少数民族占总人口的 46.6%。

海星村地势相对封闭，两边山脉中间夹着涓涓小河，小河两边分布着稻田，山上有大片的树林和山地。当地是以水稻种植和山地玉米种植为主的农业经济模式，兼有养殖业和其他副业。粮食作物主要以水稻、玉米、小麦为主，经济作物则以苡米、烤烟、脱毒马铃薯等为主。当地农户也有养殖猪、鸡、鸭、鹅者，多为自己食用，也有少量家禽、家畜出现在集市之上用于交易；牛（此地区既养水牛也养黄牛）、马、骡等大型牲畜的饲养主要用于农业生产。副业部门并不发达，小农经济模式的自给自足特性表现明显。编织可以说是其中相对较为发达的副业。当地部分农民会在农闲时将竹子砍下，削成又细又长的竹条，编织成竹篓、背篓、箩筐等生产、生活工具，拿到市场上出售，每逢赶场（赶集）街道之上便会有人出售背篓等。由于当地人喜欢抽水烟，而且当地人也重视祭祀祖先，所以烟草和香的生产及交易就成了又一极具特色的经济文化现象。

二 当地民间信仰概况

（一）祖先崇拜

"祖先崇拜是指信仰死亡的祖先能够给活着的子孙带来某种影响的一种民间信仰体系。"[①] "祖先崇拜的基础是相信人死之后灵魂不灭，并相信死者的灵魂继续与活在世上的人有这样或那样的联系。人们既祈望祖先神灵能帮助活着的亲属，又害怕他们得不到抚慰而加害于后人，因此人们定期的或不定期的举行祭祀仪式。"[②] 祖先崇拜，往往与特殊的节日联系在一起，节日期间的祭祖便成了人们表达对祖先的怀念和祈求祖先保佑的重要形式，而祭祖也是节日期间重要的内容之一。

1. 节日与祭祖

在洒雨镇经过半个多月的调查，我们发现，祭祖活动在人们的生活中是非常普遍的行为，在一些重要的节日期间表现得尤为明显。在我们所调查的洒雨镇海星村，汉族、彝族、黑苗和布依族过春节、元宵节、端午、中秋节、重阳等传统节日，这些节日的传统和仪式都与汉族相同或者相似。除此之外，还有一些具有地方特色的节日。

二月二。在农历的二月初二，和汉族传统类似，当地人将这一天称为"龙抬头"，但与汉族传统不同的是，在节日当天当地人会邀请当年嫁出去的姑娘回娘家与家人团聚，共同度过此节日。"二月二"一般进行三天。在这一天，当地人会煮鸡蛋来吃，象征团圆。

三月三。当地的黑苗、彝族、布依族都要过此节日，类似于汉族的清明节。届时，家人要到坟地给祖宗上香、烧纸、送祭品。同时还会在祖先坟地附近及坟头上挂纸钱，称为"挂纸"。通过直接到坟地祭祀的形式表达对于祖先的怀念，同时祈求先人护佑。与其他几个民族不同的是，在三月三这一天，布依族

---

① 王克昌：《从乡土社会到现代社会的农村地区汉族祖先崇拜变迁——以西宁市逯家寨村为例》，载《丝绸之路》2011 年第 4 期。

② 吕大吉：《宗教学纲要》，高等教育出版社，2007，第 171～172 页。

还须祭土地神。

端午。当地人也过端午节，但是与汉族的传统略有不同。端午期间，当地人并不十分重视吃粽子的传统，而是做一些家常菜，喝雄黄大蒜酒，当地有谚语曰："家家吃得雄黄酒，蚊虫蚂蚁不爬手"。喝雄黄酒的传统在其他汉族地区同样流行，这是人们长期与自然环境相适应的结果。在五月期间，蛇类、蚊虫蚂蚁等相对活跃，而雄黄酒的刺激性气味可以让这些蚊虫自动避开，这对于保护人类自身的安全是有利的。在端午节期间还有一件很重要的事情就是给祖先烧纸。然而不像三月三祭祖要到坟地去，端午期间只需在家即可完成祭祀仪式，即在祖宗牌位下烧纸钱。端午期间要接已经出嫁的女儿回家，与家人团聚，这在海星村当地普遍流行。

六月六。在这一天当地人会包粽粑来吃，同时会走访姻亲亲属，带礼物去女方亲属家里拜访。在此节日期间，同样要做的一件事仍然是祭祖。与端午节祭祖类似，都是在堂屋祖先牌位下给祖先上香、烧纸。

七月半。这在当地是非常隆重的节日，汉族、黑族、彝族和布依族都过此节日，而且"七月半"要比其他节日受重视程度高。传说在这一天去世亲人的鬼魂都会回家来，因此七月半又称"鬼节"。七月半同样要祭祀祖先，由于祖先鬼魂回家，所以并不需要去坟地烧纸，纸钱只需在堂屋祖宗牌位下焚烧即可。与其他节日的祭祖不同的是，所烧的纸钱要用纸包包好，再在纸包之上写上祖先的名字，在烧纸的过程中还要边烧纸边喊祖先的名字，叫他们来拿"钱"。在鬼节期间，要请已出嫁的女性亲属回家聚餐。而所有的节日仪式和流程，汉族、黑苗、彝族和布依族等几个民族中几乎是一样的。由此，民族间的文化交流和融合可见一斑。

2. 祖宗牌位与坛神

生活在洒雨镇的居民家里都供奉着家神及宅神牌位。祖宗牌位及"天地君亲师"位供奉于正屋门口正对面的墙上，宅神供奉在家神牌位之下。在科基的黑苗除了供奉祖宗牌位之外，有些家庭还供奉坛神。

坛神一般与祖宗牌位供奉在同一间屋子内，祖宗牌位供奉于正屋门口正对面的墙上，而坛神一般供奉于祖宗牌位之上。坛神是在一根竹竿上悬挂方形的剪有简单几何图案的白色烧纸，另外悬挂"长钱"，即将白色的烧纸剪成长条悬挂在竹竿上。至于为什么要将坛神牌位置于祖先牌位之上，当地人解释说，那是因为坛神是其原始祖先的象征，即其根源所在。虽然供奉的并不是具体的人或者物的象征，但是科基的黑苗将坛神看成是自己的根，因此在各种祭祀活动中都先祭祀坛神神位，而后才祭祀祖宗。在调查中我们发现，在洒雨镇对于坛神的供奉并不像祖宗祭祀一样流行和重要，有很多家庭并不供奉和祭祀坛神。以彝族为主的谢家屋脊组和瓦窑组，以汉族为主的保堡组以及汉族、苗族、布依族杂居的上纳堡和下纳堡，祭祀坛神的人家极为少见。坛神的祭祀呈现出微妙的地域性特征，即科基组的黑苗有这类习俗，其他各组的居民即便也是黑苗，则多不祭祀坛神。

3. 招魂幡

为了表达对刚去世的亲属的怀念，科基黑苗的有些家庭会在祖宗牌位的左侧悬挂招魂幡。招魂幡类似于一面长方形的旗子。

对于祖先的崇拜和祭祀在当地是很重要的一件事。每逢节日必定祭祖，同时也会祭祀在家外去世的男性亲属及已故的外嫁女性亲属。在外去世的男性亲属入祖宗行列接受祭祀，对外嫁女性的祭祀则不同。在科基的黑苗，谢家屋脊的彝族、布依族中，几乎每家每户都会在门外窗台上或者门框外侧放置一个香炉或者竹筒，即是祭祀已故外嫁女性亲属用的。在节日期间祭祀祖宗，既表达人们对祖先的怀念，又祈求祖先的护佑。

（二）自然崇拜

"人为了生存，必须对生存所依的外物有所依赖，而在人的生存手段极为有限的原始社会，人的主要依赖对象必然是大自然。这种对自然的依赖导致了普遍的对自然的崇拜。"① 而这种自然崇拜产生以后就会不断地传承下去，在调查研究中我们依然能够发现自然崇拜中表现出来的人对于自然的依赖性，人与环境的对立与调和关系也在自然崇拜中有所体现。

1. 山神崇拜

在洒雨镇海星村存在着祭祀山神的习俗，主要以彝族为主。调查过程中我们对谢家屋脊的彝族进行了重点了解。谢家屋脊的彝族祭山的时间一般为 2 月猴场天和 5 月龙场天（龙场天、猴场天是一种划分时间的方式，按照十二生肖

---

① 《宗教学纲要》，第 175 ~ 178 页。

的序列对每一个月的时间进行命名），每年祭祀两次，每次祭祀时间为三天。科基的黑苗一般也会跟着布依族一起进行祭祀，但是他们并不像布依族一样要到居住地背后的山上祭祀山神，而只是遵循节日的一些禁忌。在祭山神的三天时间里，当地人一般不动铁器，不干农活，吃的食物也会在提前的几天时间里准备好，避免在做饭的时候动刀等铁质厨具。

关于彝族祭祀山神的传统，还有一个凄美的起源传说。

相传在很久以前，彝族及布依族的祖先都生活在云南境内，但是后来受到其他民族的压迫，发生了大规模的民族战争，迫于民族斗争的压力，彝族的祖先马武和布依族的祖先彭城率领族人由云南迁徙至黔西南州安龙县洒雨镇境内。到了此地的一座山的半山腰，长时间的远距离迁徙已经使众人疲惫不堪，他们遂在半山腰休息，彭城马武二人相约，待休息好了，再整装出发向山顶而去。先到者，即是山之主人。乘着彭城及其族人酣睡，马武率领随行的其他六人偷偷上了山顶，占据了山头，并将随行六人派往山顶不同的位置进行把守，防止彭城的进攻。待彭城醒来，发现马武及其他六人背约，已偷偷上山，便在半山腰放火，企图将马武等一行七人烧死。山上马武见大山起火，便将一碗水泼了下来，大火随即被水浇灭。一碗水就将漫山的大火浇灭，彭城等人都以为此乃上天旨意，也就承认了马武占领山头的事实，他们遂在半山腰建立房屋开始了新生活。随着历史车轮的转动，彝族及布依族便世代在此居住繁衍。

为了纪念祖先的功绩，彝族、布依族便有了祭山的习俗。然而不同的是，彝族祭山是在山顶有石头的地方，布依族却是在半山腰进行祭祀，而这种差别即是源于上面的传说。彝族祭山的时间是在 2 月和 5 月，祭祀时间为三天，在此期间所有族人不能动用铁器不能干农活。2 月间的祭山一般需要带七只鸡上山，祭奠马武及其随行六人。上山之后，需要烧香，在山顶的石头附近点燃香，然后卜卦，这是他们与神沟通的方式之一，待与神沟通完毕之后，就将七只鸡带到山顶不同的七个地方杀了（马武等上山的七人曾在山顶不同的位置把守）。鸡煮熟之后还要献祭、卜卦。祭品先给祖先吃，然后同行的人开始分食。吃饭之前还要请本族的"老麼"（当地主持祭祀仪式的"神职人员"）念经，并且烧纸。烧纸也是有规矩的，一般要烧长钱（将白色烧纸剪成长条，与上文提到的悬挂在坛神上的长钱一样）12 束（张）和若干散钱。所谓散钱，就是普通的打了洞的烧纸。然后才开始吃鸡。一般每家有一个人参与祭山，参与者要交六七块钱，作为买香买纸买鸡的费用。5月的祭山大致与2月相同，不同的是此次祭山不是用鸡，而是带猪肉。其他仪式与2月的祭祀几无差别。

布依族祭山的时间、地点与彝族略有不同，他们不在山顶祭祀而是在半山腰，时间一般是在3月，祭祀过程与彝族类似。科基的黑苗有时候也会跟着彝族祭山，但并不是真正意义上的祭山。他们只是在祭山的三天里不动铁器不干农活，称为"忌功"，但他们并不上山进行祭祀仪式。

在当地，2～5月是农忙时间，但是他们却选择在此期间进行祭祀活动，这是有原因的。据当地农民介绍，在祭山期间如果动了铁器干了农活，那么就要受到神灵的责罚，有些人对此深信不疑，同时祈求神灵保佑，保证播种的成功和农业的丰收。从另一个角度考虑我们不难发现，这是人们长期与环境相适应而产生的习俗。在农忙开始和结束的时候（2月和5月）或者农忙的时候（3月间）祭山，三天不劳动，是给了人们休息的时间，这是人们进行自我调试的方式之一，同时在农忙的时候祭祀山神，祈求神灵保佑风调雨顺，粮食丰收，是人们对于农忙时付出的期许。环境对于人们的生活、风俗习惯方面的影响往往是明显而深刻的。在农忙的时候抽出时间祭祀山神，既取得了休息时间又表达了对农业丰收的美好期盼，这是与农业生产活动相适应的结果，也是与自然环境相适应的结果。

2. 树神崇拜

在当地布依族的习俗中有对树神的崇拜。布依族一般会对村子里或者村口的大树赋予神的含义，将其视为灵物。在洒雨镇海星村断桥组，我们就见到了布依族的神树。在每年的三月三布依族人民会杀鸡或者带猪肉来此祭祀树神。对于树神的祭祀也与彭城马武的传说有关，据传说，彭城（在断桥组也有人将彭城称作"关丁"，即传说中布依族的祖先）及其所率之人曾在大树下休息，由此布依族便对粗大的树有了特殊的感情，赋予了它们特定的涵义。而当地的黑苗、彝族等其他民族则没有此类崇拜。

3. 社坛

在以布依族占多数的桥洞组，我们见到了一座类似凉亭的简陋建筑，当地人称之为"社坛"。在社坛的前面有一块纪念碑，上面刻有文字——"盖问天地开辟日月光照，民请吉平安建社坛于此，当桥洞寨有一黎姓顺发月西于五一年离乡背景（井），湾四十余年任职陆军中将职，退休返回故乡，发下善心修建社坛，永垂不朽。"碑文讲述的是社坛的建造过程。意思是说，有黎顺发、黎月西两个人，于1951年离开家乡去了台湾，做了陆军中将，四十余年后回乡请吉平安（人名）在此地建了社坛。在社坛的门口还有用石头堆砌的简易灶台，离社坛5~8米的地方就有一棵"神树"。灶台的作用就是祭祀树神，在其他聚会中则用于做饭，而社坛就成了人们聚会的一个场所。社坛的存在是与神树的祭祀联系在一起的，它是人们祭祀树神的活动场所。

（三）"先生"及其社会文化功能

"巫术，是指人们企图借助某种神秘的超自然力量，通过一定的仪式对预期目标施加影响或者控制的活动。"[①] 英国人类学家弗雷泽对宗教和巫术做出了明确的区分。他认为，宗教是对力图控制自然过程的人的劝解或抚慰。巫术则试图操纵自然法则，而且巫师们相信同样的原因总会产生同样的效果。[②] 在调查中，我们也见到了与此类似的"神职人员"，当地人称之为"先生"，也有人把他们称为"菩萨""老麽"等。

在科基的调查中我们遇到了一家人请"老麽"为其家人看病的事情，使我们注意到了这些"神职人员"在人们生活中的作用和影响。这家的老人上山割草的时候不慎摔伤了脊椎，家人便请临近的谢家屋脊的彝族人谢某，来为老人看病，当地人称之为"喊魂"。这里我们注意到科基的黑苗人家有了病人请的却是彝族的老麽，各民族间的文化交融之深，范围之广，可见一斑。

就传承方式和所顶神位等方面而言，当地的"先生"并不都是一样的。按照谢家屋脊的谢某（谢某本人也是一位"先生"）的说法，当地的先生按照传承方式的不同可以分为阴传和阳传两种类型。各种"神职人员"所顶神位也多有不同。

1. 所谓"先生"

按照谢某的说法，当地的"先生"根据供奉对象或者所顶神位的不同，可以划分为道教先生和佛教先生。但是这种分类方法并不是非常明确的，因为很多时候先生等神职人员在做仪式的时候所请之神都很类似。请观世音菩

---

① 庄孔韶：《人类学概论》，中国人民大学出版社，2006，第358~366页。
② 〔英〕弗雷泽：《金枝》，徐雨欣等译，新世纪出版社，2006，第51~83页。

萨，也请其他神灵，例如鲁班、药王先师、地师（风水先生）以及"那摩先生"（音译，招魂的时候请此神）等信仰对象。而且在通常的社会生活中，"先生"的角色也没有太大的区别，哪家家里有事需要请先生，也不会以道教先生、佛教先生的不同而选择不同的邀请对象，而是选择离家较近或者名声较好的"先生"。

2. 阴传与阳传

"先生"的传承方式有两类——"阴传"和"阳传"。

所谓"阴传"，指受到了特殊力量的感召而成为"先生"。谢某能够成为"先生"即是阴传的结果，对于他成为"先生"的经过的描述和解释也许能帮助我们理解阴传的方式。谢某原本并不是"先生"，然而在其 37 岁的时候奇异的事情发生了。一日夜晚，谢某突然梦见观音菩萨现身，与他对话，醒来以后谢某开始发疯，后来得到了邻村寨的另一位"先生"陆某的"安慰"，顶了药王神位之后，谢某才恢复健康。此后这件事情在本村及邻近各村寨广为流传，附近村民慢慢都知道了谢某得到菩萨点化的事情，家里有事需要做仪式的时候便开始邀请谢某。谢某之所以顶药王神位是因为其岳母会采草药，其岳母曾经顶的也是药王神位，所以他是得到了岳母的阴传。此外，谢某还供奉观世音菩萨和鲁班。供奉观世音是因为他是得到观音点化才成为"先生"的，供奉鲁班是因为其父原本是木匠。由此我们可以看出，阴传多为"神仙点化"或者"仙人托梦"，而被点化者就被赋予了某种神圣力量，他本人也就变成了"先生"。每个"先生"都是代表特定神灵的，在他们的家中祖宗牌位旁边，一般是左侧，都会立所顶之神的神位，而且每逢节日必须祭奠，上香烧纸，而且先给此神位烧纸，然后才给祖先烧纸上香。这种传承方式在当地的彝族和布依族中都有。

在平时被邀请去做仪式的时候，"先生"们是不可以开口向主人家索要费用的，全凭主人家的意思，就算是一分钱不给他们也不能埋怨，因为他们的能力是神灵赋予的，神灵赐予他们谋生的手段，也赋予了他们济世救人的义务。但是通常而言，主人家都会或多或少地给"先生"一些费用，30 元、60 元价格不一，全看主人家的经济状况和主人的慷慨程度。

所谓"阳传"，即跟着在世的师傅学习，后成为"先生"，这在当地的汉族地区较为常见。相对特殊一点的是在供奉自己所顶神灵的牌位前面，有一个黄色的纸包，上面除了写有神灵的名字外，还会将已去世的师傅的名字写在上面，与其他神灵一起供奉，因为"先生"往往被视为具有与神沟通和禳灾解祸的特殊能力，所以将已去世的师傅与其他神灵一起供奉，表明师承关系的同时也表达对于师傅的纪念，期望得到师傅的护佑。

3. "先生"的社会文化功能

"先生"是当地社会生活中的重要角色，在很多仪式中都能看到他们的身影。丧葬需要"先生"，禳灾去病需要"先生"，"开财门"等活动同样需要"先生"。他们平时与普通人一样生活，在一些特殊场合中便具有了特殊的身份和作用，他们是人与神沟通的桥梁，一般通过卜卦的方式传达神灵的旨意。有些"先生"会采草药，除了通过仪式救人外也会通过传统草药处方为人治病。他们是人们精神的寄托对象，很多无法实现或者比较玄妙的事情都是通过"先生"来完成的，通过一定的仪式给人们带来心灵上的安慰。

（四）药王

当地民间有为数不少的人懂得采草药为人治病，而一般懂得采药的人都会供奉药王神位，但是个别自学成才的"赤脚医生"则不供奉药王神位。

1. 药王的传承

关于药王神位的供奉也有"阴传"和"阳传"两种不同的传承形式。药王的阴传和"先生"的阴传方式类似，不同的是，"先生"通过阴传获得的是与神灵沟通的能力，懂得通过仪式达到禳灾祛祸的目的，而药王阴传的结果则是被传承者获得识别草药和为人看病的能力。所谓"阳传"，即通过向懂得采药与治病的人学习，来获得治病救人的能力的传承方式，也有通过看书自学成才者。阳传及自学成才者中间有人是不供奉药王神位的。因为供奉了药王神位的人便要遵循一些行动和饮食上的禁忌，例如上纳堡供奉药王的人就不能吃狗肉和死牛烂马肉。而不供奉药王的人，则没有这些禁忌。

2. 药王神位功能的主客位解释

据供奉药王的人所说，供奉药王是为了祈求其保佑自己上山采药时的安全，保佑家人平安，同时希望保佑病人能早日康复。而病人康复之后，除了感谢为自己看病的人还要在药王神位前上香烧纸，杀鸡献祭表示感激。当地山地崎岖，采药需要上山，有一定的危险性，祈求药王保佑其采药的平安很明显是与当地自然环境密切联系在一起的。但是药王神位的供奉除了寄托主观的愿望和祈求外，还有一些比较明显的现实功能。神位的供奉既是"营业执照"也是"广告招牌"。供奉了神位的人表明他是顶了神位在做事，或者是受到了神灵的点化，或者是得到了神灵的认可，总之是取得了神灵认可的合法采药和行医资格的。而且在调查中我们发现凡是在家中供有药王神位的，家里曾经或者现在必然有会采草药的人。因为很多会采药的人虽然已经去世了，但是其供奉的药王神位依然会保留，每逢节日也会上香烧纸。神位的悬挂也具有广告招牌的功能，它让人们意识到这家人有懂草药会看病的人，从而起到了宣传作用。

一般懂得采草药和会看病的人除了供奉药王外还会供奉观音菩萨。二者经常被供奉在一起，在牌位上通常是中间写着"药王之神位"，旁边会写有"菩萨神位"等字样，表明对其同样供奉。

（五）其他民间信仰形式

1. 开门

"开门"是在有人家迁入新居的时候举行的仪式。新居落成之后门通常是锁着的，需要请人来开启。一般请两个"命好的男人"，即家庭条件较好，儿孙满堂、老人健在的家庭的男主人。开门时，门里门外各一个人，将门反锁，开始对歌，"开门，开门，请开门，我给主人来开门，你问我是哪一个，我是天上赵公明……"对歌结束后由门内的男人打开房门，门外的男子则将刚刚杀了的鸡的毛用鸡血贴在正门对面的墙壁上，就是在祖宗牌位正下面的地方，以此向祖宗表明他们已迁入新居。开门之后，外面那个男人要将两个煮熟的鸡蛋由门口滚入屋内，而且边滚边唱些祝福的歌词，以此祈求财源像鸡蛋一样，滚滚而入。在这些仪式结束后，其他人就可以进入屋内了。这时需要在祖宗牌位下烧些黄色的纸，纸的多少没有限制。在门打开之后会请命好的妇女来为主人家铺床挂帐子，开启抽屉柜子等，同样希望将别人的好运传递给自己。而所请妇女多是所请开门和对歌的男子的妻子，一般也为两个人。

在开门仪式结束后，主人家要置办酒席招待开门和前来庆贺之人。有些时候主人家的亲属会送来匾额等物作为礼物。开门结束后，主人家就可以正式入住了。开门的仪式在当地是普遍流行的，各个民族在迁入新居前基本都有此仪式。

2. 开财门

"开财门"也是当地比较流行的仪式形式，海星村的很多人家的门楣上都悬挂着镜子和红色、白色的布各一片，有此标志的就表明是开过财门的。当地汉族中间开财门的很少见，这一仪式主要流行于当地的黑苗、彝族和部分布依族之间。人们在时运不济、家庭出现困难的时候就会开财门，而一些人家对于开财门的态度则是"想开就开"，他们既不十分认同开财门就能带来好运的说法，也并不排斥开财门。而在另一些人的观念里，开过财门就意味着为财富和好运的流入打开了大门。开财门的仪式比较简单，但是通常也需要请"先生"，在仪式过程中还要烧纸念经。最后拿红、白两块布，白色的布作为底衬，红色的布位于其上，并且上面剪有简单的图案，把它们悬挂在门楣上就算是完成了开财门的仪式。有些家庭会借此机会请"先生"将一面镜子一起悬挂在门楣之上，称之为"照妖镜"。

结　语

经过调查我们发现民间信仰形式与当地的文化环境和自然环境有着紧密的联系。当地的信仰形式是人们在长期适应环境的过程中形成的，随着各民族间的经济文化交流而相互借鉴和传播，从而使得当地的信仰形式主要不是因民族成分的不同而呈现出差异性，地域的远近和人们相互交流的稀疏频繁才是最重要的原因。2月和5月或者3月的祭山直接与当地的农业生产相互联系，是与环境相互适应的结果；供奉药王，祈求神灵保佑其采药时的平安则反映了上山采药的危险性，这与当地山地的崎岖陡峭相关联。黑苗跟着布依族祭山，遵守其禁忌，也邀请彝族的先生来做各种法事，这些都充分体现了文化间的交流和采借，同时在这种文化的交流与采借中开始了漫长而深刻的文化变迁过程。

文化的产生依赖于一定的自然环境，文化的传承和传播依赖于一定的社会文化环境。作为文化现象的民间信仰依赖于当地的自然环境而产生，并且在社会文化环境中发展和传播，在此过程中充分体现了多民族地区多种文化系统间的交流和不同文化元素的相互借鉴。可以这样说，以民族成分为标准来区分海星村的文化系统，不见得就是一种合理的方法，当地的四个少数民族在相互的交往和彼此的文化采借中形成了一个大的文化圈。其地理范围可以整个海星村为相对独立的单位，而其中的民族则包括汉族、黑苗、彝族和布依族。虽然文化间的差异性依然存在但是不同文化特质的交流与采借则在不断增多，例如彝族、布依族祭山时间有差异，仪式过程也有些许差异，但是他们的祭祀传统却都源于彭城马武的传说。随着时间的推移和文化间交流的进一步增多，当地的文化也在进一步相互融合和适应。

图书在版编目（CIP）数据

宗教信仰与民族文化. 第 5 辑/刘正爱主编. —北京：
社会科学文献出版社，2013.12
（中国社会科学院重点学科·民族学人类学系列）
ISBN 978-7-5097-5146-6

Ⅰ.①宗…　Ⅱ.①刘…　Ⅲ.①宗教信仰-关系-民族文
化-研究　Ⅳ.①B92②G03

中国版本图书馆 CIP 数据核字（2013）第 234885 号

中国社会科学院重点学科·民族学人类学系列
宗教信仰与民族文化（第五辑）

主　　编/刘正爱

出 版 人/谢寿光
出 版 者/社会科学文献出版社
地　　址/北京市西城区北三环中路甲 29 号院 3 号楼华龙大厦
邮政编码/100029

责任部门/人文分社　（010）59367215　　　　责任编辑/周志静　孙以年
电子信箱/renwen@ssap.cn　　　　　　　　　责任校对/谢　敏　卫　晓
项目统筹/宋月华　周志静　　　　　　　　　　责任印制/岳　阳
经　　销/社会科学文献出版社市场营销中心　（010）59367081　59367089
读者服务/读者服务中心（010）59367028

印　　装/三河市东方印刷有限公司
开　　本/787mm×1092mm　1/16　　　　　　印　　张/31
版　　次/2013 年 12 月第 1 版　　　　　　　　字　　数/524 千字
印　　次/2013 年 12 月第 1 次印刷
书　　号/ISBN 978-7-5097-5146-6
定　　价/149.00 元